Tobias Brönneke, Felix Buchmann, Claudius Eisenberg, Rainer Gildeggen, Simone Harriehausen, Ulrich Jautz, Barbara Lorinser, Ralph Schmitt, Kerstin Schweizer, Anusch Tavakoli, Brigitte Thäle, Barbara Tybusseck, Andrea Wechsler, Andreas Willburger

Wirtschaftsprivatrecht

Rainer Gildeggen, Barbara Lorinser, Andreas Willburger u. a.

Wirtschafts-privatrecht

Kompaktwissen für Betriebswirte

3., aktualisierte und erweiterte Auflage

ISBN 978-3-11-045877-0
e-ISBN (PDF) 978-3-11-045880-0
e-ISBN (EPUB) 978-3-11-045898-5

Library of Congress Cataloging-in-Publication Data
A CIP catalog record for this book has been applied for at the Library of Congress.

Bibliografische Information der Deutschen Nationalbibliothek
Die Deutsche Nationalbibliothek verzeichnet diese Publikation in der Deutschen Nationalbibliografie; detaillierte bibliografische Daten sind im Internet über http://dnb.dnb.de abrufbar.

Einbandabbildung: Chagin/iStock/Thinkstock
Satz: le-tex publishing services GmbH, Leipzig
Druck und Bindung: CPI books GmbH, Leck
♾ Gedruckt auf säurefreiem Papier
Printed in Germany

MIX
Papier aus verantwortungsvollen Quellen
FSC® C083411
FSC www.fsc.org

www.degruyter.com

Vorwort zur 3. Auflage

Wir wollen mit diesem Buch zum Wirtschaftsprivatrecht zunächst und vor allem Ihnen, den Studierenden der Betriebswirtschaft, eine Ergänzung zu Ihren Lehrveranstaltungen anbieten. Es soll Sie darin unterstützen, Recht besser zu verstehen, und zusammen mit dem Lösen von Übungsfällen eine sichere Grundlage für Ihren Erfolg in der Rechtsklausur schaffen.

Dieses Buch enthält eine Zusammenstellung der juristischen Lehrinhalte, die für eine betriebswirtschaftliche Bachelorausbildung nach unserer Auffassung unabdingbar sind. Wir haben versucht, uns auf die für Ihre spätere berufliche Praxis wichtigsten Rechtsregeln des Zivilrechts zu beschränken. Wir verzichten auf Vollständigkeit, gehen vom Normalfalldenken aus und vernachlässigen viele Ausnahmen und Sonderfälle. An unserer Hochschule für Gestaltung, Technik, Wirtschaft und Recht in Pforzheim werden die hier dargestellten wirtschaftsprivatrechtlichen Mindestinhalte je nach Studienschwerpunkt ergänzt durch vertiefende Lehrveranstaltungen zum Arbeits-, Gesellschafts-, Wettbewerbs- oder zum Internationalen Wirtschaftsrecht.

Wir bemühen uns, Rechtsregeln nicht nur zu beschreiben, sondern auch zu erklären und einen ökonomischen Bezug herzustellen. Die Vielzahl von Beispielsfällen soll die Rechtsregeln verstehen helfen und zugleich die Entwicklung eines Rechtsgefühls fördern.

Zur Lösung von Rechtsproblemen versuchen wir in diesem Lehrbuch die juristische Methode der Falllösung nach Anspruchsgrundlagen zu vermitteln. Aus unserer Sicht eignet sich diese Methode auch, um Betriebswirten den effektiven Umgang mit Rechtsfragen zu erleichtern. Dabei verwenden wir aber über weite Strecken ein vereinfachtes Modell der Methode.

Dieses Lehrbuch ist ein Gemeinschaftswerk der 14 in Pforzheim hauptamtlich lehrenden Rechtsprofessorinnen und Professoren. Durch die Beteiligung aller Kolleginnen und Kollegen an einem Einführungslehrbuch für Studierende wollen wir die Bedeutung der Rechtsausbildung im Studium der Betriebswirtschaft betonen.

Diese dritte Auflage ist unserem viel zu früh verstorbenen Kollegen Prof. Dr. Klaus-Peter Reuthal gewidmet.

Pforzheim im Frühjahr 2016

Inhalt

Abkürzungsverzeichnis

AB.	Amtsblatt
Abs.	Absatz
a. E.	am Ende
AG	Aktiengesellschaft, Amtsgericht
AGB	allgemeine Geschäftsbedingungen
AGG	allgemeines Gleichbehandlungsgesetz
Alt.	Alternative
Akt	Aktiengesetz
Art.	Artikel
AÜG	Arbeitnehmerüberlassungsgesetz
Aufl.	Auflage
Farbig	Arbeitszeitgesetz
B2B	*Business To Business*
B2C	*Business to Consumer*
BAG	Bundesarbeitsgericht
BB	Betriebsberater (Jahr, Seite)
BBiG	Berufsbildungsgesetz
BeckRS	Beck-Rechtsprechung
BEEG	Gesetz zum Elterngeld und zur Elternzeit
BetrVG	Betriebsverfassungsgesetz
BGB	Bürgerliches Gesetzbuch
BGH	Bundesgerichtshof
BGHZ	Entscheidungen des Bundesgerichtshofs in Zivilsachen (Band, Seite)
bspw.	beispielsweise
BT-Drs.	Bundestagsdrucksache
BUrlG	Bundesurlaubsgesetz
BVerfGE	Entscheidungssammlung des Bundesverfassungsgerichts (Band, Seite)
bzw.	beziehungsweise
CR	Computer und Recht (Jahr, Seite)
DB	Der Betrieb (Jahr, Seite)
DCFR	Draft Common Frame of Reference, Full Edition, Prepared by the Study Group on a European Civil Code, Band 1–6, 2009.
d. h.	das heißt
DM	Deutsche Mark
EFZG	Gesetz über die Zahlung des Arbeitsentgelts an Feiertagen und im Krankheitsfall
EG	Europäische Gemeinschaft
EGBGB	Einführungsgesetz zum Bürgerlichen Gesetzbuch
EGV	Vertrag zur Gründung der Europäischen Gemeinschaft
EU	Europäische Union
EuGH	Europäischer Gerichtshof; Gerichtshof der Europäischen Gemeinschaft
EuZW	Europäische Zeitschrift für Wirtschaftsrecht (Jahr, Seite)
evtl.	eventuell
EWG	Europäische Wirtschaftsgemeinschaft
EWIV	Europäische Wirtschaftliche Interessenvereinigung
EWR	Europäischer Wirtschaftsraum
ff.	folgende

ggf.	gegebenenfalls
GbR	Gesellschaft bürgerlichen Rechts
GewO	Gewerbeordnung
GmbH	Gesellschaft mit beschränkter Haftung
GmbHG	Gesetz betreffend die Gesellschaften mit beschränkter Haftung
HGB	Handelsgesetzbuch
Hs.	Halbsatz
i. d. R.	in der Regel
i. S. v.	im Sinne von
i. V. m.	in Verbindung mit
KG	Kommanditgesellschaft
KGaA	Kommanditgesellschaft auf Aktien
KOM	Kommission
KSchG	Kündigungsschutzgesetz
LAG	Landesarbeitsgericht
LG	Landgericht
Lit.	Litera, Buchstabe
MiLoG	Gesetz zur Regelung eines allgemeinen Mindestlohns
MMR	Multimedia und Recht (Jahr, Seite)
MuSchG	Gesetz zum Schutz der erwerbstätigen Mütter
NJW	Neue Juristische Wochenschrift (Jahr, Seite)
NJW-RR	NJW Rechtsprechungs-Report Zivilrecht (Jahr, Seite)
Nr.	Nummer
NZA	Neue Zeitschrift für Arbeitsrecht (Jahr, Seite)
OHG	Offene Handelsgesellschaft
OLG	Oberlandesgericht
o. g.	oben genannt
ProdHaftG	Gesetz über die Haftung für fehlerhafte Produkte (Produkthaftungsgesetz)
ProdSG	Gesetz über die Bereitstellung von Produkten auf dem Markt (Produktsicherheitsgesetz)
RG	Reichsgericht
Rn	Randnummer
Rs	Rechtssache
Rz	Randziffer
S.	Satz, Seite
SE	*Societas Europaea*
SGB	Sozialgesetzbuch
StGB	Strafgesetzbuch
TMG	Telemediengesetz
TVG	Tarifvertragsgesetz
TZ	Textziffer
TzBfG	Teilzeit- und Befristungsgesetz
UN	United Nations
UN-Kaufrecht	Wiener UN-Übereinkommen über Verträge über den internationalen Warenkauf
u. a.	unter anderem
u. Ä.	und Ähnliche
usw.	und so weiter
vgl.	vergleiche
vs.	versus, gegen
z. B.	zum Beispiel

1 Recht managen

1.1 Ziele der Rechtsausbildung im Studium der BWL

Ihre Aufgabe als Betriebswirt ist es, professionell wirtschaftlich tätig zu sein. Recht ist der Ordnungsrahmen, innerhalb dessen wirtschaftliche Tätigkeit in einer Gesellschaft stattfindet. Ohne Kenntnis der wichtigsten Regeln und Funktionsmechanismen des Rechts werden Sie Ihren Beruf kaum sachgerecht ausüben können. Recht spielt deshalb eine wichtige Rolle in Ihrer betriebswirtschaftlichen Ausbildung.

Recht als Ordnungsrahmen

Ziel Ihrer Rechtsausbildung ist, Sie zu befähigen, rechtliche Risiken Ihrer Tätigkeit zu erkennen und zu bewältigen. Hierzu sollen Sie

Lernziele

- einen Überblick über die wichtigsten Regelungen des Wirtschaftsprivatrechts bekommen,
- Gesetzestexte lesen und verstehen können,
- typische Lebenssachverhalte mit Rechtsbezug und typische Konflikte kennenlernen,
- in der Lage sein, Rechtsregeln auf Lebenssachverhalte anzuwenden,
- erfahren haben, dass Recht auch Ideen für betriebswirtschaftliche Gestaltungen geben kann,
- Konfliktlösungsmodelle und Methoden kennenlernen,
- lernen, einfache Vertragstexte zu erfassen,
- lernen, mit Rechtsberatern sachgerecht zu kommunizieren.

Es ist nicht Ziel Ihrer Ausbildung, Sie zu einem Juristen zu machen. Sie werden nicht jeden Fall juristisch fehlerfrei lösen, jeden Vertrag verstehen oder jedes Rechtsrisiko ihres Berufsalltags sofort erkennen können. Sie sollen aber am Ende Ihrer Ausbildung über ein Grundlagenwissen verfügen, das durch die Erfahrungen Ihres späteren Berufsalltags ergänzt und vertieft wird. So soll es Ihnen auf längere Sicht gelingen, Rechtsprobleme sicher zu managen. Managen bedeutet hier, dass Sie klar erkennen können, welche Rechtsfragen Sie selbst lösen können und bei welchen Sie fachmännische Hilfe hinzuziehen sollten.

Recht managen

1.2 Wege zur Zielerreichung

Beim Recht geht es nicht darum, Gesetzestexte auswendig zu lernen. Sie haben bei jeder Rechtsfrage ein Gesetzbuch zur Hand und können dort nachsehen.

Kein Auswendiglernen

Rechtsanwendung

Der Kern der Ausbildung besteht vielmehr darin, Sie zu befähigen, Lebenssachverhalte zu Rechtsregeln in Bezug zu setzen. Es geht darum zu klären, wer in einem konkreten Fall recht hat, ob in einem anderen Fall der eine vom anderen etwas verlangen kann oder ob ein Vertrag in einem dritten Fall unterschrieben werden soll oder nicht. Dass das nicht so einfach ist, erkennen Sie, wenn Sie das BGB und die anderen für diese Lehrveranstaltung relevanten Gesetzestexte aufschlagen. Welcher oder welche der mehreren tausend Paragrafen von BGB, HGB, des Gesellschafts- und Arbeitsrechts usw. ist denn in Ihrem Fall relevant, und wie wenden Sie die maßgeblichen Paragrafen dann richtig an?

Alle Lernziele Ihrer Rechtsausbildung erreichen Sie, wenn Sie lernen, Recht anzuwenden.

1.3 Rechtsanwendung

Wer will was von wem woraus?

Eine wichtige Art der Rechtsanwendung im Zivilrecht ist die Methode der Falllösung nach Anspruchsgrundlagen. Dabei werden Lebenssachverhalte in Zweipersonenbeziehungen aufgeteilt, und es wird gefragt, ob die eine Seite von der anderen etwas auf rechtlicher Grundlage verlangen kann. Die Frage lautet also: Wer will was von wem woraus?

Falllösung nach Anspruchsgrundlagen

Sachverhalt

Nehmen Sie an, der Hersteller H eines PKW verkauft einen Neuwagen an den Händler V mit der Vereinbarung, dass der Kaufpreis spätestens drei Monate nach Lieferung zu zahlen ist. Der Händler verkauft den PKW einige Tage später an den zahlungskräftigen Kunden K weiter, der ihn abholt. Bei der Abholung zeigt sich der Händler großzügig und räumt dem Kunden die Möglichkeit ein, den Kaufpreis in den nächsten Tagen zu überweisen. Könnte hier H verlangen, dass K ihm den Kaufpreis zahlt?

Intuitiv haben Sie sicher eine Vorstellung von der Lösung dieses kleinen Falles. Mit der Methode der Falllösung nach Anspruchsgrundlagen können wir überprüfen, ob Ihre Intuition stimmt.

Die Methode läuft in vier Schritten ab.

1. Schritt: Auffinden der Anspruchsgrundlage

Ein Anspruch ist nach § 194 Abs. 1 BGB das Recht, von einem anderen ein Tun oder Unterlassen zu verlangen. Eine Anspruchsgrundlage ist in der Regel eine gesetzliche Bestimmung, aus der sich dieses Recht ergibt. Im vorliegenden Fall wird eine gesetzliche Bestimmung gesucht, nach der jemand die Zahlung eines Kaufpreises verlangen kann. Anspruchsgrundlage ist hier § 433 Abs. 2 BGB.

2. Schritt: Herausarbeiten der Voraussetzungen der Anspruchsgrundlage

In einem zweiten Schritt ist zu analysieren, welche Voraussetzungen eine Anspruchsgrundlage hat. Zu prüfen ist also, unter welchen Voraussetzungen die in der Anspruchsgrundlage festgelegte Rechtsfolge eintritt.

Aus dem Wortlaut des § 433 Abs. 2 BGB folgt, dass es einen Käufer und einen Verkäufer geben muss. Diese gibt es nur, wenn zwischen zwei Personen ein Kaufvertrag besteht. Deshalb ist Voraussetzung eines Zahlungsanspruchs aus § 433 Abs. 2 BGB ein wirksamer Kaufvertrag.

Im dritten Schritt geht es um die Einordnung des Lebenssachverhalts unter die Voraussetzungen der Anspruchsgrundlage. Gefragt wird hier, ob zwischen H und K ein Kaufvertrag abgeschlossen wurde. 3. Schritt: Subsumtion

Diese Frage wird aber nicht nur gestellt, sondern auch beantwortet. Ein Kaufvertrag wurde zwischen H und V und zwischen V und K, nicht aber zwischen H und K abgeschlossen.

Sind alle Voraussetzungen einer Anspruchsgrundlage erfüllt, dann tritt die Rechtsfolge, hier die Verpflichtung zur Zahlung des Kaufpreises, ein. Ist eine Voraussetzung nicht erfüllt, dann besteht der Anspruch aus dieser gesetzlichen Regelung nicht. Da hier ein Kaufvertrag zwischen H und K nicht besteht, hat H keinen Zahlungsanspruch gegen K aus § 433 Abs. 2 BGB.

Im 4. Schritt wird die gestellte Fallfrage beantwortet: H kann von K die Zahlung des Kaufpreises nicht verlangen. 4. Schritt: Festhalten des Ergebnisses

Ob V von K Zahlung verlangen kann, könnten Sie auf ähnliche Art prüfen und kämen zu dem Ergebnis, dass dies der Fall ist.

Der Fall sollte zeigen, wie die Methode funktioniert. Kommen für einen Anspruch nicht nur eine, sondern möglicherweise mehrere Anspruchsgrundlagen in Betracht, dann sind die Schritte 1 bis 3 für jede Anspruchsgrundlage nacheinander durchzuprüfen, und das Gesamtergebnis ist in Schritt 4 festzuhalten. Oft erfordert es Erfahrung und Kenntnisse, um die passenden Anspruchsgrundlagen zu finden und deren jeweilige Voraussetzungen festzustellen. Auch die Subsumtion ist nicht immer trivial.

Mit der Methode der Falllösung nach Anspruchsgrundlagen können Sie nicht alle Problemlagen, bei deren Lösung das Recht hilft, in den Griff bekommen.

Wenn es um Gestaltungsfragen geht, ist die Methode der Falllösung nach Anspruchsgrundlagen nur am Rande von Bedeutung. Es geht ja nicht darum, dass eine Seite etwas von der anderen will, oder darum, wie ein Fall aus der Vergangenheit zu entscheiden ist. Es geht vielmehr darum, eine Weichenstellung für die Zukunft mit ihren vielfältigen Entwicklungsmöglichkeiten zu treffen. Deshalb müssen Sie bei Gestaltungsfragen interdisziplinär arbeiten und wesentlich mehr Informationen verarbeiten. Gestaltungen

---

Das Logistikunternehmen

Sollen A und B ihr Logistikunternehmen als OHG führen oder eine GmbH gründen?

Wenn Sie diese Frage beantworten wollen, müssen Sie die Interessenlage der Parteien klären, die rechtlichen Unterschiede von OHG und GmbH herausarbeiten und schließlich auf der Grundlage juristischer und betriebswirtschaftlicher Überlegungen entscheiden, welche der beiden Rechtsformen hier sachgerecht ist. Um die rechtlichen Unterschiede von OHG und GmbH zu erkennen, müssen Sie die jeweiligen gesetzlichen Regelungen erfassen und sich vorstellen können, wie mögliche künftige Konfliktfälle bei der einen oder anderen Rechtsform zu entscheiden wären. Das ist aufwendig und bedarf der Übung.

Denken in Voraussetzungen und Rechtsfolgen

Die Methode der Falllösung nach Anspruchsgrundlagen ist eine Methode vornehmlich des Zivilrechts. Bei Rechtsfragen aus anderen Rechtsgebieten hilft sie meist nicht weiter. Wenn etwa zu klären ist, ob eine behördliche Zulassung für die Vermarktung eines Herzschrittmachers oder einer Werkzeugmaschine erforderlich ist, oder wenn Sie sich fragen, ob eine technische Neuerung patentierbar ist, können Sie die Methode nicht sinnvoll anwenden. Jedoch geht es auch hier um Gesetzesanwendung, bei der an das Vorliegen von Voraussetzungen Rechtsfolgen geknüpft werden. Wenn diese oder jene Voraussetzungen erfüllt sind, dann ist eine behördliche Zulassung nötig oder kann ein Patent erteilt werden. Dieses Denken in Voraussetzungen und Rechtsfolgen beherrschen Sie, wenn Sie Fälle nach der Anspruchsgrundlagenmethode lösen gelernt haben. Insofern hilft Ihnen diese Methode auch außerhalb des Zivilrechts mittelbar weiter.

Fallvergleich

Die Methode der Falllösung nach Anspruchsgrundlagen setzt schließlich voraus, dass es Anspruchsgrundlagen gibt. Das traditionelle angloamerikanische Recht kennt kaum Gesetze, sondern vor allem entschiedene Fälle, die als Präzedenzurteile in späteren Entscheidungen zu berücksichtigen sind. Dort gibt es deshalb die Methode der Falllösung nach Anspruchsgrundlagen traditionell nicht, vielmehr lernen amerikanische Juristen den Fallvergleich. Sie lernen an einem Sachverhalt herauszuarbeiten, was die zentrale Rechtsfrage ist, suchen entschiedene Fälle zu der Rechtsfrage und prüfen dann, ob der zu entscheidende Fall den Präzedenzurteilen vergleichbar ist. Der Vergleich mit dem angloamerikanischen Recht zeigt, dass man Zivilrecht auch anders anwenden kann als nach der Methode der Falllösung nach Anspruchsgrundlagen.

1.4 Erfolgreiche Prüfungsleistungen

Wenn Sie wichtige Regeln des Zivilrechts kennenlernen, Gesetze lesen und zudem einfache Fälle juristisch lösen können sollen, dann müssen diese Fertigkeiten Gegenstand der Prüfungsleistungen sein.

Schwächen von Multiple-Choice-Prüfungen und allgemeinen Fragen

Einzelaspekte könnten durch Multiple-Choice-Fragen oder durch offene Fragen wie „Was ist Eigentum?“ oder „Wie kommt ein Vertrag zustande?“ abgeprüft werden. Ein solches Vorgehen ermöglicht aber kurzes, klausurbezogenes Auswendiglernen mit dem Risiko schnellen

Vergessens. Zudem erlaubt es Ihnen kaum oder nur am Rande, Lebenssachverhalte mit Rechtsregeln in Bezug zu setzen. Es stellt daher allein den Kompetenzerwerb für Ihre spätere Berufsausübung nicht sicher.

Unbewältigbare Komplexität vieler Alltagsfälle

Würde andererseits von Ihnen verlangt, einen beliebigen Fall zu lösen, einen Vertrag rechtlich umfassend zu analysieren oder zu entwerfen oder die rechtlichen Risiken der Lieferung einer Walzstraße an einen Kunden in China detailliert zu beschreiben, wären Sie überfordert. Selbst Juristen brauchen Jahre und praktische Erfahrung, bis sie solche Fragen sicher und einigermaßen zutreffend beantworten können.

Falllösung nach Anspruchsgrundlagen

In der Rechtsausbildung der Betriebswirte, wie wir sie in diesem Lehrbuch vermitteln, wird in der Regel ein Mittelweg gewählt. Es sind als Prüfungsleistung Fälle nach der Methode der Falllösung nach Anspruchsgrundlagen, wie sie oben beschrieben ist, zu lösen. Die ausgewählten Prüfungsfälle sind wenig komplex und orientieren sich an den von Ihnen gelernten Rechtsregeln. Fälle nach Anspruchsgrundlagen erfolgreich lösen können Sie nur, wenn Sie wichtige Regeln des BGB kennen, Gesetze lesen und anwenden können, von ähnlichen Praxisfällen gehört haben, strukturiert denken und argumentieren können und auch über Sprachfertigkeiten verfügen. Wird Recht über mehrere Semester gelehrt, können in den Lehrveranstaltungen höherer Semester auch andere Fragestellungen wie leichte Vertragsanalysen und einfache Gestaltungsfragen die Falllösung nach Anspruchsgrundlagen als Prüfungsleistung ergänzen.

Kontinuierliches Lernen und Üben

Das erfolgreiche Anwenden der Methode der Falllösung erfordert ständige Übung an Beispielsfällen. Ein Lernen nur kurz vor der Klausur reicht nicht. Daher empfiehlt es sich, wöchentlich den in den Lehrveranstaltungen behandelten Stoff im Lehrbuch nachzulesen und parallel Übungsfälle eigenständig zu lösen. Dabei sollten Sie die Übungsfälle nicht nur durcharbeiten, sondern unter Klausurbedingungen, also mit den zugelassenen Hilfsmitteln in der vorgesehenen Zeit, lösen. Die Lösung sollten sie nicht nur skizzieren, sondern ausformulieren. Abschließend sollten Sie die Lösungen idealerweise in einer Arbeitsgruppe diskutieren. Übungsfälle werden in speziellen Übungsbüchern mit Lösungen abgedruckt. Im Studium und in der Prüfung haben Sie bei jeder Rechtsfrage den Gesetzestext, also vor allem das BGB und das HGB, zur Hand, und auch im Berufsleben können Sie im einschlägigen Gesetz, das Sie heute ohne Weiteres auch im Internet finden, nachsehen.[1]

1 www.gesetze-im-internet.de.

2 Grundlagen Zivilrecht

Im Mittelpunkt dieses Lehrbuchs zum Wirtschaftsprivatrecht steht das Zivilrecht. Dieses Kapitel gibt einen Überblick über die Abgrenzung des Zivilrechts von anderen Rechtsgebieten, stellt das BGB als wichtigste Rechtsquelle des Zivilrechts in Deutschland vor, illustriert die historische Entwicklung mancher moderner Rechtsregel, erläutert den Begriff der Person und schließt mit einer Anmerkung zum Zurechtfinden im BGB.

2.1 Zivilrecht, Öffentliches Recht, Strafrecht und andere Rechtsgebiete

Rechtsgebiete

Juristen teilen das Recht in verschiedene Rechtsgebiete ein. Die wichtigste Unterscheidung in Deutschland ist diejenige zwischen Zivilrecht und Öffentlichem Recht, zu dem auch das Strafrecht gehört. Daneben gibt es u. a. noch das Prozessrecht, das Völkerrecht, das Europarecht und das Verfassungsrecht. Jedes der genannten Rechtsgebiete gliedert sich seinerseits wieder in Teilbereiche.

Die Unterscheidung ist praktisch von Bedeutung. Nur wenn Sie Ihre Rechtsfragen einem bestimmten Rechtsgebiet zuordnen können, finden Sie dort die Normen, die Antworten geben könnten.

Der Start

E hat ein geniales Computerspiel entwickelt. Allerdings versteht er nichts vom Geldverdienen. Er fragt deshalb seinen geschäftstüchtigen Freund F, ob er mit ihm zusammenarbeiten will.

Die beiden fangen im Keller des Wohnhauses der Eltern des E an, ihr Computerspiel weiterzuentwickeln, und vertreiben es später über das Internet in ganz Deutschland. Sie gewähren ihren Kunden ein zweiwöchiges Umtauschrecht beim Kauf ihrer Software bei Nichtgefallen, schließen aber jegliche Haftung für Folgeschäden, die durch ihre Software herbeigeführt werden könnten, aus.

Dank des Einsatzes von F läuft das Geschäft so gut an, dass E und F den X, den Y und die Z fragen, ob sie für sie arbeiten wollen. Später gibt es Streit zwischen X und Y über die Zumutbarkeit des Rauchens in dem Kellerraum.

Daraufhin mietet F Büroraume in der Villa des H, die in einem alten Stadtteil von S mit vorwiegender Wohnbebauung liegt. Bald danach erwerben F und E das Haus als Eigentümer und wollen es total umbauen und den Bedürfnissen ihres nunmehr auf zehn Mitarbeiter angewachsenen Betriebes anpassen.

Konkurrent K veranlasst einen Einbruch in ihren Betrieb. Dadurch werden Rechner beschädigt, und ihr Marketingkonzept fällt in die Hände des Wettbewerbers.

Zwei Jahre nach Beginn ihrer Zusammenarbeit erhalten E und F vom örtlichen Finanzamt die Aufforderung, binnen drei Tagen Steuerrückstände über 375.000 €

zu zahlen. Das dafür erforderliche Geld können sie frühestens binnen vier Wochen auftreiben und überlegen daher, was sie machen können.

Auch geht eine Anfrage der Künstlersozialkasse ein, ob und in welchem Umfang sie freiberuflich arbeitende Künstler für die Gestaltung der Computerspiele beschäftigen.

Schließlich bekommen E und F von einer Entschließung der Vereinten Nationen Kenntnis, nach der gewaltverherrlichende Computerspiele weltweit verboten werden sollen. Eine Variante ihres Spieles könnte davon erfasst sein.

Ein Lebenssachverhalt kann, wie diese kleine Geschichte zeigt, Bezug zu vielen verschiedenen Rechtsgebieten haben. Wenn E und F zusammenarbeiten wollen, geht es um Gesellschaftsrecht; der Vertrieb des Produkts im Internet wird vor allem durch das BGB geregelt. Die Einstellung von Mitarbeitern regelt das Arbeitsrecht. Bei Miete und Erwerb der Villa geht es wieder um allgemeines Zivilrecht, bei der Zulässigkeit der Nutzung der Villa als Bürogebäude und bei der für den Ausbau möglicherweise notwendigen Baugenehmigung um Öffentliches Recht. Der Einbruch ist eine Straftat, die vom Strafrecht erfasst wird. Für die Steuerrückstände und die Abgaben an die Künstlersozialkasse gelten Steuer- und Sozialrecht. Die Relevanz des Verbots der Gewaltverherrlichung in Computerspielen schließlich bestimmt sich nach Völkerrecht.

Abbildung 2.1 gibt einen Überblick über die wichtigsten Rechtsgebiete.

Die Rechtsgebiete unterscheiden sich durch ihre unterschiedlichen rechtlichen Regelungsbereiche und die sie bestimmenden Rechtprinzipien.

Zivilrecht/Privatrecht/Wirtschaftsprivatrecht

Das Zivilrecht, das im Kern die Rechtsbeziehungen zwischen Privatpersonen und Unternehmen erfasst und deshalb oft auch als Privatrecht bezeichnet wird, wird vom Grundsatz der Privatautonomie, dem Eigentum und dem Grundsatz, dass Verträge einzuhalten sind, beherrscht. Neben dem BGB gehören vor allem das Handelsrecht, das Gesellschaftsrecht und mit Einschränkungen das Arbeitsrecht zum Zivilrecht. Wirtschaftsprivatrecht ist der Teil des Zivilrechts, der für die Wirtschaft besonders relevant ist.

Öffentliches Recht

Das Öffentliche Recht regelt die Rechtsbeziehungen des Bürgers oder Unternehmens zum Staat sowie das Staatsorganisationsrecht. In ihm gilt der Grundsatz vom Vorbehalt des Gesetzes. Der Staat darf in Rechte der Bürger nur eingreifen, wenn es dafür eine gesetzliche Grundlage gibt.

Strafrecht

Ein Teilbereich des Öffentlichen Rechts ist das Strafrecht. Im Strafrecht geht es um die Bestrafung normwidrigen Verhaltens. Es wird vom Grundsatz „Keine Strafe ohne Gesetz“ beherrscht. Nur wer vor der Tat wissen kann, dass er etwas Strafbares tut, kann bestraft werden. Demgemäß bemüht sich das Strafrecht um die möglichst präzise Beschreibung von Straftatbeständen.

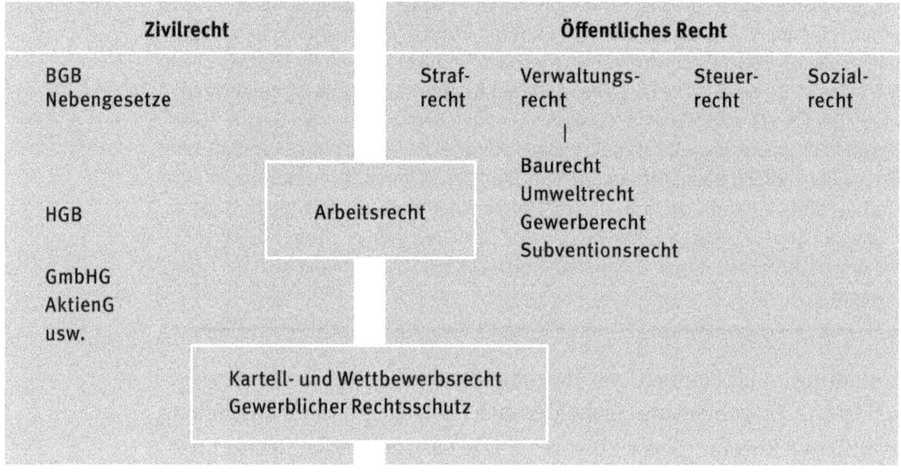

Abb. 2.1. Überblick über die wichtigsten Rechtsgebiete (eigene Darstellung).

Verwaltungsrecht, Steuerrecht u. a.

Daneben gehören das Verwaltungsrecht mit seinen vielen Rechtsgebieten wie z. B. dem Baurecht, dem Umweltrecht, dem Gewerberecht, dem Subventionsrecht sowie das Steuerrecht und das Sozialrecht zum Öffentlichen Recht.

Kartellrecht/ Wettbewerbsrecht/ Gewerbliche Schutzrechte

Zwischen dem Zivilrecht und dem Öffentlichen Recht stehen das Kartellrecht, das Wettbewerbsrecht, der Gewerbliche Rechtsschutz und das Urheberrecht. Das Kartellrecht regelt, wann wettbewerbsbeschränkende Vereinbarungen zulässig sind. Es stellt u. a. Anforderungen an die Rechtmäßigkeit von Unternehmenszusammenschlüssen und Vertriebssystemen. Das Wettbewerbsrecht bestimmt die rechtlichen Grenzen für Marketingmaßnahmen und für das Marktverhalten zum Schutz von Wettbewerbern und Verbrauchern. Der Gewerbliche Rechtsschutz befasst sich vor allem mit dem Schutz geistigen Eigentums, also dem Patent-, Gebrauchsmuster-, Geschmacksmuster- und Markenrecht. Um den Schutz geistigen Eigentums geht es auch beim Urheberrecht.

1 Verfassungsrecht ist Öffentliches Recht, hat im Kollisionsfall Vorrang vor Völkerrecht, in der Regel aber nicht vor Europarecht.

Das Prozessrecht regelt den Ablauf von Gerichtsverfahren und die Vollstreckung von Gerichtsentscheidungen. Im weiteren Sinne gehört dazu auch das Insolvenzrecht, das regelt, wie zu verfahren ist, wenn eine Person oder ein Unternehmen zahlungsunfähig oder überschuldet ist.

Prozessrecht

Das Völkerrecht regelt die Beziehungen zwischen Staaten, das Europarecht den Prozess der Europäischen Integration und seine Auswirkungen auf die nationalen Rechte der Mitgliedstaaten, und das Verfassungsrecht erfasst die Organisation der Bundesrepublik Deutschland und die Grundrechte.

Völker-, Europa- und Verfassungsrecht

2.2 Die Rechtsquellen des Zivilrechts

Die Rechtsquellen des Zivilrechts sind vor allem das BGB und seine Nebengesetze, insbesondere das AGG, die Informationspflichten-Verordnung, das Produkthaftungsgesetz, das Wohnungseigentumsgesetz und das Einführungsgesetz zum BGB.

BGB

Für Unternehmen relevant ist neben dem BGB das Handelsgesetzbuch, das HGB. Das HGB ist das Sonderprivatrecht der Kaufleute. Wichtig sind vor allem die Prokura und die Handlungsvollmacht, bestimmte Personengesellschaften und das Bilanzrecht sowie die Regeln für Handelsgeschäfte. Bei vielen Bestimmungen im HGB geht es um Vereinfachung und Rechtssicherheit. Das erreicht das HGB durch zusätzliche Pflichten der Beteiligten und Herabsetzung des Schutzes des Vertragspartners.

HGB

Weitere wichtige Gesetze des Zivilrechts sind das Aktiengesetz und das GmbH-Gesetz sowie die verschiedenen Gesetze des Arbeitsrechts.

Die Entscheidungen der Gerichte, also selbst diejenigen des Bundesgerichtshofs (BGH) in Karlsruhe und der Oberlandesgerichte (OLG), sind nur für die Parteien in dem jeweiligen Streitfall bindend. Im Übrigen müssen auch die sogenannten „Leitentscheidungen“ (Präzedenzurteile) im Zivilrecht in Deutschland anders als etwa in den USA in anderen Verfahren nicht zwingend berücksichtigt werden. Sie haben lediglich insoweit eine faktische Bindungswirkung, als sich die Untergerichte meist an den Entscheidungen der Obergerichte orientieren.[2]

Keine Rechtsquelle: Gerichtsentscheidungen

---

2 Würden sich die Untergerichte nicht an den Entscheidungen der Obergerichte orientieren, würden die Parteien häufig gegen die Urteile der unteren Gerichte solange Rechtsmittel einlegen, bis die Sache wieder bei den Obersten Gerichten anhängig wäre, die dann regelmäßig, wenn auch nicht dazu verpflichtet, entsprechend ihren früheren Entscheidungen urteilen würden.

2.3 Das BGB

Das BGB, die wichtigste Rechtsquelle des Zivilrechts in Deutschland, trat 1900 in Kraft. Es sollte ein einheitliches Zivilrecht für ganz Deutschland schaffen und die in den unterschiedlichen Regionen geltenden Rechte, nämlich insbesondere das französische, preußische, bayerische, sächsische, österreichische, dänische und römische Recht, ablösen.

Inhaltlich war es von der im Kaiserreich tonangebenden wohlhabenden Bürgerschicht und ihren Wertvorstellungen geprägt und beruhte auf einer Rechtswissenschaft, die sich jahrzehntelang mit der Systematisierung und der Begrifflichkeit des alten römischen Rechts auseinandergesetzt hatte.[3]

Dieses Gesetzbuch überdauerte bisher das Kaiserreich, die Weimarer Republik, das Dritte Reich, die Bonner Republik und die DDR, die Wiedervereinigung, die Europäische Union und den technischen Fortschritt der letzten 115 Jahre. Das gelang nur, weil es sich inhaltlich veränderte. So wurde z. B. in vielen Bereichen dem Erfordernis des rechtlichen Schutzes des Schwächeren (Arbeitsrecht, Mietrecht, Verbraucherschutz) Rechnung getragen, im Familienrecht wurde die Gleichberechtigung von Mann und Frau und die Anerkennung nichtehelicher Kinder eingeführt. Im Jahr 2002 wurde zudem der Kernbereich des Zivilrechts, das Schuldrecht, grundlegend überarbeitet und aktuellen Entwicklungen und europäischen und internationalen Vorgaben angepasst.

2.4 Der Inhalt des BGB

Fünf Bücher

Das BGB hat über 2300 Paragrafen, die auf fünf Kapitel – Bücher genannt – verteilt sind. Die fünf Bücher tragen folgende Überschriften:

- Buch 1. Allgemeiner Teil
- Buch 2. Schuldrecht
- Buch 3. Sachenrecht
- Buch 4. Familienrecht
- Buch 5. Erbrecht

Familien und Erbrecht

Im Vierten und Fünften Buch geht es um das Familien- und Erbrecht, die üblicherweise nicht zum Wirtschaftsprivatrecht gehören und damit nicht Gegenstand Ihrer Ausbildung sind.

3 Diese Verbindung des BGB zum römischen Recht ist der Grund, warum es Juristen bis heute lieben, lateinische Rechtsbegriffe zu verwenden. Das hat Tradition, notwendig ist es nicht.

Das Erste Buch, der Allgemeine Teil, §§ 1 bis 240 BGB, enthält abstrakte Regelungen, die für alle folgenden Bücher gelten. Dazu gehören z. B. die Regeln über den Vertragsschluss, die Stellvertretung und die Verjährung. Allgemeiner Teil

Das Zweite Buch behandelt das Schuldrecht, das Dritte das Sachenrecht.

Das Schuldrecht, §§ 241 bis 853 BGB, regelt im Wesentlichen, welche Verpflichtungen man eingehen kann, welche Ansprüche man aus verpflichtenden Verträgen erwirbt und wie die Vertragsdurchführung erfolgt. Es geht also um Versprechen und die daraus resultierenden Verpflichtungen meist gegenüber einem Vertragspartner. Mit dem Kauf, §§ 433 ff. BGB, dem Darlehen, §§ 488 ff. BGB, der Miete, §§ 535 ff. BGB, dem Dienst- und Werkvertrag §§ 611 ff., 631 ff. BGB und der Gesellschaft, § 705 ff. BGB finden sich die wichtigsten Vertragstypen des Alltags im Schuldrecht. Schuldrecht

Das Sachenrecht, §§ 854 bis 1296 BGB, schließlich handelt von Besitz, Eigentum und Verfügungen über Sachen. Sachenrecht

Das BGB teilt viele im Alltag als einheitlich empfundene Rechtsgeschäfte in einen schuldrechtlichen und einen sachenrechtlichen Teil auf und regelt die Voraussetzungen und Konsequenzen des einheitlichen Geschäfts in unterschiedlichen Büchern. Das machen nicht alle Rechtsordnungen der Welt so. Die Anwendung des BGB erschließt sich daher nicht leicht. Die Praxis hat aber gezeigt, dass diese Unterteilung sehr leistungsfähig ist. Trennungsprinzip

Schuld- und Sachenrecht

Wer einen gebrauchten PKW von einem Freund kauft, verpflichtet sich in der Regel, den PKW in den nächsten Tagen abzuholen und den Kaufpreis zu zahlen. Der PKW muss nicht sofort übergeben, der Kaufpreis nicht sofort gezahlt werden, damit das Geschäft wirksam ist. Zunächst versprechen sich beide Parteien nach § 433 BGB nur etwas, und als Folge schuldet (deshalb Schuldrecht) jede Partei der anderen etwas. Viele der mit diesen Versprechen zusammenhängenden Rechtsfragen sind im Schuldrecht geregelt.

Erst wenn Schlüssel und Papiere für den PKW übergeben werden, geht das Eigentum am PKW auf den Erwerber über. Wie das genau funktioniert, ist im Sachenrecht, genauer in § 929 BGB, geregelt.

2.5 Von Babylon zum East River

Unser heutiges Zivilrecht ist das Produkt einer langen Entwicklung. Es ist national geprägt und steht gleichberechtigt neben den jeweiligen nationalen Zivilrechten der Staaten dieser Welt. Es befindet sich in einem Prozess der europäischen Rechtsangleichung und steht vielleicht am Beginn einer europäischen Vereinheitlichung der nationalen europäischen Zivilrechte. In Ansätzen gibt es darüber hinaus eine weltweite Harmonisierung einzelner Regelungskomplexe.

Diese Aussage soll an einer Frage, welche die Juristen seit langer Zeit beschäftigt, erläutert werden: Wem gehört eine Sache, die von einem Dieb gestohlen und dann an einen nichts ahnenden Dritten weiterverkauft wird? Dem bisherigen Eigentümer? Dem Dieb? Oder dem Dritten, dem Erwerber?

Codex Hammurapi

Der *Codex Hammurapi*, eine der ältesten Gesetzessammlungen der Menschheit aus dem Zweistromland der Jahre um 1770 vor Christus, regelt das Problem dahingehend, dass der Dieb getötet wird, der bestohlene Eigentümer sein Eigentum zurückerhält und der Erwerber aus dem Vermögen des Diebes entschädigt wird.[4]

Corpus Juris Civilis

Der *Corpus Juris Civilis* des Kaisers *Justinian*, der Höhe- und Endpunkt der Entwicklung des Rechts durch die Römer, der 533 nach Christus in Kraft trat, kommt zu einem ähnlichen Ergebnis. Der bestohlene Eigentümer bleibt Eigentümer, und der Erwerber hat nur Ersatzansprüche gegen den Dieb. Eine Ersitzung findet bei gestohlenen Gütern nicht statt. Es nützt also auch nichts, wenn der Erwerber die Sache gutgläubig über längere Zeit als eigene Sache besessen hat.[5] Bemerkenswert

---

4 § 9 bestimmt: „Wenn ein Bürger, dem ein Gut abhanden gekommen ist, sein abhanden gekommenes Gut in der Hand eines anderen Bürgers antrifft, der Bürger, in dessen Hand das abhanden gekommen Gut angetroffen ist, sagt: ‚Jemand hat es mir verkauft, vor Zeugen habe ich es gekauft‘, und der Eigentümer des abhanden gekommen Gutes sagt: ‚Zeugen, die mein abhanden gekommenes Gut kennen, will ich beibringen‘, wenn dann einerseits der Käufer den Verkäufer, der es ihm verkauft hat, und die Zeugen, vor denen er es gekauft hat, beibringt, und andererseits der Eigentümer des abhanden gekommen Gutes Zeugen, die sein abhanden gekommenes Gut kennen, beibringt, so prüfen die Richter ihre Aussagen; die Zeugen, vor denen der Kauf abgeschlossen wurde, … bekunden ihre Kenntnis vor … Gott. Dann ist der Verkäufer ein Dieb. Er wird getötet; der Eigentümer des abhanden gekommen Gutes bekommt sein abhanden gekommenes Gut zurück, der Käufer bekommt aus dem Hause des Verkäufers das Geld, das er gezahlt hat, zurück." (Übersetzung nach *Viel*, Der Codex Hammurapi, 2002, S. 381.)

5 Der *Corpus Juris Civilis*, Institutionen 2 Buch, 6 Titel regelt: „Vom Zivilrecht (dem Zwölftafelgesetz) war bestimmt worden, dass, wer gutgläubig von jemandem, der nicht Eigentümer war, den er aber für den Eigentümer hielt, eine Sache kaufte …, diese Sache, wenn sie beweglich war, überall nach einem Jahr ersaß, … Und während dies anerkannt war, weil die älteren Juristen glaubten, den Eigentümern genügen die eben genannten Fristen, um nach ihren Sachen zu suchen, sind wir zu einer besseren Auffassung gelangt, damit die Eigentümer nicht zu rasch um ihre Sachen gebracht werden … Deshalb haben wir darüber eine Konstitution erlassen,

ist, dass der *Corpus Juris Civilis* auf eine knapp tausend Jahre ältere, ähnliche Regelung im römischen *Zwölftafelgesetz* aus dem Jahr 450 vor Christus Bezug nimmt.

Das BGB aus dem Jahr 1900, das insoweit auch heute noch gilt, ändert an der traditionellen Lösung wenig. Nach §§ 929, 932, 935 BGB verliert der bisherige Eigentümer sein Eigentum grundsätzlich nicht. Nur dann, wenn der Erwerber die Sache zehn Jahre in dem Glauben, es sei seine eigene, besessen hat, verliert der bisherige Eigentümer auch bei einer gestohlenen Sache sein Eigentum, § 937 BGB. Der Dieb erwirbt nie Eigentum an der gestohlenen Sache, § 937 Abs. 2 BGB. Das BGB schützt damit grundsätzlich den Eigentümer, schwächt diesen Schutz aber ab, wenn der Eigentümer eine Sache schon lange Zeit nicht mehr in seinem Besitz hat. Es vermeidet unsichere Prozesse über das Eigentum, wenn jemand eine Sache über einen langen Zeitraum wie eine eigene besitzt, und schafft damit Rechtssicherheit. BGB

Der *Draft Common Frame of Reference* von 2009, der Ausgangspunkt für eine in der Zukunft liegende mögliche Europäische Regelung des Zivilrechts sein kann, enthält wiederum kleinere Fortentwicklungen. Er lässt den gutgläubigen Erwerb durch einen Dritten auch an gestohlenen Gütern zu, wenn dieser die Waren im ordnungsgemäßen Geschäftsablauf von einem genehmigten, eingetragenen oder lizenzierten Händler erworben hat und der gutgläubige Dritte eine Gegenleistung für die Sache erbracht hat. Die Ersitzung ist wie im BGB nach zehn Jahren möglich. Der Dieb erwirbt nie Eigentum.[6] Im Vergleich zum BGB ist neu, dass ein gutgläubiger Erwerb nur möglich ist, wenn Europäisches Recht

---

in der angeordnet ist, dass bewegliche Sachen in drei Jahren ersessen werden können … (G)estohlene Sachen (können) … nicht ersessen werden … Denn die Ersitzung gestohlener Sachen wird durch das Zwölftafelgesetz ausgeschlossen." (zitiert nach *Behrends/Knütel/Kupisch/Seiler*, Corpus Juris Civilis, Die Institutionen, 2. Auflage 1999, S. 65 ff.)

6 VIII. – 3:*101 Good faith acquisition through a person without right or authority to transfer ownership*

Where the person purporting to transfer the ownership … has no right or authority to transfer ownership of the goods, the transferee nevertheless acquires and the former owner loses ownership provided that:

… (Requirements for the transfer in general) … are fulfilled;

…

the transferee acquires the goods for value; and

the transferee neither knew nor could reasonably be expected to know that the transferor had no right or authority to transfer ownership …

Good faith ownership … does not take place with regard to stolen goods, unless the transferee acquired the goods from a transferor acting in the ordinary course of business. Good faith acquisition of stolen cultural objects … is impossible.

der Erwerber eine Gegenleistung erbracht hat, weil nur in einem solchen Fall die „Enteignung“ des bisherigen Eigentümers vertretbar sei. Die Zulassung des gutgläubigen Erwerbs von gestohlenen Gütern im ordnungsgemäßen Geschäftsablauf erhöht die Verkehrsfähigkeit von Gütern und schützt damit den Handel.

Weltweites Recht

Am East River in New York sitzen die Vereinten Nationen. Hier wurde das praktisch wichtige UN-Kaufrecht[7] geschaffen. Es gilt vor allem für Kaufverträge, an denen Personen beteiligt sind, die aus verschiedenen Staaten stammen. Es befasst sich mit dem Eigentumserwerb an gestohlenen Gütern nicht.

Es gibt aber ein in der Diskussion befindliches internationales Abkommen, das seit 1995 den Eigentumserwerb an gestohlenen Kunstwerken global regeln will.[8] Nach diesem Abkommen muss der Erwerber eines gestohlenen Kunstwerks dieses an den bisherigen Eigentümer herausgeben, dieser muss aber, wenn der Erwerber gutgläubig war, dem Erwerber eine faire Entschädigung zahlen.[9] Die Regel überrascht. Sie weicht für einen Teilbereich von einem über 3500 Jahre lang gut funktionierenden Prinzip ab. Sofort stellt sich die Frage nach dem Warum. Die Antwort ergibt sich aus folgender Überlegung: Wer für viel Geld ein wertvolles Kunstwerk gutgläubig erworben hat und feststellt, dass er es dem Eigentümer herausgeben muss, ist in einer misslichen Lage. Er hat zwar vielleicht einen Anspruch gegenüber seinem Verkäufer; dieser Anspruch wird aber oft nicht durchsetzbar sein. Er muss also das Bild herausgeben, ohne im Gegenzug etwas zu bekommen. In dieser Situation lässt man das Kunstwerk lieber verschwinden. Man entzieht es dem Markt. Unter Umständen ist es dann für immer verloren. Bei

VIII. – 4: 101 Basic Rule
A owner-possessor acquires ownership by continuous possession of goods:
For a period of ten years, provided that the possessor, throughout the whole period, possesses in good faith; or
For a period of thirty years.
…
Acquisition of ownership by continuous possession is excluded for a person who obtained possession by stealing the goods.

7 Übereinkommen der Vereinten Nationen über Verträge über den internationalen Warenkauf vom 11. April 1980.

8 UNIDROIT *Convention on Stolen or Illegally Exported Cultural Objects.*

9 “Art. 3: (1) The possessor of a cultural object which has been stolen shall return it …; Art. 4 (1) The possessor of a stolen cultural object required to return it shall be entitled, at the time of its restitution, to payment of fair and reasonable compensation provided that the possessor neither knew nor ought reasonably to have known that the object was stolen and can prove that it exercised due diligence when acquiring the object … ”

bedeutenden Kunstwerken ist das ein Verlust für die Menschheit. Die Regelung will dem entgegenwirken. Das Abkommen hat bisher noch nicht viel Unterstützung erfahren. Die Bundesrepublik ist nicht beigetreten, weil es von den traditionellen Regelungsprinzipien des gutgläubigen Erwerbs abweicht. Staaten, in denen der Kunsthandel ein wichtiger Wirtschaftszweig ist, sind ebenfalls nicht beigetreten, vielleicht weil sie befürchten, dass das Abkommen dazu führt, dass zwar bestohlene Museen ihre Bilder zurückerhalten, sie damit aber für den Kunsthandel als Handelsobjekt nicht mehr zur Verfügung stehen.

Historische, politische und wirtschaftliche Dimension von Recht

Rechtsregeln sind oft nicht das Ergebnis einer logischen Herleitung. Sie sind das Produkt eines politischen Prozesses, des Gesetzgebungsverfahrens. In diesen Prozess fließen auch historische Erfahrungen ein. Der politische Prozess wird aber vor allem durch die in ihrer Zeit einflussreichsten gesellschaftlichen Gruppen und deren wirtschaftliche Interessen beeinflusst. Rechtsregeln spiegeln daher oft das wider, was von diesen Gruppen jeweils als sachgerecht empfunden wird. Wer eine Rechtsregel wirklich begreifen will, muss sie daher in ihrer historischen, politischen und wirtschaftlichen Dimension erfassen.[10]

2.6 Die Person

Die Person ist der zentrale Akteur im Zivilrecht. Sie ist der Träger von Rechten und Pflichten. Tiere, Sachen oder Ideen werden zwar rechtlich geschützt, haben aber selbst keine Rechte oder Pflichten.[11]

Natürliche und juristische Person

Zu unterscheiden sind zunächst natürliche und juristische Personen. Natürliche Person ist jeder Mensch. Juristische Personen sind vor allem Personenzusammenschlüsse, denen das Recht aus Gründen praktischer Notwendigkeit den Status einräumt, auch rechtsfähig zu sein. Eingetragene Vereine, Gesellschaften mit beschränkter Haftung und Aktiengesellschaften, aber auch der Staat und seine Untergliederungen sind Beispiele für juristische Personen. Solche juristischen Personen handeln durch ihre Organe, die Vorstände, Geschäftsführer usw. Den juristischen Personen ähnlich sind bestimmte Personengesellschaften, § 14 Abs. 2 BGB.[12]

---

10 Frei nach Oliver Wendell Holmes, The Common Law, 1881, 1.

11 §§ 1 und 90 BGB bringen diesen Gedanken nur im Ansatz zum Ausdruck.

12 Siehe dazu näher unten Kapitel 9.

Umsatz Plus GmbH

B schließt mit der Werbeagentur Umsatz Plus GmbH einen Vertrag über die Erstellung eines Vermarktungskonzepts für ein Produkt. Vertragspartner des B wird die GmbH, nicht etwa deren Geschäftsführer oder Gesellschafter. Wenn die Werbeagentur nicht rechtzeitig liefert, dann kann gegen sie, vertreten durch ihre Geschäftsführer, ein Gerichtsverfahren eingeleitet werden. Die juristische Person wird also im Zivilrecht der natürlichen Person weitgehend gleichgestellt.

Verbraucher und Unternehmer

Eine weitere Unterscheidung, die nachfolgend eine Rolle spielen wird, ist diejenige zwischen Verbraucher und Unternehmer. Verbraucher ist jede natürliche Person, die zu Zwecken handelt, die nicht ihrer gewerblichen oder selbstständigen beruflichen Tätigkeit zugerechnet werden kann, § 13 BGB. Spiegelbildlich sind Unternehmer solche Personen, die gerade in Ausübung ihrer gewerblichen oder selbstständigen beruflichen Tätigkeit handeln, § 14 BGB.

Die Lieblings-DVD

Der Steuerberater K kauft online bei V seinen Lieblingsfilm auf DVD.

Obwohl der Steuerberater ein Selbstständiger ist, von dem anzunehmen ist, dass er über genug Geschäftserfahrung verfügt, gilt er bei diesem Geschäft nach § 13 BGB als Verbraucher, weil er die DVD nicht im Rahmen seiner selbstständigen beruflichen Tätigkeit, sondern für seinen Privatbedarf kauft. Der Begriff des Verbrauchers bezieht sich also auf ein konkretes Rechtsgeschäft und ist rollenbezogen.

Eine gewerbliche Tätigkeit im Sinne von § 14 BGB übt aus, wer selbstständig, also nicht angestellt[13], und planmäßig auf eine gewisse Dauer angelegt entgeltliche Leistungen am Markt anbietet.

Powerseller

Ein Student schafft sich über eine längere Dauer einen Nebenverdienst, indem er immer wieder Bekleidung eines Markenherstellers vertreibt, die er selbst bei einem nahegelegenen Werksverkauf zu besonders günstigen Konditionen eingekauft hatte.

Insbesondere dann, wenn der Student bei Ebay als Powerseller auftritt,[14] wenn er viele Bewertungen hat, fabrikneue und immer wieder dieselben Waren vertreibt, sind dies Indizien, die für eine gewerbliche Tätigkeit sprechen. Der Student ist dann Unternehmer. Wichtigste Konsequenzen sind, dass den studentischen Unternehmer

13 Angestellte Mitarbeiter können deshalb, wenn sie berufsbezogene Geschäfte im eigenen Namen tätigen, ja selbst Geschäftsführer von Gesellschaften können beim Abschluss ihrer Geschäftsführerverträge Verbraucher sein.

14 *OLG Karlsruhe*, Urteil vom 27. 4. 2006 – 4 U 119/04, WRP 2006, 1038, 1040.

vielfältige Informationspflichten u. a. nach § 312d BGB treffen,[15] dass Verbraucher als Kunden des Powersellers die geschlossenen Verträge nach § 312g BGB widerrufen können und dass deren Gewährleistungsrechte nach §§ 475 ff. BGB weitgehend nicht beschränkt werden können.

Die Unterscheidung zwischen Verbrauchern und Unternehmern ist wichtig, weil das BGB, wie schon der vorangehende Fall gezeigt hat, den Verbraucher bei Geschäften mit Unternehmern, bei sogenannten „B2C"-Konstellationen, umfassender schützt. Grund ist, dass Verbraucher nicht in jedem konkreten Einzelfall, aber typischerweise geschäftsunerfahrener als der auf der anderen Seite des Geschäfts agierende Unternehmer sind. Besondere Schutzvorschriften für Verbraucher gibt es insbesondere bei den in späteren Kapiteln im Detail vorzustellenden außerhalb von Geschäftsräumen geschlossenen Verträgen, §§ 312b ff. BGB, im Fernabsatz §§ 312 ff. BGB, beim Verbrauchsgüterkauf, §§ 474 ff. BGB, bei der AGB-Kontrolle, §§ 305 ff. BGB, und bei Verbraucherdarlehen, §§ 491 ff. BGB.

Verbraucherdarlehen

N nimmt bei der Bank G ein Darlehen zur Finanzierung einer Urlaubsreise auf. Der schriftlich geschlossene Darlehensvertrag über 3.000 € mit einer Laufzeit von 4 Jahren enthält keine Angaben über den effektiven Jahreszins, der bei 8 % liegt.

Hier liegt ein Verbraucherdarlehen vor, weil ein entgeltlicher Darlehensvertrag zwischen einem Unternehmer und einem Verbraucher geschlossen wurde, §§ 491, 13, 14 BGB. Daher hätte die G den effektiven Zins im Vertrag schriftlich angeben müssen, § 492 BGB. Rechtsfolge ist, dass sich der Zins auf den gesetzlichen Zinssatz von 4 % pro Jahr ermäßigt, §§ 494 Abs. 2, 246 BGB.

Schließlich gibt es noch den Begriff des Kaufmanns. An ihn knüpft das HGB an. Wer Kaufmann ist, für den gilt neben dem BGB auch das HGB. Kaufmann

Kaufmann ist, wer ein Handelsgewerbe betreibt, das nach Art und Umfang einen in kaufmännischer Weise eingerichteten Geschäftsbetrieb erfordert, § 1 HGB. Kennzeichnend für ein Handelsgewerbe ist eine auf Gewinnerzielung und dauernde Wiederholung gerichtete selbstständige Tätigkeit. Traditionell nicht unter den Kaufmannsbegriff fallen Freiberufler, Künstler, Designer und Erfinder. Nach § 19 HGB muss der Einzelkaufmann im Rechtsverkehr als „e. K.", „e. Kfm."

---

15 Siehe näher unter Kapitel 3.4. Hält er diese nicht ein, riskiert er kostenpflichtige und teure Abmahnungen und Unterlassungsklagen; hierzu näher: *Eisenmann/Jautz*, Grundriss gewerblicher Rechtsschutz und Urheberrecht, 8. Auflage 2009, unter 9., insbesondere 9.4.

oder „e. Kfr." auftreten. Nicht unter den Kaufmannsbegriff des § 1 HGB fallen auch gewerbliche Tätigkeiten in geringem Umfang, sogenannte Kleingewerbe. Das Gesetz versteht darunter Gewerbebetriebe, die nach Art oder Umfang einen in kaufmännischer Weise eingerichteten Gewerbebetrieb nicht erfordern. Gemeint sind damit z. B. Tätigkeiten, die ohne eine umfassende Buchhaltung noch betrieben werden können oder die ein bestimmtes Umsatzvolumen nicht überschreiten. Stellt sich die Frage in der Praxis, dann sollte hier zur Auslegung Rat bei der zuständigen Industrie- und Handelskammer eingeholt werden.

Kaufmann ist auch, wer ein Kleingewerbe oder einen Betrieb der Land- und Forstwirtschaft betreibt und im Handelsregister als Kaufmann eingetragen ist, §§ 2, 3 HGB. Ob ein solcher Eintragungsantrag des Inhabers wirtschaftlich notwendig und sinnvoll ist, muss im Einzelfall entschieden werden.

Daneben finden die Vorschriften des HGB auf die OHG, die KG, die GmbH, die AG, die SE, die KGaA und die deutsche EWIV Anwendung.[16] Diese Gesellschaften sind also den Kaufleuten gleichgestellt. Wenn mit einer solchen Gesellschaft Geschäfte abgeschlossen werden, ist immer davon auszugehen, dass sie Kaufmann ist.

Keine Notwendigkeit der Abgrenzung Unternehmer/Kaufmann

Der Begriff des Kaufmanns und der des Unternehmers sind oft deckungsgleich. Einer Abgrenzung bedarf es nicht, weil die jeweilige gesetzliche Regelung bestimmt, ob die Unternehmereigenschaft oder die Kaufmannseigenschaft für ihre Anwendung relevant ist. Das Nebeneinander hat historische Gründe. Das HGB von 1897 knüpft an den Kaufmannsbegriff an, modernere Regelungen, insbesondere solche, die einen europäischen Ursprung haben, stellen auf den Begriff des Unternehmers ab.

2.7 Zurechtfinden im BGB

Sich beim Lösen eines Rechtsproblems im BGB zurechtzufinden, ist Übungssache. Ein Ansatz ist, sich zu überlegen, welchem Rechtsgebiet eine Frage zuzuordnen ist, und dann zu prüfen, ob sich bei den Bestimmungen dieses Rechtsgebiets eine einschlägige gesetzliche Regelung findet. Dabei kann ein Blick ins Inhaltsverzeichnis des BGB helfen.

---

16 §§ 6, 105, 161 HGB; § 13 Abs. 3 GmbHG, § 6 HGB; § 3 Abs. 1 AktG, § 6 HGB; Art. 9 Abs. 1 c ii SEVO, § 3 SEEG, § 3 AktG; §§ 278, 3 AktG; § 1 EWIV-AG, § 6 HGB.

„Die Leihe“

Entleiher E bittet den Verleiher V, ihm 500 € zu „leihen“. V gibt E das Geld mit dem Hinweis, er solle ihm den Betrag nächste Woche zurückgeben. Kann V, nachdem er die 500 € zurückbekommen hat, noch Zinsen verlangen?

Was suchen wir? Eine Anspruchsgrundlage, also eine gesetzliche Regelung, aus der sich ergibt, dass jemand Zinsen verlangen kann. Wie finden wir eine Anspruchsgrundlage? Wir fragen, um welchen Vertragstyp des besonderen Schuldrechts es sich handelt, sehen dort die gesetzliche Regelung durch und prüfen, ob wir darin eine Anspruchsgrundlage finden.

Um eine Leihe nach § 598 BGB handelt es sich hier wegen § 604 Abs. 1 BGB nicht. V und E wollen nämlich nicht, dass genau dieselben fünf Einhunderteuroscheine zurückgegeben werden, die V dem E überlassen hat.

Die umgangssprachliche „Leihe“ ist hier ein Darlehen nach § 488 BGB. Aus § 488 Abs. 2 BGB könnte sich der Zinsanspruch ergeben. Aus dem Wortlaut der Vorschrift „einen geschuldeten Zins“ folgt, dass es das Gesetz den Parteien überlässt zu vereinbaren, ob das Darlehen verzinslich ist oder nicht. Hier haben die Parteien keine Vereinbarung über die Zinsen getroffen. Also besteht keine vertragliche Verpflichtung zur Zahlung von Zinsen. V kann also Rückzahlung nach § 488 Abs. 1 Satz 2 BGB, nicht aber auch noch Zinsen verlangen.

Gelegentlich hilft auch ein Blick ins Sachverzeichnis der Gesetzessammlung, um eine Regelung zu finden.

Bienen

A ist Bienenzüchter, B ein weit entfernt wohnender Nachbar. Eines Tages zieht einer der Bienenschwärme des A aus. A nimmt sofort die Verfolgung auf. Der Bienenschwarm lässt sich auf dem Grundstück des B nieder. Darf A das Grundstück des B betreten, um den Bienenschwarm zurückzubringen?

Ja, nach §§ 962, 961 BGB. Diese Anspruchsgrundlage finden Sie, wenn Sie im Sachverzeichnis nach „Bienenschwarm“ suchen. Es ist schon erstaunlich, dass manche wichtige Regelung im BGB fehlt, dass aber Bienen in vier Paragrafen geregelt sind. Angeblich war *Gottlieb Planck*, einer der Väter des BGB, Bienenzüchter.

3 Verträge

Neben dem Eigentum ist der Vertrag das wichtigste Rechtsinstitut überhaupt. Er ist Grundlage unserer Rechts- und Wirtschaftsordnung. Durch den Vertrag können zwei oder mehr Personen ihre gegenseitigen Rechtsbeziehungen weitgehend frei gestalten und fixieren. In diesem Kapitel geht es um allgemeine Regeln und Prinzipien, die für alle Vertragstypen gelten.

3.1 Grundlagen

3.1.1 Begriff des Vertrags

Begriff

Das BGB enthält keine Definition des Begriffs „Vertrag". Es besteht aber Einigkeit darüber, dass ein Vertrag eine Willensübereinkunft zwischen zwei oder mehr Personen ist, die Rechtsfolgen herbeiführen soll.

3.1.2 Verträge sind einzuhalten

Pacta sunt servanda

Verträge sind einzuhalten, *„pacta sunt servanda"*. Ist ein Vertrag wirksam zustande gekommen, ist er für die Parteien bindend. Das bedeutet, dass ein geschlossener Vertrag erfüllt werden muss, auch wenn eine der Vertragsparteien das zwischenzeitlich nicht mehr möchte. Eine Partei kann sich gegen den Willen der anderen Partei nur unter sehr engen Voraussetzungen wieder von einem Vertrag lösen. Allerdings haben die Parteien immer die Möglichkeit, einen einmal geschlossenen Vertrag einvernehmlich wieder aufzuheben.

Der Goldkauf

K kauft von V 100 Goldmünzen zum Preis von 1000 € je Münze. Die Parteien wollen sich fünf Tage später treffen, um das Gold und den Kaufpreis zu übergeben. Innerhalb der fünf Tage steigt der Goldpreis um 15 %. Muss V, wenn sich die Parteien wie vereinbart treffen, seine Goldmünzen dem K zu dem vereinbarten Preis übergeben?

Weil Verträge einzuhalten sind, muss V seine Münzen zum vereinbarten Preis übergeben. K könnte sich aber mit V bei ihrem Treffen einigen, dass er die Münzen zum Tageskurs erwirbt. Dann hätten die Parteien ihren ursprünglich geschlossenen Vertrag einvernehmlich abgeändert.

Im Vertragsrecht geht es im Wesentlichen darum, wann die Bindungswirkung eintritt, ob eine Partei sie wieder beseitigen kann, welchen genauen Umfang sie hat und welche Rechtsfolgen die Verletzung von rechtsverbindlichen Versprechen haben.

3.1.3 Der Grundsatz der Vertragsfreiheit

Grundrechtlich geschützte Vertragsfreiheit

Ein wichtiges Prinzip des Vertragsrechts ist der Grundsatz der Vertragsfreiheit, der sich aus der grundgesetzlich geschützten Privatautonomie herleitet. Das Bundesverfassungsgericht schreibt dazu: „Art. 2 GG gewährleistet die Privatautonomie als Selbstbestimmung des einzelnen im Rechtsleben. Die eigenbestimmte Gestaltung der Rechtsverhältnisse ist ein Teil der allgemeinen Handlungsfreiheit. ... Maßgebliches rechtliches Instrument zur Verwirklichung freien und eigenverantwortlichen Handelns in Beziehung zu anderen ist der Vertrag, mit dem die Vertragspartner selbst bestimmen, wie ihre individuellen Interessen zueinander in einen angemessenen Ausgleich gebracht werden. ... Der zum Ausdruck gebrachte übereinstimmende Wille der Vertragsparteien lässt deshalb in der Regel auf einen durch den Vertrag hergestellten sachgerechten Interessenausgleich schließen, den der Staat grundsätzlich zu respektieren hat.“[1]

Die Vertragsfreiheit umfasst die Vertragsabschlussfreiheit und die Vertragsinhaltsfreiheit.

Vertragsabschlussfreiheit

Die Vertragsabschlussfreiheit bedeutet, dass jeder frei ist, seinen Vertragspartner zu wählen, und frei entscheiden kann, ob er einen Vertrag abschließen will.

Nicht mit meinem Nachbarn

A annonciert in der Zeitung, dass er einen Käufer für einige alte Möbel aus der Haushaltsauflösung seiner verstorbenen Schwiegermutter sucht. Sein Nachbar B, den A nicht ausstehen kann, will einige der Antiquitäten kaufen. Kann A dem B sagen, dass er an ihn, B, gar nichts verkauft?

Aus dem nicht ausdrücklich geregelten Prinzip der Vertragsabschlussfreiheit folgt, dass A in der Wahl seiner Vertragspartner grundsätzlich frei ist. Er braucht deshalb mit B keinen Vertrag abzuschließen.

Grenzen

Aufgrund spezieller gesetzlicher Regelungen kann in Einzelfällen die Vertragsabschlussfreiheit eingeschränkt sein.

Atomkraft? Nein danke

Das D-Werk liefert Strom an die Mehrzahl der Haushalte in einer Region. Y ist Kernkraftgegner und Solartechnikbefürworter. Kann sich D weigern, das Haus des Y mit Strom zu beliefern?

Aus § 36 des Energiewirtschaftsgesetzes ergibt sich für D als Grundversorger ein Abschlusszwang in Bezug auf den Vertrag mit Y als Letztverbraucher.

---

1 BVerfG, Urteil vom 26. 7. 2005 – 1 BvR 782/94 und 1 BvR 957/96, NJW 2005, 2363.

AGG

Auch durch das Allgemeine Gleichbehandlungsgesetz (AGG) wird die Vertragsabschlussfreiheit eingeschränkt. Ziel des Gesetzes ist es, Benachteiligungen aus Gründen der Rasse, der ethnischen Herkunft, des Geschlechts, der Religion, der Weltanschauung, einer Behinderung, des Alters oder der sexuellen Identität zu unterbinden, § 1 AGG. Das Gesetz hat vor allem Auswirkungen auf das Arbeitsrecht, §§ 6 bis 12 AGG,[2] wirkt sich aber auch auf das allgemeine Zivilrecht aus, §§ 19 bis 21 AGG. So sind insbesondere Diskriminierungen aus den genannten Gründen bei Massengeschäften, § 19 Abs. 1 Nr. 1 AGG, und Diskriminierungen wegen Rasse oder ethnischer Herkunft auch bei sonstigen zivilrechtlichen Rechtsbeziehungen, § 19 Abs. 2 GG, unzulässig. Ob der Benachteiligte im Falle eines Verstoßes den Abschluss des gewünschten Vertrags oder nur Beseitigung der Benachteiligung oder Schadensersatz verlangen kann, ist derzeit durch die Gerichte noch nicht abschließend geklärt.

Nicht mit ...

Weigert sich ein Ladenbetreiber, an einen dunkelhäutigen Kunden K wegen dessen Hautfarbe Lebensmittel zu verkaufen, liegt darin eine unzulässige Benachteiligung aus Gründen der Rasse.[3]

Bestimmte Diskriminierungen im Zivilrechtsverkehr können zulässig sein, § 20 AGG.

Studentenermäßigung

Ein Kinobetreiber bietet Studenten Kinokarten zum ermäßigten Preis an. Ist das zulässig?

Hier liegt eine mittelbare Benachteiligung aufgrund des Alters bei einem Massengeschäft vor. Allerdings ist diese Benachteiligung nach § 20 Abs. 1 Nr. 3 AGG zulässig. Wegen der typischen Vermögenslage von Studierenden akzeptiert unsere Gesellschaft deren Privilegierung bei kulturellen Veranstaltungen.

Vertragsinhaltsfreiheit

Die neben der Vertragsabschlussfreiheit bestehende Vertragsinhaltsfreiheit bedeutet, dass die Parteien den Inhalt von Verträgen frei gestalten können. Dabei sind die gesetzlichen Regeln des Schuldrechts des BGB grundsätzlich nur Modelle. Sie gelten für den Fall, dass die

2 Siehe dazu unten Kapitel 6.5.1.

3 Vergleiche OLG Köln, Urteil vom 19. 1. 2010 – 24 U 51/09, NJW 2010, 1676. Dort war die Vermietung an zwei dunkelhäutige Kunden durch den Mitarbeiter des Vermieters mit dem Hinweis abgelehnt worden, die Wohnung werde nicht an „Neger, äh Schwarzafrikaner ... “ vermietet. Das Gericht sprach den Mietinteressenten neben Schadensersatz für vergebliche Aufwendungen ein Schmerzensgeld wegen Persönlichkeitsrechtsverletzung nach §§ 823, 831 BGB in Höhe von jeweils 2.500 € zu.

Parteien nichts anderes vereinbart haben. Die Parteien können durch vertragliche Vereinbarungen von den gesetzlichen Bestimmungen abweichen oder Verträge abschließen, die, wie z. B. das Franchising, im BGB nicht geregelt sind.

Big Brother

Wer sich für eine Gewinnchance von 250.000 € und ein wöchentliches Entgelt verpflichtet, seine Privatsphäre in täglichen Fernsehsendungen der Lächerlichkeit preiszugeben und sich einsperren zu lassen, schließt einen Vertrag, den das BGB nicht kennt. Die grundsätzliche Zulässigkeit einer solchen vertraglichen Vereinbarung ergibt sich aus der Vertragsgestaltungsfreiheit.

Grenzen

Auch die Vertragsinhaltsfreiheit hat Grenzen. Im Sachen-, Familien- und Erbrecht können nur bestimmte Typen von Verträgen mit teilweise vorgegebenen Inhalten abgeschlossen werden. Im Schuldrecht sind vor allem Verträge mit rechts- oder sittenwidrigem Inhalt unwirksam, §§ 134, 138 BGB. Darüber hinaus gibt es im Schuldrecht vielfältige Einschränkungen aus Gründen des Verbraucherschutzes und zum Schutz des sozial Schwächeren.

Der Killer

Ein Vertrag, in dem der Killer K und der Auftraggeber A vereinbaren, dass der Dritte D gegen Zahlung von 100.000 € umgebracht werden soll, ist wegen Gesetzesverstoßes nach § 134 BGB unwirksam. Der Killer kann also weder vor noch nach vollbrachter Tat Zahlung verlangen.

3.1.4 Bindung durch Willensübereinstimmung

Jede Partei ist durch einen Vertrag gebunden, weil sie dies so will. Der übereinstimmende Wille der Parteien wird von der Rechtsordnung anerkannt und ist die Grundlage der vertraglichen Bindung.

3.1.5 Die Willenserklärung

Ob ein solcher Wille der Parteien zur rechtlichen Bindung vorliegt, wird davon abhängig gemacht, ob die Parteien Willenserklärungen abgegeben haben.

Begriff und Voraussetzungen

Eine Willenserklärung ist die bewusste Äußerung einer Person, sich rechtlich binden zu wollen. Sie setzt im Wesentlichen eine Erklärung und einen rechtlichen Bindungswillen voraus.

Erklärung

Zunächst muss eine Partei also etwas erklären. Eine solche Erklärung kann mündlich, schriftlich oder durch schlüssiges Verhalten erfolgen. Schweigen oder Nichtstun sind grundsätzlich keine Erklärungen.[4]

Parkhaus
Wer in ein Parkhaus einfährt, zieht an der Einfahrt ein Ticket, sagt aber nichts. Aus dem Verhalten des Einfahrenden ergibt sich, dass er im Parkhaus gegen Entgelt zu den Bedingungen des Parkhausbetreibers parken will. Es liegt eine Willenserklärung durch schlüssiges oder konkludentes Verhalten vor.

Rechtsbindungswille

Eine Willenserklärung im Rechtssinne liegt nicht vor, wenn die Beteiligten sich nicht rechtlich binden wollen. Mit dem Erfordernis des Rechtsbindungswillens grenzt das deutsche Recht rechtsverbindliche von bloß gesellschaftlichen Erklärungen ab.

Versetzt
Verabreden sich eine Studentin und ein Student, die sich näherkommen wollen, etwas gemeinsam zu unternehmen, und organisiert der Student dann Tickets für ein Konzert, kann er keinen Schadensersatz verlangen, wenn er am Treffpunkt versetzt wird. Das Nichterscheinen ist rechtlich nicht relevant. Die Erklärungen der beiden Studenten werden dahingehend ausgelegt, dass sie sich nicht rechtsverbindlich verpflichten wollten, am Treffpunkt zu erscheinen.

Auch Abreden mit wirtschaftlich beachtlichen Konsequenzen können ohne Rechtsbindungswillen getroffen werden.

Tippgemeinschaft
Fünf Sportsfreunde schlossen sich zu einer Lottotippgemeinschaft zusammen, zahlten wöchentlich je 10 € und gaben einen Systemtipp ab. Sportsfreund A übernahm die Abgabe der Lottoscheine. Als er eines Tages die rechtzeitige Abgabe des Lottoscheins vergaß, gewann die getippte Zahlenkombination 50.000 €. Die übrigen Sportsfreunde verlangten von ihm ihren Gewinnanteil.

Der BGH lehnte hier eine Haftung des A ab. Bei der Übernahme der Verpflichtung zur Abgabe des Lottoscheins habe sich A nicht rechtlich binden wollen. Grund sei das außerordentliche Schadensrisiko, das A mit seiner Verpflichtung ohne Gegenleistung eingehe.[5]

Zugang, § 130 BGB

Die meisten Willenserklärungen müssen, um wirksam zu werden, der anderen Seite auch zugehen. Es handelt sich dann um sogenannte

---

4 Zu den Ausnahmen siehe unten Kapitel 3.3.6.

5 BGH, Urteil vom 16. 5. 1974 – II ZR 12/73, NJW 1974, 1705.

empfangsbedürftige Willenserklärungen. Neben den zu einem Vertragsschluss führenden Willenserklärungen, die in der Regel empfangsbedürftig sind[6], sind etwa auch Kündigungen von Arbeits- oder Mietverhältnissen empfangsbedürftige Willenserklärungen. Eine nicht empfangsbedürftige Willenserklärung ist beispielsweise ein eigenhändiges Testament.

Unter Anwesenden geht eine Willenserklärung sofort zu, unter Abwesenden geht sie nach § 130 BGB zu, wenn die Willenserklärung in den Machtbereich des Empfängers gelangt ist und dieser unter gewöhnlichen Umständen die Möglichkeit der Kenntnisnahme hatte.

Die rechtzeitige Kündigung

Die Kündigungsfrist für einen Mietvertrag läuft am 31.8. um 24.00 Uhr ab. Der Mieter wirft das Kündigungsschreiben um 23.00 Uhr in den Briefkasten des Vermieters. Wurde das Mietverhältnis rechtzeitig gekündigt?

Nein, weil die Kündigung zwar in den Machtbereich des Empfängers gelangt ist, er aber unter normalen Umständen nicht nachts vor 24.00 Uhr seinen Briefkasten leert. Der Brief geht erst am nächsten Morgen und daher nicht mehr rechtzeitig zu.

Zugang bei E-Mail, Fax und Anrufbeantworter

Folglich geht eine E-Mail erst zu, wenn sie abrufbereit in der Mailbox des Empfängers verfügbar ist und der Empfänger unter gewöhnlichen Umständen seine E-Mail liest. Ein Fax geht zu, wenn sein Inhalt im Gerät des Empfängers gespeichert ist und der Empfänger das Fax unter gewöhnlichen Umständen zur Kenntnis nehmen kann. Auf einen Ausdruck und das tatsächliche Lesen des Faxes kommt es nicht an, weil das Risiko des Papierstaus dem Empfänger zuzuordnen ist. Nachts gesendete E-Mails und Faxe gehen daher im Regelfall erst am nächsten Tag zu. Auch beim Hinterlassen einer Erklärung auf dem Anrufbeantworter geht diese der anderen Seite erst dann zu, wenn diese üblicherweise den Anrufbeantworter abhört.

Beweis des Zugangs

In einem Streit kann es zweifelhaft sein, ob ein Schriftstück, z. B. eine Kündigung, der anderen Seite zugegangen ist. Dann muss derjenige, der sich darauf beruft, dass er eine Willenserklärung wirksam abgegeben hat, beweisen, dass sie der anderen Seite zugegangen ist. Dies gelingt am besten, wenn eine wichtige Willenserklärung der anderen Seite in schriftlicher Form übergeben wird und diese durch Unterschrift in Gegenwart von Zeugen bestätigt, dass sie das Schriftstück erhalten hat. Soweit dies nicht möglich ist, kann in wichtigen Fällen mit einem gewissen Zeit- und Kostenaufwand ein Gerichtsvollzieher für

6 Ausnahme z. B. § 151 BGB, siehe dazu unten Kapitel 3.3.5.

die Zustellung eingeschaltet werden. Meist reicht im Übrigen auch die Verwendung eines Einwurfeinschreibens. Bei diesem dokumentiert die Deutsche Post AG die Ablieferung des Einschreibens. Mithilfe des Einlieferungsbelegs und der von der Post auf Anforderung erstellten Reproduktion des Auslieferungsbelegs kann der Absender den Zugang in der Regel nachweisen.

Auslegung

Willenserklärungen sind oft nicht klar und eindeutig. Dann bedürfen sie der Auslegung. Bei der Auslegung einer Willenserklärung ist der wirkliche Wille zu erforschen und nicht an dem buchstäblichen Sinne des Ausdrucks zu haften, § 133 BGB.

Haifischfleisch

Wenn die Parteien Walfischfleisch aufgrund eines gemeinsamen Missverständnisses mit einem skandinavischen Wort für Haifischfleisch bezeichnen und dann einen Vertrag unter Verwendung dieser Bezeichnung abschließen, haben sie tatsächlich einen Vertrag über Walfischfleisch geschlossen. Es kommt darauf an, was beide wirklich wollten, nicht wie sie die Kaufsache übereinstimmend bezeichnet haben.[7]

Ist der wirkliche Wille nicht zu ermitteln, sind bei der Auslegung einer Willenserklärung objektive Aspekte zu berücksichtigen, § 157 BGB. Es wird gefragt, wie eine verständige Person unter Berücksichtigung dessen, was üblich und angemessen ist, die Erklärung verstehen würde.

Bei empfangsbedürftigen Willenserklärungen, also in den meisten Fällen, erfolgt die Auslegung zudem nach dem Empfängerhorizont. Danach kommt es nicht so sehr darauf an, was der Erklärende wirklich wollte, als vielmehr darauf, welcher Eindruck beim Empfänger der Erklärung hervorgerufen wird. Die Willenserklärung hat dann grundsätzlich den Inhalt, den der Empfänger verstehen durfte.

„Hasso"

Wenn der Verkäufer Züchter von Schäferhunden ist und dem Käufer seinen „Hasso" zum Kauf anbietet, kann der Käufer davon ausgehen, dass es sich bei „Hasso" um einen Schäferhund handelt und nicht um einen Hamster. Will der Verkäufer seinen Hamster verkaufen, muss er das in dieser Situation deutlich zum Ausdruck bringen.

---

7 RG, Urteil vom 8. 6. 1920 – II 549/19, RGZ 99, 147.

3.1.6 Der Grundsatz der Formfreiheit

Mündlich geschlossene Verträge sind wirksam

Im deutschen Recht sind Verträge wirksam, auch wenn sie bloß mündlich abgeschlossen werden. Der Einhaltung einer besonderen Form bedarf es nicht. Dieses allgemeine Prinzip des deutschen Zivilrechts ist gesetzlich nicht geregelt.[8]

Dieses Prinzip ist vernünftig, da ein generelles Formerfordernis den Rechtsverkehr nur behindern würde. Es wäre zu umständlich, wenn beispielsweise mit jedem Kunden im Supermarkt oder auf dem Wochenmarkt ein schriftlicher Vertrag über den Kauf etwa eines Kilos Äpfel abgeschlossen werden müsste.

Ausnahmen

Vom Grundsatz der Formfreiheit gibt es aus Gründen des Beweises, der Rechtssicherheit, zur Warnung und zum Schutz der Beteiligten vor risikobehafteten Rechtsgeschäften eine Reihe von Ausnahmen. So bedürfen insbesondere Kaufverträge über Grundstücke der notariellen Beurkundung, § 311b BGB.[9]

Praktische Bedeutung der Schriftform

Vor allem aus Dokumentations- und Beweisgründen empfiehlt es sich in der Praxis, wichtige Verträge schriftlich abzufassen, auch wenn sie mündlich wirksam abgeschlossen werden könnten. Ein Vertrag über die Errichtung eines Kraftwerks im Wert von 500 Mio. € kann mehrere tausend Seiten umfassen. An seiner Erfüllung, die sich über einen längeren Zeitraum hinzieht, sind viele Personen beteiligt, die die komplexen Vorgaben, die vertraglich vereinbart wurden, einhalten müssen. Ohne einen schriftlichen Vertrag, der detailliert die Rechte und Pflichten der Beteiligten festlegt, lässt sich ein solches Projekt kaum abwickeln. Es gibt auch Fälle, in denen eine schriftliche Vereinbarung den Parteien hilft, sich über offene Fragen ihrer Rechtsbeziehung Klarheit zu verschaffen.

Die Wettbewerbspräsentation

Die kleine Werbeagentur W wird telefonisch von K aufgefordert, an einer Wettbewerbspräsentation teilzunehmen. Es soll ein Konzept für den Onlinevertrieb eines Produkts erstellt werden. K entscheidet sich dann für das Konzept eines Wettbewerbers. W stellt eine Rechnung über 5.000 €. K weigert sich, zu zahlen.

§ 612 Abs. 1 BGB hilft kaum weiter, weil es entgeltliche und unentgeltliche Wettbewerbspräsentationen gibt. Eine klare schriftliche Vereinbarung hätte hier Streit vermieden. Die Parteien wären sich über den Inhalt ihrer Vertragsbeziehung im Klaren gewesen und hätten im Streitfall beweisen können, was sie vereinbart haben.

---

8 Der Grundsatz der Formfreiheit ist nicht selbstverständlich. In vielen Rechtsordnungen der Welt sind Verträge traditionell dem Grundsatz nach nur wirksam, wenn sie schriftlich nachgewiesen werden können.

9 Im Einzelnen siehe dazu unten Kapitel 13.4.

3.1.7 Vertrag und Gesetz

Der zwischen den Parteien geschlossene Vertrag kann dieselbe Rechtsfrage anders als das Gesetz regeln. Gilt dann der Vertrag oder das Gesetz?

Reinigung I

B bringt seinen Anzug zur Reinigung. Kann der Betreiber der Reinigung U sofortige Zahlung des Reinigungspreises von 10 € verlangen?

Die Parteien wollen einen Werkvertrag abschließen. Beim Werkvertrag ist nach § 641 BGB der Werklohn bei der Abnahme, also dann, wenn B den Anzug zufrieden abholt, zur Zahlung fällig. Die Parteien können aber von der gesetzlichen Regel abweichen und ohne Weiteres vereinbaren, dass die Zahlung vorab erfolgen soll. Wenn B damit einverstanden ist, gilt die vom Gesetz abweichende Regelung.

Vorrang des Vertrags bei dispositivem Gesetzesrecht

Ausgangspunkt ist immer das Gesetz. Das Gesetz gewährt den Parteien Vertragsfreiheit und bestimmt zugleich deren Grenzen. Im Schuldrecht enthält es Regelungen, die gelten, wenn die Parteien nichts anderes vereinbart haben. Das Gesetz erlaubt es den Parteien also, in ihrem Vertrag wirksam Vereinbarungen zu treffen, die vom Gesetz abweichen. Juristen bezeichnen eine solche gesetzliche Regelung als dispositiv. Die vertragliche Vereinbarung hat bei dispositiven gesetzlichen Regelungen Vorrang vor der gesetzlichen Regelung.

Vorrang des Gesetzes bei zwingenden Vorschriften

Es gibt aber auch im Vertragsrecht eine Vielzahl gesetzlicher Regelungen, die zwingend sind, von denen die Parteien also nicht abweichen dürfen. Soweit zwingende Vorschriften die Vertragsfreiheit einschränken, hat das Gesetz Vorrang vor der abweichenden vertraglichen Vereinbarung.

Reinigung II

Angenommen, in dem obigen Fall Reinigung I hätten die Parteien vereinbart, dass bei einer mangelhaften Reinigung der B keinerlei Mängelrechte hat. Nach der Reinigung ist die Verschmutzung nicht beseitigt, und U weigert sich unter Hinweis auf den geschlossenen Vertrag, den Anzug nochmals zu reinigen. Hat B hier weitergehende Rechte?

Das Gesetz räumt dem B nach § 634 BGB weitergehende Rechte ein. Die Parteien haben in ihrer Vereinbarung diese Rechte aber eingeschränkt. Da § 634 BGB dispositiv ist, können die Parteien auch vom Gesetz abweichen. Allerdings gibt es Grenzen. Wenn U aufgrund seiner Allgemeinen Geschäftsbedingungen mit allen seinen Kunden entsprechend verfährt, dann ist die Vereinbarung des Ausschlusses aller Mängelrechte nach § 309 Abs. 8 b) aa) BGB unwirksam. Der zwingende Charakter von § 309 BGB ergibt sich aus seinem Wortlaut. Weil eine wirksame vertragliche Regelung fehlt, gilt dann wiederum die gesetzliche Bestimmung, §§ 306 Abs. 2, 634 BGB.

Ob eine gesetzliche Regelung zwingend ist, ist nicht immer leicht zu bestimmen. Meist folgt der zwingende Charakter aus ihrem ausdrücklichen Wortlaut, teilweise ergibt er sich aber auch aus der Systematik des Gesetzes oder aus dem Sinn und Zweck einer Regelung.

3.1.8 Verpflichtungs- und Verfügungsgeschäft

Bereits oben wurde darauf hingewiesen, dass das BGB einheitliche Geschäfte des täglichen Lebens in verschiedenen Büchern regelt. Im Schuldrecht regelt es Verpflichtungsgeschäfte, im Sachenrecht Verfügungen.

Verpflichtungsgeschäfte sind Geschäfte, bei denen sich jemand verpflichtet, etwas zu tun. Meist handelt es sich bei Verpflichtungen um schuldrechtliche Verträge.

Verfügungsgeschäfte sind demgegenüber solche Geschäfte, die unmittelbar auf Rechte einwirken. Typische Verfügungen sind Übereignungen oder die Bestellung von Rechten an Sachen. Auch Verfügungen haben eine vertragliche Komponente. Wer sein Eigentum nach § 929 BGB überträgt, muss sich mit dem Erwerber über den Eigentumsübergang einig sein und daneben die Sache noch übergeben. Diese sogenannte dingliche Einigung ist ebenfalls ein Vertrag.

Bei einem einfachen Alltagsgeschäft können daher eine ganze Reihe von Verträgen geschlossen werden.

Eine Banane

K kauft bei V im Ökoladen um die Ecke eine Banane für 1,10 €. Er gibt V zwei einzelne Euromünzen und erhält als Rückgeld eine Fünfzigcent-Münze und vier Zehncentmünzen. Wie viele Verträge werden hier geschlossen?

Hier liegen folgende Vereinbarungen vor:

V und K schließen einen Kaufvertrag nach § 433 BGB, in dem sich K verpflichtet, den Kaufpreis zu zahlen und in dem sich V verpflichtet die Banane zu übereignen. Die Parteien gehen hier Verpflichtungen ein. Sie schließen einen schuldrechtlichen Vertrag.

V übereignet dem K die Banane nach § 929 BGB durch dingliche Einigung über den Eigentumsübergang und Übergabe. Auch diese dingliche Einigung ist ein Vertrag.

K übereignet dem V nach § 929 BGB jeweils durch dingliche Einigung und Übergabe zwei Eineuromünzen. Hier werden also weitere zwei Verträge geschlossen.

V übereignet dem K nach § 929 BGB jeweils durch dinglich Einigung und Übergabe ein Fünfzigcentstück und vier Zehncentstücke. Das sind nochmals fünf Verträge.

Insgesamt schließen die Parteien also neun Verträge ab.

Die Trennung von Verpflichtungs- und Verfügungsgeschäften ist ein Elementarprinzip des deutschen Rechts. Das BGB ist schlicht nicht zu begreifen, wenn es Ihnen nicht gelingt, diese Unterscheidung im Laufe Ihrer Auseinandersetzung mit dem Recht auch zu verstehen. Wir werden daher auf diese Unterscheidung immer wieder zurückkommen, und es wird Ihnen gelingen, von Wiederholung zu Wiederholung dieses Strukturelement besser zu verstehen.

3.1.9 Ökonomische Begründung des Vertragsrechts

Jede Vertragspartei schließt einen Vertrag, weil sie bei Vertragsschluss davon ausgeht, dass der Vertrag ihr Vorteile bringt. Jeder erfolgreich abgewickelte Vertrag verbessert damit im Grundsatz den Wohlstand der Beteiligten. Die tagtäglich millionenfach abgeschlossenen Verträge sind in ihrer Gesamtheit für eine Volkswirtschaft wohlstandsmehrend. Die Rechtsordnung schützt Verträge, weil die Steigerung des Wohlstands der Bürger ein wichtiges Ziel jedes Staates ist. Nach diesem Modell sind Verträge nur dann gesamtgesellschaftlich wohlfahrtsmehrend, wenn sie für beide Parteien vorteilhaft sind. Man könnte argumentieren, dass allein die Tatsache, dass beide Parteien den Vertrag aus freien Stücken abschließen, die Vorteilhaftigkeit des Geschäfts belegt. Tatsächlich kann sich aber später herausstellen, dass die Einschätzungen der Parteien unzutreffend waren oder dass Störungen in der Vertragsabwicklung das Geschäft verteuern oder zum Scheitern bringen. Eine Rechtsordnung, die auf Wohlstandsmehrung bedacht ist, muss herausarbeiten, welche Verträge Bestand haben und welche Verträge nicht durchgeführt werden sollen. Jedes der in diesem Buch angesprochenen Rechtsprobleme befasst sich genau mit dieser Frage.

3.2 Vorvertragliche Pflichten[10]

§§ 311 Abs. 2, 241 Abs. 2 BGB

Nach dem Grundsatz *pacta sunt servanda* ist der geschlossene Vertrag für die Parteien bindend. Schon im Stadium der Vertragsanbahnung können die potenziellen Vertragspartner aber durch ihr Verhalten Rechtsgüter des Vertragspartners verletzen oder Ursachen setzen, die den späteren Vertrag und seine Durchführung gefährden. Das Gesetz geht zum Schutz von Rechtsgütern und zur Sicherung des Vertrags

10 Zum nachfolgenden Text und den Beispielsfällen siehe DCFR, Full Edition, Band 1, S. 200 ff.

davon aus, dass die Parteien schon vor Vertragsabschluss Schutz- und Rücksichtnahmepflichten für den jeweiligen Vertragspartner haben. Nach § 311 Abs. 2 BGB entsteht daher ein Schuldverhältnis mit der Pflicht zur Rücksichtnahme auf Rechte, Rechtsgüter und Interessen des anderen Teils nach § 241 Abs. 2 BGB schon durch die Aufnahme von Vertragsverhandlungen oder die Anbahnung des Vertrags.

3.2.1 Stellen Sie sich vor …

Stellen Sie sich vor, Sie bewerben sich auf eine Stelle als Controller. Sie haben eine angeborene Rechenschwäche und kein Gefühl für Zahlen. Das BWL-Studium haben Sie mit der Note 3,8 bestanden. Müssen Sie in den Bewerbungsgesprächen den potenziellen Arbeitgeber über Ihre Rechenschwäche ungefragt informieren?

Oder stellen Sie sich vor, Sie seien als Einkäufer für ein Unternehmen tätig. Sie haben einen Lieferanten L, mit dem Sie eigentlich sehr zufrieden sind. Um dessen Lieferpreise in Preisverhandlungen weiter zu drücken, holen Sie ein Angebot des D ein. Sie wissen, dass D ein sehr günstiges Angebot erstellen wird, um mit Ihnen ins Geschäft zu kommen. Tatsächlich haben Sie keine Absicht, einen Vertrag mit D abzuschließen. Aufgrund des günstigen Angebots des D gelingt es Ihnen, noch günstigere Lieferpreise mit L auszuhandeln. Birgt dieses Vorgehen Risiken?

3.2.2 Vorvertragliche Pflichten im Überblick

Faires Verhandeln und Schutzpflichten

In der Verhandlungsphase bestehen Pflichten zum fairen Verhandeln, Informations- und Aufklärungspflichten sowie Schutz- und Geheimhaltungspflichten. Im BGB sind diese Pflichten detailliert nur in Sonderfällen[11] geregelt, ergeben sich im Übrigen aber aus §§ 311 Abs. 2, 241 Abs. 2 BGB. Bis 2002 fehlte es an einer allgemeinen gesetzlichen Regelung. Die Rechtsprechung hatte diese Pflichten seit über 100 Jahren unter dem Stichwort *culpa in contrahendo*[12] entwickelt.

Rechtsfolge Schadensersatz

Rechtsfolge von vorvertraglichen Pflichtverletzungen ist ein Schadensersatzanspruch nach § 280 Abs. 1 BGB. Der Verletzte ist demgemäß nach § 249 BGB so zu stellen, wie er stünde, wenn die Pflichtverletzung nicht begangen worden wäre. Das kann bedeuten, dass er von

11 Siehe dazu insbesondere §§ 312 ff., 305 Abs. 2, 123, 434 Abs. 1, 491 a BGB.
12 Übersetzt: Verschulden bei Vertragsverhandlungen.

der vertraglichen Verpflichtung zu befreien ist oder Geldersatz für seinen Schaden erhält.

Neben diesen allgemeinen vorvertraglichen Pflichten gibt es Sonderregelungen, die in späteren Kapiteln detailliert vorgestellt werden:

Spezielle Informationspflichten bei Verbraucherverträgen

Da vor allem Verbraucher Informationsdefizite bei Vertragsschluss haben können, bestehen gerade bei Verbrauchergeschäften umfassende Informationspflichten vor oder bei Vertragsschluss, die speziell etwa bei Haustürgeschäften, im Fernabsatz oder bei Verbraucherdarlehensverträgen geregelt sind.

Vorrang von Gewährleistungsrechten

Bei Kauf-, Werk- und Mietverträgen bestehen umfassende Aufklärungspflichten in Bezug auf den Vertragsgegenstand, deren Verletzung aber regelmäßig Gewährleistungsrechte des Käufers begründet.

Pflichten bei der Verwendung von AGB

Bei der Verwendung von Allgemeinen Geschäftsbedingungen gegenüber Verbrauchern müssen diese der anderen Vertragspartei vor oder bei Vertragsabschluss zugänglich gemacht werden.

Grenzen für Werbung

Auch Marketing und Werbung können zu Fehlvorstellungen über den geschlossenen Vertrag führen. Das Gesetz versucht, dieses Risiko durch eine Bindung des Vertragspartners an seine Werbeaussagen zu minimieren.

Täuschung und Drohung

Eine Pflichtverletzung im Verhandlungsstadium liegt auch dann vor, wenn der Vertragspartner durch Täuschung oder Drohung zum Vertragsschluss bewegt wurde.

Unbestellte Ware

Ein Sonderfall ist das Zusenden unbestellter Ware, durch die ein Vertrag in der Regel nicht zustande kommt.

3.2.3 Ökonomische Bedeutung und Begründung

Eine einheitliche ökonomische Begründung der unterschiedlichen vorvertraglichen Pflichten fällt schwer. Nachfolgend werden daher unterschiedliche Begründungen für Informations- und Aufklärungspflichten, für Schutzpflichten und für die Pflicht zum fairen Verhandeln vorgestellt.

Ausgleich von Informationsdefiziten

Wie oben dargelegt,[13] sind Verträge in der großen Zahl nur dann wohlstandsmehrend, wenn sie für beide Seiten vorteilhaft sind. Für Vertragsverhandlungen bedeutet dies, dass eine Rechtsordnung einerseits den Parteien Spielraum einräumen muss, damit sie den Bereich des beiderseitigen Vorteils ausloten können, andererseits aber auch Informationsdefizite in der Verhandlungsphase ausgleichen muss, wenn

13 Siehe oben Kapitel 3.1.9.

diese Informationsdefizite bei Vertragsschluss typischerweise zu einem Vertrag führen können, der eben nicht für beide Seiten vorteilhaft ist. Zum Ausgleich solcher Informationsdefizite sieht die Rechtsordnung Informations- und Aufklärungspflichten im Verhandlungsstadium vor.

Geringere Schadensvermeidungskosten

Die daneben in der Verhandlungs- oder Vertragsanbahnungsphase bestehenden Schutzpflichten für Rechtsgüter des Vertragspartners wie Gesundheit und Leben haben eine andere ökonomische Begründung. Hier werden einem Vertragspartner Schutzpflichten deshalb zugemutet, weil der Schadensvermeidungsaufwand dieses Vertragspartners in der Regel deutlich kleiner ist als die Kosten, die die andere Seite tragen müsste, um den Schaden zu vermeiden oder zu tragen.

Transaktionskostenvermeidung

Bei der Pflicht zum fairen Verhandeln schließlich geht es ökonomisch oft darum, unnötige Transaktionskosten zu vermeiden oder zu senken.

3.2.4 Pflicht zum fairen Verhandeln

Keine Pflicht zum Vertragsschluss

Wer Vertragsverhandlungen aufnimmt, hat keine Verpflichtung, diese auch zum Erfolg zu bringen. Wer geschickt verhandeln kann, soll dies auch tun dürfen. Jede Partei kann daher auch noch in letzter Minute die Vertragsverhandlungen scheitern lassen.

Verhandlungsabbruch[14]
Die Gemeinde G und ein Unternehmer U verhandeln über den Bau eines Verwaltungsgebäudes und Parkhauses zum Preis von 28 Mio. €. Nach sechs Monaten Verhandlungen lag ein von G ausgearbeiteter schriftlicher Vertragsentwurf vor, und man war sich auch über den Preis weitgehend einig. Dann brach die G die Verhandlungen ab.

Der BGH lehnte Ersatzansprüche des U mit der Begründung ab, auch nach länger andauernden Verhandlungen zu einem umfangreichen Vertrag könne ein Verhandlungspartner sich grundsätzlich ohne rechtliche Nachteile von den Verhandlungen zurückziehen.

Aus § 241 Abs. 2 BGB ergibt sich aber die Pflicht zur Rücksichtnahme auf die Interessen des anderen Vertragspartners. In der Praxis haben sich Fallgruppen gebildet, bei denen davon ausgegangen wird, dass die in § 241 Abs. 2 BGB geregelte Pflicht zum fairen Verhandeln verletzt wird.

Verhandeln ohne Vertragsschlussabsicht

Wer nie die Absicht eines Vertragsschlusses hat und einen anderen dennoch in der Erwartung eines Vertragsschluss Zeit und Geld aufwenden lässt, soll diesem zum Schadensersatz verpflichtet sein.

14 BGH, Urteil vom 7. 12. 2000 – VII ZR 360/98, NJW-RR 2001, 381.

„Ich bin doch nicht blöd"
K braucht einen neuen Fernseher. Er geht in das Fachgeschäft des V, um sich umfassend beraten zu lassen, ohne je die Absicht zu haben, den Fernseher dort einzukaufen. Danach bestellt K den Fernseher bei orinoco.de. In einem solchen Fall könnte V von K Schadensersatz für seinen Zeitaufwand nach §§ 280 Abs. 1, 311 Abs. 2 Nr. 1, 241 Abs. 2, 276 BGB verlangen.

Ähnliches gilt in dem unter 3.2.1 vorgestellten Eingangsfall. Da der Einkäufer nie die Absicht hatte, einen Vertrag mit D abzuschließen, kann D vom Unternehmen des Einkäufers Schadensersatz für seinen Aufwand für die Angebotserstellung verlangen. Wegen des meist geringen Schadens und wegen Beweisschwierigkeiten wird es in solchen Fällen selten zu Prozessen kommen. Zweifellos missbilligt unsere Rechtsordnung aber die Verhandlungsmethode des Einkäufers.

Unnötige Aufwendungen

Wer bei einem anderen das Vertrauen auf einen sicheren Vertragsschluss erweckt, soll Schadensersatz leisten müssen, wenn er später vom Vertrag Abstand nimmt.

Geplatztes Geschäft[15]
V und K verhandeln über den Kauf eines Grundstücks. Nach längeren Verhandlungen sind sich die Parteien einig und begießen ihre Einigung mit einer Flasche Champagner. Der Termin zur Beurkundung des Kaufvertrags beim Notar nach § 311b BGB soll am kommenden Donnerstag stattfinden. Unmittelbar nach der Feier bereut V seine Zusage. K lässt dann bei der Bank die Finanzierung bereitstellen. V erscheint zum Notartermin nicht. Hier kann K zwar nicht die Übereignung des Grundstücks verlangen, weil es an einem formwirksamen Kaufvertrag fehlt und der mündliche Kaufvertrag daher nichtig ist, § 125 BGB. K kann aber die Kosten für die Bereitstellung der Finanzierung durch seine Bank von V nach §§ 280 Abs. 1, 311 Abs. 2 Nr. 1, 241 Abs. 2, 276 BGB ersetzt verlangen, weil V dem K seinen geänderten Entschluss über den Verkauf des Grundstücks nicht unmittelbar, nachdem er ihn gefasst hatte, mitgeteilt hat.

3.2.5 Aufklärungspflichten

Aufklärungspflicht nur bei besonderen Umständen

Praktisch von großer Bedeutung sind vorvertragliche Aufklärungspflichten. Zwar gilt als Grundregel, dass sich jede Partei über die Vorteilhaftigkeit eines Geschäfts selbst informieren muss.

Aufklärungspflichten der anderen Partei bestehen aber hinsichtlich sämtlicher Umstände, die für den Vertragsschluss der anderen Par-

15 Zur vorvertraglichen Haftung bei formbedürftigen Rechtsgeschäften grundlegend BGH, Urteil vom 29. 3. 1996 – V ZR 332/94, NJW 1996, 1884.

tei von wesentlicher Bedeutung sind und deren Mitteilung nach Treu und Glauben erwartet werden kann. Eine Haftung kommt danach nur in Betracht, wenn zwischen den Parteien ein Informationsgefälle besteht, dieses für die wissende Partei erkennbar, die Information für das Geschäft wesentlich, die andere Partei schutzwürdig und bei Abwägung aller Umstände die Informationsweitergabe zumutbar ist.

Schrottimmobilien[16]
Die Bank B, die den Kaufpreis für eine Eigentumswohnung finanzieren sollte, erkannte bei der Vorbereitung des Darlehensvertrags, dass die Immobilie, die K erwerben wollte, wohl nur etwa 20 % des Kaufpreises wert war. Sie übernahm die Finanzierung. Der Kaufvertrag zwischen V und K über die Eigentumswohnung wurde abgeschlossen. Später konnte K den Kredit an B nicht zurückzahlen.

Der BGH billigte K einen Schadensersatzanspruch wegen Verletzung vorvertraglicher Aufklärungspflichten gegen B zu. Dieser Anspruch führte hier zur Befreiung der K von den Verpflichtungen aus dem Darlehensvertrag. Aufklärungspflichten bezüglich eines finanzierten Geschäfts könnten sich nur aus den besonderen Umständen des Einzelfalls ergeben. Diese seien gegeben, wenn die Bank in Bezug auf spezielle Risiken einen konkreten Wissensvorsprung vor dem Darlehensnehmer habe und dies auch erkenne. In Bezug auf den Kaufpreis liege ein solcher Wissensvorsprung vor, wenn der Kaufpreis in etwa doppelt so hoch wie der Verkehrswert der Wohnung sei und die Bank damit eine sittenwidrige Übervorteilung des Käufers annehmen müsse.

Im Eingangsfall unter 3.2.1 müsste der Bewerber seine Rechenschwäche wohl nicht ungefragt offenbaren. Zwar muss ein Bewerber den Arbeitgeber von sich aus über solche Umstände informieren, die diesem nicht bekannt, aber für die Vertragsdurchführung von wesentlicher Bedeutung sind. Dazu gehört für einen Controller sicherlich die Rechenschwäche. Der Arbeitgeber ist hier aber wohl nicht schutzbedürftig, weil er anhand der Abschlussnote des Bewerbers Anlass hat, die Qualifikation des Bewerbers genauer zu überprüfen.

3.2.6 Schutzpflichten

Nach §§ 241 Abs. 2, 311 Abs. 2 BGB ist jede Vertragspartei der anderen Vertragspartei darüber hinaus bereits in der Vertragsverhandlungsphase zum Schutz von Rechtsgütern wie Gesundheit und Eigentum verpflichtet. Das gilt aber nur, wenn sich eine Partei bewusst und gewollt Gefahren aus dem Verantwortungs- und Beherrschungsbereich der anderen Vertragspartei aussetzt und dabei zu Schaden kommt.

---

16 BGH, Urteil vom 29. 4. 2008 – XI ZR 221/07, BB 2008, 2591.

Salatblatt[17]

K betritt das Warenhaus der V, um sich umzusehen. Kurz nach dem Betreten des Ladengeschäfts rutscht K auf einem Salatblatt aus und bricht sich dabei den Arm. Das Salatblatt war von einem anderen Kunden am vorherigen Tag fallen gelassen und von den Mitarbeitern der V nicht beseitigt worden.

In diesem Fall könnte K gegen V einen Anspruch auf Schadensersatz nach § 280 Abs. 1 BGB haben.

Voraussetzungen des Anspruchs sind vor allem ein Schuldverhältnis, eine Pflichtverletzung und Verschulden.

Ein Schuldverhältnis liegt auch bei einem Vertragsanbahnungsverhältnis nach § 311 Abs. 2 Nr. 2 BGB vor. Wie sich aus dem Wortlaut dieser Regelung ergibt, reicht die bloße Möglichkeit, dass die Beteiligten einen Vertrag abschließen. Eine solche Möglichkeit ist in der Regel schon dann gegeben, wenn der Kunde ohne feste Kaufabsicht das Ladengeschäft betritt.

Die Pflichtverletzung liegt in der unterlassenen täglichen Reinigung der Durchgangswege des Kaufhauses, die zu Unfällen führen kann.

V hat zwar nicht selbst schuldhaft gehandelt. Das Verschulden der mit der Reinigung betrauten Mitarbeiter der V wird ihr aber nach § 278 BGB wie eigenes Verschulden zugerechnet. Zwar können die Mitarbeiter der V nicht jede Minute prüfen, ob die Laufflächen im Kaufhaus verkehrssicher sind. Wenn eine Gefahr aber über einen ganzen Tag nicht beseitigt wird, dann haben die Mitarbeiter nicht mit der im Verkehr erforderlichen Sorgfalt gemäß § 276 BGB gehandelt.

V muss deshalb an K Schadensersatz bezahlen. Der Ersatz umfasst hier die Behandlungskosten und Schmerzensgeld.

3.2.7 Geheimhaltungspflichten

Keine generelle Geheimhaltungspflicht

In der Regel hat keine der verhandelnden Vertragsparteien die Pflicht, Informationen, die sie im Laufe von Vertragsverhandlungen erhalten hat, geheim zu halten. Eine Geheimhaltungspflicht kann sich aber ausnahmsweise aus den Umständen ergeben, wenn eine Vertragspartei erkennt, dass sie geheimes Wissen erhält und davon ausgehen kann, dass die andere Vertragspartei dieses Wissen als vertraulich behandelt wissen will. Verletzt ein Vertragspartner die Pflicht zur Geheimhaltung, kann der andere nach §§ 280 Abs. 1, 311 Abs. 2, 241 Abs. 2 BGB Schadensersatz verlangen.

„Kreislaufmittel"

Das Pharmaunternehmen P stellt seit Jahrzehnten ein pflanzliches „Kreislaufmittel" nach firmeneigenem Know-how mit erstaunlichem Markterfolg her. P möchte die Produktion an den Lohnfertiger L auslagern. Um dem P überhaupt ein Angebot machen zu können, muss L Zugang zum geheimen Know-how des P erlangen, damit

17 Frei nach BGH, Urteil vom 28. 1. 1976 – VII ZR 246/74, NJW 1976, 712.

er weiß, welcher Produktionsaufwand auf ihn zukommt. Noch vor Abschluss eines Lohnfertigungsvertrags wird daher Know-how ausgetauscht. Später werden sich die Parteien nicht einig.

In einem solchen Fall wird man annehmen können, dass das von P an L überlassene Know-how auch ohne besondere vertragliche Vereinbarungen von L in keiner Weise genutzt werden darf. Nutzt L das Know-how dennoch, ist er nach §§ 280 Abs. 1, 311 Abs. 2 Nr. 1, 241 Abs. 2, 276 BGB schadensersatzpflichtig.

Im Geschäftsverkehr wird sich eine erfahrene Vertragspartei kaum auf diese gesetzliche Regelung verlassen, sondern sicherheitshalber eine ausdrückliche Geheimhaltungsvereinbarung abschließen, die die Vertragspartner zur Geheimhaltung der ausgetauschten Informationen verpflichtet und im Verletzungsfall Schadensersatzansprüche vorsieht. Geheimhaltungsvereinbarungen

3.2.8 Unbestellte Waren und Dienstleistungen

Nach § 241a BGB wird durch die Zusendung unbestellter Ware kein Vertragsverhältnis zwischen Sender und Empfänger begründet. Um das Zusenden unbestellter Waren als Marketingmaßnahme zu unterbinden, soll der Empfänger auch keinerlei Pflichten in Bezug auf die unbestellt zugesendete Ware haben. Er muss sie insbesondere nicht aufbewahren oder zurücksenden. § 241a BGB

Der Straßenatlas

Der Automobilklub A übersendet an sein Mitglied M unbestellt einen Straßenatlas mit einer Rechnung über 34 €. M wirft den Atlas unmittelbar nach Erhalt in den Müll. Nach § 241a BGB kann A Zahlung des Kaufpreises nicht verlangen. A stehen auch keine Ansprüche gegen M auf Schadensersatz oder Herausgabe des Straßenatlas zu, wenn M den Atlas nicht aufbewahrt oder unbeschädigt zurücksendet.

Praktisch relevant war § 241a BGB z. B. auch zur Abwehr unerwünscht über das Internet aufgespielter Dialer. Gerichte wehrten unter Hinweis auf diese Norm hohe Gebührenrechnungen für die Internetnutzung ab.[18]

---

18 LG Gera, Urteil vom 24. 3. 2004 – 1 S. 386/03, CR 2004, 543.

3.2.9 Übungsfall

Das Angebot für die Verpackungsmaschine
K braucht eine neue Verpackungsanlage. Er bittet V, eine Anlage zu konzipieren und ein Angebot zu unterbreiten. V wendet einige Mannstunden für die Konzeption der Anlage auf und schickt dem K ein Angebot zum Verkauf der Anlage zum Preis von 275.000 €. Diesem Angebot sind Zeichnungen und Berechnungen beigefügt. K nimmt die Angebotsunterlagen und legt sie einem Wettbewerber des V vor. V befürchtet, dass dieser ein günstigeres Angebot abgeben wird. Kann V von K Abschluss eines Kaufvertrags verlangen? Kann V von K 12.000 € Schadensersatz verlangen, wenn das die Kosten sind, die dem K durch die Erstellung des spezifischen Angebots entstanden sind, und wenn K den Liefervertrag mit dem Wettbewerber abschließt?

1. Der Anspruch auf Abschluss des Kaufvertrags

V kann von K den Abschluss des Kaufvertrags für die Verpackungsanlage nicht verlangen, weil es eine Anspruchsgrundlage für eine solche Pflicht nicht gibt. Aus §§ 280 Abs. 1, 311 Abs. 2, 241 Abs. 2 BGB ergibt sich nur ein Anspruch auf Schadensersatz, nicht aber ein solcher auf Vertragserfüllung.

2. Der Anspruch auf Schadensersatz

Anspruchsgrundlage

V könnte einen Anspruch gegen K auf Schadensersatz nach §§ 280 Abs. 1, 311 Abs. 2, 241 Abs. 2 BGB haben.

Voraussetzungen

Voraussetzung wäre, dass zwischen K und V ein vorvertragliches Schuldverhältnis besteht, K eine Pflicht aus diesem Verhältnis verletzt hat, V hierdurch ein Schaden entstanden ist und K nicht darlegen kann, dass ihn an der Pflichtverletzung kein Verschulden trifft.

Subsumtion

Durch die Aufnahme von Vertragsverhandlungen entstand zwischen V und K ein vorvertragliches Schuldverhältnis nach § 311 Abs. 2 Nr. 1 BGB. Nach § 241 Abs. 2 BGB hatte danach K die Pflicht zum fairen Verhandeln. Diese Pflicht hat K verletzt, als er die von V mit einem gewissen Aufwand speziell für K erstellten Unterlagen in der Absicht, von einem Dritten ein günstigeres Angebot zu erhalten, weitergegeben hat. K ist dadurch auch ein Schaden entstanden, weil die mit dem Aufwand für die Angebotserstellung verbundenen Chancen, zu einem Vertragsschluss zu kommen, erheblich reduziert wurden. K hat die Pflicht auch mit Vorsatz und damit gemäß § 276 BGB schuldhaft verletzt.

Da alle Voraussetzungen erfüllt sind, muss K an V Schadensersatz zahlen. Nach § 249 BGB ist V so zu stellen, wie er stünde, wenn K die Pflichtverletzung nicht begangen hätte. Dann hätte K die spezifisch erstellten Angebotsunterlagen nicht weitergegeben. Für die Unterlagen sind daher nach § 251 BGB die Kosten der Erstellung zu ersetzen.

K hat demnach dem V die Kosten der Erstellung der spezifischen Angebotsunterlagen in Höhe von 12.000 € zu ersetzen. Ergebnis

3.2.10 Zusammenfassung

Die Parteien eines Vertrags sind grundsätzlich nur dann an den Vertrag gebunden, wenn sie ihn geschlossen haben. Schon vor Vertragsschluss bestehen aber Pflichten zum fairen Verhandeln, Aufklärungs-, Schutz- und Geheimhaltungspflichten. Die Verletzung vorvertraglicher Pflichten kann zu Schadensersatzansprüchen aus §§ 280 Abs. 1, 311 Abs. 2, 241 Abs. 2 BGB führen.

3.3 Vertragsschluss

Wie Sie bereits wissen, sind Verträge bindend. Die Rechtsfolgen einer Bindung an den abgeschlossenen Vertrag können erhebliche wirtschaftliche Konsequenzen entfalten, wenn und weil die vereinbarten vertraglichen Verpflichtungen zu erfüllen sind.

In diesem Abschnitt werden Sie die Vorschriften kennenlernen, die für potenzielle Vertragspartner von großer Bedeutung sind, weil sich das Zustandekommen eines Vertrags nach diesen Regeln richtet. Die Grenze zwischen rechtlich unverbindlichen Handlungen im Vorfeld eines Vertragsschlusses und rechtlich verbindlichen Erklärungen wird durch die §§ 145 bis 157 BGB gezogen. In den §§ 145 ff. BGB sind Antrag und Annahme geregelt. Die Anzahl der Vorschriften zeigt, dass der Gesetzgeber großen Wert darauf gelegt hat, den Vertragsschluss genau zu regeln. Die an einem möglichen Vertrag beteiligten Parteien sollen klare Vorstellungen davon erhalten, ab wann sie rechtlich verpflichtet sind. Sie sollen zugleich alle Möglichkeiten nutzen können, um ihre Rechtsbeziehungen vor einer vertraglichen Verpflichtung so flexibel wie möglich zu gestalten. §§ 145 ff. BGB

Zusätzlich zu den Vorschriften der §§ 145 ff. BGB hat die Rechtsprechung das sogenannte kaufmännische Bestätigungsschreiben anerkannt, das ohne Antrag und Annahme einen Vertragsinhalt gestalten und sogar einen Vertrag zustande bringen kann.

3.3.1 Stellen Sie sich vor ...

Stellen Sie sich vor, Sie haben bei Ebay einen Neuwagen im Wert von 20.000 € zum Kauf angeboten. Sie hatten zwar zur Sicherheit ein Mindestgebot vorgegeben, doch entspricht der marginal darüber liegende Ersteigerungspreis von 13.000 € dennoch nicht ihren Erwartungen. Der Ersteigerungspreis von 13.000 € bedeutet für Sie, dass Sie einen Verlust machen, nicht aber einen Gewinn. Sie wollen daher den angebotenen Artikel nicht zu diesem geringen Preis abgeben. Der Kaufinteressent, der das höchste Gebot abgegeben hatte, verlangt jedoch die Lieferung zu dem Preis, zu dem er den Artikel ersteigert hat.[19]

Oder stellen Sie sich vor, Sie haben einen Antrag eines Lieferanten erhalten, den Antrag aber längere Zeit liegen lassen, weil Sie in Urlaub waren. Als Sie aus dem Urlaub zurückkommen und den Antrag annehmen möchten, teilt Ihnen der Lieferant mit, dass er sich „nach so langer Zeit" an seinen Antrag nicht mehr gebunden fühle.

3.3.2 Ökonomische Bedeutung und Begründung

Vertragsschluss als Dreh- und Angelpunkt der vertraglichen Bindung

Unsere Rechtsordnung stellt den Vertrag als wichtigstes Instrument zur Verfügung, um die eigenen rechtlichen Angelegenheiten zu gestalten. Dies gilt insbesondere für unsere wirtschaftlichen Rechtsbeziehungen. Ökonomische Interessen lassen sich häufig nur durch Verträge realisieren, denn Verträge gewährleisten für alle Vertragspartner die Sicherheit, dass sie eingehalten werden. Leistet der Vertragspartner nicht freiwillig, kann die Einhaltung der vertraglichen Pflichten mit staatlicher Hilfe, also durch Gerichte und eine nachfolgende Zwangsvollstreckung, notfalls erzwungen werden. Wirtschaftlich betrachtet bietet der Vertrag also den Vorteil, dass man sich darauf verlassen kann, die ausgehandelte Vertragsleistung auch zu erhalten. Andererseits erweisen sich vertragliche Bindungen dann als wirtschaftlich nachteilig, wenn man sie – aus welchen Gründen auch immer – nicht erfüllen möchte. Im schlimmsten Fall muss Schadensersatz geleistet werden.

Die gravierenden wirtschaftlichen Folgen einer rechtlichen Vertragsbindung erfordern eine möglichst hohe Gestaltungsfreiheit vor Abschluss eines Vertrags. Es muss potenziellen Vertragspartnern möglich sein, in Vertragsverhandlungen einzutreten, um alle notwendigen Informationen für eine Entscheidung über einen Vertragsschluss ein-

---

19 Frei nach BGH, Urteil vom 7. 11. 2001 – VIII ZR 13/01, NJW 2002, 363.

zuholen, ohne bereits vertraglich gebunden zu sein. Die potenziellen Vertragspartner sollen in dieser Phase noch ohne wirtschaftliches Risiko frei disponieren können. Die gesetzlichen Regelungen über Antrag und Annahme tragen diesem Aspekt Rechnung.

3.3.3 Vertragsschluss durch Antrag und Annahme

Übereinstimmende Willenserklärungen

Ein Vertrag setzt grundsätzlich inhaltlich übereinstimmende Willenserklärungen von mindestens zwei Personen voraus. Diese Willenserklärungen bezeichnet das Gesetz als Antrag und Annahme. Im allgemeinen Sprachgebrauch wird zwar oft auch die Bezeichnung „Angebot" genutzt, wenn der Antrag im Sinne des Gesetzes gemeint ist. Allerdings ist dieser allgemeine Sprachgebrauch nicht ungefährlich. Die sogenannten „Sonderangebote" oder die sonstigen tollen „Angebote", die wir aus der Werbung kennen, sind rechtlich betrachtet noch keine Anträge. Zur Vermeidung dieser begrifflichen Unklarheiten wird in diesem Unterabschnitt ausschließlich die gesetzliche Terminologie verwendet.

Antrag und Annahme

Die zeitlich erste Willenserklärung nennt man Antrag; die zeitlich spätere Willenserklärung wird als Annahme bezeichnet.

Ein Antrag ist eine empfangsbedürftige Willenserklärung, mit der einem anderen der Abschluss eines Vertrags so angetragen wird, dass das Zustandekommen des Vertrags allein von dessen Einverständnis abhängt. Der Antrag muss so konkret sein, dass der Empfänger des Antrags die Annahme mit einem einfachen „Ja" erklären kann. Diese Voraussetzung ist nur dann erfüllt, wenn der Antrag alle Angaben enthält, die für den Antragsempfänger notwendig sind, um über die Annahme des Antrags entscheiden zu können, *essentialia negotii*.[20] Das Wesentliche eines Geschäfts sind etwa beim Kauf der Kaufgegenstand, die Menge und der Preis.

Essentialia negotii
In einem schriftlichen Angebot über den Kauf eines Gebrauchtwagens müssen das Fahrzeug und der Kaufpreis so genau bestimmt sein, dass keinerlei Zweifel daran bestehen können, welcher Gebrauchtwagen gemeint ist. Allein die Mitteilung an einen Gebrauchtwagenhändler man möchte einen BMW 323 d für circa 25.000 € kaufen, ist kein rechtlich bindender Antrag. Die wesentlichen Merkmale des beabsichtigten Kaufvertrags sind nicht festgelegt.

---

20 Wörtlich: das Wesentliche des Geschäfts.

Bindung an den Antrag

Der Anbietende ist an seinen Antrag nach § 145 BGB gebunden. Die Bindungswirkung hält so lange an, wie unter normalen Umständen mit der Annahme gerechnet werden kann, § 147 Abs. 2 BGB. Der Antrag kann in dieser Zeit im Interesse des Empfängers nicht einseitig zurückgenommen oder widerrufen werden. Ist der Empfänger allerdings einverstanden, kann sich der Anbietende selbstverständlich von seinem Antrag wieder lossagen.

Dumm gelaufen

Studentin S bietet ihrer Freundin F einen MP3 Player zum Preis von 75 € an. Auf Bitten der F ist sie damit einverstanden, dass F sich den Kauf bis zum nächsten Tag überlegt. Noch am selben Abend trifft S ihren Bekannten B, der ihr für den MP3 Player 100 € anbietet. S ist einverstanden und übergibt und übereignet den MP3 Player an B. Am nächsten Tag teilt ihr F mit, dass sie den MP3 Player für 75 € kaufe. S hat nun ein Problem! Sie ist an ihren Antrag gebunden. Ihre Freundin F konnte diesen Antrag noch am nächsten Tag annehmen, was sie auch getan hat. S muss beide Kaufverträge erfüllen bzw. Schadensersatz leisten, weil sie den Vertrag mit F nicht erfüllen kann.

Ausnahmen

Eine Bindung an den Antrag kommt in zwei Fallgestaltungen nicht in Betracht. Zum einen dann, wenn es sich nicht um einen Antrag, sondern lediglich um die Einladung zur Abgabe eines Angebots[21] handelt, und zum anderen, wenn der Anbietende die Gebundenheit an seinen Antrag ausgeschlossen hat.

Ausnahme: Einladung zur Abgabe eines Antrags

Der Antrag muss von der bloßen Einladung zur Abgabe von Angeboten, sogenannte *invitatio ad offerendum*, unterschieden werden. Eine solche Einladung bindet denjenigen, der sie gemacht hat, noch nicht. Er kann daher einen Antrag, der ihm auf seine *invitatio ad offerendum* gemacht wird, jederzeit ablehnen.

Durch Auslegung nach § 133 BGB ist zu ermitteln, ob eine Erklärung lediglich eine vorbereitende Einladung zur Abgabe von Angeboten oder bereits ein bindender Antrag ist. Maßstab der Auslegung ist der objektive Empfängerhorizont, also die Frage, wie ein vernünftiger Empfänger, der den Sachverhalt kennt, diese Erklärung verstehen musste. Kann der objektive Empfänger der Erklärung Anhaltspunkte dafür entnehmen, dass der Erklärende sich nicht rechtlich binden will?

Fallgruppen: Einladung zur Abgabe eines Angebots

Ist eine Erklärung ersichtlich unvollständig, fehlen also die für einen Vertragsschluss nötigen Informationen, handelt es sich nicht um einen Antrag. Wer in einer Zeitungsanzeige, im Internet oder in

---

21 Ausnahmsweise wird hier der Begriff „Angebot" verwendet, da in der Literatur „*invitatio ad offerendum*" mit Einladung zur Abgabe von Angeboten übersetzt wird.

sonstigen Medien ein Netbook ohne Preisangabe zum Kauf anbietet, will sich offensichtlich noch nicht rechtlich binden. Erklärungen, die sich an einen unbestimmten Kreis von Personen richten, sind häufig selbst dann nur Einladungen zur Abgabe von Angeboten, wenn sie alle für einen Vertragsschluss notwendigen Angaben enthalten. Jeder vernünftige Mensch erkennt sofort, dass der in Zeitungsanzeigen, Internetseiten, Prospekten oder Katalogen Werbende schon mangels eines ausreichenden Warenvorrats nicht bereit ist, mit jedem potenziellen Interessenten einen Vertrag abzuschließen. Aber Vorsicht! Kann der objektive Empfänger der Erklärung keine Anhaltspunkte dafür entnehmen, dass der Erklärende Gefahr läuft, eine Vielzahl von Verträgen abzuschließen, die er nicht erfüllen kann oder will, liegt ein rechtlich bindender Antrag vor. Die Internetseite eines Internetshops muss keine *invitatio ad offerendum* sein. Häufig kann der Kunde überprüfen, ob die gewünschte Ware lieferbar ist oder der Verkäufer selbst gibt einen Hinweis, wie hoch der noch vorhandene Warenbestand ist. Muss der Kunde zudem Vorkasse leisten, etwa mit Kreditkarte bezahlen, sind für einen objektiven Empfänger keine Anhaltspunkte dafür erkennbar, dass der Betreiber des Internetshops sich nicht rechtlich binden will. Denken Sie auch an Waren- oder Getränkeautomaten. Das Aufstellen eines Automaten wird meist als bindender Antrag gesehen, obwohl der Automat sich an einen unbestimmten Personenkreis wendet. Der Antrag, der von einem Automaten gemacht wird, ist auf den Waren- bzw. Getränkeinhalt des Automaten beschränkt. Ein verständiger Kunde wird kein Geld einwerfen, obwohl er darauf hingewiesen wird, dass die gewünschte Ware oder das gewünschte Getränk nicht mehr vorhanden ist. Unklar ist die Rechtslage, wenn ein potenzieller Kunde nicht erkennen kann, dass der Automat nicht funktioniert oder die gewünschte Ware nicht mehr vorhanden ist. Ist der Automat bzw. das Aufstellen des Automaten der Antrag, dann nimmt ein Kunde diesen Antrag durch den Einwurf einer Münze[22] an. Der Vertrag ist geschlossen, aber der Automat liefert nicht. Funktioniert der Automat nicht richtig oder steht die ausgewählte Ware nicht mehr zur Verfügung, erhält der Kunde sein Geldstück oder den entsprechenden Geldbetrag normalerweise wieder zurück. Die Annahme des Antrags des Automaten wird abgelehnt oder vereitelt, was nach den Vorschriften der §§ 145 ff. BGB nicht möglich sein soll. Der Automat bzw. der Aufsteller des Automaten ist an den Antrag gebunden, § 145 BGB.

---

22 Die Münze oder mehrere Münzen müssen den Kaufpreis abdecken. Ausländische oder gefälschte Geldstücke sind keine Annahme des Angebots.

Internetauktionen sind jedenfalls dann rechtlich bindende Anträge, wenn der Verkäufer vor Beginn der Auktion z. B. in den Versteigerungsbedingungen erklärt, dass er das höchste Gebot annehmen wird. Der Verkäufer muss daher im obigen ersten Einleitungsfall die angebotene Ware zu dem Preis liefern, zu dem sie ersteigert wurde. Dies gilt selbst dann, wenn das höchste Gebot deutlich unter dem Marktpreis liegt. Es empfiehlt sich daher dringend, wenigstens ein Mindestgebot vorzugeben, um keine unliebsamen Überraschungen zu erleben.

Die Unterscheidung eines Antrags von einer Einladung zur Abgabe von Angeboten ist zudem bei falschen Preisauszeichnungen von Bedeutung. Hat der Verkäufer mit der falsch ausgepreisten Ware oder Dienstleistung bereits einen Antrag gemacht, so kann dieser Antrag von jedem Kunden angenommen werden. Der Vertrag ist geschlossen und der Verkäufer muss die Ware liefern. Er kann aber nur den ausgepreisten falschen Preis als Gegenleistung verlangen. Handelt es sich hingegen nur um eine Einladung zur Abgabe von Angeboten, kann er jeden Antrag ablehnen und so den fehlerhaften Preis korrigieren. Die falsche Preisauszeichnung bleibt – abgesehen von einem möglichen Verstoß gegen das UWG – ohne Rechtsfolge.

Schaufensterauslagen sind regelmäßig keine Anträge. Der Interessent kann leicht erkennen, dass der Ladeninhaber sich noch nicht rechtlich binden möchte. Die Ware ist zwar vorhanden, aber der Verkäufer möchte nur an jemanden verkaufen, der bar zahlt oder wenigstens zahlungsfähig und zahlungswillig ist. Der Kunde kann daher allein durch seine Willenserklärung einen Vertrag nicht zustande bringen. In größeren Ladengeschäften könnten mehrere Verkäuferinnen oder Verkäufer die Schaufensterauslagen oder sonst im Ladengeschäft präsentierten Waren praktisch gleichzeitig an unterschiedliche Kundinnen oder Kunden verkaufen, wenn die bloße Warenpräsentation bereits ein rechtlich bindender Antrag wäre und die Kundinnen oder Kunden daher diesen Antrag jederzeit annehmen könnten.

Nicht eindeutig geklärt ist die Rechtslage in Selbstbedienungsläden. Ist der Antrag schon das Bereitstellen der Ware in Verkaufsregalen oder macht der Kunde erst den Antrag, wenn er die Ware an der Kasse vorzeigt? Denken Sie einen Augenblick über die Konsequenzen nach! Erfolgt der Antrag erst an der Kasse, kann der Ladeninhaber eine falsche Preisauszeichnung bis zu diesem Zeitpunkt korrigieren. Die Kassiererin nimmt das Angebot des Kunden nicht an. Der Vertrag kommt nicht zustande. Ist das Bereitstellen der Ware in den Verkaufsregalen aber bereits der Antrag, nimmt der Kunde diesen Antrag schon dann an, wenn er die Ware aus den Verkaufsregalen nimmt. Der Vertrag ist geschlossen. Zwar ist der Kaufpreis – wenn nichts Abweichendes vereinbart wurde – sofort fällig, aber die nicht sofortige Zahlung des Kaufpreises rechtfertigt ein Festhalten des Kunden oder die Wegnahme der gekauften Ware durch Verkäuferinnen oder Verkäufer wohl nicht. Der Kunde könnte das Ladengeschäft ohne Bezahlung verlassen. Der Inhaber des Selbstbedienungsladens müsste den Kunden auf Zahlung des Kaufpreises verklagen. Diese Argumentation ist überzeugend. Das Angebot ist erst in der Erklärung zu sehen, die die Kundin bzw. der Kunde an der Kasse ausdrücklich oder konkludent, etwa in dem die Ware auf das Band gelegt wird, macht.

Der Anbietende ist an seinen Antrag nicht gebunden, wenn er seine Gebundenheit ausschließt, § 145 BGB.

Ausnahme: Ausschluss der Gebundenheit

Ausschluss der Gebundenheit

Unternehmer U überlegt, wie er die Gebundenheit eines Antrags sicher ausschließen kann.

Der Ausschluss der Gebundenheit erfolgt in der Praxis nicht selten durch Klauseln, die dem Antrag hinzugefügt werden. Üblich sind zum Beispiel Zusätze wie „freibleibend", „ohne Obligo", „Zwischenverkauf vorbehalten" oder „Selbstbelieferung vorbehalten." Diese Formulierungen sind nicht ungefährlich. Sie können sehr unterschiedliche Bedeutungen haben. Was tatsächlich gemeint ist, muss durch Auslegung ermittelt werden. Die Klausel „freibleibend" ist noch am ehesten zu empfehlen. Der BGH hat hierin nur eine Einladung zur Abgabe von Angeboten gesehen.[23] Sie kann aber im Einzelfall auch nur ein Recht begründen, das es dem Anbietenden gestattet, nach Zugang der Annahmeerklärung den Vertrag unverzüglich zu widerrufen. Ähnlich dürfte der Zusatz „ohne Obligo" zu verstehen sein. Die Klausel „Selbstbelieferung vorbehalten" oder ähnliche Zusätze schließen die Gebundenheit an den Antrag im Zweifel nicht aus, sondern schränken lediglich die Beschaffungspflicht des Verkäufers ein. Wird er nicht selbst von seinem Lieferanten beliefert, will er auch nicht zur Lieferung an seine Kunden verpflichtet sein. Der Abschluss des Vertrags durch Antrag und Annahme wird durch einen solchen Zusatz nicht verhindert.

Zur Vermeidung von Unsicherheiten und möglichen erheblichen wirtschaftlichen Nachteilen ist zu empfehlen, die Bindung an einen Antrag klar und eindeutig auszuschließen. Denkbar ist beispielsweise die Formulierung „Wir bieten ohne rechtlich gebunden zu sein … an."

3.3.4 Erlöschen eines Antrags

Ein Antrag erlischt, wenn er abgelehnt oder nicht rechtzeitig angenommen wird. Die Ablehnung eines Antrags ist eine empfangsbedürftige Willenserklärung, mit der dem Anbietenden mitgeteilt wird, dass sein Antrag nicht akzeptiert wird.

Erlöschen durch Ablehnung

23 BGH, Urteil vom 2. 11. 1995 – X ZR 135/95, NJW 1996, 919.

Erlöschen durch Fristablauf

Der in der Praxis häufigste Fall des Erlöschens eines Antrages ist der Ablauf der Frist, in der der Antrag angenommen werden kann. Antwortet der Empfänger eines Antrages nicht, erlischt der Antrag durch Zeitablauf.

Grundsätzlich bestimmt der Anbietende die Bindungsfrist für seinen Antrag. Er kann dies ausdrücklich z. B. mit der Formulierung „An meinen Antrag bin ich gebunden bis zum ... " zum Ausdruck bringen. Wird diese Frist nicht eingehalten, erlischt der Antrag nach § 148 BGB. Im Interesse des Anbietenden, der wissen will, ob ein Vertrag zustande kommt oder nicht, ist anzunehmen, dass eine Annahmeerklärung bis zum genannten Datum dem Anbietenden zugegangen sein muss. Die Absendung der Annahme an diesem Datum reicht daher nicht aus. Geht eine Annahmeerklärung dem Anbietenden verspätet zu und kann er erkennen, dass die Erklärung ihn bei regelmäßiger Beförderung rechtzeitig erreicht hätte, muss er den Annehmenden unverzüglich über die Verspätung unterrichten. Tut er dies nicht, gilt die Annahme nach § 149 S. 2 BGB als nicht verspätet. Der Vertrag kommt also zustande. Dem Anbietenden eröffnet § 149 S. 2 BGB die Wahl, ob er den Vertragsschluss möchte oder nicht. Hat er zwischenzeitlich einen anderen Vertragspartner gefunden und teilt dem Annehmenden unverzüglich mit, dass dessen Annahmeerklärung verspätet zugegangen ist, vermeidet er den Abschluss zweier Verträge, die er ansonsten erfüllen müsste. Konnte er noch keinen anderen Vertragspartner finden, braucht er nichts zu tun. Er kann die verspätet zugegangene Annahmeerklärung als rechtzeitig zugegangen akzeptieren und damit den Vertrag als abgeschlossen behandeln.

Serverausfall

V bietet dem K in einer E-Mail den Kauf seines genau beschriebenen Gebrauchtwagens zum Preis von 22.000 € an. Am Ende der E-Mail betont V, dass er sich an seinen Antrag bis zum nächsten Tag 12.00 Uhr gebunden fühlt. Als V am nächsten Tag seine E-Mails abrufen möchte, stellt er fest, dass sein Server ausgefallen ist. Erst um 14.00 Uhr kann er seine E-Mails abfragen. In seinem Posteingang findet er jetzt eine E-Mail, die ihm K um 10.30 Uhr zugesandt hat. In dieser E-Mail teilt K dem V mit, dass er den Gebrauchtwagen zum Preis von 22.000 € kaufe. Die Annahmeerklärung des K ist zwar dem V verspätet zugegangen, aber V konnte aufgrund des Serverausfalls erkennen, dass sie so rechtzeitig abgesandt wurde, dass sie ihm bei regelmäßiger Beförderung rechtzeitig zugegangen wäre. V kann nun entscheiden, ob er die verspätete Annahme gelten lassen und den Gebrauchtwagen an K verkauften möchte oder es vorzieht, ein zwischenzeitlich bei ihm eingegangenes besseres Angebot zu akzeptieren. Entscheidet er sich für das bessere Angebot, muss er K darüber informieren, dass seine Annahme verspätet zugegangen ist.

Hat der Anbietende eine Bindungsfrist für seinen Antrag nicht ausdrücklich bestimmt, so ist durch Auslegung nach den Umständen des Einzelfalls der Wille des Anbietenden zu ermitteln. Nach § 147 BGB sind zwei Fallgestaltungen zu unterscheiden.

§ 147 BGB

Anträge unter Anwesenden können nach § 147 Abs. 1 BGB nur sofort angenommen werden. Als Anträge unter Anwesenden gelten Anträge unter Personen, die unmittelbar miteinander kommunizieren können. Das sind Personen, die sich im gleichen Raum befinden oder sonst direkt zueinander sprechen können. Anträge, die mittels Telefon oder einer entsprechenden technischen Einrichtung erfolgen, gelten ebenfalls als Anträge unter Anwesenden, wenn diese technischen Einrichtungen eine unmittelbare Kommunikation von Person zu Person ermöglichen, § 147 Abs. 1 S. 2 BGB. Anträge in Videokonferenzen sind zweifelsfrei Anträge unter Anwesenden. Dies soll auch für Anträge in Internetchats gelten. Hingegen ermöglichen Anträge in einem Telefax und einer E-Mail keine unmittelbare Kommunikation von Person zu Person und können somit nur als Anträge unter Abwesenden angesehen werden. Eine unmittelbare Kommunikation von Person zu Person liegt ebenfalls nicht vor, wenn eine Nachricht auf dem Anrufbeantworter oder in einer Mailbox hinterlassen wird. Die Annahme eines so gemachten Antrags muss also nicht sofort erfolgen. Die Annahmefrist bestimmt sich vielmehr nach § 147 Abs. 2 BGB.

Annahmefrist unter Anwesenden

Anträge unter Abwesenden sind alle Anträge, die nicht unter § 147 Abs. 1 BGB fallen, weil sie eine unmittelbare Kommunikation von Person zu Person nicht ermöglichen. Sie können nur bis zu dem Zeitpunkt angenommen werden, in dem mit dem Zugang einer Annahmeerklärung unter regelmäßigen Umständen zu rechnen ist. Die Annahmefrist nach § 147 Abs. 2 BGB setzt sich aus der Zeit für die Übermittlung des Antrags an den Empfänger, die Bearbeitungs- und Überlegungszeit des Empfängers des Antrags sowie der Zeit zur Übermittlung der Antwort an den Anbietenden zusammen. Verzögerungen in einer dieser Phase können durch Beschleunigung in einer anderen Phase ausgeglichen werden. Maßgebend ist lediglich der gesamte Zeitraum.

Annahmefrist unter Abwesenden

Verzögernde Umstände können nach Auffassung des BGH[24] zu den regelmäßigen Umständen gehören und zu einer entsprechenden Fristverlängerung führen. Ein besonders hoher Arbeitsanfall oder Urlaub oder eine notwendige Beschlussfassung gesellschaftlicher Organe können die Annahmefrist verlängern, wenn der Antragende diese Umstände kennt oder kennen muss. Kennt der Antragende diese Umstände

24 BGH, Urteil vom 23. 1. 2008 – VIII ZR 246/06, NJW 2008, 1147, 1148.

nicht, wird die Annahmefrist nicht verlängert. Im obigen zweiten Einstiegsfall dürfte die Frist für die Annahme des Antrags verstrichen sein. Da der Antragende nicht weiß, dass sein Antrag wegen Urlaubs unbearbeitet liegen geblieben ist, kann der Annehmende keine längere Frist für sich in Anspruch nehmen.

Aus der Anknüpfung der Annahmefrist einerseits an die Zeit der Übermittlung der Annahmeerklärung und andererseits an die Bearbeitungs- und Überlegungsfrist des Empfängers können einige praktische Hinweise hergeleitet werden:

Es empfiehlt sich, zur Übermittlung der Annahme an den Anbietenden das gleiche Medium zu verwenden. Mit einem Antrag in einer E-Mail gibt der Anbietende zu erkennen, dass ihm die Angelegenheit eilig ist, wohingegen ein Antrag in einem Brief eine deutlich längere Zeitspanne für die Übermittlung der Annahmeerklärung erlaubt. Unschädlich ist es immer, ein schnelleres Übermittlungsmedium zu wählen. Ein Brief kann selbstverständlich mit einer E-Mail oder einem Telefax beantwortet werden. Auf diese Weise kann eine längere Bearbeitungs- und Überlegungszeit jedenfalls teilweise ausgeglichen werden.

Sie können sich sicherlich vorstellen, wie unsicher in der Praxis die zutreffende Bestimmung der Annahmefrist sein kann, weil sie von auslegungsbedürftigen Umständen abhängt. Das Problem liegt weniger in der Festlegung der Übermittlungsfrist von Antrag und Annahme als in der Bestimmung der Bearbeitungs- und Überlegungsfrist, die dem Empfänger des Antrags einzuräumen ist. Bei einem Mietvertrag beträgt die Annahmefrist nach der Rechtsprechung 2 bis 3 Wochen; beim Kauf einer Eigentumswohnung können Sie sich ca. 6 Wochen Zeit lassen. Für die Annahme eines Antrags auf Abschluss eines Versicherungsvertrags räumte die Rechtsprechung eine Frist von 4 Wochen ein. Sie können Unsicherheiten vermeiden, wenn Sie die Bindungsfrist an Ihren Antrag ausdrücklich bestimmen.

Eilige Antwort

Unterbreitet Ihnen ein Geschäftspartner einen Antrag auf Ihrer Mailbox, so müssen Sie den Antrag zwar nicht sofort annehmen, da er nach § 147 Abs. 2 BGB unter Abwesenden erfolgt, aber Sie haben nur wenige Tage Zeit. Ihr Geschäftspartner hat dadurch, dass er seinen Antrag auf Ihrer Mailbox hinterlassen hat, deutlich gemacht, dass es ihm eilig ist. Sie werden ihn daher innerhalb der nächsten zwei Tage zurückrufen müssen, wenn sie seinen Antrag annehmen wollen.

Verspätete Annahme gilt als neuer Antrag

Die verspätete Annahme eines Antrags gilt nach § 150 Abs. 1 BGB als Ablehnung verbunden mit einem neuen Antrag. Der Anbietende, dessen Antrag verspätet angenommen wurde, kann also frei entscheiden, ob er den neuen Antrag annimmt oder ablehnt. Eine ausdrückliche Bestimmung der Annahmefrist schafft also Rechtssicherheit und eröffnet die Chance, eine verspätet zugegangene Annahmeerklärung anzunehmen und dadurch den Vertrag trotzdem abzuschließen.

Tod des Antragenden

Der Antrag erlischt schließlich nach §§ 130 Abs. 2, 153 BGB nicht, wenn der Anbietende stirbt. Welche Rechtsfolgen der Tod des Empfängers eines Antrags auslöst, ist im Gesetz hingegen nicht geregelt. In diesen Fällen ist durch Auslegung zu ermitteln, ob der Antrag ausschließlich an den Verstorbenen gerichtet war oder auch von seinen Erben angenommen werden kann. So können z. B. Anträge, die auf höchstpersönliche Leistungen des Empfängers gerichtet sind, von den Erben des Empfängers des Antrags nicht angenommen werden. Ein Antrag, mit dem der Antragende sein Auto zu Kauf anbietet, wird jedoch von den Erben des Empfängers des Antrags annehmbar sein. Dem Anbietenden dürfte es regelmäßig gleichgültig sein, wer sein Auto kauft.

3.3.5 Annahme

Annahme muss zugehen

Die zeitlich auf den Antrag folgende Willenserklärung ist die Annahme. Sie ist grundsätzlich eine empfangsbedürftige Willenserklärung. Die Annahme wird also nur wirksam, wenn sie dem Anbietenden zugeht.

Inhaltsgleichheit mit dem Antrag

Die Annahmeerklärung muss dem Antrag entsprechen, was allerdings nicht bedeutet, dass ihr Wortlaut mit dem Wortlaut des Antrags identisch sein müsste. Entscheidend ist vielmehr, dass der Annehmende den Antrag ohne inhaltliche Änderungen annimmt. Eine Annahmeerklärung, die inhaltlich nicht dem Antrag entspricht, gilt nach § 150 Abs. 2 BGB als Ablehnung verbunden mit einem neuen Antrag. Nimmt der potenzielle Käufer den Antrag zu einem günstigeren Preis an oder ändert er die angebotene Warenmenge ab, ist dies die Ablehnung des Antrags und zugleich ein neuer Antrag zu den veränderten Vertragsbedingungen.

Schrott

Teilt Ihnen der Empfänger eines Antrags mit, dass er den angebotenen Stahlschrott zwar kaufen möchte, aber nur 50 t statt der angebotenen 100 t oder nur einen niedrigeren Kaufpreis bezahlen könne, hat er Ihren Antrag abgelehnt und Ihnen gleichzeitig einen neuen, veränderten Antrag gemacht. Sie können nun frei entscheiden, ob sie diesen neuen Antrag annehmen möchten. Ihr ursprünglicher Antrag existiert nicht mehr und kann daher auch nicht mehr angenommen werden.

Annahme ohne Erklärung

Ausnahmsweise wird eine Annahmeerklärung nach § 151 BGB auch ohne Zugang beim Anbietenden wirksam. Wird der Annahmewillen in irgendeiner Weise erklärt und tritt er nach außen, genügt dies unter den weiteren Voraussetzungen des § 151 BGB, um den angebotenen Vertrag anzunehmen. Eine solche nach außen tretende Annahmeerklärung geschieht häufig durch konkludentes Handeln. Der Annahmewillen kommt im Gegensatz zur ausdrücklichen Willenserklärung mittelbar durch schlüssiges Handeln zum Ausdruck. Das praktisch wichtigste Beispiel ist das Versenden der bestellten Ware. Sobald die Ware das Firmengelände des Verkäufers verlassen hat, wird der Annahmewillen nach außen erkennbar und der Vertrag kommt zustande. Bitte beachten Sie, dass § 151 BGB immer eine Annahmeerklärung voraussetzt. Die Vorschrift verzichtet lediglich auf den Zugang dieser Erklärung beim Anbietenden. Nach § 151 BGB wird ein Vertrag also niemals durch Nichtstun oder Schweigen des Antragsempfängers abgeschlossen. Nichtstun und Schweigen sind – abgesehen von § 362 HGB und dem kaufmännischen Bestätigungsschreiben – keine Willenserklärungen. Konkludentes Handeln muss von Nichtstun und Schweigen unterschieden werden. Schlüssiges Handeln ist aktives Tun. Es bringt den Willen des Handelnden durch Verhalten zum Ausdruck. Aktives Tun ist kein Schweigen, auch wenn der allgemeine Sprachgebrauch diesen Gedanken nahelegt. Zum besseren Verständnis kann die Überlegung dienen, dass es bei dieser Unterscheidung um die Abgrenzung einer Willenserklärung von einem Verhalten geht, das keine Willenserklärungen ist. Da Willenserklärungen ausdrücklich und konkludent geäußert werden können, liegt immer dann eine Willenserklärung vor, wenn wenigstens durch schlüssiges Handeln ein Wille zum Ausdruck gebracht wird, sich rechtlich binden zu wollen.

Varianten des § 151 BGB

Die Ausnahme des § 151 BGB greift jedoch nur dann ein, wenn nach der Verkehrssitte ein Zugang der Annahmeerklärung gegenüber dem Anbietenden nicht zu erwarten ist oder der Anbietende auf sie verzichtet hat.

Annahmeerklärung nicht zu erwarten

Eine entsprechende Verkehrssitte besteht vor allem im Versandhandel. Die Kunden von Versandhäusern sind daran gewöhnt, dass ihr Antrag vom Versandhaus nicht durch eine ihnen gesondert zugehende Erklärung angenommen wird. Sie erwarten vielmehr, dass ihnen die Ware zugesendet wird. Die Zusendung einer Garantiekarte ist im Allgemeinen ebenfalls als Antrag auf Abschluss eines Garantievertrags ohne Zugang der Annahmeerklärung aufzufassen. In diesem Fall wird häufig gleichzeitig ein Verzicht auf den Zugang der Annahmeerklärung vorliegen. Eine exakte Abgrenzung ist nicht immer möglich.

Der Verzicht auf den Zugang der Annahmeerklärung kann auch ausdrücklich erklärt werden. Weist der Antragende in seinem Antrag darauf hin, dass er für den Fall der Annahme seines Antrags auf eine Annahmeerklärung verzichtet, soll nach dem Willen des Anbietenden der Vertrag bereits durch eine nach außen tretende Annahmeerklärung abgeschlossen sein, auch wenn er hiervon keine Kenntnis erlangt. Denkbar ist zwar auch ein konkludenter Verzicht auf den Zugang der Annahmeerklärung. Zum Schutz des Anbietenden sollte ein solcher konkludenter Verzicht aber nur in seltenen Ausnahmefällen bejaht werden. Der Absender des Antrags könnte ansonsten nie sicher sein, ob ein Vertrag bereits abgeschlossen wurde oder nicht. Könnte einem Antrag eines potenziellen Käufers auf Abschluss einer Vertrags über eine größere Warenmenge ein konkludenter Verzicht auf den Zugang der Annahmeerklärung entnommen werden, weil die Entscheidung über den Antrag äußerst eilbedürftig ist, bliebe für den Käufer eine erhebliche Unsicherheit über den Zeitpunkt, ab dem er davon ausgehen könnte, dass ein Vertrag nicht (mehr) zustande kommt. Bis zum Eintreffen der Ware könnte er nicht sicher sein, dass er beliefert wird.

Verzicht auf Zugang der Annahmeerklärung

Die Annahme muss innerhalb der Frist des § 151 S. 2 BGB erklärt werden. Ist eine Annahmefrist im Antrag nicht ausdrücklich bestimmt, ist der Wille des Anbietenden, der aus den Umständen des Einzelfalls zu ermitteln ist, maßgebend. § 147 Abs. 2 BGB gilt nicht.

Wird die Annahme durch konkludentes Verhalten rechtzeitig erklärt, kann diese Willenserklärung nicht mehr nach § 130 Abs. 1 S. 2 BGB widerrufen werden. Ist die Ware abgeschickt, der Antrag also angenommen, kann der Verkäufer seine Annahme nicht mehr widerrufen, obwohl die Ware erst deutlich später beim Kunden eintrifft.

3.3.6 Kaufmännisches Bestätigungsschreiben

Schweigen ist, wie bereits dargelegt, grundsätzlich keine Willenserklärung. Von diesem Grundsatz gibt es nur wenige Ausnahmen. In § 516 Abs. 2 S. 2 BGB hat der Gesetzgeber Schweigen ausdrücklich als Annahme definiert. Für das Handelsrecht findet sich mit § 362 Abs. 1 HGB eine Vorschrift, nach der Schweigen ebenfalls Annahme bedeutet. Betrachtet man beide Normen etwas genauer, so wird ihr Ausnahmecharakter sehr deutlich. Typischerweise ist die Annahme einer Schenkung für den Beschenkten nicht nachteilig, sodass es vertretbar erscheint, Schweigen als Zustimmung zu bewerten.

Grundsatz: Schweigen ist rechtlich unbeachtlich

§ 362 HGB regelt den Sonderfall der Besorgung von Geschäften. Geht einem Kaufmann, dessen Geschäftsbetrieb die Besorgung von Geschäften für andere mit sich bringt, ein Antrag auf Besorgung solcher

Geschäfte zu, so gilt dieser Antrag als angenommen, wenn der Kaufmann das Geschäft nicht unverzüglich zurückweist. Dies gilt auch für alle anderen Kaufleute, wenn diesen ein Antrag zur Besorgung von Geschäften von jemandem zugeht, dem gegenüber sie sich zur Besorgung solcher Geschäfte angeboten haben. Voraussetzung für § 362 HGB ist also immer die Besorgung fremder Geschäfte. Bietet ein Kaufmann an, Geschäfte für andere zu besorgen, ist es ihm durchaus zumutbar, einen Antrag auf die Besorgung solcher Geschäfte unverzüglich zurückzuweisen, wenn er das Geschäft nicht ausführen, also den Geschäftsbesorgungsvertrag nicht annehmen möchte.

Ausnahme: Schweigen auf ein kaufmännisches Bestätigungsschreiben

Abgesehen von diesen speziellen Regelungen gibt es im BGB oder HGB keine gesetzlichen Anordnungen, nach denen Schweigen einer Willenserklärung gleichgestellt wird. Der praktisch wichtigste Ausnahmefall, nämlich das Schweigen auf ein kaufmännisches Bestätigungsschreiben, ist gesetzlich nicht geregelt.

Zweck: Klarheit über Rechtsbeziehungen

Im Handelsverkehr hatte sich schon seit langem die Übung herausgebildet, mündliche Vertragsverhandlungen bzw. mündlich abgeschlossene Verträge kurz schriftlich zu bestätigen. Die Bestätigung des mündlich Besprochenen verfolgt vor allem den Zweck, den Inhalt des mündlich Vereinbarten schriftlich und damit beweiskräftig festzuhalten und eventuelle Unklarheiten zu beseitigen. Diese Funktion kann ein kaufmännisches Bestätigungsschreiben aber nur dann erfüllen, wenn sein Inhalt nicht nachträglich wieder infrage gestellt werden kann. Daher gilt im Handelsverkehr der Grundsatz, dass der Empfänger eines kaufmännischen Bestätigungsschreibens unverzüglich widersprechen muss, wenn er den Inhalt dieses Schreibens nicht gegen sich gelten lassen will. Widerspricht der Empfänger des Schreibens seinem Inhalt nicht, wird der Vertrag mit dem aus dem Bestätigungsschreiben ersichtlichen Inhalt rechtlich verbindlich, es sei denn, der Bestätigende hat das Ergebnis der vorangegangenen Vertragsverhandlungen bewusst unrichtig wiedergegeben oder das kaufmännische Bestätigungsschreiben weicht inhaltlich so weit vom mündlich vereinbarten Verhandlungsergebnis ab, dass der Absender des kaufmännischen Bestätigungsschreibens mit einer Billigung dieser Abweichungen durch den Empfänger vernünftigerweise nicht rechnen konnte. Anders gewendet: Das Schweigen des Empfängers eines kaufmännischen Bestätigungsschreibens ändert oder ergänzt den Inhalt des mündlich vereinbarten Vertrags nach Maßgabe des Inhalts des Bestätigungsschreibens. Der BGH schreibt dem kaufmännischen Bestätigungsschreiben sogar konstitutive Wirkung zu.[25] War ein Vertrag noch nicht geschlossen, so

25 BGH, Urteil vom 27. 1. 1965 – VIII ZR 11/63, NJW 1965, 965.

kommt er durch Schweigen des Empfängers des Bestätigungsschreibens mit dem Inhalt des Bestätigungsschreibens zustande.

Voraussetzungen

Die Wirkung des Schweigens auf ein kaufmännisches Bestätigungsschreiben tritt jedoch zum Schutz der Beteiligten nur ein, wenn zusätzliche persönliche und sachliche Voraussetzungen erfüllt sind.

Kaufleute und Selbstständige

Wie die Bezeichnung als kaufmännisches Bestätigungsschreiben bereits verdeutlicht, sind seine Grundsätze im kaufmännischen Verkehr entstanden. Ursprünglich galt das kaufmännische Bestätigungsschreiben daher nur unter Kaufleuten. Mittlerweile hat die Rechtsprechung die Grundsätze des kaufmännischen Bestätigungsschreibens fortentwickelt. Die Beteiligten müssen keine Kaufleute sein. Empfänger eines solchen Schreibens kann jeder sein, der wie ein Kaufmann in größerem Umfang selbstständig am Rechtsverkehr teilnimmt. Die Rechtsprechung hat z. B. den nicht ins Handelsregister eingetragenen Schrotthändler, den Makler, der in eigenem Namen handelt, und den Insolvenz- oder Nachlassverwalter eines Kaufmanns als Empfänger eines kaufmännischen Bestätigungsschreibens angesehen. Auch Architekten oder Wirtschaftsprüfer sind, soweit es nicht ihren Privatbereich betrifft, Empfänger kaufmännischer Bestätigungsschreiben. Nicht anwendbar sind die Grundsätze des kaufmännischen Bestätigungsschreibens auf kleine Handwerksbetriebe.

Möglicher Absender eines kaufmännischen Bestätigungsschreibens soll nach der Rechtsprechung auch nur derjenige sein, der ähnlich einem Kaufmann am Rechtsverkehr teilnimmt und erwarten kann, dass ihm gegenüber nach kaufmännischer Sitte verfahren wird. Die persönlichen Anforderungen an den Empfänger und an den Absender sollen die gleichen sein.

Vertragsverhandlungen mit tatsächlichem oder vermeintlichem Vertragsschluss

Sachlich setzt ein kaufmännisches Bestätigungsschreiben mündliche, fernmündliche oder elektronische Vertragsverhandlungen voraus. Die Verhandlungen müssen nicht zum Abschluss eines Vertrags geführt haben. Das Bestätigungsschreiben muss sich auf eine getroffene Absprache beziehen. Es ist aber keineswegs notwendig, die Verhandlungen ausdrücklich zu erwähnen. Die Bezugnahme auf die getroffene Absprache kann sich auch aus den Umständen ergeben. Solche Umstände sind vor allem die zeitliche Nähe zu den mündlichen Verhandlungen oder eine unmissverständliche Anknüpfung an den mündlich erörterten Vertragsgegenstand. Zudem muss das kaufmännische Bestätigungsschreiben eindeutig sein. Unklarheiten gehen zulasten des Erklärenden.

In der Praxis ist die Abgrenzung zur Auftragsbestätigung von großer Bedeutung. Anders als beim kaufmännischen Bestätigungsschreiben gilt Schweigen auf eine Auftragsbestätigung nicht als Zustimmung.

Eine zutreffende Abgrenzung kann nur nach Sinn und Zweck beider Erklärungen erfolgen. Das kaufmännische Bestätigungsschreiben bestätigt einen nach Ansicht des Absenders zustande gekommenen Vertrag und dessen Inhalt. Die Auftragsbestätigung bringt hingegen den Vertrag erst zustande. Sie ist eine schriftliche Annahmeerklärung. Im Einzelfall ist durch Auslegung zu ermitteln, ob es sich um ein kaufmännisches Bestätigungsschreiben oder eine Auftragsbestätigung handelt. Soll nach dem Inhalt des Schreibens ein Vertrag erst abgeschlossen oder ein zuvor schon vereinbarter Vertrag bestätigt werden?

Bestätigungsschreiben und Auftragsbestätigung

K bestellt bei V verschiedene Kleinteile gemäß beigefügter Liste zum Preis von 15.000 €. V bestätigt in einem nachfolgenden Schreiben die Lieferung von Kleinteilen gemäß Liste zum Preis von 14.800 €. Auf der Liste des V fehlen einige Kleinteile. K schweigt.

Hier ist ein Vertrag nicht zustande gekommen. Die Bestätigung des V ist eine bloße Auftragsbestätigung, die rechtlich nach § 150 Abs. 2 BGB als neuer Antrag zu qualifizieren ist. Dieser wurde nicht angenommen. Ein Bestätigungsschreiben liegt deshalb nicht vor, weil die Parteien hier nicht davon ausgingen, dass durch das Schreiben des V ein bereits geschlossener Vertrag bestätigt wird.

Gutgläubigkeit des Absenders

Das kaufmännische Bestätigungsschreiben wird nicht wirksam, wenn der Bestätigende das Ergebnis des mündlich Besprochenen bewusst wahrheitswidrig oder entstellt wiedergibt. Ein solches arglistiges Verhalten ist nicht schutzwürdig. Ergänzungen des Vorbesprochenen in Nebenpunkten sind jedoch auch dann nicht arglistig, wenn sie bewusst erfolgen.

Keine wesentlichen inhaltlichen Abweichungen vom Verabredeten

Die Wirkungen eines kaufmännischen Bestätigungsschreibens treten auch dann nicht ein, wenn es inhaltlich so weit vom mündlich Vereinbarten abweicht, dass der Absender vernünftigerweise mit einem Einverständnis des Empfängers nicht rechnen kann. In der Praxis ist dieser Ausschlussgrund sehr viel wichtiger als die Arglist. Ob mit einem Einverständnis des Empfängers gerechnet werden konnte, beurteilt sich allein nach objektiven Kriterien. Die Anforderungen an den Beweis sind daher deutlich geringer als die Anforderungen an den Beweis der Arglist.

Kein unverzüglicher Widerspruch

Der Empfänger eines Bestätigungsschreibens hat diesem unverzüglich zu widersprechen, wenn er mit seinem Inhalt nicht einverstanden ist. Die Rechtsprechung gewährt ihm eine Frist von 1 bis 2 Tagen für seinen Widerspruch. Ein Widerspruch, der erst eine Woche nach Zugang des Bestätigungsschreibens erklärt wird, ist verspätet. Der Widerspruch gegen das kaufmännische Bestätigungsschreiben ist eine empfangsbedürftige Willenserklärung, die dem Absender des Schreibens zugehen muss. Eine besondere Form ist nicht vorgeschrieben. Der Widerspruch kann mündlich, ja sogar konkludent erfolgen. Aus Beweisgründen ist jedoch die Schriftform zu empfehlen.

Ein Irrtum über die Bedeutung des Schweigens auf ein kaufmännisches Bestätigungsschreiben ist nicht anfechtbar. Die Anfechtung kann auch nicht darauf gestützt werden, dass der Inhalt des Bestätigungsschreibens vom mündlich Vorbesprochenen abweicht.

Praktische Konsequenzen

Auch wenn die Regeln über das Schweigen auf ein kaufmännisches Bestätigungsschreiben einen Sonderfall im Recht des Vertragsschlusses darstellen, ergibt sich aus ihnen eine für die Alltagspraxis wichtige Konsequenz. Im geschäftlichen aber auch privaten Bereich sollten Schreiben wie beispielsweise Emails mit einem Bezug zu Vertragsverhandlungen nicht einfach weggelegt, sondern sorgfältig durchgelesen werden. Dabei sollte genauestens geprüft werden, ob der Inhalt der Schreiben passt oder ob man aktiv werden sollte.

3.3.7 Vertragsschluss ohne Angebot und Annahme?

In der Praxis ist es häufig nicht oder nur mit erheblichem Aufwand festzustellen, wer den Antrag gemacht und wer ihn angenommen hat. Verhandeln die Vertragsparteien über einen längeren Zeitraum und einigen sie sich in einer Vielzahl von Telefonaten und durch den Austausch von mehreren E-Mails auf einen Vertragstext, der dann von den Geschäftsführern unterzeichnet wird, könnte eventuell durch eine detaillierte Untersuchung ermittelt werden, welches Schriftstück oder Telefonat den Antrag bildet und wie dieser Antrag angenommen wurde, aber in der Regel lohnen sich diese zeitintensiven Nachforschungen nicht. Die Unterzeichnung des Vertragstexts ist die Einigung über den Abschluss des Vertrags mit diesem Inhalt. Die Feststellung einer solchen Einigung genügt. Durch diese Einigung werden eventuelle Mängel des Antrags oder der Annahme „geheilt", d. h. durch die Einigung ersetzt.

3.3.8 Übungsfall[26]

Die V GmbH, im Folgenden V, stellt Pommes frites her, die sie an den Großhandel verkauft. Die K, eine OHG, betreibt einen Großhandel mit Pommes frites. Am 19. 8. 2015 erkundigte sich K fernmündlich bei V

26 Nach BGH, Urteil vom 20. 3. 1974 – VIII ZR 234/72, NJW 1974, 991 f.

nach ihren Preisen. Im Übrigen ist der Inhalt des Ferngesprächs streitig. V sandte der K nach dem Ferngespräch eine „Auftragsbestätigung“, in der sie einen Vertrag bestätigte und die Lieferung einer bestimmten Menge Pommes frites zum Preis von 1 €/kg ankündigte. K widersprach dem Schreiben nicht, nahm aber auch keine Pommes frites von V ab, sondern bezog sie von einem anderen Lieferanten.

Kann V von K die Bezahlung der Pommes frites gegen Lieferung der angekündigten Menge Pommes frites verlangen?

Anspruchsgrundlage

V könnte von K die Bezahlung der Pommes frites gegen Lieferung der angekündigten Menge nach § 433 Abs. 2 BGB verlangen.

Voraussetzungen

Der Anspruch der V setzt nach § 433 Abs. 2 BGB einen Kaufvertrag zwischen V und K über die Lieferung der angekündigten Menge Pommes frites zum Preis von 1 €/kg voraus.

Subsumtion

Dieser Kaufvertrag könnte im Telefonat vom 19. 8. 2015 vereinbart worden sein. Da der Inhalt dieses Telefonats streitig ist, muss offenbleiben, ob mündlich ein Kaufvertrag mit diesem Inhalt abgeschlossen wurde oder nicht.

Ein Kaufvertrag über die Lieferung von Pommes frites zum Preis von 1 €/kg könnte jedoch durch das Schreiben der V zustande gekommen oder bestätigt worden sein. Hiervon wäre auszugehen, wenn es sich bei dem Schreiben der V um ein kaufmännisches Bestätigungsschreiben handelte.

Im Sachverhalt ist dieses Schreiben als „Auftragsbestätigung“ bezeichnet. Träfe diese Bezeichnung zu, müsste V einen Antrag der K mit dieser Erklärung annehmen wollen. Dieser Inhalt des Schreibens müsste sich durch Auslegung des Schreibens nach §§ 133, 157 BGB ergeben. Der Wortlaut des Schreibens der V lässt hingegen den Willen der V erkennen, einen zuvor abgeschlossenen Vertrag zu bestätigen. Ein anderer Wille der V, insbesondere der Wille, einen Antrag der K anzunehmen, ist dem Schreiben nicht zu entnehmen.

Das Schreiben der V wäre somit ein kaufmännisches Bestätigungsschreiben, wenn die zusätzlichen personellen und sachlichen Voraussetzungen für ein solches Schreiben vorlägen.

V und K sind Kaufleute (§ 6 Abs. 1 HGB). Sie sind daher Absender und Empfänger eines kaufmännischen Bestätigungsschreibens.

Ein kaufmännisches Bestätigungsschreiben setzt zudem voraus, dass Vertragsverhandlungen vorangegangen sind. Das kann dann angenommen werden, wenn ein geschäftliches Gespräch über einen Vertrag stattgefunden hatte. Die Verhandlungen müssen nicht zum Abschluss eines Vertrags geführt haben. Laut Sachverhalt ist zwar der Inhalt des Telefonats vom 19. 8. 2015 streitig, nicht aber sein Gegenstand. Die Parteien haben über die Lieferung von Pommes frites und den Preis miteinander gesprochen. Somit ist dem Schreiben der V ein geschäftliches Gespräch über einen Vertrag vorausgegangen.

Das Schreiben der V blieb unwidersprochen. Es könnte daher als kaufmännisches Bestätigungsschreiben den beschriebenen Vertrag mit diesem Inhalt zustande gebracht haben. Diese Wirkung des kaufmännischen Bestätigungsschreibens träte jedoch dann nicht ein, wenn sein Inhalt das mündlich Vorbesprochene arglistig wiedergegeben hätte oder der Absender des Bestätigungsschreibens vernünftigerweise nicht mit dem Einverständnis des Empfängers mit den Abweichungen rechnen durfte. Allerdings ist der Empfänger eines kaufmännischen Bestätigungsschreibens beweispflichtig, wenn er behauptet, dass dieses von dem Inhalt der Vorverhandlungen erheblich abweiche oder dass bewusst etwas Unrichtiges bestätigt worden sei. Da der Inhalt des Telefonats vom 19. 8. 2015 streitig ist, kann K dieser Beweis nicht gelingen.

Ergebnis

Das Schreiben der V, das ein kaufmännisches Bestätigungsschreiben ist, hat somit einen Vertrag zwischen V und K über die Lieferung der in diesem Schreiben angekündigten Menge Pommes frites zum Preis von 1 €/kg zustande gebracht bzw. bestätigt. Die Voraussetzungen des § 433 Abs. 2 BGB sind erfüllt. V kann von K die Bezahlung gegen Lieferung der angekündigten Menge Pommes frites verlangen.

3.3.9 Zusammenfassung

Ein Vertrag wird durch Antrag und Annahme abgeschlossen. Antrag und Annahme sind empfangsbedürftige Willenserklärung. Sie sind in den §§ 145 bis 157 BGB geregelt. Die Frist für die Annahme kann nach § 148 BGB vom Antragenden bestimmt werden. Ist die Annahmefrist nicht bestimmt, kann der Antrag unter Abwesenden nach § 147 Abs. 2 BGB nur bis zu dem Zeitpunkt angenommen werden, in welchem der Antragende unter regelmäßigen Umständen den Eingang einer Annahme noch erwarten darf. Ausnahmsweise kommt ein Vertrag nach § 151 BGB auch zustande, ohne dass die Annahmeerklärung gegenüber dem Antragenden erklärt werden muss. Von dem Grundsatz, dass Schweigen keine Willenserklärung ist, weicht das auf Gewohnheitsrecht beruhende kaufmännische Bestätigungsschreiben ab. Schweigen auf ein kaufmännisches Bestätigungsschreiben kann den Inhalt eines mündlich besprochenen Vertrags ändern oder ergänzen. Es kann sogar einen Vertrag begründen.

3.4 Besonderheiten bei Verbraucherverträgen

Widerrufsrecht

Zur Privatautonomie gehört im Grundsatz auch, dass die Parteien darüber entscheiden, in welcher Weise die Vertragsanbahnung stattfindet, welche Informationen dazu ausgetauscht werden und welche Inhalte ein Vertrag hat. Ist erst einmal ein Vertrag wirksam abgeschlossen, so sind die Vertragsparteien daran gebunden, der Vertrag muss durchgeführt werden. Das Verbraucherschutzrecht modifiziert dies für „B2C"-Fälle, in denen Unternehmer („*Business*") Verbrauchern („*Consumer*") gegenüberstehen und die für den Verbraucher die Gefahr der Überrumpelung oder Fehlentscheidung wegen mangelhafter Informationen mit sich bringen. Der Gesetzgeber schreibt den Unternehmen vielfältige Informationspflichten vor und räumt dem Verbraucher das Recht ein, in diesen besonderen Situationen den Vertrag ohne Angabe besonderer Gründe zu widerrufen. Bereits ausgetauschte Leistungen müssen dann zurückgegeben werden.

Kein generelles Verbraucherwiderrufsrecht

Verbraucher können geschlossene Verträge nicht generell, sondern nur in bestimmten Fällen widerrufen. Speziell für außerhalb von Geschäftsräumen geschlossene Verträge und Fernabsatzgeschäfte regeln die §§ 312 ff. BGB detailliert und mit vielen Ausnahmen, wann und wie lange diese Widerrufssituationen gegeben sind.[27] Noch wichtiger als bei anderen Themenbereichen ist daher die sorgfältige Prüfung jedes Einzelfalls anhand des Gesetzeswortlauts.

Abwehr untergeschobener (Zusatz-)Kosten

Die Informationspflichten und Widerrufsrechte werden ergänzt durch Vorschriften, die es Unternehmern erschweren sollen, dem Verbraucher Kosten für Leistungen oder Nebenleistungen unterzuschieben, die der Verbraucher beim Vertragsschluss nicht in aller Klarheit erwarten konnte. Dies betrifft z. B. Fälle wie die Nutzung eines Internetdiensts, bei dem der Verbraucher beim entscheidenden Klick die Kostenpflichtigkeit einer Leistung, z. B. einer Datenbankrecherche, nicht eindeutig erkennt, die Erhebung von überhöhten Kreditkartengebühren oder das Schalten einer teuren Hotline, über die Beanstandungen zur Unternehmerleistung entgegengenommen werden. In den im Gesetz genau umrissenen Fällen entstehen hier keine (Zahlungs-)Pflichten zulasten des Verbrauchers.

Halbzwingender Charakter und Umgehungsverbot

Die besonderen Regeln, die in B2C–Konstellationen Anwendung finden, können zulasten der Verbraucher weder durch AGB noch durch Individualvereinbarungen umgangen werden, sie sind zugunsten der

27 Weitere Verbraucherschutzvorschriften finden sich im BGB und Nebengesetzen verstreut. Die relevantesten werden in diesem Lehrbuch im jeweiligen Zusammenhang vorgestellt, z. B. im Rahmen der Mängelgewährleistung und bei Garantien (5.4 und 5.5) sowie beim Verbraucherdarlehensvertrag unter 10.4.

Verbraucher „halbzwingend“, § 312k Abs. 1 S. 1 BGB sowie § 361 Abs. 2 S. 1 BGB. Zudem laufen Umgehungsversuche leer, bei denen diese Regeln dem Wortlaut nach eigentlich nicht anwendbar wären, obwohl nach dem Sinn der jeweiligen Verbraucherschutznormen auch solche Konstellationen erfasst werden sollen („Umgehungsverbot“), § 312k Abs. 1 S. 2 BGB sowie § 361 Abs. 2 S. 2 BGB.

3.4.1 Stellen Sie sich vor ...

Stellen Sie sich vor, anlässlich eines kostenlosen Open-Air-Festivals auf einem Marktplatz, bei dem Sie sich bestens amüsieren, werden Sie von einer attraktiven Person angesprochen, die im Auftrag der Event-Management GmbH unterwegs ist. Da Ihnen eine Band besonders gut gefallen hat und Sie guter Stimmung sind, lassen Sie sich dazu verleiten, ein teures Ticket für ein Konzert dieser Band in einer nahegelegenen Großstadt zu kaufen. Als das Ticket samt Rechnung über 75 € bei Ihnen eintrifft, bereuen Sie den Entschluss, zumal das Konzert an einem ungünstigen Termin stattfinden soll. Müssen Sie nun das Ticket bezahlen?

Oder stellen Sie sich vor, Sie bestellen im Internet eine Speicherkarte für Ihre Digitalkamera. Als diese eintrifft, bemerken Sie zu Ihrem Erschrecken, dass Ihre Kamera genau dieses Format nicht erkennen kann. Die Karte ist für Sie daher nutzlos, obwohl sie technisch einwandfrei ist. Können Sie den Kaufvertrag nun rückgängig machen? Wenn ja, was passiert dann mit der Karte, der bereits erfolgten Zahlung und mit den Transportkosten?

3.4.2 Ökonomische Bedeutung und Begründung

Absatzförderung durch Überrumpelung und psychologischen Druck?

Unternehmer haben das naheliegende Interesse, Ihren Warenumsatz zu steigern und werden daher Vertriebsmethoden wählen, die dies unterstützen. Im oben angeführten Beispiel, bei dem ein Student im Grunde zu einem Vertragsschluss überredet wird, ist deutlich, dass das dahinterstehende Unternehmen eine Situation ausnutzt, in der sie den potenziellen Kunden mit der Kaufofferte ein Stück weit überrascht, um das Ticket zu verkaufen. Zudem wird zum selben Zweck wohl auch bewusst ein gewisser psychologischer bzw. sozialer Druck aufgebaut worden sein. Dies ist für die sogenannten Außergeschäftsraumverträge typisch, bei denen der Gesetzgeber das Ziel verfolgt, dass der Kunde die übereilte Entscheidung revidieren können soll.

Informationsschwierigkeiten im Fernabsatz

Bei Fernabsatzgeschäften stehen sich Unternehmer und Verbraucher nicht direkt gegenüber („*face to face*"), wie dies in einem Ladengeschäft der Fall wäre. Kaufgegenstände können nicht direkt angesehen werden und direkte Rückfragen an den Verkäufer sind nicht möglich.[28] Dies kann – wie beim obigen Fall der Speicherkarte – zu Fehlvorstellungen führen. Zudem liegt die Gefahr nahe, dass bestimmte negative oder die Nutzung einschränkende Merkmale der Ware oder Dienstleistung nicht genannt werden. Der Gesetzgeber will daher mit Spezialvorschriften für den Distanzvertrieb sicherstellen, dass wichtige Informationen vom Unternehmer erteilt werden müssen und dass der Verbraucher sich bei Fehlentscheidungen möglichst folgenlos vom Vertrag lösen kann.

Zusatzaufwand für Unternehmer steht Verbrauchervertrauen gegenüber

Die Unternehmen haben bei beiden Vertriebsformen einen gewissen zusätzlichen Aufwand: Sie müssen die Verbraucher in einer bestimmten Form über deren Widerrufsrecht und über viele weitere Punkte informieren und sie müssen die Rückabwicklung der widerrufenen Geschäfte organisieren. Dabei bekommen sie zum Teil Waren zurück, die sie nicht mehr als neuwertig verkaufen können, was in den Kaufpreis einzukalkulieren ist. Vor allem im Internethandel kommen zudem bei fehlerhaften Belehrungen relativ häufig wettbewerbsrechtliche Abmahnungen vor, die für die Unternehmer mit Kosten verbunden aber vor allem lästig sind.[29] Trotz dieser Erschwernisse ist der Haustür- bzw. Straßenvertrieb ein ernsthafter Vertriebsweg neben dem stationären Handel und der Fernabsatz insbesondere über das Internet zeigt deutliche Zuwachsraten. Die gesetzlichen Rahmenbedingungen schaffen augenscheinlich ein Vertrauensfundament, das insbesondere den Fernabsatz nicht etwa behindert, sondern im Gegenteil fördert.

Preisklarheit und Umgehungsversuche

Die Entscheidung für einen bestimmten Vertragsabschluss wird zumindest auch über den Preis für die Leistung des Unternehmers mitbestimmt. Entsprechend liegt es nahe, dass Unternehmer ihren Preis als günstig herausstellen wollen. Ganz deutlich wird dies bei Preissuchmaschinen, bei denen die preiswertesten Angebote zuoberst aufgeführt

28 Kritische Stimmen werden – durchaus zu Recht – einwenden, dass man im Internet zuweilen einfacher an umfangreiche Information über den Kaufgegenstand kommen kann, als z. B. in besonders großen, mit Tiefpreisen werbenden Elektronikmärkten. Aber ist deswegen das Widerrufsrecht des Verbrauchers im Bereich des Onlineshoppings, das Sie hier kennenlernen, wirklich verkehrt? Grundsätzlich zur Bedeutung gesetzlicher Pflichtinformationen: *Brönneke*, Vertrauen durch Markttransparenz, in: Klumpp u. a. (Hrsg.), Informationelles Vertrauen für die Informationsgesellschaft, 2008, 301.

29 Zur Durchsetzung von wettbewerbsrechtlichen Unterlassungsansprüchen durch Abmahnungen vgl. *Eisenmann/Jautz*, Grundriss Gewerblicher Rechtsschutz und Urheberrecht, 10. Auflage 2015, 9.3.

werden. Wer in diesem Fall noch irgendwelche Bearbeitungsentgelte aus seinem Preis herausrechnet, die am Ende aber doch erhoben werden, kann schnell viel weiter oben landen als die Konkurrenz. Dadurch wird die Preisklarheit konterkariert. Da die Preisklarheit ein entscheidender Faktor für einen durch Leistungswettbewerb gekennzeichneten Markt darstellt, können derartige Manipulationsversuche der Rechtsordnung nicht gleichgültig sein.

3.4.3 Anwendungsbereich und Allgemeine Pflichten bei Verbraucherverträgen

Verweisungstechnik: Die entscheidenden Vorschriften finden sich an verschiedenen Stellen im Gesetz

Das BGB regelt in § 312a allgemeine Pflichten und Grundsätze bei Verbraucherverträgen einschließlich bestimmter Grenzen für (Neben-)Entgelte. In § 312b–§ 312k BGB folgen dann Bestimmungen für besondere Vertriebsformen, insbesondere Informationspflichten und Widerrufsrechte. Gewöhnungsbedürftig und etwas lästig sind die verschiedenen Hin- und Herverweisungen sowie die vielfältigen Ausnahmevorschriften: Die Informationspflichten werden im EGBGB, genauer in dessen Art. 246 ff. EGBGB präzisiert. Genauere Vorschriften über den Widerruf enthalten die §§ 355 ff. BGB.

Anwendungsbereich der Verbraucherschutzvorschriften in §§ 312 ff. BGB: entgeltliche Verbraucherverträge mit vielfältigen Ausnahmen

Vorabgestellt regelt § 312 BGB den Anwendungsbereich für die nachfolgenden Vorschriften, wobei vielfältige Ausnahmen genau zu beachten sind. Nach § 312 Abs. 1 BGB gelten die dort nachfolgenden Vorschriften für Verbraucherverträge, worunter man Verträge zwischen einem Verbraucher im Sinne des § 13 BGB und einem Unternehmer im Sinne des § 14 BGB zu verstehen hat, also eine B2C-(Business-to-Consumer-)Konstellation; das ergibt sich aus einer Verweisung auf die Legaldefinition des Verbrauchervertrags in § 310 Abs. 3 BGB. Eingeschränkt wird der Anwendungsbereich ausdrücklich auf „entgeltliche Leistungen" eines Unternehmers. Die Entgeltlichkeit wird allgemein – dem ausdrücklichen Willen des Gesetzgebers folgend – sehr weit verstanden: Jede geldwerte Leistung eines Verbrauchers ist erfasst, insbesondere auch die Hingabe von Daten, die für Werbe- oder andere Zwecke weiterverwendet werden. Dies betrifft insbesondere viele gemeinhin als „kostenlos" angesehene Internetangebote, die im Sinne des § 312 Abs. 1 BGB als entgeltlich anzusehen sind. Im § 312 Abs. 2 BGB finden sich ganz unterschiedlich motivierte partielle Ausnahmen: Teilweise geht es um die Abgrenzung gegenüber Verbraucherschutzvorschriften, die an anderer Stelle geregelt sind wie Pauschalreisen (Ziff. 4) oder Behandlungsverträge (Ziff. 7), teilweise um Situationen, in denen die hier geregelten Verbraucherschutzvorschriften dem Gesetzgeber aus verschiedenen Gründen als unnötig angesehen werden, etwa weil bei notarieller Beurkundung (Ziff. 1) der Notar für einen gerechten Interessenausgleich sorgen soll oder weil Bagatellen ausgenommen werden sollen (Ziff. 12 mit einer 40 € Bagatellgrenze bei Außergeschäftsraumverträgen) bzw. der Aufwand infolge der Verbraucherschutzvorschriften als zu hoch im Verhältnis zum erzielten Verbraucherschutz angesehen wurde (Ziff. 9 für Warenautomaten und Ziff. 10 für öffentliche Telefone). Diese Ausnahmen dürfen bei der Fallanwendung nicht übersehen werden (daher bitte Gesetzestext durchlesen)! Sondervorschriften gibt es zudem für soziale Dienstleistungen (Abs. 3) und für die Wohnraumvermietung (Abs. 4). Auch bei als Finanzdienstleistungen definierten Bankdienstleistungen (Abs. 5) sowie bei Versicherungsverträgen (Abs. 6) kommt es zu vielfältigen Sonderregelungen. Auf diese Sondervorschriften wird im Folgenden nicht weiter eingegangen.

Informationspflichten bei Telefonanrufen und für den stationären Handel

Soweit der durch § 312 BGB festgelegte Anwendungsbereich eröffnet ist, normiert § 312a BGB allgemeine Pflichten und Grundsätze bei Verbraucherverträgen und legt Grenzen für die Vereinbarung bestimmter Entgelte fest. In Abs. 1 findet sich zunächst die Pflicht des Unternehmers bei Telefonaten, die auf einen Vertragsschluss zielen, seine Identität und den geschäftlichen Zweck des Anrufs zu offenbaren. In Absatz 2 S. 1 folgt eine Verweisung auf grundlegende Informationspflichten, die in Art. 246 EGBGB geregelt sind und die insbesondere auch den stationären Handel treffen, der nicht unter die „besonderen Vertriebsformen" fällt, bei denen es eigene Informationspflichten gibt.

Mangelnde Kostentransparenz: Zahlungsanspruch entfällt

In § 312a Abs. 2 S. 2 und 3 sowie Abs. 3–6 BGB folgen dann Bestimmungen zu bestimmten Zusatz- und Nebenkosten. Dabei gibt es zwei verschiedene Regelungsansätze: In Absatz 2 und Absatz 3 wird geregelt, dass derartige Kosten vom Verbraucher nur dann erheben werden können, wenn er zuvor in der dort jeweils beschriebenen Weise eindeutig darauf hingewiesen wurde. In Abs. 4 und 5 hingegen werden die Kosten der Höhe nach begrenzt. Für Steuern, Abgaben, Fracht-, Liefer-, Versandkosten besteht eine Informationspflicht nach Art. 246 Abs. 1 Nr. 3 EGBGB. Wird diese nicht erfüllt, kann der Unternehmer diese Kosten nach § 312a Abs. 2 S. 2 BGB nicht vom Verbraucher verlangen. Eine entsprechende Vorschrift für Außergeschäftsraum- und Fernabsatzverträge enthält § 312e BGB i. V. m. Art. 246a § 1 Abs. 1 Nr. 4 EGBGB. Bisweilen wollen Unternehmer neben dem Entgelt für die Hauptleistung auch noch Nebenleistungen vertreiben, z. B. eine Sitzplatzreservierung beim Verkauf eines Reisetickets oder eine kostenpflichtige „Garantieverlängerung". Derartiges kann nach § 312a Abs. 3 S. 1 BGB nur ausdrücklich vereinbart werden. Nach dem Sinn und Zweck der Vorschrift darf eine solche Vereinbarung auch nicht in AGB versteckt werden. Nach

S. 2 kann eine solche Vereinbarung im elektronischen Geschäftsverkehr auch nicht etwa als Opt-out-Möglichkeit gestaltet werden, etwa indem ein Häkchen bei einer Option „Ich wünsche eine kostenpflichtige Reiserücktrittsversicherung" bereits gesetzt ist und vom Verbraucher erst aktiv entfernt werden müsste. Gleiches gilt für zusätzliche Kostenbestandteile aller Art wie „Handlinggebühren", ein Aufpreis für einen Schmuckkarton, die Lieferung am Wunschtermin etc.

Gesetzliche Kostenbremsen bei Kreditkartengebühren und Co. sowie bei telefonischen Hotlines

Nach § 312a Abs. 4 Ziff. 1 BGB muss der Unternehmer dem Verbraucher mindestens einen gängigen und zumutbaren kostenfreien Zahlungsweg anbieten und nach Ziff. 2 werden Entgelte für daneben angebotene weitere Zahlungsmittel auf die Kosten begrenzt, die dem Unternehmer durch die Nutzung des Zahlungsmittels entstehen. Abs. 5 unterbindet schließlich die Praxis, über telefonische Hotlines zusätzliche Einnahmen zu erwirtschaften, wenn es um Fragen oder Erklärungen rings um einen geschlossenen Vertrag geht. Nicht erfasst davon werden Mehrwertnummern wie Beratungshotlines, bei denen die Hauptleistungspflicht in einer Beratungsleistung besteht und die Kosten über ein zeitabhängiges Entgelt über die Telefonrechnung eingezogen werden.

„Der teure Kreditkarteneinsatz"

Ein Verbraucher möchte im Internet einen Flug buchen. Erst im letzten Buchungsschritt sieht er, dass zu dem sehr günstigen Flugpreis noch beachtliche Kreditkartengebühren bei der Zahlung mit einer üblichen Kreditkarte anfallen. Umgangen werden kann das ausschließlich durch den Einsatz einer sonst nicht üblichen „Kundenkreditkarte Gold", die ausschließlich über das Buchungsportal erhältlich ist und einen eigenen Kreditkartenantrag mit einem entsprechenden zusätzlichen Vertrag erforderlich machen würde, der zudem nicht sofort geschlossen werden kann.[30] Der Verbraucher schuldet dem Unternehmer in diesem Fall die Kreditkartengebühren nicht, da ein gängiger und zumutbarer kostenloser Zahlungsweg fehlt; die kaum verbreitete, eigens zu beantragende firmengebundene Kreditkarte stellt kein derartiges Zahlungsmittel dar, § 312a Abs. 4 S. 1 BGB. Wenn ein § 312 Abs. 4 Ziff. 1 BGB entsprechendes Zahlungsmittel angeboten würde, müsste der Unternehmer zudem die „Kreditkartengebühren" nach Ziff. 2 auf die ihm selbst durch den Kreditkarteneinsatz entstehenden Kosten herabsetzen, d. h. er kann maximal den Betrag fordern, den er an das Kreditkartenunternehmen abzuführen hat.

Entgegenstehende Vereinbarungen werden entweder gar nicht Vertragsbestandteil oder sind nichtig; die Wirksamkeit des Vertrags im Übrigen wird dadurch nicht berührt: § 312a Abs. 6 BGB. Der Verbraucher braucht also insoweit nicht zu zahlen.

30 Sachverhalt in Anlehnung an OLG Dresden, Urteil vom 3. 2. 2015 – 14 U 1489/14, K&R 2015,263.

3.4.4 Außergeschäftsraumverträge und Fernabsatzverträge

Schutzeröffnung bei Außergeschäftsraumverträgen: Der entscheidende Schritt erfolgt nicht in den gewöhnlichen Gewerberäumen des Unternehmers oder anlässlich eines Ausflugs („Kaffeefahrt")

Die bislang als „Haustürgeschäfte" bekannten Vertriebsformen sind vom Gesetzgeber nunmehr als „außerhalb von Geschäftsräumen geschlossene Verträge", kurz: „Außergeschäftsraumverträge", neu geregelt worden. Zunächst muss der Anwendungsbereich durch § 312 BGB eröffnet sein (s. o.). Das Gesetz erfasst sodann nach § 312b Abs. 1 S. 1 vier Fallkonstellationen: Ein Vertrag wird bei gleichzeitiger Anwesenheit von Verbraucher und Unternehmer an einem Ort außerhalb des normalen Ladengeschäfts bzw. genauer „Geschäftsraums" des Unternehmers abgeschlossen (Ziff. 1) oder der Verbraucher gibt dort ein ihn bindendes Angebot ab (Ziff. 2). Geschäftsräume werden in Abs. 2 einerseits als unbewegliche Gewerberäume definiert, in denen der Unternehmer seine Tätigkeit dauerhaft ausübt. Dies erfasst insbesondere das normale Ladengeschäft. Andererseits sind auch bewegliche Gewerberäume „Geschäftsräume", wenn der Unternehmer seine Tätigkeit dort „für gewöhnlich" ausübt.

Der Sonderverkauf in einem Laden und der Marktstand

Da der Geschäftsraum eine dauerhafte Nutzung voraussetzt, ist ein für wenige Tage zum Zwecke einer Sonderaktion angemietetes Ladenlokal kein Geschäftsraum im Sinne des § 312b Abs. 2 BGB, sodass die Vorschriften über Außergeschäftsraumverträge Anwendung finden. Umgekehrt handelt es sich beim regelmäßigen Marktstand genauso wie dem regelmäßig in ein Wohngebiet fahrenden Bäckereiverkaufswagen um „Geschäftsräume", da mobile Verkaufsstellen erfasst werden, die dazu dienen „für gewöhnlich" Geschäfte abzuschließen. In der Folge sind hier die Außergeschäftsraumvorschriften unanwendbar.

Den eigentlichen Außergeschäftsraumverträgen werden Situationen gleichgestellt, bei denen unmittelbar vor dem Vertragsschluss der Verbraucher persönlich und individuell außerhalb der Geschäftsräume angesprochen wurden, § 312 Abs. 1 S. 1 Ziff. 3. Der eigentliche Vertragsschluss kann dann im Geschäftsraum oder auch per Telefon, E-Mail oder durch ein anderes Fernkommunikationsmittel erfolgen. Dies trifft etwa auf den Werber eines Buchklubs zu, der mögliche Kunden vor dem Ladenlokal anspricht und bewegt, im Geschäft einen Vertrag abzuschließen. Bisweilen organisieren Unternehmer auch Ausflüge für Verbraucher, bei denen es meist in Verbindung mit Werbeveranstaltungen zu Vertragsabschlüssen kommt. Bekannt sind die sogenannten „Kaffeefahrten", die sich überwiegend an ältere Menschen richten. Auch die hierbei zustande gekommenen Verträge gelten nach Ziff. 4 als Außergeschäftsraumverträge, unabhängig davon, ob sie schlussendlich in einem Geschäftsraum abgeschlossen werden oder nicht.

Schutzeröffnung bei Fernabsatzverträgen: Vertragsschluss mittels Fernkommunikationsmittel

Fernabsatzverträge setzen zunächst wie Außergeschäftsraumverträge voraus, dass § 312 BGB erfüllt ist, also eine B2C-Konstellation, bei der der Verbraucher eine Gegenleistung erbringen muss (sehr weit verstandene Entgeltlichkeit) und keine der vielfältigen dort geregelten Ausnahmen greift. Sodann dürfen sich der Unternehmer und Verbraucher nicht „*face to face*" gegenüberstehen, sondern müssen sich zum Vertragsschluss eines Fernkommunikationsmittels wie eines Briefes, Katalogs, des Internets etc. bedienen, § 312c Abs. 1 BGB.[31]

3.4.5 Rechtsfolgen der Außergeschäftsraum- und Fernabsatzverträge

Umfangreiche Informationspflichten ergänzen Widerrufsrecht

Die Vorschriften über außerhalb von Geschäftsräumen geschlossene Verträge und Fernabsatzverträge sehen neben Widerrufsrechten (dazu: 3.4.6) eine Reihe von Informationspflichten vor: § 312d BGB i. V. m. Art. 246a und b EGBGB: Es müssen unternehmensbezogene Angaben (z. B. Angaben zum Handelsregistereintrag, zur Adresse – die Postfachanschrift reicht nicht – und den Vertretungsberechtigten), Angaben zur Ware bzw. Dienstleistung selbst, zum Preis, zu eventuellen Nebenkosten und Zahlungsmodalitäten, dem Handelsregister, weiteren Vertragsmodalitäten und natürlich zum Widerrufsrecht gemacht werden. Diese Informationen müssen bereits in der Vertragsanbahnungsphase vorgehalten werden. Zudem müssen sie dem Verbraucher samt der Vertragsinhalte nach Maßgabe von § 312 f BGB auf Papier bzw. einem dauerhaften Datenträger im Sinne von § 126b S. 2 BGB zur Verfügung gestellt werden. Der Verstoß gegen diese Informationspflichten kann lästige und kostenpflichtige Abmahnungen und Unterlassungsklageverfahren[32] nach sich ziehen. Unmittelbare Bedeutung für die Rechtsgeschäfte zwischen Unternehmern und Verbrauchern haben die nach Art. 246a EGBGB zu erbringenden Informationen insoweit, als sie nach § 312d Abs. 1 S. 2 BGB unmittelbar Vertragsbestandteil werden. Auf diese Weise muss der Unternehmer mit übermäßigen Anpreisungen seines Produkts im Rahmen der Pflichtinformationen vorsichtig sein, weil er anschließend für die Erfüllung dieser Pflichten nach den ganz allgemeinen Regeln einstehen muss.[33] Informiert der Unternehmer den

31 Weitere Beispiele in § 312c Abs. 2 BGB.

32 Vgl. hierzu etwa *Eisenmann/Jautz*, Grundriss Gewerblicher Rechtsschutz und Urheberrecht, 10. Auflage 2015, 9.3.

33 Etwa im Rahmen der Mängelgewährleistung und bei Garantien (hierzu näher: 5.4 und 5.5).

Verbraucher nicht entsprechend Art. 246a § 1 Abs. 1 S. 1 Nr. 4 EGBGB über Versand- und andere Kosten, so kann er diese nach § 312e BGB vom Verbraucher nicht verlangen. Fehler bei der Widerrufsbelehrung führen zu einer verlängerten Widerrufsfrist und ggf. auch dazu, dass der Unternehmer bestimmte finanzielle Lasten bzw. Schäden nicht auf den Verbraucher abwälzen kann. Darauf wird unter 3.4.7 näher eingegangen.

3.4.6 Widerruf

Widerrufsrechte und Ausnahmen

Ein außerhalb von Geschäftsräumen oder im Fernabsatz geschlossener B2C-Vertrag ist nach § 312g Abs. 1 BGB grundsätzlich mit einem Widerrufsrecht verbunden. Die Einzelheiten der Widerrufsrechte finden sich dann in den §§ 355 ff. BGB,

Von diesem Grundsatz gibt es Ausnahmen, die in § 312g Abs. 2 und 3 BGB geregelt sind. So ist das Widerrufsrecht für solche Waren ausgeschlossen, die nicht vorgefertigt sind, nach Maßgabe von § 312g Abs. 2 Ziff. 1 BGB auf die individuellen Verbrauchervorstellungen abgestimmt sind.

„Ein maßgeschneiderter Laptop"

Ein Verbraucher bestellt im Internet einen Computer, der nach seinen Wünschen aus verschiedenen Bauteilen zusammengesetzt wurde. Als er kurz nach der Lieferung den Vertrag widerrief, wendet der Lieferant des Laptops ein, ein Widerrufsrecht besteht wegen § 312g Abs. 2 Nr. 1 BGB nicht, da der Computer nach individuellen Vorgaben des Verbrauchers angefertigt worden sei. Der BGH ließ diesen Einwand für die frühere Rechtslage nicht gelten: Die Notwendigkeit, das Notebook wieder auseinanderzunehmen, sei für den Unternehmer zumutbar. Wenn der Unternehmer den Widerruf einfach dadurch vereiteln könnte, dass die Ware nicht vorrätig gehalten, sondern erst auf Bestellung produziert wird, ließe sich das gesetzlich angeordnete Widerrufsrecht zu leicht umgehen.[34] Dieses Ergebnis dürfte auch nach der aktuellen Rechtslage richtig sein. Entscheidend ist, dass die Einzelbestandteile im Sinne der Vorschrift „vorgefertigt" sind und dann nach einem Baukastensystem zusammengesetzt werden. Zu beachten ist insbesondere der generelle Grundsatz, nach dem gesetzliche Ausnahmen eng ausgelegt werden müssen.[35]

Vom Widerruf ausgenommen sind auch schnell verderbliche Waren wie Blumen, § 312g Abs. 2 S. 1 Ziff. 2 BGB, der Kauf der Theaterkarte oder die Hotelbuchung (von Ziff. 9 erfasst). Weitere Ausnahmen ergeben sich

34 *BGH*, Urteil vom 19. 3. 2003 – VIII ZR 295/01, NJW 2003, 1665 („Dell-Computer").

35 Speziell für Ausnahmen von Verbraucherschutzvorschriften: *EuGH*, Urteil vom 10. 3. 2005 – C-336/03, EuZW 2005, 245 (easyCar), 246.

aus § 312g Abs. 2 und 3 BGB. Nicht zu vergessen ist, dass auch die genereller wirkenden Ausnahmen nach § 312 Abs. 2 und Abs. 4 S. 2 BGB ebenfalls dazu führen, dass kein Widerrufsrecht besteht.

Erklärung des Widerrufs

Das Widerrufsrecht führt dazu, dass sich der Verbraucher wieder von dem Vertrag lösen kann, ohne dafür Gründe angeben zu müssen, § 355 Abs. 1 S. 1 und S. 4 BGB. Der Widerruf muss dem Unternehmer gegenüber erklärt werden und aus der Erklärung muss der Entschluss des Verbrauchers, zu widerrufen, eindeutig hervorgehen, § 355 Abs. 1 S. 2 und 3 BGB. Der Begriff „Widerruf" wird dabei nicht vorausgesetzt und der Widerruf kann anders als nach der alten Rechtslage formfrei, also auch (fern-)mündlich erklärt werden. Dies ist allerdings wegen der schwierigeren Beweissituation des Verbrauchers nicht empfehlenswert.

Regelmäßige Frist: zwei Wochen; Fristberechnung

Um den Zeitraum zu bestimmen, bis zu dem der Verbraucher widerrufen kann, muss a) der Fristbeginn, b) die Dauer der Widerrufsfrist und c) das möglicherweise unabhängig von a) und b) erfolgende Erlöschen des Widerrufsrechts ermittelt werden. Die Dauer der regulären Widerrufsfrist beträgt zwei Wochen, § 355 Abs. 2 S. 1 BGB. Der Beginn der Widerrufsfrist setzt in jedem Fall den Vertragsschluss voraus (S. 2). Bei Außergeschäftsraum- und Fernabsatzverträgen kommen weitere Voraussetzungen hinzu: Bei einem Verbrauchsgüterkauf muss die Ware beim Verbraucher selbst angekommen sein, § 356 Abs. 2 Ziff. 1a BGB.[36] Weiter setzt der Fristbeginn eine ordnungsgemäße Widerrufsbelehrung voraus, § 356 Abs. 3 S. 1 BGB. Wie diese Widerrufsbelehrung im Einzelnen zu gestalten ist und welche formalen Voraussetzungen einzuhalten sind, ist trotz der recht genauen Regelung in Art. 246a § 1 Abs. 2 und 3 bzw. Art 246b § 1 Ziff. 12 und § 2 Ziff. 2 EGBGB in vielen Details streitig.[37] Am sichersten geht der Unternehmer, wenn er dem Verbraucher eine Widerrufsbelehrung entsprechend dem gesetzlichen Muster in Anlage 1 bzw. 3 zum EGBGB auf Papier bzw. nach Maßgabe von § 312 f BGB bzw. Art. 246b § 2 EGBGB auf einem anderen dauerhaften Datenträger nach § 126b S. 2 BGB, z. B. durch eine E-Mail übermittelt.

36 Dem stellt das Gesetz die Situation gleich, dass die Ware bei einem vom Verbraucher benannten Dritten ankommt „der nicht der Frachtführer ist". Für die Bestellung von mehreren Waren in einer einheitlichen Bestellung, Teilsendungen und Wiederkehrschuldverhältnisse gelten Besonderheiten die in § 356 Abs. 2 Ziff. 1 b) – d) geregelt sind.

37 Siehe hierzu: Schmidt/Brönneke, Das Widerrufsrecht bei Fernabsatz- und Außergeschäftsraumverträgen, in: Brönneke/Tonner, Das neue Schuldrecht, Baden-Baden 2015, 75 ff.

Vorzeitiges Erlöschen des Widerrufsrechts

In verschiedenen Fallkonstellationen erlischt das Widerrufsrecht vorzeitig: beim Entfernen einer im Interesse des Gesundheitsschutzes oder der Hygiene vorgenommenen Versiegelung einer Ware z. B. eines sterilen Verbands nach Maßgabe von § 312g Abs. 2 Ziff. 3 BGB oder dem Öffnen der Versiegelung einer Packung mit einem Tonträger oder einem Speichermedium für Videoaufnahmen oder Computersoftware (Ziff. 6).[38] Bei der Lieferung von digitalen Inhalten, die sich nicht auf einem digitalen Datenträger befinden, erlischt das Widerrufsrecht nach § 356 Abs. 5 BGB nur, wenn der Verbraucher zuvor ausdrücklich zugestimmt hat, dass der Unternehmer mit der Vertragsausführung vor Ablauf der Widerrufsfrist beginnt (praktisch also die Datenübermittlung veranlasst) und der Verbraucher ausdrücklich bestätigt, dass er durch diese Zustimmung sein Widerrufsrecht verliert. Ähnliche Voraussetzungen gelten für das Erlöschen des Widerrufsrechts bei allgemeinen Dienstleistungs- bzw. Finanzdienstleistungsverträgen (Abs. 4 S. 1 bzw. 2).

Spätestes Erlöschen und „ewiges“ Widerrufsrecht

In jedem Fall erlischt das Widerrufsrecht unabhängig von der korrekten Widerrufsbelehrung zwölf Monate und 14 Tage nach dem Vertragsschluss bzw. der maßgeblichen Warenlieferung, § 356 Abs. 3 S. 2 BGB. Dies gilt lediglich beim Fernabsatz von Finanzdienstleistungen (S. 3) und bei Verbraucherkrediten nach § 356b BGB nicht, wo es bei fehlerhaften Widerrufsbelehrungen ein theoretisch „ewig währendes“ Widerrufsrecht geben kann.

3.4.7 Rechtsfolgen des Widerrufs

Rückerstattung empfangener Leistungen

Der Sinn des Widerrufes ist, dass sich der Verbraucher ohne Weiteres wieder aus seinen vertraglichen Bindungen lösen können soll, § 355 Abs. 1 S. 1 BGB. Von daher erscheint es logisch, dass der Verbraucher nach Ausübung des Widerrufs grundsätzlich so gestellt werden soll, als hätte er den Vertrag nicht geschlossen. Eventuell ausgetauschte Leistungen sind daher gegenseitig zurückzugeben, § 355 Abs. 3 BGB. Im obigen Beispiel der für den Verbraucher unbrauchbaren Speicherkarte müsste also vor allem die bereits gelieferte Speicherkarte an den Händler zurückgesendet und eine erfolgte Zahlung des Verbrauchers zurückerstattet werden. Die Position des Verbrauchers wird dadurch geschwächt, dass der Unternehmer bei Außergeschäftsraum- und Fernabsatzverträgen die Rückzahlung verweigern kann, bis der

38 Der Gesetzgeber hat dies als „Ausnahme“ vom Widerrufsrecht normiert; tatsächlich entsteht das Widerrufsrecht zunächst und erlischt erst später.

Verbraucher die Absendung der Waren nachgewiesen hat, § 357 Abs. 4 BGB; der Verbraucher wird so vorleistungspflichtig.

Versandkosten und Wertersatz

Die Kosten der Hinsendung trägt nach § 357 Abs. 2 BGB der Unternehmer, jedenfalls soweit die Standardlieferung gewählt wurde. Dahingegen trägt der Verbraucher die Kosten der Rücksendung, sofern der Unternehmer den Verbraucher auf diesen Umstand hingewiesen hat, § 357 Abs. 6. Eine etwaige Wertminderung der Ware hat der Verbraucher nur zu ersetzen, wenn er ordnungsgemäß auf sein Widerrufsrecht hingewiesen wurde und die Wertminderung auf einen Umgang mit den Waren zurückzuführen ist, der zur Prüfung der Beschaffenheit, der Eigenschaften und Funktionsweise der Ware nicht notwendig war, § 357 Abs. 7 BGB.

Bei allgemeinen Dienstleistungen, Finanzdienstleistungen sowie der leitungsgebundenen Lieferung von Gas, Wasser, Strom und Fernwärme müssen unter bestimmten Umständen die bis zum Widerruf erfolgten Leistungen vergütet werden, § 357 Abs. 8 und § 357a Abs. 2 und 3 BGB.

Weitergehende Ansprüche werden nach § 361 Abs. 1 BGB ausdrücklich ausgeschlossen.

3.4.8 Elektronischer Geschäftsverkehr

Schutzeröffnung: Einsatz von Telemedien

Viele Verträge werden über elektronische Medien wie das Internet abgeschlossen. Der Einsatz von „Telemedien" beim Vertragsschluss führt dazu, dass es sich um einen „Vertrag im elektronischen Geschäftsverkehr" handelt, auf den § 312i und j BGB und Art. 246c EGBGB Anwendung finden. Praktisch betrifft dies Rechtsgeschäfte im Internet („E-Commerce") und den „Mobile-Commerce", d. h. den Einsatz von anderen Funktionen des Handys als der klassischen Sprachtelefonie. Hier ergänzen die Vorschriften über den elektronischen Geschäftsverkehr die Regeln über den Fernabsatz.

B2B-Geschäfte und Schutzeinschränkung

Anders als bei Fernabsatz- oder Haustürgeschäften findet § 312i BGB auch auf Geschäfte zwischen zwei Unternehmen Anwendung. In derartigen „B2B"-Konstellationen kann allerdings von den meisten Vorschriften durch AGB oder Individualvereinbarung abgewichen werden, § 312i Abs. 2 S. 2 BGB. Nicht anwendbar sind die Vorschriften auf elektronische Formen der Individualkommunikation wie individuelle E-Mails oder SMS, § 312i Abs. 2 S. 1 BGB.

Die Vorschriften über den elektronischen Geschäftsverkehr setzen europäisches Recht in das BGB um.[39] Hier zeigt sich beispielhaft, in welcher Weise europäisches Recht zu Spannungen mit dem noch nicht europaweit harmonisierten nationalen Recht führt: Sobald ein Vertrag im Internet usw., eben im elektronischen Geschäftsverkehr, geschlossen wird, reicht es nicht aus, die Vertragsschlussregeln des Allgemeinen Teils des BGB und die Regeln über Allgemeine Geschäftsbedingungen nach §§ 305 ff. BGB zu beachten. Die Rechtslage wird unübersichtlich, weil europarechtlich veranlasste Sonderregelungen hinzukommen, die nicht vergessen sein wollen: Unternehmer, die Vertragsschlüsse im elektronischen Geschäftsverkehr anbieten, müssen besondere Mittel zur Fehlerkorrektur vorhalten, § 312i Abs. 1 S. 1 Nr. 1 BGB, und diese erklären[40]. Sie müssen eine in der Praxis meist automatisierte Bestellbestätigung abschicken (Nr. 3) und den Abruf und die Speicherung des Vertrags einschließlich der AGB ermöglichen (Nr. 4). Allerdings bleibt die Einbeziehung von AGB in den Vertrag ausschließlich eine Frage des § 305 Abs. 2 BGB. Die AGB werden auch bei Missachtung der in § 312i BGB/Art. 246 EGBGB geregelten Vorgaben Vertragsbestandteil.

„Buttonlösung" gegen Abofallen

Weiter treffen den Unternehmer einige zusätzliche Informationspflichten (zunächst in Art. 246c EGBGB: z. B. über die technischen Schritte aufgeklärt zu werden, die zum Vertragsschluss führen – Nr. 1 oder die zur Verfügung stehenden Sprachen – Nr. 4 und sodann auch in § 312j Abs. 1–3 BGB. Besonders wichtig sind die Transparenzpflichten nach § 312j Abs. 3 BGB. Wenn der Verbraucher nicht direkt bei der Bestellung ausdrücklich bestätigt, dass er sich zu einer Zahlung verpflichtet, kommt kein Vertrag zustande, § 312j Abs. 4 BGB.[41] Der Gesetzgeber schlägt hierfür einen Button „zahlungspflichtig bestellen" vor. Diese Regelung ist eingeführt worden, um Internet-Abofallen abzustellen, bei denen Verbrauchern Verträge für sonst auch kostenlose Dienstleistungen durch versteckte Preisbestimmungen untergeschoben wurden.[42] Die Vorschriften über Verträge im elektronischen Geschäftsverkehr vermitteln dagegen kein eigenes Widerrufsrecht.

---

39 Teile der „E-Commerce-" sowie der „Verbraucherrechterichtlinie".

40 Art. 246c Nr. 3 EGBGB.

41 Nicht anwendbar ist diese Regelung bei Verträgen, die durch individuelle Kommunikation (etwa individuelle E-Mails) geschlossen wurden und im Bereich der Finanzdienstleistungen, vgl. § 312j Abs. 5 BGB.

42 Hierzu *Brönneke*, in Tamm/Tonner, Verbraucherrecht, 2012, 403 ff.

3.4.9 Übungsfall

Das Geschenk, das nicht gefällt

Student S bessert seine BAföG-Einnahmen auf, indem er Musik-CDs, die er direkt ab Werk einkauft, über eine Internetplattform mit einem gewissen Aufschlag weiterverkauft. Zu seiner Person gibt er dabei „von Privat" an. Außer den Angaben zu den CDs selbst und zur Zahlungsart finden sich keine weiteren Erläuterungen zu den dort getätigten Geschäften. Allerdings hat er seit zwei Jahren jeden Monat zwischen 30 und 50 meist positive Kundenbewertungen. A hat dort eine CD gekauft, die bei ihm am 1. März zugeht. Er verschenkt sie im April noch originalverpackt weiter. Die beschenkte Freundin entfernt die Cellophanverpackung der CD. Da ihr die Musik nicht gefällt, will A die CD zurückgeben. Er informiert S Mitte April per E-Mail: „Die CD gefällt leider nicht, bitte überweisen Sie den Kaufpreis zurück; ich schicke Ihnen die CD." S weigert sich, den Kaufpreis zurückzuzahlen. Hat A einen Anspruch auf Rückzahlung des Kaufpreises in Höhe von 17,50 €? Zusatzfrage: Nehmen Sie an, ein Anspruch auf Rückzahlung bestünde. Wer trägt die Versandkosten des Hintransports, die auf den Kaufpreis aufgeschlagen wurden, sowie die Kosten der Rücksendung?

A könnte einen Anspruch gegen S auf Rückerstattung des Kaufpreises nach § 355 Abs. 3 S. 1 BGB haben. Anspruchsgrundlage

Voraussetzung ist, dass A in Bezug auf den CD-Kauf gegenüber S ein Widerrufsrecht zusteht, das nicht erloschen ist. Ferner müsste er ordnungsgemäß widerrufen haben und dem Anspruch dürfte keine Einrede entgegenstehen. Voraussetzungen

Ein Widerrufsrecht könnte sich aus § 312g BGB ergeben. Das setzte zunächst voraus, dass der Anwendungsbereich der §§ 312 ff. BGB nach § 312 BGB eröffnet ist und es sich beim CD-Kauf weiter um einen Außergeschäftsraum- oder Fernabsatzvertrag handelte. Subsumtion

Fraglich ist zunächst, ob ein von § 312 Abs. 1 BGB vorausgesetzter Verbrauchervertrag i.S. des § 310 Abs. 3 BGB vorliegt. Das setzte einen Vertrag zwischen einem Unternehmer im Sinne des § 14 und einem Verbraucher im Sinne des § 13 BGB voraus. Zweifellos handelt A zu privaten Zwecken, die nicht der selbstständigen beruflichen oder gewerblichen Tätigkeit zugerechnet werden können und ist damit Verbraucher im Sinne des § 13 BGB. Zweifelhaft könnte aber die Unternehmereigenschaft des Studenten S sein, der neben seinem Studium CDs vertreibt. Eine gewerbliche Tätigkeit im Sinne von § 14 BGB übt aus, wer selbstständig und planmäßig auf eine gewisse Dauer angelegt entgeltliche Leistungen am Markt anbietet. Dass der Verkauf von CDs ein entgeltliches Angebot am Markt darstellt ist unproblematisch. Da

S dies nun schon seit zwei Jahren und in einem erheblichen Umfang tut, belegt, dass auch ein planmäßiges auf Dauer angelegtes Handeln vorliegt. Auch der Verkauf von fabrikneuer Ware spricht für professionelles, nicht privates Handeln. Dass S dies neben seinem Studium betreibt, ist unschädlich, da § 14 BGB auch nebenberufliche Gewerbe erfasst. Schließlich handelt S auch selbstständig, nicht etwa im Rahmen eines Beschäftigungsverhältnisses. S handelt also als Unternehmer im Sinne des § 14 BGB. Ein Verbrauchervertrag i.S. des § 310 Abs. 3 BGB liegt vor. Er bezieht sich auf einen Kauf und damit auf eine entgeltliche Leistung, sodass § 312 Abs. 1 BGB erfüllt ist. Ausnahmen nach § 312 Abs. 2–6 BGB greifen nicht.

Der Kaufvertrag wurde über das Internet und damit ein Fernkommunikationsmittel im Sinne des § 312c Abs. 2 BGB abgeschlossen, sodass nach § 312c Abs. 1 BGB ein Fernabsatzvertrag gegeben ist. Dies führt nach § 312g Abs. 1 BGB grundsätzlich zu einem Widerrufsrecht nach § 355 BGB. Allerdings könnte noch eine Ausnahme nach § 312g Abs. 2 Ziff. 6 BGB eingreifen, wonach kein Widerrufsrecht besteht, soweit bei einem Vertrag zur Lieferung einer Tonaufnahme in einer versiegelten Verpackung die Versiegelung entfernt wurde. Eine Versiegelung im Sinne der Ausnahmevorschrift muss dem Verbraucher deutlich machen, dass er die Ware behalten muss, wenn er diese spezielle Verpackung öffnet. Eine einfache Cellophanhülle reicht hierfür nicht aus. Sie kann vielmehr auch als „normale Verpackung“ zum Schutz vor Verschmutzung, Kratzern und Ähnlichem aufgefasst werden, ohne dass ein Signal gegeben wird, dass mit Öffnung des Siegels eine Rückgabemöglichkeit unmöglich gemacht wird.[43] Ausnahmen sind darüber hinaus eng auszulegen. § 312g Abs. 1 Ziff. 6 BGB steht dem Widerrufsrecht nicht entgegen und eine andere Ausnahme ist nicht ersichtlich.

A müsste den Widerruf gegenüber S entsprechend § 355 Abs. 1 S. 2–4 BGB erklärt haben. Zwar enthält die E-Mail des A nicht das Wort „Widerruf“, er macht aber den Entschluss unzweifelhaft deutlich, nicht mehr an den Vertrag gebunden sein zu wollen. Das reicht für die Widerrufserklärung aus, die im Übrigen an keine besondere Form gebunden ist. Das Widerrufsrecht dürfte auch sonst nicht erloschen sein. Die zweiwöchige Widerrufsfrist nach Vertragsschluss gemäß § 355 Abs. 2 BGB hat noch nicht zu laufen begonnen, da S den A nicht über sein Widerrufsrecht belehrt hat, § 356 Abs. 3 S. 1 BGB. Da A nach eineinhalb Monaten den Widerruf erklärt, ist auch die von der Widerrufsbelehrung unabhängige Erlöschensfrist nach § 356 Abs. 3 S. 2 BGB noch nicht ab-

43 Der Fall und die Begründung lehnt sich hinsichtlich der Versiegelung an OLG Hamm, Urteil vom 30. 3. 2010 – 4 U 212/09, MMR 2010, 684 an.

gelaufen. Der Widerruf nach § 355 Abs. 1 i. V. m. § 312g BGB ist wirksam erfolgt, A ist nicht mehr an seine Vertragserklärung gebunden und hat grundsätzlich einen Anspruch auf Rückerstattung des Kaufpreises nach § 355 Abs. 3 S. 1 BGB.

Allerdings ist dieser Anspruch nicht einredefrei: S kann die Rückzahlung nach § 357 Abs. 4 BGB verweigern, bis er die CD zurückerhalten hat oder der A ihm die Absendung der CD nachweist.

Ergebnis

A hat einen Anspruch aus § 355 Abs. 3 S. 1 BGB auf Rückzahlung des Kaufpreises gegen S, den er durchsetzen kann, sobald er dem S entsprechend § 357 Abs. 4 BGB nachweist, dass er die CD an S abgesandt hat.

Zusatzfrage

S muss dem A die von ihm neben dem Kaufpreis gezahlten Kosten der Lieferung nach § 357 Abs. 2 S. 1 BGB zurückgewähren. Da S den A überhaupt nicht über sein Widerrufsrecht, also auch nicht die Kostentragungspflicht für die Rücksendekosten, informiert hat, muss S gemäß § 357 Abs. 6 BGB auch die Kosten für die Rücksendung tragen.

3.4.10 Zusammenfassung

Bei Verträgen zwischen einem Unternehmer und einem Verbraucher (Verbrauchervertrag = „B2C-Geschäft") steht dem Verbraucher bei Außergeschäftsraumverträgen und beim Fernabsatz ein Widerrufsrecht zu. Die Widerrufsfrist beträgt regulär zwei Wochen § 355 Abs. 2 BGB. Der Fristbeginn hängt neben dem Vertragsschluss vom Erhalt einer ordnungsgemäßen Widerrufsbelehrung nach § 356 Abs. 3 BGB sowie in den Fällen des Verbrauchsgüterkaufs zusätzlich vom Erhalt der Ware nach Maßgabe von § 356 Abs. 2 BGB ab. So kommt man bei einer fehlerhaften Widerrufsbelehrung im Bereich der Finanzdienstleistungen zu einem „ewigen Widerrufsrecht", § 356 Abs. 3 S. 3 BGB; sonst erlischt das Widerrufsrecht grundsätzlich ein Jahr und 14 Tage nach Vertragsschluss und ggf. Warenlieferung, § 356 Abs. 3 S. 2 BGB.

Bei Verträgen im elektronischen Geschäftsverkehr also über das Internet oder M-Commerce via Handy kommt ein entgeltlicher Vertrag nur bei Einhaltung der „Button-Lösung", einem klaren Hinweis auf eine zahlungspflichtige Bestellung, § 312j Abs. 3 u. 4 BGB, zustande. Im Übrigen bestehen eine Reihe von Informationspflichten; ein eigenes Widerrufsrecht wird nicht eingeräumt.

Kosten, die neben dem eigentlichen Entgelt erhoben werden sollen, werden durch § 312a Abs. 2 S. 2 u. 3, Abs. 3–6 sowie § 312e BGB an besondere Voraussetzungen geknüpft. Werden diese Voraussetzungen nicht eingehalten, kann der Unternehmer die Zahlung nicht einfordern.

3.5 Vertragsschluss durch Stellvertreter

Handeln durch Stellvertreter

Wer eine Willenserklärung abgibt, handelt oft für sich selbst. Die Rechtsfolgen der Willenserklärung treffen dann den Handelnden. Er kann durch Willenserklärungen seine rechtlichen Angelegenheiten selbst gestalten.[44]

Ein Blick in die Praxis zeigt uns andererseits, dass beim Abschluss von Rechtsgeschäften nicht selten Stellvertreter eingesetzt werden. Die Rechtsfolgen der Willenserklärung, die der Stellvertreter abgibt, sollen denjenigen treffen, der den Vertreter eingesetzt hat.

Der Einsatz von Stellvertretern erweitert auf diese Weise die rechtsgeschäftlichen Handlungsmöglichkeiten erheblich. So kann z. B. der Inhaber eines Unternehmens durch seine Mitarbeiter sehr viel mehr Verträge mit seinen Kunden abschließen als es ihm ohne die Hilfe seiner Stellvertreter möglich wäre.

Beteiligte

An einer Stellvertretung sind immer drei Personen beteiligt[45]:

- der Vertretene, also derjenige, der den Stellvertreter beauftragt und den die Willenserklärung des Stellvertreters berechtigen und verpflichten soll,
- der Stellvertreter oder auch Vertreter genannt, also derjenige, der eine Willenserklärung für den Vertretenen abgibt, aber durch das Rechtsgeschäft nicht selbst berechtigt oder verpflichtet werden soll,
- der Dritte, also derjenige, mit dem der Stellvertreter das Rechtsgeschäft abschließt. Das Rechtsgeschäft soll jedoch zwischen dem Dritten und dem Vertretenen zustande kommen.

Voraussetzungen wirksamer Stellvertretung, § 164 BGB

Die Wirkungen einer zulässigen Stellvertretung treten nur ein, wenn der Erklärende (Vertreter)

- eine eigene Willenserklärung (3.5.4)
- im Namen des Vertretenen abgibt, also offen legt, dass die Rechtsfolgen der Willenserklärung einen anderen (den Vertretenen) treffen sollen (3.5.5)
- die Rechtsmacht hat, denjenigen, den die Rechtsfolgen treffen sollen, zu vertreten (Vertretungsmacht, 3.5.6).

---

44 Voraussetzung ist selbstverständlich, dass er geschäftsfähig ist, §§ 105 ff. BGB.

45 Und selbstverständlich vier Personen, wenn auf beiden Vertragsseiten Stellvertretung stattfindet. Das ist in der Unternehmenspraxis häufig vorzufinden! Und in Klausuren wird das oft nicht erkannt.

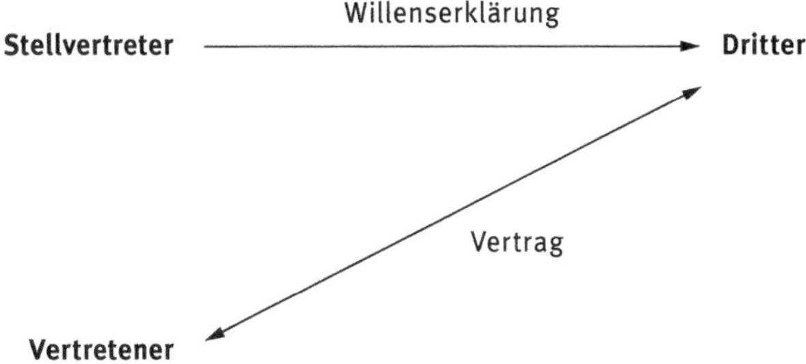

Abb. 3.1. Stellvertretung (eigene Darstellung).

Wir wollen uns in diesem Abschnitt die Voraussetzungen und die Rechtswirkungen einer wirksamen Stellvertretung genauer anschauen. Zudem sollen uns die Rechtsfolgen einer nicht wirksamen Stellvertretung beschäftigen.

3.5.1 Stellen Sie sich vor ...

Stellen Sie sich vor, der Inhaber eines Kaufhauses müsste alle Kaufverträge mit Kundinnen und Kunden selbst abschließen. In einem kleinen Ladengeschäft ist dies zwar noch möglich, aber schon dann, wenn das Ladengeschäft einen größeren Umfang annimmt, treten erhebliche praktische Schwierigkeiten auf.

Welche Auswirkungen hat es, wenn jemand in Ihrem Namen ein Rechtsgeschäft abschließt, obwohl Sie das gar nicht wollen?

Haben Sie sich schon einmal überlegt, ob die Verträge, die der Einkäufer eines Unternehmens mit den Lieferanten des Unternehmens abschließt, vom Inhaber des Unternehmens bzw. dem Unternehmen eingehalten werden müssen? Was passiert, wenn sich der Einkäufer falsche oder überteuerte Waren andrehen lässt?

Stellen Sie sich vor, Sie möchten bei einem Autohaus einen Gebrauchtwagen kaufen und vereinbaren mit dem Verkäufer des Autohauses, dass das Autohaus Ihr altes Auto für 2.000 € ankauft und diesen Betrag auf den Kaufpreis für das neue Auto anrechnet. Können Sie auf der Einhaltung der Vereinbarung mit dem Verkäufer des Autohauses bestehen, wenn der Inhaber des Autohauses sich weigert, die Vereinbarung gelten zu lassen?

3.5.2 Ökonomische Bedeutung und Begründung

Bedeutung

In unserer arbeitsteiligen Wirtschaft ist es praktisch unmöglich, dass der Inhaber eines Unternehmens alle Rechtsgeschäfte selbst abschließt. Die vielfältigen rechtsgeschäftlichen Aufgaben eines Unternehmens erfordern eine unternehmensinterne Organisation, die die Zuständigkeiten verteilt und festlegt, welche Mitarbeiterinnen und Mitarbeiter welche Rechtsgeschäfte in welchem Umfang für das Unternehmen abschließen dürfen. Zwar müssen die Mitarbeiterinnen und Mitarbeiter bezahlt werden, was für den Unternehmer erhebliche Kosten verursacht, aber ohne die Mitarbeiterinnen und Mitarbeiter könnten die vielen unterschiedlichen Verträge nicht abgeschlossen und die daraus resultierenden Gewinne nicht realisiert werden. Ohne eine solche Delegation der rechtsgeschäftlichen Aufgaben an Mitarbeiter wäre es zudem nicht möglich, Filialen und Tochterunternehmen an verschiedenen Orten zu betreiben.

Aber auch im privaten Bereich kann eine Stellvertretung hilfreich sein. Sind Sie im Urlaub oder aus sonstigen Gründen verhindert, ein Rechtsgeschäft selbst zu tätigen, können Sie eine Freundin/einen Freund, Ihren Partner oder Ihre Eltern bevollmächtigen, Sie zu vertreten.

Risiken der Stellvertretung

Diesem wirtschaftlichen Vorteil steht allerdings auch ein nicht zu unterschätzender Nachteil gegenüber. Gestattet ein Unternehmer einer Mitarbeiterin oder einem Mitarbeiter, rechtsgeschäftlich für ihn zu handeln, gewährt er seinen Mitarbeitern einen Vertrauensvorschuss. Dieser Vertrauensvorschuss kann missbraucht und dem Unternehmer dadurch erheblicher wirtschaftlicher Schaden zugefügt werden. Der in einem Unternehmen als Einkäufer eingestellte Mitarbeiter kann auch solche Einkäufe tätigen, die das Unternehmen schädigen. Solange die Vollmacht gegenüber den Lieferanten besteht, verpflichten auch böswillig getätigte Rechtsgeschäfte den Inhaber des Unternehmens. Ähnliches gilt im privaten Bereich. Von einer schriftlich erteilten Vollmacht an einen Familienangehörigen oder Freund kann dieser auch dann noch Gebrauch machen, wenn Sie ihm bereits mitgeteilt haben, dass er Sie nicht mehr vertreten darf, aber die schriftliche Vollmacht nicht zurückerhalten haben.

Die Machtfülle des Vertreters gegenüber Dritten zulasten des Vertretenen versucht das BGB dadurch auszubalancieren, dass es den Vertreter haften lässt, wenn er seine Vertretungsmacht überschreitet oder wenn er seine Vertretungsmacht nicht nachweisen kann. Für jeden sorgfältig agierenden Vertreter ist es daher im Geschäfts- und Privatbereich wichtig, dass er im Rahmen seiner Vertretungsmacht handelt und dass er ein Schriftstück in den Händen hält, aus dem sich seine Vollmacht für die von ihm vorgenommenen Vertretungsgeschäfte ergeben, auch wenn die Vollmachtserteilung grundsätzlich formlos gültig ist.

Die wirtschaftlich vernünftige und sinnvolle Delegation rechtsgeschäftlicher Aufgaben an Mitarbeiterinnen und Mitarbeiter wird durch die Kenntnis der rechtlichen Rahmenbedingungen der Stellvertretung erheblich erleichtert und ein Missbrauch der Stellvertretung erschwert.

Im privaten Bereich empfiehlt es sich ebenfalls, die rechtlichen Voraussetzungen der Stellvertretung gut zu kennen. Persönliche Beziehungen bieten keinen ausreichenden Schutz vor einem Missbrauch einer Vollmacht.

3.5.3 Zulässigkeit der Stellvertretung

Eine Stellvertretung ist bei höchstpersönlichen Geschäften nicht zulässig. Hierzu gehören vor allem die Eheschließung, § 1311 BGB, die Errichtung eines Testaments, § 2064 BGB, sowie der Erbvertrag, § 2274 BGB. Die Einwilligung in eine ärztliche Behandlung oder eine Freiheitsentziehung ist grundsätzlich ebenfalls ein höchstpersönliches Geschäft, sodass sie von einem Vertreter nicht gegeben werden kann. Ausnahmen finden sich für Betreuungsverhältnisse in §§ 1904 Abs. 2, 1906 Abs. 5 BGB.

3.5.4 Abgabe einer eigenen Willenserklärung

Voraussetzung: eigene Willenserklärung

Die direkte Stellvertretung[46] ist in §§ 164 bis 181 BGB geregelt. In diesen Normen beantwortet der Gesetzgeber die Frage, wem die Rechtsfolgen einer Willenserklärung zuzurechnen sind, wenn der Erklärende nicht für sich selbst handelt bzw. handeln will.

Tatsächliches Handeln ist keine Willenserklärung

Die Stellvertretung gibt hingegen keine Antwort auf die Frage, wem die Rechtsfolgen tatsächlichen Handelns für einen anderen zugerechnet werden. Die §§ 164 ff. BGB sind daher nur anwendbar, wenn eine Hilfsperson für einen anderen ein Rechtsgeschäft, also z. B. einen Ver-

46 Bei der indirekten Stellvertretung treten im Gegensatz zur direkten Stellvertretung die Rechtsfolgen zunächst in der Person des Erklärenden ein. Sie müssen anschließend durch weitere Geschäfte auf den „Hintermann" übertragen werden. Die Kommission (§§ 383 ff. HGB) und die Spedition (§§ 407 ff. HGB) sind praktisch wichtige Fallgestaltungen der indirekten Stellvertretung.

trag, abschließt. Sie sind nicht anwendbar, wenn eine Hilfsperson für einen Unternehmer z. B. die gekaufte Ware an eine Kundin/einen Kunden ausliefert oder ein Auto repariert.[47]

Abgrenzung Vertreter/Bote

Der Erklärende muss eine eigene Willenserklärung abgeben, wenn die Wirkungen der Stellvertretung beabsichtigt sind. Überbringt er lediglich eine fremde Willenserklärung, ist er kein Stellvertreter, sondern Bote. Der Stellvertreter unterscheidet sich vom Boten durch den eigenen Entscheidungsspielraum, den er bei Abgabe der Willenserklärung hat. Er ist autonom in der Formulierung der Willenserklärung und gestaltet ihren Inhalt selbst.

Die hilfsbereite Kommilitonin

Bitten Sie eine Kommilitonin für Sie ein von Ihnen vorbestelltes Buch beim Buchhändler in der Stadt abzuholen und zu bezahlen, ist die Kommilitonin nur Botin. Soll Ihre Kommilitonin Ihnen hingegen vom Buchhändler einen Reiseführer „Toskana" mitbringen, ist sie Stellvertreterin. Sie kann entscheiden, welchen Reiseführer sie zu welchem Preis für Sie kauft.

3.5.5 Handeln im Namen des Vertretenen

Offenheitsgrundsatz

§ 164 Abs. 1 S. 1 BGB verlangt die Abgabe einer Willenserklärung in fremdem Namen. Der Stellvertreter muss also seine Stellvertretung offenlegen (Offenheitsgrundsatz). Nach § 164 Abs. 1 S. 2 BGB macht es keinen Unterschied, ob der Stellvertreter ausdrücklich in fremdem Namen handelt oder sich sein Handeln im fremden Namen aus den Umständen ergibt. Die Verkäuferin in einem Ladengeschäft will normalerweise nicht sich selbst, sondern den Geschäftsinhaber berechtigen und verpflichten. Gibt jemand eine Erklärung unter dem Briefkopf eines Unternehmens ab, handelt er regelmäßig für das Unternehmen, auch wenn er nur mit seinem eigenen Namen unterschreibt. Dies gilt auch, wenn der Unterschrift der Stempel einer Personenfirma beigefügt wird.

Abgrenzungen

Das Handeln in fremdem Namen ist abzugrenzen vom Handeln unter falscher Namensangabe und vom Handeln unter fremdem Namen.

Handeln unter falschem Namen

Wer einen falschen Namen z. B. in einer Videothek bei der Miete eines nicht jugendfreien Videos angibt, um anonym zu bleiben, will nicht den Namensträger aus dem Mietvertrag berechtigen und verpflichten, sondern sich selbst. Die Rechtsfolgen eines solchen Handelns unter falscher Namensangabe treffen allein den Handelnden.

---

47 Erfüllungs- und Verrichtungsgehilfen, §§ 278, 831 BGB.

Handeln unter fremdem Namen

Von diesen Fallgestaltungen ist das Handeln unter fremdem Namen zu unterscheiden. Der fremde Name wird hier nicht verwendet, um unerkannt zu bleiben, sondern gerade, um den Namensträger rechtlich zu verpflichten. Auch das Handeln unter fremdem Namen ist keine Stellvertretung. Der Handelnde legt nicht offen, dass er mit dem Namensträger nicht identisch ist. Kommt es für die Wirksamkeit des Geschäfts auf die Person des Namensträgers an, so wendet die herrschende Auffassung in Literatur und Rechtsprechung das Recht der Stellvertretung analog an. Der Namensträger wird durch das abgeschlossene Geschäft berechtigt und verpflichtet, wenn er mit dieser Wirkung einverstanden war (Vollmacht) oder das Geschäft nachträglich genehmigt, § 177 Abs. 1 BGB. Fehlt hingegen das Einverständnis des Namensträgers, steht der Handelnde unter fremdem Namen einem Vertreter ohne Vertretungsmacht gleich. Der Namensträger kann das unter seinem Namen abgeschlossene Geschäft genehmigen. Tut er dies nicht, haftet der Handelnde nach § 179 BGB selbst.[48] Schließt jemand also ein Rechtsgeschäft in Ihrem Namen ab ohne von Ihnen bevollmächtigt zu sein[49], ist das Rechtsgeschäft zunächst schwebend unwirksam und Sie werden – wenn Sie es nicht nachträglich genehmigen – aus diesem Rechtsgeschäft nicht verpflichtet.

§ 164 Abs. 2 BGB

Erklärt der Handelnde nicht ausdrücklich, dass er die Willenserklärung in fremdem Namen abgibt, und geht sein Handeln in fremdem Namen auch nicht aus den Umständen hervor, berechtigt und verpflichtet seine Willenserklärung ausschließlich ihn selbst. Auf seinen möglicherweise entgegenstehenden inneren Willen kommt es nach § 164 Abs. 2 BGB nicht an. Er kann seine Willenserklärung auch nicht mit der Begründung anfechten, er habe nicht in eigenem Namen handeln wollen.

Verzicht auf Offenheit

Zu beachten ist, dass bei vielen Bargeschäften des täglichen Lebens die Offenlegung einer Stellvertretung unüblich ist und der Geschäftspartner sich regelmäßig auch nicht dafür interessiert, für wen das Geschäft abgeschlossen wird. Die Kassiererin an der Kasse eines Supermarkts wird Ihren Hinweis, dass Sie die Lebensmittel nicht für sich, sondern für Ihre Freundin/Ihren Freund kaufen, vermutlich mit Kopfschütteln quittieren. Für die Kassiererin und den Inhaber des Supermarkts ist es nicht von Bedeutung, wer schuldrechtlich Vertragspartner ist, wenn die Ware direkt bar bezahlt wird. Für die Geltendmachung von Gewährleistungsansprüchen wird derjenige als Vertrags-

48 Vgl. hierzu unten Kapitel 3.5.8.

49 Vgl. oben „Stellen Sie sich vor … ", Kapitel 3.5.1.

partner behandelt, der z. B. den Kassenzettel vorweisen kann. Die schuldrechtlichen Wirkungen eines solchen Geschäfts für den, den es angeht, treten unproblematisch ohne Offenlegung der Stellvertretung beim Vertretenen ein.[50]

3.5.6 Vertretungsmacht

Vertretungsmacht

Die Rechtsmacht, einen anderen vertreten zu können, bezeichnet das Gesetz als Vertretungsmacht. Die Rechtswirkungen des Vertreterhandelns treten nur ein, wenn sich die Vertretungsmacht aus dem Gesetz ergibt oder der Vertretene dem Vertreterhandeln zugestimmt hat.

Die sich aus dem Gesetz ergebende Rechtsmacht, einen anderen zu vertreten, bezeichnet das Gesetz als Vertretungsmacht. Die rechtsgeschäftlich erteilte Vertretungsmacht wird Vollmacht genannt.

So vertreten beispielsweise die Eltern ihre Kinder, § 1629 BGB.

Die Vertretungsberechtigung von Organen ist ein Sonderfall der gesetzlichen Stellvertretung. Der Vereinsvorstand vertritt den Verein, § 26 Abs. 2 BGB, der Vorstand einer AG die AG, § 78 Abs. 1 AktG, und der Geschäftsführer einer GmbH die Gesellschaft nach § 35 Abs. 1 GmbHG.

Der überflüssige Kleintransporter

G ist alleiniger Geschäftsführer der X GmbH. Er kauft bei U einen Kleintransporter für 35.000 €, um die Warenauslieferungen flexibler gestalten zu können. Alle anderen Gesellschafter der X GmbH halten den Kauf des Kleintransporters für überflüssig und vertreten daher die Auffassung, dass die X GmbH den Kaufpreis nicht zu bezahlen hat. Sie befinden sich allerdings im Irrtum. Nach § 35 Abs. 1 GmbHG ist der Geschäftsführer G als Organ der GmbH vertretungsberechtigt. Er kann die X GmbH also rechtsgeschäftlich verpflichten.

Vollmacht

Die Zustimmung zum rechtsgeschäftlichen Handeln für einen anderen kann nach § 167 Abs. 1 BGB vor dem Handeln des Vertreters durch Rechtsgeschäft zwischen ihm und dem Vertretenen gegeben (Vollmacht) oder nach § 177 nachträglich durch Genehmigung erteilt werden. Mit der rechtsgeschäftlichen Zustimmung bzw. der nachträglichen Genehmigung bringt der Vertretene autonom und selbstbestimmt zum Ausdruck, wer ihn in welchem Umfang rechtsgeschäftlich vertreten darf.

---

50 Sachenrechtlich soll das Geschäft für den, den es angeht, ermöglichen, dass der Auftraggeber von einem Veräußerer unmittelbar Eigentum erwirbt, ohne dass der handelnde Auftragnehmer wenigstens für eine „juristische Sekunde“ vorher Eigentümer wird.

Die Vollmacht ist in §§ 167 bis 176 BGB geregelt. Sie ist eine empfangsbedürftige Willenserklärung, in der der Vertretene dem Vertreter oder einem Dritten mitteilt, dass der Vertreter ihn vertreten darf und welchen Umfang die Vollmacht hat. Die Vollmacht kann vom Vertretenen auf drei verschiedenen Wegen erteilt werden: Arten der Vollmacht

- als Innenvollmacht. Der Vertretene erteilt die Vollmacht dem Vertreter im Innenverhältnis, § 167 Abs. 1 Alt. 1 BGB.
- als Außenvollmacht. Der Vertretene erklärt die Bevollmächtigung gegenüber dem Dritten, mit dem der Vertreter das Rechtsgeschäft abschließen soll, § 167 Abs. 1 Alt. 2 BGB.
- als nach außen mitgeteilte Innenvollmacht. Der Vertretene erteilt eine Innenvollmacht und erklärt diese nach außen. Es handelt sich also um die Bekanntgabe der Innenvollmacht und nicht um eine neben die Innenvollmacht tretende Außenvollmacht.

Die Erteilung der Vollmacht kann ausdrücklich oder konkludent erfolgen. In der Praxis ist eine konkludent erteilte Vollmacht sehr häufig. Wird jemand für eine Tätigkeit angestellt, die typischerweise mit Vertretungsmacht ausgestattet ist, hat er Vollmacht auch ohne ausdrückliche Erklärung. Will der Vertretene keine Vollmacht erteilen, muss er dies ausschließen. Die in einem Ladengeschäft angestellte Verkäuferin (§ 56 HGB) oder eine Sekretärin, die zur Erledigung der Korrespondenz eingestellt ist, haben auch ohne eine ausdrückliche Erklärung eine (konkludent erteilte) Vollmacht.

Duldungsvollmacht

Von dieser konkludent erteilten Vollmacht ist die sogenannte Duldungsvollmacht zu unterscheiden. Der Vertretene erteilt keine Vollmacht, duldet aber, dass ein anderer – der Vertreter – für ihn wie sein Vertreter im Rechtsverkehr auftritt. Indem der Vertretene wissentlich duldet, dass jemand als sein Vertreter im Rechtsverkehr handelt, setzt er den Rechtsschein einer wirksamen Stellvertretung. Er muss sich daher so behandeln lassen, als habe er tatsächlich Vollmacht erteilt. Der wesentliche Unterschied zwischen einer konkludent erteilten Vollmacht und einer Duldungsvollmacht ist vor allem darin zu sehen, dass die Rechtsfolgen der Duldungsvollmacht nur eintreten, wenn im Rechtsverkehr zunächst ein entsprechender Vertrauenstatbestand gesetzt wurde. Konkret bedeutet dies, dass der angebliche Vertreter bereits mindestens einmal vorher als Vertreter des Vertretenen im Rechtsverkehr gehandelt haben muss. Erst das anschließende erneute Auftreten als Vertreter rechtfertigt es, den dieses Handeln duldenden Vertretenen aus dem Rechtsgeschäft zu verpflichten. Der Geschäftspartner soll hier geschützt werden, der gutgläubig auf den durch den Vertretenen gesetzten Rechtsschein der Bevollmächtigung vertraut.

Büroklammern
Die Sekretärin S liebt bunte Büroklammern und bestellt sie im Namen der K regelmäßig bei V. S hat keinerlei Vollmacht. Die zuständige Abteilung zahlt regelmäßig die Rechnungen des V. K lies dies in der Vergangenheit unbeanstandet geschehen. Nach einer neuerlichen Bestellung hat K genug. Sie zahlt nicht.

Hier kann V Zahlung des Kaufpreises nach § 433 Abs. 2 BGB verlangen. Weil K das Auftreten der S bei den vorangegangenen Kaufverträgen über die Büroklammern geduldet hat, lag eine Duldungsvollmacht vor. S hat daher K wirksam vertreten. Ein Kaufvertrag zwischen V und K, die Voraussetzung des Zahlungsanspruchs, ist daher zustande gekommen.

Form der Vollmacht

Die Erteilung der Vollmacht ist nach § 167 Abs. 2 BGB auch dann formfrei, wenn das abzuschließende Rechtsgeschäft formgebunden ist. Die Rechtsprechung macht von diesem Grundsatz allerdings eine Ausnahme, wenn eine formfreie Vollmacht den Schutzzweck von Formvorschriften unterlaufen würde.[51] So wäre beispielsweise der Schutz des Grundstückseigentümers vor Übereilung nach § 311b Abs. 1 BGB nicht mehr gewährleistet, wenn der Grundstückseigentümer einem Stellvertreter mündlich eine ihn unwiderruflich bindende Vollmacht zum Verkauf seines Grundstücks erteilen könnte. Eine unwiderrufliche Vollmacht zum Verkauf des gegenwärtigen Vermögens des Vertretenen, § 311b Abs. 3 BGB, bedarf daher ebenfalls abweichend vom Wortlaut des § 167 Abs. 2 BGB der notariellen Beurkundung.

Umfang der Vollmacht

Der Umfang der Vertretungsmacht kann sich aus Gesetz oder aus dem der Erteilung zugrunde liegenden Rechtsgeschäft bzw. der Vollmacht ergeben.

Gesetzliche Festlegung des Vollmachtumfangs, insbesondere Prokura und Handlungsvollmacht

Vor allem im Handelsrecht[52] hat der Gesetzgeber den Umfang der Vollmacht gesetzlich festgelegt. Diese gesetzliche Festlegung des Vollmachtumfangs dient der Sicherheit und Leichtigkeit des Rechtsverkehrs. Der Dritte kann den Umfang der Vollmacht aus dem Gesetz entnehmen und sich darauf verlassen. Der Vertretene ist zwar berechtigt, dem Vertreter im Innenverhältnis Beschränkungen aufzuerlegen, doch bleiben diese Beschränkungen im Außenverhältnis ohne Wirkung, §§ 50 Abs. 1, 54 Abs. 3 HGB. Der Unternehmer ist an die von seinem mit Vollmacht ausgestatteten Einkäufer mit Lieferanten abgeschlossenen Verträge auch dann gebunden[53], wenn er mit diesen Verträgen nicht einverstanden ist oder der Einkäufer sich schlechte oder falsche Ware andrehen lässt.

51 BGH, Urteil vom 29. 2. 1996 – IX ZR 153/95, NJW 1996, 1467.

52 Die Prozessvollmacht (§§ 80 bis 84 ZPO) ist ein weiterer Anwendungsfall der gesetzlichen Festlegung des Vollmachtumfangs.

53 Vgl. oben „Stellen Sie sich vor … “, Kapitel 3.5.1, Variante 3.

Der „beschränkte" Prokurist

Der Prokurist, der Ware für 150.000 € einkauft, verpflichtet den Inhaber des Handelsgeschäfts, also den Vertretenen, auch dann zur Bezahlung des Kaufpreises in dieser Höhe, wenn der Vertretene den Prokuristen intern angewiesen hat, nur bis zu einem Betrag von 100.000 € einzukaufen. Gleiches gilt für Rechtsgeschäfte, die der Handlungsbevollmächtigte (§ 54 HGB) abschließt, obwohl das Rechtsgeschäft den im Innenverhältnis festgelegten Umfang der Vollmacht des Handlungsbevollmächtigten überschreitet.

Die Prokura kann nach § 52 Abs. 1 HGB jederzeit unabhängig vom ihrer Erteilung zugrunde liegenden Rechtsgeschäft widerrufen werden. Sie ist zudem nach § 52 Abs. 2 HGB nicht übertragbar. Zur Sicherheit des Rechtsverkehrs ist die Prokura nach § 53 Abs. 1 HGB vom Inhaber des Handelsgeschäfts zur Eintragung in das Handelsregister anzumelden. Die Eintragung in das Handelsregister ist zwar keine Wirksamkeitsvoraussetzung für die Prokura, sie kann aber vom zuständigen Registergericht durch Verhängung eines Ordnungsgelds erzwungen werden. Die Prokura entsteht also unabhängig von ihrer Eintragung in das Handelsregister mit ihrer Erteilung nach § 48 Abs. 1 HGB.

Eine besondere Form der Handlungsvollmacht ist in § 56 HGB geregelt. Wer in einem Laden angestellt ist, gilt zu Verkäufen und Empfangnahmen ermächtigt, soweit sie in einem derartigen Ladengeschäft gewöhnlich geschehen. Die in einem Ladengeschäft angestellten Verkäuferinnen/Verkäufer können die Waren des Geschäfts verkaufen und den Kaufpreis entgegennehmen. Der Ankauf eines Gebrauchtwagens beim Kauf eines Neuwagens ist jedoch nicht mehr von der Vollmacht nach § 56 HGB gedeckt. Der Verkäufer eines Autohauses ist eben nur zum Verkauf, nicht aber zum Kauf von Autos berechtigt.

Ein Prokurist unterschreibt meist mit „ppa", ein Handlungsbevollmächtigter mit „i. V.".

Rechtsgeschäftliche Festlegung des Vollmachtumfangs

Ist der Umfang der Vollmacht nicht gesetzlich festgelegt, so richtet er sich ausschließlich nach dem Willen des Vollmachtgebers, den er bei Erteilung der Vollmacht äußert bzw. nach den Vereinbarungen, die in dem der Vollmachtserteilung zugrunde liegenden Rechtsgeschäft getroffen wurden. Im Unterschied zur gesetzlichen Festlegung des Vollmachtumfangs ist der im Innenverhältnis zwischen dem Vertretenen und dem Vertreter festgelegte Umfang der Vertretungsmacht bei der rechtsgeschäftlichen Festlegung des Vollmachtumfangs auch im Außenverhältnis wirksam. Darf der Vertreter den Vertretenen nur bis zum Betrag von 100.000 € vertreten, so ist jedes Rechtsgeschäft, das diese Grenze überschreitet, schwebend unwirksam. Genehmigt der Vertretene die Überschreitung der Vollmacht nicht nachträglich nach

§ 177 Abs. 1 BGB, handelt der Stellvertreter als Vertreter ohne Vertretungsmacht und wird nach § 179 Abs. 1 BGB aus dem abgeschlossenen Rechtsgeschäft selbst verpflichtet.[54]

Der Vertretene kann die Vollmacht für ein einzelnes Rechtsgeschäft (z. B. Kauf eines Computers) erteilen oder auf eine bestimmte Art von Geschäften beschränken (z. B. Einziehung des Mietzinses). Er kann auch eine Generalvollmacht erteilen, mit der er den Stellvertreter ermächtigt, ihn in allen rechtsgeschäftlichen Angelegenheiten[55] zu vertreten. Schließlich kann der Vertretene die Vollmacht befristen (nur bis zum 1. 10. 2011) oder mit einer Bedingung versehen (die Vollmacht gilt nur für den Fall, dass ich in Urlaub bin).

Auch wenn der Vertretene einem Stellvertreter eine Vollmacht erteilt hat, kann der Vertretene selbstverständlich weiterhin Rechtsgeschäfte abschließen. Die dem Stellvertreter erteilte Vollmacht verdrängt die Rechtsmacht des Vertretenen, für sich selbst zu handeln, nicht. Es ist daher durchaus denkbar, dass der Stellvertreter einen Vertrag über den Kauf eines neuen Autos für den Vertretenen mit X und der Vertretene gleichzeitig selbst einen solchen Vertrag über ein neues Auto für sich selbst mit Y abschließt. Ist die Vollmachterteilung wirksam, muss der Vertretene beide Verträge erfüllen. Einer solchen unglücklichen Situation kann der Vertretene ausweichen, wenn er sich mit seinem Vertreter abstimmt bzw. konkurrierendes rechtsgeschäftliches Handeln unterlässt.

Untervollmacht

Der Stellvertreter kann seinerseits einen anderen bevollmächtigen, wenn der Umfang seiner Vertretungsmacht dies zulässt. In der Regel erlaubt eine Vollmacht eine Unterbevollmächtigung, wenn eine Untervollmacht nicht ausdrücklich ausgeschlossen ist oder sich eine solche Einschränkung nicht aus den Umständen der Erteilung der Hauptvollmacht ergibt.

Durch die Untervollmacht verliert der Hauptbevollmächtigte seine eigene Vertretungsmacht nicht. Vielmehr entsteht eine sogenannte mehrstufige Vertretung. Fraglich ist allerdings, ob der Unterbevollmächtigte den Vertretenen oder den Hauptbevollmächtigten vertritt. Der BGH[56] lässt beide Varianten zu. Welche Art der Untervollmacht vorliegt, richtet sich nach dem ausdrücklichen Inhalt der Untervollmacht und nach den Umständen des Einzelfalls.

54 Vgl. hierzu unten Kapitel 3.5.8.

55 Mit Ausnahme der höchstpersönlichen Geschäfte.

56 BGH, Urteil vom 5. 5. 1960 – III ZR 83/59, NJW 1960, 1565; BGH, Urteil vom 25. 5. 1977 – VIII ZR 18/76, BGHZ 68, 391, 394.

Das Erlöschen der Vollmacht bestimmt sich nach § 168 S. 1 BGB nach dem Rechtsgeschäft, das ihrer Erteilung zugrunde liegt. Nach § 168 S. 2 BGB kann die Vollmacht auch widerrufen werden. Erlöschen der Vollmacht

Der Erteilung der Vollmacht liegt regelmäßig ein Schuldverhältnis, z. B. ein Auftrag oder ein Arbeitsvertrag, zwischen dem Vertretenen und dem Vertreter zugrunde. Aus diesem Rechtsverhältnis kann sich ergeben, dass der Stellvertreter von der Vollmacht Gebrauch zu machen hat oder wann er die Vollmacht nicht mehr verwenden darf. So ergibt sich regelmäßig aus dem Arbeitsvertrag, dass die Vollmacht mit dem Arbeitsvertrag endet. Im Auftrag, der der Vollmachtserteilung zugrunde liegt, kann z. B. vereinbart sein, dass die Vollmacht erlischt, wenn von ihr bis zum 1. 10. 2011 kein Gebrauch gemacht wurde. § 168 S. 1 BGB

Das Erlöschen der Vollmacht nach den Bestimmungen des ihrer Erteilung zugrunde liegenden Rechtsgeschäfts ist allerdings nicht unproblematisch. Der Dritte, der das der Vollmachtserteilung zugrunde liegende Rechtsgeschäft nicht kennt, kann nicht wissen, wann die Vollmacht erlischt. Sein Vertrauen auf die Wirksamkeit der Vollmacht muss deshalb geschützt werden, wenn er ein Rechtsgeschäft mit einem Stellvertreter abschließt, dessen Vollmacht bereits erloschen ist. Dieser Vertrauensschutz wird durch die §§ 170 bis 173 BGB und § 15 HGB gewährleistet.

Rohkaffee I

Kaufmann K erteilte seinem Angestellten A Prokura. Nach einiger Zeit muss K feststellen, dass A Geld unterschlagen hat. Daraufhin teilt K dem A mit, dass er nicht länger Prokurist ist, und kündigt das Arbeitsverhältnis fristlos. A fühlt sich ungerecht behandelt. Um K zu schaden, kauft er für das Unternehmen eine Schiffsladung Rohkaffee für 80.000 €, obwohl K den Kaffee nicht gebrauchen kann. K muss jedoch den Rohkaffee abnehmen und bezahlen, wenn die dem A erteilte Prokura noch im Handelsregister eingetragen ist. Der Verkäufer des Rohkaffees konnte darauf vertrauen, dass die Prokura noch besteht.

Die Vollmacht kann nach § 168 S. 2 BGB auch dann widerrufen werden, wenn das ihrer Erteilung zugrunde liegende Rechtsgeschäft fortbesteht. Die Vollmacht eines Arbeitnehmers ist daher auch dann widerruflich, wenn der Arbeitsvertrag nicht gekündigt wird. Allerdings ist zu beachten, dass manche Arbeitsverträge die Pflicht des Arbeitgebers enthalten, den Arbeitnehmer bzw. die von ihm besetzte Position im Unternehmen mit Vollmacht auszustatten. Dann ist ein Widerruf unabhängig vom Fortbestehen des Arbeitsvertrags zwar möglich, stellt sich jedoch als Verletzung des Arbeitsvertrags dar. § 168 S. 2 BGB

Für den Widerruf der Vollmacht findet nach § 168 S. 3 BGB die Vorschrift über die Erteilung der Vollmacht, § 167 Abs. 1 BGB, entsprechend

Anwendung. Mit der Verweisung auf § 167 Abs. 1 BGB schreibt der Gesetzgeber vor, dass der Widerruf der Vollmacht – ebenso wie ihre Erteilung – durch eine empfangsbedürftige Willenserklärung des Vollmachtgebers zu erfolgen hat. Empfänger der Willenserklärung, mit der die Vollmacht widerrufen wird, können der Stellvertreter oder der Dritte sein. §§ 168, 167 BGB schreiben nicht vor, dass eine Innenvollmacht nur gegenüber dem Stellvertreter und eine Außenvollmacht nur gegenüber dem Dritten widerrufen werden kann. Grundsätzlich ist es daher möglich, eine Innenvollmacht nur durch einen Widerruf im Außenverhältnis und eine Außenvollmacht nur im Innenverhältnis zu widerrufen.

Rohkaffee II

Der Widerruf der Prokura im Innenverhältnis, also von K gegenüber seinem Angestellten A ist auch dann wirksam, wenn die Prokura im Handelsregister noch nicht gelöscht ist. Wie der obige Fall zeigt, ist ein Widerruf im Außenverhältnis, also eine Löschung der Prokura im Handelsregister, geboten, um einem Missbrauch vorzubeugen.

Allerdings führt dies zu erheblichen Problemen, insbesondere, wenn eine Außenvollmacht nur im Innenverhältnis widerrufen wird. Der Dritte, der vom Widerruf der Vollmacht nichts weiß, kann und muss auf das Fortbestehen der Vollmacht vertrauen. Der Gesetzgeber hat daher in den §§ 170 bis 173 BGB vorgesehen, dass die Außenvollmacht solange gegenüber dem Dritten in Kraft bleibt, bis ihm deren Erlöschen mitgeteilt wird (§ 170 BGB). Dies gilt auch für die nach außen erklärte Innenvollmacht. Sie bleibt nach §§ 171 Abs. 2, 172 Abs. 2 BGB bestehen, bis der Dritte über ihr Erlöschen informiert wurde.

Rohkaffee III

K hätte dem Verkäufer des Rohkaffees auch mitteilen können, dass A nicht mehr Prokurist ist. Dies wäre etwa durch ein Rundschreiben/eine E-Mail an alle Lieferanten möglich gewesen. Obwohl die Prokura noch im Handelsregister eingetragen ist, ist der Verkäufer des Rohkaffees und jeder Dritte, der durch das Rundschreiben oder die E-Mail informiert wurde, nicht mehr schutzwürdig. Er kennt das Erlöschen der Vollmacht bzw. der Prokura und kann daher auf ihrem Bestand nicht mehr vertrauen, § 15 Abs. 1 a.E. HGB.

Für die Praxis ist daher zu empfehlen, die Vollmacht immer auch gegenüber demjenigen zu widerrufen, demgegenüber sie erteilt wurde. Die Innenvollmacht sollte daher gegenüber dem Vertreter, die Außenvollmacht gegenüber dem Dritten und die gegenüber einem Dritten erklärte Innenvollmacht gegenüber beiden widerrufen werden.

3.5.7 Rechtsfolgen wirksamer Stellvertretung

Nach § 164 Abs. 1 BGB wirkt die Willenserklärung des Vertreters unmittelbar für und gegen den Vertretenen, wenn sie in fremdem Namen und innerhalb der dem Vertreter zustehenden Vertretungsmacht abgegeben wurde. Schließt also ein Stellvertreter im Namen des Vertretenen einen Vertrag und hält er sich an den Rahmen seiner Vertretungsmacht, wird allein der Vertretene aus diesem Vertrag berechtigt und verpflichtet.

Wirkung für und gegen den Vertretenen

Der Stellvertreter kann auch dann aus dem von ihm abgeschlossenen Rechtsgeschäft keine Rechtsfolgen für sich herleiten, wenn er nach seinem inneren Willen das Rechtsgeschäft nicht für den Vertretenen abschließen wollte.

Kauf eines Laserdruckers

Bevollmächtigt K seinen Angestellten A zum Kauf eines Laserdruckers bei G und teilt er dem G mit, dass er A als seinen Vertreter mit dem Kauf eines Laserdruckers beauftragt hat, wird K auch dann Vertragspartner des G, wenn A den Drucker für sich kaufen möchte, aber offenlässt, für wen er das Rechtsgeschäft abschließt. G konnte aus den Umständen entnehmen, dass A nicht für sich selbst, sondern für K handelt, § 164 Abs. 1 S. 2 BGB. Da A auch Vollmacht hatte, sind alle Voraussetzungen einer wirksamen Stellvertretung erfüllt. A hat keinen Anspruch auf Übergabe und Übereignung des Laserdruckers an sich. Will A nicht als Stellvertreter handeln, sondern selbst Vertragspartner werden, muss er gegenüber G deutlich machen, dass er das Rechtsgeschäft für sich selbst abschließen möchte.

Für den Vertreter ist das Vertreterhandeln ein sogenanntes neutrales Geschäft, aus dem er weder berechtigt noch verpflichtet wird. Daher kann auch ein Minderjähriger Stellvertreter sein. Dies ist in § 165 BGB ausdrücklich geregelt. Aus dem als Vertreter abgeschlossenen Rechtsgeschäft können ihm keine Nachteile entstehen, § 179 Abs. 3 BGB.

3.5.8 Rechtsfolgen fehlender Vertretungsmacht

Fehlt dem (angeblichen) Vertreter die Vertretungsmacht oder überschreitet er den Umfang seiner Vertretungsmacht, handelt er als Vertreter ohne Vertretungsmacht. Die Wirksamkeit des vom Vertreter abgeschlossenen Rechtsgeschäfts für und gegen den Vertretenen hängt nach § 177 Abs. 1 BGB von dessen Genehmigung ab.

§ 177 BGB

Hausverwalter I

Behauptet der Hausverwalter V wahrheitswidrig gegenüber dem Heizungsbauer H, vom Eigentümer E bevollmächtigt zu sein, und beauftragt H im Namen des E mit dem Einbau einer neuen Heizungsanlage in das Mietshaus des E, so hängt die Wirksamkeit des Werkvertrags zwischen E und H von der Genehmigung des E nach § 177 Abs. 1 BGB ab.

Bis zur Erteilung der Genehmigung oder ihrer Nichterteilung ist das Rechtsgeschäft schwebend unwirksam. Der Gesetzgeber hat sich bewusst für diesen Schwebezustand entschieden, weil er dem angeblich Vertretenen die Möglichkeit einräumen wollte, das ohne Vertretungsmacht abgeschlossene Rechtsgeschäft durch Genehmigung an sich zu ziehen. Hat der Stellvertreter einen für den Vertretenen vorteilhaften Vertrag abgeschlossen, soll der Vertretene das vorteilhafte Geschäft für sich in Anspruch nehmen können. Hat H die Heizungsanlage zu einem sehr günstigen Preis fehlerfrei eingebaut, wird E sich überlegen, ob er den Werkvertrag gelten lassen soll, obwohl V den H eigenmächtig ohne Vollmacht beauftragt hatte.

---

§ 177 Abs. 2 BGB

Der Dritte kann die Unsicherheit darüber, ob das abgeschlossene Rechtsgeschäft für und gegen den angeblich Vertretenen wirkt, nach § 177 Abs. 2 BGB dadurch beseitigen, dass er den angeblich Vertretenen zur Erklärung über die Genehmigung auffordert. Wird die Genehmigung nicht bis zum Ablauf von zwei Wochen nach Zugang der Aufforderung erklärt, gilt sie als verweigert, § 177 Abs. 2 S. 2 BGB.

Vertreter ohne Vertretungsmacht

Wird die Genehmigung verweigert oder kann der Stellvertreter seine Vertretungsmacht nicht nachweisen, ist er nach § 179 Abs. 1 BGB dem Dritten nach dessen Wahl zur Erfüllung des Vertrags oder zum Schadensersatz verpflichtet. Die Vorschrift des § 179 Abs. 1 BGB soll dem Schutz des Dritten dienen. Er kann in jedem Fall entweder den Vertretenen oder den Vertreter in Anspruch nehmen. Der Dritte braucht sich deshalb zumindest theoretisch nicht darum zu kümmern, ob der als Stellvertreter Handelnde tatsächlich Vollmacht hat und sich im Rahmen der ihm zustehenden Vertretungsmacht verhält.

Hausverwalter II

Der Heizungsbauer H im obigen Beispiel kann sich also entweder an den Eigentümer des Hauses E wenden oder den Vertreter ohne Vertretungsmacht V auf Zahlung des Werklohns in Anspruch nehmen.

Diese Konstruktion des Gesetzgebers erweist sich in der Praxis jedoch häufig als bloße Theorie. Regelmäßig dürfte der Vertretene wirtschaftlich deutlich stärker sein als der Vertreter. Es lohnt sich oft nicht, den Vertreter auf Erfüllung des Vertrags oder auf Schadensersatz in Anspruch zu nehmen, weil der Vertreter wirtschaftlich zur Erfüllung des Anspruchs nicht in der Lage ist. Jedenfalls bei Geschäften von nicht unerheblichem Wert sollte der Dritte die Vollmacht des Vertreters überprüfen oder sich wenigstens eine schriftliche Vollmacht vorlegen lassen. In unserem Beispiel ist es für H vermutlich nicht sehr Erfolg versprechend, den Hausverwalter V auf Zahlung des Werklohns in

Anspruch zu nehmen. Er wäre daher gut beraten, vor Beginn seiner Arbeiten die Vollmacht des V zu überprüfen.

Milch

Die Westmilch AG will mit Ihnen einen Vertrag über die Errichtung einer Produktionshalle für 10 Mio. € abschließen. Sie sollen den Vertrag, der von Herrn Otto Süßmilch und Frau Dr. Clara Sauermilch als Prokuristen unterschrieben ist, ebenfalls unterschreiben. Die Sache kommt Ihnen jetzt doch seltsam vor, vor allem, weil Sie bisher nur mit Herrn Maier verhandelt haben.

Hier bekommen Sie Klarheit allein dadurch, dass Sie sich unmittelbar vor Unterschrift einen Handelsregisterauszug der Westmilch AG beschaffen. Dort können Sie nachlesen, ob Herr Süßmilch und Frau Dr. Sauermilch Prokura für die AG haben.

Häufig wird übersehen, dass § 179 Abs. 1 BGB eine materielle Beweisregel zulasten des Vertreters enthält. Der Vertreter hat für sein Handeln schon dann einzustehen, wenn ihm der Beweis nicht gelingt, dass er Vertretungsmacht hatte. Behauptet der Vertretene, dass er dem Vertreter zu keinem Zeitpunkt Vertretungsmacht erteilt oder – abgesehen von den gesetzlichen Festlegungen des Umfangs der Vertretungsmacht – die Vertretungsmacht beschränkt hat, und kann der Vertreter das Gegenteil nicht beweisen, so ist er Vertreter ohne Vertretungsmacht und haftet nach § 179 Abs. 1 BGB auch dann, wenn er tatsächlich Vertretungsmacht hatte. Der Vertreter kann sich vor solchen Beweisschwierigkeiten z. B. dadurch schützen, dass er sich die Vollmacht schriftlich erteilen lässt.

Hausverwalter III

Behauptet der Hausverwalter V, zur Erteilung des Auftrags zum Einbau einer neuen Heizung vom Eigentümer E des Hauses bevollmächtigt gewesen zu sein, kann seine Vollmacht aber nicht beweisen, muss er nach § 179 Abs. 1 BGB den Werklohn an den Heizungsbauer H bezahlen.

Sonderfälle

Hat der Vertreter den Mangel der Vertretungsmacht nicht gekannt, ist er nach § 179 Abs. 2 BGB nur zum Ersatz des Vertrauensschadens verpflichtet. Dieser Schutz des Vertreters greift selbst dann ein, wenn der Vertreter den Mangel der Vertretungsmacht hätte kennen können, also auch bei fahrlässiger oder sogar grobfahrlässiger Unkenntnis des Mangels der Vertretungsmacht.

Kannte der Dritte den Mangel der Vertretungsmacht oder musste er diesen Mangel kennen, scheidet eine Haftung des Vertreters nach § 179 Abs. 3 S. 1 BGB aus. Der Dritte ist nicht schutzwürdig, wenn er einen Vertrag mit jemandem abschließt, von dem er weiß, dass er keine wirksame Vertretungsmacht hat.

Büroangestellte des Notars

Häufig wollen sich die Parteien eines Grundstückskaufs den zeitaufwendigen Gang zum Notar zur Beurkundung des Kaufvertrags nach § 311b Abs. 1 BGB ersparen und beauftragen den Notar, die Beurkundung ohne sie vorzunehmen. Der Notar bittet in diesen Fällen zwei Büroangestellte, die Kaufvertragsparteien zu vertreten. In den Vertrag wird aufgenommen, dass die beiden Angestellten als Vertreter ohne Vertretungsmacht handeln. Die Parteien des Kaufvertrags genehmigen die Stellvertretung nachträglich schriftlich mit der Folge, dass der Vertrag wirksam ist. Möchte z. B. der Käufer den Vertrag, aus welchen Gründen auch immer, nicht gelten lassen, genehmigt er ihn nicht. Der Verkäufer kann nun den Büroangestellten, der den Käufer vertreten hat, nicht nach § 179 Abs. 1 BGB in Anspruch nehmen, da er wusste, dass der Büroangestellte als Vertreter ohne Vertretungsmacht handelt.

Auch der minderjährige Vertreter haftet nach § 179 Abs. 3 S. 2 BGB nicht, es sei denn, er hat mit Zustimmung seines gesetzlichen Vertreters gehandelt.

3.5.9 Interessenkollisionen

§ 181 BGB

Die Stellvertretung ermöglicht es dem Vertreter, seine Vertretungsmacht zu missbrauchen und den Vertretenen dadurch zu schädigen. Zum Schutz des Vertretenen hat der Gesetzgeber in § 181 BGB die Unwirksamkeit eines sogenannten Insichgeschäfts vorgesehen. § 181 BGB unterscheidet zwei Fallgestaltungen:

Selbstkontrahieren

Der Vertreter schließt im Namen des Vertretenen mit sich selbst im eigenen Namen ein Rechtsgeschäft ab (Selbstkontrahieren). Der im Kaufhaus K angestellte V kauft in diesem Kaufhaus ein Notebook für 500 €. Den Kaufvertrag schließt V als Vertreter (§ 56 HGB) im Namen des Kaufhauses K und zugleich mit sich selbst in eigenem Namen ab. V tritt also einerseits als Verkäufer im Namen des Kaufhauses auf und andererseits für sich selbst als Käufer.

Mehrvertretung

Der Vertreter schließt als Vertreter eines Dritten ein Rechtsgeschäft mit einem anderen Dritten, den er ebenfalls vertritt, ab (Mehrvertretung). Tritt V nicht nur als Vertreter des Kaufhauses K, sondern zugleich als Vertreter seiner Ehefrau E auf, ist dies ein Fall der unzulässigen Mehrvertretung. V tritt als Vertreter des Kaufhauses, also des Verkäufers, und zugleich als Vertreter seiner Ehefrau, also der Käuferin des Notebooks, auf.

Kennzeichnend für ein Insichgeschäft ist die Personenidentität. Der Vertreter vertritt Verkäufer und Käufer gleichermaßen. Auf beiden Seiten des Rechtsgeschäfts handelt der Vertreter.

§ 181 BGB behandelt beide Fallgestaltungen gleich. Die abgeschlossenen Rechtsgeschäfte sind schwebend unwirksam. Dabei kommt es nicht darauf an, ob das Rechtsgeschäft für den Vertretenen wirtschaftlich vorteilhaft ist. Der Gesetzgeber hat die Mitwirkung derselben Person auf beiden Seiten des Rechtsgeschäfts generell für unwirksam erklärt, um der Gefahr eines Interessenkonflikts vorzubeugen.

Ausnahmen

Der Wortlaut des § 181 BGB enthält selbst bereits zwei Ausnahmen vom Verbot des Selbstkontrahierens. Die Rechtsprechung hat die im Gesetz vorgesehenen Ausnahmen noch um eine weitere Ausnahme ergänzt.

Gestattung

Der Vertreter kann ein Rechtsgeschäft mit sich selbst abschließen, wenn ihm dies gestattet ist. Diese Gestattung von Insichgeschäften kann bereits in der Vollmacht vorgesehen sein: „Ich bevollmächtige Herrn X unter Befreiung von den Einschränkungen des § 181 BGB". Sie kann selbstverständlich auch gesondert ausgesprochen werden. Zudem ist es möglich, dass der Vertretene das Insichgeschäft nachträglich genehmigt, § 177 BGB. Damit wird ihm die Chance eingeräumt, ein für ihn vorteilhaftes Geschäft des Vertreters an sich zu ziehen.

Erfüllung einer Verbindlichkeit

Zudem ist ein Selbstkontrahieren des Vertreters erlaubt, wenn es ausschließlich in Erfüllung einer Verbindlichkeit besteht. Der Interessenkonflikt, dem § 181 BGB vorbeugen will, besteht hier nicht, da der Vertretene die Verbindlichkeit ebenfalls erfüllen müsste. Voraussetzung ist jedoch, dass die Verbindlichkeit zunächst ohne Verstoß gegen § 181 BGB wirksam begründet wurde. So kann z. B. der GmbH – Geschäftsführer seine Vergütungsansprüche gegen die GmbH selbst erfüllen. Die GmbH müsste diese Verbindlichkeit ja auch erfüllen. Entsprechendes gilt beispielsweise für die Auszahlung eines Bonus des Personalchefs an sich selbst, wenn der Inhaber des Unternehmens und der Personalchef dies zuvor vereinbart haben.

Unbedenkliche Geschäfte

Die Rechtsprechung und ein Teil der Literatur lassen darüber hinaus Insichgeschäfte ausnahmsweise auch dann zu, wenn für einen einzelnen Rechtsbereich die Zielsetzung des § 181 BGB niemals zum Zuge kommen kann. Konkret bedeutet dies, dass die von § 181 BGB befürchtete Interessenkollision nicht eintreten kann. Allgemein formuliert sollen die Beschränkungen des § 181 BGB nicht für solche Geschäfte gelten, die für den Vertretenen ganz unbedenklich sind. Der in der Rechtsprechung anerkannte und in der Praxis häufigste Fall unbedenklicher Geschäfte sind Rechtsgeschäfte, die für den Vertretenen lediglich rechtlich vorteilhaft sind, § 107 BGB.[57]

---

57 BGH, Beschluss vom 25.11.2004 – V ZB 13/04, BGHZ 59, 236; BGH, Urteil vom 25.4.1985 – IX ZR 141/84, BGHZ 94, 232, 240.

3.5.10 Übungsfall

M ist Inhaber einer kleinen Weinhandlung (kein Kaufmann). Er entschließt sich zu einer sechsmonatigen Weltreise, möchte aber in der Zwischenzeit seine Weinhandlung nicht schließen. Er bittet daher seinen Freund F, die Weinhandlung während seiner Abwesenheit zu führen und erteilt ihm zu diesem Zweck die Vollmacht, ihn in allen rechtsgeschäftlichen Angelegenheiten zu vertreten. In der Zeit des Urlaubs des M tätigt F u. a. die nachfolgend beschriebenen Geschäfte:

- F erwirbt von M eine Kiste mit 6 Flaschen Shiraz zu einem marktüblichen Preis. Als Verkäufer tritt F als Stellvertreter des M auf; als Käufer handelt F für sich selbst.
- F nimmt bei der Bank B ein Darlehen über 50.000 € auf. Als Vertreter des M übernimmt er für M die Bürgschaft für dieses Darlehen.

Als M von seiner Weltreise zurückkommt und davon erfährt, dass F in seinem Namen (im Namen des M) eine Bürgschaft übernommen hat, möchte er beide Geschäfte des F nicht gelten lassen.

1. Kann F von M Übergabe und Übereignung des Weins verlangen?
2. Kann B von M die Erfüllung der Bürgschaft verlangen, wenn F insolvent ist?

1. Anspruch auf Übergabe und Übereignung des Weins

Anspruchsgrundlage

F könnte von M die Übergabe und Übereignung der 6 Flaschen Wein nach § 433 Abs. 1 S. 1 BGB verlangen.

Voraussetzungen und Subsumtion

Der Anspruch des F setzt nach § 433 Abs. 1 S. 1 BGB zunächst einen wirksamen Kaufvertrag zwischen M und F über den Wein voraus.

Ein Kaufvertrag kommt durch zwei übereinstimmende Willenserklärungen, Angebot und Annahme, zustande. M hat jedoch keine Willenserklärung abgegeben. Ungeachtet dessen könnte der Kaufvertrag zwischen M und F durch die Willenserklärungen des F nach § 164 Abs. 1 BGB wirksam abgeschlossen worden sein. Dies wäre der Fall, wenn F erkennbar eine Willenserklärung im Namen des M innerhalb der ihm zustehenden Vertretungsmacht abgegeben hätte. Aus dem Sachverhalt ergibt sich, dass F als Vertreter des M den Kaufvertrag über den Wein abgeschlossen hat. Er hatte zudem die Vollmacht, den M in allen rechtsgeschäftlichen Angelegenheiten zu vertreten. Die Voraussetzung des § 164 Abs. 1 S. 1 BGB liegen somit vor.

F hätte den M jedoch nicht wirksam vertreten, wenn er nach § 181 BGB den Kaufvertrag über den Wein im Namen des M mit sich in eigenem Namen abgeschlossen hätte. Aus dem Sachverhalt ergibt sich, dass F den M als Verkäufer des Weins vertreten und den Vertrag mit sich selbst abgeschlossen hat. Es handelt sich also um ein Insichgeschäft, das unwirksam wäre, wenn keine Ausnahme von § 181 BGB vorläge. Der Sachverhalt enthält keine Anhaltspunkte dafür, dass dem F ein Selbstkontrahieren gestattet gewesen wäre oder M das Handeln des F nachträglich genehmigt hätte. Außerdem handelte F nicht lediglich in Erfüllung einer Verbindlichkeit. Der von F als Vertreter des M mit sich selbst abgeschlossene Kaufvertrag über 6 Flaschen Shiraz ist daher unwirksam.

Ergebnis

F kann von M nicht die Übergabe und Übereignung der Kiste mit 6 Flaschen Shiraz nach § 433 Abs. 1 S. 1 BGB verlangen.

2. Anspruch auf Erfüllung der Bürgschaft

Anspruchsgrundlage

B könnte von M die Erfüllung der Bürgschaft nach § 765 Abs. 1 BGB verlangen.

Voraussetzungen und Subsumtion

Der Anspruch der B setzt nach § 765 Abs. 1 BGB zunächst einen wirksamen Bürgschaftsvertrag zwischen B und M voraus. Ein Bürgschaftsvertrag kommt – wie jeder Vertrag – durch zwei übereinstimmende Willenserklärungen, Angebot und Annahme, zustande. M hat jedoch keine Willenserklärung gegenüber B abgegeben. Ungeachtet dessen könnte der Bürgschaftsvertrag zwischen M und B durch die Willenserklärung des F nach § 164 Abs. 1 BGB wirksam abgeschlossen worden sein. Dies wäre der Fall, wenn F erkennbar eine Willenserklärung im Namen des M innerhalb der ihm zustehenden Vertretungsmacht abgegeben hätte. Aus dem Sachverhalt ergibt sich, dass F als Vertreter des M den Bürgschaftsvertrag abgeschlossen hat. Er hatte zudem die Vollmacht, den M in allen rechtsgeschäftlichen Angelegenheiten zu vertreten. Die Bürgschaft ist ein Rechtsgeschäft, sodass die Vollmacht, M in allen rechtsgeschäftlichen Angelegenheiten zu vertreten, auch die Übernahme einer Bürgschaft umfasst. Die Voraussetzung des § 164 Abs. 1 S. 1 BGB liegen somit vor.

F hätte den M jedoch nicht wirksam vertreten, wenn er nach § 181 BGB die Bürgschaft im Namen des M mit sich in eigenem Namen abgeschlossen hätte. Dies ist laut Sachverhalt nicht der Fall. Zwar ist F als Vertreter des M aufgetreten und hat ihn als Bürge verpflichtet, die Bürgschaftserklärung wurde aber von B angenommen. F ist nicht auf beiden Seiten des Bürgschaftsvertrags aufgetreten. Die von § 181 BGB vorausgesetzte Personenidentität ist nicht gegeben. Obwohl es sich offensichtlich um einen Missbrauch der Vollmacht handelt, ist § 181 BGB auch nicht analog anwendbar. § 181 BGB sanktioniert nicht jeden Missbrauch einer Vollmacht, sondern nur diejenigen Fallgestaltungen, in denen der Vertreter im Namen des Vertretenen mit sich selbst im eigenen Namen ein Rechtsgeschäft abschließt oder als Vertreter eines Dritten ein Rechtsgeschäft mit einem anderen Dritten, den er ebenfalls vertritt, tätigt.

Ergebnis B kann daher von M die Erfüllung der Bürgschaft nach § 765 Abs. 1 BGB verlangen.

3.5.11 Zusammenfassung

In §§ 164 ff. BGB ist die Stellvertretung geregelt. Sie ermöglicht es, rechtsgeschäftliches Handeln zu delegieren und erweitert damit z. B. die Möglichkeiten eines Unternehmers, Verträge mit Kunden abzuschließen.

Die wirksame Stellvertretung setzt nach § 164 Abs. 1 BGB voraus, dass der Stellvertreter eine eigene Willenserklärung im Namen des Vertretenen innerhalb der ihm zustehenden Vertretungsmacht abgibt. Sind die Voraussetzungen des § 164 Abs. 1 BGB erfüllt, wirkt die Willenserklärung des Vertreters unmittelbar für und gegen den Vertretenen.

Die Vertretungsmacht des Stellvertreters kann sich aus dem Gesetz ergeben oder nach § 167 Abs. 1 BGB rechtsgeschäftlich erteilt werden (Vollmacht). Zu unterscheiden sind die Innen- und die Außenvollmacht. Die Innenvollmacht ist die Vollmacht, die der Vertretene dem Vertreter erteilt; die Außenvollmacht erteilt der Vertretene gegenüber dem Dritten, mit dem der Vertreter das Rechtsgeschäft abschließen soll.

Der Umfang der Vertretungsmacht ist für Prokuristen und Handlungsbevollmächtigte in §§ 49, 54 Abs. 1, 2 HGB durch Gesetz festgelegt. Beschränkungen dieses Vollmachtumfangs sind zwar intern möglich, sie sind aber gegenüber Dritten unwirksam (§§ 50, 54 Abs. 3 HGB).

Ist der Umfang der Vollmacht nicht gesetzlich festgelegt, bestimmt ihn der Vollmachtgeber in der Vollmacht. An diesen Umfang der Vollmacht ist der Vertreter gebunden. Überschreitet er seine Vollmacht, wird der Vertretene aus dem Rechtsgeschäft nicht berechtigt und verpflichtet. Der Stellvertreter handelt als Vertreter ohne Vertretungsmacht. Genehmigt der Vertretene das Vertreterhandeln nicht nach § 177 Abs. 1 BGB, haftet der Vertreter nach § 179 Abs. 1 BGB dem Dritten, mit dem er das Rechtsgeschäft abgeschlossen hat, nach dessen Wahl auf Erfüllung oder Schadensersatz.

Zum Schutz des Vertretenen ist nach § 181 BGB das sogenannte Insichgeschäft unwirksam.

Der Umfang der Vertretungsmacht ist für Prokuristen und Handlungsbevollmächtigte in §§ 49, 54 Abs. 1, 2 HGB durch Gesetz festgelegt.

Beschränkungen dieses Vollmachtumfangs sind zwar intern möglich, sie sind aber gegenüber Dritten unwirksam (§§ 50, 54 Abs. 3 HGB).

Ist der Umfang der Vollmacht nicht gesetzlich festgelegt, bestimmt ihn der Vollmachtgeber in der Vollmacht. An diesen Umfang der Vollmacht ist der Vertreter gebunden. Überschreitet er seine Vollmacht, wird der Vertretene aus dem Rechtsgeschäft nicht berechtigt und verpflichtet. Der Stellvertreter handelt als Vertreter ohne Vertretungsmacht. Genehmigt der Vertretene das Vertreterhandeln nicht nach § 177 Abs. 1 BGB, haftet der Vertreter nach § 179 Abs. 1 BGB dem Dritten, mit dem er das Rechtsgeschäft abgeschlossen hat, nach dessen Wahl auf Erfüllung oder Schadensersatz.

Zum Schutz des Vertretenen ist nach § 181 BGB das sogenannte Insichgeschäft unwirksam.

3.6 Unwirksamer Vertragsschluss

Ein ordnungsgemäß abgeschlossener Vertrag kann unwirksam sein, etwa weil einer der Vertragspartner nicht voll geschäftsfähig war, oder weil er sich bei Abgabe seiner Willenserklärungen irrte und diese infolge angefochten hat oder schließlich, weil der Vertrag sitten- oder gesetzeswidrig ist. Ein solcher Vertrag ist nichtig; er kann nicht durchgesetzt werden. Allerdings können die Parteien mit Blick auf den Vertragsschluss bereits Güter ausgetauscht haben, z. B. die Kaufsache übergeben und den Kaufpreis bezahlt haben. Fraglich ist dann, wie sich die Nichtigkeit des Vertrags auf diese Verfügungen auswirkt. Um diese Themen geht es in diesem Unterkapitel.

3.6.1 Fehlende Geschäftsfähigkeit

Uhrenkauf einer Minderjährigen I

Stellen Sie sich vor, die 17-jährige M sieht im Uhrengeschäft des U eine Taucheruhr, die von 200 € auf 100 € herabgesetzt worden ist. Sie betritt den Laden und erklärt U, dass sie die Uhr von ihrem reichlich vorhandenen Taschengeld kaufen wolle, aber leider gerade das Geld nicht dabei habe. U kennt die M und ihre Eltern gut. Aufgrund des Versprechens der M, das Geld am Nachmittag desselben Tages vorbeizubringen, gibt U ihr die Uhr auch ohne Bezahlung mit. Bevor M das Geld dem U vorbeibringen kann, erfahren die Eltern von dem Kauf, rufen bei U an und erklären ihm, dass sie den Kaufvertrag nicht genehmigen und M den Kaufpreis nicht zahlen werde. Kann U von M Zahlung der Uhr verlangen?

Voraussetzungen für eine wirksame Teilnahme am Rechtsverkehr ist die Rechtsfähigkeit und Geschäftsfähigkeit der handelnden Person.

Rechtsfähigkeit

Rechtsfähigkeit bedeutet, dass die Person Träger von Rechten und Pflichten sein kann. Die Rechtsfähigkeit ist in § 1 BGB geregelt. Gemäß § 1 BGB beginnt die Rechtsfähigkeit eines jeden Menschen mit der Vollendung seiner Geburt. Dies bedeutet, dass bereits ein wenige Minuten altes Baby Erbe und damit Eigentümer eines Vermögens werden kann.

Geschäftsfähigkeit

Zur wirksamen Abgabe von Willenserklärungen im Rechtsverkehr reicht die Rechtsfähigkeit allein nicht aus. Die Rechtsordnung verlangt bei der Abgabe von Willenserklärungen ein Mindestmaß an Urteilsvermögen und Beherrschbarkeit des Erklärungsverhaltens. Der rechtliche Begriff dafür ist Geschäftsfähigkeit. Geschäftsfähigkeit ist die Fähigkeit, durch Willenserklärungen Rechtsfolgen herbeizuführen.

Die Geschäftsfähigkeit ist in den §§ 105 bis 113 BGB geregelt. Das Gesetz unterscheidet zwischen geschäftsfähigen, beschränkt geschäftsfähigen und geschäftsunfähigen Personen.

Geschäftsunfähigkeit

Gemäß § 105 Abs. 1 BGB ist die Willenserklärung eines Geschäftsunfähigen nichtig, dies heißt, dass geschäftsunfähige Personen ohne einen gesetzlichen Vertreter überhaupt nicht am Rechtsverkehr teilnehmen können. Bei Kindern sind die gesetzlichen Vertreter deren Eltern, § 1629 Abs. 1 BGB, der geschäftsunfähige Erwachsene wird von einem Betreuer vertreten, § 1902 BGB.

Wer geschäftsunfähig ist, ist in § 104 BGB geregelt. Gemäß § 104 Nr. 1 BGB ist geschäftsunfähig, wer das siebte Lebensjahr noch nicht vollendet hat. Nach § 104 Nr. 2 BGB sind auch volljährige Personen geschäftsunfähig, die sich in einem die freie Willensbestimmung ausschließenden Zustand befinden, sofern nicht dieser Zustand seiner Natur nach ein vorübergehender ist. Hiermit sind geistig schwerbehinderte Personen, demenzkranke Personen und solche Personen gemeint, die an einer schweren psychischen Erkrankung, wie z. B. schweren Depressionen oder Schizophrenie leiden. Gerade bei psychisch kranken Personen ist jedoch immer zu bedenken, dass diese durchaus auch lichte Momente haben können oder aufgrund einer Dauermedikation wieder ihre volle Geschäftsfähigkeit zurückerlangen können.

Gemäß § 105 Abs. 2 BGB sind auch solche Willenserklärungen nichtig, die im Zustand der Bewusstlosigkeit oder einer vorübergehenden Störung der Geistestätigkeit abgegeben werden. Hiermit ist z. B. ein nur wenige Stunden anhaltender Drogenrausch, hervorgerufen durch übermäßigen Alkoholgenuss, Rauschgift oder Medikamentenmissbrauch gemeint, der so stark ist, dass er zur Geschäftsunfähigkeit führt.

Beschränkte Geschäftsfähigkeit

Der Minderjährige, der das siebente Lebensjahr vollendet hat, ist beschränkt geschäftsfähig, § 106 BGB. Die Volljährigkeit und damit die volle Geschäftsfähigkeit erlangt eine Person mit Vollendung des achtzehnten Lebensjahrs, § 2 BGB.

Die rechtlichen Folgen der beschränkten Geschäftsfähigkeit sind in den §§ 106 bis 113 BGB geregelt.

Willenserklärungen des beschränkt Geschäftsfähigen

Gemäß § 107 BGB ist die Willenserklärung eines beschränkt Geschäftsfähigen wirksam, wenn sie mit Einwilligung der Eltern von dem Minderjährigen abgegeben wird oder wenn diese Willenserklärung für den Minderjährigen lediglich rechtlich vorteilhaft ist.

Einwilligung

Der Begriff der Einwilligung ist in § 183 BGB definiert: Eine Einwilligung ist die vorherige, also vor Abgabe der Willenserklärung des Minderjährigen, erfolgte Zustimmung der Eltern. Die Eltern können auch eine Generaleinwilligung für einen bestimmten Kreis von Rechtsgeschäften erteilen. Zum Beispiel können die Eltern dem Minderjährigen 100 € überlassen, die er für alle in Zusammenhang mit einer Klassenfahrt auftretenden Rechtsgeschäfte verwenden darf.

Lediglich rechtlicher Vorteil

Eine lediglich rechtlich vorteilhafte Willenserklärung liegt vor, wenn durch das Rechtsgeschäft die rechtliche Stellung des beschränkt Geschäftsfähigen verbessert wird. Eine nur wirtschaftliche Besserstellung bleibt außer Betracht, über die Frage, ob das vorgenommene Rechtsgeschäft wirtschaftlich sinnvoll ist oder nicht, sollen alleine die Eltern entscheiden.

Schließt ein beschränkt Geschäftsfähiger einen Vertrag, der nicht nur rein rechtlich vorteilhaft ist, ohne die Einwilligung seiner gesetzlichen Vertreter ab, so ist dieser Vertrag zunächst schwebend unwirksam. Genehmigen die gesetzlichen Vertreter diesen Vertrag, nachdem sie Kenntnis von ihm erlangt haben, so wird der Vertrag voll wirksam, § 108 Abs. 1 BGB. Verweigern die Eltern eine Genehmigung des schwebend unwirksamen Vertrags, so wird dieser endgültig unwirksam, § 108 Abs. 1 BGB.

Taschengeldparagraf

Eine Ergänzung zu § 107 BGB stellt § 110 BGB dar: § 110 BGB ermöglicht dem beschränkt geschäftsfähigen Jugendlichen, eigenständig ohne Zustimmung seines gesetzlichen Vertreters schuldrechtliche Verträge abzuschließen und zu erfüllen, wenn die folgenden Voraussetzungen erfüllt sind: Das eingesetzte Geld muss 1) vom gesetzlichen Vertreter oder mit dessen Zustimmung von einem Dritten 2) für den durch das Rechtsgeschäft verfolgten Zweck oder zur freien Verfügung überlassen worden sein, und 3) der Minderjährige muss die geschuldete Leistung tatsächlich bewirkt haben.

Entscheidend für ein Wirksamwerden des Vertrags nach § 110 BGB ist, dass der Minderjährige den abgeschlossenen schuldrechtlichen

Vertrag vollständig erfüllt. Erst mit vollständiger Erfüllung des Vertrags wird dieser rückwirkend wirksam.

Dies bedeutet, dass Verträge, die auf die Eingehung eines Dauerschuldverhältnisses gerichtet sind, nach § 110 BGB keine Wirksamkeit erlangen können. Ein Minderjähriger kann sich zwar mit Mitteln, die ihm zur freien Verfügung überlassen worden sind, ein Prepaidhandy und eine Prepaidkarte kaufen, er kann jedoch keinen gültigen Handyvertrag mit monatlich anfallenden Gebühren abschließen, da er diesen Vertrag nicht sofort bei Abschluss vollständig erfüllen kann.

Zu beachten ist weiter, dass § 110 BGB zwar im umgangssprachlichen Gebrauch als „Taschengeldparagraf" bekannt ist, seine Anwendung aber keineswegs auf kleinere Geschäfte des täglichen Lebens beschränkt ist und summenmäßig keine Grenze nach oben kennt. Ein Minderjähriger, der sein Taschengeld gewissenhaft spart, kann somit im Rahmen des § 110 BGB auch teure Gegenstände wie z. B. einen Laptop oder ein hochwertiges Handy erwerben, wenn er in der Lage ist, den Kaufpreis sofort in bar zu begleichen.

Trotz des weiten Anwendungsbereichs von § 110 BGB sollte der Ladeninhaber beim Verkauf eines hochpreisigen Gegenstands Vorsicht walten lassen. Auch wenn der Minderjährige den Preis bar bezahlen kann, besteht immer die Gefahr, dass seine gesetzlichen Vertreter mit der Begründung, das eingesetzte Geld sei nicht zur freien Verfügung oder eben gerade nicht für diesen Zweck überlassen worden, eine Rückabwicklung des Kaufvertrags verlangen.

Bei der Anwendung des gesamten Minderjährigenrechts ist zu beachten, dass der Schutz des Geschäftsunfähigen und des beschränkt Geschäftsfähigen grundsätzlich dem sonst im Rechtsverkehr geltenden Vertrauensschutz vorgeht. Die hier vorgestellten Regelungen sollen den Geschäftsunfähigen und beschränkt Geschäftsfähigen absolut und uneingeschränkt vor unvernünftigen wirtschaftlichen und rechtlichen Entscheidungen schützen.

Lösung des Eingangsfalls: Uhrenkauf einer Minderjährigen II

U könnte gegen M einen Anspruch auf Zahlung des Kaufpreises in Höhe von 100 € aus § 433 Abs. 2 BGB haben. Dies setzt das Vorliegen eines wirksamen Kaufvertrags voraus. Ein Kaufvertrag besteht aus zwei übereinstimmenden Willenserklärungen, Angebot und Annahme. Das Ausstellen der Uhr im Schaufenster stellt lediglich ein *invitatio ad offerendum* dar, das Angebot wird von M gemacht, die den Laden betritt und erklärt, dass sie die Uhr kaufen wolle. U nimmt dieses Angebot an. Im vorliegenden Fall ist jedoch fraglich, ob M ein wirksames Angebot abgegeben hat, da sie erst 17 Jahre alt und damit gemäß § 106 BGB nur beschränkt geschäftsfähig ist. Gemäß § 107 BGB ist die Willenserklärung einer beschränkt Geschäftsfähigen dann wirksam, wenn die Erklärung lediglich rechtlich vorteilhaft ist oder mit Einwilligung der Eltern erfolgt. Der Abschluss eines Kaufvertrags ist nicht lediglich rechtlich vorteilhaft, weil die M mit dem Abschluss des Kaufvertrags nicht nur einen Anspruch auf Übergabe und Übereignung der Uhr bekommt, sondern auch eine Verpflichtung zur Zahlung des Kaufpreises eingeht. Daran ändert auch die Tatsache nichts, dass der Kaufvertrag aufgrund der deutlichen Preisreduzierung wirtschaftlich vorteilhaft ist. Auf den wirtschaftlichen Vorteil kommt es für die Wirksamkeit der Willenserklärung nicht an. Eine Einwilligung der Eltern zum Abschluss des Kaufvertrags liegt nicht vor, die Eltern wissen von dem Kauf ihrer Tochter nichts. Der Vertrag wird auch nicht aufgrund der Vorschrift des § 110 BGB wirksam. M beabsichtigt zwar, den Kaufpreis von ihrem Taschengeld zu bezahlen, da sie die Leistung jedoch noch nicht bewirkt hat, bevor die Eltern dem Vertrag widersprechen, findet § 110 BGB keine Anwendung.[58] Der Vertrag ist daher zunächst schwebend unwirksam und wird aufgrund der Erklärung der Eltern, dass sie den Vertrag nicht genehmigen, endgültig unwirksam. U hat gegen M somit keinen Anspruch auf Zahlung des Kaufpreises.

3.6.2 Anfechtung von Willenserklärungen

Nach dem Grundsatz *pacta sunt servanda* ist der geschlossene Vertrag für die Parteien bindend. Dabei müssen sich die Erklärenden ihre Willenserklärungen grundsätzlich so zurechnen lassen, wie sie der jeweilige Adressat ausgehend vom objektiven Empfängerhorizont verstehen durfte. Es spielt also zunächst keine Rolle, ob das Geschäft dem tatsächlichen Willen des Erklärenden entsprochen oder wie der Erklärende seinen Willen gebildet hat. Das entspricht den Interessen des Geschäftspartners und des Rechtsverkehrs.

Zweck der Anfechtungsregeln

Auf der anderen Seite schützt unsere Rechtsordnung aber auch die Willensfreiheit. Jeder darf frei entscheiden, ob, mit wem und mit welchem Inhalt er Verträge schließen möchte.

58 Der Kaufvertrag hätte hingegen nach § 110 BGB Wirksamkeit erlangt, wenn M den Kaufpreis im Laden sofort mit ihrem zur freien Verfügung überlassenen Taschengeld gezahlt hätte. Dann hätten die Eltern gegen den wirksam gewordenen Kaufvertrag nichts mehr unternehmen können und eine Rückabwicklung des Vertrags nicht mehr verlangen können.

Sobald aber ein Vertrag nicht dem wirklichen Willen einer Partei entspricht, stehen sich der Schutz der Willensfreiheit auf der einen und das Vertrauen des Geschäftspartners und des Rechtsverkehrs in den Bestand geschlossener Verträge auf der anderen Seite gegenüber. Dasselbe gilt, wenn zwar der tatsächliche Wille geäußert wurde, aber die Willensbildung fehlerhaft war. Zwischen diesen Positionen versucht der Gesetzgeber durch das Rechtsinstitut der Anfechtung zu vermitteln. In den §§ 119 ff. BGB wurde für den Erklärenden in eng begrenzten Ausnahmefällen die Möglichkeit geschaffen, seine zum Vertragsschluss führende Erklärung durch Anfechtung mit rückwirkender Kraft wieder zu beseitigen.

Besonders einleuchtend erscheint diese Lösung im Fall der arglistigen Täuschung oder der Drohung nach § 123 BGB.

Der überflüssige Kommentar

Ihr Kommilitone S bietet Ihnen an, seinen BGB-Kommentar für 150 € zu kaufen. Vollmundig beschreibt er dessen Sinn und Nutzen für Ihre weitere Ausbildung. Unter anderem erwähnt er, dass Prof. Gildeggen in seiner Vorlesung über Internationale Handelsgeschäfte den Kauf des Kommentares ausdrücklich wünscht – was tatsächlich nicht stimmt. Nur deswegen lassen Sie sich aber breitschlagen und kaufen das Werk, obwohl Ihnen die 150 € wehtun. Noch bevor S Ihnen den Kommentar aushändigen kann, erzählt Ihnen ein anderer Kommilitone, dass Prof. Gildeggen in seiner Vorlesung gesagt hat, man müsse sich Kommentare nicht selbst kaufen, sondern solle lieber in die Bibliothek gehen. Natürlich sind Sie sauer. Wäre es jetzt wirklich im Sinne unserer Rechtsordnung, Sie an dem geschlossenen Kaufvertrag festzuhalten? Sicher nicht.

Darüber hinausgehend ist eine Anfechtung dann möglich, wenn schwerwiegende, für den Erklärenden nicht tragbare Willensmängel vorliegen. In den §§ 119, 120 BGB ist deshalb die Anfechtung wegen Inhalts-, Erklärungs-, Eigenschafts- und Übermittlungsirrtum zugelassen. Dem Vertrauen des Geschäftspartners und des Rechtsverkehrs in die Wirksamkeit von Verträgen wird dabei in zweierlei Hinsicht Rechnung getragen. Die Anfechtung kann nach § 121 BGB nur innerhalb einer bestimmten Frist erfolgen. Und zusätzlich kann der gutgläubige Geschäftspartner nach § 122 BGB Schadensersatz geltend machen.

Voraussetzungen der Anfechtung

Um seine irrtümlich erfolgte Erklärung wieder zu beseitigen, muss der Erklärende die Anfechtung innerhalb einer bestimmten Frist auf Grundlage eines gesetzlichen Anfechtungsgrunds ordnungsgemäß erklären.

Anfechtungsgrund

Ein Inhaltsirrtum nach § 119 Abs. 1 Alt. 1 BGB liegt vor, wenn der Erklärende den Umfang oder die Bedeutung seiner Erklärung nicht richtig einschätzt. Das passiert leicht bei der Verwendung von Fachausdrücken oder Fremdsprachen.

Inhaltsirrtum

Wer braucht so viel Klopapier? I[59]

Die K, Konrektorin einer Mädchenrealschule, bestellte „25 Gros Rollen" Toilettenpapier bei der V. Als die V 3.600 Rollen Toilettenpapier anliefern wollte, verweigerte die K die Annahme des überwiegenden Teils und focht das Rechtsgeschäft an, weil sie die Mengenbezeichnung „Gros" nicht kannte. Sie wollte nur 25 Doppelpack Toilettenpapier.

Das Landgericht war im Ergebnis ganz auf der Seite der Konrektorin. Das Gericht führt aus, es widerspräche völlig der Lebenserfahrung, dass die Vertreterin einer kleinen Schule auf einen Schlag 3.600 Rollen Toilettenpapier à 1.000 Blatt bestellt, eine Menge, die den Bedarf des Hauses auf mehrere Jahre gedeckt hätte. Allein die Schwierigkeiten der Lagerung einer solchen Warenmenge führen zu der Annahme, dass ein bewusstes Vorgehen dieser Art ausgeschlossen sein dürfte. Für die Kenntnis der K über die Bedeutung des verwendeten Maßes spricht auch nicht zwingend, dass sie als Pädagogin damit hätte vertraut sein müssen. Abgesehen davon, dass nicht feststeht, welche Fächer von ihr gegeben werden, ist die Mengenbezeichnung „Gros" heute völlig unüblich und veraltet, sodass sie nicht mehr unbedingt als dem Lehrstoff zugehörig angesehen werden kann. Von K kann nicht verlangt werden kann, dass sie die völlig unübliche und veraltete Mengenbezeichnung „Gros" kennt.

Ein Erklärungsirrtum nach § 119 Abs. 1 Alt. 2 BGB liegt vor, wenn es dem Erklärenden missglückt, seinen tatsächlichen Willen praktisch zum Ausdruck zu bringen. Die typischen Stichworte hierfür lauten: Versprechen, Verschreiben, Vertippen, Vergreifen, Verklicken.

Erklärungsirrtum

Wer braucht so viel Klopapier? II

Die K, Konrektorin einer Mädchenrealschule, bestellt das Toilettenpapier jetzt neuerdings im Internet. Auf dem Bestellformular kann u. a. die Anzahl der bestellten Packungen eingegeben werden. Hier tippt die K aus Versehen statt 10 die Zahl 100 ein. Darin liegt ein typischer Erklärungsirrtum.

In der Praxis spielt diese Form des Erklärungsirrtums freilich eine sehr untergeordnete Rolle. Jemand, der ein Geschäft später bereut kann zwar leicht behaupten, er habe sich bei der Abgabe seiner Erklärung geirrt, der tatsächliche Nachweis eines solchen Irrtums ist aber dafür umso schwerer.

59 LG Hanau, Urteil vom 30. 6. 1978 – 1 O 175/78, NJW 1979, 721.

Übermittlungsirrtum

Ein Übermittlungsirrtum i. S. d. § 120 BGB liegt vor, wenn die Erklärung mit unrichtigem Inhalt an den richtigen Empfänger oder, wenn die Erklärung mit richtigem Inhalt an den falschen Empfänger weitergeleitet wird.

Motivirrtum als Anfechtungsgrund

Im Falle des Motivirrtums hat der Erklärende objektiv das erklärt, was er subjektiv erklären wollte. Geirrt hat er sich aber über die zur Abgabe der Erklärung führenden Erwartungen, Vorüberlegungen, Vorstellungen oder Hoffnungen oder Motive. Es gibt aber unendlich viele Motive, die jemanden zur Abgabe einer Willenserklärung veranlassen können. Und in vielen Fällen sind sie alles andere als nachvollziehbar. Wären Geschäfte aus diesen Gründen anfechtbar, dann könnte nahezu jede Erklärung angefochten werden und im Rechtsverkehr gäbe es quasi keine Sicherheit mehr. Der rein innere Beweggrund einer Person kann deswegen nicht Gegenstand einer Irrtumsanfechtung sein. Man kann einen Aktienkauf nicht deshalb anfechten, weil man irrtümlich davon ausgegangen ist, die Aktie werde im Wert steigen. Der Motivirrtum ist grundsätzlich kein relevanter Anfechtungsgrund.

Eigenschaftsirrtum

Von dieser Regel macht der Gesetzgeber eine eng begrenzte Ausnahme in Form des sogenannten Eigenschaftsirrtums. Ein Eigenschaftsirrtum nach § 119 Abs. 2 BGB liegt vor, wenn sich der Erklärende über eine für seine Erklärung wichtige verkehrswesentliche Eigenschaft einer Person oder Sache irrt. Dabei geht es darum, dass der Erklärende einer Fehlvorstellung über bestimmte Tatsachen unterliegt, die für den Abschluss des Geschäfts ausschlaggebend waren.

Eigenschaften

Unter Eigenschaften versteht die Rechtsprechung in erster Linie die natürlichen Merkmale einer Person oder Sache. Daneben zählen dazu auch solche tatsächlichen und rechtlichen Verhältnisse, die infolge ihrer Beschaffenheit und Dauer auf die Brauchbarkeit und den Wert von Einfluss sind.[60]

Der falsche Picasso

Unternehmer U beschließt, sich eine Bildersammlung zuzulegen. Er ersteigert für 2 Mio. € einen „Picasso“. Dann stellt ein Fachmann fest, dass es sich nicht um einen echten Picasso handelt. Das Angebot das Bild für 2 Mio. € zu kaufen, kann wegen Eigenschaftsirrtums angefochten werden. Nach objektiven Kriterien und nach Maßgabe der allgemeinen Verkehrsanschauung ist die Tatsache, dass das Bild von Picasso stammt, eine verkehrswesentliche Eigenschaft des Bildes.

---

60 BGH, Urteil vom 14.12.1954 – I ZR 134/53, NJW 1955, 340; BGH, Urteil vom 14.12.1960 – V ZR 40/60, NJW 1961, 772; BGH, Urteil vom 19.12.1980 – V ZR 185/79, NJW 1981, 864; BGH, Urteil vom 6.2.1990 – X ZR 39/89, NJW 1990, 1658.

Vor allem einem Arbeitgeber kann es bei Abschluss eines Arbeitsvertrags auf die Eigenschaften seines zukünftigen Arbeitnehmers ankommen. Verkehrswesentliche Eigenschaften einer Person können z. B. das Alter, die Arbeitsfähigkeit, die Sachkunde oder die Zahlungsfähigkeit und Kreditwürdigkeit sein. Aber Vorsicht, die Eigenschaft muss wenigstens von einiger Dauer sein. Deswegen zählt zum Beispiel die Schwangerschaft bei einer Frau regelmäßig nicht zu den Eigenschaften einer Person im Sinne des § 119 Abs. 2 BGB.

Eigenschaften einer Person

Als verkehrswesentliche Eigenschaften einer Sache kommen alle wertbildenden Faktoren in Betracht, die die Sache unmittelbar kennzeichnen. Zum Beispiel das Baujahr eines Gebrauchtwagens oder seine Fahrleistung. Bei Grundstücken etwa die Grundstücksgröße, die Bebaubarkeit, die gewerbliche Verwendbarkeit und z. B. die Belastung mit einer Hypothek. Nicht zu den wertbildenden Faktoren gehört dagegen das Eigentum an einem Grundstück. Zu den Eigenschaften gehören auch nicht der Wert bzw. Marktpreis einer Sache oder ihre wirtschaftliche Verwertungsmöglichkeit. Diese ergeben sich vielmehr erst aus den wertbildenden Eigenschaften.

Eigenschaften einer Sache

Ob es sich um verkehrswesentliche Eigenschaften handelt, kommt auf den jeweiligen Einzelfall an. Ergeben sich aus dem jeweiligen Geschäft keine Anhaltspunkte, ist die Verkehrswesentlichkeit einer Eigenschaft anhand objektiver Kriterien nach Maßgabe der allgemeinen Verkehrsanschauung zu beurteilen.

Verkehrswesentlichkeit

Verletztes Farbempfinden

Nehmen Sie an, Sie haben in einem Katalog endlich farbige Briefumschläge entdeckt, die perfekt zur Farbe Ihres Firmenlogos passen. Sofort bestellen Sie 5.000 Stück. Noch bevor die 5.000 Stück geliefert werden, stellen Sie anlässlich der Bestätigung Ihres Auftrags fest, dass die Farbe im Katalog nicht einwandfrei wiedergegeben wurde und die Umschläge tatsächlich etwas dunkler sind. Sie fechten wegen Eigenschaftsirrtums an, da Sie sich über die tatsächliche Farbe der Umschläge geirrt haben. Für Sie war ganz offensichtlich die Farbe der Umschläge verkehrswesentlich.

Ein weiterer Sonderfall des Motivirrtums, der in Praxis eine Rolle spielt, ist der sogenannte Kalkulationsirrtum. Er liegt vor, wenn ein Anbieter bei der Berechnung eines Angebots von falschen Berechnungsgrundlagen ausgeht oder einen Rechenfehler macht. Wer kalkuliert, ist für seine interne Kalkulation verantwortlich und trägt alleine das Risiko, dass seine Kalkulation zutrifft. Ein einseitiger Kalkulationsirrtum berechtigt daher nicht zur Anfechtung.

Kalkulationsirrtum

Vergessene Kosten[61]

B schrieb Tischlerarbeiten für einen Neubau öffentlich zu Einheitspreisen aus. U reichte ein Angebot mit 15.000 € ein. Später erklärte U dem staatlichen Bauamt, dass bei der Kalkulation des Angebots zum Bauvorhaben die Transport- und Montagekosten irrtümlich nicht einberechnet wurden. Er bat darum, das Angebot aus der Wertung zu nehmen und den Auftrag anderweitig zu vergeben. Das Bauamt entsprach dem nicht, sondern erteilte U den Auftrag. U erklärte, er sei nicht in der Lage, den Auftrag kostendeckend durchzuführen, und sandte das Auftragsschreiben zurück.

Der BGH stellte im entsprechenden Urteil fest, dass ein interner, einseitiger Kalkulationsirrtum auch dann nicht zur Anfechtung berechtigt, wenn er vom Erklärungsempfänger positiv erkannt wird oder dieser die Kenntnisnahme treuwidrig vereitelt.[62]

Anders verhält es sich, wenn beide Parteien gemeinsam von einer bestimmten Kalkulationsgrundlage ausgehen und sie für maßgeblich ansehen. Wenn die Kalkulation jetzt nicht eingehalten werden kann, dann kann der Vertrag angefochten werden.

Arglistige Täuschung

Nach § 123 BGB besteht auch bei einer sogenannten arglistigen Täuschung oder widerrechtlichen Drohung die Möglichkeit der Anfechtung. Eine Täuschung ist ein vorsätzliches Erregen oder Aufrechterhalten eines Irrtums durch Vorspiegeln falscher oder Unterdrücken wahrer Tatsachen, um den Getäuschten vorsätzlich zur Abgabe einer bestimmten Willenserklärung zu veranlassen. Weit verbreitet ist hier die fälschliche Annahme, es gehe dabei nur um „vorsätzliche Betrügereien". Vielmehr können auch Aussagen „ins Blaue hinein" eine arglistige Täuschung sein.

Unfallfreiheit I[63]

Der K kaufte von D einen Gebrauchtwagen zum Preis von 29.000 €. Der Verkäufer V hatte sich keinerlei Gedanken zur Frage der Unfallfreiheit gemacht, äußerte aber mündlich gegenüber dem K der Wagen sei auf jeden Fall unfallfrei. Bei einem Werkstattbesuch erfuhr der K, dass das Fahrzeug einen erheblichen und nicht fachgerecht reparierten Unfallschaden erlitten hatte. Verkäufer V hatte die Unfallfreiheit „ohne hinreichende Erkenntnisgrundlage", somit „ins Blaue hinein" zugesichert. Ihm ist deswegen eine arglistige Täuschung vorzuwerfen.

61 Nach BGH, Urteil vom 7. 7. 1998 – X ZR 17/97, NJW 1998, 3192.

62 „ … allerdings kann der Erklärungsempfänger unter den Gesichtspunkten des Verschuldens bei Vertragsverhandlungen oder der unzulässigen Rechtsausübung verpflichtet sein, den Erklärenden auf seinen Kalkulationsfehler hinzuweisen", BGH, Urteil vom 7. 7. 1998 – X ZR 17/97, NJW 1998, 3192.

63 Nach BAG, Urteil vom 7. 6. 2006 – VIII ZR 209/05, NJW 2006, 2839

Zum Themenbereich der arglistigen Täuschung gehört auch, dass zulässige Fragen im Rahmen von Vertragsverhandlungen wahrheitsgemäß zu beantworten sind. Zulässig sind solche Fragen, an deren Beantwortung ein berechtigtes, schutzwürdiges Interesse besteht. Demgegenüber stellt eine Lüge auf eine unzulässige Frage keine widerrechtliche Täuschung dar[64].

Widerrechtliche Drohung

Nach § 123 Abs. 1 BGB kann auch jemand, der durch eine widerrechtliche Drohung zur Abgabe einer Willenserklärung veranlasst wurde, seine Erklärung anfechten. Eine Drohung liegt dann vor, wenn ein Übel in Aussicht gestellt wird, über dessen Eintritt der Drohende angeblich bestimmen kann. Keine Drohung liegt also vor, wenn Ihnen jemand ankündigt, es werde Sie der Blitz treffen. Widerrechtlich ist eine Drohung, wenn entweder das angedrohte Mittel oder der mit der Drohung verfolgte Zweck verboten ist. Darüber hinaus ist eine Drohung auch dann widerrechtlich, wenn zwar weder das Mittel noch der Zweck verboten sind, aber die Einsetzung dieses Mittels zu diesem Zweck widerrechtlich ist (widerrechtliche Mittel-Zweck-Relation). Dabei kann manchmal die Abgrenzung der widerrechtlichen Drohung vom noch sozialadäquaten Geschäftsgebaren schwierig sein.

Der gemeine Arbeitgeber[65]

Die AN war bei AG als Reinigungskraft beschäftigt. Sie stand unter dem Verdacht, einen Diebstahl versucht zu haben. Deswegen „drohte" AG der AN eine außerordentliche Kündigung an, erklärte aber gleichzeitig, man könne sich auch anders einigen. Sie übergab der AN einen Aufhebungsvertrag. Die AN unterschrieb. Später erklärte sie die Anfechtung der unterschriebenen Erklärung wegen widerrechtlicher Drohung.

Die Drohung mit einer außerordentlichen Kündigung ist aber nur dann widerrechtlich, wenn ein verständiger Arbeitgeber eine solche Kündigung nicht ernsthaft in Erwägung ziehen durfte. Dann läge ein nicht mehr angemessenes Mittel zur Erreichung des Zweckes vor. Beim Diebstahlsverdacht kommt aber durchaus eine Kündigung in Betracht.

Anfechtungserklärung

Die Anfechtungserklärung ist eine einseitige, empfangsbedürftige Willenserklärung, die unwiderruflich und bedingungsfeindlich ist. Wichtig ist, dass die Erklärung eindeutig erkennen lässt, aufgrund welcher

---

64 Die Zulässigkeit von Fragen ist besonders wichtig bei Begründung von Arbeitsverhältnissen. Welche Fragen im Vorstellungsgespräch zulässig sind, wird in Kapitel 7.5.2 genauer behandelt.

65 Nach BAG, Urteil vom 27.11.2003 – 2 AZR 135/03, NJW 2004, 2401.

Tatsachen an dem Vertrag nicht festgehalten werden soll. Der Wille zur Anfechtung muss also entweder ausdrücklich formuliert werden oder sich durch Auslegung ermitteln lassen. Dafür muss weder der Begriff „Anfechtung" verwendet werden, noch muss der konkrete Anfechtungsgrund genannt werden.

---

karstadt.de[66]

V betreibt unter der Internetadresse www.karstadt.de ein virtuelles Warenhaus. Sie wies auf ihrer Internetseite Samsung-Originalspeichermodule zum Einzelpreis von 1,88 € aus. K gab eine Bestellung von 99 Stück dieser Speichermodule auf. Er erhielt eine E-Mail, die als Auftragsbestätigung bezeichnet war und die Annahme der Bestellung bestätigte. In einer zweiten Mail teilte V mit, zum Zeitpunkt der Bestellung hätte sich ein Fehler auf der „Page" eingeschlichen, das Komma im Preis sei um zwei Stellen nach vorne gerutscht, deshalb könnten die bestellten Artikel im Rahmen der AGB nicht geliefert werden.

Es handelt sich dabei um eine Anfechtungserklärung gemäß § 143 BGB. In der Mail heißt es: „Aus diesem Grund können wir im Rahmen unserer AGB die von Ihnen bestellten Artikel leider nicht ausliefern." Die Mail bringt damit klar zum Ausdruck, dass V sich nicht an dem vermeintlich geschlossenen Vertrag festhalten lassen will. Auch wird der Grund dafür mitgeteilt, indem darauf hingewiesen wird, dass beim Einspielen der neuen Preislisten ein Fehler passiert sei.

Anfechtungsfrist

Die Irrtumsanfechtung muss nach § 121 BGB „ohne schuldhaftes Zögern", also unverzüglich erfolgen. Sobald man den Grund für die Anfechtung kennt und am Vertrag nicht festhalten will, muss man ihn dem Geschäftspartner mitteilen. Dabei muss man nicht hetzen, darf aber auch nicht trödeln. Für die Anfechtung nach § 123 BGB gilt dagegen gemäß § 124 BGB eine Ausschlussfrist von einem Jahr. Die Frist beginnt im Fall der arglistigen Täuschung mit Entdeckung der Täuschung, im Fall der Drohung mit dem Ende der Zwangslage. In jedem Fall endet das Anfechtungsrecht im Interesse der Rechtssicherheit gemäß §§ 121 Abs. 2, 124 Abs. 3BGB nach zehn Jahren seit Abgabe der Willenserklärung.

Rechtsfolgen der Anfechtung

Nichtigkeit

Rechtsfolge einer wirksamen Anfechtung ist nach § 142 BGB die Nichtigkeit des mit der angefochtenen Erklärung abgeschlossenen Geschäfts. Dabei wird das Geschäft von Anfang an als nichtig angesehen. Bei

---

66 OLG Hamm, Urteil vom 12. 1. 2004 – 13 U 165/03, NJW 2004, 2601.

der Anfechtung eines Arbeitsvertrags allerdings wird die Wirkung der Anfechtung modifiziert. Vor Arbeitsaufnahme gilt die Nichtigkeit von Anfang an gemäß § 142 Abs. 1 BGB uneingeschränkt. Nach Arbeitsaufnahme wird die Nichtigkeitsfolge der Anfechtung auf die Zukunft beschränkt, d. h. die Anfechtung wirkt grundsätzlich erst ab dem Zeitpunkt der Anfechtungserklärung.

Vertrauensschaden

Weiterhin schuldet der Anfechtende bei einer Irrtumsanfechtung nach den §§ 119, 120 BGB Schadensersatz nach § 122 BGB. Zu ersetzen ist dabei der sogenannte Vertrauensschaden. Das ist der Schaden, der entstanden ist, weil der Geschäftspartner auf die Gültigkeit des Vertrags vertraut hat. Er muss so gestellt werden, wie er stünde, wenn er von dem „geplatzten“ Geschäft nie etwas gehört hätte.[67] Zu ersetzen sind z. B. Vertragsabschlusskosten oder Transportkosten. Allerdings geht die Ersatzpflicht nicht über das sogenannte Erfüllungsinteresse hinaus. Das bedeutet, sie geht nicht über den Zustand hinaus, welcher bei einer ordnungsgemäßen Erfüllung eingetreten wäre.

Im Falle der Täuschung oder Drohung besteht keine Schadensersatzpflicht. Im Gegenteil kommen Schadensersatzansprüche des Getäuschten in Betracht.

Übungsfall

Notebooks zum Schnäppchenpreis[68]

Die V-GmbH veräußert Computer nebst Zubehör über eine Website im Internet. Der zuständige Mitarbeiter der V vertippte sich bei der Eingabe des Verkaufspreises für das Notebook Typ VS, und gab statt 2.650 € einen Verkaufspreis von 2.050 € in das EDV-gesteuerte Warenwirtschaftssystem der V ein. Der K bestellte drei Notebooks zu einem Verkaufspreis von 2.050 €. Eine automatisch verfasste E-Mail der V vom gleichen Tage hatte folgenden Inhalt: „Sehr geehrter Kunde, Ihr Auftrag wird jetzt unter der Kundennummer … von unserer Versandabteilung bearbeitet … Wir bedanken uns für den Auftrag. … “. Anschließend erklärte die V die Anfechtung des Kaufvertrags mit der Begründung, das Notebook sei aufgrund eines Tippfehlers irrtümlich mit dem Preis von 2.050 € versehen worden. K meint „Gekauft ist gekauft“ und besteht auf Lieferung der Notebooks. Kann K von V die Übergabe und Übereignung der Notebooks gegen Zahlung von je 2.050 € verlangen?

67 BGH, Urteil vom 17. 4. 1984 – VI ZR 191/82, NJW 1984, 1950.
68 BGH, Urteil vom 26. 1. 2005 – VIII ZR 79/04, NJW 2005, 976.

Die V-GmbH müsste die Notebooks liefern, wenn zwischen V und K ein entsprechender Kaufvertrag zustande gekommen ist. Die Artikelpräsentation im Shop ist eine unverbindliche *invitatio ad offerendum*.[69] K hat mit seiner Bestellung ein Angebot zum Kauf des Notebooks zu 2.050 € abgegeben. V erklärt mit den automatisierten E-Mails, dass die Versandabteilung den Auftrag bearbeitet. Das kann man nur so verstehen, dass die V den Vertrag schließen will und damit das Angebot annimmt. Dass es sich um eine automatisierte E-Mail handelt, ändert daran nichts. Ein Kaufvertrag wurde also geschlossen.

Der Kaufvertrag könnte aber nach § 142 BGB von Anfang an unwirksam sein, wenn V den Vertrag wirksam angefochten hatte. V gab eine wirksame fristgemäße Anfechtungserklärung ab. Weiterhin müsste ein Anfechtungsgrund gegeben sein. Es könnte sich hier um einen Irrtum im Sinne des § 119 BGB handeln. Die V unterlag im Zeitpunkt der Präsentation des Notebooks auf der Internetseite einem Erklärungsirrtum. Sie hat auf ihrer Website das Notebook zu einem weitaus höheren Preis präsentieren wollen. Die tatsächlich auf der Seite als *invitatio ad offerendum* erfolgte Preisangabe hat nicht ihrem Erklärungswillen entsprochen. Als die V das Angebot durch die E-Mail-Bestätigung angenommen hat, hat ihr Erklärungsirrtum fortbestanden. Die V hat die Annahme des Angebots aufgrund der Programmierung ihres Bestellsystems erklärt. Auch diese Erklärung hat nicht ihrem Erklärungswillen entsprochen.

Die V hat den Vertrag also wirksam angefochten. Damit ist der Kaufvertrag von Anfang an unwirksam und K hat keine Ansprüche.

K muss jetzt also seinen Bedarf an Notebooks anderweitig decken. Deswegen kommt er auf ein Sonderangebot zurück, das er auf der Website eines anderen Shops noch vor der Bestellung bei V entdeckt hatte. Es handelte sich um dieselbe Marke Notebooks, die 2.450 € hätten Kosten sollen. Enttäuscht muss K aber feststellen, dass die Aktion inzwischen abgelaufen ist und die Notebooks jetzt auch hier 2.650 € kosten. Trotz intensiver Recherche im Internet findet er kein besseres Angebot. Er kauft deswegen drei Notebooks zum regulären Preis. Von Ihnen möchte K jetzt aber wissen, ob er nicht deswegen vielleicht Ansprüche gegen die V hat.

In Betracht kommt der Ersatz des Vertrauensschadens nach § 122 BGB. Es kommt also darauf an, wie die Situation wäre, wenn K von dem Angebot der V nie etwas gehört hätte. K hätte dann das Sonderangebot wahrgenommen und die drei Rechner zum Preis von je 2.450 € bestellt.

---

69 Das ist nicht unumstritten; siehe dazu oben Kapitel 3.3.3.

Demgegenüber muss er jetzt 2.650 € je Rechner bezahlen. Hätte er also von dem Geschäft mit V nie etwas gehört, hätte er 600 € gespart. Diese Ersparnis stellt seinen Vertrauensschaden dar. Zum Vertrauensschaden gehören also auch Nachteile durch das Nichtzustandekommen eines möglichen anderen Geschäfts.

K hat daher gegen V einen Anspruch auf Zahlung von 600 € Schadensersatz aus § 122 BGB.

3.6.3 Rechts- und sittenwidrige Rechtsgeschäfte

Die Inhaltsfreiheit – als Bestandteil der Privatautonomie – erlaubt den Parteien grundsätzlich, ihrem Rechtsgeschäft jeden beliebigen Inhalt zu geben. Tauchen aber, z. B. bei Abwicklung eines Kaufvertrags, Streitigkeiten zwischen den Beteiligten auf, können diese sich der staatlichen Gerichte bedienen, um den (Rechts-)Streit verbindlich klären zu lassen. Das Urteil kann nötigenfalls mithilfe des Staates im Wege der Zwangsvollstreckung durchgesetzt werden. Wer die Hilfe des Staates in Anspruch nehmen möchte, muss aber dessen rechtliche Grundordnung beachten. Daher dürfen Rechtsgeschäfte nicht der Werteordnung unseres Rechtssystems widersprechen. Die Grenze für die Gestaltungsfreiheit bei Rechtsgeschäften wird deshalb durch das Gesetz selbst gezogen. Nach §§ 134, 138 BGB sind solche Rechtsgeschäfte nichtig, die gegen ein gesetzliches Verbot oder gegen die guten Sitten verstoßen.

Gesetzliche Verbote § 134 BGB

Unter, gesetzliche Verbote fallen alle Normen unseres Rechtssystems, etwa aus Strafgesetzen, Rechtsverordnungen, Satzungen, Tarifverträgen, Europarecht oder Gewohnheitsrecht. Das Wort „verbieten" muss nicht darin vorkommen. Es genügt, wenn die Norm erkennbar ein bestimmtes Rechtsgeschäft missbilligt. Hat man hiernach erkannt, dass eine bestimmte Norm ein Verbot bestimmter Rechtsgeschäfte beinhaltet, genügt dies jedoch noch nicht für die Anwendung von § 134 BGB. Vielmehr muss auf zweiter Stufe geprüft werden, ob der Verstoß gegen das Verbot nach Sinn und Zweck der Norm auch gerade die Nichtigkeit des vorgenommenen Rechtsgeschäfts zur Folge haben soll[70] oder ob es sich bei der Norm um eine bloße Ordnungsvorschrift handelt. Dies wiederum ist durch Auslegung zu ermitteln: Richtet sich das Verbot nur gegen den Abschluss des Geschäfts oder will es auch die zivilrechtliche Wirksamkeit und somit den wirtschaftlichen Erfolg verhindern? Entscheidend ist also der Zweck des Verbots. Kann der Zweck

70 St. Rspr., vgl. z. B. BGH, Urteil vom 5. 5. 1992 – X ZR 134/90, NJW 1992, 2557; BGH, Urteil vom 10. 7. 1991 – VIII ZR 296/90, NJW 1991, 2955.

eines bestimmten Verbots nur bei Unwirksamkeit des verbotswidrig vorgenommenen Rechtsgeschäfts erreicht werden, muss der Verstoß hiergegen die zivilrechtliche Nichtigkeit nach sich ziehen. Ein Kaufvertrag zu besonders günstigen Konditionen, der zur Bestechung dient, ist etwa zivilrechtlich nichtig; dasselbe gilt für den Kaufvertrag zwischen Dieb und Hehler oder die Vereinbarung zur Durchführung eines Mordes. Anders aber, wenn unter Verstoß gegen das Ladenschlussgesetz ein Kaufvertrag abgeschlossen wird. Dieser ist nicht deswegen unwirksam, weil er zu später Nachtstunde oder an einem Feiertag abgeschlossen wurde.

Generalklausel § 138 BGB

Eine weitere Schranke der Privatautonomie stellt § 138 BGB dar. Hiernach ist ein Rechtsgeschäft nichtig, das gegen die „guten Sitten" verstößt. Die Vorschrift stellt eine weit gefasste Generalklausel dar. Sie dient der Missbrauchskontrolle jeglicher Rechtsverhältnisse. Sie greift insbesondere dann, wenn kein Spezialgesetz für den infrage stehenden Sachverhalt vorhanden ist. Wesensmerkmal von Generalklauseln ist deren weite und offene Formulierung; diese wird erreicht mithilfe von unbestimmten Rechtsbegriffen („gute Sitten" i. S. d. § 138 BGB, „Treu und Glauben" i. S. d. § 242 BGB, „unangemessen benachteiligen" i. S. d. § 307 BGB). Die Kehrseite der offenen Formulierung ist aber der unscharfe Anwendungsbereich von Generalklauseln. Der vom Gesetz verwendete Begriff ist dort nicht bereits durch den allgemeinen Sprachgebrauch klar definiert. Vielmehr erfolgt die Präzisierung mithilfe von außerhalb der Norm liegenden Wertemaßstäben. Die Frage, ob ein Rechtsgeschäft im Einzelfall „sittenwidrig" ist oder nicht, bereitet daher in der Praxis der Rechtsanwendung oft besondere Probleme. Der Gesetzgeber hat bewusst nicht selbst exakt umschrieben, wann eine Norm eingreifen soll; er hat dies vielmehr der Rechtsprechung überlassen. Dem Richter fällt somit die Aufgabe zu, eine Norm anhand von Wertungsmaßstäben auszulegen, die nicht im Gesetz selbst niedergelegt sind. In der Rechtsprechung hat sich hierzu die Formel vom „Anstandsgefühl aller billig und gerecht Denkenden" herausgebildet. Diese Formel hilft jedoch in der Praxis nicht weiter, da sie wiederum ausfüllungsbedürftig ist.

Herausbildung von Fallgruppen

Eine gewisse Systematisierung und Rechtssicherheit lässt sich daher nur durch die Bildung von Fallgruppen erreichen, wobei manche Rechtsgeschäfte bereits nach ihrem objektiven Inhalt sittenwidrig sind (z. B. Vereinbarung, nicht zu heiraten oder über einen Auftragsmord). An sich neutrale Rechtsgeschäfte können aufgrund der subjektiven Interessen der Beteiligten sittenwidrig sein. Ist der Zweck oder das Motiv eines Rechtsgeschäfts verwerflich, kann auch ein an sich wertneutrales Geschäft sittenwidrig sein. Der Kauf eines Küchenmessers ist an sich nicht verwerflich. Will der Käufer aber das Messer als Mordwaffe einsetzen, und weiß dies der Verkäufer, handelt es sich um ein sittenwidriges Geschäft. Der Kaufvertrag ist nichtig.

Als Fallgruppen der Sittenwidrigkeit sind beispielhaft zu nennen:

- **Knebelungsverträge**: Solche liegen vor, wenn die persönliche oder wirtschaftliche Bewegungsfreiheit eines Beteiligten übermäßig eingeschränkt wird, etwa wenn ein Verlag den Autor ohne Gegenleistung verpflichtet, auch sämtliche künftigen Werke anzubieten[71] oder wenn eine Brauerei einen Bierlieferungsvertrag mit einem Gastwirt abschließt, der eine längere Laufzeit als 20 Jahre hat.[72]
- **Gläubigergefährdung**: Wer sich als Kreditgeber übermäßige Sicherheiten einräumen lässt und dadurch die Interessen anderer Gläubiger gefährdet, handelt sittenwidrig. Die entsprechenden Sicherungsabreden sind nichtig.
- **Verleitung zum Vertragsbruch**: Vereinbaren A und B, dass A seinen Kaufvertrag, den er mit C abgeschlossen hat, nicht erfüllen wird, ist diese Vereinbarung sittenwidrig.
- **Schmiergeldvereinbarungen**: Zahlt A heimlich an einen Mitarbeiter des B ein Schmiergeld, um dadurch Vorteile beim Vertragsabschluss zu erreichen, kann der als Folge abgeschlossene Vertrag gemäß § 138 BGB nichtig sein.[73]
- **Wucher**: Eine besondere – in § 138 Abs. 2 BGB explizit geregelte – Fallgruppe der Sittenwidrigkeit ist der Wucher. In objektiver Hinsicht muss ein auffälliges Missverhältnis zwischen Leistung und Gegenleistung bestehen. Beim anderen Teil muss subjektiv eine Zwangslage, Unerfahrenheit, ein Mangel an Urteilsvermögen oder eine erhebliche Willensschwäche gegeben sein. Diesen Umstand muss der Wucherer ausgebeutet haben. Beispiele: Überschreiten der üblichen Wohnraum-Miete um 50 %;[74] ein Darlehenszinssatz, der mehr als doppelt so hoch ist wie der marktübliche.[75]

71 BGH, Urteil vom 14.12.1956 – I ZR 105/55, NJW 1957, 711.
72 BGH, Urteil vom 27.2.1985 – VIII ZR 85/84, NJW 1985, 2693.
73 BGH, Urteil vom 16.1.2001 – XI ZR 113/00, NJW 2001, 1067.
74 BGH, Urteil vom 23.4.1997 – VIII ZR 212/96, NJW 1997, 1845.
75 BGH, Urteil vom 30.5.2000 – IX ZR 121/99, NJW 2000, 2669.

3.6.4 Rückabwicklungen

Grund und Notwendigkeit von Rückabwicklungen

In den vorhergehenden Unterkapiteln haben wir gelernt, dass Verträge aus den verschiedensten Gründen unwirksam sein können. Ein Vertrag kann unwirksam sein, weil eine der abgegebenen Willenserklärungen aufgrund der Minderjährigkeit einer der Vertragspartner unwirksam ist, §§ 105 Abs. 1, 108 Abs. 1 BGB. Ein Vertrag kann gemäß § 142 Abs. 1 BGB aufgrund einer wirksamen Anfechtung von Anfang an nichtig sein. Ein Vertrag kann wegen Verstoßes gegen ein gesetzliches Verbot, § 134 BGB, oder wegen Sittenwidrigkeit, § 138 BGB, von Anfang an nichtig sein. Unwirksame Verträge entfalten keine Rechtswirkungen. Keine der scheinbaren Vertragsparteien kann aus einem unwirksamen Vertrag irgendwelche Ansprüche gegen den anderen Vertragspartner geltend machen, weder kann sie die Erfüllung der vereinbarten Leistungen verlangen, noch im Regelfall die Einhaltung von Nebenpflichten oder Schadensersatz wegen Pflichtverletzung einfordern.

Problematisch wird es jedoch, wenn eine oder beide Vertragsparteien im Vertrauen auf die Wirksamkeit des Vertrags bereits Leistungen an den anderen Vertragspartner erbracht haben. Nach der Erkenntnis, dass der Vertrag unwirksam ist, entsteht beim Vertragspartner, der bereits geleistet hat, regelmäßig der Wunsch, die Leistung vom anderen Vertragspartner wieder zurückzufordern, da diese Leistung in der Regel einen wirtschaftlichen Wert hat und dieser Vermögenswert wieder in das eigene Vermögen zurückgeführt werden soll. Der Vertragspartner, der bereits geleistet hat, wird daher vom anderen Vertragspartner die Rückabwicklung des unwirksamen Vertrags verlangen.

Unfallfreiheit II

Im Fall Unfallfreiheit I,[76] in dem der Gebrauchtwagenverkäufer dem Käufer K einen Unfallwagen als unfallfrei verkauft, kann K den Kaufvertrag wegen arglistiger Täuschung nach § 123 BGB anfechten. Dadurch wird der Kaufvertrag gemäß § 142 Abs. 1 BGB rückwirkend nichtig. In diesem Fall ist der nichtige Vertrag jedoch bereits vollständig erfüllt: Der Verkäufer hat an K das Auto übergeben, K hat den Kaufpreis gezahlt. K hat nach der Anfechtung selbstverständlich Interesse daran, seinen Kaufpreis wieder zu erlangen. Der Verkäufer möchte dann aber auch den verkauften Gebrauchtwagen wieder haben.

Anspruchgrundlagen der Rückabwicklung

Bereits im Hinblick auf einen nichtigen Vertrag erbrachte Leistungen können jedoch nur dann zurückfordert werden, wenn hierfür eine geeignete Anspruchsgrundlage zur Verfügung steht. Der Anspruch kann

---

76 Siehe oben Kapitel 3.6.2.

sich nicht aus dem geschlossenen Vertrag ergeben, da dieser unwirksam ist und keinerlei Rechtwirkungen entfaltet. Der Anspruch muss sich daher unmittelbar aus dem Gesetz ergeben. Im Falle der Rückabwicklung von Verträgen kommen hier regelmäßig zwei Anspruchsgrundlagen in Betracht: Der Herausgabeanspruch wegen ungerechtfertigter Bereicherung aus § 812 Abs. 1 S. 1, 1. Alt. BGB sowie der dingliche Herausgabeanspruch aus § 985 BGB.

Bereicherungsrecht

Wichtigster Herausgabeanspruch bei der Rückabwicklung von unwirksamen Verträgen ist § 812 Abs. 1 S. 1, 1. Alt. BGB: „Wer durch die Leistung eines anderen … etwas ohne rechtlichen Grund erlangt, ist ihm zur Herausgabe verpflichtet."

Der Anspruch aus § 812 Abs. 1 S. 1, 1. Alt. BGB gehört zum Abschnitt „Ungerechtfertigte Bereicherung" im Buch 2 des BGB. Dieser Abschnitt enthält verschiedene Anspruchsgrundlagen, die dazu dienen, ungerechtfertigte Vermögensverschiebungen wieder rückgängig zu machen. Der Begriff des Vermögens umfasst hierbei nicht nur Sachen und Geldsummen. Ein Vermögenswert ist alles, was das Vermögen einer Person erhöhen kann. Hierzu gehören selbstverständlich Grundstücke, bewegliche Sachen und Geldsummen, aber auch Besitz oder Fehlbuchungen auf einem Konto können das Vermögen einer Person erhöhen. Geschieht eine Vermögensverschiebung von einer Person auf eine andere Person ohne einen rechtfertigenden Grund, den sogenannten Rechtsgrund, kann derjenige, dessen Vermögen aufgrund dieser Vermögensverschiebung geschmälert ist, die Rückübertragung des Vermögens verlangen.

Rechtsgrund

Als Rechtsgrund für eine Vermögensverschiebung kommen unter anderem schuldrechtliche Verträge wie z. B. Kaufverträge, Werkverträge in Betracht. Stellt sich heraus, dass diese Verträge unwirksam sind, fehlt einer im Vertrauen auf die Wirksamkeit der Verträge vorgenommenen Verfügung der notwendige Rechtsgrund.

Gewöhnlich werden die einzelnen Tatbestandmerkmale des § 812 Abs. 1 S. 1, 1. Alt. BGB in folgender Reihenfolge geprüft: 1) wer etwas erlangt; 2) durch Leistung eines anderen; 3) ohne Rechtsgrund.

Uhrenkauf einer Minderjährigen III

Im Fall des Uhrenkaufs durch die Minderjährige M[77] kann U von M die an M bereits übergebene Uhr nach § 812 Abs. 1 S. 1, 1. Alt. BGB wieder herausverlangen: 1) M hat von U das Eigentum an der Uhr erlangt. 2) Dies ist durch eine Leistung des U geschehen. Leistung ist die bewusste und zweckgerichtete Mehrung fremden Vermögens. Im vorliegenden Fall hat U die Uhr an M übereignet, um seine vermeintli-

77 Siehe Kapitel 3.6.1

che Verpflichtung aus dem Kaufvertrag zu erfüllen. Der Zweck der Übereignung war somit die Erfüllung des Kaufvertrags. 3) Die Leistung des U ist ohne Rechtsgrund erfolgt. Wie bereits in der Lösung zu Uhrenkauf einer Minderjährigen II[78] aufgezeigt, ist der Kaufvertrag zwischen U und M jedoch unwirksam, somit liegt ein Rechtsgrund für die Vermögensverschiebung nicht vor.

Auch für die Rückforderung von Geldsummen ist § 812 Abs. 1 S. 1, 1. Alt BGB beim Vorliegen eines unwirksamen Vertrags die richtige Anspruchsgrundlage:

Unfallfreiheit III

Im Fall Unfallfreiheit I[79], in dem der Käufer aufgrund einer arglistigen Täuschung des Verkäufers ein Auto kaufte, kann der Käufer nach Anfechtung des Kaufvertrags aufgrund § 812 Abs. 1 S. 1, 1. Alt BGB die Rückzahlung des Kaufpreises verlangen: 1) Der Verkäufer hat vom Käufer den Kaufpreis erlangt. 2) Dies ist durch eine Leistung des Käufers geschehen, da dieser den Kaufpreis zahlt, um seine vermeintliche Schuld aus dem Kaufvertrag über den PKW zu erfüllen. 3) Aufgrund wirksamer Anfechtung des Käufers ist dieser Kaufvertrag jedoch gemäß § 142 Abs. 1 BGB als von Anfang an nichtig anzusehen. Die Leistung des Käufers erfolgte somit rechtgrundlos.

---

§ 985 BGB Neben dem Bereicherungsanspruch § 812 I S. 1 1. Alt BGB kann in einigen Fällen auch der Herausgabeanspruch des § 985 BGB geltend gemacht werden.

§ 985 BGB verlangt das Vorliegen der folgenden Tatbestandsmerkmale: 1) Gegenstand des Herausgabebegehrens muss eine Sache im Sinne von § 90 BGB sein. 2) Die Person, die den Anspruch geltend macht, muss Eigentümer der Sache sein, 3) der Anspruchsgegner muss Besitzer der Sache sein und 4) darf kein Recht zum Besitz haben, § 986 BGB. Ein solches Besitzrecht kann sich beispielsweise aus einem Kaufvertrag oder einem Mietvertrag ergeben.

Der Herausgabeanspruch des § 985 BGB ist im Vergleich zu dem Herausgabeanspruch aus § 812 I S. 1 1. Alt BGB in seinem Anwendungsbereich eingeschränkt: Auf der Grundlage des § 985 BGB kann nicht die Rückgabe eines jeden Vermögenswerts, sondern nur die Herausgabe einer Sache verlangt werden. Die Rückforderung eines Geldbetrags, wie im obigen Beispiel aufgezeigt, ist deshalb nach § 985 BGB nicht möglich. Ein Geldbetrag ist keine Sache im Sinne des § 90 BGB, sondern lediglich eine Wertsumme.

---

78 Siehe Kapitel 3.6.1.

79 Siehe Kapitel 3.6.2

Des Weiteren kann nur derjenige eine Sache nach § 985 BGB zurückfordern, der noch Eigentümer dieser Sache ist.

Die Voraussetzungen des Herausgabeanspruchs aus § 985 BGB liegen bei der Rückabwicklung eines unwirksamen Rechtsgeschäfts in der Regel vor, wenn der Zurückfordernde die Sache aufgrund einer arglistigen Täuschung oder unter dem Einfluss einer widerrechtlichen Drohung verkauft und übereignet hat.

Arglist und Drohung

Wird z. B. eine Person unter Androhung von körperlicher Gewalt zum Verkauf und zur Übereignung eines wertvollen Bildes gezwungen und begehrt nach Beendigung der Bedrohungslage die Rückgabe des Bildes, so ist § 985 BGB die richtige Anpruchsgrundlage: Sowohl der Kaufvertrag, als auch die Übereignung sind mit der widerrechtlichen Drohung belastet und können wegen widerrechtlicher Drohung nach § 123 Abs. 1, 2. Alt BGB angefochten werden. Durch die Anfechtung wird die erzwungene Übereignung rückwirkend nichtig nach § 142 Abs. 1 BGB. Der Zurückfordernde ist (wieder oder noch) Eigentümer des Bildes, die andere Person ist Besitzer, hat aber kein Recht zum Besitz, § 986 BGB, da auch der der Übereignung zugrunde liegende Kaufvertrag aus dem sich ein Recht zum Besitz ergeben könnte, wegen Anfechtung nach § 142 I BGB nichtig ist.

Die Unwirksamkeit eines schuldrechtlichen Vertrags, wie z. B. eines Kaufvertrags, führt jedoch nicht automatisch zur Unwirksamkeit der zur Erfüllung dieses Vertrags gemachten Verfügungen. In der Regel hat der Verkäufer auch bei einem unwirksamen Kaufvertrag die Sache wirksam übereignet und damit das Eigentum an der Sache verloren. Die Wirksamkeit des Verfügungsgeschäfts ist rechtlich völlig unabhängig von der Wirksamkeit des Verpflichtungsgeschäfts, dies nennt man Abstraktionsprinzip.

Uhrenkauf einer Minderjährigen IV

Im Fall Uhrenkauf einer Minderjährigen hat der Uhrmacher U an die 17-jährige M die Uhr bereits im Laden durch Einigung und Übergabe nach § 929 S. 1 BGB übereignet. Da die Übereignung der Uhr von U an M für die M ein rein vorteilhaftes Geschäft im Sinne von § 107 BGB ist, ist diese Übereignung auch wirksam. Die M ist Eigentümerin der Uhr geworden. Der Kaufvertrag ist jedoch mangels Genehmigung der Eltern unwirksam. Dies führt jedoch nicht dazu, dass auch die Übereignung an M unwirksam wird. Die Wirksamkeit der Übereignung der Uhr, des Verfügungsgeschäfts, ist völlig unabhängig von der Wirksamkeit des Kaufvertrags, des Verpflichtungsgeschäfts. Trotz der Unwirksamkeit des Kaufvertrags bleibt die M Eigentümerin der Uhr. U kann diese daher mangels Eigentümerstellung nicht nach § 985 BGB von M heraus verlangen. Wie bereits oben aufgezeigt ist § 812 Abs. 1 S. 1, 1. Alt BGB die richtige Anspruchsgrundlage.

3.6.5 Zusammenfassung

Verträge können wegen fehlender Geschäftsfähigkeit, Rechts- oder Sittenwidrigkeit oder infolge einer Anfechtung nichtig sein. Sie können dann nicht mehr durchgesetzt werden.

Wurden aufgrund eines nichtigen Vertrags bereits Leistungen erbracht, z. B. Verfügungen vorgenommen, so führt die Nichtigkeit des Vertrags in der Regel nicht automatisch zur Rückgabe der Leistungen und nicht zugleich zur Nichtigkeit der Verfügung. Vielmehr müssen die aufgrund des unwirksamen Vertrags erbrachten Leistungen rückabgewickelt werden. Wichtige Anspruchsgrundlagen hierfür sind § 812 und § 985 BGB.

3.7 Allgemeine Geschäftsbedingungen

AGB

Allgemeine Geschäftsbedingungen – kurz: AGB – sind das „Kleingedruckte“, das vielen Verträgen beigefügt ist. AGB werden verwendet, um Geschäfte nach einem einheitlichen Muster abzuwickeln. Außerdem werden Regelungen in den Vertrag eingeführt, die für den Verwender der AGB günstig sind. Im einfachsten Fall handelt es sich um einen Satz, wie z. B. „Die Ware bleibt bis zur vollständigen Bezahlung im Eigentum des Verkäufers“. AGB können aber auch, etwa bei einem Leasingvertrag über einen PKW, mehrere Seiten umfassen.

Benachteiligung des Vertragspartners als typisches Risiko

Die Parteien können im Rahmen der Vertragsfreiheit, genauer der Inhaltsfreiheit, die Vertragsbedingungen frei vereinbaren. Soweit nicht zwingende gesetzliche Regelungen entgegenstehen, sind AGB grundsätzlich zulässig und wirksam. Das Kernproblem von AGB ist, dass sie den anderen Vertragspartner benachteiligen können.

Kontrolle von AGB

Das BGB stellt deshalb besondere Anforderungen an die Einbeziehung von AGB in Verträge, und an deren Inhalt.

§§ 305 bis 310 BGB

In diesem Unterkapitel werden die §§ 305 bis 310 BGB vorgestellt. Sie enthalten die wesentlichen Regelungen über die Einbeziehung und den zulässigen Inhalt von AGB im Verkehr zwischen Unternehmern und Verbrauchern einerseits und im unternehmerischen Verkehr andererseits.

3.7.1 Stellen Sie sich vor …

Stellen Sie sich vor, J sei Inhaber eines Juwelierladens in exklusiver Lage. Zum Angebot gehören Uhren und Schmuck in unterschiedlichen

Preislagen. Dank der Stammkunden läuft das Geschäft recht gut. Dennoch will J zukünftig Waren im mittleren und niederen Preissegment auch im Internet anbieten. Einige Konkurrenten sind hier erfolgreich und die Gewinnmargen sind sehr interessant. Bei seinen Recherchen stellt J fest, dass beim Vertrieb über das Internet fast ausnahmslos Allgemeine Geschäftsbedingungen verwendet werden. J überlegt, ob er nun auch AGB einsetzen soll. Bisher hat er darin keinen Vorteil gesehen. Falls AGB benötigt werden, welche Muster könnte J verwenden?

Oder stellen Sie sich vor, Sie wollen einen Darlehensvertrag über 100.000 € mit einer Bank zur Finanzierung einer Immobilie abschließen. Den Antragsunterlagen sind seitenweise AGB beigefügt. Müssen Sie die lesen, bevor Sie den Vertrag unterschreiben? Können Sie diese Klauseln tatsächlich verstehen?

3.7.2 Ökonomische Bedeutung und Begründung

Allgemeine Geschäftsbedingungen sind aus dem Wirtschaftsleben nicht wegzudenken. Ökonomische Bedeutung

Die Verwendung vorformulierter Vertragsbedingungen für eine Vielzahl von ähnlichen Verträgen, bei Massengeschäften also, hat den praktischen und rechtlichen Vorteil, dass die Vertragsbedingungen für das konkrete Geschäft passen und der Verwender sich nicht bei jedem Abschluss darüber erneut Gedanken machen muss. AGB erleichtern damit die Abwicklung von Massengeschäften vom Kauf eines PKW bei einem Vertragshändler, über die Buchbestellung bei einem Internethändler bis hin zum Internetnutzungsvertrag mit einem Provider. AGB schaffen Rationalisierungsvorteile durch Standardisierung.

Auch außerhalb von Massengeschäften gibt es ein Bedürfnis nach einheitlichen Vertragsinhalten. Architekten, Bauunternehmen, Makler, Softwareentwickler, Vermieter, Leasingfirmen und viele Andere nutzen die Vorteile von vorher festgelegten Vertragsinhalten. Die Motive sind unterschiedlich.

Stehen Firmen in ständiger Geschäftsverbindung, beschränkt sich die einzelne Verhandlung auf die Ware und den Preis. Die AGB sind inhaltlich immer gleich und müssen nicht jeweils im Einzelnen ausgehandelt und geprüft werden. Sie bieten die Gewähr, dass in der Eile nichts vergessen wird. Es werden Zeit und Kosten gespart.

AGB werden auch deshalb für sinnvoll erachtet, weil die gesetzlichen Vorschriften neue Produktions-, Vertriebs- und Dienstleistungsformen entweder überhaupt nicht oder nicht in der gebotenen Weise regeln. Ein typisches Beispiel ist das sogenannte Finanzierungsleasing, das sich seit etwa 1970 auch in Deutschland durchsetzte. Die vom BGB vorgesehenen Vertragsformen des Miet-, Kauf- und Darlehensrechts passen für dieses neue Absatzinstrument nicht. Es ist kein reiner Kauf, denn der Leasingkunde wird nicht Eigentümer der Ware. Er erhält sie zur Nutzung, sodass eher Mietrecht anzuwenden ist. Die Überlassung zur Nutzung ist aber nur ein Aspekt der wirtschaftlichen Zielrichtung des Finanzierungsleasings. Hinzu kommen das Finanzierungselement und die steuerliche Behandlung. Deshalb werden die Inhalte von Finanzierungsleasingverträgen vorformuliert und weichen von den gesetzlichen Regeln des Miet- und Kaufrechts an einigen Stellen deutlich ab.

Begründung der gesetzlichen Regelung

Weil eine Vertragsseite die AGB vorformuliert und aufgrund ihrer Verhandlungsposition und/oder Marktmacht als Vertragsbestandteil durchsetzen kann, bergen AGB das Risiko, dass der Vertragspartner des Verwenders durch AGB unangemessen benachteiligt wird.

So fand sich z. B. im Kleingedruckten einer Kfz-Werkstatt die Klausel, nach der dem Kunden im Falle der Reparatur keine Gewährleistungsrechte bei fehlerhafter Reparatur zustanden. Zudem sollten Streitigkeiten zwischen dem Kunden und der Werkstatt durch ein Schiedsgericht entschieden werden, das aus dem Geschäftsführer der Werkstatt und seinem Rechtsanwalt bestand.

Das Gesetz verbietet solche unangemessenen Benachteiligungen durch AGB und ermöglicht daher ihre Kontrolle. Warum ist diese Kontrolle nötig? Kann der Markt nicht von selbst die Unternehmen entlarven und aus dem Wettbewerb drängen, die unangemessene AGB anbieten? Die ökonomische Analyse des Zivilrechts hat herausgearbeitet, dass sich ohne AGB-Kontrolle immer unangemessenere AGB im Markt durchsetzen würden, weil der Kunde etwa bei seiner Kaufentscheidung vor allem auf Preis und Qualität, nicht aber auf die AGB achtet. Auf Dauer würde das zu hohen gesellschaftlichen Kosten führen, weil dann weniger optimale Verträge geschlossen würden.[80]

Deshalb wird heute allgemein, jedenfalls im Rechtsverkehr mit Verbrauchern, eine AGB-Kontrolle für erforderlich gehalten.[81] Wie umfangreich die Kontrolle sein soll, ist offen und wird daher von Rechtsordnung zu Rechtsordnung unterschiedlich geregelt.

80 Siehe hierzu im Detail *Schäfer/Ott*, Ökonomische Analyse des Zivilrechts, 3. Auflage 2000, S. 478 ff.

81 Siehe hierzu die EU Richtlinie 93/13/EWG über missbräuchliche Klauseln in Verbraucherverträgen vom 5. 4. 1993, ABl. EG Nr. L 095 vom 21. 4. 1993, S. 29.

3.7.3 Definition

Allgemeine Geschäftsbedingungen sind nach § 305 Abs. 1 S. 1 BGB alle für eine Vielzahl von Verträgen vorformulierten Vertragsbedingungen, die eine Vertragspartei, der Verwender, der anderen Vertragspartei bei Abschluss des Vertrags stellt. Gleichgültig ist, ob die Bestimmungen einen äußerlich gesonderten Bestandteil des Vertrags bilden oder in die Vertragsurkunde selbst aufgenommen werden, welchen Umfang sie haben, in welcher Schriftart sie verfasst sind und welche Form der Vertrag hat, § 305 Abs. 1 S. 2 BGB.

„Vertragsbedingungen“
„Vielzahl“ „vorformuliert“ „gestellt“

Allgemeine Geschäftsbedingungen liegen nach § 305 Abs. 1 S. 3 BGB nicht vor, soweit die Vertragsbedingungen zwischen den Vertragsparteien im Einzelnen ausgehandelt sind.

Keine AGB bei ausgehandelten Klauseln

Bei Verträgen zwischen einem Unternehmer und einem Verbraucher gelten die Bedingungen als vom Unternehmer gestellt, es sei denn, dass sie durch den Verbraucher in den Vertrag eingeführt wurden, § 310 Abs. 3 Nr. 1 BGB. Die §§ 305 ff. BGB gelten in diesen Fällen auch dann, wenn die vorformulierten Vertragsbedingungen nur zur einmaligen Verwendung bestimmt sind und soweit der Verbraucher aufgrund der Vorformulierung auf ihren Inhalt keinen Einfluss nehmen konnte, § 310 Abs. 3 Nr. 2 BGB.

Vermutung für AGB bei Verbrauchergeschäften

Gebrauchtwagenkauf[82]

Verkäufer V verkauft an Käufer K einen gebrauchten Volvo zum Preis von 4.600 €. V und K sind beide Verbraucher. Als Vertragsformular verwenden sie einen Vordruck einer Versicherung, der als „Kaufvertrag Gebrauchtwagen – nur für den Verkauf zwischen Privatpersonen“ gekennzeichnet ist. V und K hatten telefonisch darüber gesprochen, wer ein Vertragsformular mitbringen sollte. Übereinstimmend kamen sie zu dem Ergebnis, dass V sein Muster, das er als Serviceleistung von seiner Versicherung erhalten hatte, mitbringen und dies für den Kauf des Gebrauchtwagens verwendet werden soll. Dieses Formular enthält folgende Klausel: „Der Käufer hat das Fahrzeug überprüft und Probe gefahren. Die Rechte des Käufers bei Mängeln sind ausgeschlossen, es sei denn, der Verkäufer hat einen Mangel arglistig verschwiegen und/oder der Verkäufer hat eine Garantie für die Beschaffenheit des Vertragsgegenstands abgegeben, die den Mangel betrifft.“

Nach Übergabe stellte K fest, dass das Fahrzeug einen erheblichen Unfallschaden aufweist, und verlangt 1.000 € von V zurück.

Der BGH lehnte diesen Anspruch ab, da die Gewährleistungspflicht des V durch die Klausel ausgeschlossen ist. Die Klausel wäre nach § 309 Nr. 7 BGB als AGB nicht wirksam gewesen. Es handelt sich in diesem Sonderfall aber nicht um eine AGB i. S. v. § 305 Abs. 1 BGB. Die Bedingungen wurden zwar für eine Vielzahl von Verträgen von der Versicherung vorformuliert, V hat sie aber nicht einseitig „gestellt“.

---

82 BGH, Urteil vom 17. 2. 2010 – VIII ZR 67/09, NJW 2010, 1131.

K hatte die Möglichkeit, ein eigenes Formular zu verwenden. Er hat sich in einer Verhandlung mit V auf die Verwendung des Formulars der Versicherung geeinigt.

Die einseitige Vorgabe von Vertragsbedingungen gelingt nur, wenn der Verwender seine AGB im Einzelfall auch durchsetzen kann. Erforderlich ist eine gewisse Verhandlungsmacht oder ein Vertragspartner, der keine abweichenden Vorstellungen hat.

3.7.4 Allgemeine Geschäftsbedingungen im Verkehr mit Verbrauchern

AGB im Verkehr mit Verbrauchern und Unternehmen

Unterschiede bei Verbrauchern und Unternehmern

Das Gesetz unterscheidet, ob AGB bei einem Verbrauchergeschäft oder im unternehmerischen Verkehr verwendet werden. Ob das eine oder das andere vorliegt, ergibt sich aus den §§ 13 und 14 BGB. Während für Verbraucher die §§ 305 ff. BGB uneingeschränkt gelten, sind nach § 310 Abs. 1 BGB bestimmte Regelungen der §§ 305 ff. im unternehmerischen Verkehr nicht anwendbar.[83]

Vorrang der Individualabrede

Sowohl bei Verbrauchergeschäften als auch im unternehmerischen Verkehr gilt der Vorrang der Individualabrede, § 305 BGB. Vereinbaren die Parteien also etwas ausdrücklich, das im Widerspruch zu den Regelungen der AGB steht, dann hat das Vereinbarte Vorrang. In der Praxis ist es hilfreich, wenn das Vereinbarte dann schriftlich festgehalten ist.

Überraschende Klauseln

Zudem werden überraschende oder mehrdeutige Klauseln nicht Vertragsbestandteil, § 305c Abs. 1 BGB.

Kaffeeabnahmeverpflichtung

Wer eine Kaffeemaschine kauft, der erwartet nicht, dass sich in den AGB eine Klausel findet, die den Käufer verpflichtet, über die kommenden zwei Jahre monatlich ein Pfund Kaffee einer bestimmten Firma zu einem bestimmten Preis abzunehmen. Eine solche Klausel wäre, weil überraschend, nach § 305c BGB nicht wirksam.

Formulierungsprobleme gehen schließlich zulasten des Verwenders. Kann eine Klausel in verschiedener Weise ausgelegt werden, dann ist sie im Streit zugunsten des Vertragspartners des Verwenders auszulegen, § 305c Abs. 2 BGB.

---

83 Siehe dazu sogleich unten Kapitel 3.7.5.

Wirksame Einbeziehung

§ 305 Abs. 2 BGB

AGB gelten nur, wenn der Verwender sie wirksam in den Vertrag einbezieht. § 305 Abs. 2 BGB stellt hohe Anforderungen an die Vereinbarung von AGB. Vier Voraussetzungen müssen erfüllt werden. Der Verwender muss 1) bei Vertragsschluss 2) die andere Partei darauf hinweisen, 3) ihr die Möglichkeit geben, die AGB zur Kenntnis zu nehmen, und 4) die andere Partei muss damit einverstanden sein.

„Möglichkeit der Kenntnisnahme“

Die Möglichkeit der Kenntnisnahme ist in der Regel nur dann gegeben, wenn der Verwender die AGB dem Vertragspartner vor Vertragsschluss zur Verfügung stellt, sie ihm also zuschickt, vorlegt oder gut lesbar aushängt oder auslegt. Sind die AGB zu klein gedruckt, zu kompliziert formuliert oder nicht sinnvoll gegliedert, dann ist die Kenntnisnahme nicht zumutbar.

AGB im Internet[84]

Käufer K bestellt im Internetshop von Juwelier J eine Uhr. Auf der Bestellseite befindet sich folgender Hinweis: „Für Ihre Bestellung gelten unsere AGB“. Die Bestellung wird nur angenommen, wenn der Kunde sein Einverständnis mit den AGB durch Ankreuzen in der dafür vorgesehenen Rubrik erteilt. Durch Anklicken des unterstrichenen Wortes „AGB“ können diese aufgerufen und ausgedruckt werden.

Der BGH ist der Ansicht, dass die Verwendung eines Links zu den AGB ausreicht, um dem Kunden die Möglichkeit zu deren Kenntnisnahme zu geben. Der Link muss sich auf der Bestellseite befinden und gut sichtbar sein.

„bei Vertragsschluss“

Für die Geltung der AGB reicht nicht aus, dass diese auf einer Rechnung abgedruckt sind, da diese erst nach dem Abschluss des Vertrags erstellt wird.

Die Kenntnisnahme muss außerdem im Einzelfall zumutbar sein. Dies wäre beispielsweise nicht der Fall, wenn der Link im obigen Fall den Kunden nicht unmittelbar zu den AGB führt, sondern die AGB erst über mehrere weitere Links aufgerufen werden könnten.

Bei dauernden Geschäftsbeziehungen kann vereinbart werden, dass für bestimmte Geschäfte die AGB gelten sollen, § 305 Abs. 3 BGB.

Ausnahmen

Die strengen Anforderungen an die Einbeziehung bei Abschluss eines Vertrags gelten nicht, wenn AGB gegenüber einem Unternehmer verwendet werden sollen[85] oder ein Arbeitsvertrag abgeschlossen wird, § 310 Abs. 1 und Abs. 4 BGB. Für Eisenbahnen, die Personenbeförderung im Linienverkehr sowie für Leistungen im Zuständigkeitsbereich der Bundesnetzagentur gibt es nach § 305 a BGB ebenfalls Ausnahmen.

---

84 Nach BGH, Urteil vom 14. 6. 2006 – I ZR 75/03, NJW 2006, 2976.

85 Siehe unten Kapitel 3.7.5.

Inhaltskontrolle

Drei Schritte

§§ 309, 308, 307 BGB

AGB werden nicht automatisch mit der Einbeziehung in den Vertrag wirksam. Die Vertragsbedingungen werden einer inhaltlichen Kontrolle unterworfen. Der Gesetzgeber hat dafür folgende Prüfung vorgesehen:

- Zunächst ist zu prüfen, ob es sich um eine Klausel handelt, die in der Liste von § 309 BGB enthalten ist. 13 unterschiedliche Klauseltypen sind hier aufgeführt. Es handelt sich um eine Verbotsliste. Klauseln mit diesen Inhalten sind unwirksam. Der Katalog des § 309 BGB wird als „Klauselverbote ohne Wertungsmöglichkeit" bezeichnet.
- § 308 BGB
  Anschließend ist zu prüfen, ob es sich um ein Thema handelt, das in der Liste von § 308 BGB enthalten ist. Diese Liste enthält acht unterschiedliche Themen. Es sind Verbote, die nicht eindeutig sind, sondern einer Wertung im Einzelfall bedürfen. Deshalb wird von „Klauselverboten mit Wertungsmöglichkeit" gesprochen. Es kommt darauf an, ob etwas „unangemessen", „sachlich nicht gerechtfertigt" oder „unzumutbar" ist. Der Gesetzestext lässt Spielraum für Argumente im Einzelfall, die eine Klausel rechtfertigen können.
- § 307 BGB
  Finden sich bei Prüfung der §§ 308 und 309 BGB keine Verbote, ist zudem jede Klausel an den Anforderungen von § 307 BGB zu messen. Klauseln dürfen nicht unangemessen sein. Hier spielt eine Rolle, ob eine Klausel klar und verständlich formuliert ist (sogenanntes Transparenzgebot) und wie weit eine AGB Regelung von den gesetzlichen Vorschriften abweicht. Die Inhaltskontrolle soll u. a. verhindern, dass durch das Kleingedruckte das zwischen den Vertragsparteien vereinbarte Vertragsziel vereitelt wird.

Keine Inhaltskontrolle bei Vertragsgegenstand und Preis

Keiner Inhaltskontrolle unterliegt die Definition des Vertragsgegenstands, z. B. die Art der Dienst- oder Werkleistung, und der vereinbarte Preis, § 307 Abs. 3 BGB.

Soweit in AGB Regelungen enthalten sind, die mit dem Gesetz übereinstimmen und dieses beschreiben, können solche Klauseln nur daraufhin überprüft werden, ob sie klar und verständlich formuliert sind, § 307 Abs. 1 S. 2 BGB.

Häufig unwirksame Klauseln

Preis- und Leistungsänderungen, der Ausschluss von Mängelrechten beim Kauf- oder Werkvertrag, und Haftungsausschlüsse oder -beschränkungen sind die häufigsten Klauseln, die der Inhaltskontrolle zum Opfer fallen.

Musterverträge und AGB Inhaltskontrolle

In der Praxis werden AGB oft von Interessenvertretern einzelner Branchen erarbeitet. Dazu gehören z. B. Mustermietverträge für die Vermietung von Wohnraum, Liefervertrags- und Einkaufsbedingungen für unterschiedliche Waren und Dienstleistungen. Sie enthalten z. T. branchenspezifische Regelungen und Formulierungen zu typischen Fragestellungen. Nachfolgend ein Beispiel aus dem Bereich der Wohnraummiete.

Schönheitsreparatur[86]

M hat beim Wohnbauunternehmen W eine Wohnung angemietet. Zu den Schönheitsreparaturen enthält der Vertrag folgende Bestimmungen: „Der Mieter ist verpflichtet, die Schönheitsreparaturen, wie z. B. das Kalken, Anstreichen oder Tapezieren der Wände und Decken, das Streichen und Behandlung der Fußböden, der Fenster und der Türen, in der Wohnung ausführen zu lassen ..."

Der BGH lässt grundsätzlich zu, dass der Vermieter die Pflicht zur Vornahme von Schönheitsreparaturen in AGB auf den Mieter abwälzt. Solche Klauseln verstoßen nicht gegen die §§ 307 bis 309 BGB. Es stellt aber eine unangemessene Benachteiligung des Mieters dar, wenn er nicht befugt ist, dies in Eigenleistung zu erbringen. Er muss die Leistungen lediglich fachgerecht in mittlerer Art und Güte ausführen. Das setzt nicht zwingend die Beauftragung einer Fachfirma voraus. Die im konkreten Fall verwendete Formulierung lässt eine Auslegung zu, wonach der Mieter die Arbeiten nicht selbst ausführen darf. Sie ist unwirksam und hält einer Inhaltskontrolle nach § 307 Abs. 1 BGB nicht stand.

Klauseln für Schönheitsreparaturen in Standardmietverträgen, Klauseln in Versicherungs- und Bankbedingungen und viele andere waren in der Vergangenheit Gegenstand gerichtlicher Auseinandersetzungen. Die Rechtsprechung zur Inhaltskontrolle ist vielfältig. Letztlich kann – wenn überhaupt – nur der juristische Spezialist den Überblick behalten. Die Entscheidungen des BGH zum obigen Beispiel „Schönheitsreparatur" gehen viele Jahre zurück und sind kaum mehr überschaubar. Es gibt auch immer wieder Änderungen in der Rechtsprechung. So ist der BGH neuerdings der Ansicht, dass Klauseln, die dem Mieter die Verpflichtung zur Vornahme laufender Schönheitsreparaturen auferlegt und er die Wohnung unrenoviert oder renovierungsbedürftig übernommen hat, der Inhaltskontrolle nicht standhält, wenn der Mieter keinen angemessenen Ausgleich erhält.[87]

Besonderheiten bei Arbeitsverträgen

Besonders aktuell ist die Verwendung von AGB beim Abschluss von Arbeitsverträgen. Diese unterliegen seit 2002/2003 der Inhaltskontrolle nach §§ 307 bis 309 BGB. Allerdings ist die Beurteilung von Klauseln

---

86 Nach BGH, Urteil vom 9. 6. 2010 – VIII ZR 294/09, NJW 2010, 2877.

87 BAG, Urteil vom 18. 3. 2015 – VIII ZR 185/14, NJW 2015, 1594.

in Arbeitsverträgen erschwert, weil das Gesetz nach § 310 Abs. 4 BGB verlangt, dass die „arbeitsrechtlichen Besonderheiten" berücksichtigt werden, die eine von §§ 308 und 309 BGB abweichende Beurteilung erfordern. Ein Beispiel zur Erläuterung:

Vertragsstrafe[88]

M bewirbt sich auf eine Stelle bei X. Nachdem sie sich über den Inhalt der Tätigkeit und die Vergütung geeinigt haben, unterzeichnen M und X einen von X vorgelegten Formulararbeitsvertrag, der unter anderem folgende Regelungen enthält:

„Die Tätigkeit beginnt am 1.7. … . Eine Kündigung vor Dienstantritt ist ausgeschlossen. Die Probezeit beträgt 6 Monate.

Tritt der Arbeitnehmer das Arbeitsverhältnis nicht an, so ist er verpflichtet, an X eine Vertragsstrafe in Höhe eines Bruttomonatsverdiensts zu bezahlen. Die Geltendmachung eines weiteren Schadens bleibt unberührt."

Nachdem M den Vertrag unterzeichnet hat, erhält er wider Erwarten eine Zusage von Unternehmen Y, die er gerne annehmen möchte.

M bittet um Auskunft, welche Risiken er eingeht, wenn er am 1.7. das Dienstverhältnis bei X nicht antritt.

Das BAG ist der Ansicht, dass die Vertragsstrafe grundsätzlich auch in AGB vereinbart werden kann. Eine solche ist nach § 309 Nr. 6 BGB eigentlich verboten (Klauselverbot ohne Wertungsmöglichkeit). Das BAG macht eine Ausnahme von diesem Verbot, weil die „im Arbeitsrecht geltenden Besonderheiten" es erfordern. Der Arbeitgeber hätte sonst wenig Möglichkeit, sich gegen das Verhalten eines Vertragspartners, der den Vertrag einfach ignoriert, sinnvoll zu wehren.

Im konkreten Fall hat das Gericht die Klausel dennoch scheitern lassen. Sie verstößt gegen § 307 BGB, weil sie den Arbeitnehmer unangemessen benachteiligt. Er hätte nämlich nach § 622 Abs. 3 BGB den Arbeitsvertrag bei Dienstantritt mit einer Frist von 2 Wochen kündigen können, da eine Probezeit vereinbart war. Eine Vertragsstrafe in Höhe eines vollen Monatsverdiensts sei damit zu hoch.

Rechtsfolgen

Nichteinbeziehung

Werden AGB nicht wirksam in den Vertrag einbezogen, dann sind sie automatisch nicht Teil des Vertrags. Sie haben dann keine rechtliche Wirkung.

Unwirksamkeit der Klausel

Führt die Inhaltkontrolle dazu, dass eine oder mehrere Klauseln der AGB nach den §§ 307 bis 309 BGB unwirksam sind, dann bleibt der Vertrag im Übrigen im Regelfall[89] wirksam. Unwirksam ist allein die betroffene Klausel. Das ergibt sich aus § 306 Abs. 1 BGB, der insofern vom Grundsatz des § 139 BGB abweicht.

---

88 Nach BAG, Urteile vom 4.3.2004 – 8 AZR 196/03, BB 2004, 1740; 21.4.2005 – 8 AZR 425/04, BB 2005, 2822; 18.8.2005 – 8 AZR 65/05, BB 2006, 720.

89 Ausnahme § 306 Abs. 3 BGB.

Praktische Konsequenzen

Rolle von Rechtsberatern

Die vorangehenden Ausführungen zeigen, dass es letztlich die Rechtsberater sind, die sich mit der Inhaltskontrolle auseinandersetzen müssen. In der täglichen Praxis der Kaufleute spielt sie keine Rolle. Unternehmer behelfen sich entweder mit geprüften Vertragsmustern oder sie beauftragen darauf spezialisierte Berater mit der Erstellung von passenden und rechtlich durchsetzbaren AGB, die einer Inhaltskontrolle standhalten.

Wahl des passenden Musters

Für den Praktiker stellt sich daher eher die Frage, wie mit entsprechenden Musterverträgen und Formularen umzugehen ist. Er hat die Aufgabe, das für den konkreten Geschäftsvorfall passende Formular auszuwählen. Ein Autohändler muss das Formular „Leasing" wählen, wenn der Kunde nicht kauft, sondern „least", denn die Kaufvertragsbedingungen passen in diesem Fall nicht. Bei dieser Auswahl ist dann zu berücksichtigen, dass es den Anforderungen der Inhaltskontrolle entspricht, die von der Rechtsprechung – insbesondere des BGH – ständig aktualisiert werden. Es muss also ein der aktuellen Rechtslage entsprechendes Formular ausgewählt werden.

Sicherung der Einbeziehung

Zudem muss der Praktiker sicherstellen, dass die AGB wirksam einbezogen werden. Er muss also meist dafür sorgen, dass die AGB der anderen Seite vor Vertragsschluss zugänglich waren, dass auf die Geltung der AGB verwiesen wurde und dass dies auch dokumentiert ist.

Stellen Sie sich vor ...

Für die Ausgangsfälle dieses Unterkapitels bedeutet dies, dass der J dann AGB verwenden sollte, wenn die gesetzlichen Regelungen seiner Interessenlage bei dem Geschäft nicht ganz gerecht werden. Was den Internetvertrieb betrifft, lässt das BGB viele Fragen offen: Wann genau ist der Vertrag abgeschlossen? Ist davor noch eine Bonitätsprüfung des Kunden sachgerecht? Welche Liefer- und Zahlungsmodalitäten sollen gelten? Wer trägt die Kosten der Lieferung der Ware? Welche Gewährleistungs- und Garantierechte soll der Kunde genau haben? Muss ein Eigentumsvorbehalt vorgesehen werden? Insgesamt zeigen schon diese wenigen aufgeworfenen Fragen, dass der Internetvertrieb erhebliche rechtliche Risiken birgt, die durch AGB reduziert werden können. Die passenden Muster AGB sollte sich J von einem Rechtsberater erstellen lassen.

Lesen Sie AGB!

Nehmen Sie an, im zweiten Fall entdecken Sie bei sorgfältigem Durchlesen in den AGB eine Klausel, nach der die vorzeitige Rückzahlung des Darlehens nur gegen Vorfälligkeitszinsen möglich ist. Sie verhandeln mit der Bank und die Bank ist bereit, auf diese Klausel zu verzichten. Wenn Sie später Ihr Darlehen tatsächlich früher zurückzahlen, haben Sie eventuell einen beachtlichen Zinsbetrag gespart. Das Lesen der AGB hat sich in diesem Fall „gerechnet". Der Fall zeigt, dass es für Sie als Verbraucher auch sinnvoll ist, die AGB zu lesen und mit dem Vertragspartner darüber zu verhandeln.

Ausnahme: unbedeutende Geschäfte

Angesichts der Vielzahl der Verträge, die Sie im Alltag schließen und denen AGB beigefügt sind, können Sie nicht alle AGB mit denen Sie konfrontiert werden lesen. Gelegentlich werden Sie als Nichtjurist einzelne Klauseln auch nicht verstehen und bräuchten deshalb zur sorgfältigen Prüfung einen Experten. Zudem ist die andere Seite oft nicht bereit über die Klauseln zu verhandeln. Bei Alltagsgeschäften von geringem Wert lesen deshalb selbst erfahrene Juristen die beigefügten AGB oft nicht. Sie verlassen sich darauf, dass das Gesetz besonders unangemessene Klauseln in den AGB verbietet. Darüber hinausgehende Benachteiligungen nehmen sie hin. Das ist allemal billiger als eine sorgfältige Prüfung und der meist wenig Erfolg versprechende Versuch, mit dem Vertragspartner über die AGB zu verhandeln. Wenn Sie mit einem Geschäft und dessen AGB besonders schlechte Erfahrungen gemacht haben, dann wählen Sie beim nächsten Mal einen anderen Vertragspartner.

3.7.5 AGB im unternehmerischen Verkehr

Weite Verbreitung von AGB im unternehmerischen Verkehr

Im Verkehr zwischen Unternehmen ist die Verwendung branchenspezifischer AGB üblich. Dazu zählen z. B. die Transport- und Speditionsgeschäfte, aber auch der Geschäftsverkehr mit Banken. Außerdem besteht im Vergleich zu Verbrauchergeschäften eine durchschnittlich größere Geschäftserfahrung sowie die Möglichkeit, sich gegenüber Risiken fremder AGB abzusichern. Die strengen Anforderungen an die Einbeziehung von AGB nach § 305 Abs. 2 und 3 BGB sowie an die inhaltliche Gestaltung von Klauseln nach §§ 308 und 309 BGB gelten deshalb im geschäftlichen Verkehr nicht, § 310 Abs. 1 BGB. Ein spezielles Problem ergibt sich daraus, dass beide Vertragspartner AGB verwenden und sich die Frage stellt, was nun im Einzelfall gilt. In der juristischen Literatur wird dieses Problem unter dem Stichwort „sich widersprechende AGB" abgehandelt.

Einbeziehung von AGB im unternehmerischen Verkehr

Die Anforderungen an eine wirksame Einbeziehung sind nicht so streng, wie gegenüber Verbrauchern. Maßgeblich sind insoweit allein die §§ 133, 157 BGB. Entscheidend ist, was die Parteien auch stillschweigend wollten. Auch im unternehmerischen Geschäftsverkehr muss daher der Wille, AGB einzubeziehen, erkennbar sein und es muss die Möglichkeit zur Kenntnisnahme bestehen. Hier kann es deshalb im Einzelfall ausreichen, dass kein ausdrücklicher Hinweis auf die AGB erfolgt, wenn der Vertragspartner z. B. bei längerer Geschäftsbeziehung davon ausgehen muss, dass sein Partner nur bereit ist, zu seinen Bedingungen zu liefern. Es kann auch ausreichen, dass die AGB nur auszugsweise in den Unterlagen abgedruckt sind oder dass der Vertragspartner sich selbst darum bemühen muss, den Text zu beschaffen. Diese Regeln führen dazu, dass häufig Unklarheiten darüber herrschen, was genau Inhalt des geschlossenen Vertrags ist. Das kann zu Streit führen. Es kann deshalb nur dringend empfohlen werden, auch im Geschäftsverkehr zwischen Unternehmen eine klare Vereinbarung über die Geltung und den Inhalt von AGB zu treffen.

Sich widersprechende AGB

Wenn beide Vertragsparteien ihre AGB verwenden, werden diese nicht Vertragsinhalt, soweit sie sich widersprechen oder wenn eine Seite eine Abwehrklausel gegen fremde AGB verwendet. Solche Klauseln, die verhindern sollen, dass abweichende AGB gelten, sind in der Praxis üblich. Genau genommen fehlt es an einem übereinstimmenden Willen der Parteien. Dennoch lässt die Rechtsprechung einen Vertragsschluss nicht daran scheitern, dass Vertragspartner jeweils ihre AGB einbeziehen wollen, § 306 Abs. 1 BGB. Führen sie den Vertrag dennoch durch, gelten die AGB, soweit sie sich nicht widersprechen (sogenannte Kongruenzgeltung). Die widersprechenden Klauseln werden durch die gesetzlichen Regeln ersetzt, § 306 Abs. 2 BGB. Bei wichtigen Geschäften ist es zur Vermeidung von Konflikten unabdingbar, vor oder bei Vertragsschluss eine klare Vereinbarung zu treffen, welche AGB gelten sollen.

Inhaltskontrolle von AGB im unternehmerischen Geschäftsverkehr

Die Verbotskataloge in §§ 308 und 309 BGB gelten nicht direkt. Da Klauseln aber an § 307 BGB zu messen sind, bieten die Kataloge ein Indiz dafür, ob entsprechende Klauseln in AGB gegenüber einem Unternehmen wirksam sind. Die Rechtsprechung hat hier einige Ausnahmen zugelassen. Preisänderungsklauseln sind trotz des Verbots in § 309 Nr. 1 BGB in engen Grenzen zulässig. Vertragsstrafen sind ebenso wie in Arbeitsverträgen trotz § 309 Nr. 6 BGB möglich. Haftungsbeschränkungen sind trotz der Regelung in § 309 Nr. 7 BGB im kaufmännischen Bereich üblich, insbesondere für den Schadensumfang bei Schadensersatzansprüchen. Dennoch orientiert sich die Rechtsprechung auch im Geschäftsverkehr zwischen Unternehmen daran, was die Verbotskataloge für AGB gegenüber Verbrauchern verbieten. AGB im unternehmerischen Geschäftsverkehr müssen sich insbesondere daran messen lassen, ob sie unangemessen sind und den Vertragszweck gefährden. In diesem Fall gilt auch für sie die Unwirksamkeitsregelung in § 307 Abs. 2 BGB.

Flucht vor dem deutschen AGB-Recht

Das Maschinenbauunternehmen M verkauft eine Presse im Wert von 30 Mio. € an den Kunden K in England. M möchte sein Haftungsrisiko bei Mängeln wie in allen seinen Verträgen auf den Vertragswert begrenzen. Das geht nach deutschem AGB-Recht wegen §§ 307 Abs. 2, 309 Nr. 7 BGB nicht. M entschließt sich daher, mit dem Kunden aus England einen Vertrag abzuschließen, auf den Schweizer Recht Anwendung finden soll. Ein solches Vorgehen ist zulässig und kann sinnvoll sein, weil das Schweizer Recht eine AGB-Kontrolle weitgehend nicht kennt.

Der Fall illustriert das derzeit heftig diskutierte Problem, ob die AGB-Kontrolle des deutschen Rechts im Verkehr zwischen Unternehmen nicht zu streng ist. Die Meinungen sind geteilt. Die Praxis flieht bei internationalen Geschäften teilweise aus dem deutschen Recht.

3.7.6 Übungsfall

Unfall im Fitness-Center[90]

F betreibt ein Fitness-Center mit elektronisch gesteuerten Trainingsgeräten. Er schließt mit K einen Vertrag über die Nutzung der Geräte inkl. Einweisung und Betreuung während der Übungen. Das von F für den Vertragsschluss bereitgehaltene und von K unterzeichnete Formular enthält auf seiner Vorderseite den deutlich lesbaren Aufdruck: „Es gelten unsere umseitig abgedruckten AGB." Auf der Rückseite ist neben Regelungen zur Laufzeit und Kündigung des Vertrags folgende Klausel enthalten:

„Der Kunde benutzt die Einrichtungen auf eigene Gefahr. Das Fitness-Center haftet nur bei Vorsatz. Die Haftung für Fahrlässigkeit ist ausgeschlossen. Soweit Ansprüche bestehen, sind diese auf den Umfang der Haftpflichtversicherung des Fitness-Centers beschränkt. Weitergehende Ansprüche sind ausgeschlossen."

Beim ersten Training verletzt sich K an der Hand. F hatte versehentlich vergessen, ihn auf die Sicherheitseinrichtung des Geräts hinzuweisen, weshalb es zur Verletzung des K kam. K verlangt Ersatz des ihm durch den fehlenden Hinweis entstandenen Schadens. F beruft sich auf den Haftungsausschluss in den AGB. Hat K Ansprüche gegen F?

Anspruchsgrundlage

K könnte einen Anspruch gegen F auf Schadensersatz nach §§ 280 Abs. 1, 311 Abs. 1, 241 Abs. 2 BGB haben.

Voraussetzungen

Voraussetzung wäre, dass zwischen K und F ein Schuldverhältnis besteht, F eine Pflicht aus diesem Verhältnis verletzt hat, K hierdurch ein Schaden entstanden ist und F nicht darlegen kann, dass ihn an der Pflichtverletzung kein Verschulden trifft.

---

90 Nach OLG Hamm, Urteil vom 10.10.1991 – 17 U 165/90, NJW-RR 1992, 243 f.

F hat mit K einen Vertrag über die Nutzung des Fitness-Centers abgeschlossen. Dieser Vertrag enthält Elemente des Mietrechts (Nutzung der Geräte) und des Dienstvertragsrechts (Betreuung). Dabei obliegt F die sorgfältige Betreuung des K. Er muss diesen insbesondere vor Schaden bewahren, § 241 Abs. 2 BGB. Diese Pflicht hat F verletzt. Subsumtion

F hat Vorsatz oder Fahrlässigkeit zu vertreten, es sei denn, es ist eine mildere Haftung bestimmt, § 276 Abs. 1 BGB. Nach den AGB haftet F nicht für Fahrlässigkeit. Ist diese Regelung wirksam? Wenn es sich um AGB handelt, müssten diese nach § 305 Abs. 2 BGB wirksam in den Vertrag einbezogen sein und der Inhaltskontrolle nach §§ 307 bis 309 BGB standhalten.

Nach § 305 Abs. 1 S. 1 BGB liegen AGB vor, wenn sie für eine Vielzahl von Verträgen vorformuliert wurden und sie vom Verwender bei Vertragsschluss gestellt werden. Da K die Leistungen des F nicht für gewerbliche oder berufliche Zwecke vereinbart, ist er Verbraucher, § 13 BGB. F ist als Betreiber des Fitness-Centers Unternehmer, § 14 BGB. Deshalb gelten die Bedingungen als von F gestellt, da K keinen Einfluss auf den Inhalt nehmen konnte, § 310 Abs. 3 Nr. 1 BGB. Es reicht deshalb auch schon die einmalige Verwendung, § 310 Abs. 3 Nr. 2 BGB. Es handelt sich um AGB.

Nach § 305 Abs. 2 BGB müssen die AGB bei Vertragsschluss wirksam in den Vertrag einbezogen werden. Laut Sachverhalt enthält das Formular einen deutlich lesbaren Hinweis auf die AGB und diese sind auf der Rückseite abgedruckt. K war darauf hingewiesen worden und hatte die Möglichkeit zur Kenntnisnahme, § 305 Abs. 2 Nr. 1 und 2 BGB. Laut Sachverhalt war er mit der Geltung bei Vertragsschluss auch einverstanden. Die AGB wurden wirksam in den Vertrag einbezogen.

Fraglich ist, ob sie der Inhaltskontrolle standhalten. Nach § 309 Nr. 7a) BGB ist in AGB ein Ausschluss oder eine Begrenzung der Haftung für Schäden aus der Verletzung des Lebens, des Körpers oder der Gesundheit, die auf einer fahrlässigen Pflichtverletzung des Verwenders beruht, unwirksam (Klauselverbot ohne Wertungsmöglichkeit). Die Haftungsklausel des F schließt genau diese Haftung aus. Sie ist unwirksam.

Da F fahrlässig gehandelt hat und die Haftungsklausel unwirksam ist, muss er den Schaden des K ersetzen.

F hat dem K den Schaden zu ersetzen.[91] Ergebnis

91 Das Ergebnis gilt auch für die weitere Anspruchsgrundlage aus unerlaubter Handlung, § 823 Abs. 1 BGB. Zu § 823 siehe unten Kapitel 11.1.

3.7.7 Zusammenfassung

Werden für einen Vertrag vorformulierte Vertragsbedingungen – AGB – verwendet, sind die §§ 305 bis 310 BGB zu beachten. Folgende Fragen sind zu klären:

Handelt es sich um AGB? § 305 Abs. 1 BGB.

Werden die AGB gegenüber einem Unternehmer oder einem Verbraucher verwendet? §§ 310 Abs. 1 und 3, 13, 14 BGB.

Sind die AGB wirksam in den Vertrag einbezogen? §§ 305 Abs. 2, 305a, 305b, 305c BGB oder Besonderheiten im unternehmerischen Geschäftsverkehr.

Sind die AGB inhaltlich wirksam? §§ 309, 308, 307 BGB.

3.8 Erfüllung

Nach § 362 BGB erlischt ein Schuldverhältnis, wenn die geschuldete Leistung an den Gläubiger bewirkt wird. Zunächst ist wichtig, dass in jedem gegenseitigen Vertrag zwei Schuldverhältnisse enthalten sind. Bei einem Kaufvertrag ist zwischen der Verpflichtung des Verkäufers, die gekaufte Sache zu übergeben und das Eigentum an dieser zu verschaffen (erstes Schuldverhältnis § 433 Abs. 1 S. 1 BGB), und der Verpflichtung des Käufers zur Zahlung des Kaufpreises und zur Abnahme der Kaufsache (zweites Schuldverhältnis § 433 Abs. 2 BGB) zu unterscheiden. Das bedeutet, dass es in gegenseitigen Verträgen jeweils zwei Schuldner und zwei Gläubiger gibt. Der Verkäufer ist Schuldner der Übergabe der gekauften Sache und Gläubiger hinsichtlich der Kaufpreisforderung, der Käufer ist Schuldner der Kaufpreiszahlung und Gläubiger bezüglich der Übergabe der Kaufsache. Mit „Schuldverhältnis" im Sinne des § 362 BGB ist bei Verträgen die einzelne Leistungspflicht gemeint, also eines der beiden Schuldverhältnisse (Übergabe oder Kaufpreiszahlung). Mit der Kaufpreiszahlung erlischt der Anspruch des Verkäufers auf Kaufpreiszahlung, mit der Übergabe und der Übereignung der Kaufsache erlischt der Anspruch des Käufers auf Übergabe jeweils durch Erfüllung.

3.8.1 Stellen Sie sich vor …

Stellen Sie sich vor, Sie haben einen Kaufvertrag mit Einzelhändler V über eine luxuriöse Kaffeemaschine mit allen möglichen Funktionen aus dem Sortiment von Dekurzi geschlossen. V muss diese Maschine aber noch beim Großhändler bestellen, da er sie nicht auf Lager hat. Was muss jetzt jede Partei des Vertrags tun, um ihre Pflichten aus dem Kaufvertrag ordnungsgemäß zu erfüllen? Beide Parteien des Kaufvertrags haben natürlich ein Interesse daran, den Vertrag ordnungsgemäß abzuwickeln. Muss die Kaffeemaschine von V geliefert werden oder müssen Sie diese abholen? Wann und wie müssen Sie bezahlen?

3.8.2 Ökonomische Bedeutung und Begründung

Erlöschen des Schuldverhältnisses

Nach § 362 BGB erlischt das Schuldverhältnis, wenn der richtige Schuldner gegenüber dem richtigen Gläubiger die richtige Leistung am richtigen Ort zur richtigen Zeit bewirkt. Das Ganze nennt sich dann Erfüllung. Zahlt also der Schuldner des Kaufpreises an den Gläubiger den Kaufpreis, dann erlischt der Anspruch aus § 433 Abs. 2 BGB und damit das entsprechende Schuldverhältnis. Übereignet umgekehrt der Schuldner dem Gläubiger die richtige Leistung (z. B. die Kaffeemaschine), dann erlischt auch dieses Schuldverhältnis. Wenn allerdings zwei Parteien einen Vertrag schließen, dann geht es nicht nur um die vorgenannten Hauptleistungspflichten; je nach Vertrag können auch noch sogenannte Nebenpflichten entstehen, die trotz Erfüllung der Hauptpflichten bestehen bleiben.

„Der unwillige Architekt“
H möchte endlich seinen Traum verwirklichen und ein Haus bauen. Er beauftragt den Architekten A umfassend sowohl mit der Planung als auch mit der Bauaufsicht für sein Häuschen im Grünen. Alles läuft wie geplant und im Dezember 2009, gerade noch vor Weihnachten, kann H sein Haus beziehen. Zufrieden mit allem bezahlt er auch das Honorar des Architekten. Im Juli 2010 allerdings ist es mit der Ruhe vorbei. Im Keller des Hauses zeigen sich Feuchtigkeitsprobleme, zwei Fenster sind undicht und auch durch das Dach regnet es hinein. H möchte, dass A sich um die Beseitigung der Mängel kümmert.

Nach ständiger Rechtsprechung hat der umfassend beauftragte Architekt dem Bauherrn noch nach Beendigung seiner eigentlichen Tätigkeit bei Behebung von Baumängeln zur Seite zu stehen. Im Rahmen seiner Betreuungsaufgaben hat er nicht nur die Auftraggeberrechte gegenüber den Bauunternehmern zu wahren; ihm obliegt auch die objektive Klärung von Mängelursachen, selbst wenn hierzu Planungs- und Aufsichtsfehler gehören[92].

Leistungs- und Verhaltenspflichten

Man muss also differenzieren, ob es sich bei den aus dem Vertrag zu erfüllenden Pflichten um die sogenannten Leistungspflichten handelt,

92 BGH, Urteil vom 16. 3. 1978 – VII ZR 145/76, NJW 1978, 1311; BGH, Urteil vom 4. 10. 1984 – VII ZR 342/83, NJW 1985, 328.

die bei Erfüllung erlöschen. Weiter ergeben sich aus einem Vertrag auch noch Verhaltenspflichten, die trotz Erfüllung fortbestehen können, wobei man differenziert zwischen leistungssichernden Nebenpflichten (z. B. ein Wettbewerbsverbot oder hier im Fall Beratungs- und Betreuungspflichten des Architekten) und Schutzpflichten.[93] Diese Verhaltenspflichten erlöschen nicht mit Erfüllung der Leistungspflichten, sondern z. B. durch Zeitablauf.

3.8.3 Der richtige Schuldner

Der richtige Schuldner

Erfüllung durch den Schuldner selbst ist nur bei höchstpersönlichen Leistungen erforderlich, z. B. bei der Arbeitsleistung nach § 613 S. 1 BGB. In allen anderen Fällen kann die Leistung auch durch einen Erfüllungsgehilfen gemäß § 278 BGB oder einen Dritten gemäß §§ 267, 268 BGB bewirkt werden. Wenn also Student S die Miete seiner Studentenbude aufgrund eines finanziellen Engpasses gerade nicht zahlen kann, können seine Eltern dies mit befreiender Wirkung übernehmen, obwohl sie nicht Mietvertragspartei sind.

3.8.4 Der richtige Gläubiger

Der richtige Gläubiger

Regelmäßig hat der Schuldner an den Gläubiger selbst zu leisten. Gelegentlich leistet ein Schuldner aber auch an eine Person, die nicht der Gläubiger ist. Angenommen, Sie wohnen in einer Mietwohnung und diese wird, ohne dass Sie dies erfahren, an einen anderen Eigentümer verkauft. Sie aber zahlen weiterhin die Miete auf das Ihnen im Vertrag genannte Konto. Inhaber des Kontos ist natürlich der im Vertrag ursprünglich genannte Vermieter. Die Leistung an einen Nichtgläubiger ist dem Gläubiger gegenüber immer dann wirksam, wenn dieser sich damit einverstanden erklärt hat oder wenn er sie nachträglich genehmigt, §§ 362 Abs. 2, 185 BGB. An manchen Stellen im Gesetz wird allerdings zum Schutz des Schuldners geregelt, dass die Schuld ausnahmsweise auch bei Leistung an einen Dritten erlischt, z. B. gilt nach § 370 BGB der Überbringer einer Quittung als ermächtigt, die Leistung zu empfangen[94]. Im vorgenannten Beispiel der Zahlung an den alten Vermieter befreit diese den Mieter von der Verpflichtung zur Mietzinszahlung, denn nach § 566c BGB ist der unwissende Mieter bei Zahlung

---

93 Nach § 241 Abs. 2 BGB; z. B. muss ein Verkäufer dafür Sorge tragen, dass in seinen Verkaufsräumen kein Kunde zu Schaden kommen kann.

94 Andere Regelungen bei Leistung an Dritte sind §§ 407 Abs. 1 BGB, 2367 BGB.

an den Nichtberechtigten geschützt und die Entrichtung der Miete an den alten Vermieter gegenüber dem Erwerber wirksam. Erst wenn der Erwerber als Eigentümer im Grundbuch eingetragen ist und der Mieter vom Eigentümerwechsel Kenntnis hat, muss er an den Erwerber leisten.

3.8.5 Die richtige Leistung

Die richtige Leistung

Im Prinzip kann alles Gegenstand des Rechtsverkehrs sein, sodass eine erschöpfende Aufzählung konkreter Leistungsinhalte von vornherein unmöglich sein muss. Gleichwohl lassen sich abstrakte begriffliche Kategorien formulieren und definieren, etwa Sachleistungen und Dienstleistungen. Von besonderer rechtlicher Bedeutung ist freilich eine Unterscheidung innerhalb der Sachleistungen, also der körperlichen Leistungsgegenstände.

Stückschuld

Stückschuld

Es kann sein, dass der Schuldner verpflichtet ist, sein Leistungshandeln auf eine ganz bestimmte Sache zu richten, z. B. die käuflich erworbene Antiquität oder das ausgewählte Grundstück zu übereignen und zu übergeben (§ 433 Abs. 1 BGB). Dann handelt es sich um eine sogenannte Stückschuld, die der Schuldner nur dann erfüllt, wenn er genau mit diesem Exemplar das Leistungsinteresse des Gläubigers befriedigt. Im Wirtschaftsverkehr sind solche Stückschulden allerdings eher selten. Schon wenn Sie sich in einen Elektrogroßhandel begeben und dort den dringend für das Studium benötigten Laptop kaufen, dann ist dies ein Kaufgegenstand, der aus Massenproduktion stammt und von dem es viele gleichartige gibt. Auch die im Ausgangsfall beschriebene Kaffeemaschine ist keine Stück-, sondern eine Gattungsschuld.

Gattungsschuld

Gattungsschuld

Bei der Gattungsschuld hat der Gläubiger keinen Anspruch auf ein ganz bestimmtes Gattungsexemplar. Der Schuldner kann vielmehr mit jeder (beweglichen) Sache erfüllen, die die vertraglich definierten Artmerkmale aufweist. Gattungsschulden sind also dadurch gekennzeichnet, dass sie nur nach Artmerkmalen bestimmt sind (z. B. Kaffeemaschine der Marke Dekurzi mit Milchaufschäumer, Farbe Schwarz-Grau etc.). Wenn also A bei X eine Kaffeemaschine aus dem Katalog bestellt und X vielleicht für mehrere Kunden mehrere gleiche Kaffeemaschinen geordert hat, dann darf X auswählen, welche Maschine er an A und welche er an die anderen Kunden übergibt. Haben die Kaffeemaschinen nach § 243 Abs. 1 BGB eine Qualität von mittlerer Art und Güte und sind nicht mangelhaft, dann hat X die richtige Leistung erbracht.

3.8.6 Leistungsort

Leistungsort Leistungsort (oder Erfüllungsort) ist der Ort, an dem die Leistungshandlung vorzunehmen ist. Der Leistungsbegriff hat zwei Aspekte: Unter Leistung versteht man sowohl die Leistungshandlung des Schuldners als auch den Leistungserfolg beim Gläubiger. Dementsprechend unterscheidet man auch Leistungsort und Erfolgsort. § 269 BGB regelt, wo der Schuldner seine Leistungshandlung vorzunehmen hat, wenn vertraglich nichts anderes geregelt wurde. Danach ergibt sich der Leistungsort

- aus zwingendem Recht (das ist im BGB selten, z. B. aber §§ 261, 811 BGB),
- andernfalls durch ausdrückliche oder auch stillschweigende Parteivereinbarung; sofern diese fehlt,
- aus den Umständen, insbesondere „aus der Natur des Schuldverhältnisses". Maßgeblich sind hier die konkreten Umstände des Einzelfalls: Art der Leistung (z. B. Reparatur an einem Gebäude), örtliche Gegebenheiten usw.
- Soweit sich auch hieraus nichts entnehmen lässt, ist Leistungsort der Wohnsitz des Schuldners (bzw. die gewerbliche Niederlassung).

Holschuld Bei der Holschuld – Regelfall, von dem das Gesetz ausgeht (§ 269 Abs. 1 u. 2 BGB) – muss der Schuldner die Leistung nur an seinem Wohnort bereithalten, der Gläubiger muss sie abholen. Erfüllungsort ist der Wohnsitz des Schuldners, bei Unternehmen der Ort ihrer Niederlassung. A muss also seine Kaffeemaschine im Geschäft des X abholen.

Bringschuld Die Bringschuld muss der Schuldner auf seine Kosten und Gefahr dem Gläubiger an dessen Wohnsitz bringen. Erfüllungsort ist der Wohnsitz des Gläubigers. Die Bringschuld ist gegenüber der Holschuld die Ausnahme, die nur bei Vereinbarung oder bei besonderen Umständen (z. B. Kauf höherwertiger Gebrauchsgüter im Einzelhandel, insbesondere wenn Transport oder Aufstellung für den Kunden schwierig wäre) anzunehmen ist.

„Angelieferter Weitblick"

Rentner K kauft im Fernsehgeschäft des V einen Fernseher Weitblick Digital. Da K aber nicht mehr Auto fährt, vereinbaren K und V, dass V den Fernseher in die Wohnung des K bringt und diesen dort auch gleich anschließt. V bringt also die verkaufte Sache zum Käufer K, sodass sowohl der Leistungsort als auch der Erfolgsort in der Wohnung des K ist. Hier findet das, was der Verkäufer tun muss (Übergabe und Eigentumsverschaffung, also der Erfolg), beim Käufer K statt. Wenn das so vereinbart wurde, nennt man das Bringschuld.

Bei der Schickschuld ist Erfüllungsort der Wohnsitz des Schuldners, er muss aber die Leistung auf seine Kosten an den Gläubiger schicken (Erfolgsort). Schickschuld

---

„Teleshopping"

Hausmann K bestellt per Telefon bei seinem Lieblingsshopping-Sender V im Fernsehen eine Küchenmaschine mit allen Schikanen. K wohnt in Augsburg, der V hat seinen Geschäftssitz in Hamburg. Hier kann V als Verkäufer natürlich nur eines tun: Er kann die verkaufte Sache dem K nach Augsburg schicken. Dann ist der Leistungsort in Hamburg, denn dort hat der Verkäufer V alles getan, was er tun konnte und musste: abschicken. Der Erfolgsort ist Augsburg, dort wird K als Käufer Besitzer und Eigentümer der Küchenmaschine; in Augsburg also tritt der Erfolg des Kaufvertrags ein. Wenn das so vereinbart wurde, nennt man das eine Schickschuld.

Bei einem Vertrag, bei dem beide Parteien Leistungspflichten haben, können für die Pflichten beider verschiedene Leistungsorte gegeben sein. Das ist insbesondere dann der Fall, wenn für beide Pflichten der Regelfall der Holschuld (§ 269 Abs. 1 u. 2 BGB) vorliegt. Verschiedene Leistungsorte

Für Geldschulden bestimmt ebenfalls § 269 BGB den Leistungsort. Das ergibt sich aus § 270 Abs. 4 BGB. Im Zweifel ist das der Wohnort des Schuldners, § 270 Abs. 1 BGB. Als Besonderheit legt bei der Geldschuld § 270 BGB fest, dass der Schuldner zur Versendung auf seine Kosten und Gefahr verpflichtet ist. Geldschulden sind also Schickschulden, bei denen der Schuldner auch noch die Gefahr zu tragen hat: Kommt das Geld nicht an, muss er nochmals leisten. Hinsichtlich der rechtzeitigen Leistung kommt es nur auf die rechtzeitige Handlung des Schuldners am Leistungsort, seinem Wohnsitz oder seiner Niederlassung an; die rechtzeitige Absendung genügt also. Geldschulden

Im kaufmännischen Verkehr werden oft INCOTERMS verwendet. Das sind international vereinheitlichte Vertragsklauseln, wie EXW (Lieferort), FCA (Lieferort) oder DDP (Lieferort), die bestimmen, wo genau der Lieferort ist und wer welche Leistungen, Kosten und Risiken der Vertragserfüllung zu tragen hat. INCOTERMS

3.8.7 Leistungszeit

Leistungszeit

Leistungszeit ist der Zeitpunkt, zu dem der Schuldner leisten darf. Den Zeitpunkt, zu dem der Schuldner spätestens leisten muss, bezeichnet man als Fälligkeit. Die Leistungszeit bestimmt sich

- nach gesetzlichen Vorschriften (z. B. §§ 556 b, 488 Abs. 2, 604, 608, 614, 695 BGB),
- nach vertraglicher Vereinbarung (ausdrückliche oder stillschweigende),
- nach den Umständen.

Ist Derartiges nicht vorhanden, so kann der Gläubiger die Leistung nach § 271 Abs. 1 BGB sofort verlangen und der Schuldner sie sofort erbringen. Ist eine Zeitbestimmung vorhanden, dann hat sie im Zweifel den Sinn, dass der Gläubiger die Leistung zwar erst von diesem Zeitpunkt an fordern kann, der Schuldner sie aber schon vorher erbringen kann, § 271 Abs. 2 BGB.

„Finanzieller Weihnachtsengpass"

A leiht sich im November 2009 von B 300 €. Vereinbart wurde, dass A das Geld am 1. 3. 2010 zurückzahlen soll. Sollte B zu Weihnachten 2009 einen finanziellen Engpass ob der zu kaufenden Weihnachtsgeschenke erleiden, kann er trotzdem nicht die 300 € von A vor dem 1. 3. 2010 verlangen. Allerdings könnte A das Geld auch schon vor dem 1. 3. 2010 zurückzahlen, da hier keine Zinszahlungen vereinbart worden sind.

Das gilt nicht, wenn rechtlich geschützte Interessen des Gläubigers beeinträchtigt werden. Im Zweifel soll der Schuldner eines verzinslichen Darlehens nicht vorzeitig Rückzahlung leisten können, weil der Gläubiger sonst einen Zinsverlust hätte. Sollte also im Ausgangsfall nicht vereinbart worden sein, dass A die Maschine erst bei Abholung zahlt, muss er sofort zahlen.

3.8.8 Zahlung

Zahlung

Die Geldschuld kann, wenn die Parteien nichts Abweichendes vereinbart haben, durch Barzahlung, d. h. durch Einigung und Übergabe der erforderlichen Banknoten und Münzen erfüllt werden. Die Annahme eines Schecks oder eines Wechsels erfolgt im Zweifel erfüllungshalber, § 364 Abs. 2 BGB, hat also noch keine Erfüllungswirkung. Erfüllung tritt ein, wenn der Scheck (Wechsel) bar ausgezahlt wird oder wenn die bezogene Bank den Scheck einlöst. Eine Geldschuld kann anstatt durch Barzahlung auch durch Banküberweisung erfüllt werden, wenn die Parteien dies vereinbart haben. Ob dies der Fall ist, muss, wenn ausdrückliche Abreden fehlen, durch Auslegung ermittelt werden.[95] Unter Kaufleuten ist die Zahlung durch Buchgeld dagegen Handelsbrauch, die Barzahlung die Ausnahme. Der Schuldner darf hier seine Schuld generell durch Überweisung tilgen, sofern nicht die Art der Schuld oder ein erkennbarer Wille des Gläubigers entgegensteht. Im Ausgangsfall hätte A also grundsätzlich bar und, wenn keine Leistungszeit vereinbart ist, auch sofort zu zahlen; die Fälligkeit ergibt sich aus § 271 Abs. 1 BGB.

3.8.9 Aufrechnung und Verrechnung

Aufrechnung

Aufrechnung ist die Tilgung einer Forderung durch Ausgleichung mit einer Gegenforderung. Sie kommt im geschäftlichen Verkehr häufig vor, insbesondere wenn zwei Unternehmen in gegenseitigem geschäftlichen Kontakt stehen und damit auch Geldforderungen aus verschiedenen Verträgen gegeneinander haben. Die Voraussetzungen der Aufrechnung sind in § 387 BGB geregelt.

„Kein Hin und Her“

Unternehmensinhaber A steht eine fällige Forderung aus einem Kaufvertrag auf Zahlung von 10.000 € gegen Unternehmensinhaber B zu. B wiederum steht gegen A eine fällige Forderung in Höhe von 8.000 € zu.

Hier ist es natürlich wirtschaftlich nicht sinnvoll, wenn A 10.000 € an B auszahlt, dieser aber wiederum 8.000 € an A zahlt. Hierfür sieht das Gesetz in §§ 387 ff. BGB das Instrument der Aufrechnung vor. Die beiden Geldforderungen sind gegenseitig; A hat gegen B eine Forderung und B gegen A. Beide Forderungen sind gleichartig (Geld) und fällig nach § 271 Abs. 1 und 2 BGB. Wenn nun einer der beiden die Aufrechnung gemäß § 388 BGB erklärt, dann erlöschen gemäß § 389 BGB die Forderungen, soweit sie sich decken. B kann also z. B. die Forderung des A dadurch zum Erlöschen bringen, dass er mit seiner Forderung in Höhe von 8.000 € die Aufrechnung erklärt und noch 2.000 € zur Erfüllung gemäß § 362 Abs. 1 BGB an A bezahlt.

Verrechnung

Die Verrechnung hingegen ist kein gesetzlich vorgesehenes Rechtsinstitut. Sie muss vertraglich vereinbart werden. Die Voraussetzungen der Aufrechnung, insbesondere der Gegenseitigkeit der zu verrechnenden Forderungen brauchen nicht vorzuliegen. Ein Beispiel für eine bloße Verrechnung ist die „Inzahlungnahme“ des Altwagens des Käufers

95 Zum Beispiel wenn der Gläubiger sein Konto durch Aufdruck auf Briefen oder Rechnungen bekannt gegeben hat, BGH, Urteil vom 17. 3. 2004 – VIII ZR 161/03, NJW-RR 2004, 1281.

bei gleichzeitigem Kauf eines Neuwagens[96]. Ein Verrechnungsvertrag liegt hierbei vor, da die Parteien erreichen wollen, dass sich die beiderseitigen Forderungen und Leistungen endgültig auf die Saldoforderung derjenigen Partei reduzieren, zu deren Gunsten sich ein Überschuss ergibt. Das dürfte meist der Verkäufer des Neuwagens sein, der den Differenzbetrag zwischen Alt- und Neuwagen fordern kann.

3.8.10 Übungsfall

„Studentische Geldnot"

Studentin A leiht ihrem Kommilitonen B bei dessen vorübergehendem finanziellen Engpass 400 €. Die beiden vereinbaren, dass in den nächsten beiden Monaten B jeweils 200 € zurückbezahlt. Im Folgemonat will B die 200 € persönlich bei A abgeben, trifft aber niemanden an. Deshalb legt er die 200 € in einen Umschlag und wirft diese in den Briefkasten der A, welche sich im Hausflur des Mietshauses befindet. Im darauf folgenden Monat klingelt er wieder bei A, doch öffnet deren Ehegatte. Deshalb händigt A die 200 € diesem aus. Später verlangt A von B die Rückzahlung der 400 €, da sie kein Geld zurückerhalten habe; im Briefkasten hätte sich kein Geld befunden und ihr Ehegatte habe ihr kein Geld ausgehändigt.

Anspruchsgrundlage

A könnte von B 400 € nach § 488 Abs. 1 S. 2 BGB verlangen.

Voraussetzungen und Subsumtion

A könnte einen Anspruch gegen B auf Rückzahlung haben, wenn ein wirksamer Darlehensvertrag[97] besteht. A und B haben sich hier über einen wirksamen zinslosen Gelddarlehensvertrag geeinigt. Der Anspruch auf Rückzahlung ist entstanden.

1. Bezüglich der ersten 200 € im Briefkasten könnte Erfüllung gemäß § 362 Abs. 1 BGB eingetreten sein.

Fraglich ist, ob Erfüllung durch Einwurf des Geldes in den Briefkasten eingetreten ist. Beim Zugang von Willenserklärungen genügt es ja immerhin nach § 130 Abs. 1 S. 1 BGB, wenn die Willenserklärung in den Machtbereich des Empfängers gelangt und dieser unter regelmäßigen Umständen die Möglichkeit zur Kenntnisnahme hat. Hier aber handelt

---

96 Zur Möglichkeit der Verrechnungsvereinbarung mit zwei Unternehmen des gleichen Konzerns BGH, Urteil vom 27. 3. 1985 – VIII ZR 5/84, NJW 1985, 2409.

97 Ein Leihvertrag nach § 588 BGB scheidet aus, denn bei einem Leihvertrag müssen dieselben Gegenstände, die verliehen wurden, auch zurückgegeben werden. Das wären hier dieselben Geldscheine, die B von A erhalten hat! Das ist wirtschaftlich unsinnig, sodass von einem Gelddarlehensvertrag auszugehen ist.

es sich um die Übermittlung von Geld. Nach § 270 Abs. 1 BGB hat B im Zweifel auf seine Gefahr das Geld der A an deren Wohnsitz zu übermitteln. B ist also mit dem Risiko des Verlusts behaftet. Es lag an B, dafür Sorge zu tragen, dass A den Betrag auch wirklich erhält. Von einem Einverständnis der A, das Geld in ihren Briefkasten zu werfen, kann auch nicht ausgegangen werden. Ein Hausbriefkasten ist grundsätzlich keine Empfangsvorrichtung für Bargeldbeträge in dieser Größenordnung, da er für Außenstehende, auch im Hausflur, viel zu leicht zugänglich ist.[98] Somit ist keine Erfüllung eingetreten.

2. Auch bezüglich der zweiten 200 € könnte Erfüllung nach § 362 Abs. 1 BGB eingetreten sein.

B hat nicht an die Gläubigerin A selbst, sondern an deren Ehegatten bezahlt. Der Ehegatte war auch nicht Vertreter der A, somit erfolgte keine Erfüllung nach § 362 Abs. 1 BGB.

Erfüllung könnte aber nach § 362 Abs. 2 BGB eingetreten sein. Für Leistungen an Dritte gilt gemäß § 362 Abs. 2 BGB, dass der richtige Gläubiger sein Einverständnis nach § 185 BGB dahingehend erteilt haben muss, dass die Leistung an einen Dritten erfolgen kann. Leistet der Schuldner an einen Nichtberechtigten, den er gutgläubig für empfangsberechtigt hält, wird er grundsätzlich nicht frei. Sein guter Glaube wird nur in besonders geregelten Fällen geschützt. Bei einer intakten Ehe kann man lebensnah davon ausgehen, dass ein konkludentes Einverständnis der A zur Zahlung an den Ehegatten vorliegt. Es handelt sich hier ja nicht um geschäftliche oder höchstpersönliche Ansprüche, sodass von Erfüllung nach § 362 Abs. 2 BGB auszugehen ist und die Nichtweiterleitung des Geldes durch den Ehemann nicht zulasten des B geht.

A kann nur die Rückzahlung von 200 € weiterhin fordern. Ergebnis

3.8.11 Zusammenfassung

Für die Erfüllung reicht es nicht aus, dass der Schuldner alles seinerseits zur Leistung Erforderliche getan hat. Er muss die Leistung bewirken, also den Leistungserfolg herbeiführen. Der richtige Schuldner muss dem richtigen Gläubiger am richtigen Ort zur richtigen Zeit die richtige Leistung bewirken, § 362 Abs. 1 BGB.

98 AG Köln, Urteil vom 29. 6. 2005 – 137 C 146/05, NJW 2006, 1600; dazu Anm. *Wiese*, Gefährliche Hausbriefkästen, NJW 2006, 1569 ff.

3.9 Verjährung

Einfluss der Zeit auf Rechte

Der Zeitablauf bleibt nicht ohne Einfluss auf Rechtspositionen. Wie Sie im Anfechtungsrecht gesehen haben, muss die Anfechtung innerhalb einer bestimmten Frist erklärt werden, §§ 121, 124 BGB. Wer die Anfechtungsfrist versäumt, verliert sein Anfechtungsrecht. Auch andere Gestaltungsrechte wie das Widerrufsrecht sind fristgebunden.

Ansprüche verjähren

Eine allgemeine Regelung findet sich für die Art von Rechten, die das Gesetz als Ansprüche bezeichnet. § 194 Abs. 1 BGB definiert den Anspruch als das Recht, von einem anderen ein Tun oder Unterlassen zu verlangen. Unter diesen Begriff fallen etwa der Anspruch des Käufers auf Lieferung der Kaufsache und der Anspruch des Verkäufers auf Zahlung des Kaufpreises. Ansprüche unterliegen grundsätzlich der Verjährung, d. h. sie können nach Ablauf einer längeren Zeitspanne, im Normalfall mehrere Jahre, nicht mehr durchgesetzt werden, wenn der Schuldner sich auf Verjährung beruft.

3.9.1 Stellen Sie sich vor ...

Stellen Sie sich vor, Sie sind seit 1. 11. 2015 in der Vertriebsabteilung eines kleineren Unternehmens ohne eigene Rechtsabteilung tätig. Von Ihrem Vorgänger haben Sie die Zuständigkeit für eine Reihe von Schlüsselkunden übernommen. Als Sie sich mit den bisherigen Geschäftsbeziehungen vertraut machen und die Unterlagen durchsehen, stellen Sie fest, dass bei einem bestimmten Kunden ein Rechnungsbetrag über 15.000 € aus einer 2012 ausgeführten Bestellung noch immer offen ist. Zwei Mahnschreiben Ihres Vorgängers sind unbeachtet geblieben. Danach ist die Angelegenheit bei diesem offenbar in Vergessenheit geraten. Kann Ihr Unternehmen von dem Kunden weiterhin Kaufpreiszahlung verlangen? Müssen Sie unter Umständen kurzfristig etwas unternehmen, um den Anspruch noch realisieren zu können?

3.9.2 Ökonomische Bedeutung und Begründung

Rechtssicherheit

Beruft sich der Schuldner mit Erfolg auf Verjährung, kann der Gläubiger seinen Anspruch nicht mehr durchsetzen, auch wenn er an sich berechtigt ist. Die drohende Verjährung zwingt den Gläubiger also dazu, seinen Anspruch rechtzeitig geltend zu machen. Je länger er dagegen untätig bleibt, desto geringeres Interesse zeigt er an der Forderung, und umso mehr darf der Schuldner darauf vertrauen, nicht mehr in Anspruch genommen zu werden. Es ist dem Schuldner auch nicht zumutbar, ohne zeitliche Begrenzung leistungsbereit zu sein oder aber, wenn der Anspruch durch Erfüllung erloschen ist, hierfür auf Dauer Beweismittel vorzuhalten.

Die Verjährung vermeidet den Streit über lange zurückliegende und deshalb regelmäßig nur noch schwer aufzuklärende Umstände. Sie dient dem Rechtsfrieden, der Entlastung der Gerichte und dem Interesse des Wirtschaftsverkehrs an der beschleunigten Abwicklung von Rechtsverhältnissen. Soweit es um Ansprüche wegen Mängeln von Kaufgegenständen und Werkleistungen geht, werden durch die Länge der Verjährungsfristen für die Gewährleistungsansprüche zudem Anreize für eine mehr oder weniger dauerhafte Qualität der Produkte gesetzt.

3.9.3 Voraussetzungen

Der Verjährung unterliegen gemäß § 194 Abs. 1 BGB Ansprüche,[99] nicht aber das Eigentum als solches oder andere Rechte. Für Gestaltungsrechte bestehen stattdessen häufig Ausschlussfristen.[100]

Verjährungsfrist grundsätzlich drei Jahre, § 195 BGB

Die regelmäßige Verjährungsfrist beträgt drei Jahre, § 195 BGB.

Sie gilt immer dann, wenn keine andere Regelung eingreift. Wichtig sind einige Sondervorschriften: z. B. §§ 196, 197 BGB, für Mängelansprüche §§ 438, 634a BGB[101] und für Ersatzansprüche des Vermieters § 548 BGB.

Objektive und subjektive Voraussetzungen des Verjährungsbeginns, § 199 BGB

Beginn der regelmäßigen Verjährungsfrist[102] ist nach § 199 Abs. 1 Nr. 1 und 2 BGB der Schluss des Jahres, in dem

- der Anspruch entstanden und fällig ist *und*
- beim Gläubiger Kenntnis oder grob fahrlässige Unkenntnis von
  den anspruchsbegründenden Umständen und
  - der Person des Schuldners einschließlich seiner Anschrift vorliegt.

Dass die regelmäßige Verjährung am Jahresende zu laufen beginnt, hat der Gesetzgeber aus Vereinfachungsgründen angeordnet. Es erspart die Fristenkontrolle während des Jahres. Die objektiven Voraussetzungen nach § 199 Abs. 1 Nr. 1 BGB und die subjektiven Voraussetzungen nach § 199 Abs. 1 Nr. 2 BGB müssen kumulativ („und") gegeben sein. Statt Kenntnis des Gläubigers genügt auch grob fahrlässige Unkennt-

99 Außer bei Unverjährbarkeit, z. B. §§ 194 Abs. 2, 902 BGB.

100 Siehe §§ 121, 124, 218, 314 Abs. 3, 350, 355 Abs. 2, 626 Abs. 2 BGB.

101 Siehe zu § 438 BGB ausführlich Kapitel 5.4.8, zu § 634a BGB Kapitel 6.7.4.

102 Und nur dieser, vgl. §§ 200 f. BGB.

nis. Grob fahrlässig handelt, wer die im Verkehr erforderliche Sorgfalt gemäß § 276 BGB in besonders schwerem Maße außer Acht lässt. Eine solche Unkenntnis liegt etwa vor, wenn der Gläubiger leicht zugängliche Informationsquellen nicht nutzt.

Erst die Kenntnis macht's

In dem eingangs geschilderten Beispiel verjährt der Zahlungsanspruch nach § 433 Abs. 2 BGB innerhalb der regelmäßigen Verjährungsfrist von drei Jahren, § 195 BGB. Im Jahr 2012 entstand der Anspruch durch den Abschluss des Kaufvertrags und wurde fällig, § 199 Abs. 1 Nr. 1 BGB. Im selben Jahr hatte der Gläubiger auch schon Kenntnis von Anspruch und Schuldner, denn er wusste, dass und mit wem er den Vertrag, aus dem sich der Zahlungsanspruch ergab, abgeschlossen hatte. Damit begann die Verjährungsfrist am 31. 12. 2012, 24.00 Uhr zu laufen und würde am 31. 12. 2015, 24.00 Uhr enden.

Anders ist die Situation beispielsweise, wenn ein Vertragspartner den anderen schädigt und der Schaden erst viel später entdeckt wird. Stellen Sie sich vor, der Handwerker, der das Parkett in Ihrem Haus abschleift und neu versiegelt, verwendet einen Lack, der das Holz angreift und im Laufe der Zeit zersetzt. Die subjektiven Voraussetzungen für den Verjährungsbeginn nach § 199 Abs. 1 Nr. 2 BGB sind erst dann gegeben, wenn die Zerstörung des Holzes auffällt und Sie den Schaden auf den Handwerker zurückführen.

Verjährungshöchstfristen

Eine Sondersituation regeln die Absätze 2 bis 4 von § 199 BGB: Es kann vorkommen, dass die Kenntnis oder grob fahrlässige Unkenntnis des Gläubigers von Anspruch und Schuldner erst Jahre oder gar Jahrzehnte nach der Entstehung des Anspruchs oder nach dem schadenstiftenden Verhalten eintritt. Nehmen Sie einmal an, nach einer am 15. 3. 2003 begangenen Körperverletzung könnte der unbekannte und flüchtige Täter erst nach sehr langer Zeit – im Jahr 2034 – ermittelt werden. Dann würde die regelmäßige Verjährung nach §§ 195, 199 Abs. 1 BGB Ende 2034 beginnen und am 31. 12. 2037 ablaufen. In einem solchen Fall kommt eine Abkürzung der regelmäßigen Verjährung durch eine Verjährungshöchstfrist in Betracht. Die Höchstfristen nach § 199 Abs. 2 bis 4 BGB sind unabhängig von den subjektiven Kriterien des § 199 Abs. 1 Nr. 2 BGB. Sie betragen 10 bzw. 30 Jahre, je nachdem, welches Rechtsgut verletzt worden ist. So verjährt bei einer Körperverletzung der Schadensersatzanspruch spätestens 30 Jahre nach der Verletzungshandlung, § 199 Abs. 2 BGB. Im Beispielsfall würde deshalb Verjährung „schon" mit Ablauf des 15. 3. 2033 eintreten.

Vereinbarungen über die Verjährung sind grundsätzlich zulässig (Grund: Vertragsfreiheit). Einschränkungen finden sich in § 202 Abs. 1 BGB für die Erleichterung der Verjährung (keine Fristverkürzung im Voraus bei Haftung wegen Vorsatzes) und in § 202 Abs. 2 BGB für die Erschwerung der Verjährung (Fristverlängerung auf maximal 30 Jahre). Bei Regelungen in AGB sind §§ 307, 309 Nr. 7 lit. a) und b), Nr. 8 lit. b) ff) BGB zu beachten, beim Verbrauchsgüterkauf zusätzlich § 475 Abs. 2 BGB. Auch ein Verzicht auf die Einrede der Verjährung durch einseitige Erklärung ist möglich.

3.9.4 Rechtsfolgen

§ 214 BGB, Leistungsverweigerungsrecht und Einrede

Die Verjährung begründet ein dauerndes Leistungsverweigerungsrecht, § 214 Abs. 1 BGB. Der Anspruch erlischt, anders als etwa bei der Erfüllung nach § 362 BGB, nicht. Er kann lediglich nicht mehr gegen den Willen des Schuldners durchgesetzt werden. Der Unterschied zeigt sich in folgendem Beispiel:

Arbeitslos

Hauseigentümer H entschließt sich in der Weihnachtszeit 2015, die Rechnung des Dachdeckers D für Arbeiten aus dem Jahr 2012 endlich zu bezahlen. H überweist den Betrag Anfang 2016. Als H zwei Monate später arbeitslos wird, überlegt er, ob er das Geld von D wieder zurückverlangen kann, weil der Anspruch bereits am 31. 12. 2015 verjährt ist.

Das ist nicht möglich. Ein Bereicherungsanspruch nach § 812 Abs. 1 S. 1 Alt. 1 BGB scheidet aus, denn der Anspruch auf die Vergütung aus § 631 Abs. 1 BGB ist durch den Eintritt der Verjährung nicht erloschen und bildet den Rechtsgrund für die Zahlung. Ein Anspruch nach § 813 BGB wird durch §§ 813 Abs. 1 S. 2, 214 Abs. 2 S. 1 BGB ausgeschlossen.

Anders ist es, wenn H aus Versehen den Werklohn doppelt überwiesen hat. Für die zweite Zahlung fehlt es an einem rechtlichen Grund, weil schon durch die erste Zahlung der Anspruch erloschen ist. H kann deshalb von D nach § 812 Abs. 1 S. 1 Alt. 1 BGB wegen ungerechtfertigter Bereicherung Rückzahlung verlangen.

Bei der Verjährung handelt es sich um eine Einrede. Das bedeutet, dass ein mit dem Anspruch befasstes Gericht den Eintritt der Verjährung nicht von sich aus prüft. Ein weiterer Unterschied zur Erfüllung besteht deshalb darin, dass im Prozess die Verjährungseinrede erhoben werden muss. Beruft sich der Beklagte bzw. sein Rechtsanwalt nicht auf Verjährung, darf der Richter die Klage nicht wegen Verjährung des eingeklagten Anspruchs abweisen.

Nach § 216 BGB können Sicherheiten[103], die für einen Anspruch bestehen, trotz Verjährung des zu sichernden Anspruchs geltend gemacht werden. Nach § 217 BGB erfasst die Verjährung des Hauptanspruchs auch die Ansprüche auf Nebenleistungen wie insbesondere (Verzugs-)Zinsen.

---

103 Zum Beispiel Hypothek, Grundschuld, Pfandrecht, Sicherungsübereignung und -abtretung oder Eigentumsvorbehalt.

3.9.5 Hemmung und Neubeginn

Der Gläubiger ist der Verjährung seines Anspruchs nicht schutzlos ausgesetzt. Auf den Lauf der Verjährungsfrist wirken verschiedene Umstände ein, die der Gläubiger zum Teil beeinflussen kann. Die §§ 203 ff. BGB kennen folgende Möglichkeiten:

Hemmung

- In erster Linie ist die Hemmung nach §§ 203 bis 211 BGB zu nennen. Ihre Wirkung bestimmt § 209 BGB dahin, dass der Zeitraum der Hemmung in die Verjährungsfrist nicht eingerechnet wird. Die Verjährung wird also „gestoppt", und die Verjährungsfrist verlängert sich um die Hemmungszeit. Die wichtigsten Hemmungstatbestände sind das Schweben von Verhandlungen zwischen Gläubiger und Schuldner, § 203 BGB, die Rechtsverfolgung durch den Gläubiger, insbesondere Klageerhebung und Zustellung eines Mahnbescheids, § 204 BGB, sowie die nachträgliche Stundung der Leistung durch den Gläubiger, § 205 BGB.[104] Im Sonderfall der Ablaufhemmung nach §§ 203 S. 2, 210 f. BGB soll dem Gläubiger ab Eintritt eines bestimmten Ereignisses in jedem Fall eine Mindestfrist für weitere Maßnahmen bis zum Eintritt der Verjährung bleiben.

Trügerische Mahnungen

In dem eingangs geschilderten Beispiel begann die Verjährung am 31. 12. 2012, 24.00 Uhr und würde ohne weitere Maßnahmen am 31. 12. 2015, 24.00 Uhr ablaufen. Die Mahnungen Ihres Vorgängers lösen zwar einen Anspruch auf Verzugszinsen nach §§ 288, 286 BGB aus, genügen aber nicht, um die Verjährung zu hemmen. § 204 Abs. 1 Nr. 3 BGB verlangt für die Hemmung weitergehend die Zustellung eines Mahnbescheids im Mahnverfahren, das bestimmte, zentral zuständige Amtsgerichte auf Antrag des Gläubigers durchführen.[105]

Im Eingangsfall sollte daher bis zum 31. 12. 2015 ein entsprechender Mahnantrag oder eine Klage eingereicht werden. Die Chancen für eine freiwillige Zahlung oder zumindest für Verhandlungen, die zu einer Hemmung nach § 203 BGB führen würden, sollten zuvor noch einmal ausgelotet werden, auch wenn das bisherige Schuldnerverhalten wenig Anlass zu Hoffnungen gibt.

Neubeginn

- Von der Hemmung der Verjährung ist ihr Neubeginn zu unterscheiden. Die Verjährung beginnt nach § 212 Abs. 1 BGB durch ein Anerkenntnis des Anspruchs (etwa durch eine Abschlagszahlung oder eine Stundungsbitte) oder durch eine Vollstreckungshandlung mit voller Frist erneut zu laufen, allerdings nicht erst am Jahresende

---

104 Vgl. darüber hinaus §§ 206 bis 208 BGB.

105 Nach § 167 ZPO genügt es, wenn der Mahnantrag vor Eintritt der Verjährung beim Gericht eingeht und der Mahnbescheid „demnächst" zugestellt wird.

wie nach § 199 Abs. 1 BGB, sondern schon am Tag nach dem Umstand, der den Neubeginn auslöst.

Hilfreiche Rate

Bauunternehmer B schuldet seinem Lieferanten L schon seit mehr als zwei Jahren 35.000 € aus dem Kauf von Baustoffen. Mit einer „letzten Mahnung“ vom 28. 10. 2015 fordert L den B noch einmal zur Begleichung der Rechnung auf. Er werde umgehend Klage erheben, wenn B nicht binnen zwei Wochen wenigstens 10.000 € zahle. Am 9. 11. 2015 überweist B daraufhin 10.000 € an L.

Hier liegt ein Anerkenntnis gemäß § 212 Abs. 1 Nr. 1 BGB vor, sodass die dreijährige Verjährung der Restkaufpreisforderung am 10. 11. 2015 neu zu laufen beginnt.

3.9.6 Übungsfall

Flüchtiger Radfahrer

Fußgänger F wird am 10. 2. 2010 auf einem Zebrastreifen von einem Radfahrer (X) angefahren und kommt zu Fall. Der Radfahrer kann unerkannt flüchten. F bricht sich den Arm; sein Notebook, das er mit sich trägt, wird irreparabel beschädigt. Erst im Herbst 2011 kann die Polizei X als den Unfallverursacher ermitteln und benachrichtigt F umgehend. F verfolgt die Angelegenheit zunächst nicht weiter, da er eine Stelle im Ausland annimmt. Erst nach seiner Rückkehr setzt er sich am 20. 11. 2014 mit X in Verbindung. X verlangt von F nähere Angaben, insbesondere zur Schadenshöhe. Als er entsprechende Unterlagen Mitte Dezember 2014 erhält, erklärt er sich bereit, die Sach- und Rechtslage durch seine Privathaftpflichtversicherung binnen vier Wochen prüfen zu lassen. Am 7. 1. 2015 teilt X dem F mit, eine Schadensersatzleistung komme jetzt nicht mehr in Betracht. Am 26. 3. 2015 reicht F beim zuständigen Amtsgericht Klage ein, die am 6. 4. 2015 X zugestellt wird. F möchte wissen, ob sein Schadensersatzanspruch noch durchsetzbar ist.

Anspruchsgrundlage

F hat gegen X einen Anspruch auf Schadensersatz nach § 823 Abs. 1 BGB wegen rechtswidriger und fahrlässiger Körper-, Gesundheits- und Eigentumsverletzung. Der Anspruch ist mangels Erfüllung nicht erloschen. Im Hinblick auf den Zeitablauf ist zu klären, ob X sich auf den Eintritt der Verjährung berufen kann.

Prüfung der Verjährung

Nach §§ 195, 199 Abs. 1 BGB lief die regelmäßige Verjährungsfrist von drei Jahren an sich vom 31. 12. 2011 bis zum 31. 12. 2014, denn F erfuhr von der Person des Schädigers erst im Laufe des Jahres 2011.

Vor Ablauf dieser Frist begannen am 20. 11. 2014 Verhandlungen zwischen den Parteien, die zu einer Hemmung der Verjährung nach § 203 S. 1 BGB bis zum Abbruch der Verhandlungen durch X am 7. 1. 2015 führten. Die Verjährung konnte aufgrund der Ablaufhemmung gemäß § 203 S. 2 BGB frühestens drei Monate danach (also am 7. 4. 2015) eintreten.

Die Zustellung der Klage am 6. 4. 2015 erfolgte demnach in unverjährter Zeit und führte zu einer erneuten Hemmung, nunmehr nach § 204 Abs. 1 Nr. 1 BGB.

Ergebnis

Der Anspruch von F gegen X auf Schadensersatz nach § 823 Abs. 1 BGB ist noch nicht verjährt und somit durchsetzbar.

3.9.7 Zusammenfassung

Ansprüche unterliegen der Verjährung, § 194 BGB. Die regelmäßige Verjährungsfrist beträgt drei Jahre, § 195 BGB, und beginnt mit dem Schluss des Jahres, in dem der Anspruch entstanden ist und der Gläubiger von den anspruchsbegründenden Umständen und der Person des Schuldners Kenntnis erlangt oder ohne grobe Fahrlässigkeit erlangen müsste, § 199 BGB. Einflüsse auf den Lauf der Verjährungsfrist ergeben sich durch Hemmung (insbesondere bei Verhandlungen und Rechtsverfolgung), Ablaufhemmung und Neubeginn der Verjährung. Der Eintritt der Verjährung berechtigt den Schuldner, die Leistung zu verweigern, und gibt ihm eine Einrede gegen den Anspruch des Gläubigers, § 214 BGB.

4 Leistungsstörungen

Leistungsstörungen, also die nicht ordnungsgemäße Erfüllung von Verträgen, können verschiedene Erscheinungsformen haben. Die vereinbarte Leistung kann unmöglich werden, sie kann sich verzögern, sie kann fehlerhaft erbracht werden (Schlechtleistung) oder der Schuldner kann sonstige Pflichten aus dem Schuldverhältnis verletzen. In diesen Fällen hat die andere Vertragspartei verschiedene Rechtsbehelfe. Sie kann, wenn das möglich und wirtschaftlich sinnvoll ist, zunächst ihre eigene Leistung verweigern, weiterhin Erfüllung verlangen, vom Vertrag zurücktreten, die Gegenleistung mindern sowie ausschließlich oder zusätzlich Schadensersatz oder Aufwendungsersatz verlangen.

Erscheinungsformen und Rechtsbehelfe

Man kann das Recht der Leistungsstörungen nach den Rechtsbehelfen oder nach den verschiedenen Formen der Leistungsstörungen gliedern. Nachfolgend sollen zunächst die Rechtsbehelfe bei Leistungsstörungen in den Grundlagen vorgestellt werden und dann praktisch wichtige Fallkonstellationen der Unmöglichkeit und des Verzugs, also der nicht rechtzeitigen Leistung, dargestellt werden. Die Rechtsfolgen von Schlechtleistungen werden in den Kapiteln über die verschiedenen Vertragstypen jeweils genauer beschrieben. Dieses Kapitel schließt mit der Vorstellung der Rechtsfolgen von sonstigen Pflichtverletzungen.

Gang der Darstellung

4.1 Stellen Sie sich vor ...

Stellen Sie sich vor, Händler K bestellt bei Elektronikgroßhändler V 50 nagelneue Tablets Typ xy zu einem äußerst vorteilhaften Preis. Es wird vereinbart, dass K die Geräte bei V abholt. V stellt deshalb 50 der vom Hersteller bei ihm angelieferten Geräte für K in einem Lagerraum bereit und fordert K zur Abholung auf. Vor Eintreffen des K werden alle Geräte infolge einer durch V fahrlässig herbeigeführten Explosion vernichtet. Muss V noch liefern? Kann K die Mehrkosten für 50 Tablets, die er, wenn V ihn nicht beliefert, zu einem höheren Preis von einem anderen Verkäufer beziehen muss, von V ersetzt verlangen?

Oder stellen Sie sich vor, Sie erwerben von einem Bauträger ein schlüsselfertiges Einfamilienhaus. In dem zwischen Ihnen und dem Bauträger geschlossenen notariell beurkundeten Vertrag ist als Fertigstellungstermin der 15. 9. angegeben. Im Vertrauen auf diese Terminzusage kündigen Sie das Mietverhältnis über die von Ihnen bislang genutzte Mietwohnung zum 30. 9. Es stellt sich dann aber heraus, dass sich die Fertigstellung Ihres Eigenheims verzögert, weil ein Subunternehmer seine Arbeiten nicht fristgerecht erledigt hat. Sie müssen zum

30. 9. aus Ihrer Mietwohnung ausziehen, weil Ihr Vermieter auf der pünktlichen Übergabe der Wohnung an den Nachmieter besteht. Weil Sie sich nicht anders zu helfen wissen, ziehen Sie mit Ihrer Familie in ein Hotel und stellen Ihre Möbel und Ihren gesamten Hausrat vorübergehend bei einem Speditionsunternehmen unter. Das von Ihnen erworbene Eigenheim wird schließlich am 1.12. bezugsfertig. Welche Überlegungen werden Sie nun anstellen?

Stellen Sie sich schließlich vor, Sie bringen Ihren PKW zur vereinbarten Inspektion in die Werkstatt. Als Sie ihn vor dem Büro und Ausstellungsraum elegant einparken wollen, treffen Sie beim Rückwärtsfahren die Schaufensterscheibe, die springt. Kann Ihre Werkstatt Schadensersatz für die Scheibe verlangen?

4.2 Ökonomische Bedeutung und Begründung

Vorrang der Vertragsdurchführung

Leistungsstörungen gibt es in Vertragsbeziehungen häufig. Jede Rechtsordnung muss im Falle einer Leistungsstörung entscheiden, ob der zwischen den Parteien geschlossene Vertrag noch durchgeführt werden soll oder ob die Störung so ernst ist, dass der Vertrag aufgehoben werden muss. Da Verträge grundsätzlich wohlstandsmehrend sind, wird sich eine Rechtsordnung bemühen, eher auf die Durchführung der geschlossenen Verträge als auf deren Aufhebung hinzuwirken. Sie wird daher sicherstellen wollen, dass sich die Parteien nur dann von einem Vertrag lösen können, wenn es nicht anders geht.

Einheitliches Handlungsschema bei allen Leistungsstörungen

Das BGB stellt den Vorrang der Vertragsdurchführung sicher, indem es von den Parteien verlangt, bei allen Leistungsstörungen, also bei der Unmöglichkeit, dem Verzug, der Schlechtleistung oder bei sonstigen Pflichtverletzungen, bestimmte Schritte abzuarbeiten. Daraus ergibt sich bei Leistungsstörungen ein relativ einheitliches Handlungsschema:

- Die Vertragspartei, gegenüber der eine Pflicht verletzt wird, muss eine Frist zur Erfüllung setzen, wenn dies ökonomisch sinnvoll ist.
- Die andere Vertragspartei kann dann erfüllen.
- Ist eine Erfüllung nicht möglich, ökonomisch nicht sinnvoll oder erfüllt die vertragsverletzende Partei nicht, kann die andere Vertragspartei sich vom Vertrag lösen; soweit bereits Leistungen von einer Seite an die andere erbracht wurden, sind diese rückabzuwickeln.
- Neben oder statt den genannten Rechtsbehelfen kann die Vertragspartei, gegenüber der eine Pflicht verletzt wurde, Schadensersatz verlangen, damit die Verluste, die durch die Störung entstanden sind, ausgeglichen werden.

Der Verzug ist die mit Abstand häufigste Störung bei Vertragsverhältnissen. Jedoch gibt es kaum verlässliche Angaben zu dem volkswirtschaftlichen Gesamtschaden, der Jahr für Jahr durch verspätete Warenlieferungen oder Zahlungen entsteht. Nach einer Studie eines Wirtschaftsinformationsdiensts[1] haben die rückständigen Zahlungsforderungen der deutschen Unternehmen im Jahr 2004 die astronomische Summe von 50 Milliarden € erreicht. Die Anzahl säumiger Schuldner, die ihre Rechnungen erst nach Monaten bezahlen, ist enorm. Dies bringt zahlreiche Unternehmen in Liquiditätsschwierigkeiten und zwingt sie zur verstärkten Inanspruchnahme von Bankkrediten. Die erhöhten Zins- und Inkassokosten führen wiederum zu einer Verteuerung der Produkte, sodass letztlich die Gesamtheit der Kunden die Kosten für die mangelhafte Zahlungsmoral einzelner Schuldner zahlen muss.

50 Mrd. € rückständige Zahlungsforderungen

4.3 Grundlagen

Rechtsbehelfe, die dem Gläubiger bei einer Pflichtverletzung durch den Schuldner zustehen, können sein:
- das Recht, die eigene Leistung zu verweigern,
- der Anspruch auf Erfüllung,
- das Rücktrittsrecht,
- verschiedene Schadensersatzansprüche,
- der Aufwendungsersatzanspruch und
- das Recht auf Minderung.[2]

4.3.1 Leistungsverweigerungsrechte

Erfüllt eine Partei ihre vertraglichen Leistungspflichten nicht, dann kann die andere Vertragspartei ihre Gegenleistung verweigern, sog. Einrede des nichterfüllten Vertrags nach § 320 BGB.

Einrede des nichterfüllten Vertrags

Der gebrauchte Sattel

V und K einigten sich via E-Mail auf den Verkauf eines neuwertigen gebrauchten Sattels zu einem äußert günstigen Preis. Vereinbart war zusätzlich, dass V bei K am 15.3. vorbeikommt, den Sattel mitbringt und K dann sogleich den Kaufpreis bezahlt. Am 15.3. erscheint V nicht bei K, schickt vielmehr am folgenden Tag eine E-Mail, in der sie ihr Nichterscheinen mit anderweitigen beruflichen Verpflichtungen entschuldigt

---

1 www.dnb.com/de.

2 Auf den interessanten Sonderfall des § 285 BGB wird hier nicht weiter eingegangen.

und K bittet, den Kaufpreis auf ihr Konto zu überweisen. Sie, die V, werde den Sattel dann an K schicken.

Hier war nach den getroffenen Vereinbarungen der Kaufpreis am 15.3. zur Zahlung fällig. Weil die Parteien aber einen gegenseitigen Vertrag geschlossen haben, kann K nach § 320 BGB die Kaufpreiszahlung solange verweigern, bis V die Gegenleistung erbringt, also den Sattel bei ihr vorbeibringt.

Keine Einrede bei Vorleistungspflicht

Dieses Leistungsverweigerungsrecht besteht dann nicht, wenn die Partei, die sich auf das Leistungsverweigerungsrecht berufen möchte, vorzuleisten hat, § 320 BGB.

Fotovoltaik I

B und U schließen einen Vertrag über die Errichtung einer Fotovoltaikanlage auf dem Dach des B. Die Arbeiten auf dem Dach sollen am 1.9. mit der Lieferung der Solarmodule beginnen. Im Werkvertrag ist vereinbart, dass B 70 % des Werklohns vor Lieferung der Solarmodule zu zahlen hat. Kann B den vorab zu zahlenden Anteil des Werklohns nach § 320 BGB zurückbehalten, wenn U am 1.9. nicht auf der Baustelle erscheint?

Offensichtlich nicht. Nach den vertraglichen Vereinbarungen ist B in Höhe von 70 % des Werklohns vorleistungspflichtig. Die Einrede des nichterfüllten Vertrags aus § 320 BGB steht ihm damit nicht zu, wenn U am 1.9. nicht wie vereinbart mit den Arbeiten beginnt. Umgekehrt kann sich U auf § 320 BGB berufen und braucht mit den Arbeiten nicht zu beginnen, wenn B die vereinbarte Vorleistung nicht erbringt.

Unsicherheitseinrede

Aber auch die Partei, die vorleistungspflichtig ist, kann ihre Leistung zurückhalten, wenn sich nach Abschluss des Vertrags herausstellt, dass die andere Partei ihre geschuldete Leistung wegen mangelnder Leistungsfähigkeit nicht ordnungsgemäß erbringen wird, § 321 BGB.

Fotovoltaik II

Nehmen Sie an, im vorangegangenen Fall würde am 25.8. in einer seriösen Zeitung wahrheitsgemäß berichtet werden, dass dem U wohl die Insolvenz droht. Müsste B in einem solchen Fall auch vorleisten? Immerhin besteht die Gefahr, dass B seine Vorleistung erbringt und U, noch bevor er die Fotovoltaikanlage fertiggestellt hat, zahlungsunfähig wird.

Hier kann der an sich vorleistungspflichtige B die Unsicherheitseinrede nach § 321 BGB erheben und von U verlangen, entweder vor Zahlung die Anlage vollständig zu installieren oder vor Zahlung der Vorleistung Sicherheit in Höhe dieser Vorleistung etwa durch eine Bankbürgschaft zu erbringen.

Leistung Zug um Zug

Die Einrede des nichterfüllten Vertrags führt, wenn die andere Seite auf Vertragserfüllung klagt, nicht dazu, dass der Kläger den Prozess verliert. In einem Gerichtsverfahren wird derjenige, der die Einrede erhebt, nur dazu verurteilt, Zug um Zug zu leisten, § 322 BGB.

Die Einrede des nichterfüllten Vertrags und das ähnlich funktionierende Zurückbehaltungsrecht des § 273 BGB[3] sowie das kaufmännische Zurückbehaltungsrecht nach § 369 HGB sind häufig sehr effektiv, um die Gegenseite zur Leistung zu motivieren.

4.3.2 Erfüllung

Erfüllung als effizientes Instrument zur Erreichung des Vertragsziels

Ein Gesetzgeber könnte für den Fall, dass der Schuldner eine Pflicht aus dem Schuldverhältnis verletzt, dem Gläubiger das Recht geben, sich sofort vom Vertrag zu lösen und/oder Schadensersatz zu verlangen. Ein solches rigoroses gesetzgeberisches Vorgehen könnte Schuldner auf Dauer dazu veranlassen, ihre Pflichten aus Verträgen möglichst sorgfältig zu erfüllen. Das BGB hat diesen rigorosen Weg nicht gewählt, sondern trägt den Gegebenheiten des Lebens Rechnung und akzeptiert, dass versprochene Leistungen – aus welchen Gründen auch immer – oft nicht perfekt erfüllt werden können. Es erlaubt deshalb einem Schuldner, der nicht ordentlich leistet, die vertragsgemäße Erfüllung seiner versprochenen Leistung nachzuholen, wo dies ökonomisch sinnvoll ist. Dieser Ansatz des BGB, der sich in anderen Rechtsordnungen und auch im internationalen Bereich wiederfindet, hat sich bewährt.

Der überlastete Steuerberater

Ihr Steuerberater S hat sich Ihnen gegenüber verpflichtet, Ihre Steuererklärung bis zum 1.4. beim Finanzamt einzureichen. Sie erwarten eine hohe Steuerrückzahlung. Auch am 1.7. ist Ihre Steuererklärung nicht eingereicht. Ihr Steuerberater entschuldigt sich mit seiner hohen Arbeitsbelastung. Was tun?

S hat seine Pflicht zur rechtzeitigen Abgabe der Steuererklärung verletzt. Wenn Sie sich sofort ohne Weiteres vom Vertrag lösen würden, müssten Sie einen neuen Berater suchen und diesem zusätzliche Zeit für die Bearbeitung Ihrer Unterlagen einräumen. Ihre Erklärung würde noch später abgegeben werden, Doppelarbeiten wären kaum zu vermeiden. Eventuell könnten Sie Ihren Zinsschaden, den sie dadurch erleiden, dass die Steuerrückerstattung später bei Ihnen eingeht, gegenüber S geltend machen. Dieses Vorgehen ist mit viel Aufwand verbunden. Das Gesetz ermöglicht es, mit weniger Aufwand zum Ziel zu kommen. Sie können S eine angemessene Frist zur Erfüllung setzen. S kann dann nachträglich erfüllen und die Steuererklä-

---

3 Neben den Leistungsverweigerungsrechten aus §§ 320, 321 BGB gibt es noch das Zurückbehaltungsrecht aus § 273 BGB. Im Gegensatz zu § 320 BGB kommt es beim Zurückbehaltungsrecht des § 273 BGB nicht darauf an, dass die verweigerte Leistung die Gegenleistung in einem gegenseitigen Vertrag ist. Es reicht aus, wenn das Zurückbehaltungsrecht auf einen Anspruch aus demselben rechtlichen Verhältnis gestützt wird.

rung abgeben. S weiß, dass er, wenn er diese Frist nicht einhält, möglicherweise Ihr Mandat verliert und zudem noch Schadensersatz leisten muss. Das motiviert!

Erfüllung bei Verzug und Schlechtleistung

Ein Gläubiger, der sich beim Verzug des Schuldners vom Vertrag lösen will oder Schadensersatz statt der Leistung geltend machen möchte, kann deshalb diese Rechtsbehelfe erst dann geltend machen, wenn er dem Schuldner eine Frist zur Erfüllung gesetzt hat, §§ 280, 281; 323 BGB. Das Gesetz verzichtet auf diese Fristsetzung nur in den Fällen, in denen eine Nacherfüllung ökonomisch nicht sinnvoll ist, §§ 281 Abs. 2, 323 Abs. 2 BGB. Faktisch räumt der Gläubiger mit der Fristsetzung dem Schuldner die Möglichkeit ein, trotz Pflichtverletzung den Vertrag noch zu erfüllen. Beim Kauf- und Werkvertrag regeln §§ 437 Nr. 1, 439 und 634 Nr. 1, 635 BGB ausdrücklich den Anspruch des Gläubigers auf Nacherfüllung.[4] In diesem Nacherfüllungsanspruch setzt sich der ursprüngliche Erfüllungsanspruch fort. Auch hier kann der Schuldner nochmals versuchen vertragsgemäß zu leisten.

Die Erfüllung als primärer Rechtsbehelf

Die Erfüllung bzw. Nacherfüllung ist nicht nur ein wichtiger, sondern der vorrangige Rechtsbehelf. Wo sie möglich und ökonomisch sinnvoll ist, kann der Gläubiger die meisten anderen Rechtsbehelfe zunächst nicht geltend machen.

Ausnahmen

Die Erfüllung bzw. Nacherfüllung scheidet dort aus, wo Leistungen nicht mehr erbracht werden können, also etwa bei Schlechtleistungen in Dienst- und Arbeitsverträgen, bei unbehebbaren Mängeln und bei sonstigen Fällen von Unmöglichkeit nach § 275 BGB.

Nacherfüllung und Schadensersatz

Bei ordnungsgemäßer Erfüllung bzw. Nacherfüllung durch den Schuldner kann dem Gläubiger noch ein zusätzlicher Schaden entstanden sein, etwa weil die Ware zu spät geliefert wurde, oder weil die Reparatur der Kaufsache ihre Nutzung für einige Zeit verhinderte. In diesen Fällen kann zusätzlich ein Anspruch auf Schadensersatz gegeben sein.

4.3.3 Rücktritt

Rücktritt und Rückabwicklungsschuldverhältnis

Bei einer Pflichtverletzung des Schuldners steht dem Gläubiger als weiterer möglicher Rechtsbehelf ein Rücktrittsrecht zu. Beim Rücktritt wird das Schuldverhältnis in ein Rückabwicklungsschuldverhältnis umgewandelt, und die bisher erbrachten beiderseitigen Leistungen sind zurückzugewähren.

---

4 Siehe unten Kapitel 5.4.2 und 6.7.2.

Voraussetzung des Rücktritts ist beim Verzug und der Schlechtleistung jeweils, dass eine ökonomisch sinnvolle und mögliche Erfüllung bzw. Nacherfüllung nicht erfolgte oder fehlschlägt, §§ 323, 440, 636 BGB. Bei der Unmöglichkeit ist eine Fristsetzung nach § 326 Abs. 5 BGB nicht erforderlich. Bei der Verletzung von Nebenpflichten ist ein Rücktritt nur möglich, wenn dem Gläubiger ein Festhalten am Vertrag nicht mehr zumutbar ist, § 324 BGB.

Voraussetzungen des Rücktritts

Der Rücktritt erfolgt durch eine Rücktrittserklärung, § 349 BGB. Diese kann ausdrücklich erfolgen oder sich aus den Umständen ergeben.

Rücktrittserklärung

Hat eine Partei den Rücktritt erklärt, dann sind die empfangenen Leistungen zurückzugewähren und die gezogenen Nutzungen herauszugeben, § 346 BGB. Das ist dann schwierig, wenn die empfangenen Leistungen nicht mehr in gleicher Form vorhanden sind, wenn also beispielsweise die gelieferte Ware verbraucht, veräußert, verarbeitet, beschädigt oder zerstört wurde. Die § 346 ff. BGB regeln im Detail, was in diesen Fällen geschehen soll. In der Regel ist dann Wertersatz zu leisten, § 346 Abs. 2 BGB, der aber ausnahmsweise entfallen kann, § 346 Abs. 3 BGB. Wesentlicher Gedanke ist dabei, dass der Rückgewährschuldner für solche Wertminderungen des Leistungsgegenstands nicht einzustehen hat, für die er nicht verantwortlich ist.

Rechtsfolgen des Rücktritts

4.3.4 Schadensersatz

Der Gläubiger kann bei einer Pflichtverletzung des Schuldners auch Schadensersatzansprüche haben. Das BGB regelt Schadensersatzansprüche allgemein neben anderem in den §§ 276 bis 287 und 311a Abs. 2 BGB.

Vertragliche Schadensersatzansprüche

Die wichtigste Anspruchsgrundlage ist dabei § 280 Abs. 1 BGB, die wir schon im vorangegangenen Kapitel kennengelernt haben.[5] Verletzt der Schuldner eine Pflicht aus dem Schuldverhältnis, kann der Gläubiger Schadensersatz verlangen, wenn der Schuldner die Pflichtverletzung zu vertreten, also verschuldet hat.

§ 280 Abs. 1 BGB

Voraussetzungen dieses Anspruchs sind demnach:

Voraussetzungen des § 280 Abs. 1 BGB

- zwischen den Parteien muss ein **Schuldverhältnis** vorliegen,
- der Schuldner muss eine **Pflichtverletzung** begangen haben,
- der Schuldner muss die Pflichtverletzung **zu vertreten** haben,
- dem Gläubiger muss ein **Schaden** entstanden sein,

5 Siehe oben Kapitel 3.2.

– der Schaden muss durch die Pflichtverletzung **verursacht** worden sein.[6]

Das Schuldverhältnis ist in der Regel der zwischen dem Gläubiger und dem Schuldner geschlossene Vertrag. Die Pflichtverletzung kann eine Nichtleistung z. B. wegen Unmöglichkeit, eine Zuspät- oder Schlechtleistung oder eine Nebenpflichtverletzung sein. Weiter muss der Schuldner die Pflichtverletzung zu vertreten haben. Der Schuldner hat die Pflichtverletzung regelmäßig dann zu vertreten, wenn er nach § 276 BGB vorsätzlich oder fahrlässig gehandelt hat. Aus der negativen Formulierung des § 280 Abs. 1 Satz 2 BGB ergibt sich, dass der Schuldner im Streitfall beweisen muss, dass ihn kein Verschulden trifft.[7] Ausnahmsweise haftet der Schuldner verschuldensunabhängig, § 276 Abs. 1 Satz 1 Hs. 2 BGB.[8] Zudem muss sich der Schuldner nach § 278 BGB das Verschulden seines gesetzlichen Vertreters und der Personen, deren er sich zur Erfüllung seiner Verbindlichkeiten bedient, zurechnen lassen.

6 Die Einhaltung der Reihenfolge, in der die einzelnen Voraussetzungen des § 280 Abs. 1 BGB hier genannt sind, ist bei der Subsumtion in der juristischen Falllösung nach Anspruchsgrundlagen nicht zwingend, wird aber praktisch verbreitet angewendet und hat sich als praktikabel erwiesen. Eine andere Prüfungsreihenfolge, etwa eine solche, die nacheinander Schuldverhältnis, Pflichtverletzung, Schaden, Kausalität und Verschulden prüft, würde sich am Gesetzeswortlaut orientieren und ebenso zu richtigen Ergebnissen führen. Vergleichbares gilt bei den Anspruchsgrundlagen des §§ 280 Abs. 1 und 2, 286 sowie 280 Abs. 1 und 3, 281 BGB.

7 Das möglicherweise größte rechtspolitische Problem des BGB ist das Verschuldenserfordernis für vertragliche Schadensersatzansprüche. Mit diesem Erfordernis weicht das BGB von den meisten Rechtsordnungen der Welt und internationalen Regelwerken substantiell ab und steht einer weiteren Europäisierung des Zivilrechts im Wege. Zudem führt es zu argumentativ nicht mehr sinnvoll bewältigbaren Brüchen im BGB selbst, insbesondere dort, wo das BGB europarechtliche Vorgaben umsetzt (siehe unten Kapitel 5.4.2 und Kapitel 5, Fußnote 17). Das Verschuldenserfordernis privilegiert Schuldner, die ihre Vertragspflichten verletzen, weil sie bei fehlendem Verschulden dennoch nicht haften müssen. Dafür ist ein Grund kaum erkennbar. Wer als Schuldner weiß, dass er möglicherweise umfassend haften muss, handelt sorgfältiger. Deshalb hält eine verschuldensunabhängige Haftung zur sorgfältigen Erfüllung von Verträgen besonders an. Zudem weiß der Schuldner bei Vertragsschluss, dass er möglicherweise umfassend haften muss, und kann dies bei der Berechnung seiner Gegenleistung einkalkulieren. Er braucht keinen weiteren Schutz. Das von der Wirtschaft zur Verteidigung des Verschuldensprinzips vorgebrachte Argument, ein Verzicht auf das Verschuldensprinzip würde zu Preissteigerungen führen, trifft nicht zu, da die Wirtschaft in den anderen Ländern der Welt nicht zusammengebrochen ist und da viele global agierende Unternehmen der verschuldensunabhängigen Haftung in anderen Märkten ohnehin unterworfen sind.

8 Siehe dazu unten Kapitel 5.4.5.

Schließlich muss dem Gläubiger ein Schaden entstanden und dieser muss durch die Pflichtverletzung verursacht worden sein.

Rechtsfolge

Rechtsfolge ist ein Schadensersatzanspruch. Der Gläubiger ist so zu stellen, wie er stünde, wenn ordnungsgemäß erfüllt worden wäre, § 249 Abs. 1 BGB. Weitere Einzelheiten zum Umfang des Schadensersatzes ergeben sich aus den §§ 249 bis 254 BGB.

Weitere Schadensersatzansprüche

Das BGB meint mit § 280 Abs. 1 BGB als einziger Norm für vertragliche Schadensersatzansprüche nicht auskommen zu können, und regelt noch weitere besondere Schadensersatzansprüche bei Vertragsverletzungen. Sie unterscheiden sich vor allem in den Voraussetzungen.

Schadensersatz wegen Verzögerung der Leistung

Zunächst zu nennen ist der Schadensersatz wegen Verzugs nach §§ 280 Abs. 1 und 2, 286 BGB, der unten im Detail beschrieben wird.[9]

Schadensersatz statt der Leistung

Des Weiteren gibt es den Schadensersatz statt der Leistung nach §§ 280 Abs. 1 und 3, 281 BGB. Mit diesem Anspruch kann der Gläubiger Ersatz solcher Schäden geltend machen, die darauf zurückzuführen sind, dass der Vertrag nicht mehr durchgeführt wird. Das sind insbesondere die Schäden des Gläubigers aus Deckungsgeschäften. Der Anspruch besteht daher auch nur dann, wenn der ursprüngliche Vertrag nicht durchgeführt wird. § 281 Abs. 1 BGB verlangt deshalb neben den Voraussetzungen des § 280 Abs. 1 BGB vom Gläubiger, dass er dem Schuldner, der eine Pflicht aus dem Schuldverhältnis verletzt hat, eine angemessene Frist zur Erfüllung bzw. Nacherfüllung einräumt. Erfüllt der Schuldner in dieser Frist nicht oder war die Fristsetzung nach § 281 Abs. 2 BGB entbehrlich, dann kann der Gläubiger Schadensersatz statt der Leistung verlangen. Gleichzeitig entfällt der ursprüngliche Anspruch auf Leistung, § 281 Abs. 4 BGB. Im Kern ermöglicht die Fristsetzung dem Schuldner, durch Vertragserfüllung den Schadensersatzanspruch wegen der Nichtdurchführung des Vertrags noch abzuwenden.

Voraussetzungen des Anspruchs aus §§ 280 Abs. 1 und 3, 281 BGB sind damit:

- zwischen den Parteien muss ein **Schuldverhältnis** vorliegen,
- der Schuldner muss eine **Pflichtverletzung** begangen haben,
- eine dem Schuldner gesetzte **Frist zur Erfüllung oder Nacherfüllung** muss erfolglos abgelaufen oder entbehrlich sein,
- der Schuldner muss die Pflichtverletzung **zu vertreten** haben,
- dem Gläubiger muss ein **Schaden** entstanden sein und
- der Schaden muss durch die Pflichtverletzung **verursacht** worden sein.

9 Siehe Kapitel 4.5.1 bis 4.5.6.

Als Rechtsfolge ist der Gläubiger auch hier so zu stellen, wie er stünde, wenn der Vertrag ordentlich erfüllt worden wäre, § 249 Abs. 1 BGB.

Deckungskauf

Der Lieferant V hat so viele Aufträge angenommen, dass er nicht in der Lage ist, sie alle auszuführen. Er kann daher die Ware nicht zum vereinbarten Termin an K liefern. K braucht die Ware, um gegenüber seinen Kunden lieferfähig zu sein.

Für K gibt es hier zwei Szenarien: Entweder V liefert in einer Zeitspanne, in der K mit der Ware noch etwas anfangen kann, oder V liefert nicht und K muss sich vergleichbare Ware anderweitig beschaffen. Diese anderweitige Beschaffung ist ein sog. Deckungskauf. Im ersten Szenario bleibt der Vertrag bestehen, und K kann den durch die verzögerte Lieferung entstandenen Schaden nach §§ 280 Abs. 1 und 2, 286 BGB geltend machen. Der Schaden kann sich etwa daraus ergeben, dass dem K während der Zeit des Wartens auf die Lieferung des V eine günstige Weiterverkaufsmöglichkeit entgangen ist. Im zweiten Szenario will K nicht mehr an den Vertrag mit V gebunden sein und ggf. die Mehrkosten des Deckungskaufs von V ersetzt verlangen. Dies gelingt ihm nach §§ 280 Abs. 1 und 3, 281 BGB. Damit K bei Nichtlieferung durch V nicht in der Luft hängt, sondern seinerseits die Dinge vorantreiben kann, gibt ihm § 281 Abs. 1 BGB die Möglichkeit der Fristsetzung zur Nacherfüllung. Mit ihr zwingt K den V zur Entscheidung: Entweder V liefert noch kurzfristig oder der Vertrag wird durch Rücktritt oder ein Schadensersatzverlangen des K hinfällig.

Sonderfälle

Bei bestimmten Pflichtverletzungen finden sich schließlich weitere Sonderregelungen für den Schadensersatzanspruch in den §§ 282, 283 und 311a Abs. 2 BGB.

4.3.5 Aufwendungsersatz

Positives oder negatives Interesse

Hat der Schuldner eine Pflicht aus dem Schuldverhältnis verletzt und der Gläubiger sich daraufhin vom Vertrag gelöst, dann kann der Gläubiger unterschiedliche Interessen haben. Er kann entweder das Interesse haben, so gestellt zu werden, wie wenn der Schuldner den Vertrag ordnungsgemäß erfüllt hätte. In diesem Fall macht der Gläubiger das Erfüllungsinteresse geltend. Juristen nennen das auch positives Interesse. Der Gläubiger könnte aber auch alternativ das Interesse haben, so gestellt zu werden, wie wenn er nie etwas von dem Vertrag mit dem Schuldner gehört hätte. Juristen nennen dies das Vertrauensinteresse oder negatives Interesse. Während Schadensersatzansprüche nach §§ 280 Abs. 1 und 3, 281 bis 283, 311a Abs. 2 BGB den Ersatz des Erfüllungsinteresse gewährleisten wollen, ermöglicht der Aufwendungsersatzanspruch nach § 284 BGB und ebenso derjenige nach § 311a Abs. 2 BGB dem Gläubiger die Geltendmachung des Vertrauensinteresses insoweit, als der Gläubiger Aufwendungen hatte. Konsequenz dieser Betrachtungsweise ist, dass der Gläubiger nur entweder Schadensersatz statt der Leistung oder Aufwendungsersatz geltend machen kann, nicht aber beides gleichzeitig.

Aufwendungsersatz bei Geltendmachung des negativen Interesses

Nach § 284 BGB kann der Gläubiger, wenn er sein negatives oder Vertrauensinteresse geltend machen möchte, Ersatz derjenigen Aufwendungen verlangen, die er im Vertrauen auf die Leistung des Schuldners vergeblich gemacht hat.

Aufwendungen

Aufwendungen, die ersetzt werden können, sind dabei alle freiwilligen Vermögensopfer, die der Gläubiger im Vertrauen auf den Erhalt der Leistung erbringt. Dazu gehören beispielsweise die Vertragskosten, also die Kosten für die Übergabe, Versendung, Beurkundung, Zölle, Fracht-, Einbau- und Montagekosten, Kosten der Überführung und Zulassung eines Neuwagens usw.

Voraussetzungen

Dem Wort „Anstelle" in § 284 BGB ist zu entnehmen, dass der Aufwendungsersatzanspruch ähnliche Voraussetzungen hat wie ein Schadensersatzanspruch statt der Leistung. Erforderlich sind danach im Falle des § 284 BGB

- ein Schuldverhältnis,
- die Pflichtverletzung des Schuldners,
- das Vertretenmüssen der Pflichtverletzung,
- eine dem Schuldner gesetzte Frist muss erfolglos abgelaufen sein, soweit diese nicht nach § 281 Abs. 2 BGB entbehrlich ist,
- der Gläubiger muss im Vertrauen auf den Erhalt der Leistung vergebliche Aufwendungen gehabt haben, die er billigerweise machen durfte.

Ein ausgefallenes Fest

Der Student S hat seine Angehörigen und Freunde anlässlich seiner Abschlussfeier zu einem Fest eingeladen, in dem Hotel H dafür einen Tagungsraum angemietet, einen Caterer bestellt und eine Musikband organisiert. Um 18.00 Uhr soll die Veranstaltung beginnen. Um 15.00 Uhr erfährt er, dass der Raum anderweitig vermietet ist und ein Ersatzraum nicht verfügbar oder anderweitig organisierbar ist. Er sagt das Fest daraufhin kurzfristig ab, muss aber die Kosten von Musikband und Caterer zumindest zu einem Teil tragen.

Hier bringt es dem S wenig zu verlangen, so gestellt zu werden, wie er stünde, wenn ordnungsgemäß erfüllt worden wäre. Dann hätte S den Caterer und die Band bezahlt und ein Fest gehabt. Das ausgefallene Fest ist aber kein wirtschaftlich messbarer Schaden. Mit einem Schadensersatzanspruch nach §§ 280, 281 BGB kann S keinerlei Ersatz erlangen.

Wohl aber kann S hier Aufwendungsersatz nach § 284 BGB verlangen. Die oben genannten Voraussetzungen sind hier alle erfüllt, wobei eine Fristsetzung nach § 281 Abs. 2 BGB entbehrlich und ein Grund für ein fehlendes Verschulden des H nicht erkennbar ist. S kann danach die Kosten für Musikband und Caterer ersetzt verlangen.

Damit wird S so gestellt wie er stünde, wenn er von dem Geschäft nie etwas gehört hätte.[10]

4.3.6 Minderung

Kürzung der Gegenleistung

Ein besonderer Rechtsbehelf ist die Minderung. So kann der Gläubiger im Kauf- und Werkvertragsrecht bei einer Pflichtverletzung des Schuldners die Gegenleistung um den Geldbetrag kürzen, der dem Minderwert der Schlechtleistung durch den Schuldner entspricht, §§ 441 und 638 BGB. Die Minderung erfolgt durch Erklärung des Gläubigers. Die Mietminderung gemäß § 536 BGB bei Mängeln der Mietsache vollzieht sich dagegen automatisch. Auch für die Minderung im Reisevertragsrecht gemäß § 651d BGB bedarf es keiner Minderungserklärung, sondern lediglich der Mängelanzeige.

Im Kern ist die Minderung eine vereinfachte Art der Verrechnung eines Schadensersatzanspruchs. Der dem Gläubiger durch die Schlechtleistung des Schuldners entstandene Schaden ergibt sich aus dem Minderwert der Sache oder Leistung, der von der Gegenleistung einfach abgezogen werden kann. Bei Unmöglichkeit oder Verzug sieht das Gesetz eine Minderung nicht vor, weil der bei diesen Leistungsstörungen typischerweise eintretende Schaden kein leicht zu ermittelnder Minderwert einer Sache oder Leistung ist.

Nacherfüllung vorrangig

Die Minderung ist erst zulässig, wenn eine Nacherfüllung unmöglich oder ökonomisch nicht oder nicht mehr sinnvoll ist. § 441 BGB bringt dies beispielsweise durch die Formulierung „statt zurückzutreten" und damit durch Verweis auf die Voraussetzungen eines Rücktrittsrechts zum Ausdruck.

Im Kauf- und Werkvertragsrecht von Bedeutung

Die Minderung spielt vor allem bei Schlechtleistungen im Kauf- und Werkvertragsrecht eine Rolle und wird in den Kapiteln über den Kauf-[11] und Werkvertrag[12] nochmals erwähnt.

---

10 Der erst 2002 ins deutsche Recht eingeführte Aufwendungsersatzanspruch schließt, wie der vorangegangene Beispielsfall zeigt, eine Haftungslücke vor allem – aber nicht nur – in den Fällen, in denen der Gläubiger mit dem gescheiterten Vertrag einen ideellen oder konsumtiven Zweck verfolgt. Diese für Verbraucher erfreuliche Regelung wird in ihrer Wirkung dadurch beeinträchtigt, dass der Anspruch ebenso wie der Schadensersatzanspruch verschuldensabhängig ist.

11 Siehe Kapitel 5.4.4.

12 Siehe Kapitel 6.7.2.

4.4 Unmöglichkeit

Zu den verschiedenen Formen der Leistungsstörungen zählt die Unmöglichkeit. Unmöglichkeit liegt vor, wenn der Schuldner die geschuldete Leistung überhaupt nicht (mehr) erbringen kann. In diesem Fall stellen sich aus Sicht der Vertragspartner typischerweise drei zentrale Fragen:

Schuldner leistet überhaupt nicht

Zentrale Fragestellungen

- Welche Auswirkungen hat die Unmöglichkeit auf die Leistungspflicht des Schuldners, also z. B. die Lieferpflicht des Verkäufers aus § 433 Abs. 1 S. 1 BGB?
- Unter welchen Voraussetzungen bestehen Ansprüche des Gläubigers, insbesondere auf Schadensersatz?
- Und bei gegenseitigen Verträgen: Was geschieht mit der Gegenleistung, etwa der Pflicht des Käufers zur Zahlung nach § 433 Abs. 2 BGB?

Die Konsequenzen der Unmöglichkeit für die Leistungspflicht des Schuldners hat der Gesetzgeber in § 275 BGB geregelt. Hingegen ist für das Schicksal der Gegenleistung § 326 BGB die maßgebliche Vorschrift. Die wichtigsten Ansprüche sind – je nach Art der Unmöglichkeit – die Ansprüche des Gläubigers auf Schadensersatz nach §§ 280 Abs. 1, 3, 283 BGB oder § 311a Abs. 2 BGB. In diesem Unterkapitel werden die wesentlichen Erscheinungsformen und Rechtsfolgen der Unmöglichkeit vorgestellt.

4.4.1 Unmöglichkeit der Leistung

Unmöglichkeit

Eine Leistung wird unmöglich, wenn diese weder durch den Schuldner noch durch einen sonstigen Dritten erbracht werden kann, § 275 BGB. Unmöglichkeit liegt etwa dann vor, wenn die Kaufsache nach Vertragsschluss vollständig zerstört wird.[13]

13 Die traditionelle Unterscheidung zwischen subjektiver und objektiver, anfänglicher und nachträglicher Unmöglichkeit verliert zunehmend an Bedeutung. Die Unterscheidung zwischen subjektiver (der Schuldner kann die Leistung nicht erbringen) und objektiver (niemand kann die Leistung erbringen) Unmöglichkeit hat im BGB keine Bedeutung mehr. Die Unterscheidung zwischen anfänglicher (also vor Vertragsschluss gegebener) und nachträglicher (nach Vertragsschluss eingetretener) Unmöglichkeit führt zwar bei Schadensersatzansprüchen zur Anwendung unterschiedlicher Gesetzesbestimmungen, §§ 280 Abs. 1, 3, 283 BGB oder § 311a Abs. 2 BGB. Diese unterscheiden sich aber lediglich im offensichtlich unterschiedlichen Anknüpfungspunkt für das Verschulden.

Besonderheiten beim Gattungskauf

Im Rahmen der Unmöglichkeit wird die Unterscheidung zwischen Stückschuld und Gattungsschuld[14] relevant. Bei der Stückschuld ist nur eine ganz bestimmte Sache geschuldet, etwa ein besonderes Gemälde oder ein konkreter gebrauchter Gegenstand (z. B. Gebrauchtwagen, alte „Vespa" usw.). Geht diese bestimmte Sache unter, liegt Unmöglichkeit vor. Demgegenüber bleibt bei der Gattungsschuld die Leistung an sich möglich so lange noch Sachen aus der Gattung auf dem Markt verfügbar sind. Unmöglichkeit tritt erst ein, wenn entweder die ganze Gattung untergeht oder aber sich die Gattungsschuld schon zu einer Stückschuld konkretisiert hat und diese untergeht. Die sog. Konkretisierung erfolgt, sobald der Schuldner im Sinne von § 243 Abs. 2 BGB das zur Leistung „seinerseits Erforderliche getan" hat. Was das ist, hängt wiederum entscheidend davon ab, ob eine Hol-, Schick- oder Bringschuld vorliegt.[15]

Tablet-PC ade I

Beim ersten Fall unter „Stellen Sie sich vor, ... " am Beginn dieses Kapitels ist zunächst fraglich, ob Unmöglichkeit vorliegt. Bei den neuen Tablets handelt es sich um Massenartikel und damit um eine Gattungsschuld. Hier war vereinbart, dass K die Geräte bei V abholt. Im Fall der Holschuld hat der Schuldner das seinerseits Erforderliche bereits getan, wenn er eine Gattungssache mittlerer Art und Güte ausgesondert und den Gläubiger benachrichtigt hat. Indem V die für K bestimmten Geräte getrennt gelagert und ihn informiert hat, ist folglich Konkretisierung eingetreten und die Gattungsschuld wurde zur Stückschuld. Mit Vernichtung der 50 Tablets ist daher Unmöglichkeit eingetreten.

4.4.2 Rechtsfolgen

Vertrag bleibt wirksam

Liegt Unmöglichkeit vor, ändert dies nichts an der Wirksamkeit des abgeschlossenen Vertrags.

Ausschluss der Leistungspflicht nach § 275 BGB

Der Schuldner wird aber nach § 275 Abs. 1 BGB bei jeder Form von Unmöglichkeit von seiner Leistungspflicht frei, muss also die ursprünglich geschuldete Leistung nicht mehr erbringen. Dahinter steht der Gedanke, dass etwas Unmögliches von niemandem verlangt werden kann.

14 Siehe dazu oben Kapitel 3.8.5.

15 Vgl. hierzu bereits Kapitel 3.8.6.

Tablet-PC ade II
Beim ersten Fall von „Stellen sie sich vor, ... " am Beginn des Kapitels muss daher V die 50 Tablets nicht liefern. Seine Leistungspflicht hat sich durch die Aussonderung und Aufforderung zur Abholung auf die vernichteten 50 Stück konkretisiert.

Ansprüche

Dem Gläubiger stehen infolge der Leistungsbefreiung des Schuldners, quasi als „Ausgleich", die in § 275 Abs. 4 BGB aufgezählten Ansprüche zu: Schadensersatz statt der Leistung, §§ 280 Abs. 1, 3, 283 BGB oder § 311a Abs. 2 BGB, Aufwendungsersatz, § 284 BGB, Herausgabe des Ersatzes, § 285 BGB, und ein Rücktrittsrecht, § 326 Abs. 5 BGB.

Schadensersatz

Von besonderer Bedeutung sind i. d. R. Schadensersatzansprüche. Im Fall nachträglicher Unmöglichkeit richtet sich der Anspruch auf Schadensersatz statt der Leistung nach §§ 280 Abs. 1, 3, 283 BGB. Er setzt voraus, dass
- ein Schuldverhältnis besteht,
- eine Pflichtverletzung in Form der Nichtleistung wegen nachträglicher Unmöglichkeit gemäß § 275 BGB vorliegt und
- der Schuldner das Leistungshindernis zu vertreten hat nach § 276 BGB, was gemäß § 280 Abs. 1 S. 2 BGB vermutet wird.

Tablet-PC ade III
Wenn K im Eingangsfall „Stellen Sie sich vor, ... " sich die 50 Tablets infolge der Explosion bei einem anderen Händler zu einem höheren Preis beschaffen muss, kann er die Mehrkosten dieses Deckungsgeschäfts von V nach §§ 280 Abs. 1, 3, 283 BGB erstattet verlangen. Zwischen V und K besteht ein wirksamer Kaufvertrag. V hat seine Pflicht aus § 433 Abs. 1 S. 1 BGB verletzt, indem er gemäß § 275 Abs. 1 BGB aufgrund nachträglicher objektiver Unmöglichkeit von der Leistung frei wurde. Da V die Zerstörung der Tablets laut Sachverhalt fahrlässig herbeigeführt hat, liegt auch Verschulden vor, § 276 BGB. Durch die Pflichtverletzung ist K ein erstattungsfähiger Schaden in Höhe der Mehrkosten des Deckungskaufs entstanden.[16]

Auswirkungen auf die Gegenleistung

Schließlich ist bei allen gegenseitigen Verträgen klärungsbedürftig, wie sich die Unmöglichkeit der Leistung – z. B. der Lieferung durch den Verkäufer – auf die an sich geschuldete Gegenleistung – z. B. Kaufpreiszahlung durch den Käufer – auswirkt. Hier gilt nach § 326 Abs. 1 S. 1 BGB der einleuchtende Grundsatz, dass der Schuldner den Anspruch

---

16 Im Fall anfänglicher Unmöglichkeit ergibt sich ein Schadensersatzanspruch aus § 311 a BGB. Hätte also V die 50 Tablet-PCs nie beschaffen können und sie trotzdem an K verkauft, dann würde sich ein Schadensersatzanspruch wegen eines Deckungsgeschäfts aus § 311 a BGB ergeben.

auf die Gegenleistung verliert, wenn er selbst nach § 275 BGB nicht zu leisten braucht.[17]

4.5 Verzug

§§ 280, 286 ff. BGB

Beim Schuldnerverzug erbringt der Schuldner die von ihm geschuldete fällige Leistung nicht rechtzeitig, obwohl die Leistungserbringung prinzipiell möglich ist. Hat er den Verzug schuldhaft herbeigeführt, kann der Gläubiger gemäß §§ 280 Abs. 1 und 2, 286 BGB neben der Leistung zusätzlich den Verzögerungsschaden ersetzt verlangen (hierzu nachfolgend 4.5.1 bis 4.5.6). Hat der Gläubiger kein Interesse mehr an der geschuldeten Leistung, kann er unter den Voraussetzungen von §§ 280 Abs. 1 und 3, § 281 Abs. 1 BGB Schadensersatz statt der Leistung verlangen (dazu 4.5.7) oder nach § 323 Abs. 1 BGB vom Vertrag zurücktreten (siehe 4.5.8).

Demgegenüber ist der Gläubigerverzug nach §§ 293 ff. BGB dadurch gekennzeichnet, dass der Gläubiger die ihm ordnungsgemäß angebotene Leistung nicht annimmt oder eine gebotene Mitwirkungshandlung (z. B. Abholung der bestellten Ware) nicht vornimmt. Die Rechtsfolgen des Gläubigerverzugs sind in den §§ 300 ff. BGB geregelt. Da der Gläubigerverzug in der Praxis weit seltener vorkommt, beschränkt sich die nachfolgende Darstellung auf den Schuldnerverzug.

4.5.1 Nichterbringung der möglichen Leistung zum richtigen Zeitpunkt

Die Voraussetzungen des Schuldnerverzugs sind in § 286 BGB geregelt. Danach gerät der Schuldner in Verzug, wenn er auf eine Mahnung des Gläubigers, die nach Eintritt der Fälligkeit erfolgt ist, nicht leistet, § 286 Abs. 1 BGB.

Schuldverhältnis

Da das Gesetz von einem *Schuldner* und einem *Gläubiger* spricht, muss zunächst ein wirksames Schuldverhältnis vorliegen, aus dem ein

17 Da gemäß § 326 Abs. 1 S. 1 BGB die Gegenleistungspflicht des Gläubigers automatisch entfällt, spielt der Rücktritt nach § 326 Abs. 5 BGB bei der Unmöglichkeit kaum eine Rolle. Ausnahmen von diesem Grundsatz, dass die Gegenleistung entfällt, enthalten § 326 Abs. 1 S. 1 Hs. 2 bis Abs. 3 BGB. So bleibt der Gegenleistungsanspruch gemäß § 326 Abs. 2 S. 1 BGB etwa dann bestehen, wenn der Gläubiger die Unmöglichkeit zu verantworten hat.

Anspruch des Gläubigers auf Erbringung einer Leistung resultiert. Dies wird zumeist ein Vertragsverhältnis sein (z. B. Kaufvertrag oder Werkvertrag). Die geschuldete Leistung wird vom Schuldner nicht bzw. nicht rechtzeitig erbracht. Er verletzt damit eine Pflicht aus dem Schuldverhältnis, § 280 Abs. 1 S. 1 BGB.

4.5.2 Fälligkeit und Durchsetzbarkeit des Anspruchs des Gläubigers

Fälligkeit und Durchsetzbarkeit des Anspruchs

Weitere nicht im Gesetz geregelte Voraussetzung des Verzugs ist, dass der Anspruch des Gläubigers auf die Leistung fällig und durchsetzbar sein muss. Der Anspruch ist fällig, wenn der Gläubiger die Leistung verlangen kann. Gemäß § 271 Abs. 1 BGB ist dies im Zweifel „sofort" der Fall. Die Fälligkeit kann aber auch hinausgeschoben sein, wenn die zugrunde liegende Forderung „gestundet" oder für die Leistung ein konkreter Leistungszeitpunkt vereinbart wurde. Der Anspruch ist durchsetzbar, wenn ihm keine Einwendungen oder Einreden entgegenstehen. Solange sich der Schuldner auf eine Einwendung bzw. Einrede berufen kann, kommt er nicht in Verzug.

Die fehlgeschlagene Kartoffellieferung

Gemüsehändler K bestellt bei dem Landwirt V 5 Zentner Kartoffeln. Die Kartoffeln sollen von V am 3.3. gegen Barzahlung geliefert werden. Als V am 3.3. bei K erscheint, ist dieser nicht zahlungsfähig. V lehnt die Auslieferung der Kartoffeln daraufhin ab und zieht wieder von dannen. Befindet sich V nunmehr in Verzug mit seiner Lieferverpflichtung?

Die Frage ist zu verneinen. Zwar hat K nach dem geschlossenen Kaufvertrag einen fälligen Anspruch auf die Lieferung der Kartoffeln. Dem V war die Lieferung auch möglich. Da die Auslieferung der Kartoffeln von der gleichzeitigen Bezahlung abhängig gemacht wurde, kann sich V aber auf die „Einrede des nicht erfüllten Vertrages" (§ 320 Abs. 1 BGB) berufen[18]. V ist daher nicht in Schuldnerverzug geraten.

4.5.3 Mahnung des Gläubigers

Mahnung

Als weitere Voraussetzung verlangt das Gesetz eine Mahnung seitens des Gläubigers. Unter „Mahnung" versteht man die an den Schuldner gerichtete Aufforderung, die geschuldete Leistung nunmehr zu erbringen. Sie ist eine nicht formgebundene, empfangsbedürftige Erklärung,

---

18 Grundsätzlich ist bereits das Bestehen der Voraussetzungen der Einrede ausreichend, um den Eintritt des Schuldnerverzuges zu verhindern, BGH, Urteil vom 7. 10. 1998 – VIII ZR 100/97, NJW 1999, 53.

auf die die Vorschriften über Willenserklärungen entsprechend anzuwenden sind. Sie braucht nicht den Begriff „Mahnung" zu enthalten, muss aber klar, eindeutig und nachdrücklich formuliert sein. Höfliche Bitten, der Schuldner möge sich zu seiner Leistungsbereitschaft erklären oder Anfragen, bis wann mit einer Erbringung der geschuldeten Leistung gerechnet werden könne, erfüllen nicht die Anforderungen an eine Mahnung. Eine Androhung von rechtlichen Konsequenzen ist demgegenüber nicht erforderlich.

Entbehrlichkeit der Mahnung

Eine Mahnung ist nicht immer zwingend erforderlich. § 286 Abs. 2 und 3 BGB enthalten einige in der Praxis häufige Ausnahmetatbestände, bei denen der Eintritt des Verzugs nicht von einer Mahnung abhängt:

– Es ist für die Leistung eine Zeit nach dem Kalender bestimmt, § 286 Abs. 2 Nr. 1 BGB.

Verpackungsmaschine I

V verkauft an K eine Verpackungsmaschine. Im Kaufvertrag ist geregelt, dass V die Maschine am 30. Mai liefern muss. Die Maschine wird an diesem Tag jedoch nicht geliefert. Es bedarf keiner Mahnung seitens des K, um V wirksam in Verzug zu setzen, da der Liefertermin kalendarisch eindeutig bestimmt war. Wenn V an dem fraglichen Tag nicht liefert, gerät er ohne Mahnung in Verzug.

– Der Leistung muss ein Ereignis vorausgehen und es muss eine angemessene Zeit für die Leistung in der Weise bestimmt werden, dass sie sich von dem Ereignis an nach dem Kalender berechnen lässt, § 286 Abs. 2 Nr. 2 BGB. Ein solches Ereignis, das als Ausgangspunkt einer kalendermäßigen Berechnung dienen kann, ist z. B. eine Kündigung, die Lieferung oder die Erteilung einer Rechnung.

Verpackungsmaschine II

V verkauft an K eine Verpackungsmaschine. Im Kaufvertrag ist geregelt, dass V die Maschine binnen vier Wochen „nach Abruf" durch K liefern muss. Nachdem K den Abruf erklärt hat, wird die Maschine nicht innerhalb des genannten Zeitraums geliefert. Auch hier bedarf es keiner Mahnung seitens des K, um V wirksam in Verzug zu setzen, denn in dem geschlossenen Kaufvertrag wurde der Lieferzeitpunkt von einem Ereignis, nämlich dem Abruf der verkauften Maschine abhängig gemacht. Die vierwöchige Frist beginnt mit dem Zugang der Abruferklärung und lässt sich in einfacher Weise berechnen. Unterstellt, dass die vier Wochen einen angemessenen Zeitraum für die Lieferung darstellen, gerät V somit ohne Mahnung in Verzug.

- Der Schuldner verweigert ernsthaft und endgültig seine Leistung, § 286 Abs. 2 Nr. 3 BGB.

Der Liebhaber
V verkauft an K einen Oldtimer. Wenig später bereut V den Verkauf des Liebhaberstücks. Als K die Übergabe fordert, erklärt V, dass er den Oldtimer nicht bekomme, „auch wenn er sich auf den Kopf stelle". Einer Mahnung des K, um V wirksam in Verzug zu setzen, bedarf es hier ebenfalls nicht, weil V die Lieferung des verkauften Fahrzeugs unmissverständlich abgelehnt hat. Eine Mahnung wäre offensichtlich zwecklos. V gerät somit auch ohne Mahnung in Verzug.

- Der sofortige Eintritt des Verzugs, d. h. ohne vorherige Mahnung, ist aus besonderen Gründen unter Abwägung der beiderseitigen Interessen gerechtfertigt, § 286 Abs. 2 Nr. 4 BGB.
- Der Schuldner einer Entgeltforderung leistet nicht innerhalb von 30 Tagen nach Fälligkeit und Zugang einer Rechnung oder gleichwertigen Zahlungsaufstellung. Ist der Schuldner Verbraucher, muss er auf den automatischen Verzugseintritt ohne Mahnung in der Rechnung oder Zahlungsaufstellung besonders hingewiesen werden, § 286 Abs. 3 BGB. Von der 30-Tage-Regelung werden nur „Entgeltforderungen", d. h. Forderungen, denen eine Gegenleistung gegenübersteht (z. B. bei Lieferung von Waren oder Erbringung von Dienstleistungen), erfasst.[19]. Nicht hierunter fallen etwa Schadensersatz- oder Bereicherungsansprüche. Zu beachten ist ferner, dass es sich bei dieser Bestimmung um eine „Spätestens-Regelung" handelt. Ist in der Rechnung ein früherer Zahlungstermin angegeben oder gilt ein solcher entsprechend der Üblichkeit als stillschweigend vereinbart (z. B. Sofortzahlung im Restaurant), ist der frühere Termin maßgeblich.

Verpackungsmaschine III
V verkauft an den Unternehmer K eine Verpackungsmaschine und übersendet ihm wenig später eine Rechnung ohne Angabe einer Zahlungsfrist. Die Rechnung geht K am 1.10. zu. K leistet in den folgenden 30 Tagen keine Zahlung. Bedarf es einer Mahnung des V, um K wirksam in Verzug zusetzen?
Nein! Mangels einer abweichenden Bestimmung ist der Kaufpreisanspruch des V sofort fällig geworden, § 271 Abs. 1 BGB. Die 30-Tagesfrist begann mit Rechnungszugang am 02.10., 00.00 Uhr zu laufen (§ 187 Abs. 1 BGB) und endete am 31.10., 24.00 Uhr (§ 188 Abs. 1 BGB). Bei der Kaufpreisforderung handelt es sich um eine Entgeltforderung, da sie von der Lieferung einer Ware abhängig ist. Da somit alle Voraussetzungen des § 286 Abs. 3 BGB erfüllt sind, ist K ohne

19 BT-Drs 14/7052 S. 276

Mahnung in Verzug geraten. Eines besonderen Hinweises auf diese rechtliche Folge bedurfte es nicht, da es sich bei K nicht um einen Verbraucher handelt.

Vereinbarungen über Verzugsfristen unterliegen der Inhaltskontrolle des § 271a BGB.

4.5.4 Vertretenmüssen der Verspätung

Vertretenmüssen

Der Eintritt des Verzugs setzt gemäß § 286 Abs. 4 BGB voraus, dass die Verspätung der Leistung auf einen Umstand zurückzuführen ist, den der Schuldner zu vertreten hat. Der Schuldner muss die Verspätung der Leistung somit vorsätzlich oder fahrlässig herbeigeführt haben, § 276 Abs. 1 BGB. Die negative Formulierung des § 286 Abs. 4 BGB („der Schuldner kommt nicht in Verzug“) soll klarstellen, dass im Streitfall der Schuldner darlegen und beweisen muss, dass er die Verspätung der Leistung nicht zu vertreten hat.[20] Es handelt sich somit um eine vom Gesetzgeber angeordnete Beweislastumkehr, die die Rechtsposition des Gläubigers stärken soll.

Verpackungsmaschine IV

V verkauft K eine Verpackungsmaschine. Als V die Maschine an dem vereinbarten Termin ausliefern will, stellt er fest, dass K zwischenzeitlich unbekannt verzogen ist, ohne dies vorher mitgeteilt zu haben. V muss die neue Lieferadresse mühsam recherchieren und kann die Maschine deshalb erst verspätet liefern. Ist V im vorliegenden Falle in Verzug geraten?

Die Frage ist zu verneinen. V hat die Verspätung der Lieferung nicht zu vertreten, weil er von dem Umzug des K keine Kenntnis hatte und mit der Änderung der Lieferanschrift nicht zu rechnen brauchte. Er kann sich somit entlasten.

4.5.5 Verzögerungsschaden beim Gläubiger

Verzögerungsschaden

Infolge der Verspätung der Leistung muss beim Gläubiger ein Schaden eingetreten sein. Insoweit wird von einem Verzögerungsschaden bzw. einem Verspätungsschaden gesprochen. Typische Verzögerungsschäden sind Kosten für die Anmietung eines Ersatzgegenstands, Rechtsverfolgungskosten, Kosten für die Einschaltung eines Inkassobüros, Produktionsausfallkosten und entgangener Gewinn.

Stellen Sie sich vor …

Im Fall „Stellen Sie sich vor … “ war die Fertigstellung der Wohnung zum 15.9. fällig. Eine Mahnung war nach § 286 Abs. 1 Nr. 1 BGB

---

20 Die Regelung entspricht daher sachlich dem § 280 Abs. 1 S. 2 BGB, s. o. 4.3.4

entbehrlich. Der Bauträger hat nicht dargelegt, warum die Verzögerung des Subunternehmers, die er sich nach § 278 BGB zurechnen lassen muss, entschuldigt sein sollte. Der Schaden des Bauherrn umfasst jedenfalls die Hotelkosten und die Kosten für die Einlagerung der Möbel. Diesen Schaden muss der Bauträger ersetzen.

4.5.6 Rechtsfolgen des Verzugs

Weiterhin Anspruch auf Leistung; zusätzlich Anspruch auf Schadensersatz

Der Verzug lässt den Erfüllungsanspruch des Gläubigers unberührt. Der Schuldner bleibt somit weiterhin zur Erbringung der geschuldeten Leistung verpflichtet. Der Schuldner wird jedoch zusätzlich verpflichtet, dem Gläubiger den durch den Verzug entstandenen Schaden zu ersetzen, § 280 Abs. 1 und 2 BGB. Weil der Schadensersatzanspruch neben den fortbestehenden Erfüllungsanspruch tritt, spricht man insoweit von „Schadensersatz neben der Leistung“. Hierbei ist der Gläubiger so zu stellen, wie er bei rechtzeitiger Erbringung der geschuldeten Leistung vermögensmäßig stehen würde. Der Umfang des Schadensersatzes richtet sich nach den allgemeinen Vorschriften der §§ 249 ff. BGB.

Der Produktionsausfall

V verkauft dem Limonadenhersteller K eine Maschine zum Abfüllen von Getränkedosen. Im Kaufvertrag ist geregelt, dass V die Maschine am 1.6. ausliefern muss. V lässt sich Zeit und liefert die Maschine erst zum 24.6. an K aus. Da K in dem fraglichen Zeitraum keine Getränkedosen produzieren kann, erleidet er eine Gewinneinbuße in Höhe von 30.000 €. Kann K den entgangenen Gewinn von V ersetzt verlangen?

K hat gegen V einen Anspruch auf Ersatz des ihm entgangenen Gewinns in Höhe von 30.000 € wegen Verzugs aus §§ 280 Abs. 1 und 2, 286 Abs. 1, Abs. 2 Nr. 1 BGB, da K den vereinbarten Liefertermin nicht einhält und daher ohne Mahnung in Verzug gerät. Das Verschulden des V wird vermutet.

Verzugszinssatz

Bei Geldschulden kann der Gläubiger im Verzugsfalle gemäß § 288 Abs. 1 BGB eine Verzinsung der offenen Forderung beanspruchen. Der Verzugszins beträgt pro Jahr 5 Prozentpunkte über dem jeweils gültigen Basiszinssatz (§ 247 BGB). Ist ein Verbraucher an dem Rechtsgeschäft nicht beteiligt, beträgt der Zinssatz sogar 9 Prozentpunkte über dem jeweils gültigen Basiszinssatz, § 288 Abs. 2 BGB. Hat der Gläubiger durch den Verzug des Schuldners einen höheren Schaden erlitten, kann er ggf. höhere Zinsen geltend machen, § 288 Abs. 4 BGB.

Ist der Schuldner kein Verbraucher, kann der Gläubiger einer Geldschuld im Falle des Verzugs zusätzlich eine Pauschale von 40 Euro verlangen, § 288 Abs. 5 BGB. Sie soll die Kosten der Beitreibung der Forderung abdecken.

Zinsschaden und Pauschale
V hat eine fällige Kaufpreisforderung in Höhe von 10.000 € gegen K, die dieser trotz mehrfacher Mahnungen nicht begleicht. V nimmt einen Bankkredit in Anspruch, für den er 11,25 % Zinsen p.a. zu zahlen hat. Hätte K seine Verbindlichkeit pünktlich beglichen, hätte V den Kredit in Höhe von 10.000 € an die Bank zurückführen können. V kann nicht nur die weiteren Zinsen von K erstattet verlangen, sondern zusätzlich auch pauschal 40 Euro.

Darüber hinaus regelt § 287 BGB eine verschärfte Haftung des Schuldners während des Verzugs.

4.5.7 Verzug und Schadensersatz statt der Leistung

Schadensersatz statt der Leistung

Im Regelfall wird der Gläubiger trotz des Verzugs noch Interesse an der verspäteten Erfüllung der geschuldeten Leistung haben und deshalb gemäß §§ 280 Abs. 1 und 2, 286 BGB den reinen Verzögerungsschaden vom Schuldner ersetzt verlangen. Es sind aber auch Fälle denkbar, in denen der Gläubiger infolge des Verzugs keinen Wert mehr auf die Leistungserbringung legt, weil er mit einer verspäteten Leistung nichts mehr anfangen kann. In diesem Falle kann der Gläubiger den aus der Nichterfüllung des Vertrags resultierenden Schaden (z. B. entgangener Gewinn oder Mehrkosten aus einem Deckungskauf) ersetzt verlangen. Anspruchsgrundlage wäre dann §§ 280 Abs. 1 und Abs. 3, 281 Abs. 1 BGB.[21] Weil der Schadensersatzanspruch an die Stelle der entfallenen Leistung tritt, spricht man insoweit von „Schadensersatz statt der Leistung".[22]

Fristsetzung; ggf. entbehrlich

Zu beachten ist, dass bei diesem Schadensersatzanspruch keine Mahnung gegenüber dem Schuldner erforderlich ist. Vielmehr verlangt das Gesetz, dass der Gläubiger dem Schuldner erfolglos eine angemessene Frist zur Nachholung der Leistung gesetzt hat, § 281 Abs. 1 S. 1 BGB. Dem Schuldner muss somit nochmals eine letzte Gelegenheit zur Vertragserfüllung gegeben werden. Die Angemessenheit der Frist ist im

---

21 Zwar verweist § 280 Abs. 3 nicht auf § 286 BGB, sodass die formalen Voraussetzungen des Verzuges eigentlich nicht vorliegen müssen. Es werden aber regelmäßig die tatbestandlichen Voraussetzungen beider Normen erfüllt sein, zumal in der nach § 281 Abs. 1 BGB erforderlichen Fristsetzung stets auch eine Mahnung gesehen werden kann.

22 Mit dem Verlangen von Schadensersatz statt der Leistung verliert der Gläubiger seinen Anspruch auf Vertragserfüllung (§ 281 Abs. 4 BGB).

Einzelfall anhand objektiver Kriterien zu bestimmen.[23] Da der Schuldner seiner Leistungspflicht nicht entsprochen hat, können ihm durchaus größere Anstrengungen zugemutet werden, um die Leistung zügig nachzuholen. Bestimmt der Gläubiger eine zu kurze Frist, ist die Fristsetzung nicht etwa unwirksam. Vielmehr wird hierdurch automatisch eine angemessene Frist in Lauf gesetzt. Gemäß § 281 Abs. 2 BGB kann eine Fristsetzung ausnahmsweise unterbleiben, wenn der Schuldner die Leistung ernsthaft und endgültig verweigert oder wenn besondere Umstände vorliegen, die unter Abwägung der beiderseitigen Interessen die sofortige Geltendmachung des Schadensersatzanspruchs rechtfertigen.

Damit ergeben sich für den Anspruch auf Schadensersatz statt der Leistung gemäß §§ 280 Abs. 1 und 3, 281 Abs. 1 BGB zusammenfassend folgende Voraussetzungen:

- Bestehen eines Schuldverhältnisses
- Pflichtverletzung durch Nichterbringung einer möglichen, fälligen und durchsetzbaren Leistung
- Erfolgloser Ablauf einer dem Schuldner gesetzten angemessenen Nachfrist (falls nicht gemäß § 281 Abs. 2 BGB entbehrlich)
- Vertretenmüssen des Schuldners nach § 276 BGB, was gemäß § 280 Abs. 1 S. 2 BGB vermutet wird
- Dem Gläubiger muss ein Schaden entstanden sein.
- Der Schaden muss durch die Nichterbringung der Leistung verursacht worden sein.

Liebhaberstück

Der Kunsthändler K kauft von V eine chinesische Vase aus der Zeit der Ming-Dynastie zum Preis von 30.000 €. Im Kaufvertrag ist geregelt, dass V die Vase am 1.7. übergeben muss. K hat geplant, das Liebhaberstück an den begeisterten Sammler S zum Preis von 35.000 € weiterzuverkaufen. Nachdem V ohne ersichtlichen Grund nicht liefert, setzt K ihm nochmals eine Frist zur Lieferung der Vase bis 15.7. V zeigt weiterhin keine Reaktion. Zwischenzeitlich hat sich S für eine andere Ming-Vase entschieden, sodass der Weiterverkauf nicht zustande kommt. Kann K den ihm entgangenen Gewinn von V ersetzt verlangen?

K hat gegen V einen Anspruch auf Ersatz des ihm entgangenen Gewinns in Höhe von 5.000 € wegen Verzugs aus §§ 280 Abs. 1 und 3, 281 Abs. 1 BGB, denn V hat seine Lieferpflicht weder zum vereinbarten Termin noch während der gesetzten Nachfrist erfüllt. Die Nichterbringung der Leistung hat V zu vertreten. Dies wird gemäß § 280 Abs. 1 S. 2 BGB vermutet.

---

23 Es ist möglich, schon in dem zugrundeliegenden Vertrag eine bestimmte Nachfrist zu vereinbaren. Soweit dies durch AGB geschieht, ist aber § 308 Nr. 2 BGB zu beachten.

4.5.8 Verzug und Rücktritt

§ 323 BGB

Hat bei einem gegenseitigen Vertrag der Gläubiger infolge des Verzugs kein Interesse mehr an der Erbringung der geschuldeten Leistung, hat er außerdem die Möglichkeit, gemäß § 323 Abs. 1 BGB von dem geschlossenen Vertrag zurückzutreten.[24] Der Rücktritt führt zu einem Erlöschen der wechselseitigen Primärleistungspflichten. Bereits ausgetauschte Leistungen sind nach Maßgabe der §§ 346 ff. BGB zurück zu gewähren.

Fristsetzung; ggf. entbehrlich

Wie §§ 280 Abs. 1 und 3, 281 Abs. 1 BGB (siehe 4.5.7) setzt auch der Rücktritt gemäß § 323 Abs. 1 BGB die erfolglose Setzung einer angemessenen Nachfrist zur Leistungserbringung voraus. Eine Nachfristsetzung kann aber gemäß § 323 Abs. 2 BGB in folgenden Fällen unterbleiben:

- Der Schuldner verweigert die Leistung ernsthaft und endgültig.
- Der Schuldner bewirkt die Leistung nicht bis zu einem im Vertrag bestimmten Termin oder innerhalb einer im Vertrag bestimmten Frist, obwohl die termin- oder fristgerechte Leistung nach Mitteilung des Gläubigers an den Schuldner vor Vertragsschluss oder aufgrund anderer den Vertragsschluss begleitender Umstände für den Gläubiger wesentlich ist.
- Es liegen besondere Umstände vor, die unter Abwägung der beiderseitigen Interessen den sofortigen Rücktritt rechtfertigen.

Da es sich beim Rücktrittsrecht um ein Gestaltungsrecht handelt, muss der Gläubiger den Rücktritt nach erfolglosem Fristablauf gegenüber dem Schuldner erklären, § 349 BGB.

Hat der Schuldner die Leistung nicht vollständig, sondern nur teilweise erbracht, kann der Gläubiger von dem geschlossenen Vertrag zurücktreten, wenn die Teilleistung für ihn nicht von Interesse ist, § 323 Abs. 5 S. 1 BGB. Bei einer unerheblichen Pflichtverletzung ist das Rücktrittsrecht gemäß § 323 Abs. 5 S. 2 BGB ausgeschlossen.

Zu beachten ist, dass der Gläubiger das Rücktrittsrecht nur ausüben darf, wenn er sich selbst vertragstreu verhalten hat. Der Rücktritt ist deshalb ausgeschlossen, wenn der Gläubiger für den Eintritt des Rücktrittsgrunds selbst (mit-) verantwortlich ist oder sich bei Eintritt des Rücktrittsgrunds in Verzug mit der Annahme der Leistung befunden hat, § 323 Abs. 6 BGB.

---

24 Der Rücktritt schließt die Möglichkeit, Schadensersatz zu verlangen, nicht aus, § 325 BGB.

Für den Rücktritt gemäß § 323 Abs. 1 BGB müssen somit zusammenfassend folgende Voraussetzungen erfüllt sein:

- Bestehen eines gegenseitigen Vertrags
- Nichterbringung der möglichen, fälligen und durchsetzbaren Leistung
- Erfolgloser Ablauf einer dem Schuldner gesetzten angemessenen Nachfrist (falls nicht gemäß § 323 Abs. 2 BGB entbehrlich)
- Kein Ausschluss des Rücktritts gemäß § 323 Abs. 5 oder 6 BGB
- Erklärung des Rücktritts gemäß § 349 BGB

Der verspätete Reiseführer

K plant eine Reise nach Patagonien und möchte zu diesem Zwecke einen Reiseführer erwerben, den er in einem Katalog entdeckt hat. Er bittet seinen Buchhändler V, den Reiseführer für ihn beim Verlag zu besorgen und erklärt, dass er das Werk wegen des bevorstehenden Reiseantritts unbedingt bis spätestens 1.8. benötige. V ist hiermit einverstanden. Als K den Reiseführer am Nachmittag des 1.8. abholen will, teilt ihm V mit, dass das Buch leider noch nicht eingetroffen sei. Kann K von dem geschlossenen Kaufvertrag zurücktreten?

K kann nach § 323 Abs. 1 BGB von dem geschlossenen Kaufvertrag zurücktreten, weil V den Reiseführer nicht spätestens am 1.8. geliefert hat. Das Setzen einer Nachfrist ist hier gemäß § 323 Abs. 2 Nr. 2 BGB entbehrlich, da die Leistung innerhalb einer bestimmten Frist bewirkt werden soll und K dem V vor Vertragsschluss deutlich gemacht hat, dass die fristgerechte Lieferung für ihn aufgrund des Reiseantritts wesentlich ist. Das Geschäft sollte also mit der fristgerechten Lieferung „stehen oder fallen".[25] K müsste den Rücktritt allerdings noch erklären, da es sich insoweit um ein Gestaltungsrecht handelt, § 349 BGB.

4.6 Schlechtleistung

Eine Schlechtleistung liegt vor allem dann vor, wenn die verkaufte Sache oder das versprochene Werk mangelhaft geliefert oder hergestellt wird oder wenn eine Dienstleistung nicht wie vereinbart erbracht wird. Auf die spezifischen Ausführungen in den Kapiteln 5, 6 und 7 zum Kauf, Werk- und Dienstvertrag wird wegen der Details verwiesen.

---

25 In derartigen Fällen spricht man von einem „relativen Fixgeschäft".

4.7 Sonstige Pflichtverletzungen

§ 241 Abs. 2 BGB

Eine sonstige Pflichtverletzung liegt vor, wenn eine der Pflichten des § 241 Abs. 2 BGB verletzt wird. Nach dieser Regelung sind beide Parteien je nach Ausgestaltung des Schuldverhältnisses zur Rücksicht auf die Rechte, Rechtsgüter und Interessen des anderen Teils verpflichtet. Sonstige Pflichtverletzungen können die Verletzung von Mitwirkungs-, Aufklärungs-, Schutz- oder Treuepflichten sein.

Rechtsfolgen von sonstigen Pflichtverletzungen

Verletzt eine Partei ihre Pflichten aus § 241 Abs. 2 BGB, kann die andere Partei Schadensersatz nach § 280 Abs. 1 BGB wegen des durch diese Pflichtverletzung entstandenen Schadens zusätzlich zur Vertragserfüllung verlangen. Ist die Pflichtverletzung so ernst, dass der anderen Seite ein Festhalten am Vertrag nicht mehr zumutbar ist, kann sie vom Vertrag zurücktreten, § 324 BGB, und/oder Schadensersatz statt der Leistung nach § 282 BGB verlangen.

Wettbewerbswidrige Werbung

Die Werbeagentur W entwickelt für den Kunden K eine Werbekampagne. Ihre Bedenken gegen die rechtliche Zulässigkeit der Werbung teilt W dem K nicht mit. Später wird die Kampagne durch Abmahnungen von Wettbewerbern gestoppt.

Wenn Leistungsgegenstand des Werkvertrags mit W die Erstellung einer Werbekampagne war, dann ist die Prüfung der rechtlichen Zulässigkeit einer solchen Kampagne in der Regel, wenn nichts anderes vereinbart ist, nicht Hauptpflicht aus dem Werkvertrag. Dennoch haftet die Agentur hier nach §§ 280 Abs. 1, 241 Abs. 2 BGB auf Schadensersatz, weil sie dem K ihre Bedenken an der rechtlichen Zulässigkeit nicht mitgeteilt hat. W hat hier ihre Aufklärungspflicht gegenüber ihrem Vertragspartner K verletzt. Dadurch ist K ein Schaden entstanden, der etwa in der Belastung mit den Kosten für die Erstellung einer neuen Konzeption oder den Rechtsberatungskosten im Zusammenhang mit Abmahnungen liegen kann. Hier hat W zudem fahrlässig gehandelt.[26]

Im obigen dritten Eingangsfall wären Sie der Werkstatt gegenüber natürlich auch nach §§ 280 Abs. 1, 241 Abs. 2 BGB schadensersatzpflichtig. Der Fall unterscheidet sich vom vorangegangenen u. a. auch dadurch, dass nicht die Werkstatt, die ja die für diesen Vertrag typische Leistung erbringt, sondern der andere Vertragspartner die vertraglichen Schutzpflichten verletzt. Wird wie im dritten Eingangsfall zugleich eines der Rechtsgüter des § 823 Abs. 1 BGB widerrechtlich und schuldhaft verletzt, ist der Anspruch auf Schadensersatz zugleich auch nach dieser Norm begründet.

---

26 K hat hier nur einen vertraglichen Schadensersatzanspruch. Ein Anspruch aus § 823 Abs. 1 BGB scheidet mangels Rechtsgutsverletzung aus; siehe dazu unten Kapitel 11.

4.8 Übungsfall

Die Firma K vermietet Baukräne an Bauunternehmen. K kauft am 1.4. bei der Firma V einen Baukran XY zum Sonderpreis von 80.000 €. Die Anlieferung des Baukrans sollte nach dem geschlossenen Kaufvertrag bis Ende April erfolgen. Als der Baukran Anfang Mai noch nicht eingetroffen war, fordert K die Firma V mit Schreiben vom 10.5. auf, den Baukran bis spätestens 30.5. zu liefern. Als sich wiederum nichts tut, teilt K der Firma V mit Schreiben vom 31.5. mit, dass er den geschlossenen Kaufvertrag als gegenstandslos betrachte. Am 1.6. kauft K bei einem anderen Händler den Baukran XY zum regulären Preis von 90.000 €. K möchte die Mehrkosten in Höhe von 10.000 € von V ersetzt bekommen. Darüber hinaus verlangt K Erstattung des von ihm erlittenen Mietausfalls für den Monat Mai in Höhe von 2.500 €, weil er den Baukran nicht, wie ursprünglich geplant, ab dem 1.5. vermieten konnte. Firma V meint, K sei nach wie vor zur Abnahme und zur Zahlung des von ihr gekauften Baukrans verpflichtet.

1. Kann V von K Abnahme des Baukrans und Bezahlung des vereinbarten Kaufpreises über 80.000 € verlangen?
2. Kann K von V Erstattung des Mietausfalls für einen Monat in Höhe von 2500 € fordern?
3. Kann K von V die Mehrkosten für den teureren Ersatzkran verlangen?

Zu 1.

V könnte einen Anspruch gegen K auf Abnahme des Baukrans und Bezahlung des vereinbarten Kaufpreises von 80.000 € aus § 433 Abs. 2 BGB haben. Anspruchsgrundlage

Hierfür müsste ein wirksamer Kaufvertrag nach § 433 BGB zwischen V und K bestehen. Laut Sachverhalt ist am 1.4. ein Kaufvertrag zwischen V und K zustande gekommen. Damit ist ein Anspruch des V auf Abnahme und Bezahlung des Kaufpreises zunächst entstanden. Voraussetzungen/ Subsumtion

Der Anspruch könnte aber wieder untergegangen sein, wenn K gemäß § 323 Abs. 1 BGB wirksam von dem geschlossenen Kaufvertrag zurückgetreten wäre. Hierfür müssen folgende Voraussetzungen erfüllt sein:

1) Zwischen V und K müsste ein gegenseitiger Vertrag bestehen. Dies ist nach dem oben Gesagten der Fall. V und K haben einen wirksamen Kaufvertrag geschlossen.

2) V müsste eine ihm obliegende Leistung nicht erbracht haben. Nach dem geschlossenen Kaufvertrag war V verpflichtet, den Baukran

bis „Ende April" zu liefern, § 433 Abs. 1 BGB. Dieser Pflicht ist er nicht nachgekommen.

3) Der Lieferanspruch des K müsste fällig und einredefrei gewesen sein. Gemäß § 192 BGB ist unter „Ende April" der letzte Tag des Monats April zu verstehen. Der Anspruch des K auf Lieferung des Baukrans war somit am 30.4. fällig. Das Bestehen von Einreden gegen den Anspruch ist nicht ersichtlich.

4) Weiterhin wird vorausgesetzt, dass der Gläubiger dem Schuldner eine angemessene Nachfrist zur Leistungserbringung gesetzt hat. Laut Sachverhalt hat K dem V mit Schreiben vom 10.5. eine Nachfrist bis 30.5. gesetzt. Die Nachfrist ist dem Schuldverhältnis entsprechend als angemessen anzusehen.

5) Die dem V gesetzte Nachfrist müsste erfolglos abgelaufen sein. Auch diese Voraussetzung ist erfüllt. K hat den Baukran nicht bis zum 30.5. geliefert.

6) K müsste den Rücktritt gegenüber V erklärt haben, § 349 BGB. Dies ist geschehen. Laut Sachverhalt hat K dem V mit Schreiben vom 31.5. erklärt, dass er den geschlossenen Kaufvertrag als gegenstandslos betrachte. Hierin ist eine Rücktrittserklärung zu sehen.

7) Anhaltspunkte für einen Ausschluss des Rücktrittsrechts gemäß § 323 Abs. 5 und 6 BGB bestehen nicht.

Da K somit wirksam von dem mit V vereinbarten Kaufvertrag zurückgetreten ist, ist der Anspruch des V aus § 433 Abs. 2 BGB erloschen.

Ergebnis

V kann von K nicht die Abnahme des Baukrans und die Bezahlung des Kaufpreises (80.000 €) beanspruchen.

Zu 2.

Anspruchsgrundlage

K könnte einen Anspruch gegen V auf Erstattung des von ihm erlittenen Mietausfalls für den Monat Mai in Höhe von 2.500 € aus §§ 280 Abs. 1 und 2, 286 BGB haben.[27]

Voraussetzungen/Subsumtion

1) Hierfür müsste zunächst ein wirksames Schuldverhältnis zwischen V und K bestanden haben. Dies ist der Fall, da beide einen wirksamen Kaufvertrag gemäß § 433 BGB geschlossen haben (s. o.).

2) V müsste eine mögliche Leistung nicht zum richtigen Zeitpunkt erbracht haben. Nach dem geschlossenen Kaufvertrag war V verpflichtet, die Maschine bis „Ende April" zu liefern, § 433 Abs. 1 BGB. Die-

---

27 Bei dem Mietausfall handelt sich um einen klassischen Verzögerungsschaden (Schadensersatz neben der Leistung), da er auch bei einer gedachten späteren Nachholung der Leistung nicht mehr wegfallen würde. Deshalb wäre es falsch, an dieser Stelle die Anspruchsgrundlage §§ 280 Abs. 1 und 3, 281 BGB (Schadensersatz statt der Leistung) zu prüfen.

ser Pflicht ist er nicht nachgekommen. Mangels anderweitiger Sachverhaltsangaben ist zu unterstellen, dass die Lieferung möglich gewesen war.

3) Der Lieferanspruch des K müsste fällig und einredefrei gewesen sein. Dies ist nach dem oben Gesagten (siehe 1.3)) der Fall.

4) Um den Verzug zu begründen, ist gemäß § 286 Abs. 1 BGB grundsätzlich eine Mahnung erforderlich. Eine solche kann in der mit Schreiben vom 10.5. erfolgten Fristsetzung gesehen werden. Eine Mahnung wäre hier aber gemäß § 286 Abs. 2 Nr. 1 BGB ohnehin entbehrlich, weil der Liefertermin kalendarisch bestimmt war (30.4.).

5) V müsste die Nichteinhaltung des Liefertermins zu vertreten haben. Dies wird gemäß §§ 280 Abs. 1 S. 2, 286 Abs. 4 BGB vermutet und ist von V nicht widerlegt worden.

6) Durch den Verzug muss bei K ein Verzögerungsschaden eingetreten sein. Im Monat Mai konnte K den Kran nicht vermieten und hat infolgedessen einen Mietausfall von 2.500 € erlitten. Der Mietausfall geht kausal auf den Verzug zurück.

Ergebnis

K hat einen Anspruch gegen V auf Ersatz des von ihm im Monat Mai erlittenen Mietausfalls in Höhe von 2.500 €.

Zu 3.

Anspruchsgrundlage

K könnte gegen V darüber hinaus einen Anspruch auf Ersatz der Mehrkosten für den am 1.6. getätigten Kauf des anderen (teureren) Baukrans in Höhe von 10.000 € aus §§ 280 Abs. 1 und 3, 281 Abs. 1 BGB haben.[28]

Voraussetzungen/ Subsumtion

1) Zwischen K und V müsste ein wirksames Schuldverhältnis begründet worden sein. Dies ist nach dem oben Gesagten der Fall (Kaufvertrag).

2) V müsste eine mögliche Leistung nicht erbracht haben. Auch diese Voraussetzung ist erfüllt, da V, wie bereits geprüft, seiner Lieferverpflichtung nicht nachgekommen ist.

3) Der Lieferanspruch des K müsste fällig und einredefrei gewesen sein. Dies wurde bereits bejaht.

4) § 281 Abs. 1 BGB setzt ferner voraus, dass der Gläubiger dem Schuldner eine angemessene Nachfrist zur Leistungserbringung gesetzt hat. Die Nachfristsetzung ist laut Sachverhalt erfolgt (s. o.).

5) Die Nachfrist müsste erfolglos abgelaufen sein. Auch dies ist laut Sachverhalt geschehen (s. o.).

28 Die durch den sogenannten Deckungskauf angefallenen Mehrkosten beruhen auf der Nichterfüllung des geschlossenen Kaufvertrags. Der Schadensersatz tritt an die Stelle der entfallenen Leistung („Schadensersatz statt der Leistung"), sodass §§ 280 Abs. 1 und 3, 281 Abs. 1 BGB als Anspruchsgrundlage einschlägig ist.

6) V müsste die Nichterbringung der von ihm geschuldeten Lieferung zu vertreten haben. Dies wird gemäß § 280 Abs. 1 S. 2 BGB vermutet.

7) Durch die Nichterfüllung der Lieferverpflichtung müsste bei K ein Schaden entstanden sein. Dies ist zu bejahen. Weil die Lieferung unterblieben ist, sah sich K gezwungen, denselben Baukran bei einem anderen Händler zu erwerben. Hierfür musste er Mehrkosten in Höhe von 10.000 € aufwenden.

Ergebnis

K kann die Mehrkosten aus dem von ihm getätigten Kauf eines anderen Baukrans in Höhe von 10.000 € von V ersetzt verlangen.

4.9 Zusammenfassung

Leistungsstörungen im Schuldverhältnis treten ein, wenn eine der Parteien ihre Pflichten aus einem Vertrag verletzt.

Leistungsstörungen sind die Nichtleistung wegen Unmöglichkeit, die Zuspätleistung, die Schlechtleistung und die Nebenpflichtverletzung.

Ist die Leistung des Schuldners gestört, kann der Gläubiger seine Leistung zurückhalten, Nacherfüllung verlangen, zurücktreten oder stattdessen oder zusätzlich Schadensersatz verlangen. Wo dies ökonomisch sinnvoll ist, muss der Gläubiger zunächst versuchen, den Schuldner zur Nacherfüllung zu veranlassen. Erst wenn die Nacherfüllung ausbleibt, scheitert oder entbehrlich ist, kann der Gläubiger weitere Rechtsbehelfe geltend machen. Erfüllt der Schuldner erfolgreich nach, kann der Gläubiger noch einen Anspruch auf Schadensersatz haben.

5 Kaufvertrag

Durch Kaufverträge werden wir in die Lage versetzt, uns zum Erwerb oder zur Veräußerung von Gütern zu verpflichten. Sie bilden damit eine der zentralen rechtlichen Grundlagen unseres auf Arbeitsteilung beruhenden Gesellschafts- und Wirtschaftssystems. Der Kaufvertrag ist wahrscheinlich der am häufigsten vorkommende Vertragstyp. Seine Bandbreite reicht vom Kauf eines Kaffees in der Hochschulmensa über den Kauf eines neuen PKW bis zum Kauf eines Unternehmens. §§ 433 ff. BGB

Der Kaufvertrag ist ein gegenseitiger schuldrechtlicher Vertrag, durch den sich der Verkäufer zur Veräußerung eines Vermögensgegenstands und der Käufer zur Zahlung einer Geldsumme verpflichtet. Aufgrund des Trennungsprinzips ist der Kaufvertrag von den beiden Erfüllungsgeschäften – Übereignung des Kaufgegenstands und Übereignung der Geldsumme – zu trennen. Durch den Abschluss des Kaufvertrags werden folglich das Eigentum des Verkäufers am Kaufgegenstand und das Eigentum des Käufers an der Geldsumme noch nicht übertragen.

Gegenstand eines Kaufvertrags können sowohl Sachen, § 433 BGB, als auch Rechte, § 453 Abs. 1 BGB, sein. Liefert der Verkäufer eine mangelhafte Sache, stehen dem Käufer vertragliche Gewährleistungsansprüche gegen den Verkäufer nach §§ 437 ff. BGB zu. Nach diesen kann der Käufer vom Verkäufer Nacherfüllung, Schadensersatz oder Aufwendungsersatz verlangen sowie Rücktritt oder Minderung geltend machen.

5.1 Stellen Sie sich vor ...

Stellen Sie sich vor, Sie haben nach ihrem Studium noch das Steuerberaterexamen abgelegt und gründen ihre eigene Steuerberatungspraxis. Eine ihrer ersten Anschaffungen ist ein neuer Laptop. Zwei Monate nach dem Kauf überhitzt sich der Akku derart, dass der ganze Laptop ausfällt. Haben Sie irgendwelche Ansprüche gegen den Verkäufer?

Oder stellen Sie sich vor, Sie sind ein Student der Wirtschaftsinformatik und erfinden eine neue Programmanwendung, die die Manipulation von Geldautomaten praktisch unmöglich macht, und Sie lassen sich diese patentieren. Nachdem Sie das Patent erhalten haben, bekommen Sie Ihr Traumhaus zum Kauf angeboten. Sie fragen sich daraufhin, ob Sie aus dem Patent „Kapital schlagen“ können.

5.2 Ökonomische Bedeutung und Begründung

Ca. 70 Mio. Kaufverträge täglich

Um die Zahl der täglich allein in Deutschland abgeschlossenen Kaufverträge abzuschätzen, könnte man folgende Rechnung aufmachen: Unter Zugrundelegung der Input-Output-Rechnung kommt man für 2002 auf Bruttoumsätze von rund 4,6 Bill. €.[1] Einen jährlichen Preisanstieg von 2 % eingerechnet, lägen die Bruttoumsätze 2010 bei ca. 5,3 Bill. €. Bei 300 Geschäftstagen entspräche dies einem Tagesumsatz von gut 18 Mrd. €. Unterstellt man eine durchschnittliche Summe je Kauf bei den Konsumausgaben (ca. 35 %) von 100 € und bei den Industrieausgaben (ca. 65 %) von 10.000 €, so kämen pro Geschäftstag ca. 65 Mio. Kaufverträge Konsum und ca. 1,2 Mio. Kaufverträge Industrie zustande. Wahrscheinlich dürfte die Zahl der pro Tag geschlossenen Kaufverträge aber noch höher liegen, denn die hypothetischen Beträge bezüglich des durchschnittlichen Transaktionswerts sind eher zu hoch als zu niedrig angesetzt. Kaufrecht ist also ein ökonomisch wahrlich relevantes Thema.

5.3 Leistungspflichten der Parteien

Pflichten des Verkäufers

Der Verkäufer ist nach § 433 Abs. 1 BGB verpflichtet, dem Käufer die Sache zu übergeben und das Eigentum an ihr zu verschaffen. Des Weiteren muss die Sache frei von Sach- und Rechtmängeln sein. Das sind die Hauptpflichten des Verkäufers. Daneben können den Verkäufer noch Nebenpflichten treffen.

Pflichten des Käufers

Der Käufer ist gemäß § 433 Abs. 2 BGB verpflichtet, dem Verkäufer den vereinbarten Kaufpreis zu zahlen und die gekaufte Sache abzunehmen.

Sektgläser

Student K kauft bei V sechs Sektgläser für 12 €. V ist nach dem Kaufvertrag verpflichtet, K die sechs Sektgläser zu übergeben und ihm das Eigentum an ihnen zu verschaffen. Die Sektgläser müssen frei von Sach- und Rechtsmängeln sein. Als Nebenpflicht muss V die Gläser noch sachgemäß verpacken. K ist verpflichtet, dem V 12 € zu zahlen und die Gläser abzunehmen.

---

1 http://www.destatis.de/jetspeed/portal/cms/Sites/destatis/Internet/DE/Content/Publikationen/Querschnittsveroeffentlichungen/WirtschaftStatistik/VGR/InputOutputRechnung,property=file//.pdf. Die Anregung zu dieser Überschlagsrechnung verdanken wir unserem volkswirtschaftlichen Kollegen Prof. Dr. Helmut Wienert.

Die Vorschriften der §§ 433 bis 452 BGB gelten zunächst nur für Sachen, d. h. für bewegliche Sachen und Grundstücke, § 90 BGB. Nach § 453 BGB finden jedoch auf den Kauf von Rechten und sonstigen Gegenständen die Vorschriften über den Kauf von Sachen entsprechende Anwendung.

Kauf von Rechten

Erfindung

Der Erfinder eines Patents kann dieses Recht verkaufen. Auf den Kaufvertrag finden gemäß § 453 BGB die §§ 433 ff. BGB entsprechende Anwendung. Im zweiten Eingangsfall kann der Patentinhaber sein Patent also an einen Erwerber verkaufen.

Stellen Sie sich vor …

5.4 Gewährleistungsansprüche

Für den Käufer ist von zentraler Bedeutung, dass er eine mangelfreie Sache geliefert bekommt. Die gegen den Verkäufer gerichteten Gewährleistungsansprüche geben dem Käufer gleichsam eine gewisse Versicherung dafür, dass der Verkäufer eine mangelfreie Sache liefert. Gleichzeitig bieten die Gewährleistungsansprüche für den Verkäufer einen Anreiz, hohe Qualitäts- und Sicherheitsstandards einzuhalten.

Gewährleistung, der wichtigste Teil des Kaufrechts

Zentrale Regelung des Gewährleistungsrechts ist § 437 BGB. Die Gewährleistungsrechte Nacherfüllung, Rücktritt, Minderung sowie Schadens- und Aufwendungsersatz kann der Käufer geltend machen, wenn bei Gefahrübergang ein Sachmangel vorlag.[2] Neben diesen Gewährleistungsrechten und ihren Voraussetzungen werden nachfolgend noch der Ausschluss und die Beschränkung von Gewährleistungsrechten, die Verjährung und der Rückgriff des Unternehmers dargestellt.

Gang der Darstellung

5.4.1 Sachmangel

Wann ein Sachmangel vorliegt, bestimmt sich nach § 434 BGB.[3]

Nach § 434 Abs. 1 S. 1 BGB liegt ein Sachmangel vor, wenn die Sache nicht die vereinbarte Beschaffenheit hat. Beschaffenheitsvereinbarun-

Vereinbarte Beschaffenheit

2 Das Gewährleistungsrecht beruht in Teilen auf der Richtlinie 1999/44/EG über bestimmte Aspekte des Verbrauchsgüterkaufs und der Garantien für Verbrauchsgüter, ABl. EG Nr. L 171 vom 7. 7. 1999, S. 12, weshalb es in allen EU-Mitgliedstaaten ähnliche Gewährleistungsregelungen für Verbraucher gibt.

3 Rechtsmängel einer Sache geben dem Käufer ebenfalls Gewährleistungsansprüche. Ein Rechtsmangel liegt vor, wenn das Eigentum an der Kaufsache nicht übertragen werden kann, etwa weil diese gestohlen wurde, oder wenn eine Maschine nicht genutzt werden kann, weil sie gegen das Patent eines Dritten verstößt und dieser der Nutzung widerspricht, oder wenn beim Verkauf von Software-Raubkopien Urheberrechte verletzt werden.

gen, oft als Leistungsbeschreibungen oder Spezifikationen bezeichnet, spielen vor allem im Maschinenbau, in der Zulieferindustrie und dort eine große Rolle, wo es nicht um standardisierte Massengüter geht.

Abfüllanlage I
Mineralwasserbrunnen M kauft bei V eine neue Abfüllanlage mit einer Kapazität von 15.000 Flaschen pro Stunde. Nach Inbetriebnahme stellt sich heraus, dass die Anlage nur 12.000 Flaschen pro Stunde schafft. Folglich weist die Anlage nicht die vereinbarte Beschaffenheit auf. Ein Sachmangel liegt vor.

Vorausgesetzte Verwendung

Haben die Vertragsparteien keine Beschaffenheit vereinbart, liegt nach § 434 Abs. 1 S. 2 Nr. 1 BGB ein Sachmangel vor, wenn sich die Sache nicht für die nach dem Vertrag vorausgesetzte Verwendung eignet.

Keine Zulassung[4]
Student S erwirbt einen Gebrauchtwagen für 1.500 €. Als er den Wagen zulassen will, wird ihm die Zulassung verweigert, da die Fahrzeugsidentitätsnummer nicht mit der Eintragung in den Fahrzeugpapieren übereinstimmt. Dass ein PKW zum Straßenverkehr zugelassen werden kann, gehört zu der nach dem Vertrag vorausgesetzten Verwendung. Folglich liegt ein Sachmangel vor. Etwas anderes würde gelten, wenn die Parteien Abweichendes vereinbart hätten, z. B. beim Kauf eines Autos zum „Ausschlachten".

Gewöhnliche Verwendung/übliche Beschaffenheit

Wenn die Beschaffenheit der Sache nicht vereinbart und nach dem Vertrag keine bestimmte Verwendung vorausgesetzt wurde, liegt gemäß § 434 Abs. 1 S. 2 Nr. 2 BGB ein Sachmangel vor, wenn sich die Sache nicht für die gewöhnliche Verwendung eignet oder/und eine Beschaffenheit nicht aufweist, die bei Sachen der gleichen Art üblich ist und die der Käufer nach der Art der Sache erwarten kann.

Waschmaschine
K kauft beim Fachhändler F eine neue Waschmaschine. Nachdem die Waschmaschine in Betrieb genommen wird stellt sich heraus, dass diese nicht über ein Kochwaschprogramm verfügt. K und F haben beim Vertragsschluss nicht über die Waschprogramme geredet. Üblicherweise verfügen Waschmaschinen über ein Kochwaschprogramm. Die Waschmaschine weist somit nicht die Beschaffenheit auf, die bei Sachen der gleichen Art üblich ist und die der Käufer erwarten kann. Ein Sachmangel liegt vor.

Öffentliche Äußerungen/Werbung

Zu der Beschaffenheit nach § 434 Abs. 1 S. 2 Nr. 2 BGB gehören auch Eigenschaften, die der Käufer nach den öffentlichen Äußerungen des

4 Frei nach BGH, Urteil vom 10. 7. 1953 – I ZR 162/52, BGHZ 10, 242.

Verkäufers, des Herstellers, § 4 Abs. 1 und 2 ProdHaftG, oder seines Gehilfen insbesondere in der Werbung oder bei der Kennzeichnung über bestimmte Eigenschaften der Sache erwarten kann, § 434 Abs. 1 S. 3 BGB.[5]

Kühlschrank

Hersteller H bewirbt einen neuen Kühlschrank mit dem Hinweis, dass dieser in die Energie-Effizienzklasse A fällt. K sieht diese Werbung in einer Zeitung. Daraufhin kauft er beim Fachhändler F dieses Modell. Über den Verbrauch haben K und F nicht gesprochen. Einige Zeit nach dem Kauf liest K in einem Vergleichstest, dass der von ihm gekaufte Kühlschrank zur Verbrauchskategorie B gehört. Hier liegt ein Sachmangel vor, da K die Eigenschaft Energie-Effizienzklasse A erwarten konnte. F kann sich als Verkäufer nicht darauf berufen, dass er von der Werbung evtl. keine Kenntnis gehabt hat, denn als Fachhändler wird von ihm erwartet, dass er die Werbeaussagen der Hersteller der von ihm verkauften Produkte kennt und ggf. vor dem Verkauf korrigiert.

Montagefehler

Nach § 434 Abs. 2 S. 1 BGB ist ein Sachmangel auch dann gegeben, wenn die vereinbarte Montage durch den Verkäufer oder dessen Erfüllungsgehilfen unsachgemäß durchgeführt worden ist.

Küche I

K kauft sich eine neue Küche. Mit dem Verkäufer wird vereinbart, dass die Küche geliefert und montiert wird. Nach der Aufstellung der Küche durch Mitarbeiter des Verkäufers stellt sich heraus, dass sich die Besteckschubladen nicht herausziehen lassen. Offensichtlich wurden diese nicht richtig montiert. Dies stellt einen Sachmangel dar.

Mangelhafte Montageanleitung

Eine mangelhafte Montageanleitung führt bei einer zur Montage bestimmten Sache gemäß § 434 Abs. 2 S. 2 BGB ebenfalls zu einem Sachmangel (IKEA- Klausel). Dies gilt nicht, wenn die Sache trotz der fehlerhaften Montageanleitung fehlerfrei montiert worden ist.

---

5 Dies gilt nach § 434 Abs. 1 S. 3 a.E. BGB dann nicht, wenn der Verkäufer die Äußerung nicht kannte und nicht kennen musste, wenn die Äußerung im Zeitpunkt des Vertragsschlusses in gleichwertiger Weise berichtigt war oder wenn die Äußerung die Kaufentscheidung nicht beeinflussen konnte. Beispiel: Ein PKW-Hersteller bewirbt ein neues Modell mit der Angabe „Nur 6 l auf 100 km.“ Einen Monat nach dieser Werbekampagne bewirbt er dasselbe Modell in denselben Medien mit dem Hinweis: „Günstige 8 l auf 100 km.“ Im Anschluss daran kauft sich K einen solchen Wagen. K kennt zwar die ursprüngliche Werbung mit den 6 l, nicht aber die neue mit den 8 l. Hier liegt kein Sachmangel nach § 434 Abs. 1 S. 3 BGB vor, da die Werbung im Zeitpunkt des Vertragsschlusses in gleicher Weise berichtigt war.

Küche II
K kauft sich im Selbstbedienungsmöbelmarkt eine neue Küche. Transport und Montage übernimmt er selbst. Zu Hause angekommen, macht er sich an die Aufstellung der Küche. Dies will nicht gelingen, da die Montageanleitung untauglich ist. Somit liegt ein Sachmangel vor. Gelänge es K aufgrund handwerklicher Begabung, die Küche trotz untauglicher Montageanleitung fehlerfrei aufzubauen, läge kein Sachmangel vor.

Falsch-/ Zuweniglieferung

Wenn der Verkäufer eine andere Sache oder eine zu geringe Menge liefert, steht dies nach § 434 Abs. 3 BGB einem Sachmangel gleich.

Schrauben
Automobilzulieferer A bestellt beim Hersteller H 1 Mio. Schrauben mit den Maßen 4 x 2 mm. Geliefert werden Dübel mit den Maßen 4 x 2 mm. Dies stellt einen Sachmangel dar, da eine andere Sache geliefert wird. Werden zwar Schrauben in den Maßen 4 x 2 mm geliefert, jedoch nur 0,9 Mio., stellt diese Minderlieferung ebenfalls einen Sachmangel dar.

Gefahrübergang: Übergabe
Beweislast: Käufer

Der Verkäufer haftet für einen Sachmangel, wenn dieser bei Gefahrübergang vorhanden oder zumindest angelegt war, § 434 Abs. 1 S. 1 BGB. Der Gefahrübergang erfolgt in der Regel mit der Übergabe der verkauften Sache an den Käufer, § 446 S. 1 BGB. Den Beweis, dass die Sache bei Gefahrübergang bereits mangelhaft war, muss grundsätzlich der Käufer erbringen.

Maschinenstillstand
Unternehmer U kauft vom Hersteller H eine Maschine. Nach drei Monaten bleibt die Maschine plötzlich stehen, weil der Motor ausfällt.

Wer muss beweisen, dass ein Sachmangel bei Gefahrübergang vorliegt? U muss als Käufer beweisen, dass die Ursache, die zum Motorausfall führte, bereits bei der Übergabe der Maschine an ihn vorhanden war. Gelingt ihm dieser Beweis nicht, stehen ihm keine Gewährleistungsansprüche zu. Ob die Ursache, die zum Motorausfall führte, bereits bei der Übergabe vorhanden war, wird sich im Normalfall nur durch Einschaltung eines Sachverständigen klären lassen können. Die Kosten für das Sachverständigengutachten muss zunächst U tragen.

Beweislastumkehr beim Verbraucherkauf

Bei einem Verbrauchsgüterkauf[6] wird allerdings nach § 476 BGB regelmäßig vermutet, dass die Sache bereits bei Gefahrübergang mangelhaft war, wenn sich innerhalb von sechs Monaten seit Gefahrübergang ein Sachmangel zeigt. Diese Vermutung wirkt jedoch nur in zeitlicher Hin-

6 Ein Verbrauchsgüterkauf liegt gemäß § 474 Abs. 1 S. 1 BGB vor, wenn ein Verbraucher (§ 13 BGB) von einem Unternehmer (§ 14 BGB) eine bewegliche Sache kauft.

sicht; dass tatsächlich ein Sachmangel vorliegt, muss der Käufer beweisen.

Zylinderkopfdichtung[7]
Verbraucher K erwarb vom Fahrzeughändler F einen Gebrauchtwagen mit einem Kilometerstand von 159.100 km. Vier Wochen nach der Übergabe des Fahrzeugs, K hatte inzwischen 2.000 km mit dem Fahrzeug zurückgelegt, brachte er es zur Begutachtung in eine Werkstatt. Dort wurde festgestellt, dass u. a. die Zylinderkopfdichtung defekt war. Der daraufhin beauftragte Sachverständige stellte drei mögliche Schadensverläufe fest, u. a. habe die Zylinderkopfdichtung bereits bei Übergabe vorgeschädigt sein können, es könne aber auch ein Fahr- oder Bedienfehler des K vorliegen.

Da es sich um einen Verbrauchsgüterkauf handelt, muss K nur beweisen, dass ein Sachmangel vorliegt. Dieser Beweis ist mit der defekten Zylinderkopfdichtung erbracht. Nach § 476 BGB wird sodann vermutet, dass dieser Sachmangel bzw. die Ursache, die zu diesem Sachmangel führte, bereits bei Übergabe des PKW an K vorhanden war. Damit stehen K gegen F Gewährleistungsansprüche zu.

Beim Versendungskauf nach § 447 Abs. 1 BGB gilt hinsichtlich des Gefahrübergangs eine Spezialregelung. Danach geht die Gefahr auf den Käufer über, sobald die Sache dem Beförderer ausgeliefert wurde. Diese Regelung gilt bei einem Verbrauchsgüterkauf nur dann, wenn der Verbraucher den Beförderer ohne Mitwirkung des Unternehmers auswählt, § 474 Abs. 4 BGB, ansonsten geht bei einem Verbrauchsgüterkauf die Gefahr erst mit der Übergabe an den Verbraucher über. Gefahrübergang beim Versendungskauf

Bilderrahmen
Die Werbeagentur W bestellt beim Internethändler I Bilderrahmen für 500 €. I soll die Rahmen an W versenden. Die ordnungsgemäß verpackten Bilderrahmen werden während des Transports beschädigt.

Hier geht die Gefahr mit der Auslieferung an den Paketdienst auf W über. Im Zeitpunkt des Gefahrübergangs waren die Bilderrahmen daher fehlerfrei. Wenn ein Studierender Käufer wäre, läge ein Verbrauchsgüterkauf vor, sodass differenziert werden müsste: Hätte der Studierende den Beförderer ohne Mitwirkung des Internethändlers ausgesucht, wären die Bilderrahmen bei Gefahrübergang fehlerfrei, § 474 Abs. 4 i. V. m. 447 Abs. 1 BGB. Wirkte dagegen I bei der Auswahl des Beförderers mit, käme § 446 S. 1 BGB zur Anwendung. Bei der Übergabe am Wohnsitz des Studierenden wären die Bilderrahmen mangelhaft.

7 BGH, Urteil vom 18. 7. 2007 – VIII ZR 259/06, NJW 2007, 2621; vgl. auch EuGH, Urteil vom 4. 6. 2015 – Rs. C-497/13 (Faber), EuZW 2015, 556 m. Anm. *Rott*.

5.4.2 Nacherfüllung

Vorrang der Nacherfüllung

Bei Lieferung einer mangelhaften Sache kann der Käufer vom Verkäufer gemäß §§ 437 Nr. 1, 439 BGB Nacherfüllung verlangen. Dieser Rechtsbehelf geht den anderen Rechtsbehelfen grundsätzlich vor, d. h. der Käufer kann erst dann vom Vertrag zurücktreten oder den Kaufpreis mindern sowie Schadensersatz statt der Leistung oder Aufwendungsersatz verlangen, wenn er dem Verkäufer eine Frist zur Nacherfüllung gesetzt hat und diese Frist fruchtlos abgelaufen ist. Man spricht insoweit auch vom Recht des Verkäufers zur zweiten Andienung.

Mehrverbrauch

K kauft bei V einen Neuwagen. Drei Monate nach der Übergabe, K ist inzwischen 4.000 km mit dem Wagen gefahren, stellt sich heraus, dass der Wagen nicht wie im Verkaufsprospekt angegeben 5 l auf 100 km, sondern 6 l auf 100 km verbraucht. Der Mehrverbrauch lässt sich technisch problemlos auf die angegebenen 5 l je 100 km reduzieren. Kann K sofort vom Kaufvertrag zurücktreten?

Es liegt ein Sachmangel nach § 434 Abs. 1 S. 3 BGB vor. K muss V zunächst eine Frist zur Mängelbeseitigung setzen. Erst wenn diese Frist fruchtlos abgelaufen ist, kann er vom Vertrag zurücktreten.

Wahlrecht des Käufers

Das Gesetz gibt in § 439 Abs. 1 BGB dem Käufer das Wahlrecht, ob er vom Verkäufer zum Zwecke der Nacherfüllung die Beseitigung des Mangels, die Nachbesserung, oder Lieferung einer mangelfreien Sache, die Nachlieferung, verlangt.

Fehlerhafte Küchenmaschine I

V verkauft an K eine Küchenmaschine des Herstellers H. Aufgrund eines Herstellungsfehlers funktioniert das Rührwerk der Küchenmaschine nicht ordentlich. Nach 14tägiger Benutzung funktioniert das Rührwerk gar nicht mehr. Welche Rechte hat K gegen V?

K hat gemäß § 439 Abs. 1 BGB nach seiner Wahl gegen V einen Anspruch auf Reparatur seiner Küchenmaschine oder Lieferung einer neuen Küchenmaschine.

Ort der Nacherfüllung

Der Ort der Nacherfüllung bestimmt sich nach der Parteivereinbarung, § 269 Abs. 1 und 2 BGB. Liegt keine Parteivereinbarung vor, ist auf die jeweiligen Umstände, insbesondere die Natur des Schuldverhältnisses, abzustellen. Lässt sich daraus kein Ort der Nacherfüllung ableiten, ist der Wohn- bzw. Unternehmenssitz des Verkäufers maßgebend.[8]

8 BGH, Urteil vom 13. 4. 2011 – VIII ZR 220/10, NJW 2011, 2278. Eine Vereinbarung liegt z. B. vor, wenn die Parteien die Lieferung zum Käufer vereinbart haben. Haben die Parteien keine Vereinbarung getroffen, der Käufer die Sache aber bestimmungs-

---

iPad I
Student K kauft im örtlichen Elektronikfachmarkt ein iPad. Sieben Wochen später funktioniert das Gerät nicht mehr. Wo findet die Nacherfüllung statt? Da die Parteien nichts anderes vereinbart haben und sich aus den Umständen des Falles nichts Besonderes ergibt, ist Ort der Nacherfüllung der Elektronikfachmarkt. Bei Geschäften des täglichen Lebens ist Ort der Nacherfüllung somit regelmäßig der Sitz des Verkäufers.

Kosten der Nacherfüllung

Die für die Nacherfüllung erforderlichen Aufwendungen hat nach § 439 Abs. 2 BGB der Verkäufer zu tragen. Das Gesetz zählt beispielhaft Transport-, Wege-, Arbeits- und Materialkosten auf.

---

iPad II
Entstehen K im obigen Fall iPad I Fahrtkosten, wenn er das kaputte iPad zum Elektronikfachmarkt bringt, muss der Elektronikfachmarkt die Fahrtkosten erstatten. Dies gilt auch bei einem Kauf durch einen Unternehmer.[9]

Kosten für den Aus- und Einbau

Hat der Käufer die mangelhafte Sache ihrem Verwendungszweck gemäß eingebaut, stellt sich die Frage, ob der Verkäufer nur eine mangelfreie Sache liefern oder ob er darüber hinaus zum Ausbau der mangelhaften Sache und zum Einbau der mangelfreien Sache bzw. zum Kostenersatz für den Aus- und Einbau verpflichtet ist. Die Rechtsprechung differenziert bei der Beantwortung danach, ob es sich um einen Verbrauchsgüterkauf (dann Ersatzpflicht) handelt oder nicht (keine Ersatzpflicht). Diese Unterscheidung beruht darauf, dass diese Aufwendungen nach traditionellem deutschem Rechtsverständnis eigentlich zum Schadensersatzanspruch gehören, der nur bei einem Verschulden des Verkäufers zu ersetzen ist, während diese Aufwendungen nach der Verbrauchsgüterkaufrichtlinie zu den Kosten der Nacherfüllung gehören, die vom Verkäufer zu ersetzen sind.[10] Der Gesetzgeber plant eine Neuregelung.

---

gemäß auf- bzw. eingebaut, ist Ort der Nacherfüllung regelmäßig der Belegenheitsort der Sache. Beispiel: Der Käufer erwirbt eine Küche, transportiert diese selbst nach Hause und montiert diese auch selbst. Hier ergibt sich aus den Umständen, dass bei einem Mangel Ort der Nacherfüllung der Wohnort des Käufers ist.

9 BGH, Urteil vom 13. 4. 2011 – VIII ZR 220/10, NJW 2011, 2278, Tz. 37.

10 BGH, Urteil vom 17. 10. 2012 – VIII ZR 226/11, NJW 2013, 220; zum Verbrauchsgüterkauf EuGH, Urteil vom 16. 06. 2011 – Rs. C-65/09 (Weber) und C-87/09 (Putz), NJW 2011, 2269 sowie BGH, Urteil vom 21. 12. 2011 – VIII ZR 70/08, NJW 2012, 1073 (dieses Urteil betrifft die vom EuGH vorab entschiedene Rechtssache Weber). Zur Problematik des Verschuldens bei der Haftung auf Schadensersatz siehe auch Kapital 5.4.5. Vgl. auch Art. 3 Abs. 2 und 3 der Richtlinie 1999/44/EG über bestimmte Aspekte des Verbrauchsgüterkaufs und der Garantien für Verbraucher, ABl.EG Nr. L 171

Nacherfüllung bei unverhältnismäßigen Kosten

Sind beide Arten der Nacherfüllung möglich und ist die vom Käufer gewählte Art der Nacherfüllung für den Verkäufer nur mit unverhältnismäßigen Kosten möglich, kann er nach § 439 Abs. 3 S. 1 BGB diese Art der Nacherfüllung verweigern. Zu berücksichtigen sind dabei insbesondere der Wert der Sache in mangelfreiem Zustand, die Bedeutung des Mangels und die Frage, ob auf die andere Art der Nacherfüllung ohne erhebliche Nachteile für den Käufer zurückgegriffen werden könnte, § 439 Abs. 3 S. 2 BGB. Kann der Verkäufer die vom Käufer gewählte Art der Nacherfüllung danach verweigern, beschränkt sich der Nacherfüllungsanspruch des Käufers nach § 439 Abs. 3 S. 3 BGB auf die andere Art der Nacherfüllung.[11]

Kaputte Glühbirne

Als K seinen neuen Kleinwagen, Kaufpreis 15.000 €, beim Verkäufer abholt, stellt er fest, dass die rechte Abblendbirne, Preis 10 €, defekt ist. Könnte K von V unter Berufung auf sein Wahlrecht nach § 439 Abs. 1 BGB erfolgreich die Lieferung eines neuen PKW verlangen? Nein, denn V kann die Nachlieferung nach § 439 Abs. 3 S. 1 und 2 BGB verweigern und stattdessen durch Austausch der Glühbirne den Mangel beheben.

Unmöglichkeit der Nacherfüllung

Der Verkäufer kann die Nachbesserung bzw. Nachlieferung verweigern, wenn diese nach § 275 Abs. 1 BGB unmöglich sind. Ist nur eine der beiden Formen der Nacherfüllung unmöglich, bleibt er zur anderen Form der Nacherfüllung verpflichtet.

Stückzahl

K kauft von V eine Sondermaschine. Es ist vereinbart, dass die Maschine eine Stückzahl von 10.000 Einheiten pro Minute erreicht. Nachdem die Maschine geliefert und installiert wurde, stellt sich heraus, dass sie nur eine Stückzahl von 8.500 erreicht. Eine höhere Stückzahl ist technisch nicht zu erzielen.

In diesem Fall ist weder eine Nachlieferung noch eine Nachbesserung nach § 275 Abs. 1 BGB möglich. K bleiben daher nur die anderen Rechtsbehelfe.

Pflichten des Käufers bei Ersatzlieferung

Liefert der Verkäufer dem Käufer eine mangelfreie Sache, muss der Käufer die mangelhafte Sache zurückgeben und Wertersatz für die Nutzung der mangelfreien Sache leisten, § 439 Abs. 4 i. V. m. § 346 Abs. 1 und 2

---

vom 7. 7. 1999, S. 12. Für die Auslegung deutschen Rechts, mit dem die Verbrauchsgüterkaufrichtlinie umgesetzt wurde, ist der EuGH zuständig.

11 Nach § 439 Abs. 3 S. 3 Hs. 2 BGB kann der Verkäufer auch die andere Art der Nacherfüllung wegen der Unverhältnismäßigkeit der Kosten verweigern. Diese Regelung ist bei einem Verbrauchsgüterkauf jedoch nicht anwendbar, vgl. EuGH, Urteil vom 16. 06. 2011 – Rs. C-65/09 (Weber) und C-87/09 (Putz), NJW 2011, 2269.

Nr. 1 BGB. Liegt ein Verbrauchsgüterkauf vor, muss der Käufer keinen Wertersatz für die Nutzung leisten, § 474 Abs. 5 S. 1 BGB.

Herd-Set[12]

Eine Verbraucherin kaufte ein Herd-Set. Nach ca. 18 Monaten stellte sie fest, dass das Gerät einen Sachmangel aufwies. Da eine Reparatur nicht möglich war, gab sie das Gerät zurück und bekam ein neues. Für die Nutzung des ursprünglichen Geräts verlangte die Verkäuferin 69,97 € Wertersatz. Der EuGH lehnte dies ab, denn die Nacherfüllung muss für den Verbraucher unentgeltlich sein. Würde hier kein Verbrauchsgüterkauf vorliegen, könnte die Verkäuferin den genannten Betrag als Wertersatz verlangen.

Fehlschlagen der Nacherfüllung

Abschließend sei darauf hingewiesen, dass der Käufer nicht verpflichtet ist, dem Verkäufer unendlich viele Nacherfüllungsversuche zu gewähren. Nach § 440 S. 2 BGB gilt eine Nachbesserung nach dem erfolglosen zweiten Versuch als fehlgeschlagen, wenn sich nicht insbesondere aus der Art der Sache oder des Mangels oder den sonstigen Umständen etwas anderes ergibt.

Undichtes Schiebedach

K kauft sich beim KFZ-Händler V ein neues Auto mit Schiebedach. Nach dem ersten Regen dringt massiv Wasser durch das Schiebedach ins Innere des Wagens. K bringt das Auto zu V zur Reparatur. Nach dem zweiten Regen bringt K das Auto erneut zu V, weil das Schiebedach immer noch oder wieder undicht ist. V repariert ein zweites Mal. Als beim dritten Regen wieder Wasser durch das Schiebedach ins Innere dringt, fragt K, ob er V noch einmal eine Gelegenheit zur Nacherfüllung geben muss.

Nein, denn K kann nach dem zweiten erfolglosen Nachbesserungsversuch gemäß §§ 437 Nr. 2 Alt. 1, 323 Abs. 1, 440 BGB ohne Fristsetzung vom Vertrag zurücktreten.

5.4.3 Rücktritt

Voraussetzungen

Wird die mangelhafte Sache vom Verkäufer nicht innerhalb der Nachfrist erfolgreich repariert bzw. eine neue geliefert, kann der Käufer nach §§ 437 Nr. 2 Alt. 1, 440, 323 und 326 Abs. 5 BGB vom Kaufvertrag zurücktreten.[13] Der Käufer muss den Rücktritt gegenüber dem Verkäufer erklä-

---

12 EuGH, Urteil vom 17. 4. 2009 – Rs. C-404/06 (Quelle AG), NJW 2008, 1433.

13 In den Ausnahmefällen der §§ 323 Abs. 2, 440 und 326 Abs. 5 BGB kann der Käufer auch ohne Fristsetzung zurücktreten. Bei einem unerheblichen Sachmangel ist das Rücktrittsrecht des Käufers ausgeschlossen, § 323 Abs. 5 S. 2 BGB. Bei einem behebbaren Mangel liegt in der Regel keine Unerheblichkeit mehr vor, wenn der Mangelbeseitigungsaufwand einen Betrag von 5 % des Kaufpreises übersteigt, BGH, Urteil vom 28. 5. 2014 – VIII ZR 94/13, NJW 2014, 3229.

ren, § 349 BGB. Die Wirkungen des Rücktritts ergeben sich aus §§ 346 ff. BGB, wonach die Parteien grundsätzlich die empfangenen Leistungen zurückzugewähren haben. Der Käufer bekommt somit den Kaufpreis, der Verkäufer die mangelhafte Sache zurück.

Fehlerhafter Kaffeeautomat I
V verkauft an K einen Kaffeeautomaten des Herstellers H. Aufgrund eines Herstellungsfehlers kann der Kaffeeautomat keinen Milchkaffee erzeugen. K bringt den Kaffeeautomaten zu V zurück und gibt diesem einen Monat Zeit, um den Kaffeeautomaten zu reparieren oder ihm einen neuen zu liefern. Nach einem Monat schaut K bei V vorbei und sieht, dass sein Kaffeeautomat unangerührt in einem Regal steht. Welche Rechte hat K gegen V?

K kann hier nach §§ 437 Nr. 2 Alt. 1, 323 Abs. 1 BGB vom Vertrag zurücktreten, denn V hat nicht innerhalb der gesetzten angemessenen Frist nacherfüllt. Nach Erklärung des Rücktritts gemäß § 439 BGB kann K von V den Kaufpreis gemäß § 346 Abs. 1 BGB zurückverlangen.

Falls V den Kaffeeautomaten innerhalb der gesetzten Frist repariert, diese Reparatur aber fehlschlägt, kann K ebenfalls ohne Weiteres zurücktreten (der Unterschied zum obigen Fall „Undichtes Schiebedach" liegt darin, dass dort keine Frist gesetzt wurde).

5.4.4 Minderung

Voraussetzungen wie beim Rücktritt

Anstelle des Rücktritts kann der Käufer nach §§ 437 Nr. 2 Alt. 2, 441 BGB den Kaufpreis durch Erklärung gegenüber dem Verkäufer mindern. Aus der Formulierung „Statt zurückzutreten" in § 441 Abs. 1 S. 1 BGB ergibt sich, dass für die Minderung dieselben Voraussetzungen erfüllt sein müssen wie beim Rücktritt, d. h. der Käufer muss dem Verkäufer zunächst die Möglichkeit zur Nacherfüllung geben.[14]

Fehlerhafter Kaffeeautomat II
Sachverhalt wie im obigen Fall „Fehlerhafter Kaffeeautomat I".

Wenn K mit einem Kaffeeautomaten, der keinen Milchkaffee erzeugen kann, etwa weil er nur schwarzen Kaffee trinkt, vorliebnehmen möchte, kann er statt zurückzutreten nach §§ 437 Nr. 2 Alt. 2, 441 BGB den Kaufpreis mindern, denn er hat V die Gelegenheit zur Nacherfüllung gegeben.

---

14 Die Minderung ist jedoch auch bei einem unerheblichen Sachmangel zulässig, § 441 Abs. 1 S. 2 BGB. Beispiel: Würde der Kaffeeautomat technisch einwandfrei funktionieren, hätte aber das Gehäuse einen Lackschaden, könnte der Käufer wegen § 323 Abs. 5 S. 2 BGB nicht vom Kaufvertrag zurücktreten, jedoch den Kaufpreis mindern.

5.4.5 Schadensersatz

Schließlich kann bei der Lieferung einer mangelhaften Sache ein Anspruch des Käufers gegen den Verkäufer auf Schadensersatz in Betracht kommen. Anspruchsgrundlagen für den Schadensersatz im Gewährleistungsrecht sind die §§ 437 Nr. 3 Alt. 1, 440, 280, 281, 283 und 311 a BGB.[15] Das Interesse des Käufers zielt auf zweierlei: Zum einen begehrt er Ersatz des Schadens an der mangelhaften Sache selbst, sofern dieser nicht schon durch die Nacherfüllung ausgeglichen wird. Zum anderen will der Käufer Ersatz der Schäden, die ihm durch die fehlerhafte Sache an anderen Rechtsgütern wie Körper oder Gesundheit, oder Rechten wie z. B. Eigentum entstanden sind.

Vertretenmüssen: Vorsatz und Fahrlässigkeit

Der Verkäufer ist nur dann verpflichtet, Schadensersatz zu bezahlen, wenn er den Sachmangel zu vertreten hat. Nach § 276 Abs. 1 S. 1 Hs. 1 BGB hat der Verkäufer Vorsatz und Fahrlässigkeit zu vertreten. Anstelle von Vertretenmüssen wird auch von Verschulden gesprochen. Unter Vorsatz wird das Wissen und Wollen des rechtswidrigen Erfolgs verstanden. Der Verkäufer muss demnach wissen und wollen, dass er eine fehlerhafte Sache liefert. Fahrlässig handelt, wer die im Verkehr erforderlich Sorgfalt außer Acht lässt, § 276 Abs. 2 BGB.

Beweislast

Der Verkäufer muss beweisen, dass er weder vorsätzlich noch fahrlässig gehandelt hat.[16] Dieser Beweis ist für einen Händler, insbesondere wenn er nur originalverpackte Ware weiterverkauft, relativ leicht zu führen. Normalerweise trifft den Händler keine Untersuchungspflicht hinsichtlich der verkauften Ware.[17]

---

15 Die unterschiedlichen Ansprüche auf Schadensersatz variieren in ihren Voraussetzungen nur leicht. Ob die vor dem Schuldrechtsmodernisierungsgesetz 2002 gebräuchliche Unterscheidung in Ersatz von Mangelschäden einerseits und Mangelfolgeschäden andererseits beibehalten werden kann, ist derzeit noch unklar. Zum Diskussionsstand vgl. Münchener Kommentar/*Ernst*, 7. Aufl. 2016, § 280 BGB Rn. 68 ff.

16 Dies ergibt sich aus der Formulierung in § 280 Abs. 1 S. 2 BGB: „Dies gilt nicht, wenn der Schuldner die Pflichtverletzung nicht zu vertreten hat."

17 BGH, Urteil vom 18. 2. 1981 – VIII ZR 14/80, NJW 1981, 1269, 1270. Das Verschuldenserfordernis für die Schadensersatzhaftung unterscheidet das BGB deutlich von den Kaufrechtsmodellen in anderen Rechtsordnungen. Das UN-Kaufrecht (CISG) oder das vorgeschlagene Gemeinsame Europäische Kaufrecht (GEK) etwa kennen kein Verschulden, so dass ein Händler für – vorhersehbare – Schäden haften muss. In der deutschen Literatur gibt es Stimmen, die das BGB vom Ergebnis her in diese Richtung auslegen (vgl. z. B. *Weller*, Die Verantwortlichkeit des Händlers für Herstellerfehler, NJW 2012, 2312–2317). Nachdem die Rechtsprechung (vgl. z. B. BGH, Urteil vom 15. 7. 2008 – VIII ZR 211/07, NJW 2008, 2837) und die herrschende Lehre jedoch eine Haftung des Händlers für Herstellerfehler ablehnen, beschränkt sich die Dar-

---

Fehlerhafte Fräsmaschine
K kauft vom Maschinenhändler V eine neue Fräsmaschine des Herstellers H. Die Fräsmaschine wird im Betrieb des K installiert. Aufgrund eines Herstellungsfehlers fängt die Maschine Feuer. K gelingt es durch den Einsatz seiner Feuerlöscher, den Brand zu löschen. Er kann aber nicht verhindern, dass neben der Maschine lagernde Vorräte durch das Feuer zerstört werden. K selbst muss wegen einer leichten Rauchvergiftung einen Arzt aufsuchen. V muss im Wege der Nacherfüllung dem K eine neue Maschine liefern. Die Wiederbeschaffungskosten für die Vorräte (Eigentumsverletzung) und die Kosten für den Arztbesuch (Gesundheitsverletzung) muss V jedoch nicht ersetzen, da er den Herstellungsfehler nicht zu vertreten hat. K kann diese Kosten jedoch von H aus Produzentenhaftung, die Arztkosten auch aus Produkthaftung ersetzt verlangen.[18]

Ausnahmsweise kann der Händler einen Sachmangel zu vertreten haben. Als Beispiele hierfür kommen eine ungenügende Untersuchung der Ware auf offenkundige Mängel, Lagerungs- und Aufbewahrungsfehler sowie eigene Beratungs- und Instruktionsfehler in Betracht.

Fehlerhafte Wohnwagenbereifung
Wohnwagenhändler V verkauft einen drei Jahre alten, aber ungebrauchten Wohnwagen an K. Dieser Wohnwagen stand drei Jahre auf eigenen Reifen an einem ungünstigen Platz, wodurch die Reifen beschädigt wurden. Als K mit dem Wohnwagen in den Urlaub fährt, verunglückt er aufgrund der schadhaften Reifen. Ein Sachverständiger stellt fest, dass die Wohnwagenbereifung bei ordnungsmäßiger Aufstellung des Wohnwagens noch intakt gewesen und der Unfall des K dadurch vermieden worden wäre.

V handelt fahrlässig. Er hat folglich den Sachmangel gemäß § 434 Abs. 1 S. 2 Nr. 2 BGB nach § 276 Abs. 1 S. 1 Hs. 1 BGB zu vertreten, sodass K von V Schadensersatz verlangen kann.

Nach § 6 Abs. 5 ProdSG darf ein Händler darüber hinaus keine Produkte in Verkehr bringen, von denen er weiß oder anhand ihm vorliegender Informationen oder seiner Erfahrung wissen muss, dass sie nicht sicher sind. Verletzt der Händler diese Verpflichtung, handelt er gemäß § 276 Abs. 1 und 2 BGB schuldhaft. Verkauft bspw. ein Händler ein Produkt trotz eines ihm vorliegenden Produktrückrufs weiter, handelt er

stellung auf die von der Rechtsprechung vertretene Ansicht. Hingewiesen sei noch auf die Verbindung zu den Kosten der Nacherfüllung (s. o. 5.4.2). Würde man diese als Schaden oder als Aufwendungen betrachten und stünde das Verschuldenserfordernis nicht im Weg, könnte der Käufer die aufgrund einer mangelhaften Lieferung entstandenen Kosten vollständig vom Verkäufer ersetzt bekommen.

18 Siehe unten Kapitel 11.

schuldhaft und muss dem Käufer die durch das fehlerhafte Produkt entstehenden Schäden ersetzen.

Garantie/Zusicherung

Wie geschildert scheitern Schadensersatzansprüche des Käufers gegen den Verkäufer in Gestalt eines Händlers regelmäßig am fehlenden Verschulden des Händlers. Der Käufer wird gegen den Verkäufer einen Schadensersatzanspruch ausnahmsweise aber dann erfolgreich durchsetzen können, wenn der Verkäufer dem Käufer gegenüber das Vorhandensein einer bestimmten Eigenschaft der verkauften Sache zugesichert hat. Damit übernimmt der Verkäufer nach § 276 Abs. 1 S. 1 Hs. 2 BGB eine Garantie für das Vorhandensein dieser Eigenschaft, sodass er ohne Verschulden für das Vorhandensein dieser Eigenschaft einzustehen hat.[19] An die Übernahme einer Garantie im Sinne einer Zusicherung werden hohe Anforderungen gestellt.

(K)ein Dreischichtbetrieb

K benötigt für seinen Betrieb eine neue Maschine, die im Dreischichtbetrieb laufen können muss. Da K hinsichtlich dieser Anforderung absolute Sicherheit haben will, einigt er sich mit dem Maschinenhändler V darauf, folgenden Satz in den Kaufvertrag aufzunehmen: „V sichert K zu, dass die Maschine für den Dreischichtbetrieb geeignet ist." Nach der Installation der Maschine im Betrieb des K stellt sich heraus, dass die Maschine wegen regelmäßig anfallenden, zwingenden Wartungsarbeiten nur für den Zweischichtbetrieb geeignet ist. K entstehen dadurch erhebliche Produktionsausfälle. Kann K von V Schadensersatz verlangen?

Die fehlende Fähigkeit zum Dreischichtbetrieb stellt gemäß § 434 Abs. 1 S. 1 BGB einen Sachmangel dar. K bekommt für die Produktionsausfälle Schadensersatz, wenn V den Sachmangel zu vertreten hat. V hat den Sachmangel aufgrund der Zusicherung „für den Dreischichtbetrieb geeignet" nach § 276 Abs. 1 S. 1 Hs. 2 BGB zu vertreten, da darin die Übernahme einer Garantie liegt. Im Gegensatz zu einer Beschaffenheitsangabe, bei der der Verkäufer nur sein Wissen über die Sache offenlegt, will er bei einer Garantie für das Vorhandensein einer Eigenschaft einstehen. Daher kann K von V neben den sonstigen Gewährleistungsrechten auch Ersatz für seine Produktionsausfälle verlangen.

Wenn der Käufer ganz sicher gehen will, dass der Verkäufer eine Garantie in Form einer zugesicherten Eigenschaft übernimmt, empfiehlt sich folgender Wortlaut: „V übernimmt für ... (Bezeichnung der Eigenschaft) eine Garantie im Sinne von § 276 Abs. 1 S. 1 Hs. 2 BGB." Durch die Einräumung einer Garantie in Form der Zusicherung erhält der Käufer eine Maximalhaftung des Verkäufers für Sachmängel/Produktfehler.

---

19 Von der Garantie im Sinne einer zugesicherten Eigenschaft zu unterscheiden ist die Hersteller- oder Verkäufergarantie nach § 443 BGB, siehe unten Kapitel 5.5.

5.4.6 Aufwendungsersatz

Hat der Käufer Aufwendungen getätigt, kann er vom Verkäufer Ersatz dieser Aufwendungen verlangen, §§ 437 Nr. 3 Alt. 2, 284 BGB. Während es beim Schadensersatz um die Kompensation nicht freiwillig erlittener Vermögenseinbußen geht, geht es beim Aufwendungsersatz um den Ausgleich freiwillig eingegangener Vermögensopfer. Aus der Formulierung „An Stelle des Schadensersatzes statt der Leistung" in § 284 BGB ergibt sich, dass für den Aufwendungsersatz dieselben Voraussetzungen erfüllt sein müssen wie beim Schadensersatz statt der Leistung.

Seltene Schallplatte
K ersteigert im Internet eine äußerst seltene Schallplatte gegen Selbstabholung. Als K bei V zum vereinbarten Zeitpunkt vorbeikommt, stellt sich heraus, dass die Schallplatte vollständig zerkratzt ist, weil der zweijährige Sohn des V nach Ende der Versteigerung mit der Platte, die leicht zugänglich in einem Regal stand, gespielt hat. Kann K von V Ersatz der Fahrtkosten verlangen?

K hat im Vertrauen auf den Vollzug des Kaufvertrags Fahrtkosten aufgewendet. V hätte die Schallplatte so wegräumen müssen, dass sein Sohn nicht leicht an sie herankommen konnte. Dieses Verhalten ist gemäß § 276 Abs. 2 BGB fahrlässig, sodass K von V Ersatz der Fahrtkosten verlangen kann, §§ 437 Nr. 3 Alt. 2, 284, 280, 283 BGB. Eine Fristsetzung zur Nacherfüllung wird in diesem Fall nicht verlangt, da eine Nacherfüllung nicht möglich ist.

5.4.7 Ausschluss und Beschränkung der Gewährleistungsrechte

Kenntnis des Sachmangels

In bestimmten Fällen stehen dem Käufer trotz Vorhandenseins eines Sachmangels keine Gewährleistungsansprüche zu. Hat er Kenntnis von einem Sachmangel, sind seine Gewährleistungsrechte nach § 442 BGB ausgeschlossen.

Hagelschaden
Student S kauft einen günstigen PKW mit sichtbarem Hagelschaden. Obwohl der Hagelschaden nach § 434 Abs. 1 S. 2 Nr. 2 BGB einen Mangel darstellt, kann S keine Gewährleistungsrechte geltend machen, denn er kannte den Mangel.

Vertraglicher Ausschluss oder Beschränkung

Die Gewährleistungsansprüche können auch durch vertragliche Vereinbarung zwischen Verkäufer und Käufer ausgeschlossen oder beschränkt werden, § 444 BGB. Diese Möglichkeit eines Haftungsausschlusses oder einer Haftungsbeschränkung erfährt jedoch vielfältige Einschränkungen: Der Verkäufer kann sich auf den Ausschluss oder die Beschränkung nicht berufen, wenn er den Mangel arglistig verschwiegen oder eine Garantie für die Beschaffenheit der Sache übernommen hat. Bei einem Verbrauchsgüterkauf gemäß § 474 BGB kann nach § 475 Abs. 1, 3 BGB lediglich der Anspruch auf Schadensersatz ausgeschlossen werden; alle anderen Gewährleistungsrechte stehen dem Verbraucher zwingend zu. Liegt ein Kaufvertrag vor, dem Allgemeine Geschäftsbedingungen beigefügt sind, ist beim Verkauf neu hergestellter Sachen ein Haftungsausschluss nur in den engen Grenzen des § 309 Nr. 8 b BGB, d. h. praktisch nicht möglich.[20] Aufgrund der genannten Einschränkungen kann festgehalten werden, dass ein vertraglicher Ausschluss der Gewährleistungsrechte v. a. beim Verkauf durch einen Verbraucher an einen anderen Verbraucher Bedeutung hat. Im unternehmerischen Verkehr sind Haftungsbeschränkungen in relativ engen Grenzen ebenfalls üblich.

Leistungsbeschreibung

Bei einer Leistungsbeschreibung handelt es sich nicht um den Fall eines Ausschlusses oder einer Beschränkung der Gewährleistung. Es fehlt von vornherein an einem Sachmangel nach § 434 Abs. 1 S. 1 BGB, da die Sache die vereinbarte Beschaffenheit besitzt. Da Leistungsbeschreibungen allerdings faktisch dieselbe Wirkung wie ein Ausschluss oder eine Beschränkung der Gewährleistungsrechte erzielen können, sollen sie aus praktischer Sicht an dieser Stelle besprochen werden.

Lahmer Traktor

Hobbylandwirt K benötigt einen neuen Traktor. Beim örtlichen Landmaschinenhändler V sieht er ein neues Modell des Herstellers H, das ihm gefällt. Als er mit dem Verkäufer redet, stellt sich heraus, dass der Traktor aus noch ungeklärten Gründen nicht die in den Papieren angegebenen 80 km/h, sondern nur 45 km/h fährt. Daher ist der Traktor an sich nicht verkäuflich. K ist die Höchstgeschwindigkeit jedoch egal. Er einigt sich daher mit V, dass der Traktor eben nur 45 km/h fahren kann. Dafür vereinbaren sie einen Kaufpreis, der bei 30 % des Neupreises liegt.

In diesem Fall lautet die Leistungsbeschreibung „Traktor mit Höchstgeschwindigkeit 45 km/h". Dem K stehen wegen der nicht erreichten Höchstgeschwindigkeit von 80 km/h keine Gewährleistungsansprüche zu, da kein Sachmangel nach § 434 Abs. 1 S. 1 BGB vorliegt.

Grenze der Leistungsbeschreibung

Eine Grenze für die faktische Beschränkung der Gewährleistungsrechte durch Leistungsbeschreibungen liegt vor, wenn durch Leistungsbeschreibungen die Gewährleistungsrechte umgangen werden sollen.

---

20 In AGB ist darüber hinaus auch ein Haftungsausschluss bei Verletzung von Leben, Körper und Gesundheit nach § 309 Nr. 7 BGB weitgehend unzulässig.

Bastlerauto[21]
Autohändler V verkauft an den Studierenden K einen zwei Jahre alten Gebrauchtwagen mit dem Hinweis „Bastlerfahrzeug“. V bringt das Auto am nächsten Tag noch wie vereinbart durch den TÜV. Nach einigen Wochen kommt es zu einem Kabelbrand. K erklärt daraufhin den Rücktritt vom Kaufvertrag und will von V den Kaufpreis abzüglich Nutzungsentgelt für die gefahrenen Kilometer zurück. V geht darauf nicht ein, da es sich um ein „Bastlerfahrzeug“ handele, bei dem mit Mängeln gerechnet werden müsse. Das AG Marsberg sah in der Formulierung „Bastlerfahrzeug“ bei einem nur zwei Jahre alten Wagen eine unzulässige Umgehung der Gewährleitungsansprüche. Somit war der Rücktritt wirksam und K kann von V Rückzahlung des Kaufpreises verlangen.

Handelskauf: Untersuchungs- und Rügepflicht

Wenn Verkäufer und Käufer Kaufleute sind und der Kaufvertrag bei beiden zu ihrem Handelsgewerbe gehört, verliert der Käufer nach § 377 HGB seine Gewährleistungsrechte, wenn er die Ware nicht unverzüglich untersucht und den dabei erkennbaren Mangel mit hinreichend genauer Beschreibung unverzüglich rügt. Der Umfang der Untersuchungspflicht richtet sich nach der Art der Ware. Bei der Lieferung größerer Warenmengen genügen Stichproben. Wird der Mangel erst einige Zeit nach der Ablieferung bemerkbar, dann liegt ein sogenannter verdeckter Mangel vor. Der Käufer muss einen solchen Mangel mit hinreichend genauer Beschreibung unverzüglich nach seiner Entdeckung rügen. „Unverzüglich“ heißt in der Praxis oft noch „am selben Tag“.

Abfüllanlage II
Nach Inbetriebnahme der Abfüllanlage stellt Käufer M fest, dass die Anlage nicht die vereinbarte Kapazität von 15.000 Flaschen pro Stunde schafft. M rügt diesen Mangel eine Woche nach seiner Entdeckung. Da diese Rüge nicht unverzüglich, d. h. ohne schuldhaftes Zögern, § 121 Abs. 1 S. 1 BGB erfolgt ist, verliert M seine Gewährleistungsansprüche.

Fraglich ist, ob die Vertragsparteien die Anwendung von § 377 HGB ausschließen oder modifizieren können. Sinn der Norm ist die einfache und schnelle Vertragsabwicklung im Handelsverkehr, indem der Verkäufer vor einer Inanspruchnahme durch den Käufer nach längerer Zeit und den damit einhergehenden Beweisschwierigkeiten geschützt wird. Nach Ansicht des BGH ist ein vollständiger Verzicht auf die Untersuchungs- und Rügepflicht in AGB unzulässig.[22] Zulässig und in der

21 Frei nach AG Marsberg, Urteil vom 9. 10. 2002 – 1 C 143/02, ZGS 2003, 119; einen ähnlichen Fall hatte das OLG Oldenburg zu entscheiden, Urteil vom 22. 9. 2003 – 9 W 30/03, ZGS 2004, 75.

22 BGH, Urteil vom 19. 6. 1991 – VIII ZR 149/90, NJW 1991, 2633.

Praxis verbreitet ist die Verlängerung der Rügepflicht auf bis zu zwei Wochen. In Individualvereinbarungen kann der Verkäufer auf die Einhaltung der Rügepflicht verzichten.[23]

5.4.8 Verjährung der Mängelansprüche

Zwei Jahre ab Übergabe

Für die Verjährung von Gewährleistungsansprüchen gelten nicht die Vorschriften der §§ 195 ff. BGB über die regelmäßige Verjährung. Vielmehr enthält § 438 BGB eine Sondervorschrift.[24] In den meisten Gewährleistungsfällen gilt nach § 438 Abs. 1 Nr. 3, Abs. 2 BGB die zweijährige Gewährleistungsfrist ab Ablieferung der Sache.[25]

Fehlerhafte Küchenmaschine II

V verkauft an K eine Küchenmaschine des Herstellers H. 25 Monate nach der Übergabe an K tritt ein Herstellungsfehler auf. Kann K gegen V noch Gewährleistungsrechte geltend machen?

Die Gewährleistungsrechte stehen K nach wie vor zu. Allerdings kann sich V auf Verjährung berufen, da seit der Ablieferung mehr als zwei Jahre verstrichen sind. Die Verjährung führt nicht zum Erlöschen eines Anspruchs. Der Schuldner, hier V, kann jedoch die Einrede der Verjährung erheben und darf dann die Erfüllung des Gewährleistungsanspruchs verweigern.

Bei einem Verbrauchsgüterkauf nach § 474 BGB beträgt die Verjährung beim Kauf neuer Sachen zwingend zwei Jahre, bei gebrauchten Sachen ist eine Verkürzung auf ein Jahr zulässig, § 475 Abs. 2 BGB. Im kaufmännischen Verkehr ist eine Verkürzung der Verjährung bei neu hergestellten Sachen auf ein Jahr zulässig. Während der Verkäufer eine Verkürzung auf ein Jahr anstrebt, will der Käufer nach Möglichkeit eine – rechtlich zulässige – Verlängerung der Verjährungsfrist auf drei Jahre erreichen. Letztendlich hängt die Länge der Verjährungsfrist zwischen

---

23 Vgl. *Hopt* in: *Baumbach/Hopt*, HGB, 36. Aufl. 2014, § 377 Rn. 57 ff.

24 Da juristisch zwischen Ansprüchen wie dem Anspruch auf Nacherfüllung, auf Schadensersatz und auf Aufwendungsersatz und Gestaltungsrechten wie Rücktritt und Minderung unterschieden werden muss, verweist § 438 Abs. 1 BGB nur auf § 437 Nr. 1 und 3 BGB, während § 438 Abs. 4 und 5 BGB auf § 437 Nr. 2 BGB Bezug nehmen. Im Ergebnis sind die Zeiträume für die Geltendmachung der Gewährleistungsrechte jedoch gleich lang.

25 Ausnahmen gelten z. B. für Bauwerke und bei der Verwendung einer Sache für ein Bauwerk: § 438 Abs. 1 Nr. 2 BGB sieht hier eine fünfjährige Verjährungsfrist vor. Hat der Verkäufer den Mangel arglistig verschwiegen, gilt nach § 438 Abs. 3 BGB die regelmäßige Verjährungsfrist von drei Jahren, die mit Kenntnis des Sachverhalts beginnt.

Unternehmen von der Marktmacht und dem Verhandlungsgeschick der Parteien ab.

Verjährung bei Nacherfüllung

Wird im Zuge der Nacherfüllung eine neue Sache geliefert, wird in der Regel eine neue zweijährige Verjährungsfrist beginnen, denn der Verkäufer anerkennt mit der Ersatzlieferung seine Mängelbeseitigungspflicht, § 212 Abs. 1 Nr. 1 BGB. Bei der Nachbesserung beginnt die Verjährung nicht insgesamt neu zu laufen, sondern nur hinsichtlich des nachgebesserten Teiles.[26]

Kulanz

Unabhängig von der juristischen Frage der Verjährung von Gewährleistungsansprüchen wird sich ein Verkäufer – ggf. im Verbund mit dem Hersteller – überlegen, ob aus Gründen der Kulanz die Erfüllung verjährter Gewährleistungsansprüche bei wirtschaftlicher Betrachtungsweise vorteilhafter ist als die Berufung auf die Verjährung.

Fehlerhafte Klimaanlage

V verkauft an K einen Neuwagen des Herstellers H einer gerade neu am Markt eingeführten Bauserie. Drei Jahre nach der Übergabe an K tritt an der Klimaanlage ein Fehler auf, der auf ein mangelhaftes Teil der Klimaanlage zurückgeht. Der Mangel ist durch einfachen Austausch des mangelhaften Teils zu beheben. H veranlasst einen Rückruf der Bauserie, damit der Fehler behoben werden kann.

Die Gewährleistungsrechte des K gegen V sind hier verjährt, denn seit der Übergabe sind mehr als zwei Jahre vergangen. Allerdings werden sich V und H gut überlegen, ob sie die Kosten nicht aus Kulanzgründen übernehmen sollen; bei einer Berufung auf die Verjährung könnte der Imageschaden mit der Konsequenz nachhaltiger Umsatzverluste beträchtlich sein.

5.4.9 Rückgriff des Unternehmers

Verbrauchsgüterkauf: §§ 478, 479 BGB

Der Verkäufer hat in einer Vertriebskette in der Regel keinen Einfluss auf die Güte der ihm gelieferten Ware. Hat er bspw. die Ware wegen eines Sachmangels vom Käufer zurücknehmen müssen, stehen ihm gegen seinen Lieferanten – dies wird oft der Hersteller sein – ebenfalls die Gewährleistungsrechte aus den §§ 437 ff. BGB zu. Handelt es sich nun bei seinem Käufer um einen Verbraucher, bringen die §§ 478, 479 BGB dem Verkäufer Vorteile, sofern er Unternehmer ist und es um den Verkauf neu hergestellter Sachen geht. Wenn der Verkäufer gegenüber seinem Lieferanten ebenfalls vom Kaufvertrag zurücktreten will, braucht er dem Lieferanten gemäß § 478 Abs. 1 BGB keine Frist zur Nacherfül-

---

26 BGH, Urteil vom 5. 10. 2006 – VIII ZR 16/05, BGHZ 164, 196, Tz. 13–18; *Eisenberg*, Aktuelle Entwicklungen zum Nacherfüllungsanspruch im Kaufrecht – bahnbrechende Entscheidungen von EuGH und BGH, BB 2011, 2634, 2638 f.

lung zu setzen. Für die zur Nacherfüllung getätigten Aufwendungen erhält der Verkäufer vom Lieferanten nach § 478 Abs. 2 BGB Ersatz. Darüber hinaus kann § 479 Abs. 2 BGB dazu führen, dass der Rückgriffsanspruch des Unternehmers gegen seinen Lieferanten erst nach fünf Jahren verjährt. Die Erleichterungen der §§ 478, 479 BGB greifen dann nicht, wenn der Verkäufer von seinem Lieferanten hierfür einen gleichwertigen Ausgleich wie z. B. Rabatte oder Schadenspauschalen erhält.

Fehlerhafter Häcksler

Verbraucher K erwirbt beim örtlichen Landmaschinenhandel V einen neuen Häcksler. Der Häcksler wurde 9 Monate zuvor vom Hersteller H an V geliefert. 16 Monate nach der Übergabe an K kommt es zu einem Kurzschluss mit anschließendem Motorbrand, wobei der Häcksler irreparabel beschädigt wird. Eine anschließende Untersuchung ergab, dass die Verkabelung ab Werk fehlerhaft und dieser Fehler ursächlich für den Kurzschluss war. K tritt daher gemäß §§ 437 Nr. 2, 326 Abs. 5 BGB vom Kaufvertrag zurück. Wenn V gegenüber H ebenfalls vom Kaufvertrag zurücktreten will, stellt sich das Problem, dass H den Häcksler vor mehr als zwei Jahren an V geliefert hat, sodass für Gewährleistungsrechte im Verhältnis V – H an sich Verjährung eingetreten ist. Nachdem es sich aber um eine neu hergestellte Sache handelt, V Unternehmer und K Verbraucher ist, ist das Rücktrittsrecht des V gegen H gemäß § 479 Abs. 2 BGB noch nicht verjährt.

5.5 Garantie

5.5.1 Garantie und Gewährleistung

§§ 443, 477 BGB

Der Verkäufer, der Hersteller oder ein sonstiger Dritter kann nach § 443 BGB eine Garantie für die Beschaffenheit einer Sache oder andere als die Mängelfreiheit betreffende Anforderungen übernehmen. Die Garantie tritt neben die vertraglichen Gewährleistungsansprüche des Käufers gegen den Verkäufer und ersetzt diese nicht. Die Garantie ist freiwillig; weder der Verkäufer noch der Hersteller oder ein Dritter müssen eine Garantie einräumen.

Aus § 477 BGB ergeben sich für den Verbrauchsgüterkauf formale Anforderungen an die Garantie. Die §§ 443, 477 BGB beruhen auf EU-Richtlinien,[27] weshalb es in allen EU-Mitgliedstaaten ähnliche Regelungen hinsichtlich der Garantien für Verbraucher gibt.

27 Richtlinie 1999/44/EG zu bestimmten Aspekten des Verbrauchsgüterkaufs und der Garantien für Verbrauchsgüter, ABl. EG Nr. L 171 vom 7. 7. 1999, S. 12 und Richtlinie 2011/83/EU über die Rechte der Verbraucher, Abl. EU Nr. L 304 vom 22. 11. 2011, S. 64.

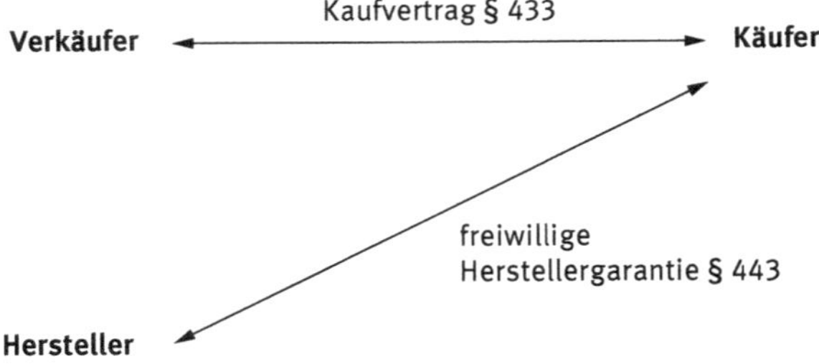

Abb. 5.1. Die Herstellergarantie (eigene Darstellung).

5.5.2 Beschaffenheits- und Haltbarkeitsgarantie

Bei der Garantie für die Beschaffenheit der Sache wird zwischen der Beschaffenheitsgarantie und der Haltbarkeitsgarantie unterschieden.

Beschaffenheitsgarantie

Bei der Beschaffenheitsgarantie garantiert der Garantiegeber, dass die Sache bei Gefahrübergang eine bestimmte Beschaffenheit hat.

Haushaltsgeräte
Einem Haushaltsgerät ist folgende Garantie beigefügt: „Beschaffenheitsgarantie: Der Hersteller garantiert die fehlerfreie Beschaffenheit des Produkts bei Lieferung. Zeigt sich innerhalb von 24 Monaten nach Lieferung dennoch ein Mangel, wird dieser vom Hersteller unentgeltlich behoben." Hier liegt eine typische Beschaffenheitsgarantie des Herstellers vor.

Haltbarkeitsgarantie

Bei der Haltbarkeitsgarantie wird garantiert, dass die Sache für eine bestimmte Dauer eine bestimmte Beschaffenheit behält, d. h. innerhalb der Garantiefrist keine Mängel aufweist.

Aluminiumdach[28]
Ein Hersteller von Aluminiumdächern wirbt mit „Extreme Garantie, weil es 40 Jahre Garantie nur auf das Material der Zukunft gibt". Hier wird zugesagt, dass Aluminiumdächer 40 Jahre lang dicht und damit mangelfrei sind. Es liegt eine Haltbarkeitsgarantie vor.

Unterschiede

Die beiden Garantieformen stellen auf einen unterschiedlichen Zeitpunkt in Bezug auf das Vorliegen eines Mangels ab. Die Beschaffenheitsgarantie stellt auf den Zeitpunkt des Gefahrübergangs, die Haltbarkeitsgarantie auf den Mangeleintritt innerhalb der Garantiezeit ab.

---

28 BGH, Urteil vom 26. 6. 2008 – I ZR 221/05, NJW 2008, 2995.

In der Praxis ergeben sich oft Abgrenzungsschwierigkeit. Im Zweifel wird man davon ausgehen können, dass eine Haltbarkeitsgarantie vorliegt.

Fernseher
Im Internet findet sich folgender Garantietext, den ein Hersteller nach seinen Angaben allen in Deutschland verkauften Fernsehgeräten beifügt: „Auf dieses Gerät wird eine 24 monatige Garantie für Material- und Verarbeitungsfehler übernommen. Der Hersteller behält sich vor einen Mangel durch Reparatur oder Neulieferung zu beheben. Weitere Rechte des Kunden sind ausgeschlossen."

Hier ist unklar, ob der Garantiegeber eine Beschaffenheits- oder Haltbarkeitsgarantie übernehmen will. Der Verweis auf die typischen Mängelrechte beim Kauf könnte darauf hinweisen, dass es sich um eine Beschaffenheitsgarantie handelt. Der Wortlaut „24 Monate Garantie" könnte auf eine Haltbarkeitsgarantie hindeuten. Der Unterschied ist wichtig, weil der Kunde bei der Haltbarkeitsgarantie beweisrechtlich bessergestellt ist, § 443 Abs. 2 BGB. Auslegungszweifel dürften hier zulasten des Verwenders gehen. Hier liegt daher eine Haltbarkeitsgarantie vor.

5.5.3 Inhalt der Garantie

Konkreter Inhalt wird vom Garantiegeber bestimmt

Nach § 443 Abs. 1 BGB kann der Garantiegeber in einer Erklärung oder einschlägigen Werbung, die vor oder bei Abschluss des Kaufvertrags verfügbar war, zusätzlich zu der gesetzlichen Mängelhaftung insbesondere die Verpflichtung eingehen, den Kaufpreis zu erstatten, die Sache auszutauschen, nachzubessern oder in ihrem Zusammenhang Dienstleistungen zu erbringen, falls die Sache nicht diejenige Beschaffenheit aufweist oder andere als die Mängelfreiheit betreffende Anforderungen nicht erfüllt, die in der Erklärung oder einschlägigen Werbung beschrieben sind. Der konkrete Inhalt der Garantie wird dabei vom Garantiegeber bestimmt. Dies gilt sowohl für die Voraussetzungen des Garantiefalls als auch für die Rechte des Käufers im Garantiefall.

Typische Beschaffenheitsgarantie des Herstellers

Herstellergarantien enthalten regelmäßig nur einen Anspruch auf Nacherfüllung. Alle weitergehenden Ansprüche, insbesondere auf Schadensersatz werden vom Hersteller ausgeschlossen. Diese Ausschlüsse sind rechtlich wirksam, denn der Hersteller übernimmt in einer Garantie zusätzliche Verpflichtungen, die neben die gesetzliche Gewährleistungspflicht des Verkäufers treten. Daher kann der Hersteller grundsätzlich die Reichweite der Garantie frei bestimmen, dasselbe gilt für die Bedingungen, unter denen er die Garantie gewährt. Herstellergarantien bleiben also in ihrem Umfang regelmäßig hinter den Gewährleistungsansprüchen der §§ 437 ff. BGB zurück.

Bügeleisen
K kauft bei Fachhändler V ein Bügeleisen des Hausgeräteherstellers H. Dem Bügeleisen ist eine Garantie beigefügt, die die Überschrift „Beschaffenheitsgarantie“ trägt. Die Garantie hat folgende stark verkürzt wiedergegebene Bedingungen:[29]

- Zeigt sich innerhalb von 24 Monaten nach Lieferung ein Mangel, wird dieser vom Hersteller unentgeltlich behoben. Dies gilt nicht für leicht zerbrechliche Teile (z. B. Glas, Kunststoff) oder nicht vom Hersteller verursachte Transportschäden.
- Der Hersteller kann nach seiner Wahl das Gerät reparieren oder ein Ersatzgerät liefern.
- Weitergehende Ansprüche bestehen nicht, insbesondere gibt es keine Ansprüche auf Schadensersatz gegen den Hersteller aus der Garantie.
- Werden Garantieleistungen erbracht, führt dies weder zu einer Verlängerung der o. g. Garantiefrist noch zum in Gang setzen einer neuen Garantiefrist.
- Die Gewährleistungsansprüche des Käufers gegen den Verkäufer aus dem Kaufvertrag werden durch diese Garantie nicht eingeschränkt.

Acht Monate nach der Übergabe funktioniert die Temperaturregelung nicht mehr richtig, was zu einer starken Überhitzung führt. Als K, der dies nicht erkennen konnte, ein Hemd bügelt, bekommt dieses einen Brandfleck.

1. Ist die Herstellergarantie wirksam?
2. Welche Rechte hat K aufgrund der Herstellergarantie?
3. Welche Gewährleistungsrechte hat K?
4. Hat K anderweitige Rechte?

Zu 1. Das Beifügen der Garantiebedingungen seitens des Herstellers stellt ein Angebot dar, das vom Käufer durch den Kauf des Bügeleisens stillschweigend angenommen wird. Somit ist ein wirksamer Garantievertrag zustande gekommen. Da der Hersteller freiwillig gesetzlich nicht vorgesehene Verpflichtungen übernimmt, kann er deren Inhalt frei bestimmen.

Zu 2. Aufgrund der Herstellergarantie kann K vom Hersteller Reparatur des Bügeleisens oder Lieferung eines Ersatzgeräts verlangen. Die Wahl zwischen Reparatur und Ersatzlieferung steht dem Hersteller zu. Weitere Ansprüche gegen den Hersteller aufgrund der Herstellergarantie stehen K nicht zu; insbesondere hinsichtlich des Brandflecks hat K keine Schadensersatzansprüche gegen den Hersteller.

Zu 3. Aufgrund der Gewährleistungsrechte kann K vom Verkäufer Reparatur oder Lieferung eines Ersatzgeräts verlangen. Die Wahl zwischen Reparatur und Ersatzlieferung steht K zu. Kommt V dieser Verpflichtung nicht in der von K gesetzten Frist nach, kann K vom Vertrag zurücktreten oder den Kaufpreis mindern. Grundsätzlich könnte K nach Fristablauf auch Schadensersatz insbesondere für den

29 Unter dem Stichwort „Garantiebedingungen“ finden Internetsuchmaschinen die Originalgarantiebedingungen namhafter Hersteller. Sowohl die Voraussetzungen, unter denen die Garantie eingreift als auch die Rechte aus der Garantie werden in der Praxis genau beschrieben. Enthält eine Garantie ausnahmsweise keine Aussage zu den Rechten des Käufers im Garantiefall, ist durch Auslegung zu ermitteln, welche Rechte der Käufer geltend machen kann. Dies können z. B. die in § 437 BGB oder (nur) die in § 443 BGB genannten Rechte sein.

Brandfleck von V verlangen, was jedoch ein Verschulden des V hinsichtlich des Sachmangels voraussetzen würde. Die Gewährleistungsrechte gehen also weiter als die Herstellergarantie.

Zu 4. K könnte gegen den Hersteller insbesondere wegen des Brandflecks auf dem Hemd einen Anspruch aus Produzentenhaftung nach § 823 Abs. 1 BGB haben.[30]

Grenzen in AGB

Die dem Garantiegeber zustehende Gestaltungsfreiheit für Garantien hat Grenzen. Es ist zu beachten, dass Garantien regelmäßig als Allgemeine Geschäftsbedingungen vorkommen, die daran gemessen werden, ob sie den Garantienehmer entgegen den Geboten von Treu und Glauben unangemessen benachteiligen, § 307 Abs. 1 S. 1 BGB. Der BGH hält eine Aushöhlung der Garantiezusagen durch einschränkende Nebenbestimmungen in der Regel für unzulässig.

Gebrauchtwagengarantie[31]

Der Verkäufer/Garantiegeber eines Gebrauchtwagens hat den Käufer/ Garantienehmer verpflichtet, vom Hersteller empfohlene Wartungsarbeiten ausschließlich in der Werkstatt des Verkäufers durchzuführen und im Fall der Unzumutbarkeit eine Freigabe des Verkäufers/Garantiegebers einzuholen. Bei Verletzung dieser Pflicht wird der Verkäufer/Garantiegeber von seiner Entschädigungspflicht befreit.

Nach Ansicht des BGH ist diese Klausel wegen unangemessener Benachteiligung des Käufers/Garantienehmers unwirksam, sodass die Garantie auch bei Verletzung dieser Pflicht eingreift.

Beweislast

Die Beweislast für den Abschluss des Garantievertrags und das Eintreten der Garantiebedingungen, regelmäßig das Vorhandensein eines Mangels bei Gefahrübergang bzw. das Auftreten eines bereits bei Gefahrübergang angelegten Mangels, liegt beim Käufer. Nach § 443 Abs. 2 BGB wird bei einer Haltbarkeitsgarantie vermutet, dass ein während ihrer Geltungsdauer auftretender Sachmangel die Rechte aus der Garantie begründet.

Neuwagengarantie

Ein PKW-Hersteller gewährt für seine Neuwagen eine zweijährige Garantie hinsichtlich aller Mängel mit Ausnahme von Verschleiß. Bei Vorliegen eines Mangels lässt der Hersteller den Mangel durch eine Vertragswerkstatt beseitigen. Was muss ein Neuwagenkäufer beweisen, wenn der PKW nach 10 Monaten aufgrund eines Programmfehlers bei Temperaturen unter 8 Grad Celsius nicht mehr anspringt und er vom Hersteller die Beseitigung des Mangels haben möchte?

Der Neuwagenkäufer muss den Abschluss des Garantievertrags (oft im Serviceheft dokumentiert) und das Auftreten des Defekts in der Garantiezeit beweisen. Dies

---

30 Siehe unten Kapitel 11.

31 BGH, Urteil vom 14. 10. 2009 – VIII ZR 354/08, NJW 2009, 3714.

dürfte ihm ohne weitere Probleme gelingen. Bei der vorliegend gewährten Garantie handelt es sich um eine Haltbarkeitsgarantie, weil der Hersteller nicht eindeutig nur für die Beschaffenheit im Zeitpunkt des Gefahrübergangs einstehen will. Nach § 443 Abs. 2 BGB wird daher vermutet, dass der Defekt die Rechte aus der Garantie begründet. Kann der Garantiegeber diese Vermutung nicht widerlegen – bspw. durch unsachgemäßen Gebrauch –, kann der Neuwagenkäufer vom Hersteller die Beseitigung des Mangels verlangen.

Formale Anforderungen

Nach § 477 Abs. 1, 2 BGB müssen für die Garantieerklärung beim Verbrauchsgüterkauf einige ergänzende formale Voraussetzungen erfüllt werden. So muss in der Garantie ein Hinweis auf die Gewährleistungsrechte des Verbrauchers sowie darauf, dass diese nicht durch die Garantie eingeschränkt werden, und der Inhalt der Garantie enthalten sein. Allerdings wird die Wirksamkeit der Garantieverpflichtung gemäß § 477 Abs. 3 BGB nicht dadurch berührt, dass eine dieser zusätzlichen formalen Voraussetzungen nicht erfüllt wird.

5.5.4 Garantie und Kulanz

Kulanz keine Alternative zur Garantie

Während die Garantie dem Käufer einklagbare Ansprüche gegen den Garantiegeber gibt – wenngleich diese in der Praxis meist auf einen Nacherfüllungsanspruch nach Wahl des Garantiegebers begrenzt sind – hat der Käufer bei der Gewährung von Kulanz aus rechtlicher Sicht eine schlechtere Position. Bei Kulanz handelt es sich nicht wie bei der Garantie um einen einklagbaren Anspruch, sondern um ein unverbindliches Entgegenkommen aus Geschäftsinteresse.

5.5.5 Wirtschaftliche Bedeutung der Garantie

Wichtig: Herstellergarantien

Wirtschaftlich von erheblicher Bedeutung sind Herstellergarantien. Sie werden als Werbe- und Vermarktungsmittel sowie zur Kundenbindung eingesetzt.

Vorteile der Garantie für den Garantienehmer

Garantieansprüche gegen den Hersteller sind zwar – was die einzelnen Rechtsbehelfe betrifft – in der Praxis meist weniger umfangreich als die Gewährleistungsansprüche gegen den Verkäufer, sie geben dem Käufer aber zusätzlich zu den vertraglichen Gewährleistungsansprüchen gegen den Verkäufer Ansprüche gegen den Hersteller. Dies wirkt sich u. a. dann günstig aus, wenn der Verkäufer sein Geschäft, etwa aus Altersgründen oder wegen Insolvenz, aufgibt. Ein weiterer Vorteil für den Käufer liegt darin, dass er in vielen Fällen die Herstellergarantie nicht nur beim Verkäufer, sondern bei jedem Händler geltend machen kann. Bei hochpreisigen Gütern gewähren zudem einige Hersteller einen Nacherfüllungsanspruch über einen Zeitraum, der deutlich über der Verjährungsfrist für Gewährleistungsansprüche von zwei Jahren liegt. Bei einer Haltbarkeitsgarantie wird schließlich die Beweislage des Käufers im Garantiefall verbessert.

Leistungsfähiges Instrument der Kundenbindung

Häufig wird die Gewährung langlaufender Garantien an die Einhaltung besonderer Bedingungen geknüpft. Dadurch erweisen sich diese Garantien als ein leistungsfähiges Instrument der Kundenbindung.

5.6 Übungsfall

Gefrierfach
Verbraucher K erwirbt beim Fachhändler V einen neuen Kühlschrank mit einem nicht ordnungsgemäß funktionierenden Gefrierfach. In das Gefrierfach legt er eine Packung Tiefkühlpizza. Als K nach zwei Monaten die Pizza aus dem Gefrierfach nimmt, ist diese nicht mehr tiefgefroren und verdorben; das Mindesthaltbarkeitsdatum der Pizza ist noch nicht erreicht. 1) Kann K von V Nacherfüllung verlangen, wenn sich herausstellt, dass sich die Gefrierleistung des Kühlfachs durch Austausch einiger Teile leicht herstellen lässt? 2) Kann K sofort vom Vertrag zurücktreten? 3) Kann K von V Schadensersatz für die verdorbene Pizza verlangen?

Anspruchsgrundlage

1) K könnte gegen V einen Anspruch auf Nacherfüllung gemäß §§ 437 Nr. 1, 439 BGB haben.

Voraussetzungen/ Subsumtion

a) Ein Kaufvertrag nach § 433 BGB muss vorliegen. K kauft bei V einen Kühlschrank. Somit liegt ein Kaufvertrag vor.

b) Ein Sachmangel muss bei Gefahrübergang vorgelegen haben. Beim Kauf eines Kühlschranks ist die nach dem Vertrag vorausgesetzte Verwendung, dass der Kühlschrank kühlt und das Gefrierfach die eingelagerte Ware tiefgefroren hält. Da Letzteres nicht der Fall ist, liegt gemäß § 434 Abs. 1 S. 2 Nr. 1 BGB ein Sachmangel vor.

Die Gefahr geht mit der Übergabe der verkauften Sache auf den Käufer über, § 446 S. 1 BGB. An sich müsste K beweisen, dass der Kühlschrank bereits bei Übergabe ein defektes Gefrierfach besaß. Das ließe sich ggf. durch ein Sachverständigengutachten erreichen. Nachdem hier aber ein Verbrauchsgüterkauf nach § 474 Abs. 1 BGB vorliegt und der Mangel innerhalb von sechs Monaten seit Gefahrübergang auftrat, kommt K die Vermutung des § 476 BGB zugute. Danach wird vermutet, dass dieser Sachmangel bereits bei Gefahrübergang vorhanden war.

c) Es darf kein Ausschluss der Gewährleistungsrechte vorliegen. K kannte den Mangel nicht, sodass § 442 BGB nicht eingreift. Einen Haftungsausschluss gemäß § 444 BGB haben die Parteien auch nicht vereinbart. Da K Verbraucher ist, braucht § 377 HGB nicht geprüft zu werden.

d) Nach §§ 437 Nr. 1, 439 Abs. 1 BGB kann K wählen, ob V den Mangel beseitigen oder ihm einen neuen Kühlschrank liefern soll. Würde sich K für die Lieferung eines neuen Kühlschranks entscheiden, könnte V diese nach § 439 Abs. 3 BGB wegen unverhältnismäßig hoher Kosten verweigern.

Ergebnis

e) Ergebnis: K kann von V Reparatur des Kühlschranks gemäß §§ 437 Nr. 1, 439 Abs. 1 BGB verlangen.

Anspruchsgrundlage

2) Könnte K nach §§ 437 Nr. 2, 440, 323 BGB sofort vom Kaufvertrag zurücktreten?

Voraussetzungen/ Subsumtion

Die ersten drei Voraussetzungen – a) Kaufvertrag, b) Sachmangel bei Gefahrübergang und c) kein Ausschluss der Gewährleistung – wurden bereits bei Frage 1 geprüft und deren Vorliegen bejaht.

d) Nach §§ 437 Nr. 2, 440, 323 BGB müssen zunächst die Voraussetzungen des Rücktritts nach § 323 Abs. 1 BGB geprüft werden:

aa) Ein gegenseitiger Vertrag liegt in der Form des Kaufvertrags – s. o. a) – vor. [Hinweis: Aufgrund der Verweisungstechnik in § 437 lässt es sich nicht vermeiden, dass manche Tatbestandsmerkmale doppelt erscheinen.]

bb) Der Schuldner V hat eine fällige Leistung nicht vertragsgemäß erbracht, indem er einen mangelhaften Kühlschrank an K lieferte, s. o. b).

cc) K muss dem V eine angemessene Frist zur Nacherfüllung bestimmt haben. Dies hat K noch nicht getan.

Somit muss geprüft werden, ob die Fristsetzung nach § 323 Abs. 2 oder § 440 BGB entbehrlich ist. Nachdem keiner dieser Tatbestände vorliegt, ist die Fristsetzung nicht entbehrlich.

Ergebnis

e) Ergebnis: K kann nicht sofort nach §§ 437 Nr. 2, 440, 323 BGB vom Kaufvertrag zurücktreten. Er muss dem V erst eine Nachfrist setzen.

Anspruchsgrundlage

3) K könnte von V nach §§ 437 Nr. 3, 280 Abs. 1 BGB Schadensersatz für die verdorbene Pizza verlangen.

Voraussetzungen/ Subsumtion

Die ersten drei Voraussetzungen – a) Kaufvertrag, b) Sachmangel bei Gefahrübergang und c) kein Ausschluss der Gewährleistung – wurden bereits bei Frage 1 geprüft und deren Vorliegen bejaht.

d) Nach §§ 437 Nr. 3, 280 Abs. 1 BGB müssen zunächst die Voraussetzungen für den Schadensersatz vorliegen:

aa) Ein Schuldverhältnis liegt in der Form des Kaufvertrags – s. o. a) – vor.

bb) Der Schuldner V hat eine Pflicht aus dem Schuldverhältnis verletzt, indem er einen mangelhaften Kühlschrank an K lieferte, s. o. b).

cc) Schaden ist der Preis für die verdorbene Pizza.

dd) Nach § 280 Abs. 1 S. 2 BGB muss V nachweisen, dass er die Pflichtverletzung nicht zu vertreten hat. Dass das Gefrierfach nicht richtig funktioniert, hat V aber nicht zu vertreten, denn er handelt insoweit weder vorsätzlich noch fahrlässig, § 276 Abs. 1 BGB.

e) Ergebnis: Somit kann K von V keinen Schadensersatz für die Pizza fordern. Insoweit kann K gegen den Hersteller des Kühlschranks ein Schadensersatzanspruch aus Produzenten-/Produkthaftung zustehen. Ergebnis

5.7 Zusammenfassung

Der Verkäufer haftet für die Mangelfreiheit der Sache.

Ist die Sache bei Gefahrübergang mangelhaft, hat der Käufer gegen den Verkäufer vorrangig einen Anspruch auf Nacherfüllung, d. h. Reparatur oder Lieferung einer Ersatzsache. Die hierfür anfallenden Kosten trägt der Verkäufer.

Der Vorrang der Nacherfüllung vor den weiteren Rechtsbehelfen – Rücktritt oder Minderung sowie Schadensersatz oder Aufwendungsersatz – wird dadurch erreicht, dass der Käufer dem Verkäufer zunächst eine Frist zur Nacherfüllung setzen muss. In Ausnahmefällen muss keine Frist gesetzt werden.

Der Anspruch auf Schadens- und Aufwendungsersatz setzt voraus, dass der Verkäufer den Mangel zu vertreten hat. Dies gilt auch für Schäden an anderen Sachen als der Kaufsache. Ist der Verkäufer nur Händler, handelt er regelmäßig nicht schuldhaft und haftet dem gemäß nicht auf Schadens- oder Aufwendungsersatz.

Haftungsausschlüsse von Unternehmern gegenüber Verbrauchern sind praktisch nicht möglich.

Gewährleistungsansprüche verjähren in zwei Jahren ab Übergabe der Kaufsache.

Garantien stehen neben den Gewährleistungsrechten. Sie geben dem Kunden in der Regel Nachbesserungsansprüche. Garantien gibt es in Form von Beschaffenheits- und Haltbarkeitsgarantien.

6 Werkvertrag

Der Werkvertrag ist ein gegenseitiger Vertrag, der auf die Herstellung eines körperlichen oder geistigen Werkes gerichtet ist. Die Parteien des Werkvertrags heißen nach der Terminologie des Gesetzes „Unternehmer“ und „Besteller“. Durch den Werkvertrag wird der Unternehmer verpflichtet, einen bestimmten Erfolg herbeizuführen, nämlich das von ihm versprochene Werk herzustellen. Im Gegenzug wird der Besteller verpflichtet, die hierfür vereinbarte Vergütung zu entrichten.

Erfolg

Gegenstand eines Werkvertrags kann sowohl „die Herstellung oder Veränderung einer Sache“ als auch „ein anderer durch Arbeit oder Dienstleistung herbeizuführender Erfolg“ sein, § 631 Abs. 2 BGB. Die Bandbreite ist sehr weit und reicht von dem Stechen eines Tattoos, über die Fahrt mit dem Taxi und die Beförderung von Gütern, die Reparatur eines Kraftfahrzeugs, den Bau von Wohnungen und Häusern[1] bis hin zur Errichtung von Industrieanlagen oder Großflughäfen. Auch rein geistige Arbeiten wie z. B. das Entwickeln eines Computerprogramms, die Erstellung eines Gutachtens oder das Entwerfen eines Bauplans für ein Gebäude können Gegenstand eines Werkvertrags sein.

Im Mittelpunkt des Werkvertragsrechts stehen Fragen nach den Leistungspflichten der Parteien, den Mitwirkungspflichten des Bestellers, der Abnahme, den Gewährleistungsrechten des Bestellers und die Absicherung von Vorleistungen der Parteien.

6.1 Stellen Sie sich vor ...

Stellen Sie sich vor, B beauftragt den Maler U mit Tapezierarbeiten in seiner Wohnung. Kurze Zeit nach Fertigstellung und Abnahme der Arbeiten lösen sich einzelne Tapetenbahnen und hängen von der Decke herab. B fordert U daraufhin auf, den Mangel zu beseitigen, und setzt ihm hierfür eine Frist von zwei Wochen. Als U nicht reagiert, kauft er sich im Baumarkt einen Eimer Kleister und klebt die Tapete selbst wieder an die Decke. Für den Kleister und die von ihm erbrachte Arbeitszeit von zwei Stunden verlangt B von U Erstattung eines Betrags von 50 €. Zu Recht?

---

1 Da das Baurecht zu einer komplexen Materie geworden ist, für die die allgemeinen Regelungen des Werkvertragsrechts nicht immer passen, plant der Gesetzgeber die Einführung spezieller Regelungen für den Bauvertrag, den Verbraucherbauvertrag sowie den Architekten- und den Ingenieurvertrag in das Bürgerliche Gesetzbuch.

6.2 Ökonomische Bedeutung und Begründung

Neben dem Kaufvertrag spielt auch der Werkvertrag eine wichtige Rolle in unserer Rechts- und Wirtschaftsordnung. Die Bauindustrie, das Handwerk, die IT-Branche und das Dienstleistungsgewerbe basieren in starkem Maße auf dem Abschluss von Werkverträgen.

Werkverträge sind meist auf die Herstellung individueller Werke gerichtet. Die Herstellung des einzelnen Werkes kann über einen längeren Zeitraum andauern und komplex sein. Nicht überraschend ist der Leistungsgegenstand des Werkvertrags oft fehleranfällig. Dies zeigt sich besonders deutlich im Bauwesen, wo neben Werkvertragsrecht auch die das Werkvertragsrecht ausgestaltende Verdingungsordnung für Bauleistungen, die VOB/B, vereinbart sein kann. Die Abwicklung von Baumängeln gehört zur Alltagserfahrung jedes Bauherrn. Der volkswirtschaftliche Schaden, der in Deutschland durch „Pfusch am Bau" Jahr für Jahr entsteht, geht in die Milliarden.

6.3 Abgrenzung zu anderen Vertragstypen

Kaufvertrag
§ 433 BGB

Während der Kaufvertrag auf die Übereignung eines fertigen Gegenstands gerichtet ist, steht beim Werkvertrag die Herstellung des Gegenstands im Vordergrund.

Werkliefervertrag
§ 651 BGB

Der Anwendungsbereich der §§ 631 ff. BGB wird durch den in § 651 BGB geregelten Werklieferungsvertrag erheblich eingeschränkt. Danach gilt Kaufrecht, wenn der Unternehmer zur Lieferung beweglicher Sachen verpflichtet ist, die erst noch hergestellt oder erzeugt werden müssen.[2] Soweit es sich bei den herzustellenden oder zu erzeugenden beweglichen Sachen um nicht vertretbare Sachen handelt, werden durch § 651 S. 3 BGB ergänzend einzelne Vorschriften des Werkvertragsrechts für anwendbar erklärt. Nicht vertretbare Sachen, § 91 BGB, sind dadurch gekennzeichnet, dass sie den Bestellerwünschen angepasst sind und individuelle Merkmale besitzen, wie z. B. bei einem Maßanzug oder einer speziell gefertigten Einbauküche.[3]

Abgrenzung zum Dienstvertrag

Wichtig ist die Abgrenzung zum Dienstvertrag gemäß § 611 BGB. Sowohl beim Werk- als auch beim Dienstvertrag geht es um die Erbringung einer entgeltlichen Arbeitsleistung. Während beim Werkvertrag

---

2 Dies gilt auch dann, wenn die Herstellung oder Erzeugung aus Stoffen vorgenommen wird, die der Besteller geliefert hat.

3 BGH, Urteil vom 15. 2. 1990 – VII ZR 175/89, BB 1990, 1093.

aber ein Erfolg, also ein bestimmtes Arbeitsergebnis, geschuldet ist, hat der Dienstverpflichtete nur eine bestimmte Arbeitsleistung zu erbringen, ohne dass es auf den Erfolg seiner Tätigkeit ankommt. Indessen lässt sich nicht immer leicht bestimmen, ob im Einzelfall nur die Entfaltung einer Arbeitsleistung oder darüber hinaus auch die Erreichung eines bestimmten Erfolgs geschuldet sein sollte. In der Praxis tauchen immer wieder Grenzfälle auf, die die Gerichte beschäftigen.[4] Schwierigkeiten bereitet beispielsweise die rechtliche Einordnung von Baubetreuungs-, Projektsteuerungs-, Steuerberatungs-, Künstleragentur-, Konzert-, Arbeitnehmerüberlassungs-, Werbeagentur-, Internet-System- und Partnervermittlungsverträgen.

Das verpatzte Gutachten

B wurde bei einem Verkehrsunfall erheblich verletzt. Zur Geltendmachung von Schmerzensgeldforderungen gegen den Unfallverursacher beauftragt er den medizinischen Sachverständigen U mit der Erstellung eines Gutachtens über die von ihm erlittenen Verletzungen. Es wird vereinbart, dass U für seine Tätigkeit eine Vergütung nach Zeitaufwand (200 € pro Stunde) erhalten soll. In seinem Gutachten stellt U lediglich ein leichtes HWS-Syndrom fest. Später stellt sich aber heraus, dass B bei dem Unfall eine komplizierte Wirbelfraktur erlitten hat. Bei Kenntnis dieser Sachlage hätte B einen wesentlich höheren Schmerzensgeldbetrag von dem Unfallverursacher fordern können. B möchte deshalb Schadensersatzansprüche gegen den Sachverständigen U geltend machen. Welche Vorschriften wären im vorliegenden Falle anwendbar?

Die Lösung hängt von der rechtlichen Einordnung des zwischen B und U geschlossenen Vertrags ab.

a) Zunächst könnte ein Werklieferungsvertrag vorliegen, auf den über § 651 BGB Kaufrecht anzuwenden wäre. Dann müsste die Vereinbarung zwischen B und U auf die Lieferung einer herzustellenden oder zu erzeugenden beweglichen Sache gerichtet sein. Unter „Sache“ ist gemäß § 90 BGB ein körperlicher Gegenstand zu verstehen. Indessen kam es den Parteien bei dem zu erstellenden Gutachten nicht auf das bedruckte Papier, sondern auf den geistigen Inhalt an. Das Vorliegen eines Werklieferungsvertrags muss daher verneint werden.

b) Es könnte weiterhin ein Dienstvertrag gemäß § 611 BGB in Betracht kommen. In diesem Falle würde sich die Haftung des U nach den §§ 280 f. BGB richten.[5] Beim Dienstvertrag steht die Arbeitsleistung als solche im Vordergrund. Ein bestimmter Erfolg wird nicht geschuldet. Für das Vorliegen eines Dienstvertrags könnte im vorliegenden Falle die Vereinbarung der Vergütung nach Zeitaufwand sprechen. Da B das Gutachten aber für einen konkreten Zweck benötigt, ist nicht die Tätigkeit der Gutachtenerstellung, sondern das Gutachten selbst als geschuldete Leistung anzusehen. Die Vereinbarung kann folglich nicht als Dienstvertrag angesehen werden.

---

4 Vgl. etwa die Entscheidung des BAG zur Abgrenzung zwischen Werkvertrag und Arbeitsverhältnis, BAG, Urteil vom 25. 9. 2013 – 10 AZR 282/12.

5 Siehe dazu unten Kapitel 7.3.

c) Nach der zwischen B und U getroffenen Absprache sollte das Entgelt von der Erbringung eines konkreten Erfolgs, nämlich der Erstellung eines Gutachtens zur Geltendmachung von Schadensersatzansprüchen gegenüber dem Unfallverursacher abhängig sein. Eine Auslegung der Vereinbarung ergibt deshalb, dass diese als Werkvertrag nach § 631 BGB einzustufen ist. B kann wegen des mangelhaften Gutachtens folglich Gewährleistungsansprüche nach den §§ 634 ff. BGB gegen U geltend machen. Hat U das Gutachten fahrlässig fehlerhaft erstellt, muss er dem B Schadensersatz in Höhe der Differenz zwischen dem geforderten und dem tatsächlich gerechtfertigten Schmerzensgeldbetrag bezahlen.

6.4 Hauptleistungspflichten der Vertragsparteien

Pflichten des Unternehmers

Hauptpflicht des Unternehmers ist es, das versprochene Werk herzustellen und dem Besteller zu verschaffen, § 631 Abs. 1 BGB. Dabei empfiehlt es sich für die Parteien, genau festzulegen, welches der geschuldete Erfolg ist.

Inspektion

B bittet den U, an seinem PKW die fällige Inspektion für 200 € durchzuführen. Nachdem B seinen PKW wieder abgeholt hat, bleibt der PKW kurze Zeit später mit einem Motorschaden liegen. U hatte die Ursache des Motorschadens bei Abarbeiten der Inspektionsprüfungspunkte nicht erkennen können. Muss U den Motorschaden kostenfrei reparieren?

Nein. Der bei der Inspektion geschuldete Erfolg ist das Abprüfen einer Checkliste und die Feststellung von Auffälligkeiten. Diesen Erfolg hat U herbeigeführt und dabei keine Auffälligkeiten, die er dem B hätte berichten müssen, erkannt. Für den Motorschaden ist er deshalb nicht verantwortlich.

Weiterhin hat der Unternehmer dafür Sorge zu tragen, dass das Werk frei von Sach- und Rechtsmängeln ist, § 633 Abs. 1 BGB.

Pflichten des Bestellers

Der Besteller ist zur Entrichtung der vereinbarten Vergütung, dem Werklohn, verpflichtet, § 631 Abs. 1 BGB.[6] Die Höhe der Vergütung richtet sich nach der vertraglichen Vereinbarung. Wurde über die Vergütung keine ausdrückliche Vereinbarung getroffen, gilt eine solche als stillschweigend vereinbart, wenn die Herstellung des Werkes üblicherweise nur gegen Zahlung einer Vergütung zu erwarten ist, § 632 Abs. 1 BGB. Wurde bezüglich der Höhe der Vergütung keine ausdrückliche Vereinbarung getroffen, gilt die am Leistungsort übliche Vergütung,

6 In der Praxis wird die Vergütung in der Regel nach Einheitspreisen (25 € pro Quadratmeter), Zeitaufwand (25 € pro Arbeitsstunde) oder Pauschalpreisen (15 € für den Haarschnitt beim Friseur) bestimmt.

i. d. R. die Durchschnittsvergütung, als vereinbart, § 632 Abs. 2 BGB. Besteht eine Taxe, ist die „taxmäßige Vergütung“ als vereinbart anzusehen. Hierunter sind hoheitliche, unter Mitwirkung von Berufsverbänden festgelegte, Gebührensätze zu verstehen, wie z. B. diejenigen, die sich aus den Gebührenordnungen für Ärzte, Steuerberater, Rechtsanwälte, Architekten, Ingenieure etc. ergeben. Nach Maßgabe von § 632a BGB kann der Unternehmer Abschlagszahlungen von dem Besteller verlangen.

Die alte Waschmaschine

Die 10 Jahre alte Waschmaschine des B funktioniert nicht mehr. Er ruft den Reparaturdienst U an, der sogleich vorbeikommt. Nach etwa 25-minütiger Prüfung des Geräts rät der Mitarbeiter des U, eine Reparatur für 400 € vorzunehmen. B lehnt dies ab. Er möchte lieber eine neue Waschmaschine bei D kaufen. Einige Tage später erreicht den B eine Rechnung des U für Fahrtkosten und die Waschmaschinenüberprüfung über 150 €.

Muss B die Rechnung bezahlen? Würde etwas anderes gelten, wenn die auf der Rechnung abgedruckten AGB des U folgende Bestimmung enthielten: *„Kostenvoranschläge, die nicht zur Erledigung der Reparatur führen, werden mit einer Bearbeitungsgebühr berechnet.“*? Was kann U tun, um sicher seine Waschmaschinenprüfkosten ersetzt zu bekommen?

Anspruchsgrundlage für die geforderten 150 € könnte § 631 BGB sein. Zwischen den Parteien ist ein Werkvertrag zustande gekommen. Allerdings wurde keine ausdrückliche Vergütungsvereinbarung getroffen. Einen Vergütungsanspruch hat U daher nach § 632 Abs. 1 BGB nur, wenn die Herstellung des Werkes, hier also die Waschmaschinenüberprüfung, üblicherweise nur gegen Vergütung zu erwarten ist. Die Frage ist schwierig zu beantworten und hängt auch von den Rahmenbedingungen am örtlichen Markt ab. Nicht selten entscheiden im Streitfall die Gerichte. Nach der Lebenserfahrung wird man davon ausgehen müssen, dass eine solche Begutachtung nur gegen Geld zu haben ist. B muss daher die Rechnung wohl bezahlen.

Wenn das Gericht zu einem anderen Ergebnis käme, würde die betreffende Klausel in den AGB dem U nicht weiterhelfen. Da die AGB dem Kunden erst mit der Rechnungsstellung, nicht aber vorher bekannt gemacht worden sind, sind diese nach § 305 Abs. 2 BGB nicht Vertragsbestandteil geworden. Auf sie kann U also seinen Vergütungsanspruch für die Waschmaschinenüberprüfung nicht stützen.

U sollte bereits bei der telefonischen Entgegennahme des Reparaturauftrags und nochmals bei dem Beginn der Arbeiten explizit darauf hinweisen, dass auch die bloße Waschmaschinenüberprüfung entgeltpflichtig ist. Um diesen Hinweis im Streitfall beweisen zu können, sollte es eine Arbeitsanweisung geben, dass Kunden entsprechend zu informieren sind, es sollte in den AGB stehen, auch wenn diese in der Regel nicht wirksam einbezogen werden können, und es sollte eine ständig praktizierte Übung gegenüber allen Kunden sein.

Kostenanschlag

Beim Werkvertrag spielt der Kostenvoranschlag („Kostenanschlag“) eine besondere Rolle. Bei Vertragsschluss sind die genauen Kosten eines Werkes oft noch unklar. Dies kann die Parteien dazu veranlassen, statt einer Pauschal- oder Festpreisabrede den Preis entsprechend dem konkreten Aufwand (Anzahl der Leistungseinheiten, Zeitaufwand) zu vereinbaren. Nicht selten führt dies dazu, dass der Besteller bei Abnahme eine Vergütung bezahlen muss, die er in dieser Höhe nicht erwartet hat. Hier hilft der Kostenvoranschlag weiter. Er gibt dem Besteller einen Anhaltspunkt, was an Kosten auf ihn zukommen wird. Überschreitet der Unternehmer den Kostenvoranschlag wesentlich, wovon bei Überschreitungen von 10 bis 20 % ausgegangen werden kann, muss der Unternehmer dies dem Besteller unverzüglich mitteilen. Der Besteller kann den Vertrag dann kündigen und muss dem Unternehmer die geschuldete Vergütung nur eingeschränkt leisten, § 650 BGB. Der Kostenvoranschlag selbst ist im Zweifel, also wenn nichts anderes ausdrücklich vereinbart worden ist, nicht zu vergüten, § 632 Abs. 3 BGB.

6.5 Mitwirkungspflichten des Bestellers

Bei vielen Werkverträgen muss der Besteller mitwirken, damit der Unternehmer seine vertraglichen Verpflichtungen erfüllen kann. Wer seine Schuhe nicht abgibt, kann nicht erwarten, dass sie repariert werden. Die §§ 642 ff. BGB regeln die Mitwirkungspflichten des Bestellers und die Rechtsfolgen von Verstößen. Verletzt der Besteller seine Mitwirkungspflichten, werden dem Unternehmer in den §§ 643 bis 645 BGB besondere Rechte eingeräumt. Häufig versucht sich der Unternehmer mit dem Hinweis auf die Verletzung von Mitwirkungspflichten des Bestellers gegenüber dem Vorwurf von eigenen Pflichtverletzungen zu verteidigen.

§§ 642 ff. BGB

Softwareentwicklung

B, ein Verein, beauftragte U, ein Softwareunternehmen, mit der Erstellung und Installation einer Software zur Mitgliederverwaltung. Im vom Besteller zu formulierenden Pflichtenheft, welches das Leistungsprofil der Software umschrieb, fanden sich keine Hinweise, wie genau akademische Titel und Adelstitel verwendet werden sollten. Später wollte B den Vertrag wegen Werkmängeln rückgängig machen u. a. mit der Begründung, dass die Software fehlerhafte Anreden verwende.

U verteidigte sich u. a. damit, dass B seine Mitwirkungspflichten verletzt habe, weil er die genauen Anreden im Pflichtenheft nicht beschrieben habe. Das Gericht bestätigte zwar die Mitwirkungspflicht des Bestellers bei der Erstellung des Pflichtenhefts, führte aber aus, dass der Unternehmer seinerseits aufgrund seiner besonderen Sachkenntnis darauf drängen müsse, dass Unklarheiten im Pflichtenheft beseitigt werden. Tut er dies nicht, trägt er dafür letztlich die Verantwortung. Im Ergebnis konnte sich B erfolgreich vom Vertrag lösen.[7]

7 OLG Köln, Urteil vom 6.3.1998 – 19 U 228/97, NJW-RR 1999, 51.

Der Fall illustriert lebensnah, dass gerade bei komplexeren Werkverträgen die Durchführung des Vertrags ohne Zusammenarbeit der Parteien kaum möglich ist.

6.6 Die Abnahme

§ 640 BGB

Der Besteller ist weiterhin gemäß § 640 Abs. 1 BGB zur Abnahme des vertragsmäßig hergestellten Werkes verpflichtet. Unter „Abnahme" ist die körperliche Entgegennahme des Werkes, soweit diese technisch möglich ist, und die Anerkennung des Werkes als in der Hauptsache vertragsgemäße Leistung zu verstehen.[8]

Wirkungen der Abnahme

Die Abnahme ist das wichtigste Ereignis im Lebenszyklus eines Werkvertrags und führt folgende Rechtswirkungen herbei:

- Erst mit der Abnahme wird die Vergütung des Unternehmers für das Werk fällig, § 641 BGB.
- Mit der Abnahme beginnt im Regelfall die Verjährungsfrist für die Gewährleistungsansprüche des Bestellers zu laufen, § 634a Abs. 2 BGB.
- Mit der Abnahme ändert sich die Gefahrtragung. Bis zur Abnahme des Werkes trägt der Unternehmer die Gegenleistungsgefahr, § 644 Abs. 1 BGB. Das heißt er hat keinen Vergütungsanspruch, wenn das begonnene oder fertiggestellte Werk vor Abnahme verschlechtert wird oder untergeht.[9] Mit der Abnahme geht die Gegenleistungsgefahr auf den Besteller über. Das heißt er muss die Vergütung auch dann entrichten, wenn nach Abnahme eine Verschlechterung oder der Untergang des Werkes eingetreten ist.
- Mit der Abnahme ändert sich die Beweislast für das Bestehen von Mängeln des Werkes. Vor der Abnahme hat der Unternehmer im Prozess zu beweisen, dass er das Werk mangelfrei hergestellt hat. Nach der Abnahme muss der Besteller das Vorhandensein von Mängeln darlegen und beweisen.

Wegen unwesentlicher Mängel darf die Abnahme nicht verweigert werden, § 640 Abs. 1 S. 2 BGB.

---

8 BGH, Urteil vom 25. 3. 1993 – X ZR 17/92, NJW 1993, 1972.

9 Diese für den Unternehmer harte Regelung wird abgemildert durch die in §§ 644 S. 2 und 3 sowie 645 BGB enthaltenen Ausnahmen.

6.7 Gewährleistungsansprüche

Gewährleistung im Überblick

Wie bereits erwähnt, hat der Unternehmer den Vertrag nur erfüllt, wenn er dem Besteller ein sach- und rechtsmangelfreies Werk liefert. Ist das Werk mangelhaft, kann der Besteller deshalb die Abnahme verweigern, § 320 Abs. 1 BGB. Nach der Abnahme des Werkes kann der Besteller die in § 634 Nr. 1 bis 4 BGB aufgeführten Gewährleistungsansprüche gegen den Unternehmer geltend machen, soweit die entsprechenden gesetzlichen Voraussetzungen erfüllt sind.

6.7.1 Begriff des Mangels

§ 633 BGB

Der Begriff des Mangels im Werkvertragsrecht gemäß § 633 BGB ist nahezu identisch mit dem kaufrechtlichen Mangelbegriff gemäß §§ 434, 435 BGB.[10] Zwar ist im Werkvertragsrecht – anders als im Kaufrecht – kein Zeitpunkt festgelegt, zu dem der Mangel vorhanden gewesen sein muss. Dies wird jedoch regelmäßig auch der Zeitpunkt des Gefahrübergangs, § 644 BGB, also der Abnahme gemäß § 640 BGB sein.

6.7.2 Rechtsbehelfe, insbesondere Selbstvornahme

Gewährleistung im Werkvertragsrecht ähnlich wie im Kaufrecht

Die Gewährleistungsansprüche im Werkvertragsrecht sind nach § 634 BGB Nacherfüllung, Selbstvornahme, Rücktritt, Minderung, Schadensersatz und Aufwendungsersatz. Nachdem diese Gewährleistungsansprüche – mit Ausnahme der Selbstvornahme – denjenigen im Kaufrecht entsprechen, konzentriert sich die Darstellung hier im Wesentlichen auf die Selbstvornahme.

Vorrang der Nacherfüllung; Wahlrecht des Unternehmers

Die Nacherfüllung nach § 634 Nr. 1 BGB hat auch beim Werkvertrag grundsätzlich Vorrang vor den anderen in § 634 Nr. 2 bis 4 BGB geregelten Gewährleistungsrechten. Diese kommen somit erst zum Tragen, wenn der Unternehmer dem Nacherfüllungsverlangen des Bestellers nicht innerhalb der ihm gesetzten angemessenen Frist nachkommt.[11] Die Nacherfüllung kann durch Beseitigung des Mangels, also durch Nachbesserung, oder durch Neuherstellung des Werkes bewerkstelligt werden. Anders als im Kaufrecht steht beim Werkvertrag das Wahlrecht zwischen den beiden Nacherfüllungsvarianten aber nicht dem

10 Siehe oben Kapitel 5.4.1.

11 Ausnahmen z. B. in §§ 635 Abs. 3, 636, 281 Abs. 1, 323 Abs. 2 BGB.

Gläubiger, d. h. dem Besteller, sondern dem Schuldner, also dem Unternehmer, zu.[12]

Selbstvornahme

Eine Besonderheit des Werkvertragsrechts stellt das Recht des Bestellers auf Selbstvornahme dar, das in §§ 634 Nr. 2, 637 BGB geregelt ist.

Wenn der Unternehmer die Nacherfüllung innerhalb einer ihm gesetzten angemessenen Frist nicht erbringt, kann der Besteller die Mangelbeseitigung selbst vornehmen bzw. durch ein anderes Unternehmen vornehmen lassen und Ersatz der dafür erforderlichen Aufwendungen verlangen.

„Erforderliche Aufwendungen" sind freiwillige Vermögensopfer, die der Besteller vernünftigerweise zur erfolgversprechenden Beseitigung des Mangels für notwendig halten durfte.[13] Hierunter fallen sowohl eigene Arbeitsleistungen[14], als auch die Kosten eines zur Mangelbeseitigung eingesetzten Drittunternehmens unter Einschluss der Kosten für die Untersuchung der Mangelursache.

Die Fristsetzung zur Erbringung der Nacherfüllung ist gemäß § 637 Abs. 2 BGB entbehrlich, wenn die Nacherfüllung fehlgeschlagen[15] oder dem Besteller unzumutbar ist bzw. wenn einer der in § 323 Abs. 2 BGB geregelten Ausnahmetatbestände eingreifen würde.

Der Aufwendungsersatzanspruch scheidet aus, wenn der Unternehmer nach den §§ 275 Abs. 2 und 3, 635 Abs. 3 BGB die Nacherfüllung berechtigterweise verweigern kann.[16]

Gemäß § 637 Abs. 3 BGB braucht der Besteller die Kosten der Mangelbeseitigung nicht einmal vorzustrecken. Vielmehr kann er von dem Unternehmer einen Vorschuss auf die für die Mangelbeseitigung voraussichtlich anfallenden Kosten verlangen. Die Höhe des Vorschusses ist anhand objektiver Kriterien zu schätzen. Nach Durchführung der Mangelbeseitigung muss der Besteller dem Unternehmer eine Abrechnung über die tatsächlich angefallenen Mangelbeseitigungskosten vorlegen.

---

12 Der Gesetzgeber ist davon ausgegangen, dass die Entscheidung über die Form der Nacherfüllung beim Werkvertrag besonderen Sachverstand voraussetzt, und hat deshalb dem Unternehmer die Wahl überlassen.

13 BGH, Urteil vom 31. 1. 1991 – VII ZR 63/90, NJW-RR 1991, 789.

14 Der Wert der eigenen Arbeitsleistung ist gemäß § 287 ZPO zu schätzen.

15 Anders als im Kaufrecht ist ein Fehlschlagen der Nacherfüllung aber nicht bereits nach zwei erfolglosen Nachbesserungsversuchen zu vermuten, OLG Hamm, Urteil vom 28. 2. 2013 – 21 U 86/12.

16 Ansonsten könnte der Unternehmer „durch die Hintertür" zur Nacherfüllung gezwungen werden, obwohl er diese eigentlich nicht schuldet.

Die hängende Tapete
Im obigen unter „Stellen Sie sich vor ... " dargestellten Fall könnte sich der von B geltend gemachte Anspruch auf Erstattung der von ihm getragenen Aufwendungen für die Mangelbeseitigung in Höhe von 50 € aus §§ 634 Nr. 2, 637 BGB ergeben.

1) Dies würde zunächst voraussetzen, dass zwischen B und U ein wirksamer Werkvertrag nach § 631 BGB zustande gekommen ist. Ein solcher liegt vor, da U sich zur Erbringung einer Werkleistung (Tapezierarbeiten) gegen Zahlung einer Vergütung verpflichtet hat. Bedenken gegen die Wirksamkeit des Werkvertrags bestehen nicht.

2) Weiterhin müsste die Werkleistung von U mangelhaft durchgeführt worden sein. Auch dies ist zu bejahen, da die Tapezierarbeiten nicht dem üblichen, vom Besteller erwartbaren Qualitätsstandard entsprechen, § 633 Abs. 2 Nr. 2 BGB.

3) B müsste dem U eine angemessene Frist zur Nacherfüllung gesetzt haben, § 637 Abs. 1 BGB. Nach dem Sachverhalt hat B dem U eine Frist zur Mangelbeseitigung von zwei Wochen gesetzt. Die gesetzte Frist erscheint dem Schuldverhältnis entsprechend als angemessen.

4) Die Frist müsste erfolglos abgelaufen sein. Dies ist der Fall, da U nicht innerhalb der zweiwöchigen Frist reagiert hat.

5) Dem U dürfte hinsichtlich der Nacherfüllung kein Leistungsverweigerungsrecht, §§ 275 Abs. 2 und 3, 635 Abs. 3 BGB zustehen. Anhaltspunkte für das Bestehen eines Leistungsverweigerungsrechts sind im vorliegenden Falle nicht ersichtlich.

6) Dem B müssten Aufwendungen entstanden sein, die für die Mangelbeseitigung erforderlich gewesen waren. Der Erwerb des Kleisters und der Einsatz der eigenen Arbeitskraft durch B waren notwendig, um den Mangel mit Erfolg zu beseitigen. Die hierfür angesetzten Kosten in Höhe von 50 € erscheinen als angemessen.[17]

7) Der geltend gemachte Aufwendungsersatzanspruch dürfte nicht ausnahmsweise ausgeschlossen sein, §§ 639, 640 Abs. 2, 634 a Abs. 1 und 3 BGB. Für das Bestehen eines Ausschließungsgrunds bestehen indessen keine Anhaltspunkte.

8) Ergebnis: B kann von U die von ihm verauslagten Kosten für die Nachbesserung der Tapezierarbeiten in Höhe von 50 € erstattet verlangen.

Schadensersatz

Neben den bisher genannten Rechtsbehelfen kann der Besteller bei Mängeln auch Schadensersatzansprüche geltend machen, §§ 633, 634 Nr. 4, 280, 276 BGB. Die Geltendmachung von Schadensersatzansprüchen setzt allerdings stets ein Verschulden des Unternehmers voraus. Der Unternehmer haftet insbesondere auch für Schäden, die außerhalb des Werkes an anderen Rechtsgütern des Bestellers, wie Körper, Gesundheit oder Eigentum, eingetreten sind („Mangelfolgeschäden").

17 Im Streitfall müsste dies von einem Sachverständigen des Malerhandwerks beurteilt werden.

6.7.3 Ausschluss und Beschränkung der Gewährleistungsrechte

In bestimmten Konstellationen können die Gewährleistungsansprüche des Bestellers trotz Vorhandenseins eines Mangels ausgeschlossen sein.

Abnahme trotz Kenntnis des Mangels

So verliert der Besteller gemäß § 640 Abs. 2 BGB seine Gewährleistungsansprüche, wenn er ein Werk trotz Kenntnis des Mangels abnimmt, ohne sich seine Rechte vorzubehalten.

Vertraglicher Ausschluss oder Beschränkung

Auch vertragliche Gewährleistungsausschlüsse bzw. -beschränkungen sind möglich. Sie sind allerdings unwirksam, wenn der Unternehmer den betreffenden Mangel arglistig verschwiegen oder gegen Garantiezusagen verstoßen hat, § 639 BGB. Weitere Einschränkungen können sich aus dem AGB-Recht gemäß §§ 305 ff. BGB ergeben.

6.7.4 Verjährung der Mängelansprüche

Verjährungsfristen

Die Verjährung der Gewährleistungsansprüche ist in § 634a BGB geregelt und nach Werktypen differenziert.[18] Danach verjähren die Gewährleistungsansprüche

- bei einem Werk, dessen Erfolg in der Herstellung, Wartung oder Veränderung einer Sache oder der Erbringung von Planungs- oder Überwachungsleistungen hierfür besteht, in zwei Jahren, § 634a Abs. 1 Nr. 1 BGB
- bei einem Bauwerk und einem Werk, dessen Erfolg in der Erbringung von Planungs- und Überwachungsleistungen hierfür besteht, in fünf Jahren, § 634a Abs. 1 Nr. 2 BGB[19]
- bei sonstigen Werkleistungen, die nicht unter die vorgenannten Vorschriften fallen (gemeint sind immaterielle Werke wie z. B. die Herstellung von Software), in der Regelverjährungsfrist von drei Jahren, § 634a Abs. 1 Nr. 3 BGB.

Verjährungsbeginn

Die Verjährung beginnt im Regelfall mit der Abnahme des Werkes zu laufen, § 634a Abs. 2 BGB. Bei immateriellen Werken greift demgegen-

---

18 Da juristisch zwischen Ansprüchen wie dem Anspruch auf Nacherfüllung, auf Selbstvornahme, auf Schadensersatz und auf Aufwendungsersatz und Gestaltungsrechten wie Rücktritt und Minderung unterschieden werden muss, verweist § 634a Abs. 1 BGB nur auf § 634a Nr. 1, 2 und 3, während § 634a Abs. 4 und 5 BGB auf § 634a Nr. 2 BGB Bezug nehmen. Im Ergebnis sind die Zeiträume für die Geltendmachung der Gewährleistungsrechte jedoch gleich lang.

19 Haben die Parteien die Geltung der VOB/B vereinbart, dann verjähren Ansprüche wegen Baumängeln in der Regel in vier Jahren.

über der regelmäßige (d. h. kenntnisabhängige) Verjährungsbeginn, § 199 BGB. Für arglistig verschwiegene Mängel gilt die Regelverjährungsfrist von drei Jahren, § 634a Abs. 3 BGB.

6.8 Vorzeitige Beendigung des Werkvertrags

Vereinbarung

Ein Werkvertrag kann, wie jedes andere Vertragsverhältnis, durch Vereinbarung der Vertragsparteien vorzeitig aufgehoben werden, § 311 Abs. 1 BGB.

Kündigung durch Besteller

Darüber hinaus ist der Besteller gemäß § 649 S. 1 BGB bis zur Vollendung des Werkes berechtigt, den Vertrag jederzeit zu kündigen. Er bleibt dann aber zur Entrichtung der vereinbarten Vergütung verpflichtet. Hiervon sind die ersparten Aufwendungen des Unternehmers sowie Erlöse, die er durch anderweitige Verwendung seiner Arbeitskraft erzielt, abzuziehen.[20]

Sonstiges

Weitere Kündigungsrechte der Parteien ergeben sich z. B. aus den §§ 643 und 650 BGB.

6.9 Sicherheiten beim Werkvertrag

Typisch für den Werkvertrag ist, dass jede Partei bei der sich über einen längeren Zeitraum hinziehenden Herstellung eines Werkes vorleisten muss. So muss der Unternehmer zunächst alle Aufwendungen und Kosten tragen, bis das Werk fertig ist. Erst nach der Abnahme bekommt er seinen Werklohn. Wie aber ist er abgesichert, wenn der Besteller kurz vor Abnahme zahlungsunfähig wird? Der Besteller im Gegenzug muss den Werklohn bei Abnahme zahlen; wie stellt er sicher, dass er nicht auf einem großen Kostenberg für die Beseitigung von Baumängeln sitzen bleibt, wenn der Unternehmer nach der Abnahme und Zahlung des Werklohns insolvent wird? Gesetz und Praxis haben Lösungen für diese und ähnliche beim Werkvertrag typischen Problemlagen gefunden.[21]

Unternehmerpfandrecht

Das Unternehmerpfandrecht soll die Werklohnforderung des Unternehmers bei der Reparatur beweglicher Sachen, die dem Besteller gehören, absichern.

20 Soweit es der Unternehmer böswillig unterlässt, seine Arbeitskraft anderweitig einzusetzen, muss er sich den fiktiven Erlös auf seinen Werklohn anrechnen lassen.

21 Die Vorschriften über die Sicherheiten zugunsten des Bauunternehmers sollen durch das geplante Gesetz zur Reform des Bauvertragsrechts teilweise neu gefasst werden.

Unternehmerpfandrecht
B hat seinen PKW bei U reparieren lassen. Als B den PKW abholen will, will U ihn erst herausgeben, wenn B den Rechnungsbetrag von 500 € bezahlt hat. Kann B die sofortige Herausgabe des PKW und spätere Zahlung nach Zusendung einer Rechnung beanspruchen?

Da die Parteien nichts anderes vereinbart haben, hat B einen vertraglichen Herausgabeanspruch erst, wenn er den Rechnungsbetrag bezahlt hat, da die Parteien ihre Leistungen nach § 320 BGB nur Zug um Zug zu erbringen haben.

Grundlage für einen Herausgabeanspruch des B könnte darüber hinaus § 985 BGB sein. Dies würde voraussetzen, dass B Eigentümer und U Besitzer wäre und U kein Recht zum Besitz hätte. Vorliegend sind das Eigentum des B am PKW und der Besitz des U an demselben nicht zweifelhaft. Allerdings hat U ein gesetzliches Pfandrecht aus § 647 BGB. Danach hat er ein Recht zum Besitz an der reparierten Sache, solange der Werklohn von B nicht bezahlt ist. Demgemäß kann U die Herausgabe des PKW verweigern, bis B bezahlt hat. B kann die Herausgabe des PKW vor Zahlung nicht verlangen.

Sicherungshypothek

Da es Pfandrechte nur bei beweglichen Sachen gibt, muss bei Arbeiten an Grundstücken oder Bauwerken eine andere Form von Sicherheit gewählt werden. Nach § 648 BGB kann der Unternehmer die Eintragung einer Sicherungshypothek verlangen. Diese Eintragung ist recht mühsam, kostet Geld und scheitert wirtschaftlich oft daran, dass das Grundstück schon bis zu seiner Wertgrenze belastet ist.

Bauhandwerkersicherung

Dies berücksichtigt § 648a BGB. Danach kann der Bauunternehmer auch eine Sicherheit etwa durch Bankbürgschaft oder Bankgarantie bis etwa in Höhe des Bauvolumens bereits vor Beginn der Bauarbeiten verlangen.

Abschlagszahlungen

Eine in der Praxis häufig gewählte, zwischenzeitlich in § 632a BGB geregelte, Alternativform der Sicherung des Unternehmers ist die Vornahme von Abschlagszahlungen entweder direkt an den Unternehmer oder auf ein Sonderkonto, über das der Unternehmer nicht allein verfügen kann.

Abschlagszahlungen
In einem Bauvertrag über die Errichtung eines Rohbaus mit dem Auftragsvolumen von insgesamt 200.000 € findet sich die folgende Klausel: „Der Besteller verpflichtet sich jeweils bei Fertigstellung des Fundaments, der Decke des Kellergeschosses, der Decke des 1. Geschosses und der Decke des 2. Geschosses eine Abschlagszahlung in Höhe von 40.000 € an den Unternehmer zu leisten. Die Abschlagszahlung ist auf das Sonderkonto ... zu leisten. Der Unternehmer kann über das Konto nur mit Zustimmung des Bestellers verfügen."

Auch für den Besteller kann sich das Bedürfnis ergeben, sich im Einzelfall abzusichern. Er kann beispielsweise absichern, dass der Unternehmer mit der Ausführung des Werkes überhaupt beginnt.

Ausführungsbürgschaft

Ausführungsbürgschaft

Nachdem B mehrere Unternehmer aufgefordert hatte, Angebote für ein Bauvorhaben abzugeben, entscheidet er sich für U und sagt den anderen Bewerbern ab. Die Parteien schließen einen Bauvertrag, nach dem U vier Monate später mit den Bauarbeiten beginnen soll. Unmittelbar vor dem geplanten Baubeginn fällt U in Insolvenz. Der Vertrag mit U wird aufgehoben und B muss neue Angebote einholen, die nunmehr alle teurer sind. Da U insolvent ist, kann B gegenüber U seine Mehrkosten nicht erfolgreich geltend machen. Wie hätte sich B absichern können?

Zur Sicherung der Ausführung von Bauvorhaben hat sich in der Praxis die Ausführungsbürgschaft durchgesetzt. Danach verbürgt sich eine Bank für die Zahlung eines bestimmten Geldbetrags, in der Regel 10 bis 15 % des Auftragswerts, für den Fall, dass das Bauvorhaben durch den Schuldner nicht durchgeführt wird. Der Bürgschaftsbetrag soll regelmäßig den Schadensersatzanspruch des Bestellers für die Nichtdurchführung des Bauwerks absichern. Dieser Schadensersatzanspruch umfasst in der Regel die Kosten für eine neue Ausschreibung, die Mehrkosten des später beauftragten anderen Unternehmers und eventuell angefallene Zinskosten.

Zur Absicherung seiner Gewährleistungsansprüche kann der Besteller einen Einbehalt vom Werklohn („Sicherungseinbehalt“) oder die Vorlage einer Gewährleistungsbürgschaft einer Bank jeweils in Höhe von etwa 5 bis 15 % des Auftragswerts vereinbaren.

Gewährleistungsbürgschaft

Beide Formen der Sicherheit des Bestellers sind für Verbraucherverträge ansatzweise in § 632a Abs. 3 BGB geregelt. Der Besteller kann diese Sicherheiten in den übrigen Fällen daher nur verlangen, wenn dies ausdrücklich vertraglich vereinbart ist.

6.10 Übungsfall

Das Bauunternehmen U hatte für die Handelskette B einen schlüsselfertigen Einkaufsmarkt errichtet. Das Flachdach des Marktes sollte gleichzeitig als Kundenparkplatz dienen. Die Abnahme des Baus erfolgte am 3.1. Am 3.2. tropfte Regenwasser in die Verkaufsräume. Auf Aufforderung von B nahm U am 3.3. an einzelnen Stellen des Daches Abdichtungsmaßnahmen vor. Am 3.4. drang jedoch bei einem heftigen Unwetter wieder Wasser in die Verkaufsräume ein. Noch am selben Tag forderte B das Unternehmen U per E-Mail auf, sich bis spätestens 30.4. darüber zu äußern, wie es sich die Sanierung des Flachdachs vorstelle. Am 30.4. erwiderte U, dass seiner Ansicht nach die Ursache der Undichtigkeiten darin liege, dass bei den auf dem Dach geparkten Fahrzeugen Öl ausgetreten und hierdurch die unter der Kiesschicht liegende Dichtungsfolie verätzt worden sei. Hierfür könne man aber ihn (U) nicht verantwortlich machen. Im Übrigen hafte er schon allein deshalb nicht, weil etwaige Mängel von B bei der Abnahme hätten geltend gemacht werden müssen.

Kann B die Kosten für die Reparatur des Daches durch einen anderen Unternehmer von U ersetzt verlangen? Kann B von U auch den entgangenen Gewinn ersetzt verlangen, wenn der Einkaufsmarkt während der Reparaturzeit für mehrere Tage geschlossen werden muss? Wann verjähren die Ansprüche von B?

I) B könnte gegen U einen Anspruch auf Ersatz der Kosten für die Instandsetzung des Flachdachs haben.

Anspruchsgrundlage 1

Als Anspruchsgrundlage kommt zunächst §§ 634 Nr. 2, 637 BGB (Selbstvornahme) infrage, der dem Besteller einen Aufwendungsersatzanspruch zubilligt.

Voraussetzungen/Subsumtion

a) Der Anspruch setzt voraus, dass zwischen B und U ein wirksamer Werkvertrag nach § 631 BGB zustande gekommen ist. Dies ist zu bejahen, da sich U zur Herstellung eines Werkes (Errichtung eines Einkaufsmarkts) gegen Zahlung einer Vergütung verpflichtet hat.

b) Weiterhin müsste das von U hergestellte Werk einen Mangel aufweisen. Dies ist der Fall, da das von U errichtete Flachdach infolge der fortwährenden Undichtigkeiten nicht die übliche, erwartbare Beschaffenheit aufweist, § 633 Abs. 2 S. 2 Nr. 2 BGB. Zwar wendet U ein, dass die Undichtigkeiten auf ausgelaufenes Öl von geparkten Fahrzeugen zurückzuführen seien. Dies ändert aber nichts am Vorliegen eines Mangels, da das Flachdach als Kundenparkplatz ausgelegt war und bei abgestellten Fahrzeugen immer mit einem gewissen Ölverlust gerechnet werden muss. U hätte für diesen Fall besondere Vorsorge treffen müssen.

c) § 637 Abs. 1 BGB setzt ferner voraus, dass der Besteller dem Unternehmer erfolglos eine angemessene Frist zur Nacherfüllung gesetzt hat. Eine Nachfristsetzung hat indessen nicht stattgefunden. Zwar hat B dem U eine Frist bis 30.4. gesetzt. Die Fristsetzung bezog sich jedoch nicht auf die Nacherfüllung, sondern auf die Mitteilung eines erfolgversprechenden Sanierungskonzepts für das Flachdach. Eine Fristsetzung konnte im vorliegenden Falle aber unterbleiben, weil U nach dem Sachverhalt am 30.4. die Reparatur des Daches ernsthaft und endgültig abgelehnt hat, §§ 637 Abs. 2, 323 Abs. 2 Nr. 1 BGB.

d) Dem U dürfte hinsichtlich der Nacherfüllung kein Leistungsverweigerungsrecht gemäß §§ 275 Abs. 2 und 3, 635 Abs. 3 BGB zustehen. Hierfür bestehen im Sachverhalt keine Anhaltspunkte.

e) Dem B müssten Aufwendungen entstehen, die für die Mangelbeseitigung als erforderlich angesehen werden können. Um das mangelhafte Flachdach fachgerecht instand zu setzen, erscheint es notwendig, ein anderes Unternehmen mit den Abdichtungsarbeiten zu beauftragen. Die hierbei anfallenden Kosten wären als erforderliche Aufwendungen zu qualifizieren.

f) Der Aufwendungsersatzanspruch dürfte nicht ausnahmsweise z. B. gemäß §§ 639, 634 a Abs. 1 und 3 BGB ausgeschlossen sein. Ausschließungsgründe sind im vorliegenden Falle nicht ersichtlich. Entgegen der Meinung von U führt die Abnahme des Bauwerks nicht zum Ausschluss der Gewährleistung, da B den Mangel zu diesem Zeitpunkt nicht kannte, vgl. § 640 Abs. 2 BGB.

Ergebnis

B kann von U die durch die Beauftragung eines anderen Unternehmens anfallenden Kosten für die Reparatur des Flachdachs ersetzt verlangen.

Anspruchsgrundlage 2

Ein Anspruch auf Ersatz der Reparaturkosten könnte sich zum anderen aus §§ 634 Nr. 4, 280 Abs. 1 und 3, 281 BGB (Schadensersatz statt der Leistung) ergeben.

Voraussetzungen/Subsumtion

a) Zwischen B und U müsste ein wirksamer Werkvertrag nach § 631 BGB zustande gekommen sein. Dies ist nach dem oben Gesagten der Fall.

b) Weiterhin müsste ein Sachmangel gegeben sein. Auch diese Voraussetzung wurde bereits bejaht. In der mangelhaften Erbringung der Werkleistung durch U ist eine Pflichtverletzung gemäß § 280 Abs. 1 BGB zu sehen.

c) § 281 Abs. 1 BGB sieht ferner die Setzung einer angemessenen Frist zur Nacherfüllung vor. Eine Fristsetzung ist im vorliegenden Falle aber ausnahmsweise entbehrlich, weil U die Nacherfüllung ernsthaft und endgültig verweigert hat (siehe oben).

d) U müsste die mangelhafte Werkleistung (Pflichtverletzung) zu vertreten haben, § 276 BGB. Dies ist der Fall. U hat sich fahrlässig verhalten, da er mit dem Austreten von Öl auf dem als Parkplatz dienenden Flachdach rechnen musste und keine geeigneten Maßnahmen gegen die Beschädigung der Dichtungsfolie vorgenommen hat.

e) Durch die mangelhafte Werkleistung müsste bei B ein Schaden eingetreten sein. Der Schaden besteht hier im Wertunterschied zwischen mangelfreier und mangelhafter Sache und entspricht im Kern den Kosten, die für die Reparatur des Daches erforderlich sind.

f) Der Schadensersatzanspruch dürfte nicht ausgeschlossen sein. Hierfür bestehen keinerlei Anhaltspunkte. Insbesondere der Ausschließungsgrund des § 281 Abs. 1 S. 3 BGB greift vorliegend nicht ein, da es sich nicht lediglich um einen unerheblichen Mangel handelt.

Ergebnis

B kann die Kosten für die Reparatur des Flachdachs auch unter dem Aspekt des Schadensersatzes von U ersetzt verlangen.[22]

II) B könnte darüber hinaus ein Anspruch auf Ersatz des entgangenen Gewinns infolge der Schließung des Einkaufsmarkts für die Zeit der Dachreparatur zustehen.

Anspruchsgrundlage

Als Anspruchsgrundlage käme §§ 634 Nr. 4, 280 Abs. 1 BGB in Betracht.

Voraussetzungen/ Subsumtion

Die Voraussetzungen a) Bestehen eines wirksamen Werkvertrags, b) Vorhandensein eines Sachmangels und c) Vertretenmüssen wurden vorstehend bereits geprüft und sind zu bejahen. d) Durch die mangelhafte Werkleistung müsste B einen Folgeschaden erlitten haben, der außerhalb des Werkes liegt und deshalb nicht im Wege der Nacherfüllung wieder beseitigt werden könnte.[23] Dies ist der Fall, da B durch die Schließung des Einkaufsmarkts während der Reparaturzeit Gewinneinbußen hinnehmen muss. e) Auch hier bestehen keine Anhaltspunkte für einen Ausschluss des Schadensersatzanspruchs.

Ergebnis

B kann von U auch den entgangenen Gewinn infolge der reparaturbedingten Schließung des Einkaufsmarkts ersetzt verlangen.

III) Die vorstehend genannten Ansprüche des U verjähren gemäß § 634a Abs. 1 Nr. 2 BGB in fünf Jahren. Die Verjährungsfrist beginnt mit der Abnahme des Einkaufsmarkts zu laufen, § 634a Abs. 2 BGB.

6.11 Zusammenfassung

Beim Werkvertrag hat der Unternehmer das versprochene Werk frei von Sach- und Rechtsmängeln herzustellen. Der Besteller schuldet die Abnahme des Werkes und die Entrichtung des vereinbarten Werklohns.

Ist das Werk mangelhaft, kann der Besteller die in § 634 Nr. 1 bis 4 BGB aufgeführten Gewährleistungsrechte gegen den Unternehmer geltend machen. Dabei gilt, dass die Nacherfüllung Vorrang vor den anderen Gewährleistungsrechten hat. Vom Grundsatz her kann der

---

22 Der Aufwendungsersatzanspruch gemäß §§ 634 Nr. 2, 637 BGB lässt sich in der Praxis leichter begründen, weil dieser unabhängig von einem Verschulden ist.

23 Hierunter fällt auch der Nutzungsausfall infolge der Reparaturbedürftigkeit des mangelhaften Werks, vgl. BGH, Urteil vom 16. 10. 1984 – X ZR 86/93, BGHZ 92, 308.

Besteller die weiteren Gewährleistungsrechte Selbstvornahme, Rücktritt oder Minderung und Schadensersatz oder Aufwendungsersatz erst geltend machen, wenn der Besteller dem Unternehmer erfolglos eine angemessene Frist zur Nacherfüllung gesetzt hat. Der Gesetzgeber hat aber einige Ausnahmefälle geregelt, in denen eine Fristsetzung unterbleiben kann.

Zum Schutz des Unternehmers hat der Gesetzgeber verschiedene Rechte geschaffen, die seinen Werklohnanspruch absichern sollen (Werkunternehmerpfandrecht, Sicherungshypothek, Bauhandwerkersicherung).

7 Dienst- und Arbeitsvertrag

Durch den Dienstvertrag nach § 611 Abs. 1 BGB verpflichtet sich ein Vertragspartner zu einer Dienstleistung, der andere Vertragspartner zur Zahlung der vereinbarten Vergütung. Derjenige, welcher Dienste zusagt, ist der Dienstverpflichtete, der andere Teil ist der Dienstberechtigte. Gegenstand des Dienstvertrags können nach § 611 Abs. 2 BGB Dienste jeder Art sein. Es kann sich um einmalig zu erbringende Leistungen oder auf Dauer gerichtete Dienste handeln.

Tätigkeit statt Erfolg

Sie haben bereits oben im Rahmen des Werkvertrags gelernt, dass unser BGB keinen einheitlichen Vertrag für Dienstleistungen vorsieht. So können Verträge über Dienstleistungen, entweder Werkverträge oder Dienstverträge sein. Die Abgrenzung des Dienstvertrags von anderen Verträgen ist nicht immer einfach. Tatsächlich ist die Einordnung von Dienstleistungen im Laufe der Zeit immer schwieriger geworden. In unserer modernen Dienstleistungsgesellschaft entstehen ständig neue Arten von Dienstleistungen die sich aufgrund der Vielschichtigkeit des Leistungsinhalts einer einfachen Zuordnung zu einem bestimmten Vertragstyp entziehen. Wichtigstes Unterscheidungskriterium ist nach wie vor die Erfolgsgarantie. Während es beim Dienstvertrag lediglich auf die ordnungsgemäße Erbringung der Dienstleistung ankommt, wird beim Werkvertrag ein bestimmter Erfolg geschuldet. Es kommt also maßgeblich darauf an, wer das Risiko dafür tragen soll, dass die Tätigkeit zum gewünschten Erfolg führt. Einem Arzt wird man schwerlich das Risiko dafür auferlegen können, dass seine Behandlung zur völligen Genesung des Patienten führt. Auf der anderen Seite kann ein Zahnarzt sehr wohl das Risiko dafür tragen, dass die angefertigte Krone passt. Ein Rechtsanwalt kann nicht den Erfolg eines Prozesses garantieren, wohl aber die Erstellung eines Gutachtens versprechen.

Das in der Praxis wohl wichtigste Dienstverhältnis ist das Arbeitsverhältnis, das durch persönliche und wirtschaftliche Abhängigkeit des Arbeitnehmers gekennzeichnet ist. Das anwendbare Dienstvertragsrecht der §§ 611 ff. BGB wird beim Arbeitsvertrag wegen seiner besonderen Bedeutung durch zahlreiche Sondergesetze überlagert. Soweit für den Arbeitsvertrag abweichende oder ergänzende Regelungen gelten, wird hierauf im Folgenden eingegangen.

Sonderregeln

Schließlich gibt es einzelne Dienstleistungsbereiche, für die unsere Rechtsordnung wegen ihrer wirtschaftlichen Bedeutung ergänzend spezielle Regelungen vorsieht. Hierzu gehören z. B. der Geschäftsbesorgungsvertrag in den §§ 675 ff. BGB, der Reisevertrag in §§ 651a ff. BGB, der Versicherungsvertrag, der im Versicherungsvertragsgesetz geregelt ist, das Frachtgeschäft in den §§ 407 ff. HGB oder auch der Handelsvertretervertrag in §§ 84 ff. HGB.

7.1 Stellen Sie sich vor …

Endlich haben Sie Ihr Studium erfolgreich abgeschlossen. Noch während Ihrer Bewerbungsphase fragt ein alter Bekannter bei Ihnen an, ob Sie nicht Lust hätten an seiner Abendrealschule als Lehrkraft mitzuwirken. Zwar besitzen Sie keine offizielle Befähigung zum Lehramt, aber Fächer wie Wirtschaftskunde, Buchhaltung und Gemeinschaftskunde traut man Ihnen zu. Da Sie das Geld gut gebrauchen können, sagen Sie zu. Daraufhin unterschreiben Sie eine als „Honorarvertrag" bezeichnete Vereinbarung. Sie verpflichten sich damit als Auftragnehmer, Unterricht in drei bestimmten Fächern zu halten. Nach dem Vertrag erfolgt die Regelung der Unterrichtszeiten einvernehmlich auf inhaltlicher Grundlage des Bildungsplans für Realschulen, ansonsten aber frei. Sie als Auftragnehmer sind zur Teilnahme an Konferenzen verpflichtet und haben den Unterricht in den Räumen des Auftraggebers zu erteilen. Die Bezahlung erfolgt stundenweise für tatsächlich geleisteten Unterricht; Urlaubsansprüche und Entgeltfortzahlung im Krankheitsfall stehen Ihnen nach der Vereinbarung nicht zu. Nach dem weiteren Wortlaut der Vereinbarung ist die Begründung eines Arbeitsverhältnisses ausdrücklich ausgeschlossen.[1]

Sind Sie in diesem Fall wirklich „freier Mitarbeiter" der Abendrealschule? Oder müssten Sie nicht vielmehr als „Arbeitnehmer" die entsprechenden Abgaben an die Sozialkassen abführen?

7.2 Ökonomische Bedeutung und Begründung

Eine der wirtschaftlich wichtigsten Erscheinungsformen des Dienstvertrags ist der Arbeitsvertrag. Im November 2015 waren saison- und kalenderbereinigt rund 43,13 Millionen Erwerbstätige mit Wohnsitz in Deutschland registriert[2].

Der Arbeitsvertrag ist dadurch gekennzeichnet, dass der Dienstverpflichtete seine Tätigkeit weisungsgebunden ausführt und in einer per-

1 Fall in Anlehnung an BAG, Urteil vom 20.1.2010 – 5 AZR 106/09, BeckRS 2010, 67436.

2 Angaben des statistischen Bundesamtes.

sönlichen und wirtschaftlichen Abhängigkeit vom Dienstberechtigten steht. Die gemeinsame Regelung der freien Dienstverträge einerseits und der abhängigen Arbeitsverhältnisse andererseits in einem Vertrag des besonderen Schuldrechts ist allerdings wenig glücklich. Obwohl es sich bis heute um ein und denselben Vertrag handelt, hat die Entwicklung und praktische Bedeutung des Arbeitsrechts zu einer weitgehenden Verselbstständigung und Loslösung des Arbeitsvertrags von den BGB-Vorschriften über den Dienstvertrag geführt. Vielmehr findet sich die Regelung des Arbeitsverhältnisses in einer Vielzahl verschiedener Gesetze. Und schließlich hat sich ein eigenständiger Gerichtszweig, die Arbeitsgerichtsbarkeit, entwickelt.

Arbeitsvertrag

Für den Arbeitsvertrag gilt, wie für die anderen Vertragstypen auch, der Grundsatz der Vertragsfreiheit. Allerdings beruht der Grundsatz der Vertragsfreiheit auf der Annahme, dass sich die Vertragspartner gleichberechtigt gegenüber stehen und deshalb ihre Vertragsbedingungen gegenseitig aushandeln können. Arbeitnehmer und Arbeitgeber befinden sich aber nicht unbedingt in einem solchen Machtgleichgewicht. Vielmehr muss man davon ausgehen, dass der Arbeitgeber die wirtschaftlich wesentlich stärkere Position hat und die persönliche und wirtschaftliche Abhängigkeit seiner Arbeitnehmer zu seinen Gunsten ausnutzt. Genau das will unsere Rechtsordnung verhindern. Arbeitsrecht ist deswegen Arbeitnehmerschutzrecht. Der Arbeitnehmer bedarf zum Ausgleich seiner schwächeren Position des besonderen gesetzlichen Schutzes.

Nach und nach wurden immer mehr Vorschriften erlassen, die die Vertragsfreiheit einschränken und bestimmte Mindeststandards für die Arbeitnehmer gewährleisten. Letztes Beispiel hierfür ist etwa das aufgrund europäischer Vorgaben erlassene Allgemeine Gleichbehandlungsgesetz (AGG), auf das bereits oben hingewiesen wurde und das für das Arbeitsrecht eine besondere Bedeutung hat. Eine Benachteiligung bei der Begründung und Durchführung des Arbeitsverhältnisses aus Gründen der Rasse oder wegen der ethnischen Herkunft, des Geschlechts, der Religion oder Weltanschauung, der Alters, einer Behinderung oder der sexuellen Identität soll durch die Vorschriften des AGG vermieden werden. Tatsächlich können Sie die meisten arbeitsrechtlichen Problemstellungen auch ohne Kenntnis der Vorschriften zumindest im Ansatz lösen, indem Sie sich den Grundsatz, dass das Arbeitsrecht den Arbeitnehmer in seiner schwächeren Position schützt, bewusst machen.

Urlaub ade?
Arbeitgeber A hat volle Auftragsbücher. Er fordert daher seinen Arbeitnehmer M auf, doch dieses Jahr auf seinen Urlaub zu verzichten und stellt ihm für das kommende Jahr eine Lohnerhöhung in Aussicht. M stimmt zu. Halten Sie – ganz ausnahmsweise ohne Blick in das Gesetz – die Zustimmung für wirksam?

Wenn Sie genau überlegen, dann werden Sie zu dem Ergebnis kommen, dass ein Arbeitnehmer nicht wirksam auf seinen Urlaub verzichten kann. Der Arbeitgeber wäre stets in der Position, dass er den Arbeitnehmer dazu bringen könnte, mehr oder minder freiwillig auf seinen Urlaub zu verzichten. Der Arbeitnehmer wiederum hätte nur wenige Möglichkeiten, sich hiergegen zu wehren. Die Konsequenz ist, dass das Arbeitsrecht den Verzicht auf Urlaub ausschließt. Eine entsprechende Regelung findet sich denn auch in § 13 BUrlG.

7.3 Die Rechtsquellen des Dienst- und Arbeitsvertragsrechts

Das auf den Dienstvertrag anwendbare Recht

Die meisten Vorschriften des Dienstvertragsrechts gelten also sowohl für den freien Dienstvertrag wie den Arbeitsvertrag. Es gibt aber auch dienstvertragliche Regelungen, die schon von ihrem Wortlaut her ausschließlich entweder für den freien Dienstvertrag oder den Arbeitsvertrag gelten. Zum Beispiel gelten die §§ 621, 627 BGB nur für den freien Dienstvertrag, während die §§ 612a, 613a, 619a, 622 BGB ausschließlich für den Arbeitsvertrag gelten.

Im Übrigen regeln die §§ 611 bis 614 BGB die Grundlagen und Einzelheiten zu den Hauptpflichten aus dem Dienstvertrag. In den §§ 617 bis 619 und 629 f. BGB sind Nebenpflichten des Dienstgläubigers normiert. Die §§ 615 f. BGB enthalten Sonderregelungen bezüglich bestimmter Fälle von Leistungsstörungen. Die §§ 620 bis 628 BGB haben Fragen der Beendigung von Dienstverhältnissen und einzelner Rechtsfolgen daraus zum Inhalt.

Das auf den Arbeitsvertrag anwendbare Recht

Soweit ein Vertrag als Arbeitsvertrag zu qualifizieren ist, findet auf ihn das gesamte Arbeitsrecht Anwendung. Es existieren eine Vielzahl von unterschiedlichen Regelungsmechanismen und Rechtsquellen, die gestaltend auf die Beziehungen zwischen Arbeitgeber und Arbeitnehmer einwirken. Auf der obersten Ebene steht das Europarecht, das im Bereich des Arbeitsrechts eine relativ große Rolle spielt. Dann kommt die Verfassung, die vor allem über die mittelbare Wirkung der Grundrechte im Arbeitsrecht Bedeutung gewinnt. Auf der Ebene des einfachen Gesetzes existiert eine Fülle von Einzelgesetzen zu verschiedenen arbeitsrechtlichen Themen (Bundesurlaubsgesetz, Entgeltfortzahlungsgesetz etc.). Auf der nächsten Ebene kommt als kollektives

Abb. 7.1. Übersicht: Normenpyramide (eigene Darstellung).

Gestaltungsmittel der Tarifvertrag dazu, der nach § 4 Abs. 1 S. 1 TVG unmittelbar und zwingend wirkt. Dann folgt die Betriebsvereinbarung, die ebenfalls wegen § 77 Abs. 4 S. 1 BetrVG normativ wirkt. Unterhalb der Ebene des Arbeitsvertrags kommen die abdingbaren Vorschriften von Betriebsvereinbarungen, Tarifverträgen und arbeitsrechtlichen Gesetzen. Auf der untersten Ebene gehört noch das Weisungsrecht- und Direktionsrecht des Arbeitgebers nach § 106 GewO, das die Leistungspflichten des Arbeitnehmers konkretisiert, zu den Gestaltungsfaktoren des Arbeitsverhältnisses.

Rangprinzip

Wegen dieser Vielzahl von Rechtsquellen ist deren Verhältnis untereinander von großer praktischer Bedeutung. Bezüglich der zwingenden Normen gilt das Vorrangprinzip: Die jeweils ranghöhere Norm hat Priorität vor der rangniederen Norm. Damit werden Mindeststandards zwingend festgelegt. So ist z. B. der vierwöchige gesetzliche Mindesturlaub gemäß § 3 Bundesurlaubsgesetz (BUrlG) vertraglich und tariflich nicht abdingbar.

Günstigkeitsprinzip

Im Übrigen gilt das Günstigkeitsprinzip. Danach können rangniedere Normen grundsätzlich günstigere Regelungen enthalten. Sieht z. B. eine Betriebsvereinbarung ein Weihnachtsgeld von einem halben

Monatsgehalt vor, kann trotzdem in rangniedrigeren Arbeitsvertrag ein Weihnachtgeld von einem Monatsgehalt vereinbart werden.

Geld oder Urlaub?

Sie treffen sich mit einem ehemaligen Kommilitonen K zum Austausch von Neuigkeiten. K berichtet, dass er inzwischen seine Probezeit überstanden hat und nun fest angestellt ist. Er plant bereits seinen ersten Urlaub. Allerdings ist er sich nicht sicher, wie viel Urlaub er denn nun hat. In seinem Arbeitsvertrag steht, dass er Anspruch auf 29 Tage Urlaub hat und zudem ein Urlaubsgeld von 15 € pro Tag erhält. Auf der anderen Seite ist er kürzlich in die Gewerkschaft eingetreten, da sein Arbeitgeber im entsprechenden Arbeitgeberverband organisiert ist. In dem nunmehr für ihn geltenden Tarifvertrag hat er gelesen, dass er danach Anspruch auf 26 Tage Urlaub und 17 € Urlaubsgeld pro Tag haben soll. Er fragt Sie, was Sie davon halten.

Wegen der Tarifgebundenheit gilt zunächst nach § 4 TVG was im Tarifvertrag steht. Also 26 Tage Urlaub und 17 € pro Tag.

Nach § 3 Abs. 1 BUrlG sind 24 Arbeitstage Urlaub das gesetzlich vorgeschriebene Minimum. Würde die tarifliche Regelung weniger vorsehen, so würde das BUrlG als die ranghöhere und zwingende gesetzliche Regelung eingreifen.

Vom Tarifvertrag abweichende Vereinbarungen sind nach dem Günstigkeitsprinzip im Arbeitsvertrag zulässig, wenn sie zugunsten des Arbeitnehmers wirken. Es kommt hier also darauf an, welche Regelung günstiger wäre.

Ob die einzelvertragliche Regelung günstiger ist, muss durch einen Günstigkeitsvergleich festgestellt werden. Dabei sind diejenigen Regelungen zusammen zu betrachten, die in einem sachlichen Zusammenhang stehen. Urlaub und Urlaubsgeld stehen in unmittelbarem sachlichem Zusammenhang. Die Höhe des Urlaubsgelds allein wäre nach dem Tarifvertrag günstiger. Auf der anderen Seite würde K nach dem Arbeitsvertrag aber für weitere drei Tage seinen Lohn in Form des Urlaubsentgelts bezahlt bekommen. Insgesamt ist damit die vertragliche Einigung für K günstiger. K hat also Anspruch auf 29 Tage Urlaub sowie 15 € Urlaubsgeld pro Tag.

7.4 Abgrenzung zwischen Arbeitsvertrag und freiem Dienstvertrag

Wegen der auf das jeweilige Vertragsverhältnis anwendbaren Regeln, kommt der tatsächlichen Einordnung des Verhältnisses als Arbeitsvertrag oder als Vertrag über freie Mitarbeit erhebliche Bedeutung zu.

Freier Mitarbeiter

Entgegen verbreiteter Meinung können die Vertragsparteien nicht selbst entscheiden, ob ein Dienstverpflichteter als Arbeitnehmer oder freier Mitarbeiter zu qualifizieren ist. Die Arbeitnehmereigenschaft bestimmt sich nach der konkreten Ausgestaltung der Vertragsbedingungen, nicht nach der von den Parteien gewählten Bezeichnung. Die Vertragsbedingungen ergeben sich aus den getroffenen Vereinbarungen oder aus der tatsächlichen Durchführung des Vertrags. Widersprechen sich Vereinbarung und tatsächliche Durchführung, so ist Letztere maßgebend. Kurzum, nicht überall wo „freier Mitarbeiter" draufsteht, ist auch ein freier Mitarbeiter drin.

Arbeitnehmerbegriff

Arbeitnehmer ist, wer aufgrund eines privatrechtlichen Vertrags für einen anderen abhängige, unselbstständige und weisungsgebundene Arbeit leistet. Der Arbeitnehmer unterscheidet sich vom freien Mitarbeiter also in erster Linie durch den Grad der persönlichen Abhängigkeit. Die persönliche Abhängigkeit wird besonders dadurch deutlich, dass der Arbeitnehmer hinsichtlich Zeit, Dauer und Ort der Ausführung der übernommenen Dienste einem umfassenden Weisungsrecht des Arbeitgebers unterliegt. Allerdings hängt auch dies von der Eigenart der jeweiligen Tätigkeit ab. Abstrakte, für alle Arbeitsverhältnisse gleichermaßen geltende Kriterien lassen sich insoweit nicht aufstellen.[3]

Hier spielt die Musik[4]

Dem Umfang der Weisungsgebundenheit kommt bei der Beurteilung, ob es sich um einen Arbeitnehmer oder einen freien Mitarbeiter handelt nur untergeordnete Bedeutung zu. Dass die Weisungsgebundenheit eines Orchestermusikers besonders ausgeprägt ist, liegt in der Natur der Sache. Natürlich wird ihm vorgeschrieben wann und wo er welche Stücke zu spielen hat. Und noch beim Spielen eines Stückes selbst unterliegt er den Vorgaben des Dirigenten. Mit diesen Kriterien lässt sich demnach nicht beurteilen, ob es sich um einen Arbeitnehmer handelt. Es müssen vielmehr weitere Umstände hinzukommen.

Falllösung

Damit müssten Sie jetzt in der Lage sein, den Fall, den Sie sich oben vorgestellt haben, zu lösen. Maßgeblich ist zunächst der Grad der persönlichen Abhängigkeit. Das gilt auch für Lehrkräfte und Unterrichtstätigkeiten, bei der die Intensität der Einbindung in den Unterrichtsbetrieb, der Umfang der vorgeschriebenen Lehrinhalte, die Arbeitszeit und sonstige Umstände ausschlaggebend sind. Bei Unterricht an allgemeinbildenden Schulen ist in der Regel von einer Arbeitnehmereigenschaft auszugehen. Die Regelvermutung des Bestehens einer Arbeitnehmereigenschaft ist vorliegend auch nicht widerlegt, da die Umstände (Einbindung, Inhalt, Arbeitszeit) für eine Weisungsgebundenheit sprechen. Will der Arbeitgeber eine freie Mitarbeit begründen, so muss eine im Wesentlichen weisungsfreie Tätigkeit auch faktisch vorliegen und entsprechend gelebt werden – die bloße Bezeichnung auf dem Papier genügt nicht.[5]

---

3 BAG, Beschluss vom 29. 1. 1992 – 7 ABR 27/91, NZA 1992, 894.

4 Vgl. auch BAG, Urteil vom 9. 10. 2002 – 5 AZR 405/01, NZA 2003, 688.

5 BAG, Urteil vom 20. 1. 2010 – 5 AZR 106/09, BeckRS 2010, 67436.

Praktikanten

Probleme bereitet gelegentlich auch die korrekte Einordnung bestimmter Sonderformen der Beschäftigung. Einem Beispiel kommt in der Praxis besondere Bedeutung zu: das Praktikantenarbeitsverhältnis. Als Praktikant wird bezeichnet, wer vorübergehend zum Erwerb praktischer Kenntnisse und Erfahrungen eine bestimmte betriebliche Tätigkeit ausübt. In der Regel erfolgt die Tätigkeit im Rahmen einer Gesamtausbildung, weil der Praktikant das Praktikum für die Zulassung zum Studium oder Beruf, zu einer Prüfung oder zu anderen Zwecken benötigt. Trotzdem sind Praktikanten Arbeitnehmer. Sie haben demgemäß Anspruch auf Urlaub und Entgeltfortzahlung. Lediglich die Vergütung ist der Höhe nach eher eine Aufwandsentschädigung oder Beihilfe zum Lebensunterhalt. Allerdings nur für einen bestimmten Zeitraum und unter bestimmten Voraussetzungen, die im Mindestlohngesetz (MiLoG) geregelt sind. Außerhalb dieser Regelungen haben auch Praktikanten und Praktikantinnen Anspruch auf Mindestlohn.

Abzugrenzen sind normale Praktikanten allerdings von Hochschulpraktikanten im Praxissemester. Studierende, die im Rahmen ihres Studiums in Betrieben eine praktische Ausbildung ableisten müssen, sind keine Praktikanten. Das Berufsbildungsgesetz (BBiG) findet auf sie u. a. mit der Folge keine Anwendung, dass sie keinen Anspruch auf Urlaub, auf Arbeitsentgelt und auf Einhaltung der besonderen Kündigungsschutzbestimmungen haben. Auch das BetrVG findet auf sie keine Anwendung. Und schließlich haben sie keinen Anspruch auf Mindestlohn (vgl. § 22 MiLoG).

7.5 Zustandekommen von Dienst- und Arbeitsvertrag

7.5.1 Vertragsschluss

Beim Dienstvertrag gelten die allgemeinen Regeln für den Vertragsschluss. Der Dienstvertrag kommt durch den Austausch zweier Willenserklärungen nach §§ 145 ff. BGB zustande. Die eine Seite verpflichtet sich zur Erbringung der Dienste, die andere zur Zahlung der Vergütung. Der Abschluss des Dienstvertrags unterliegt der Vertragsfreiheit der Vertragspartner, § 105 GewO. Der Dienstvertrag nach § 611 BGB kommt grundsätzlich zustande, indem der Dienstverpflichtete verspricht, bestimmte Dienste zu leisten und der Dienstberechtigte dafür eine Vergütung gewährt. Haben die Parteien nicht geregelt, ob und in welcher Höhe für die Dienste eine Vergütung gewährt werden soll, ist der Vertrag wegen § 612 BGB aber trotzdem wirksam. Danach „gilt“ nämlich eine Vergütung als stillschweigend vereinbart, wenn die Dienstleistung den Umständen nach nur gegen eine Vergütung zu erwarten ist. Im Gegenzug gilt § 612 BGB natürlich nicht, wenn sich die Parteien über die Unentgeltlichkeit der Dienste geeinigt haben. Es läge dann ein Auftrag vor.

Liebesdienste[6]

Für vollberufliche Arbeit, die seitens einer Verlobten für den Betrieb des Vaters ihres Verlobten absprachegemäß unentgeltlich geleistet wird, weil die jungen Eheleute nach erfolgter Heirat den Betrieb des Vaters übernehmen sollen, gilt eine Vergütung nach § 612 Abs. 1 BGB als stillschweigend vereinbart, wenn die beabsichtigte Eheschließung nicht zustande kommt.

Allgemeines Gleichbehandlungsgesetz

Beim Vertragsschluss besonders zu beachten ist das Allgemeine Gleichbehandlungsgesetz (AGG). Für freie Dienstverträge gilt das Benachteiligungsverbot für den Zugang zur Erwerbstätigkeit und den beruflichen Aufstieg, § 6 Abs. 3 AGG. Beim Abschluss von Arbeitsverträgen ist das Benachteiligungsverbot der §§ 1, 7 AGG zu beachten. Danach sind bei der Einstellung von Arbeitnehmern Benachteiligungen aus den in § 1 AGG genannten Gründen verboten, sofern nicht eine unterschiedliche Behandlung wegen eines der genannten Kriterien ausnahmsweise nach den §§ 8 bis 10 AGG zulässig ist. Im Fall eines Verstoßes kann der diskriminierte Bewerber Schadensersatz wegen eines eventuellen materiellen Schadens nach § 15 Abs. 1 AGG und Entschädigung wegen eines immateriellen Schadens nach § 15 Abs. 2 AGG geltend machen.[7]

Gleichstellungsbeauftragte[8]

Stadt S hatte in einer Stellenanzeige eine kommunale Gleichstellungsbeauftragte gesucht. Laut Stellenanzeige sollten Schwerpunkte der Tätigkeit u. a. die Integrationsarbeit mit zugewanderten Frauen und deren Beratung sein. Insbesondere sollte die Gleichstellungsbeauftragte Maßnahmen zu frauen- und mädchenspezifischen Themen initiieren, mit allen relevanten Organisationen zusammenarbeiten und Opfer von Frauendiskriminierung unterstützen. Weiter verlangte die Ausschreibung ein abgeschlossenes Fachhochschulstudium oder eine vergleichbare Ausbildung in einer pädagogischen bzw. geisteswissenschaftlichen Fachrichtung.

Der K ist Diplom-Volkswirt und war bereits zwei Jahre im Rahmen einer Betriebsratstätigkeit als stellvertretender Gleichstellungsbeauftragter tätig. Die Beklagte lehnte ihn mit der Begründung ab, dass die Stelle mit einer Frau besetzt werden solle und er im Übrigen die Anforderungen der Stellenanzeige nicht erfülle.

---

6 BAG, Urteil vom 15. 3. 1960 – 5 AZR 409/58, Arbeitsrechtliche Praxis BGB § 612 Nr. 13.

7 Für Schwerbehinderte gibt es nach § 71 SGB IX eine Beschäftigungspflicht.

8 BAG, Urteil vom 18. 3. 2010 – 8 AZR 77/09, NZA 2010, 872.

Auch wenn der objektiven Eignung des K nicht entgegensteht, dass er nicht über eine geisteswissenschaftliche Ausbildung verfügt, wurde er zu Recht nicht eingestellt. Für die konkrete Stelle ist das weibliche Geschlecht der Stelleninhaberin eine wesentliche und entscheidende Anforderung i.S.d § 8 Abs. 1 AGG.

7.5.2 Unwirksamkeitsgründe

Geschäftsfähigkeit

Beim Abschluss des Arbeitsvertrags sind sowohl die Sondervorschriften für minderjährige Arbeitgeber in den §§ 112 Abs. 1, 1643 Abs. 1, 1822 Nr. 7 BGB als auch für minderjährige Arbeitnehmer im § 113 Abs. 1 BGB zu beachten. Ein Minderjähriger, den der gesetzliche Vertreter ermächtigt hat, ein Arbeitsverhältnis zu begründen, ist für solche Rechtsgeschäfte unbeschränkt geschäftsfähig, welche die Eingehung oder Aufhebung eines Arbeitsverhältnisses der gestatteten Art oder die Erfüllung der sich aus einem solchen Arbeitsverhältnis ergebenden Verpflichtungen betreffen.

Anfechtung

Auch beim Arbeitsvertrag kann der Arbeitgeber seine Erklärungen nach den §§ 119, § 123 Abs. 1, 1. Fall BGB anfechten.

Verkehrswesentliche Eigenschaften

Verkehrswesentlich ist eine Eigenschaft, wenn sie zum Arbeitsverhältnis in einer unmittelbaren Beziehung steht. Verkehrswesentliche Eigenschaften können z. B. Geschlecht, Alter, Konfession, Sachkunde und Vorbildung oder Vertrauenswürdigkeit und Zuverlässigkeit des Arbeitnehmers sein.

Arglistige Täuschung

Arglistige Täuschung kommt vor allem in Betracht, wenn der Arbeitnehmer im Bewerbungsverfahren bei Beantwortung einer zulässigen Frage des Arbeitgebers lügt. Das bloße Verschweigen von Lebenssachverhalten ist dagegen nur dann eine arglistige Täuschung, wenn der Arbeitnehmer eine Offenbarungspflicht hat. Das ist nur dann der Fall, wenn offensichtlich die Kenntnis des betreffenden Umstands für den Arbeitgeber von unverzichtbarer Bedeutung ist und eine entsprechende Frage zulässig wäre.

Der verdächtigte Polizist[9]
Der Arbeitgeber darf den Bewerber bei der Einstellung nach Vorstrafen fragen, wenn und soweit die Art des zu besetzenden Arbeitsplatzes dies erfordert. Bei der Prüfung der Eignung des Bewerbers für die geschuldete Tätigkeit (im Fall: Einstellung in den Polizeivollzugsdienst) kann es je nach den Umständen zulässig sein, dass der Arbeitgeber den Bewerber auch nach laufenden Ermittlungsverfahren fragt bzw. verpflichtet, während eines längeren Bewerbungsverfahrens anhängig werdende einschlägige Ermittlungsverfahren nachträglich mitzuteilen. Die wahrheitswidrige Beantwortung einer danach zulässigen Frage nach Vorstrafen und laufenden Ermittlungsverfahren bzw. die pflichtwidrige Unterlassung der nachträglichen Mitteilung eines Ermittlungsverfahrens rechtfertigen unter den Voraussetzungen der §§ 123, 124 BGB die Anfechtung des Arbeitsvertrags.

Arbeitgeber dürfen wegen des Rechts auf informationelle Selbstbestimmung nur solche Fragen stellen, an deren wahrheitsgemäßer Beantwortung sie ein berechtigtes, billigenswertes und schutzwürdiges Interesse haben, das die Interessen der Bewerber am Schutz der Persönlichkeit und an der Unverletzlichkeit der Individualsphäre überwiegt.[10] Danach sind Fragen, die für das Arbeitsverhältnis bedeutungslos sind, von vornherein unzulässig. Stellen die Arbeitgeber dennoch unzulässige Fragen, darf der Bewerber lügen. Im Einzelfall sollte darauf geachtet werden, Fragen nicht zu allgemein zu halten. So dürfte die allgemeine Frage nach Vorstrafen in der Regel unzulässig sein. Angemessen ist es aber jemanden, der mit Geld zu tun hat, nach Vermögensdelikten oder einen LKW-Fahrer nach Verkehrsdelikten zu fragen. Auch die Frage nach den persönlichen Vermögensverhältnissen ist grundsätzlich unzulässig. Etwas anderes muss aber gelten, wenn die Tätigkeit den Umgang mit Fremdgeldern mit sich bringt. Soweit es dem Arbeitgeber also auf eine wahrheitsgemäße Antwort ankommt, sollte er sich genau überlegen, welchen konkreten Bezug die Frage zur avisierten Tätigkeit hat und die Frage ggf. konkretisieren.

Rechtsfolgen

Hat der Arbeitnehmer die Arbeit bereits angetreten, wirkt die Anfechtung abweichend von den allgemeinen Vorschriften nur für die Zukunft. Maßgeblich ist der Zeitpunkt des Zugangs der Anfechtungserklärung. Hat der Arbeitnehmer allerdings vor der Erklärung der Anfechtung nicht mehr gearbeitet, wirkt nach der Rechtsprechung die Anfechtung auf den Zeitpunkt zurück, von dem an der Arbeitnehmer, etwa wegen Krankheit, nicht mehr gearbeitet hat.

9 BAG, Urteil vom 20. 5. 1999 – 2 AZR 320/98, NJW 1999, 3653.
10 BAG Urteil vom 7. 6. 1984 – 2 AZR 270/83, NZA 1985, 57; BAG Urteil vom 5. 10. 1995 – 2 AZR 923/94, NZA 1996, 371 und BAG Urteil vom 18. 12. 2000 – 2 AZR 380/99, NZA 2001, 315.

AGB-Kontrolle bei Arbeitsverträgen

Der Inhalt von Arbeitsverträgen wird in der Praxis regelmäßig vom Arbeitgeber vorformuliert. Es handelt sich insoweit um Allgemeine Geschäftsbedingungen, die den §§ 305 ff. BGB unterliegen. Dabei müssen die Besonderheiten des Arbeitsrechts nach § 310 Abs. 4 S. 2 BGB beachtet werden. Bei der Einbeziehung einer Klausel in den Arbeitsvertrag gelten wegen § 310 Abs. 4 S. 2 BGB die Vorschriften des § 305 Abs. 2 und 3 BGB nicht.

Eine weitere wichtige Einschränkung folgt aus § 310 Abs. 4 S. 3 BGB. Tarifverträge, Betriebsvereinbarungen und Dienstvereinbarungen sind von der Anwendung der §§ 305 ff. BGB ausgenommen. In der Folge unterliegen Formulararbeitsverträge dann nicht der Inhaltskontrolle nach §§ 307 ff. BGB, wenn sie von den Tarifverträgen, Betriebs- und Dienstvereinbarungen abweichende oder diese ergänzende Regelungen vereinbaren.

7.6 Vertragspflichten

7.6.1 Pflichten beim Dienstvertrag

Die vertragliche Hauptpflicht des Dienstverpflichteten ist nach § 611 Abs. 1 BGB die Erbringung der Dienste. Das können Dienste jeder Art sein. Die Dienstleistungspflicht ist nach § 613 S. 1 BGB im Zweifel in Person zu erfüllen, es dürfen aber im verkehrsüblichen Rahmen Gehilfen eingesetzt werden. Umgekehrt soll nach § 613 S. 2 BGB im Zweifel auch der Anspruch auf die Dienste nicht übertragbar sein.

Der Dienstberechtigte schuldet gemäß § 611 Abs. 1 BGB die vereinbarte Vergütung. Ist eine Vergütung nicht ausdrücklich vereinbart, gilt sie als stillschweigend vereinbart, wenn die Dienstleistung den Umständen nach nur gegen eine Vergütung zu erwarten ist, § 612 Abs. 1 BGB. Haben die Parteien keine Höhe der Vergütung bestimmt, so ist bei dem Bestehen einer Taxe die taxmäßige Vergütung, in Ermangelung einer Taxe die übliche Vergütung als vereinbart anzusehen, § 612 Abs. 1 BGB. Die Vergütung ist nach der Leistung der Dienste zu entrichten, § 614 BGB. Daher ist der Dienstverpflichtete vorleistungspflichtig. Erst die Arbeit, dann das Geld. Allerdings ist der Anspruch auf Vergütung nicht erfolgsabhängig, da der Dienstverpflichtete keinen konkreten Erfolg schuldet, sondern lediglich eine Handlung. So hat der behandelnde Arzt selbstverständlich auch dann einen Anspruch auf Vergütung, wenn der konkrete Heilungserfolg ausbleibt.

7.6.2 Pflichten des Arbeitnehmers

Arbeitspflicht

Für den Arbeitnehmer gilt: Der Arbeitnehmer muss machen, was er soll, und zwar so gut er kann. Die Arbeitsqualität hängt also vom persönlichen Leistungsvermögen des Arbeitnehmers ab. Er muss sich anstrengen, aber nicht überanstrengen. Er muss konzentriert und sorgfältig arbeiten, aber ohne sich zu verausgaben. Damit ist natürlich noch nicht festgelegt was genau er denn nun tun muss.

Direktions- und Weisungsrecht

Die Aufgaben und Pflichten, die ein Arbeitnehmer im Rahmen des Arbeitsverhältnisses übernimmt, sind im Arbeitsvertrag notgedrungen nur rahmenmäßig beschrieben. Der Arbeitgeber hat daher im Rahmen seines Direktions- und Weisungsrechts die Möglichkeit, die Leistungspflichten durch entsprechende Anweisungen einseitig näher zu konkretisieren. Geregelt ist das Direktionsrecht in § 106 der Gewerbeordnung (GewO). Danach kann der Arbeitgeber Inhalt, Ort und Zeit der Arbeit bestimmen, es sei denn, es besteht diesbezüglich eine höherrangige Regelung. Die Ausübung des Direktions- und Weisungsrechts muss nach billigem Ermessen gemäß § 315 BGB erfolgen.

Kurze Hosen[11]

Der K ist bei der B als Geldtransportfahrer beschäftigt. Während seiner Dienstausführung trägt er Dienstkleidung. Im Anschluss daran besteht für ihn die Möglichkeit, sich umzuziehen. Mit Kunden hat er keinen Kontakt. Im Sommer trug der K bei hohen Temperaturen nach dem Umziehen, im Rahmen seiner Betriebsratstätigkeit innerhalb des Betriebs, kurze Hosen. Die Geschäftsführerin der B hat ihm daraufhin untersagt, das Verwaltungsgebäude in kurzen Hosen zu betreten. Zum Inhalt eines Arbeitsvertrags gehöre es, dass ein Arbeitnehmer verpflichtet sei, sein Äußeres den Gegebenheiten des Arbeitsverhältnisses anzupassen. Dazu gehöre, dass er sich auch dem äußeren Erscheinungsbild nach in einen gegebenen Rahmen einfüge und nicht dadurch auffalle, dass er den „Stil des Hauses“ erheblich unterschreite.

Das sah das Arbeitsgericht aber ganz anders. Das Verbot wäre ein Eingriff in das Persönlichkeitsrecht des K. Er schädigt durch sein Verhalten nicht die berechtigten Interessen der B. Dies wäre dann der Fall, wenn er durch seinen Aufzug das Ansehen des Unternehmens, die Vermögensinteressen des Arbeitgebers oder die Zusammenarbeit im Betrieb beeinträchtigen würde. Im vorliegenden Fall ist nicht ersichtlich, dass es die Betriebsratsarbeit des Klägers erfordert, lange Hosen anzuziehen.

Arbeitsort

Der Arbeitsort ergibt sich aus der allgemeinen Regel des § 269 BGB. Danach ist die Arbeitsleistung regelmäßig im Betrieb des Arbeitgebers zu erbringen. Dies kann z. B. bei Außendienstmitarbeitern natürlich anders sein.

11 ArbG Mannheim, Urteil vom 16. 2. 1989 – 7 Ca 222/88, BB 1989, 1201.

Die höchstens erlaubte Arbeitszeit richtet sich nach dem Arbeitszeitgesetz und beträgt in der Regel acht Stunden pro Werktag und 48 Stunden pro Woche. Welche Arbeitszeit geschuldet wird, ergibt sich aus dem Arbeitsvertrag oder aus tarifvertraglichen Regelungen. Bei der Lage der Arbeitszeit sind die Regeln zu Ruhepausen, zur Nachtarbeit, zur Arbeit an Sonn- und Feiertagen nach den §§ 3 bis 6, 9, 10 bis 13 ArbZG zu beachten. Arbeitszeit

Treuepflicht

Der Arbeitnehmer ist aus Treu und Glauben und § 241 Abs. 2 BGB verpflichtet, sich in der Weise „vertragstreu" zu verhalten, dass er die Interessen seines Arbeitgebers schützt. Er muss seine Verpflichtung so erfüllen, wie es von ihm unter Berücksichtigung seiner Stellung im Betrieb, seiner eigenen Interessen und der Interessen der Arbeitskollegen in angemessener Weise erwartet werden kann. Allein aus diesen Formulierungen wird bereits deutlich, dass die Treuepflicht nur für den konkreten Einzelfall unter einer umfassenden Interessenabwägung konkretisiert werden kann.

Zur Treuepflicht gehören z. B. die Wahrung von Betriebsgeheimnissen, ein Wettbewerbsverbot für die Zeit der Beschäftigung, das Schmiergeldverbot, die Unterlassung provokatorischer parteipolitischer Betätigung im Betrieb, wenn sie den Betriebsfrieden konkret stört[12], die Meldung von Störungen im Betriebsablauf, in Notfällen Hand anzulegen, ggf. sogar Überstunden zu machen, das Verbot der Abwerbung von Mitarbeitern, oder die Pflicht zur Einhaltung der bestehenden Regeln hinsichtlich des Verhaltens und der Ordnung im Betrieb sowie außerdienstliches Verhalten, das sich konkret negativ auf das Arbeitsverhältnis auswirkt. Fallgruppen

Fehlzeiten

Nach den allgemeinen Regeln des § 326 Abs. 1 BGB i. V. m. § 275 BGB gilt, dass grundsätzlich die Lohnzahlung entfällt, wenn der Arbeitnehmer die Arbeitsleistung nicht erbringt. Die Rechtsprechung ordnet die Arbeitspflicht dabei als absolute Fixschuld ein.[13] Unter Umständen ist Verschuldete Fehlzeiten

12 Vgl. hierzu die umstrittene Entscheidung des BAG, Urteil vom 9. 12. 1982 – 2 AZR 620/80, NJW 1984, 1142.

13 BAG, Urteil vom 24. 11. 1960 – 5 AZR 545/59, BAGE 10, 202; BAG, Urteil vom 17.3. 1988 – 2 AZR 576/87, NZA 1989, 261.

der Arbeitnehmer in diesem Fall zur Zahlung von Schadensersatz nach den §§ 280, 283 BGB verpflichtet.

Unverschuldete Fehlzeiten

Von dem Grundsatz, dass es ohne Arbeit auch keinen Lohn gibt, gibt es eine Reihe von Ausnahmen. Dazu gehört zunächst die vorübergehende Verhinderung nach § 616 Abs. 1 BGB. Ebenfalls dazu zählt die unverschuldete Krankheit, bei der der Arbeitnehmer nach dem Entgeltfortzahlungsgesetz Anspruch auf Lohnzahlung für längstens sechs Wochen hat. Im Falle des Mutterschutzes besteht der Lohnanspruch sechs Wochen vor und acht Wochen nach der Geburt fort gemäß §§ 11, 14 MuSchG. Auch im Falle des Urlaubs hat der Arbeitnehmer Anspruch auf Zahlung seiner Vergütung nach dem Bundesurlaubsgesetz.

Liegt ein Verschulden des Arbeitgebers vor oder befindet sich dieser im Annahmeverzug, bleibt der Lohnanspruch nach den §§ 326 Abs. 2 oder 615 BGB bestehen.

7.6.3 Pflichten des Arbeitgebers

Nach § 611 Abs. 1 BGB ist der Arbeitgeber zur Zahlung der vereinbarten Vergütung und zur Beschäftigung des Arbeitnehmers verpflichtet. Darüber hinaus hat der Arbeitgeber die schutzwürdigen Interessen der Arbeitnehmer zu wahren. Bei diesen sogenannten „Fürsorgepflichten" handelt es sich im Wesentlichen um Schutzpflichten.

Lohnzahlung

Lohnhöhe

Die Höhe der Vergütung ergibt sich aus den vertraglichen oder tariflichen Regelungen.

Pech gehabt[14]

Eine Rundfunkmitarbeiterin war seit 1964 als freie Mitarbeiterin für eine Rundfunkanstalt tätig und erhielt ihr Honorar nach den üblichen Sätzen für freie Mitarbeiter. Später hat sie durch eine arbeitsgerichtliche Klage feststellen lassen, dass sie nicht freie Mitarbeiterin, sondern Arbeitnehmerin der Rundfunkanstalt ist. Das Urteil wurde rechtskräftig. Daraufhin hat die Rundfunkanstalt die Bezahlung nicht mehr nach den (höheren) Sätzen für freie Mitarbeiter vorgenommen, sondern nur noch die (niedrigeren) Honorare für angestellte Arbeitnehmer laut Tarif gezahlt. In der Folgezeit hat die jetzige Arbeitnehmerin wieder geklagt und verlangt, nach den bisherigen Sätzen für freie Mitarbeiter vergütet zu werden.

Nach dem Urteil des BAG steht der Arbeitnehmerin nur ein Arbeitsentgelt in Höhe der üblichen Arbeitsentgelte für vergleichbare Leistungen und vergleichbare

---

14 BAG, Urteil vom 21. 1. 1998 – 5 AZR 50/97, NZA 1998,594

Personen zu. Diese Vergütung hängt angesichts der Entgeltstrukturen der öffentlich-rechtlichen Rundfunkanstalten davon ab, ob die Tätigkeit in freier Mitarbeit oder im Rahmen eines Arbeitsverhältnisses geleistet wird. Für freie Mitarbeiter werden regelmäßig höhere Honorare gezahlt, um die fehlende soziale Absicherung zumindest teilweise auszugleichen. Die Arbeitnehmerin hat aber nur Anspruch auf Zahlung der üblichen Vergütung, die Arbeitnehmer in vergleichbarer Position erhalten.

Ausgezahlt wird lediglich der Nettolohn. Den Sozialversicherungsbeitrag und die Lohnsteuer führt der Arbeitgeber direkt an die jeweiligen Empfänger ab.

Sonderzahlungen

Neben der vertraglich geschuldeten Vergütung werden oft besondere Zahlungen geleistet, wie Weihnachtsgratifikationen, Urlaubsgeld, Jahresabschlussprämien und Ähnliches. Häufig werden diese Sonderzahlungen nur unter Rückzahlungs-, Freiwilligkeits- oder Widerrufsvorbehalten geleistet. Bei diesen Klauseln ist darauf zu achten, dass sie einer Überprüfung nach gemäß § 307 BGB standhalten.

Das 13. Gehalt

Arbeitgeber A hat mit seinen Mitarbeitern die Auszahlung eines 13. Gehalts im Arbeitsvertrag vereinbart. Als sein Mitarbeiter M kurze Zeit nach Auszahlung des Betrags zum 31.1. des Folgejahrs kündigt, verlangt er von diesem die Rückzahlung des Weihnachtsgelds. Zu Recht?

Wie wäre es, wenn A im Arbeitsvertrag vorgegeben hätte, dass die Rückzahlung zu erfolgen hat, wenn der Arbeitnehmer bis zum 30.09. des Folgejahrs das Arbeitsverhältnis kündigt?

A könnte das 13. Gehalt nach § 812 Abs. 1 S. 2 BGB zurückverlangen, wenn der Anspruch des M auf das Weihnachtsgeld durch seine Kündigung weggefallen wäre. Der Anspruch des M auf Zahlung des 13. Gehalts ergab sich ursprünglich aus § 611 BGB i. V. m. dem Arbeitsvertrag. Fraglich ist, ob dieser Anspruch durch die nachfolgende Eigenkündigung des Arbeitnehmers entfällt und das 13. Gehalt daher zurückzuzahlen ist. Insofern kommt es auf die Voraussetzungen für die Gewährung der Sonderzahlung an. Wenn im Arbeitsvertrag keine besonderen Voraussetzungen geregelt sind, dann kommt es nur darauf an, dass der Vertrag zum Zeitpunkt der Auszahlung noch besteht. Offensichtlich soll dann die in der Vergangenheit erwiesene Betriebstreue honoriert werden. Ein Rückzahlungsanspruch scheidet daher aus.

Demgegenüber zeigt die Vereinbarung einer sogenannten Rückzahlungsklausel in der Abwandlung, dass die Gratifikation einen Anreiz für zukünftige Betriebstreue bieten soll. In diesen Fällen kommt daher ein Rückzahlungsanspruch bei späterer Eigenkündigung des Arbeitnehmers in Betracht. Solche Rückzahlungsklauseln sind aber unwirksam, wenn sie den Arbeitnehmer übermäßig lange an den Betrieb binden. Danach soll eine Bindung bis zum 31.3. des Folgejahrs grundsätzlich zulässig sein. Die hier vereinbarte Bindung bis zum 30.9. des nachfolgenden Kalenderjahrs ist dagegen unwirksam. Deshalb besteht kein Rückzahlungsanspruch.

Nebenpflichten
Den Arbeitgeber treffen im Arbeitsverhältnis zahlreiche Nebenpflichten die bei Verletzung Schadensersatzansprüche des Arbeitnehmers aus § 280 Abs. 1 S. 1 begründen können. Solche Nebenpflichten können sich neben § 241 Abs. 2 aus nahezu allen arbeitsrechtlichen Gesetzen, insbesondere den Arbeitsschutzgesetzen ergeben. Hierzu gehören z. B. das BUrlG, EFZG, BEEG, aber auch das BDSG und das NachwG.

7.7 Leistungsstörungen

Dienstvertrag

Für den Dienstvertrag existiert kein eigenständiges Leistungsstörungsrecht. Wenn die Vertragspartner ihre Vertragspflichten nicht oder schlecht erfüllen, regeln sich die Rechtsfolgen also nach den allgemeinen Vorschriften der §§ 280 ff. BGB. Nur an ein paar Stellen werden diese Regeln für den Dienstvertrag angepasst. Hat der Dienstverpflichtete das Ausbleiben oder die Verspätung seiner Leistung zu vertreten, so beurteilen sich die Rechtsfolgen nach § 280 Abs. 3 BGB. Der Dienstberechtigte kann also bei Vorliegen der Voraussetzungen Schadensersatz statt der Leistung verlangen. An die Stelle des in § 323 BGB geregelten Rücktrittsrechts tritt das Recht zur fristlosen Kündigung nach § 626 Abs. 1 BGB.[15] Falls der Dienstberechtigte das Vertragsverhältnis außerordentlich kündigt, nachdem er dazu durch ein vertragswidriges Verhalten des Dienstverpflichteten veranlasst wurde, kann er nach § 628 Abs. 2 BGB Schadensersatz verlangen. Für den Fall der Nichtleistung sind bei festen Dienstzeiten die §§ 615 und 616 BGB zu berücksichtigen.

Arbeitsvertrag

Dieselben Regeln gelten im Grundsatz auch für den Arbeitsvertrag. Allerdings gibt es zahlreiche Ausnahmen vom sich aus § 326 BGB ergebenden Grundsatz, dass es ohne Leistung auch keine Gegenleistung gibt. Die wichtigsten Beispiele sind die die Entgeltfortzahlung im Krankheitsfall nach dem EFZG und der Anspruch auf bezahlten Urlaub aus dem BUrlG. Soweit der Arbeitgeber den Lohn nicht rechtzeitig bezahlt, hat der Arbeitnehmer Anspruch auf Verzugszinsen aus § 288 Abs. 1 BGB. Verzugszinsen sind aus der Bruttovergütung zu berechnen[16].

Keine Gewährleistung

Im Kauf-, Miet- und Werkvertragsrecht sieht das Gesetz bei Mängeln der Kauf-, Mietsache oder des Werkes Gewährleistungsansprüche

15 Siehe dazu genauer unten Kapitel 7.8.1.

16 Vgl. zu diesem Thema BAG, Beschluss vom 7. 3. 2001 – GS 1/00, NZA 2001, 1195 und BAG, Urteil vom 20. 6. 2002 – 8 AZR 488/01, NZA 2003, 268

vor. Im Dienstvertragsrecht fehlen vergleichbare Regelungen. Im Arbeitsrecht hat das zur Folge, dass eine mangelhafte Arbeitsleistung nicht zu einer Minderung des Arbeitsentgelts führen kann[17].

7.8 Haftung für Schäden im Arbeitsverhältnis

Haftung gegenüber Arbeitgeber

Prinzipiell haftet der Arbeitnehmer für Schäden, die er dem Arbeitgeber im Rahmen seiner Tätigkeit zufügt, nach §§ 280, 823 BGB. Durch die Rechtsprechung wurde der Haftungsumfang erheblich begrenzt. Der tatsächliche Umfang der Haftung bestimmt sich nach dem Grad des Verschuldens, mit dem der Arbeitnehmer den Schaden verursacht hat. Hieraus ergibt sich folgende Haftungsverteilung:

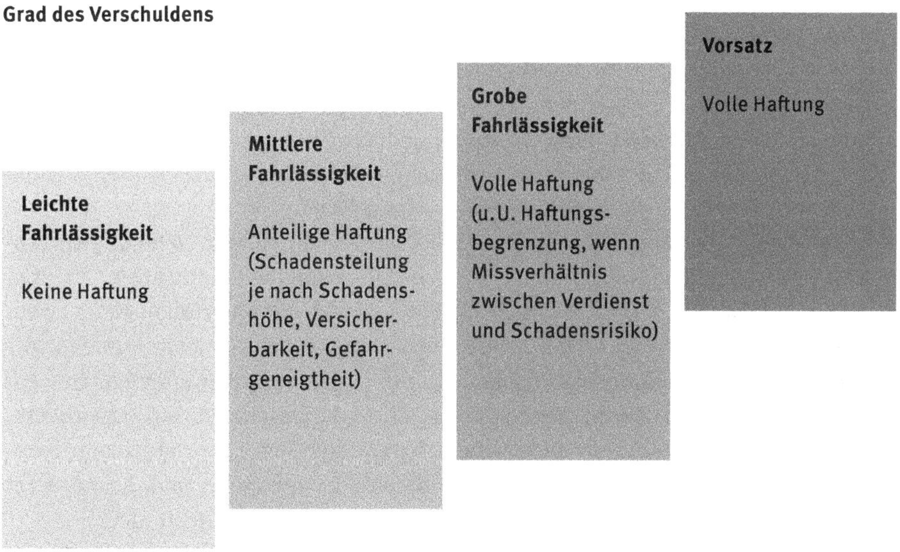

Abb. 7.2. Übersicht: Haftungsverteilung (eigene Darstellung).

Zu berücksichtigen ist auch, dass abweichend von § 280 Abs. 1 S. 2 BGB nicht der Arbeitnehmer den Beweis führen muss, dass er die Pflichtverletzung nicht zu vertreten hat, sondern dass ein entsprechender Beweis durch § 619a BGB dem Arbeitgeber auferlegt wird.

17 BAG, Beschluss vom 18. 7. 2007 – 5 AZN 610/07, NZA 2007, 1015.

Körperschäden des Arbeitgebers müssen vom Arbeitnehmer nicht ersetzt werden, da sie unter die Unfallversicherung nach § 105 SGB VII fallen.

Haftung gegenüber Dritten

Gegenüber Dritten muss der Arbeitnehmer für Schäden nach allgemeinen Grundsätzen ohne eine Haftungsbeschränkung einstehen. Zwischen Arbeitgeber und Arbeitnehmer gelten jedoch auch bei der Schädigung Dritter die Grundsätze der Haftungsteilung. Es besteht ein Freistellungsanspruch des Arbeitnehmers gegen den Arbeitgeber. Das heißt der Arbeitnehmer hat gegen seinen Arbeitgeber Anspruch darauf, dass er – der Arbeitgeber – einen entsprechenden Teil des Schadens an den Dritten bezahlt. Hat der Arbeitnehmer bereits den ganzen Anspruch bezahlt, kann er den entsprechenden Teil vom Arbeitgeber zurückverlangen.

Haftung gegenüber Kollegen

Bei Körperschäden eines Kollegen ist der Arbeitnehmer wegen § 105 SGB VII nur dann zum Ersatz verpflichtet, wenn er den Arbeitsunfall vorsätzlich herbeigeführt hat oder wenn der Arbeitsunfall bei der Teilnahme am allgemeinen Verkehr eingetreten ist. Für Sachschäden muss der Arbeitnehmer gegenüber seinem Arbeitskollegen grundsätzlich in voller Höhe einstehen. Je nach dem Grad seines Verschuldens hat der Arbeitnehmer – wie bei der Schädigung eines Dritten – einen Freistellungsanspruch gegen seinen Arbeitgeber.

Haftung des Arbeitgebers für Sachschäden

Soweit der Arbeitgeber seinen Arbeitnehmern schuldhaft Sachschäden zufügt, haftet er nach den normalen Grundsätzen. Darüber hinaus muss der Arbeitgeber aber aufgrund einer analogen Anwendung der §§ 670, 675 BGB auch sonstige Sachschäden ersetzen, die Arbeitnehmer im Zusammenhang mit ihrer Arbeit erleiden. Das gilt aber nur dann, wenn sich ein tätigkeitstypisches Risiko verwirklicht, nicht beim normalen Lebensrisiko. Auch hier gilt: Bei leichter Fahrlässigkeit des Arbeitnehmers haftet der Arbeitgeber voll, bei mittlerer Fahrlässigkeit anteilig und bei grober Fahrlässigkeit gar nicht.

7.9 Beendigung von Dienst- und Arbeitsverhältnissen

Beendigung des Dienstvertrags

Die Beendigung des Dienstverhältnisses kann auf ganz verschiedenen Ereignissen beruhen. Die wichtigsten sind Zeitablauf, Aufhebungsvertrag oder Kündigung. Nach § 620 Abs. 1 BGB endet ein auf Zeit eingegangenes Dienstverhältnis mit Zeitablauf. Ist die Dauer des Dienstverhältnisses nicht bestimmt, dann kann jeder Vertragspartner das Dienstverhältnis unter Beachtung der §§ 621 bis 624 BGB kündigen. § 620 Abs. 3 BGB, bestimmt, dass für befristete Arbeitsverhältnisse ausschließlich das Teilzeit- und Befristungsgesetz (TzBfG) gilt.

7.9.1 Arten der Beendigung

Zeitablauf

Nach § 620 Abs. 1 BGB endet das Dienstverhältnis ohne besondere Erklärung mit dem Ablauf der Zeit für die es eingegangen ist. Es handelt sich in diesem Fall um einen befristeten Vertrag. Die Befristung eines Arbeitsvertrags ist nach § 14 TzBfG entweder nur bis zu einer Maximaldauer von zwei Jahren oder, wenn es für die Befristung einen sachlichen Grund gibt, zulässig. Die Befristung muss schriftlich vereinbart werden. Fehlt es an der Schriftlichkeit oder arbeitet der Arbeitnehmer nach Ablauf der Frist mit Wissen des Arbeitgebers noch weiter, gilt der Arbeitsvertrag als unbefristet geschlossen nach den §§ 15 Abs. 5, 16 TzBfG.

Aufhebungsvertrag

Arbeitnehmer und Arbeitgeber können sich jederzeit darüber einigen, dass der Arbeitsvertrag aufgelöst werden soll. Aufhebungsverträge müssen nach § 623 BGB schriftlich geschlossen werden. Dies bedeutet, dass der Aufhebungsvertrag auf einer Urkunde von beiden Parteien eigenhändig unterzeichnet sein muss. Es reichen also weder E-Mails, noch Schriftwechsel, auf dem jeweils nur eine Unterschrift der Parteien erfolgt ist.

Kündigung

Die Kündigung ist eine einseitige empfangsbedürftige Willenserklärung der einen Vertragspartei gegenüber der anderen Vertragspartei mit dem Ziel, den auf unbestimmte Zeit geschlossenen Vertrag zu beenden. Damit unterliegt die Kündigung zunächst den allgemeinen Regeln über Willenserklärungen. Dazu kommt, dass die wirksame Kündigung nach § 623 BGB schriftlich erfolgen muss und ggf. der Betriebsrat nach § 102 des Betriebsverfassungsgesetzes (BetrVG) vorher anzuhören ist. Zu unterscheiden sind zwei Kündigungsarten: die ordentliche und die außerordentliche Kündigung.

Ordentliche Kündigung

Bei der ordentlichen Kündigung handelt es sich um eine Kündigung unter Beachtung der Kündigungsfrist. Die gesetzlichen Fristen finden sich in § 622 BGB. Grundsätzlich beträgt die Frist vier Wochen zum 15. oder zum Ende des Monats. Innerhalb einer vereinbarten Probezeit wird diese Frist auf zwei Wochen verkürzt. Besonders der Arbeitgeber wird durch verschiedene Regelungen in seiner Freiheit zu kündigen beschränkt. Dazu gehört in erster Linie das Kündigungsschutzgesetz (KSchG). Daneben beschränkt ihn der Sonderkündigungsschutz für bestimmte Personengruppen wie z. B. Schwerbehinderte gemäß § 85 SGB IX, Schwangere gemäß § 9 MuSchG, Personen in Elternzeit nach § 18 Abs. 1 S. 1 BEEG, Betriebsratsmitglieder nach § 15 KSchG, sowie Wehr- und Zivildienstleistende und Auszubildende. Eine weitere Grenze findet sich in dem bereits erwähnten AGG bei möglichen Diskriminierungen. Und schließlich muss sich jede Kündigung an § 242 BGB messen lassen, der willkürliche Entscheidungen ausschließt.

Außerordentliche Kündigung

Bei der außerordentlichen Kündigung handelt es sich um eine Kündigung mit sofortiger Wirkung. Sie ermöglicht es, sich von einem Dienstvertrag (auch von einem befristeten) zu lösen, dessen Fortsetzung unzumutbar ist. Die außerordentliche Kündigung ist abschließend in den §§ 626 f. BGB geregelt. Diese Vorschriften gehen als Spezialregelungen für den Dienstvertrag einschließlich des Arbeitsvertrags der allgemeinen Regelung des § 314 BGB für die außerordentliche Kündigung von Dauerschuldverhältnissen vor.

Für eine außerordentliche Kündigung muss ein wichtiger Grund vorliegen, wie er in § 626 BGB definiert ist. Entscheidend ist dabei nicht nur, dass entsprechende Tatsachen gegeben sind, sondern dass zusätzlich die konkreten Umstände des Einzelfalls eine Kündigung rechtfertigen. Die Interessen des einen Vertragspartners an der Beendigung und des anderen Teils an der Fortführung des Dienstverhältnisses müssen sorgfältig gegeneinander abgewogen werden. Vor allem muss es dem Kündigenden konkret unzumutbar sein, das Dienstverhältnis bis zum Ablauf der ordentlichen Kündigungsfrist oder bis zum vereinbarten Ende fortzusetzen.

Das ist fast immer dann der Fall, wenn der Vertragspartner seine Pflichten grob verletzt. Und selbst dann muss der Arbeitgeber den Arbeitnehmer in aller Regel vorher erfolglos abmahnen. Nur bei besonders schweren Verfehlungen oder bei offensichtlicher Zwecklosigkeit kann man auf die Abmahnung verzichten.

Eine außerordentliche Kündigung muss nach § 626 Abs. 2 BGB innerhalb von zwei Wochen erklärt werden, nachdem der Kündigende von den für die Kündigung maßgebenden Tatsachen erfahren hat.

7.9.2 Kündigungsschutzgesetz

Das Kündigungsschutzgesetz enthält materielle Voraussetzungen für die ordentliche Kündigung und Regelungen über die gerichtliche Geltendmachung der Unwirksamkeit einer Kündigung.

Geltungsbereich

Betriebsgröße

Hat das Arbeitsverhältnis am 1. Januar 2004 oder später begonnen, findet das Kündigungsschutzgesetz nach § 23 Abs. 1 KSchG Anwendung, wenn in dem Betrieb in der Regel mehr als zehn Arbeitnehmer (mit Ausnahme der Auszubildenden) beschäftigt sind. Als Arbeitnehmer wird voll gezählt, wer regelmäßig mehr als 30 Stunden in der Woche beschäftigt ist. Arbeitnehmer, die weniger arbeiten, werden nur teilweise berücksichtigt.

Weiterhin muss das Arbeitsverhältnis des Arbeitnehmers nach § 1 KSchG zum Zeitpunkt der Kündigung in dem Betrieb oder Unternehmen ununterbrochen länger als sechs Monate bestanden haben. Wartezeit

Für leitende Angestellte gilt der Kündigungsschutz gemäß § 14 Abs. 2 KSchG nur mit Ausnahmen. Leitende Angestellte

Soziale Rechtfertigung

Das Kündigungsschutzgesetz schützt Arbeitnehmer nach § 1 KSchG vor sozial nicht gerechtfertigten Kündigungen. Eine Kündigung ist gemäß § 1 Abs. 2 S. 1 KSchG grundsätzlich nur dann sozial gerechtfertigt und damit rechtswirksam, wenn sie durch Gründe in der Person, Gründe im Verhalten des Arbeitnehmers oder dringende betriebliche Erfordernisse begründet ist.

Gründe in der Person des Arbeitnehmers können eine Kündigung rechtfertigten, wenn der Arbeitnehmer im Zeitpunkt der Kündigung und voraussichtlich auch danach die Eignung und Fähigkeit nicht besitzt, die vertragsgemäß geschuldete Arbeitsleistung ganz oder teilweise zu erbringen. Auf das Verschulden des Arbeitnehmers kommt es nicht an. Deshalb setzt eine personenbedingte Kündigung eine vorherige Abmahnung nicht voraus. Eine personenbedingte Kündigung kommt z. B. bei Krankheit des Arbeitnehmers oder fehlender Eignung bzw. Befähigung des Arbeitnehmers in Betracht. In der Praxis zeigen sich die größten Schwierigkeiten bei der krankheitsbedingten Kündigung, da die Gerichte an eine Kündigung wegen Krankheit sehr hohe Anforderungen stellen. Personenbedingt

Bei der verhaltensbedingten Kündigung ist zunächst ist zu prüfen, ob ein vertragswidriges Verhalten des Arbeitnehmers vorliegt. Dieses muss zu konkreten Störungen des Arbeitsverhältnisses auch in der Zukunft führen. Dann ist zu prüfen, ob die Störung des Arbeitsverhältnisses durch ein milderes Mittel, in der Regel eine Abmahnung[18], beseitigt werden kann. Und schließlich müssen das Interesse des Arbeitgebers an der Beendigung des Arbeitsverhältnisses und das Interesse des Arbeitnehmers an der Erhaltung des Arbeitsplatzes im Rahmen einer umfassenden Interessenabwägung einander gegenübergestellt werden. Verhaltensbedingt

Möglichkeiten zur Vertragsverletzung – vor allem im Bereich der Nebenpflichten – gibt es vermutlich so viele, wie es Menschen gibt. Als vertragswidriges Verhalten kommen u. a. in Betracht Arbeitsverweigerung und Bummelei, Unpünktlichkeit, eigenmächtiger Urlaubsantritt,

18 BAG, Urteil vom 31. 5. 2007 – 2 AZR 200/06, NZA 2007, 922.

Vortäuschung von Arbeitsunfähigkeit wegen Krankheit, Alkohol am Arbeitsplatz, Störung des Betriebsfriedens oder Verstöße gegen die betriebliche Ordnung, Straftaten im Betrieb, Minder- oder Schlechtleistung.

Wer löscht fliegt[19]

K ist bei B, einem Unternehmen der IT-Branche, beschäftigt. Als einziger hat er Zugriff auf Daten, wie beispielsweise Informationen über Angebote und getroffene Vereinbarungen mit Geschäftskunden aus den USA. Aufgrund längerer krankheitsbedingter Abwesenheit des K gerät die B in erhebliche Schwierigkeiten, da die Abwicklung der laufenden Geschäfte und die Suche nach einer Krankheitsvertretung ohne Zugriff auf die genannten Daten nicht sinnvoll möglich ist. Die B erhebt gegen den K den Vorwurf, er habe die besagten Daten vom Notebook des Arbeitgebers gelöscht und spricht ihm gegenüber eine ordentliche Kündigung aus. Tatsächlich hatte K lediglich ein von ihm installiertes Programm, das zum Auslesen der Daten erforderlich war, vom Notebook entfernt.

Das entscheidende Gericht sah in der Löschung des Programms einen die ordentliche Kündigung rechtfertigenden Verstoß gegen die Treuepflicht des Arbeitnehmers. Die Störung oder Verhinderung der Nutzung von elektronisch gespeicherten Computerdaten stelle eine Schädigung des Arbeitgebers dar. Darüber hinaus stellt ein solches Verhalten einen so groben Verstoß gegen die Arbeitnehmerpflichten dar, dass eine vorherige Abmahnung nach Ansicht des Gerichts nicht erforderlich ist.

Betriebsbedingt

Nach § 1 Abs. 2 S. 1 KSchG ist eine ordentliche Kündigung sozial gerechtfertigt, wenn sie durch dringende betriebliche Erfordernisse, die einer Weiterbeschäftigung des Arbeitnehmers im Betrieb entgegenstehen, begründet ist. Der Arbeitgeber muss also mit der Kündigung den Zweck verfolgen, den Personalbestand dem Personalbedarf anzupassen. Der Grund für eine notwendige Personalanpassung kann sich aus innerbetrieblichen Umständen (z. B. Rationalisierungsmaßnahmen, Einstellung oder Einschränkung der Produktion) oder aus außerbetrieblichen Umständen (z. B. Auftragsmangel, Umsatzrückgang) ergeben. Im Ergebnis muss der Arbeitsplatz aufgrund außerbetrieblicher Einflüsse oder sachlicher unternehmerischer Entscheidung wegfallen und es darf keine anderweitige Beschäftigungsmöglichkeit für den Arbeitnehmer geben.

Kündigt der Arbeitgeber aus betriebsbedingten Gründen, ist er zur Sozialauswahl verpflichtet. Nach § 1 Abs. 3 KSchG ist eine betriebsbedingte Kündigung sozial ungerechtfertigt, wenn der Arbeitgeber bei der Auswahl des gekündigten Arbeitnehmers die Dauer der Betriebszugehörigkeit, das Lebensalter, die Unterhaltspflichten und die ggf. vorhandene Schwerbehinderung nicht oder nicht ausreichend berücksichtigt

---

19 Vgl. Anm. zu LAG Sachsen: Verhaltensbedingte Kündigung wegen Löschens eines Computerprogramms von einem Notebook des Arbeitgebers, BB 2008, 844

hat. Nur nach § 1 Abs. 3 S. 2 KSchG dürfen für den Betrieb unverzichtbare Arbeitnehmer aus der Sozialauswahl ausgenommen werden. Auch in diesem Fall muss aber eine Abwägung zwischen den Interessen des sozial schwächeren Arbeitnehmers und dem betrieblichen Interesse an der Weiterbeschäftigung des Leistungsträgers erfolgen. Je schwerer also das soziale Interesse wiegt, umso gewichtiger müssen die Gründe für die Ausklammerung des Leistungsträgers sein.

7.10 Übungsfall

Die teure Dienstfahrt

Der Ingenieur I ist Arbeitnehmer der Maschinenbaufirma M. Etwa einmal im Monat besucht er Kunden des Unternehmens, um Maschinen zu überprüfen. Für die Erledigung dieser Besuche benutzt er wie im Arbeitsvertrag vorgesehen seinen eigenen Pkw und erhält hierfür ein Kilometergeld von 0,25 €. Bei einer dieser Dienstfahrten wird I von seinem Kollegen K begleitet. Weil er sich angeregt mit K unterhält, fährt I an einer Ampel auf den vor ihm fahrenden Pkw des B auf. Dabei wird K leicht verletzt indem er ein HWS-Trauma erleidet.

Da der PKW des I nicht vollkaskoversichert ist, verlangt I nunmehr von seiner Arbeitgeberin M die Bezahlung der Reparatur an seinem Auto. Zu Recht? Hat K Ansprüche gegen I?

Frage 1: Ansprüche I gegen M auf Schadensersatz

I könnte einen Anspruch auf Zahlung der Reparaturkosten gegen M aus § 280 Abs. 1 BGB i. V. m. dem Arbeitsvertrag haben. *Anspruchsgrundlage 1*

Dann müsste M eine Pflichtverletzung begangen haben. Die M war aber am tatsächlichen Geschehen gar nicht beteiligt. Eine Pflichtverletzung scheidet daher aus. *Voraussetzungen/ Subsumtion*

Es besteht damit kein Anspruch aus § 280 BGB. *Ergebnis*

Aus denselben Gründen scheidet auch ein Anspruch aus § 823 BGB aus. *Anspruchsgrundlage 2*

I könnte einen Anspruch auf Zahlung der Reparaturkosten gegen M aus § 670 BGB analog i. V. m. mit dem Arbeitsvertrag haben. *Anspruchsgrundlage 3*

1. Gemäß § 670 BGB ist der Auftraggeber zum Ersatz verpflichtet, wenn der Beauftragte zum Zwecke der Ausführung des Auftrags Aufwendungen macht, die er den Umständen nach für erforderlich halten darf. Wird ein Fahrzeug des Arbeitnehmers mit Billigung des Arbeitgebers in dessen Betätigungsbereich eingesetzt, hätte also der Arbeitgeber ohne den Einsatz ein eigenes Fahrzeug einsetzen und damit das Schadensrisiko tragen müssen, so muss der Arbeitgeber dem Arbeitnehmer die ohne Verschulden des Arbeitgebers *Voraussetzungen/ Subsumtion*

am Fahrzeug entstehenden Schäden in analoger Anwendung des § 670 BGB ersetzen.

2. Jedoch unterliegt der Anspruch nach herrschender Meinung folgende Einschränkungen:
   (a) Es darf sich kein allgemeines Lebensrisiko verwirklichen: Hier geht es nicht um ein solches, sondern um ein gesteigertes Risiko, da infolge der beruflichen Nutzung generell ein erhöhtes Unfallrisiko besteht.
   (b) Keine Abgeltung der Schäden bereits durch den Lohn: Die 0,25 € Kilometergeld decken noch nicht einmal den Verschleiß ab. Damit sind die Schäden durch den Lohn nicht abgegolten.

Rechtsfolge

Die entstandenen, risikotypischen Schäden sind danach zu ersetzen.

Für die Berücksichtigung des Mitverschuldens des Arbeitnehmers nach § 254 BGB gelten die Grundsätze der Haftungserleichterung für Arbeitnehmer. Das heißt: Bei leichter Fahrlässigkeit haftet der Arbeitnehmer gar nicht, bei mittlerer Fahrlässigkeit zu 50 % und bei grober Fahrlässigkeit voll.

Da im konkreten Fall keine anderen Anhaltspunkte gegeben sind, ist von einer mittleren Fahrlässigkeit auszugehen. I muss den Schaden daher zu 50 % selbst tragen.

Ergebnis

I hat gegen M Anspruch auf Ersatz der Reparaturkosten in Höhe von 50 % aus § 670 BGB analog i. V. m. dem Arbeitsvertrag.

Frage 2: Ansprüche des K gegen I auf Schadensersatz

Anspruchsgrundlage

Anspruch des K gegen den Arbeitskollegen I aus § 823 BGB i. V. m. §§ 249 ff. BGB auf Schadensersatz.

Voraussetzungen/Subsumtion

1. I könnte den K widerrechtlich an seiner Gesundheit verletzt haben. Weil I auf den Vordermann auffuhr, wurde K verletzt. I hat durch adäquat kausales und zurechenbares Verhalten das Rechtsgut Gesundheit bei K verletzt hat. Dies geschah auch rechtswidrig und schuldhaft.
2. Eventuell Haftungsausschluss gemäß § 105 i. V. m. § 104 SGB VII.
   (a) Der verletzte K sowie der Schädiger I sind als Arbeitnehmer desselben Betriebs Versicherte desselben Betriebs.
   (b) Ein Versicherungsfall ist gemäß § 7 Abs. 1 SGB VII gegeben, wenn ein Arbeitsunfall eingetreten ist. Hier traten die Verletzungen während der beruflichen Tätigkeit des K ein, sodass ein Arbeitsunfall vorliegt.
   (c) I hat den Versicherungsfall nicht vorsätzlich herbeigeführt.
   (d) Auch ist der Unfall nicht auf einem nach § 8 Abs. 2 Nr. 1–4 SGB VII versicherten Weg herbeigeführt worden.

Gemäß § 105 Abs. 1 SGB VII sind Ansprüche auf Ersatz „des Personenschadens“ ausgeschlossen. Rechtsfolge

Somit bestehen keine Schadensersatzansprüche des K gegen den I. Ergebnis

7.11 Zusammenfassung

Beim Dienstvertrag schuldet der Dienstverpflichtete eine Tätigkeit, keinen Erfolg. Der Dienstberechtigte schuldet eine Vergütung.

Die wichtigste Erscheinungsform des Dienstvertrags ist der Arbeitsvertrag, der durch Weisungsgebundenheit sowie die persönliche und wirtschaftliche Abhängigkeit des Arbeitnehmers gekennzeichnet ist.

Arbeitsrecht ist Arbeitnehmerschutzrecht.

Eine Vielzahl besonderer gesetzlicher Regelungen bestimmen den Abschluss, die Pflichten und die Beendigung des Arbeitsvertrags.

8 Handelsvertretervertrag

§§ 84 ff. HGB

Handelsvertreter ist, wer ständig damit betraut ist, für einen anderen Unternehmer Geschäfte zu vermitteln oder in dessen Namen abzuschließen. Handelsvertreter sind für den Absatz von Produkten für den Unternehmer ein wichtiger Baustein. Das Recht der Handelsvertreter ist nicht im BGB, sondern in den §§ 84 bis 92c HGB geregelt. Diese Vorschriften setzen die Handelsvertreterrichtlinie der Europäischen Union[1] in nationales Recht um. Der Handelsvertreter ist selbstständiger Gewerbetreibender, d. h. er ist kein Arbeitnehmer. Da er aber regelmäßig im Verhältnis zum Unternehmer, der auch als Prinzipal bezeichnet wird, in einer wirtschaftlich schwächeren Position ist, sieht das Handelsvertreterrecht Regelungen zum Schutz des Handelsvertreters vor, von denen auch vertraglich nicht abgewichen werden darf.

Grundmodell für andere Vertragstypen

Der zwischen dem Unternehmer und dem Handelsvertreter geschlossene Vertrag ist der Handelsvertretervertrag. Der Handelsvertretervertrag ist das Grundmodell aller Vertriebsverträge, bei denen ein Absatzmittler eingeschaltet wird. Andere Absatzmittler sind insbesondere der Vertriebshändler, der Kommissionär und der Franchisenehmer. Die §§ 84 ff. HGB enthalten Regelungskonzepte, die sich anderswo im BGB so nicht finden, die aber auf andere Rechtsbereiche ausstrahlen. Deshalb wird der Handelsvertretervertrag nachfolgend vorgestellt.

8.1 Stellen Sie sich vor ...

Stellen Sie sich vor, Sie haben sich nach Ihrem Studium als Handelsvertreter für Duschkabinen selbstständig gemacht. Ihr Unternehmer hat Ihnen als Bezirk alle Orte mit der Postleitzahl 75 zugewiesen. Nach einiger Zeit stellen Sie fest, dass der Unternehmer ohne Ihr Zutun auch direkt Kunden in Ihrem Bezirk beliefert. Können Sie von Ihrem Unternehmer Provision für diese Geschäfte verlangen?

Nach zwanzigjähriger Tätigkeit kündigt der Unternehmer den Handelsvertretervertrag mit Ihnen. An Ihrer Stelle stellt er einen neuen Handelsvertreter ein. Dem neuen Handelsvertreter händigt er die von Ihnen aufgebaute Kundendatei aus, damit dieser weiterhin bei diesen Kunden Duschkabinen vermittelt. Haben Sie finanzielle Ansprüche gegen den Unternehmer?

---

1 Richtlinie 86/653/EWG, ABl. EG Nr. L 382 vom 31.12.1986, S. 17; vergleiche dazu *Gildeggen/Willburger*, Internationale Handelsgeschäfte, 4. Auflage 2012, Kapitel V.

8.2 Ökonomische Bedeutung und Begründung

Bedeutung

Handelsvertreter vermitteln im Geschäftskundenbereich (B2B-Geschäft) jährlich Waren im Wert von rd. 180 Milliarden € brutto. Die Anzahl der umsatzsteuerpflichtigen Handelsvertreter im Geschäftskundenbereich wird auf rund 50.000 geschätzt.[2] Hinzu kommen noch die Handelsvertreter, die ausschließlich im Privatkundenbereich (B2C-Geschäft) tätig sind.

Erscheinungsformen

Handelsvertreter gibt es in vielfältigen Ausprägungen: Handelsvertreter kann ein Großunternehmen sein, das die Produktlinie eines anderen vielleicht ausländischen Unternehmens im Inland vertreibt, es kann eine Einzelperson sein, die von den Provisionseinnahmen ihre Existenz bestreiten muss oder es kann ein Handelsvertreter im Nebenberuf sein. Tätigkeitsfelder können der Warenvertrieb, der Vertrieb von Versicherungsverträgen, Kapitalanlagen oder Reisen sein.

Ökonomischer Hintergrund

Die Vorteile des Einsatzes von Handelsvertretern und anderen Absatzmittlern zeigen sich, wenn man ihn mit dem Vertrieb von Produkten durch Groß- und Einzelhändler oder durch eigene Mitarbeiter vergleicht. Im Vergleich zum Vertrieb durch Groß- und Einzelhändler erlangt der Unternehmer beim Einsatz von Absatzmittlern einen besseren Zugriff auf seine Endkunden, weil er selbst Vertragspartner der Verträge mit den Kunden ist. Je nach Produkt kann das einen leistungsfähigeren Produktvertrieb ermöglichen. Im Vergleich zum Einsatz eigener Mitarbeiter kann der Einsatz von Handelsvertretern kostengünstiger sein, etwa wenn Handelsvertreter eingesetzt werden, die auch noch Produkte anderer Unternehmer vertreiben oder weil ein Handelsvertreter über hervorragende Marktkenntnis verfügt, Zugang zu den wichtigsten Kunden hat und der Aufbau von entsprechendem firmeninternen Know-how sehr teuer wäre.

8.3 Pflichten von Handelsvertreter und Unternehmer

Geschäftsvermittlung bzw. -abschluss

Der Handelsvertreter hat sich gemäß § 86 Abs. 1 HGB um die Vermittlung oder den Abschluss von Geschäften zu bemühen. Er hat hierbei das Interesse des Unternehmers wahrzunehmen. Besitzt der Handelsvertreter Abschlussvollmacht, handelt er als Stellvertreter des Unternehmers, § 164 Abs. 1 S. 1 BGB.

2 Centralvereinigung Deutscher Wirtschaftsverbände für Handelsvermittlung und Vertrieb (CDH) e. V., www.cdh.de.

Staubsauger
Ein Handelsvertreter vertreibt für seinen Unternehmer Staubsauger der Marke X. Kann der Handelsvertreter zusätzlich die Handelsvertretung für Staubsauger der Marke Y eines anderen Unternehmers übernehmen?

Nein. Nach der Rechtsprechung des BGH[3] kann ein Handelsvertreter zwar als Mehrfirmenvertreter für mehrere Firmen tätig sein, er darf aber, wenn es ihm nicht ausdrücklich gestattet ist, keine Konkurrenzprodukte vertreiben. Dies folgt aus der in § 86 Abs. 1 HGB niedergelegten Pflicht des Handelsvertreters, das Interesse des Unternehmers wahrzunehmen.

Informationspflichten

Darüber hinaus muss der Handelsvertreter den Unternehmer vor allem über die Geschäfte in dem von ihm betreuten Bereich informieren, § 86 Abs. 2 HGB

Unterstützung des Handelsvertreters

Der Unternehmer hat den Handelsvertreter in seiner Tätigkeit zu unterstützen, indem er ihm die zur Ausübung seiner Tätigkeit erforderlichen Informationen und Unterlagen zur Verfügung stellt, § 86a HGB.

8.4 Entgeltanspruch des Handelsvertreters

Provision für Vermittlung

Dem Handelsvertreter steht für seine Tätigkeit ein Provisionsanspruch gegen den Unternehmer zu. Der Provisionsanspruch besteht nach §§ 87 Abs. 1 S. 1, 87a Abs. 1 S. 1 HGB, wenn 1) das Geschäft während des Bestehens des Vertragsverhältnisses abgeschlossen worden ist, 2) das Geschäft auf die Tätigkeit des Handelsvertreters zurückzuführen ist oder mit einem Dritten abgeschlossen wurde, den er als Kunden für Geschäfte der gleichen Art geworben hat und 3) das Geschäft ausgeführt wurde.

Duschkabine I
Einem Handelsvertreter ist das Gebiet mit der PLZ 75 zugewiesen. Er vermittelt seinem Unternehmer den Abschluss eines Kaufvertrags über zehn Duschkabinen mit einem in 75175 Pforzheim ansässigen Flaschner.

Für dieses Geschäft erhält der Handelsvertreter nach §§ 87 Abs. 1 S. 1, 87a Abs. 1 S. 1 HGB Provision.

Provision ohne Vermittlung

Der Handelsvertreter kann aber auch Provision verlangen, wenn ein Geschäft mit Kunden seines Bezirks oder Kundenkreises ohne sein Zutun zustande gekommen ist, § 87 Abs. 2 S. 1 HGB. Der Anspruch ist eine Gegenleistung dafür, dass der Handelsvertreter mit verschiedenen Marketing- und Vertriebsmaßnahmen den Markt in seinem Bezirk oder den zugewiesenen Kundenstamm aufbaut und ggf. erweitert hat. Er vermei-

---

3 BGH, Urteil vom 18. 6. 1964 – VIII ZR 254/62, BGHZ 42, 59, 61.

det zudem eine Aushebelung der wirtschaftlichen Stellung des von den Provisionen abhängigen Handelsvertreters.

Duschkabine II[4]

Im obigen ersten Eingangsfall war dem Handelsvertreter das Gebiet mit der Postleitzahl 75 zugewiesen und der Unternehmer hatte ohne Mitwirkung des Handelsvertreters mit Kunden dieses Bezirks während des Vertragsverhältnisses Geschäfte abgeschlossen. Hier hat der Handelsvertreter nach § 87 Abs. 2 HGB auch Anspruch auf Provision für diese Geschäfte.

Zahlt der Unternehmer nicht freiwillig oder nicht vollständig, muss der Handelsvertreter seine Provision einklagen. Dazu muss er den ihm zustehenden Provisionsbetrag genau bestimmen. Das kann er aber oft nicht, weil er alle in seinem Bezirk oder Kundenstamm erfolgreich abgeschlossenen Geschäfte nicht kennt. In einem solchen Fall kann der Handelsvertreter u. a. einen Buchauszug gemäß § 87c Abs. 2 bis 5 HGB verlangen. Der Buchauszug muss alle diejenigen Angaben über die vermittelten Geschäfte und ihre Ausführung enthalten, die für die Provisionsabrechnung von Bedeutung sind. Er ist in Form einer geordneten Zusammenstellung der geschuldeten Angaben zu erteilen.[5]

8.5 Kündigung des Handelsvertretervertrags

Kündigungsarten

Wenn der Handelsvertretervertrag auf unbestimmte Zeit geschlossen wird, kann er von jeder Vertragspartei einseitig durch fristgemäße Kündigung beendet werden, § 89 HGB. Die Kündigungsfrist beträgt gemäß § 89 Abs. 1 S. 1 und 2 HGB im ersten Vertragsjahr einen Monat, im zweiten Jahr zwei Monate, im dritten bis fünften Jahr drei Monate und nach dem fünften Jahr sechs Monate. Bei Vorliegen eines wichtigen Grundes ist eine fristlose Kündigung möglich, § 89a HGB. Sind sich beide Vertragsparteien einig, kommt auch eine Beendigung durch Aufhebungsvertrag in Betracht, § 311 Abs. 1 BGB.

Kündigungsklausel

In einem Handelsvertretervertrag steht folgende Klausel: „Der Vertrag wird auf unbestimmte Zeit geschlossen. Er kann mit einer Kündigungsfrist von sechs Monaten zum Jahresende gekündigt werden.“ Ist die Klausel wirksam?

---

4 Frei nach EuGH, Urteil vom 12.12.1996 – C104/95 (Kontogeorgas), EWS 1997, 52.

5 BGH, Urteil vom 21.3.2001 – VIII ZR 149/99, NJW 2001, 2333.

Nach § 89 Abs. 1 HGB ist zwar die Kündigungsfrist vom Vertragsjahr abhängig. Da § 89 Abs. 2 HGB jedoch eine Verlängerung der Kündigungsfristen durch Vereinbarung gestattet, ist die Klausel wirksam.

8.6 Der Ausgleichsanspruch

Bei Vertragsende: Ausgleichsanspruch

Nach Beendigung des Handelsvertretervertrags kann der Handelsvertreter von dem Unternehmer meist einen angemessenen Ausgleich in Höhe von bis zu einer durchschnittlichen Jahresprovision verlangen, § 89b Abs. 1 und 2 HGB. Sinn dieses Ausgleichsanspruchs ist es, die weiteren Vorteile, die der Unternehmer aus dem vom Handelsvertreter in der Vergangenheit geworbenen und erhaltenen Kundenstamm zieht, auszugleichen. Bedacht werden muss auch, dass der Handelsvertreter als Selbstständiger weder der Arbeitslosen- noch der gesetzlichen Rentenversicherung unterliegt und daher nach Beendigung seines Handelsvertretervertrags weder einen Anspruch auf Arbeitslosengeld noch auf gesetzliche Rente hat. Ist der Handelsvertreter ein größeres Unternehmen, kann der Ausgleichsanspruch auch eine Entschädigung für noch nicht amortisierte Investitionen des Handelsvertreters in den Aufbau des Kundenstamms sein.

Altes Eisen
Im zweiten Eingangsfall kündigte der Unternehmer nach zwanzigjähriger Tätigkeit den Handelsvertretervertrag. Er schloss mit einem Dritten einen neuen Handelsvertretervertrag und händigte diesem die Kundendatei aus. Der neue Handelsvertreter vermittelt für den Unternehmer weiter Geschäfte mit dem vorhandenen Kundenstamm. Fraglich war, ob der alte Handelsvertreter einen Ausgleichsanspruch geltend machen kann?

Das ist der Fall, denn die Voraussetzungen für einen Ausgleichsanspruch nach § 89b Abs. 1 Nr. 1 und 2 HGB liegen vor. Der Unternehmer hat aus der Geschäftsverbindung mit neuen Kunden, die der Handelsvertreter geworben hat, auch nach Beendigung des Vertragsverhältnisses erhebliche Vorteile und die Zahlung eines Ausgleichs entspricht unter Berücksichtigung aller Umstände, insbesondere der dem Handelsvertreter aus den Geschäften mit diesen Kunden entgehenden Provisionen, der Billigkeit.

Umfassende Voraussetzungen

In § 89b Abs. 3 HGB sind eine Reihe von Gründen aufgeführt, die den Ausgleichsanspruch im Einzelfall einschränken oder ausschließen können. Die wichtigsten Gründe sind, dass der Handelsvertretervertrag vom Handelsvertreter selbst gekündigt wurde oder dass der Unternehmer nach Beendigung des Vertragsverhältnisses keine weiteren Vorteile mehr aus Kunden zieht, die der Handelsvertreter geworben hat.

Die Parteien können den Ausgleichsanspruch vertraglich vor Beendigung des Handelsvertretervertrags nach § 89b Abs. 4 S. 1 HGB nicht ausschließen.

Unabdingbarkeit

Der Ausgleichsanspruch ist für den Unternehmer ein unangenehmer Anspruch, weil er für eine Geschäftsbeziehung aus der Vergangenheit noch Geld ausgeben muss. Baut ein Unternehmer sein Vertriebssystem auf eine Vielzahl von Handelsvertretern auf, dann kann ihn die jeweilige Beendigung der Verträge einen substanziellen Geldbetrag kosten. Da es für den Handelsvertreter zudem nicht immer leicht ist, die Voraussetzungen des Anspruchs im Detail darzulegen, streiten die Vertragsparteien in der Praxis häufig über die Voraussetzungen und die Höhe des Ausgleichanspruchs.

Streit über den Ausgleich

8.7 Nachvertragliches Wettbewerbsverbot

Der Handelsvertreter kann nach Beendigung des Vertragsverhältnisses seinem bisherigen Unternehmer sofort Konkurrenz machen, d. h. für einen Wettbewerber mit vergleichbaren Produkten seine bisherigen Kunden aufsuchen. Diese Konkurrenz kann durch ein nachvertragliches Wettbewerbsverbot beschränkt werden. Ein nachvertragliches Wettbewerbsverbot verbietet dem Handelsvertreter, nach Beendigung des Handelsvertretervertrags bei seinen Kunden weiterhin tätig zu werden.

Begriff

Ein nachvertragliches Wettbewerbsverbot ist nach § 90a Abs. 1 HGB nur wirksam, wenn alle der folgenden Voraussetzungen erfüllt sind:

Wirksamkeitsvoraussetzungen

- Die Wettbewerbsabrede bedarf der Schriftform und der Aushändigung einer vom Unternehmer unterzeichneten, die vereinbarten Bestimmungen enthaltenden Urkunde.
- Sie darf längstens zwei Jahre nach Beendigung des Vertragsverhältnisses gültig sein.
- Sie muss auf den dem Handelsvertreter zugewiesenen Bezirk oder Kundenkreis sowie auf die Warengattung beschränkt sein.
- Der Unternehmer muss dem Handelsvertreter für die Dauer der Wettbewerbsbeschränkung eine angemessene Entschädigung zahlen. Diese sogenannte Karenzentschädigung beläuft sich regelmäßig auf die Hälfte einer durchschnittlichen Monatsprovision.

Das Gesetz stellt deshalb so hohe Anforderungen an die Wirksamkeit eines nachvertraglichen Wettbewerbsverbots, weil es davon ausgeht, dass ein Handelsvertreter typischerweise in seiner wirtschaftlichen Existenz gefährdet ist, wenn er seine bisherige Tätigkeit nicht mehr ausüben kann. Es versucht daher, einen für den Unternehmer spürbaren Ausgleich zu schaffen. Im Ergebnis wird sich jeder Unternehmer daher beim Einsatz von Handelsvertretern überlegen, ob die Vereinbarung eines nachvertraglichen Wettbewerbsverbots notwendig ist.

Existenzsicherung
Einem Handelsvertreter werden die zehn umsatzstärksten Kunden einer Region zugewiesen. Der schriftlich abgefasste Handelsvertretervertrag sieht vor, dass der Handelsvertreter nach Vertragsbeendigung für zwei Jahre eine Karenzentschädigung in Höhe einer durchschnittlichen halben Monatsprovision erhält und er als Gegenleistung keine Wettbewerbsprodukte vertreiben darf. Die durchschnittliche Jahresprovision liegt bei 72.000 €. Nach der Kündigung des Handelsvertretervertrags durch den Unternehmer will der Handelsvertreter sofort für ein Konkurrenzunternehmen tätig werden, weil er befürchtet, dass nach zwei Jahren die Kundenbindung an ihn verloren ist. Der Unternehmer beruft sich auf die Wettbewerbsabrede und will monatlich 3.000 € zahlen.

Der Handelsvertretervertrag enthält zwar eine Wettbewerbsabrede. Da diese aber nicht auf den dem Handelsvertreter zugewiesenen Kundenstamm beschränkt ist, ist sie wegen Verstoßes gegen § 90a Abs. 1 S. 2 HGB unwirksam. Der Handelsvertreter darf also sofort für das Konkurrenzunternehmen tätig werden.

8.8 Übungsfall

Dickes Ende
Dem Handelsvertreter HV war Baden-Württemberg als Bezirk zugewiesen. Der Handelsvertretervertrag zwischen HV und dem Unternehmer U endete zum 31. 12. 2014. Ende Januar 2015 bestellte ein Maschinenhersteller aus dem Schwarzwald bei U aufgrund eines im November 2014 erfolgten Besuchs des HV eine größere Position Waren. Das Geschäft wurde im März 2015 ausgeführt.

Kann HV von U für dieses Geschäft Provision verlangen?

Anspruchsgrundlage

1. HV könnte gegen U einen Anspruch auf Provision nach §§ 87 Abs. 1 S. 1, 87a HGB haben.

Voraussetzungen/ Subsumtion

Der Provisionsanspruch setzt nach § 87 Abs. 1 S. 1 HGB voraus, dass das Geschäft während des Vertragsverhältnisses abgeschlossen wurde und auf die Tätigkeit des Handelsvertreters zurückzuführen ist oder mit Dritten abgeschlossen wurde, die er als Kunden für Geschäfte der gleichen Art geworben hat. Der Handelsvertretervertrag zwischen HV und U endete zum 31. 12. 2014, das Geschäft wurde Ende Januar 2015 geschlossen. Somit wurde das Geschäft nicht während des Vertragsverhältnisses HV – U abgeschlossen.

Ergebnis: Daher hat HV gegen U aus §§ 87 Abs. 1 S. 1, 87a HGB keinen Anspruch auf Provision. Ergebnis

2. HV könnte gegen U einen Anspruch auf Provision nach §§ 87 Abs. 2 S. 1, 87a HGB haben. Anspruchsgrundlage

Wenn dem Handelsvertreter ein bestimmter Bezirk oder ein bestimmter Kundenkreis zugewiesen ist, hat er gemäß § 87 Abs. 2 S. 1 HGB auch für die Geschäfte einen Anspruch auf Provision, die ohne seine Mitwirkung mit Personen seines Bezirks oder seines Kundenkreises während des Vertragsverhältnisses abgeschlossen sind. HV wurde Baden-Württemberg und somit ein bestimmter Bezirk zugewiesen. Das Geschäft kam jedoch durch seine Mitwirkung zustande, sodass § 87 Abs. 2 S. 1 HGB nicht eingreift. Abgesehen davon scheitert der Anspruch auch daran, dass das Geschäft nicht während des Vertragsverhältnisses abgeschlossen worden ist, s. o. 1. Voraussetzungen/ Subsumtion

Ergebnis: Daher hat HV gegen U aus §§ 87 Abs. 2 S. 1, 87a HGB keinen Anspruch auf Provision. Ergebnis

3. HV könnte gegen U einen Anspruch auf Provision nach §§ 87 Abs. 3 S. 1 Nr. 1, 87a HGB haben (sogenannte Überhangprovision). Anspruchsgrundlage

a) Nach § 87 Abs. 3 S. 1 Nr. 1 HGB hat der Handelsvertreter für ein Geschäft, das erst nach Beendigung des Vertragsverhältnisses abgeschlossen ist, einen Anspruch auf Provision nur, wenn er das Geschäft vermittelt hat oder es eingeleitet und so vorbereitet hat, dass der Abschluss überwiegend auf seine Tätigkeit zurückzuführen ist, und das Geschäft innerhalb einer angemessenen Frist nach Beendigung des Vertragsverhältnisses abgeschlossen worden ist. Voraussetzungen/ Subsumtion

aa) Das Geschäft wurde Ende Januar 2015, d. h. nach Beendigung des Vertragsverhältnisses HV – U abgeschlossen.

bb) Das Geschäft kam aufgrund eines Besuchs des HV beim Maschinenhersteller im November 2014 zustande. Somit hat HV das Geschäft vermittelt.

cc) Das Geschäft wurde Ende Januar 2015, d. h. innerhalb eines Monats nach Vertragsbeendigung abgeschlossen. Folglich wurde das Geschäft innerhalb einer angemessenen Frist nach Beendigung des Vertragsverhältnisses abgeschlossen.

b) Das Geschäft wurde im März 2015 ausgeführt. Daher ist die Provision auch fällig, § 87a Abs. 1 S. 1 HGB.

c) Ergebnis: HV hat gegen U nach §§ 87 Abs. 3 S. 1 Nr. 1, 87a Abs. 1 S. 1 HGB einen Anspruch auf Provision. Ergebnis

8.9 Zusammenfassung

Der Handelsvertreter ist eine selbstständige Person, d. h. kein Arbeitnehmer.

Der Handelsvertreter hat sich um die Vermittlung oder den Abschluss von Geschäften zu bemühen.

Dem Handelsvertreter steht für seine erfolgreiche Tätigkeit ein Provisionsanspruch gegen den Unternehmer zu.

Ein auf unbestimmte Zeit eingegangener Handelsvertretervertrag kann von jeder Vertragspartei gekündigt werden. Die Kündigungsfrist hängt von der Vertragsdauer ab. Sie kann vertraglich verlängert werden.

Nach Beendigung des Handelsvertretervertrags kann der Handelsvertreter im Regelfall von dem Unternehmer einen angemessenen Ausgleich in Höhe von bis zu einer durchschnittlichen Jahresprovision verlangen.

Die Vertragsparteien können ein nachvertragliches Wettbewerbsverbot für den Handelsvertreter vereinbaren, müssen dabei jedoch einige gesetzliche Vorgaben wie z. B. die Karenzentschädigung beachten.

9 Gesellschaftsverträge

Wer sich mit anderen zusammenschließen und einen gemeinsamen Zweck verfolgen will, gründet eine Gesellschaft. Zur Verfügung stehen je nach Fallgestaltung Kapitalgesellschaften wie die Gesellschaft mit beschränkter Haftung (GmbH),[1] die Aktiengesellschaft (AG) und die Kommanditgesellschaft auf Aktien (KGaA). Möglich ist aber ggf. auch eine GbR – die Urform aller Personengesellschaften –, eine Offene Handelsgesellschaft (OHG) oder eine Kommanditgesellschaft (KG), beides Sonderformen der GbR für den Fall, dass ein Handelsgewerbe betrieben wird bzw. die Gesellschaft im Handelsregister eingetragen ist. Hinzu kommen die originär Europäischen Gesellschaftsformen wie die Europäische Gesellschaft (*Societas Europaea*/SE). Damit im Rechtsverkehr stets Klarheit über die Identität einer Gesellschaft herrscht, gilt im Gesellschaftsrecht „Typenzwang": Es gibt nur die gesetzlichen vorgesehenen Gesellschaftsformen und deren Kombinationen (z. B. der „Klassiker" GmbH & Co. KG oder in jüngerer Zeit die SE & Co. KGaA). Eine andere Frage ist, inwieweit die Gesellschafter im Innenverhältnis, also untereinander, von den gesetzlichen Regelungen abweichen können.

In diesem Kapitel werden vor allem einerseits die GbR, die OHG, die KG und andererseits die GmbH als Grundmodell für Kapitalgesellschaften vorgestellt. Die GbR ist in den §§ 705 ff. BGB, die OHG und KG in den §§ 105 ff., 161 ff. HGB und die GmbH im GmbHG geregelt. Sonstige Gesellschaftstypen – mit Ausnahme des Vereins und der Genossenschaft – werden teils im laufenden Text, teils am Ende des Kapitels kurz beschrieben.

---

1 Aufgrund europäischen Rechts dürfen sich auch ausländische (EU-/EWR-)Gesellschaften in Deutschland als solche niederlassen. Niemand ist also gezwungen, in Deutschland gerade mit einer deutschen Gesellschaftsform am Markt aufzutreten. Vor allem die sich daraus ergebende gehäufte Nutzung der englischen Private Company Limited by Shares (kurz: „Ltd") rief den Gesetzgeber auf den Plan. Im Zuge der Novellierung des GmbHG im Jahr 2008 wurde durch den neuen § 5a GmbHG die „Unternehmergesellschaft (haftungsbeschränkt)" geschaffen, eine besondere Form der GmbH, die mit weniger Kapitalaufwand gegründet werden kann und so der Ltd Einhalt gebieten sollte. Dieses Ziel ist erreicht worden, vgl. exemplarisch Statistisches Bundesamt, Unternehmen und Arbeitsstätten, Fachserie 2 Reihe 5, S. 8 (Gewerbeanmeldungen, Stand August 2015), abrufbar unter www.destatis.de (15. 12. 2015).

9.1 Stellen Sie sich vor ...

Stellen Sie sich eine Fahrgemeinschaft von Karlsruhe nach Pforzheim vor. Vier Personen treffen sich jeden Morgen zur gleichen Zeit an einem Parkplatz. Dort lassen sie die nicht benötigten Autos stehen. Die Beteiligten haben einen detaillierten Plan erarbeitet, an welchem Tag mit welchem Wagen gefahren wird und wie Benzin- und ggf. sonstige Kosten aufgeteilt werden. Auch Vertretungsregelungen für den Fall der Verhinderung sind getroffen. Wie ist die Fahrgemeinschaft rechtlich zu bewerten?

Stellen Sie sich des Weiteren vor, Sie beabsichtigen, zusammen mit einem Softwareexperten ein Unternehmen zu gründen, das Antivirus/-spamsoftware anbieten wird. Sie erwarten, dass Ihr Businessplan aufgeht und die Gesellschaft nach einer Startphase substanzielle Umsätze tätigen wird. Sie überlegen sich, welche Gesellschaftsformen überhaupt in Betracht kommen.

9.2 Ökonomische Bedeutung und Begründung

Gesellschaftsrecht ist ein wesentlicher Bestandteil des Wirtschaftsrechts. Zwar wird in Deutschland auch heute noch die Mehrheit von Betrieben als Einzelunternehmen geführt. Jedoch bietet ein Zusammenschluss mit Partnern regelmäßig den Vorteil größerer Leistungsfähigkeit, was sich deutlich in den Umsatzzahlen niederschlägt.[2]

Eine zentrale Gestaltungsfrage ist, welche Gesellschaftsform in welcher Ausgestaltung für die Zusammenarbeit die geeignete ist. Neben steuerrechtlichen Erwägungen, Finanzierungsüberlegungen und bisweilen auch Fragen der Arbeitnehmermitbestimmung sind dabei vor allem folgende Aspekte entscheidend:

- Komplexität und Kosten von Gründung und Betreiben der Gesellschaft
- Haftung der Gesellschafter für Gesellschaftsschulden
- Flexibilität des Gesellschaftsverhältnisses (bspw. Formbedürftigkeit von Beschlüssen, Wirksamkeit von Mehrheitsbeschlüssen, Minderheitenschutz)
- Geschäftsführung und Vertretung
- Abhängigkeit der Existenz der Gesellschaft vom Gesellschafterkreis/Abtretbarkeit von Gesellschaftsanteilen

---

2 Vgl. Statistisches Bundesamt, Finanzen und Steuern, Umsatzsteuerstatistik 2013 (Voranmeldungen), Fachserie 14, Reihe 8.1, Tab. 4.2 S. 48, unter www.destatis.de (14.12.2015).

Um Sie in die Lage zu versetzen, erste Erwägungen zur Wahl der passenden Gesellschaftsform selbst anzustellen, werden nachfolgend die in den Listenpunkten angesprochenen Regelungskomplexe für GbR, OHG, KG und GmbH vorgestellt.

9.3 Vertraglicher Zusammenschluss zu einem gemeinsamen Zweck

Rechtsgeschäft = Gesellschaftsvertrag

Jede Gesellschaft wird durch den Abschluss des Gesellschaftsvertrags gegründet. Dieser ist bei Personengesellschaften grundsätzlich formfrei – also schriftlich, mündlich oder auch durch schlüssiges Handeln – möglich, wenn nicht gerade ein Grundstück oder ein GmbH-Anteil in die Gesellschaft eingebracht werden soll.[3] Bei Kapitalgesellschaften bedarf der Vertrag, den man dort wegen des körperschaftlichen Charakters des Verbands auch „Satzung" nennt, der notariellen Form, § 2 Abs. 1 GmbHG bzw. § 23 AktG.

Gemeinsamer Zweck

Wesentlich ist stets die Vereinbarung eines gemeinsamen Zweckes. Dieser gemeinsame Zweck unterscheidet den Gesellschaftsvertrag von reinen Austauschverträgen wie etwa dem Kaufvertrag oder auch von bloß „statischen" Miteigentumsgemeinschaften nach §§ 1008, 741 ff. BGB.

9.3.1 Entstehung von Personengesellschaften

Die Gesellschaft bürgerlichen Rechts (GbR)

Mindestens zwei Gesellschafter

Nach § 705 BGB liegt eine GbR vor, wenn sich mindestens zwei Personen durch Gesellschaftsvertrag zu einem gemeinsamen Zweck zusammenschließen. Mögliche Gesellschafter sind alle natürlichen oder juristischen Personen sowie rechtsfähige Personenvereinigungen. Es kommt jeder erlaubte Zweck mit Ausnahme eines Handelsgewerbes[4] in Betracht, sei er von Dauer oder nur vorübergehend.

Beitragspflicht

Der nach §§ 705, 706 BGB erforderliche Beitrag eines Gesellschafters muss nicht zwingend in Geld oder einer geldwerten Sache bestehen. Die Erbringung von Tätigkeiten bzw. Dienstleistungen, die Weitergabe von Know-how, die bloße Gebrauchsüberlassung von Gegenständen o. Ä. reicht aus. Besondere Talente oder Eigenschaften von

3 Die Formbedürftigkeit ergibt sich in diesen Fällen aus § 311b Abs. 1 BGB bzw. § 15 Abs. 4 GmbHG.

4 Dann liegt eine OHG vor; siehe dazu sogleich.

Gesellschaftern können so ohne Weiteres berücksichtigt werden. Bei einer Personengesellschaft steht, wie der Name schon sagt, die Person des Gesellschafters im Vordergrund.

ABC-Band
Die drei Studierenden A, B und C wollen sich während der vorlesungsfreien Zeit als „ABC-Band" etwas dazu verdienen. Sie vereinbaren mündlich, dass sie Anschaffungen und alle anderen Auslagen gemeinsam bestreiten und sich den Gewinn teilen wollen. Liegt eine Gesellschaft vor?

Hier haben die Beteiligten einen mündlichen Gesellschaftsvertrag geschlossen. Der gemeinsame Zweck besteht im gemeinsamen Musikauftritt. Die Beitragspflichten bestehen in der Mitwirkung sowie der genannten Übernahme der Kosten. Eine GbR liegt somit vor.

Innen- und Außengesellschaft

Es gibt Gesellschaften bürgerlichen Rechts, die nach außen hin nicht als solche in Erscheinung treten und typischerweise kein Gesellschaftsvermögen bilden. Diese nennt man „Innengesellschaften" im Gegensatz zu den „Außengesellschaften". Nur bei Letzteren schließt die Gesellschaft selbst eigene Rechtsgeschäfte ab (siehe 9.4.1).

Eingangsfall Fahrgemeinschaft

Die Fahrgemeinschaft des Eingangsfalls (siehe 9.1) ist eine BGB-Gesellschaft, deren gemeinsamer Zweck die Durchführung der Fahrgemeinschaft ist. Die Beiträge der Gesellschafter sind die Fahrtenübernahmen und die Übernahme der Kosten wie vereinbart. Die Fahrgemeinschaft ist eine Innen-GbR, weil sie im Rechtsverkehr nicht nach außen in Erscheinung tritt.

Bewusste Entscheidung nicht nötig

Sie sehen also: Eine Personengesellschaft kann auch dann entstehen, wenn kein Beteiligter sich dieser Tatsache überhaupt bewusst ist.

Beispiele

BGB-Gesellschaften kommen häufig vor und beschränken sich keinesfalls auf wirtschaftlich irrelevante Bereiche. Beispiele sind der Zusammenschluss freier Berufe z. B. als Anwalts- oder Steuerberatungsgesellschaft, Vermögensverwaltungsgesellschaften, Arbeitsgemeinschaften in der Baubranche (ARGE), Konsortien wie z. B. Banken- und Beteiligungskonsortien oder Sicherheitenpools.

Die Offene Handelsgesellschaft (OHG)

„Knackpunkt" Handelsgewerbe

Sobald eine Personengesellschaft als gemeinsamen Zweck ein Handelsgewerbe nach § 1 Abs. 2 HGB[5] betreibt, scheidet die Rechtsform einer GbR aus. Vielmehr kommt nur eine Handelsgesellschaft, also die OHG oder die KG in Betracht. Die OHG ist eine Sonderform der

5 Zum Begriff siehe oben Kapitel 2.6.

BGB-Gesellschaft für den Betrieb eines Handelsgewerbes. Vor diesem Hintergrund ist auch die Verweisung auf das Recht der GbR in § 105 Abs. 3 HGB zu verstehen.

Entstehung der OHG frühestens mit Beginn der Geschäfte des Handelsgewerbes …

Betreibt eine Personengesellschaft ein Handelsgewerbe, so entsteht sie als Handelsgesellschaft in Form der OHG mit Geschäftsbeginn, § 123 Abs. 2 HGB, spätestens jedoch mit Eintragung im Handelsregister, § 123 Abs. 1 HGB. Die Pflicht zur Anmeldung der Gesellschaft zur Eintragung ins Handelsregister ergibt sich aus § 106 HGB.

… spätestens mit Eintragung

Aber auch wenn kein Handelsgewerbe betrieben wird, sondern nur ein Kleingewerbe oder gar eine reine Vermögensverwaltung, kann die betreffende Gesellschaft als OHG geführt werden. Unabdingbar ist dann jedoch die Eintragung der Gesellschaft im Handelsregister, §§ 105 Abs. 2, 123 Abs. 1 und 2 HGB. Die Eintragung ist hier konstitutiv, d. h. sie ist für die OHG existenzbegründend.

Maklergeschäft I

Die beiden Immobilienmakler Erich und Xenia wollen ihre jeweils erfolgreichen Maklergeschäfte zusammenlegen und künftig gemeinsam unter der Bezeichnung „EX-Immobilien“ tätig werden. Gewinne und Verluste sollen nicht nach Köpfen, sondern im Verhältnis 1/3 zu 2/3 verteilt werden. Dies entspricht dem Wertverhältnis der einzubringenden Betriebe. Nach Unterzeichnung des Vertrags fragen sich Erich und Xenia, wie ihr Verhalten eigentlich rechtlich einzuordnen ist und ob sie ihr gemeinsames Unternehmen beim Handelsregister anmelden müssen. Ehe sie jemanden fragen können, unterschreiben aber beide für die „Firma EX-Immobilien“ einen Mietvertrag für neue Büroräume. Rechtslage?

Kraft Bestehens des Handelsgewerbes ist bereits mit der Unterzeichnung des Mietvertrags, der Aufnahme des Geschäftsbetriebs, eine OHG entstanden. E und X sind verpflichtet, die Eintragung der Gesellschaft im Handelsregister zu veranlassen. Die OHG ist „Kaufmann“, § 6 Abs. 1 HGB. Als kaufmännisches Unternehmen muss die Gesellschaft eine „Firma“ im Sinne der § 17 ff. HGB führen. Allerdings reicht hierfür „EX-Immobilien“ nicht. Vielmehr ist der Zusatz „OHG“ bzw. „oHG“ Pflicht. Zu den sonstigen erforderlichen Angaben auf Geschäftsbriefen vgl. § 37a HGB.

Als Kaufmann gelten für die OHG alle Vorschriften über die Handelsgeschäfte nach §§ 343 ff. HGB, insbesondere die Rügepflicht nach § 377 HGB, sowie die Pflicht zur Buchführung nach § 238 HGB.

Die Kommanditgesellschaft (KG)

Kommanditist und Komplementär

Im Unterschied zur OHG haftet bei einer KG mindestens ein Gesellschafter für die Schulden der Gesellschaft nicht unbeschränkt persönlich mit seinem Vermögen, sondern nur mit seiner „Einlage“ (dazu mehr unter 9.6.3). Diesen beschränkt haftenden Gesellschafter nennt man Kommanditist, den persönlich haften Gesellschafter Komplementär. Im Grunde regeln die §§ 161 ff. HGB nur die Sonderstellung des

Kommanditisten. Im Übrigen bleibt es insbesondere für die Komplementäre über § 161 Abs. 2 HGB bei den Regelungen der OHG bzw. über § 105 Abs. 3 HGB wieder bei den GbR-Bestimmungen der §§ 705 ff. BGB.

Für die Entstehung einer KG gelten über § 161 Abs. 2 HGB damit ebenfalls die §§ 105, 123 HGB. Betreibt die KG also ein Handelsgewerbe, entsteht sie bereits mit Geschäftsbeginn und nicht erst mit Eintragung.

9.3.2 Entstehung von Kapitalgesellschaften

Die Entstehung einer Kapitalgesellschaft sei anhand der GmbH kurz dargestellt.

Gründung einer GmbH durch notariell beurkundeten Gesellschaftsvertrag

Jeder erlaubte Zweck

Gegründet wird die GmbH durch notariell beurkundeten Gesellschaftsvertrag, § 2 GmbHG. Den zwingenden Mindestinhalt eines solchen Vertrags finden Sie in § 3 GmbHG. In der Regel wird jedoch sehr viel mehr darin geregelt sein. Zweck der Gesellschaft, der in § 3 Abs. 1 Nr. 2 GmbHG zutreffend als „Gegenstand des Unternehmens“ bezeichnet wird, kann jeder erlaubte Zweck sein, § 1 GmbHG.

Kaufmann

Auch wenn kein Handelsgewerbe betrieben wird, etwa bei der Verwaltung eigenen Vermögens, ist die GmbH stets nach § 13 Abs. 3 GmbHG i. V. m. § 6 Abs. 1 HGB „Kaufmann“.

Stammkapital; Geschäftsanteile

Ein zwingender Bestandteil des Gesellschaftsvertrags ist die Höhe des Stammkapitals. Auch nach der Novellierung des GmbHG beträgt es nach § 5 Abs. 1 GmbHG noch immer mindestens 25.000 €.[6] Jeder Gesellschafter übernimmt einen oder mehrere Geschäftsanteile, § 5 Abs. 2 GmbHG. Die Summe der Nennbeträge aller Geschäftsanteile muss mit dem Stammkapital übereinstimmen, § 5 Abs. 3 GmbHG.

Ein-Personen-Gesellschaft

Eine Kapitalgesellschaft kann im Gegensatz zu einer Personengesellschaft auch als Ein-Personen-Gesellschaft bestehen, § 1 GmbHG, § 2 AktG.

Bestellung der Geschäftsführer

Jede GmbH benötigt mindestens einen Geschäftsführer, § 6 Abs. 1 GmbHG. Wer Geschäftsführer sein darf, bestimmt § 6 Abs. 2 GmbHG.

---

6 Zur Absenkung des Stammkapitals bei der Unternehmergesellschaft (haftungsbeschränkt) vgl. nachfolgend am Ende dieses Unterkapitels.

Die Geschäftsführung der GmbH wird meist nach der Gründung durch gesonderten Gesellschafterbeschluss oder aber bereits im Gesellschaftsvertrag selbst bestellt, §§ 6 Abs. 3, 46 Nr. 5 GmbHG. Die Bestellung der Geschäftsführer sowie spätere Änderungen müssen zur Eintragung in das Handelsregister angemeldet werden, §§ 7, 8 Abs. 1 Nr. 2, 39 GmbHG. Die Eintragung ist jedoch nicht Wirksamkeitsvoraussetzung, sondern hat lediglich deklaratorische Wirkung.

Bestellung durch Gesellschafter; Eintragung im Handelsregister nur deklaratorisch

Von der organschaftlichen Bestellung eines Geschäftsführers strikt zu unterscheiden ist der Anstellungsvertrag.

Bestellung und Anstellungsvertrag

Den Geschäftsführern obliegt es, die gegründete Gesellschaft zur Eintragung ins Handelsregister anzumelden, §§ 7, 8 GmbHG.

Die Kapitalaufbringung

Die Pflicht, die GmbH mit Kapital auszustatten, ist letztlich der „Preis“, den man als Gesellschafter für die Vermeidung der persönlichen Haftung für Gesellschaftsschulden zu zahlen hat.[7] Allerdings sind die 25.000 € an Mindeststammkapital kaum mehr als eine Seriositätsschwelle. Zumindest dieses Stammkapital, sei es nun 25.000 € oder höher angesetzt, muss aber anfangs auch im nachfolgend aufgezeigten Umfang tatsächlich erbracht werden.[8]

Stammkapital Preis für Haftungsbeschränkung

Die Einlagepflicht jedes Gesellschafters einer GmbH bei Gründung bestimmt sich nach der Höhe des Nennbetrags seines Geschäftsanteils, § 14 GmbHG. Häufig wird eine Einlage in Geld (Bareinlage) vereinbart.

Bareinlage

Aber auch sogenannte Sacheinlagen sind zulässig. Darunter versteht man die Einbringung geldwerter Gegenstände, z. B. Kraftfahrzeuge, Anteile an Gesellschaften, Forderungen etc., nicht jedoch Dienstleistungen[9]. Sacheinlagen müssen wertmäßig mindestens den Nennbetrag der übernommenen Geschäftsanteile erreichen. Um hier Missbrauch zu verhindern – die Gesellschaft stellt sich „reicher“ dar als sie tatsächlich ist –, muss die Tatsache der Sacheinlage im Gesellschaftsvertrag aufgeführt und ein Sachgründungsbericht erstellt

Sacheinlage

7 Im Folgenden sei nur in aller Kürze auf den Grundsatz der Kapitalaufbringung eingegangen. Das notwendigerweise korrespondierende Prinzip der Kapitalerhaltung kann leider aus Raumgründen nicht dargestellt werden.

8 Gegen spätere Verluste schützt dies allerdings nicht. Es besteht grds. keine Nachschusspflicht der Gesellschafter, eine solche müsste gesondert vereinbart werden, dazu §§ 26 ff. GmbHG.

9 BGH, Urteil vom 16. 2. 2009 – II ZR 120/07 (KG), NJW 2009, 2375 (Qivive); für die AG BGH, Urteil vom 1. 2. 2010 – II ZR 173/08, NJW 2010, 1747 (Eurobike). Zur Rechtslage bei Personengesellschaften vgl. 9.3.1.

werden, § 5 Abs. 4 GmbHG. Der Anmeldung zum Handelsregister muss außerdem ein Werthaltigkeitsgutachten beigefügt sein, § 8 Abs. 1 Nr. 5 GmbHG. Erreicht der Wert des eingebrachten Gegenstands doch nicht den genannten Nennbetrag, besteht eine Differenzhaftung des Gesellschafters nach § 9 Abs. 1 GmbHG. Für sogenannte „verdeckte Sacheinlagen" gilt die Anrechnungslösung des § 19 Abs. 4 GmbHG.

Pflichteinzahlung vor Anmeldung

Die Geschäftsführer müssen im Rahmen der Anmeldung zum Handelsregister nach § 8 Abs. 2 GmbHG versichern, dass die Einzahlungen der Gesellschafter nach § 7 Abs. 2 und 3 GmbHG vorgenommen wurden und diese Einlagen – mit Ausnahme des sogenannten Gründungsaufwands[10] – zur freien Verfügung der Geschäftsführung stehen. Falsche Angaben sind strafbar nach § 82 Abs. 1 Nr. 1 GmbHG.

Designeridee I

Karin und Aiko sind Designer und möchten sich gemeinsam ein außergewöhnliches Büro einrichten. Sie kommen auf die Idee, einen dem Aiko gehörenden umgebauten Bauwagen zu beziehen. Für ihr Designstudio gründen sie vor einem Notar die „Bauwagen Design GmbH". Das Stammkapital beläuft sich auf 25.000 €. Beide sind hälftig an der Gesellschaft beteiligt, jeder übernimmt daher einen Geschäftsanteil im Nennbetrag von 12.500 €. Karin übernimmt in dieser Höhe eine Bareinlagepflicht, während Aiko sich verpflichtet, als Einlage auf seinen Geschäftsanteil den vorgenannten Bauwagen, der zufällig einen Wert von 12.500 € hat, an die Gesellschaft zu übereignen. Was gilt es, zu beachten?

Aiko muss den Bauwagen bereits vor Anmeldung an die Gesellschaft übereignen und Karin muss nach § 7 Abs. 2 GmbHG mindestens 1/4 des Nennbetrags ihres Geschäftsanteils, also 3.125 € einzahlen. Hätten Karin und Aiko jeweils eine Bareinlage übernommen, hätten sie beide nach § 7 Abs. 2 GmbHG jeweils 6.250 € einzahlen müssen. Der noch fehlende Betrag wird als „nicht eingeforderte ausstehende Einlage" (§ 272 Abs. 1 HGB) gebucht.

Oft werden Sie jedoch abweichende Regelungen in Gesellschaftsverträgen finden, wonach alle Einlagen bereits in voller Höhe vor Anmeldung eingezahlt werden müssen.

Unterbilanzhaftung der Gesellschafter

Auch nach Eintragung der GmbH sind die Gesellschafter nicht vor Ansprüchen sicher, wenn sie dem Geschäftsbeginn vor Eintragung der Gesellschaft in das Handelsregister zugestimmt haben, das Vermögen der Gesellschaft zum Zeitpunkt der Eintragung jedoch nicht (mehr) den Betrag des Stammkapitals abzüglich des Gründungsaufwands erreicht.

---

10 Dies sind gründungsbedingte und von der Gesellschaft zu tragende Kosten (Notar, Beratung), die im Rahmen eines im Gesellschaftsvertrag angegebenen Höchstbetrags unschädlich sind.

Designeridee II

Karin und Aiko erhalten kurz nach Gründung der GmbH bereits ihren ersten Auftrag. Sie sind so begeistert davon, dass sie nach pflichtgemäßer Einzahlung ihrer Einlagen die Anmeldung zum Handelsregister zunächst vor sich her schieben. Über das Internet erwerben sie „für die Bauwagen Design GmbH in Gründung" eine für ihre Tätigkeit sinnvolle Software für 2.000 € gegen Vorkasse. Allerdings stellen sie gleich nach Ankunft des Produkts fest, dass sie Opfer eines Betrugs geworden sind. Die Software ist wertlos, der Verkäufer nicht mehr ausfindig zu machen. Zwei Tage nach diesem Schock – den Eintragungsantrag hatten sie inzwischen gestellt – wird die Gesellschaft im Handelsregister eingetragen. Kommen auf Karin und Aiko noch weitere unangenehme Dinge zu?

Bei der Eintragung der „Bauwagen Design GmbH" fehlen die an den Betrüger verlorenen 2.000 €. Für diesen Betrag haften die Gesellschafter jeweils nach ihrer Beteiligung an der Gesellschaft gegenüber der Gesellschaft. Hier haften Karin und Aiko also hälftig mit jeweils 1.000 €. Würde die Gesellschaft später insolvent, wären solche Ansprüche mit die ersten, die ein Insolvenzverwalter geltend machen würde.

Entstehung der GmbH erst mit Eintragung

Konstitutive Eintragung

Erst mit der Eintragung der Gesellschaft im Handelsregister entsteht die GmbH, § 11 Abs. 1 GmbHG. Die Eintragung ist also konstitutiv. Dies ist ein Wesensmerkmal aller juristischen Personen, also auch der GmbH, § 13 Abs. 1 GmbHG. Ab dem Zeitpunkt der Eintragung haftet den Gläubigern der GmbH nur das Gesellschaftsvermögen, tritt also die für die GmbH typische beschränkte Haftung der Gesellschafter nach § 13 Abs. 2 GmbHG ein.

Die Vor-GmbH

Vor der Eintragung besteht materiell gesehen eigentlich nur eine Personengesellschaft. Allerdings werden viele Regelungen, die nur die „richtige" GmbH – d. h. die Gesellschaft nach Eintragung – betreffen, auch schon auf die nur gegründete Gesellschaft angewandt. Die Gesellschaft zwischen Gründung, d. h. der notariellen Beurkundung des Gesellschaftsvertrags, und der Eintragung wird als „Vor-GmbH" oder „GmbH in Gründung" („i. Gr.") bezeichnet.

Durch Gründung der GmbH entsteht also die Vor-GmbH, die Eintragung hat das Entstehen der GmbH zur Folge. Forderungen und Verbindlichkeiten der Vor-GmbH gehen mit Eintragung auf die GmbH über (Grundsatz der Identität zwischen Vor-GmbH und GmbH).

Ein Geschäftsführer, der vor der Eintragung der Gesellschaft im Handelsregister bereits im Namen der „GmbH" auftritt, haftet für die Folgen seiner Handlungen gemäß § 11 Abs. 2 GmbHG persönlich.[11]

---

11 Ob dies auch dann gilt, wenn im Namen der Vor-GmbH gehandelt wird, ist streitig, vgl. dazu *Baumbach/Hueck*, GmbHG, 20. Aufl. 2013, § 11 Rdnr. 48. Allerdings erlischt

Sonderfall: die Unternehmergesellschaft (haftungsbeschränkt)

UG: Stammkapital unter 25.000 €

Als „Einstiegsvariante" wurde im Jahr 2008 in § 5a GmbHG die „Unternehmergesellschaft (haftungsbeschränkt)" bzw. „UG (haftungsbeschränkt)", im Folgenden auch kurz: „UG", eingeführt. In den Medien wird sie zuweilen unzutreffend auch „Mini-GmbH" genannt. Die UG stellt keine neue Rechtsform dar, sondern ist eine Sonderform der GmbH, die mit einem Stammkapital unter 25.000 € gegründet werden kann. Dieses geringere Stammkapital muss dann aber auch vor der Anmeldung zum Handelsregister voll eingezahlt werden. Obgleich theoretisch auch eine 1-€-Gesellschaft möglich ist, bewegt sich das Stammkapital in der Praxis häufig als Minimum um die 1.000 €.[12]

Verbot von Sacheinlagen und Ausschüttungssperre

Sacheinlagen sind bei der UG ausgeschlossen, § 5a Abs. 2 GmbHG. Die UG darf ihre Gewinne nicht voll ausschütten, § 5a Abs. 3 GmbHG. Erreicht das Stammkapital später den Betrag von mindestens 25.000 €, etwa über § 5a Abs. 3 Nr. 1 i. V. m. § 57c GmbHG („Ansparung"), gelten die Sonderregeln des § 5a Abs. 1 bis 4 GmbHG nicht mehr. Eine Änderung der Firma in „GmbH" ist möglich, aber nicht zwingend.

Das vereinfachte Gründungsverfahren

Nach § 2 Abs. 1 a GmbHG kann eine Gesellschaft – also sowohl eine „normale" GmbH als auch eine UG (haftungsbeschränkt) – im vereinfachten Verfahren gegründet werden. In Zusammenschau mit den in der Anlage des Gesetzes befindlichen Musterprotokollen ist hierfür Voraussetzung, dass sich höchstens drei Gesellschafter an der Gesellschaft beteiligen und die Gesellschaft nur einen Geschäftsführer hat, nur Geldeinlagen geleistet werden sollen und sich der Gesellschaftsvertrag nach den Vorschriften des GmbHG richtet. Aufgrund der fehlenden Flexibilität ist diese standardisierte Gründung allerdings ausschließlich für eine Ein-Personen-Gesellschaft geeignet, wobei eine Kostenersparnis gegenüber der gewöhnlichen Gründung wiederum nur für eine UG mit niedrigem Stammkapital zu erreichen ist.

---

die Haftung nach § 11 Abs. 2 GmbHG jedenfalls durch Entstehung der GmbH (kraft Eintragung).

12 Dazu DIHK Gründerreport 2010, Stand Juni 2010, S. 11 f., abrufbar unter http://www.dihk.de (1. 9. 2010). Der ohnehin insolvenzgefährdeten UG (haftungsbeschränkt) würde bei noch weniger Kapital auch die sofortige Insolvenz drohen.

9.4 Geschäftsführung und Vertretung

Geschäftsführungsbefugnis vs. Vertretungsmacht

„Der Geschäftsführer vertritt die Gesellschaft". Dieser durchaus zutreffende Satz steht häufig dem Verständnis dafür im Wege, dass „Geschäftsführungsbefugnis" einerseits und „Vertretungsmacht" andererseits strikt unterschieden werden müssen. Geschäftsführer können durchaus rechtlich verbindlich für die Gesellschaft Rechtsgeschäfte abschließen (Frage des Umfangs der Vertretungsmacht), ohne dies im Innenverhältnis zu dürfen (Frage der Reichweite der Geschäftsführungsbefugnis).

Einzel- und Gesamtgeschäftsführung bzw. -vertretung

Davon zu trennen ist die Frage, ob ein Geschäftsführer einzeln oder nur mit einem oder mehreren anderen Geschäftsführern wirksam für die Gesellschaft handeln kann (Einzelvertretungsmacht oder aber Gesamtvertretungsmacht)[13] bzw. geschäftsführungsbefugt ist (Einzelgeschäftsführung(sbefugnis) oder aber Gesamtgeschäftsführung).

Gesellschaftsvertragsänderungen und sonstige Grundlagengeschäfte sind keine Maßnahmen der Geschäftsführung bzw. Vertretung.

Selbst- und Fremdorganschaft

Bei Personengesellschaften gilt der Grundsatz der Selbstorganschaft. Es muss sicher gestellt sein, dass die Gesellschaft durch einen oder mehrere Gesellschafter vertreten werden kann. Eine Selbstentmündigung aller Gesellschafter ist nicht zulässig. Bei Kapitalgesellschaften ist demgegenüber Fremdorganschaft, also die Leitung der Gesellschaft ausschließlich durch eine Person, die nicht Gesellschafter ist, möglich.

9.4.1 Geschäftsführung und Vertretung bei GbR, OHG und KG

Zwist in der Vermögensverwaltung
Die Geschwister S und T haben Vermögensgegenstände wie Mietshäuser, Bundesschatzbriefe und Goldmünzen in einer gemeinsamen Vermögensverwaltungsgesellschaft „S + T Vermögensverwaltung" zusammengefasst. Die Gesellschaft ist nicht im Handelsregister eingetragen. S möchte nun mit einem neuen Mieter einen Mietvertrag abschließen. Benötigt er dazu die T? Wer ist Vertragspartner des Mieters?

---

13 Das Bestehen einer Gesamtvertretungsmacht betrifft nicht den gegenständlichen, sondern den persönlichen Umfang der Vertretungsmacht. § 126 Abs. 2 HGB (dazu Kapitel 9.4.1) findet daher keine Anwendung.

GbR

GbR: Grundsätzlich gemeinschaftliche Geschäftsführung und Vertretung

Bei der „S + T Vermögensverwaltung" handelt es sich um eine GbR. Wenn es um die Vertretungsberechtigung des S geht, ist § 714 BGB die einschlägige Vorschrift. Fehlen im Gesellschaftsvertrag Angaben zur Vertretungsmacht, richtet sich diese nach der Geschäftsführungsbefugnis gemäß § 709 BGB. Sollten S und T also nichts anderes verabredet haben, gilt gemeinschaftliche Geschäftsführung, die auf die Vertretungsberechtigung durchschlägt. S wäre also auf die Mitwirkung der T angewiesen, wobei auch eine interne Ermächtigung in Betracht kommt.[14]

Rechtsfähigkeit der GbR

Doch wer wird überhaupt vertreten? Sieht man sich § 714 BGB genauer an, so heißt es dort, die Gesellschaft*er* würden vertreten. Dies ist jedoch in Fällen wie dem vorliegenden, in denen die GbR als solche auch nach außen hin auftritt, also eine sogenannte Außengesellschaft vorliegt, nicht mehr zutreffend. Der BGH hat seit 2001 die GbR der OHG beginnend mit der Rechtsfähigkeit (§ 124 HGB) mehr und mehr gleich gestellt: Rechtsfähiges Zuordnungssubjekt des Gesellschaftsvermögens und der Gesellschaftsverbindlichkeiten ist alleine die Gesellschaft selbst.[15] Vertragspartner des Mieters würde also bei ordentlicher Vertretung die GbR als solche werden.

OHG

OHG: Grundsätzlich Einzelgeschäftsführung und -vertretung

Wie wäre aber der Fall zu entscheiden, wenn die Gesellschaft im Handelsregister eingetragen wäre? Nach §§ 105 Abs. 2, 123 Abs. 1 HGB würde keine GbR, sondern eine OHG vorliegen. Nach §§ 115 Abs. 1 und 125 Abs. 1 HGB ist Einzelgeschäftsführung und -vertretung der gesetzliche Regelfall. S und T wären also jeweils einzeln vertretungsberechtigt, sofern nicht einer von beiden entweder von der Vertretung ausgeschlossen oder aber Gesamtvertretungsmacht vereinbart wurde. Vertragspartner würde hier die nach § 124 HGB ohne Weiteres rechtsfähige OHG.

Bedeutung des § 126 Abs. 2 HGB: Schutz des Handelsverkehrs

Nehmen Sie nun an, S würde den ganzen Bestand an Goldmünzen veräußern und stattdessen mit der Gesellschaft ins Platingeschäft einsteigen wollen. Er dürfte nach dem (im Gesellschaftsvertrag allerdings abdingbaren) § 116 Abs. 2 HGB zwar ein solches Geschäft nicht ohne Zustimmung der T vornehmen. Würde er es jedoch trotzdem ohne

---

14 Allg. Grundsatz in Anlehnung u. a. an §§ 125 Abs. 2, 150 HGB; 78 Abs. 4 AktG.

15 Vgl. Leitentscheidung zur Rechtsfähigkeit BGH, Urteil vom 29.1.2001 – II ZR 331/20, BGHZ 146, 341.

Absprache tun und die T das Geschäft auch nicht nachträglich genehmigen, wäre das Geschäft nach §§ 125 und 126 Abs. 1 und Abs. 2 HGB dennoch verbindlich.

KG

Bei der KG sind nur die Komplementäre gesetzliche Vertreter, §§ 161 Abs. 2, 125 HGB. Die Kommanditisten haben nach § 170 HGB keine organschaftliche Vertretungsmacht, können also nur aufgrund rechtsgeschäftlicher Vertretungsmacht (Vollmacht) für die KG tätig werden.

KG: Komplementär als gesetzlicher Vertreter

9.4.2 Geschäftsführung und Vertretung der GmbH

Wie bereits ausgeführt, wird der Geschäftsführer durch Gesellschafterbeschluss oder in der Satzung bestimmt. Im Gegensatz zu den Personengesellschaften können bei der GmbH auch ausschließlich Nicht-Gesellschafter organschaftliche Vertreter der Gesellschaft sein (Fremdorganschaft). Ihnen obliegt die Führung der Geschäfte der Gesellschaft und ihre Vertretung nach außen, § 35 GmbHG. Sind mehrere Geschäftsführer bestellt, besteht Gesamtgeschäftsführung bzw. -vertretung aller Geschäftsführer, wenn nicht die Satzung oder ein Gesellschafterbeschluss aufgrund Satzungsermächtigung etwas anderes vorsehen, § 35 Abs. 2 GmbHG.

Regelfall: Gesamtgeschäftsführung/-vertretung

Zwar sind die Geschäftsführer im Innenverhältnis, also gegenüber den Gesellschaftern der GmbH, weisungsunterworfen, § 37 Abs. 1 GmbHG. Ihre Vertretungsmacht nach außen ist jedoch nach § 37 Abs. 2 GmbHG unbeschränkt und unbeschränkbar.

§ 37 Abs. 1 GmbHG vs. § 37 Abs. 2 GmbHG

Gebrauchter Kran I

G und K sind jeweils einzelvertretungsberechtigte Geschäftsführer der „X-Bau-GmbH“. Im Gesellschaftsvertrag findet sich folgende Bestimmung: „Alle Geschäfte über 20.000 € bedürfen eines zustimmenden Gesellschafterbeschlusses.“ Eines Tages bietet der Unternehmer U der G einen gebrauchten Kran zu einem Kaufpreis von 50.000 € an. Ohne jemanden zu fragen, willigt G für die Gesellschaft in den Kauf ein. Ist ein wirksamer Kaufvertrag zustande gekommen?

Liegen die übrigen Voraussetzungen des § 164 BGB vor, ist ein wirksamer Kaufvertrag zwischen dem U und der X-Bau GmbH zustande gekommen, weil G nach außen unbeschränkt vertretungsberechtigt ist.

Allerdings verstößt die Geschäftsführerin durch die Nichteinholung des zustimmenden Gesellschafterbeschlusses gegen § 37 Abs. 1 GmbHG i. V. m. dem Gesellschaftsvertrag. Wird diese Pflichtverletzung schuld-

Haftung des Geschäftsführers nach § 43 Abs. 2 GmbHG

haft begangen, so haftet sie nach § 43 Abs. 2 GmbHG der Gesellschaft gegenüber für den dadurch entstandenen Schaden.

Gebrauchter Kran II
Würden also die Gesellschafter auch nachträglich nicht mit dem Kauf einverstanden sein und würde die GmbH deshalb den Kran bspw. wieder mit einem Verlust von 20.000 € veräußern, hätte die Gesellschaft gegen G persönlich einen Ersatzanspruch in Höhe von 20.000 €.

Praxis

Ob die Gesellschafter solche Beschränkungen der Geschäftsführer im Gesellschaftsvertrag, in einer Geschäftsordnung für die Geschäftsführer oder durch Einzelbeschluss festlegen, spielt keine Rolle. Als Geschäftsführer sind Sie also im eigenen Interesse gut beraten, sich an solche Vorgaben zu halten. Im Extremfall rechtswidriger Weisungen kann sich allerdings empfehlen, das Amt des Geschäftsführers niederzulegen.

9.5 Willensbildung der Gesellschafter

Gesellschafter bilden ihren Willen durch Beschlüsse. Allen Gesellschaftsformen ist hierbei gemein, dass alleine die Gesellschafter für Änderungen des Gesellschaftsvertrags zuständig sind. Solche Grundlagengeschäfte gehören wie bereits erwähnt nicht zur Geschäftsführung. Umgekehrt können jedoch die Gesellschafter im Gesellschaftsvertrag Angelegenheiten der Geschäftsführung an sich ziehen,[16] bei OHG und KG ist dies für ungewöhnliche Geschäftsführungsmaßnahmen bereits in den (abdingbaren) §§ 116 Abs. 2, 161 Abs. 2 HGB geregelt.

9.5.1 GbR, OHG und KG

Grundsatz: Einstimmigkeit

Für Beschlüsse sieht das Gesetz Einstimmigkeit vor, § 709 BGB, § 119 Abs. 1 HGB. In der Praxis wird dieses Einstimmigkeitserfordernis jedoch häufig abbedungen, was, wie sich aus § 119 Abs. 2 HGB ergibt, grundsätzlich zulässig ist. Zum Schutz der Gesellschafter sind aber spezielle Grenzen zu beachten.[17]

---

16 Gilt wegen § 119 AktG nicht für die AG.

17 Zur Bedeutung des sogenannten Kernbereichs der Gesellschafterstellung und des (alten) Bestimmtheitsgrundsatzes *Baumbach/Hopt*, HGB, 36. Auflage 2014, § 119 Rdnr. 35 ff.

Beschlüsse in Personengesellschaften unterliegen grundsätzlich keiner bestimmten Form (Flexibilität der Personengesellschaft). Die Gesellschafter können nicht nur schriftlich, sondern auch mündlich (z. B. Telefonkonferenz) oder sogar durch schlüssiges Handeln Beschlüsse fassen. Häufig finden sich jedoch in den Gesellschaftsverträgen bestimmte, in manchen Details auch an die GmbH angelehnte Vorgaben.

Formfreiheit

9.5.2 GmbH

Für Gesellschafterbeschlüsse in der GmbH geht das Gesetz in § 48 Abs. 1 GmbHG zunächst davon aus, dass die Gesellschafter in sogenannten Gesellschafterversammlungen zusammen kommen, um ihre Beschlüsse zu fassen. Bestimmungen zu Einberufung, Einladungsfrist und Ankündigung der Tagesordnungspunkte finden Sie in den §§ 49 ff. GmbHG. Spontanversammlungen sind als sogenannte Vollversammlungen, § 51 Abs. 3 GmbHG, Beschlüsse außerhalb einer Gesellschafterversammlung nur nach § 48 Abs. 2 GmbHG möglich. Erweiterungen des § 48 Abs. 2 GmbHG durch Telefonkonferenzen o. Ä. müssen deutlich in der Satzung verankert sein.

Verfahrensvorschriften

§ 47 GmbHG sieht vor, dass im Regelfall die einfache Mehrheit der abgegebenen Stimmen entscheidet, wenn durch Gesetz oder Gesellschaftsvertrag nichts Abweichendes geregelt ist. Der wichtigste Fall einer solchen Abweichung ist die Änderung des Gesellschaftsvertrags. Das Gesetz verlangt hierfür in § 53 Abs. 2 GmbHG eine qualifizierte Mehrheit von mindestens ¾ der abgegebenen Stimmen. Bei den Personengesellschaften müssten Sie eine solche Abschwächung des Einstimmigkeitserfordernisses wie soeben unter 9.5.1 erwähnt erst im Gesellschaftsvertrag wirksam vereinbaren. Strenger als bei den Personengesellschaften ist im GmbH-Recht jedoch die Form: Satzungsänderungen sind nach § 53 Abs. 2 GmbHG nur in notariell beurkundeter Form wirksam.

Mehrheitsbeschlüsse; Formbedürftigkeit von Satzungsänderungen

9.6 Die Haftung der Gesellschafter für Gesellschaftsschulden

Wie bereits unter 9.2 angesprochen, ist ein wesentliches Kriterium für die Wahl der Rechtsform die Frage der Haftung der Gesellschafter für die Schulden der Gesellschaft.

9.6.1 Die Haftung in Kapitalgesellschaften

Vermögenstrennung zwischen Kapitalgesellschaft und ihren Gesellschaftern

Bei der Kapitalgesellschaft als juristischer Person haftet den Gläubigern der Gesellschaft nur das Vermögen der Gesellschaft. Reicht dieses nicht aus, kommt es zur Insolvenz der Gesellschaft mit der Folge, dass die Gesellschafter ihre Einlagen verlieren. Bis auf einige wenige Ausnahmen, die gewöhnlich unter Stichworten wie „Durchgriffshaftung", „Haftung wegen existenzvernichtenden Eingriffs"o. Ä. erörtert werden, bleibt also das Vermögen der Gesellschafter unangetastet.[18]

9.6.2 Die Haftung in GbR, OHG und KG

Personengesellschaften: Akzessorische Haftung der Gesellschafter …

Anders bei der Personengesellschaft: Die Gesellschafter einer GbR, einer OHG sowie die Komplementäre der KG haften den Gesellschaftsgläubigern unmittelbar und persönlich für die Verbindlichkeiten der Gesellschaft nach §§ 128 (bei GbR analog), 161 Abs. 2 HGB. Diese Haftung nennt man eine „akzessorische" – also abhängige – Haftung. Die Verpflichtung der Gesellschafter leitet sich aus derjenigen der Gesellschaft ab.

… auch für Altverbindlichkeiten

Die Haftung besteht nach § 130 HGB (bei GbR analog) dabei auch für solche Verbindlichkeiten, die bereits vor dem Beitritt des Gesellschafters begründet waren.

Vorsicht Haftung I

X ist durch wirksame Vereinbarung einer OHG beigetreten, die mit gebrauchten Mobiltelefonen handelt. Zwar waren ihm dabei die hohen Bankschulden der Gesellschaft bewusst, er meinte jedoch, sich hinreichend abgesichert zu haben, indem er mit den beiden Altgesellschaftern eine Abrede getroffen hat, derzufolge für solche Altschulden nur diese beiden und nicht er selbst haften sollen. Nach einigen Zahlungsstockungen kündigt die Bank wirksam das Darlehen der Gesellschaft und verlangt von X persönlich die Rückzahlung von 50.000 €. Muss X zahlen?

Ja. Die Abrede mit den Altgesellschaftern hat, wie auch § 130 Abs. 2 HGB klar stellt, nur zur Folge, dass sich X an diesen beiden im Innenverhältnis schadlos halten kann. Dies ist allerdings ein wirtschaftlich wertloser Anspruch, sollten jene nicht zahlungsfähig sein. Auch ein rascher Austritt aus der Gesellschaft würde X nicht weiter helfen, weil für fünf Jahre eine Nachhaftung nach § 160 HGB (im Falle einer Außen-GbR i. V. m. § 736 Abs. 2 BGB) besteht.

---

18 Zur Bürgschaft siehe Kapitel 16.3; zu Gesellschafterdarlehen § 135 InsO.

9.6.3 Die beschränkte Haftung des Kommanditisten

Der Kommanditist haftet beschränkt, nämlich nur mit seiner Hafteinlage, § 172 Abs. 1 HGB. Seine Stellung als Kommanditist und die Höhe der Hafteinlage sind nach § 162 HGB zur Eintragung ins Handelsregister anzumelden. Vor der Eintragung tritt diese Haftungsbeschränkung nicht ein, § 176 HGB.

Haftungsbeschränkung

Vorsicht Haftung II
In dieser Abwandlung ist X schlauer: Er möchte zwar Gesellschafter werden. Allerdings ist er nur bereit, maximal 20.000 € aufs Spiel zu setzen. Eine darüber hinaus gehende persönliche Haftung für Gesellschaftsschulden möchte er unbedingt verhindern. Die Altgesellschafter sind damit einverstanden, bestehen jedoch darauf, dass die Identität des Unternehmens als Personengesellschaft gewahrt werden soll. Was kann man tun?

X möchte in diesem Fall einerseits Vollgesellschafter einer Personengesellschaft werden, andererseits aber – faktisch wie ein Gesellschafter einer GmbH – nur mit seiner Einlage das unternehmerische Risiko tragen. Die Lösung ist die identitätswahrende Umwandlung der Gesellschaft in eine KG durch Beitritt des X als Kommanditist. Als (Pflicht-)Einlage im Sinne des Gesellschafterbeitrags, §§ 161 Abs. 2, 105 Abs. 3 HGB i. V. m. §§ 705, 706 BGB, verspricht er die Leistung von 20.000 € in das Gesellschaftsvermögen. Dieser Betrag wird auch als Hafteinlage bzw. Haftsumme nach § 172 HGB ins Handelsregister eingetragen.

Die beschränkte Haftung des Kommanditisten liegt in Folgendem: Hat X die Haftsumme in Höhe von 20.000 € an die Gesellschaft bezahlt, so ist er vor Forderungen der Gesellschaftsgläubiger – abgesehen von § 176 HGB – nach §§ 172, 173 i. V. m. 171 Abs. 1 Hs. 2 HGB geschützt. Auch vor der Leistung der Haftsumme bestünde seine persönliche Haftung nur in Höhe von höchstens 20.000 €. Allerdings hat auch die beschränkte Haftung des Kommanditisten ihren Preis und der heißt Sicherstellung der Kapitalaufbringung: Verspricht nämlich der Kommanditist keine Bar-, sondern eine Sacheinlage und wird die Haftsumme mit bspw. 20.000 € angegeben, so muss nachgewiesen werden können, dass die geleistete Sacheinlage den Wert von 20.000 € tatsächlich erreichte.

9.6.4 Die GmbH & Co. KG

Von der „normalen“ KG unterscheidet sich die GmbH & Co. KG nur dadurch, dass Komplementärin nicht eine natürliche Person, sondern eine GmbH ist. Dies hat vor allem zwei Effekte. Da die GmbH zwar voll haftet, jedoch eben nur mit ihrem Gesellschaftsvermögen und nicht mit dem ihrer Gesellschafter, kann auch im Rechtskleid einer Personengesellschaft die Haftung natürlicher Personen vermieden werden. Außerdem kann die GmbH, ihrerseits handelnd als gesetzliche Vertreterin der KG nach §§ 161 Abs. 2, 125 HGB, von einem gesellschaftsfremden

Haftungsbeschränkung und Fremdorganschaft

Geschäftsführer vertreten werden. So wird mittelbar auch in einer KG Fremdorganschaft möglich.

Praxisrelevanz

Obwohl Gründung und vor allem Handhabung einer GmbH & Co. KG gegenüber einer reinen GmbH aufgrund des Zusammentreffens von Personengesellschafts- und Kapitalgesellschaftsrecht um einiges komplizierter und daher auch fehleranfälliger sind, findet sie in der Praxis häufig Verwendung. Auch eine faktische Ein-Personen-Gesellschaft – Person X als Kommanditist und gleichzeitig Alleingesellschafter der Komplementär-GmbH, deren einziger Geschäftsführer wiederum X ist – ist möglich.

UG (haftungsbeschränkt) & Co. KG

In diesem Zusammenhang zu erwähnen ist auch die mittlerweile beliebte „UG (haftungsbeschränkt) & Co. KG".

9.7 Ausscheiden und Beendigung

9.7.1 Das freiwillige Ausscheiden eines Gesellschafters aus der Gesellschaft

Die Kündigung der Gesellschaft

Kündigung/Austritt aus wichtigem Grund

Zumindest wenn ein wichtiger Grund es einem Gesellschafter unzumutbar macht, weiterhin in der Gesellschaft zu verbleiben, muss es für ihn in jeder Gesellschaftsform möglich sein, seine Gesellschafterstellung zu beenden. Für die GbR ermöglicht § 723 Abs. 1, S. 2 und 3 BGB für solche Fälle eine Kündigung. Nicht ganz so einfach ist es bei OHG und KG. Hier gewähren §§ 133, 161 Abs. 2 HGB in der Regel nur ein Auflösungsrecht durch Klageerhebung, welches jedoch im Gesellschaftsvertrag sinnvollerweise durch ein entsprechendes Kündigungsrecht mit der Folge lediglich des Ausscheidens des betreffenden Gesellschafters ergänzt werden sollte. Bei der GmbH schließlich erkennt die herrschende Meinung auch ohne gesetzliche Regelung ein Austrittsrecht aus wichtigem Grund an, wobei die Voraussetzungen im Detail streitig sind.[19]

Ordentliche Kündigung bei Personengesellschaften

Für Personengesellschaften auf unbestimmte Zeit bestehen daneben auch gesetzliche Kündigungsrechte nach §§ 723 Abs. 1, 724 BGB (GbR) und §§ 132, 161 Abs. 2 HGB (OHG und KG), die zwar im Gesellschaftsvertrag nicht gänzlich ausgehebelt, aber durch die Bestimmung von z. B. Kündigungsfristen modifiziert werden können. Im Gegensatz zu OHG und KG, die auch nach einer Kündigung gemäß § 131 Abs. 3 Nr. 3

---

19 Dazu *Baumbach/Hueck*, GmbHG, 20. Auflage 2013, Anhang nach § 34 Rdnr. 18 ff.

HGB als solche fortbestehen, sofern noch mindestens zwei Gesellschafter vorhanden sind, sieht § 736 Abs. 1 BGB für die GbR als gesetzlichen Regelfall die Auflösung vor. Möchte man dies nicht, müssen die Gesellschafter eine sogenannte „Fortsetzungsklausel" für diesen Fall vereinbaren. Eine Fortsetzungsklausel kann etwa folgenden Wortlaut haben: „Im Falle der Kündigung eines Gesellschafters wird die Gesellschaft mit den verbleibenden Gesellschaftern fortgesetzt."

Die Abtretung des Gesellschaftsanteils

Abtretung nach §§ 413, 398 BGB

Jedoch kann ein Gesellschafter nicht nur durch einseitige Kündigung aus der Gesellschaft ausscheiden. Eine andere Möglichkeit ist die Abtretung des Gesellschaftsanteils – verstanden als Inbegriff seiner Mitgliedschaft in der Gesellschaft – nach §§ 413, 398 BGB[20] an eine andere Person, sei diese nun ein Mitgesellschafter oder aber ein fremder Dritter.

GmbH: Grundsätzlich freie Übertragbarkeit

Bei der GmbH ist eine solche freie, jedoch formbedürftige Abtretbarkeit des Geschäftsanteils gesetzlich in § 15 Abs. 1 und 3 GmbHG geregelt und ersetzt damit faktisch in vielen Fällen die Möglichkeit der ordentlichen Kündigung. In der Satzung kann diese Abtretbarkeit jedoch beschränkt, die Geschäftsanteile können also „vinkuliert" werden, § 15 Abs. 5 GmbHG. Vinkulierungen finden sich häufig in Familiengesellschaften.

Personengesellschaften: Grundsätzlich Zustimmung aller Gesellschafter nötig

Anders bei Personengesellschaften: Sofern nicht abweichend im Gesellschaftsvertrag bestimmt, kann eine Abtretung nur mit Zustimmung aller Mitgesellschafter wirksam erfolgen. Andererseits bedarf die Abtretung hier nicht der notariellen Form, was die Personengesellschaften und insbesondere die KG für Gesellschaften mit breit gestreutem Anteilsbesitz, sogenannte Publikumsgesellschaften, zivilrechtlich interessant macht.

9.7.2 Das Ende der Gesellschaft

Die Auflösung

Das Ende einer Gesellschaft vollzieht sich in zwei Schritten. Zunächst erfolgt die Auflösung der Gesellschaft, etwa wenn die im Gesellschaftsvertrag vereinbarte feste Zeit für das Bestehen der Gesellschaft abgelaufen ist, die Gesellschafter einen Auflösungsbeschluss fassen oder die

20 Streng zu unterscheiden vom zugrunde liegenden Verpflichtungsgeschäft (Rechtsgrund) wie z. B. einem Kauf nach §§ 433, 453 BGB.

Gesellschaft insolvent wird, §§ 60 GmbHG, 131, 161 Abs. 2 HGB, 726 ff. BGB. Mit der Auflösung hört die Gesellschaft auf, „werbend" tätig zu sein, sie wird zu einer Gesellschaft „in Abwicklung" bzw. „in Liquidation". Während dieser Liquidation werden bestehende Verbindlichkeiten erfüllt, schwebende Geschäfte beendet, Forderungen eingezogen, Vermögen der Gesellschaft i. d. R. „versilbert" und das Restvermögen an die Gesellschafter verteilt.

Die Vollbeendigung

Erst nach Abschluss der Liquidation kann auf entsprechenden Antrag hin die Löschung der Gesellschaft im Handelsregister erfolgen, § 74 GmbHG, §§ 157, 161 Abs. 2 HGB. Für die GbR gilt dies mangels Register nicht. Erst nach erfolgter Löschung (bei der GbR nach Abschluss der Liquidation) spricht man von der Vollbeendigung der Gesellschaft. Dies schließt allerdings nicht aus, dass eine sogenannte Nachtragsliquidation erfolgt, falls später bspw. unerwarteterweise doch noch Vermögen der Gesellschaft auftaucht.

9.8 Abgrenzung zu anderen Gesellschaftsformen

Aktiengesellschaft

Die Aktiengesellschaft, die AG, ist gleichsam die ältere Schwester der GmbH, typischerweise genutzt als börsenfähige und damit kapitalkräftige Großgesellschaft und einem strengeren Regelungskorsett unterworfen als die GmbH. Das Mindestgrundkapital beträgt 50.000 €, § 7 AktG. Im Unterschied zur GmbH gibt es neben dem Vorstand (Geschäftsführung) und der Hauptversammlung (Gesellschafter/Aktionäre) noch ein drittes obligatorisches Organ, den Aufsichtsrat. Er ist für die Überwachung sowie die Bestellung bzw. Abberufung des Vorstands zuständig, §§ 111, 84 Abs. 1 und 3 AktG. Die Position des Vorstands in der AG ist stärker als die der Geschäftsführung in der GmbH. Seine Mitglieder handeln in „eigener Verantwortung" nach § 76 AktG, sind alleine dem Wohl der Gesellschaft verpflichtet und nicht den Weisungen der Aktionäre oder des Aufsichtsrats unterworfen. Gegen ihren Willen können sie nur aus wichtigem Grund abberufen werden, § 84 Abs. 3 AktG.

SE und SPE

In diesem Zusammenhang zu erwähnen ist auch die *Societas Europaea* (SE), Europäische Gesellschaft oder auch „Europa-AG" genannt. Ermöglicht durch Europäische Verordnung und Europäische Richtlinie,[21] für Deutschland ausgeführt und umgesetzt durch das Gesetz zur Einführung der Europäischen Gesellschaft (SEEG),[22] auszustatten mit einem Mindestgrundkapital von 120.000 €, ist sie für grenzüberschreitende EU-Unternehmen interessant. Hingegen ist die Einführung einer „Europa-GmbH" unter dem Namen *Societas Privata Europaea* (SPE) inzwischen gescheitert, das Schicksal der stattdessen vorgesehenen Europäischen Einpersonengesellschaft (SUP/*Societas Unius Personae*) ungewiss.

Stille Gesellschaft

Die stille Gesellschaft, §§ 230 ff. HGB, ist keine Handelsgesellschaft, sondern im Grunde nur eine Innen-GbR ohne eigenes Vermögen. Ein stiller, nicht notwendig „geheimer" Gesellschafter beteiligt sich mit einer Vermögenseinlage gegen Gewinnbeteiligung an einem kaufmännischen Unternehmen. Die Beteiligung des Stillen am Verlust kann nach § 231 Abs. 2 HGB ausgeschlossen werden. Der zweite Gesellschafter der stillen Gesellschaft ist der Unternehmensträger, der Inhaber, selbst. Letzterer leistet seinen Beitrag durch die Führung der Geschäfte des Unternehmens, gemeinsamer Zweck ist die Förderung des Unternehmens.[23]

Partnerschaftsgesellschaft

Die Partnerschaftsgesellschaft als Personengesellschaft für Angehörige Freier Berufe unterscheidet sich von der GbR nicht nur durch die Eintragung in ein (Partnerschafts-)Register und durch die zwingende Schriftform, sondern vor allem dadurch, dass grob gesagt jeder Partner nur für seine eigenen Beratungsfehler, nicht jedoch für die seiner Partner haftet, § 8 PartGG. Daneben gibt es seit 2013 auch eine „Partnerschaftsgesellschaft mit beschränkter Berufshaftung" (PartGmbB). Deren Partner haften persönlich überhaupt nicht mehr wegen fehlerhafter Berufsausübung, § 8 Abs. 4 PartGG.

---

21 Verordnung 2001/2157/EG des Rates über das Statut der Europäischen Gesellschaft (SE) – SE-VO vom 8. 10. 2001, geändert durch Verordnung 2004/885/EG vom 26. 4. 2004 (in Kraft seit 8. 10. 2004); SE-Richtlinie 2001/86/EG zur Ergänzung des Statuts der Europäischen Gesellschaft hinsichtlich der Beteiligung der Arbeitnehmer vom 8. 10. 2001.

22 BGBl. 2004 I S. 3675 (in Kraft seit 29. 12. 2004).

23 Bei einer *Unterbeteiligung* hingegen beteiligt sich jemand nicht etwa an einem Unternehmen selbst, sondern lediglich an einem Gesellschafts*anteil*. Auch die Unterbeteiligung ist eine Innen-GbR.

9.9 Übungsfall und Zusammenfassung

Im zweiten Fall oben unter „Stellen Sie sich vor ... " geht es darum, dass zwei Personen die Gründung einer Gesellschaft zum Vertrieb von Antivirus/-spamsoftware erwägen und fragen, welche Gesellschaftsform dafür in Betracht kommt.

Da es vorliegend um den Betrieb eines Handelsgewerbes geht, scheidet eine GbR als passende Rechtsform aus. Aufgrund großen Kapitalbedarfs und hoher Komplexität kommen in diesem Stadium auch eine AG oder eine KGaA regelmäßig nicht in Betracht. Naheliegend ist entweder ein Zusammenschluss zu einer OHG bzw. KG oder aber die Gründung einer GmbH oder UG (haftungsbeschränkt).

Beabsichtigt ein Gesellschafter, Beiträge zum Beispiel in Form von Dienstleistungen zu erbringen, müsste er für die Gründung einer Kapitalgesellschaft darüber hinaus noch weitere Einlagen leisten, da Dienstleistungen keine sacheinlagefähigen Gegenstände sind. Außerdem ist die Gründung einer GmbH bzw. UG (haftungsbeschränkt) durch die zwingende Hinzuziehung eines Notars grundsätzlich aufwendiger und teurer als die Gründung einer Personengesellschaft. Allerdings gilt Letzteres nicht in jedem Fall: Um die persönliche Haftung als OHG-Gesellschafter bzw. als Komplementär zu vermeiden, empfiehlt es sich wie gesehen aus zivilrechtlicher Sicht, eine GmbH oder UG (haftungsbeschränkt) zur persönlich haftenden Gesellschafterin einer Personengesellschaft zu machen. Dies führt wiederum nicht nur zu Kostennachteilen bei der Gründung, sondern aufgrund des Zusammentreffens zweier Regelungsregime auch zu einer etwas komplizierteren Handhabung im Alltag.

Wollen Sie und/oder Ihr Partner die Geschäftsführung und Vertretung übernehmen, können Sie frei zwischen einer Personen- und einer Kapitalgesellschaft wählen. Nur wenn Sie diese Funktion ausschließlich einem Dritten überlassen wollen, sind Sie auf die GmbH bzw. UG (haftungsbeschränkt) oder aber auf eine Personengesellschaft mit einer Kapitalgesellschaft als persönlich haftender Gesellschafterin beschränkt.

Da zunächst nur zwei Gesellschafter vorhanden sind, ist im Moment nicht so sehr entscheidend, ob das Mehrheitsprinzip bei der Beschlussfassung von Gesetzes wegen gilt wie in der GmbH bzw. UG (haftungsbeschränkt) oder ob Mehrheitsentscheidungen erst wie bei Personengesellschaften im Gesellschaftsvertrag verankert werden müssen. Allerdings ist zu berücksichtigen, dass das Einstimmigkeitserfordernis bei Personengesellschaften auch die Übertragung von Gesellschaftsanteilen umfasst, während in der Satzung einer GmbH bzw. UG (haftungsbeschränkt) eine solche im Beispielsfall wahrscheinlich gewollte Vinkulierung der Anteile einer ausdrücklichen Regelung bedarf.

Scheidet einer der beiden Gesellschafter später aus, ist die Fortsetzung des Unternehmens als Gesellschaft, wenn man vom Sonderfall bspw. einer GmbH & Co. KG absieht, nur im Rechtskleid einer Kapitalgesellschaft möglich.

Zusammengefasst wird die Wahl auf eine Personengesellschaft vermutlich nur dann fallen, wenn diese unter Ausschluss der Haftung der dahinter stehenden natürlichen Personen errichtet werden kann. Dies erklärt die Beliebtheit der GmbH & Co. KG bzw. auch der UG (haftungsbeschränkt) & Co. KG. Demgegenüber liegt der Reiz der GmbH in der durchgehenden Anwendbarkeit des Kapitalgesellschaftsrechts – und sie gilt als nicht ganz so insolvenzanfällig wie die UG (haftungsbeschränkt).

Insgesamt zeigen die Erwägungen, dass die Entscheidung letztlich von vielfältigen Umständen des Einzelfalls abhängt und zuletzt auf einer Nutzen-Risiko- Abwägung beruht. Sie wird zudem maßgeblich von steuerlichen Überlegungen mitgeprägt, auf die hier nicht weiter eingegangen werden kann.

10 Darlehensverträge

Darlehensarten

Das BGB kennt keinen Oberbegriff des Kreditvertrags. Die gesetzlich geregelten Vertragstypen sind:

- der Darlehensvertrag, §§ 488 bis 490 BGB
- der Verbraucherdarlehensvertrag als Unterform, §§ 491 bis 505, 511 f. BGB
- der Sachdarlehensvertrag, §§ 607 bis 609 BGB

Der (Geld-)Darlehensvertrag gemäß §§ 488 ff. BGB ist auf die zeitweilige Überlassung von Geld zur Nutzung – im Regelfall gegen Zahlung von Zinsen – gerichtet. Demgegenüber betrifft der im Folgenden nicht näher erläuterte Sachdarlehensvertrag nach § 607 Abs. 1 und 2 BGB die Überlassung vertretbarer Sachen i. S. d. § 91 BGB mit Ausnahme von Geld. Ein praktisch wichtiger Anwendungsfall ist das Wertpapierdarlehen, das auch – juristisch unscharf – als Wertpapierleihe bezeichnet wird. Dabei ist der Darlehensnehmer verpflichtet, nach Ablauf der Darlehenszeit zwar nicht die ihm ursprünglich überlassenen, aber doch Wertpapiere gleicher Art und Menge, also etwa Aktien desselben Unternehmens in derselben Gattung und Stückzahl, zurückzuerstatten.

Der im Zusammenhang mit dem Darlehensrecht in § 510 BGB behandelte Ratenlieferungsvertrag zwischen einem Unternehmer und einem Verbraucher ist kein Kreditgeschäft. Er erfasst z. B. Zeitungsabonnements und Bestellpflichten bei der Mitgliedschaft in einem Buchclub. Der Verbraucher wird durch Formvorschriften und ein Widerrufsrecht nach § 355 i. V. m. §§ 356c, 357c BGB geschützt (beachte den Vorrang des § 312g BGB für Ratenlieferungsverträge, die im Fernabsatz oder außerhalb von Geschäftsräumen geschlossen werden).

10.1 Stellen Sie sich vor ...

Stellen Sie sich vor, ein Unternehmen in der Rechtsform einer Aktiengesellschaft möchte ein neues Forschungs- und Entwicklungszentrum eröffnen und braucht für diese Investition Kapital. Die AG kann durch die Ausgabe neuer Aktien ihr Eigenkapital erhöhen oder sich durch die Aufnahme eines Darlehens Fremdkapital beschaffen. Oder stellen Sie sich vor, ein Unternehmen hat Abnehmer für seine Erzeugnisse, muss aber die Produktion vorfinanzieren. In einer solchen Situation wird häufig ein Betriebsmittelkredit benötigt.

Überlegen Sie weiter, wie Sie Ihren privaten Finanzierungsbedarf, der vorübergehend Ihr Einkommen und Ihre Ersparnisse übersteigt, decken können: Die fehlenden Mittel für den Erwerb einer eigenen Immobilie besorgen Sie sich langfristig von einer Bank oder Bausparkasse, vielleicht zum Teil auch von Verwandten. Die Anschaffung eines neuen Autos könnten Sie über das Darlehen einer Bank finanzieren, die unter Umständen mit dem Autohersteller konzernverbunden ist. Und möglicherweise überziehen Sie für kleinere, aber dringende Ausgaben von Zeit zu Zeit Ihr Girokonto.

10.2 Ökonomische Bedeutung und Begründung

Fremdfinanzierung von Investitionen und Konsum

Die Bedeutung der Kreditvergabe für unser Wirtschaftsleben kann nicht überschätzt werden. Unternehmen, die Investitionen tätigen, können diese oftmals nicht vollständig aus eigenen Mitteln finanzieren. Gleiches gilt bei privaten Haushalten für den Erwerb von Konsumgütern und Immobilien. Die Aufnahme eines Darlehens ermöglicht die (teilweise) Fremdfinanzierung von Investitionen und Konsum. Diese Ausgaben könnten sonst nicht oder allenfalls zu einem späteren Zeitpunkt aus Ersparnissen getätigt werden.

Aber nicht nur Unternehmen und Verbraucher fragen Fremdmittel nach. Die Haushaltsdefizite der Staaten – in Deutschland also von Bund, Ländern und Gemeinden – könnten ohne Kreditaufnahmen nicht abgedeckt werden. Auf der anderen Seite beeinflussen die Staaten durch ihre Geldpolitik, die im Euro-Währungsgebiet durch die Europäische Zentralbank festgelegt wird, die Refinanzierungsbedingungen der Geschäftsbanken. Dies wirkt sich wiederum auf die Verfügbarkeit von Krediten und deren Kosten, d. h. die Marktzinsen, aus.

Bei der Kreditgewährung vertraut der Darlehensgeber darauf, dass er das zur Verfügung gestellte Kapital in der Zukunft, zu den vereinbarten Zeiten, zuzüglich Zinsen zurückerhält.[1] Er prüft deshalb im eigenen Interesse, um sein Ausfallrisiko beurteilen zu können, die Kreditwürdigkeit des Darlehensnehmers und verlangt ggf. höhere Zinsen als Risikoprämie und die Einräumung von Kreditsicherheiten. Sie werden in diesem Buch in einem eigenen Abschnitt behandelt.[2]

1 Auf dieses Vertrauen weist auch die Bezeichnung „Kredit“ hin. Sie leitet sich ab vom lateinischen *credere* = vertrauen, glauben.

2 Siehe unten Kapitel 16.

10.3 Darlehen

Pflichten der Vertragsparteien beim Gelddarlehen

Durch den Darlehensvertrag wird der Darlehensgeber nach § 488 Abs. 1 S. 1 BGB verpflichtet, dem Darlehensnehmer einen Geldbetrag in der vereinbarten Höhe zur Verfügung zu stellen. Der Darlehensnehmer ist nach § 488 Abs. 1 S. 2 BGB verpflichtet, einen geschuldeten Zins als Gegenleistung zu zahlen und bei Fälligkeit das zur Verfügung gestellte Darlehen zurückzuzahlen.

Verzinsung

Die Formulierung in § 488 Abs. 1 S. 2 BGB „einen geschuldeten Zins zu zahlen" sowie § 488 Abs. 3 S. 3 BGB zeigen, dass die Zinszahlungspflicht nicht zum notwendigen Inhalt eines Darlehensvertrags gehört. Es gibt im Einzelfall, etwa unter Freunden oder Verwandten, auch zinslose und damit unentgeltliche Darlehen.

Bei einem verzinslichen Darlehen wird die Zinshöhe normalerweise vereinbart. Andernfalls sind die gesetzlichen Zinsen in Höhe von 4 bzw. unter Kaufleuten 5 % pro Jahr nach § 246 BGB, § 352 Abs. 1 HGB zu entrichten. Auch eine variable Verzinsung ist zulässig; die Zinsänderungsklauseln der Kreditinstitute unterliegen aber der AGB-Kontrolle. Unverhältnismäßig hohe Zinsen können zur Sittenwidrigkeit des Darlehensvertrags wegen Wuchers nach § 138 BGB führen. Ein Disagio bzw. Damnum, d. h. ein Abzug von dem auszuzahlenden Darlehensbetrag, ist in der Regel als laufzeitabhängiger Ausgleich für einen niedrigeren Sollzinssatz und damit als Teilvorauszahlung der Zinsen anzusehen.

Bei Nichtabnahme eines entgeltlichen Darlehens durch den Darlehensnehmer hat der Darlehensgeber einen Schadensersatzanspruch nach §§ 280 Abs. 1 und 3, 281 BGB wegen der ihm entgehenden Zinsen („Nichtabnahmeentschädigung").

Rückzahlung

Der Darlehensbetrag ist gemäß § 488 Abs. 1 S. 2, Abs. 3 S. 1 BGB zu der vertraglich bestimmten Zeit oder nach Kündigung des Darlehensvertrags zurückzuzahlen. Nur wenn Zinsen nicht geschuldet sind, kann der Darlehensnehmer das Darlehen nach § 488 Abs. 3 S. 3 BGB jederzeit zurückzahlen. Denn wenn der Darlehensgeber keinen Anspruch auf Zinsen hat, stehen seine Interessen einer vorzeitigen Rückzahlung nicht entgegen.

Bankpraxis

Die Bankpraxis kennt insbesondere **Ratenkredite**, bei denen die Zinsen nach einem gleichbleibenden monatlichen Prozentsatz vom ursprünglichen Darlehensbetrag berechnet und aus der Gesamtsumme von Kapital und Kosten gleiche Zahlungsraten gebildet werden, und **Annuitätendarlehen**, bei denen die gleichbleibenden Raten ebenfalls Zins- und Tilgungsanteile enthalten, aber die fortschreitende Rückzahlung den Zinsanteil sinken und den Tilgungsanteil entsprechend ansteigen lässt. Daneben werden **endfällige Darlehen** angeboten, bei denen die Rückerstattung des Kapitals erst bei Laufzeitende erfolgt (etwa aus einem zu diesem Zeitpunkt zur Auszahlung gelangenden Versicherungsvertrag) und zuvor nur Zinsen, allerdings auf den vollen Darlehensbetrag, zu entrichten sind. Häufig werden zugunsten des Darlehensnehmers **Sondertilgungsrechte**, z. B. in Höhe von 5 % der ursprünglichen Darlehenssumme pro Jahr, vereinbart. Eine solche vorzeitige Teilrückzahlung senkt die Zinsbelastung für die Zukunft, denn die Zinsen berechnen sich nach der jeweiligen Höhe der Restschuld. Von einem **Dispositions-**, **Kontokorrent-** oder **Überziehungskredit** spricht man, wenn auf einem Girokonto eine Kreditlinie in bestimmter Höhe eingeräumt wird, die während der Vertragslaufzeit jederzeit in Anspruch genommen und wieder zurückgeführt werden kann.

Kündigung

§ 488 Abs. 3 S. 1 und 2 BGB regelt das ordentliche Kündigungsrecht des Darlehensgebers und des Darlehensnehmers mit einer Frist von drei Monaten bei einem auf unbestimmte Zeit abgeschlossenen Darlehensvertrag. § 489 Abs. 1 BGB gibt dem Darlehensnehmer bei einem Darlehensvertrag mit bestimmter Laufzeit und gebundenem, d. h. festem Sollzinssatz ein nicht abdingbares Recht zur ordentlichen Kündigung zum Ablauf des Zinsbindungszeitraums, in jedem Fall nach Ablauf von zehn Jahren seit Darlehensempfang mit einer Frist von sechs Monaten. Einen Darlehensvertrag mit veränderlichem Zinssatz kann der Darlehensnehmer nach § 489 Abs. 2 BGB jederzeit mit einer Frist von drei Monaten kündigen. Die Kündigung gilt aber nach § 489 Abs. 3 BGB als nicht erfolgt, wenn der Darlehensnehmer den geschuldeten Betrag nicht binnen zwei Wochen nach Wirksamwerden der Kündigung zurückzahlt.

§ 490 BGB sieht in Abs. 1 ein außerordentliches Kündigungsrecht für den Darlehensgeber bei wesentlicher Verschlechterung der Vermögensverhältnisse des Darlehensnehmers oder der Werthaltigkeit einer Sicherheit vor. Nach Abs. 2 kann der Darlehensnehmer einen Darlehensvertrag, bei dem der Sollzinssatz gebunden und das Darlehen durch ein Grund- oder Schiffspfandrecht gesichert ist, vorzeitig kündigen, wenn seine berechtigten Interessen dies gebieten und seit dem vollständigen Empfang des Darlehens sechs Monate abgelaufen sind.

Teure Flexibilität bei der Immobilienfinanzierung

H nimmt zur Finanzierung seines Hausbaus bei der Bank B ein Darlehen mit einer Laufzeit von 15 Jahren und einem festen Zinssatz von 4,5 % pro Jahr auf, das durch eine Grundschuld an dem Hausgrundstück gesichert ist. Als H zwei Jahre später von seinem Arbeitgeber ins Ausland versetzt wird, will er die Immobilie veräußern und mit dem Kaufpreis das Darlehen zurückzahlen. Kann er den Darlehensvertrag beenden? Welche Ansprüche hat die Bank?

Zwar erlaubt § 489 Abs. 1 Nr. 2 BGB dem H nicht schon nach zwei Jahren die ordentliche Kündigung. H kann die Kündigung jedoch auf § 490 Abs. 2 S. 1 BGB stützen: Er hat wegen des beruflich bedingten Umzugs das Bedürfnis, das zur Sicherung des Darlehens beliehene Grundstück anderweitig zu verwerten, und § 490 Abs. 2 S. 2 BGB erkennt dies als berechtigtes Interesse für eine vorzeitige Kündigung an. B hat dann neben dem Anspruch auf Darlehensrückzahlung einen Anspruch auf Vorfälligkeitsentschädigung: Nach § 490 Abs. 2 S. 3 BGB hat der Darlehensnehmer dem Darlehensgeber denjenigen Schaden zu ersetzen, der diesem aus der vorzeitigen Kündigung entsteht. Dadurch, dass B das Darlehen früher als vereinbart zurückerhält, entgehen ihr Zinseinnahmen. Die Schadensberechnung orientiert sich deshalb an der geschützten Zinserwartung der B.

Schließlich bleibt gemäß § 490 Abs. 3 BGB eine Kündigung aus wichtigem Grund nach § 314 BGB möglich. Ein wichtiger Grund kann insbesondere der Verzug mit mindestens zwei vollen, aufeinander folgenden Ratenzahlungen sein.

10.4 Verbraucherdarlehensverträge

Die allgemeinen Bestimmungen über Darlehensverträge in den §§ 488 bis 490 BGB werden für Verbraucherdarlehensverträge durch die vorrangigen Sondervorschriften der §§ 491 bis 505 BGB ergänzt. Sie setzen die Verbraucherkreditrichtlinie der EU um und sollen die eigenverantwortliche Kreditaufnahme durch informierte Verbraucher fördern und ihrer Überschuldung entgegenwirken. Von diesen Sondervorschriften darf deshalb nach § 511 BGB nicht zum Nachteil des Verbrauchers abgewichen werden. Sie gelten nach § 491 Abs. 1 BGB für entgeltliche, d. h. mit Zinszahlungen oder einer anderen Gegenleistung verbundene Darlehen, die ein Unternehmer i. S. d. § 14 BGB als Darlehensgeber einem Verbraucher i. S. d. § 13 BGB als Darlehensnehmer gewährt. Ausgenommen sind nach § 491 Abs. 2 BGB insbesondere Verträge, bei denen der Nettodarlehensbetrag weniger als 200 € beträgt.

Verbraucher und Existenzgründer

Dem Verbraucher steht im Darlehensrecht ausnahmsweise, anders als etwa bei außerhalb von Geschäftsräumen geschlossenen Verträgen und Fernabsatzverträgen, der Existenzgründer gleich. Das Gesetz definiert Existenzgründer in § 512 BGB als natürliche Personen, die sich ein Darlehen über einen Nettobetrag von maximal 75.000 € für die Aufnahme einer gewerblichen oder selbstständigen beruflichen Tätigkeit gewähren lassen. Die §§ 488 bis 490 BGB allein gelten daher nur für Darlehen an Unternehmer und für Darlehen unter Verbrauchern.

Das Verbraucherdarlehensrecht sieht zugunsten von Verbrauchern und Existenzgründern umfangreiche Informationspflichten des Darlehensgebers vor Abschluss des Vertrags und während des Vertragsverhältnisses vor, §§ 491a Abs. 1, 493 BGB. Einzelheiten ergeben sich aus Art. 247 EGBGB und dem für die vorvertragliche Unterrichtung auszufüllenden Muster der Europäischen Standardinformationen für Verbraucherkredite, Anlage 4 zu Art. 247 EGBGB. Der Darlehensnehmer kann vom Darlehensgeber nach § 491a Abs. 2 BGB vor Vertragsabschluss auch einen Entwurf des Darlehensvertrags verlangen. Der Darlehensgeber ist nach § 491a Abs. 3 BGB weiter verpflichtet, dem Darlehensnehmer angemessene Erläuterungen zu geben, damit dieser in die Lage versetzt wird, zu beurteilen, ob der Vertrag dem von ihm verfolgten Zweck und seinen Vermögensverhältnissen gerecht wird.

Schutz des Darlehensnehmers insbesondere durch Information, Schriftform, Widerrufsrecht

Verbraucherdarlehensverträge sind nach § 492 Abs. 1 BGB schriftlich abzuschließen; sie müssen die nach Art. 247 §§ 6 bis 13 EGBGB vorgeschriebenen Angaben wie z. B. den effektiven Jahreszins, den Nettodarlehensbetrag, den Sollzinssatz und die Vertragslaufzeit enthalten.

Günstiges Darlehen

Der effektive Jahreszins beziffert die Gesamtkosten als jährlichen Vomhundertsatz des Kredits. Er soll dem Verbraucher die jährliche Gesamtbelastung durch die Darlehensaufnahme vor Augen führen und den Vergleich verschiedener Darlehensangebote ermöglichen. In die Berechnung nach § 6 der Preisangabenverordnung sind die zu entrichtenden Zinsen und alle sonstigen Kosten einschließlich etwaiger Vermittlungskosten, die der Darlehensnehmer im Zusammenhang mit dem Darlehensvertrag zu entrichten hat und die dem Darlehensgeber bekannt sind, einzubeziehen. Die Kosten einer Restschuldversicherung sind nur zu berücksichtigen, wenn der Darlehensgeber ihren Abschluss verlangt.

Die Nichtangabe des effektiven Jahreszinses im Vertrag hat gravierende Folgen: Wenn die Schriftform insgesamt nicht eingehalten ist oder wenn eine der in Art. 247 §§ 6 und 9 bis 13 EGBGB vorgeschriebenen Angaben fehlt, ist der Verbraucherdarlehensvertrag nach § 494 Abs. 1 BGB nichtig. Er wird aber nach § 494 Abs. 2 BGB gültig, soweit der Darlehensnehmer das Darlehen empfängt oder in Anspruch nimmt; jedoch ermäßigt sich der dem Verbraucherdarlehensvertrag zugrunde gelegte Sollzinssatz auf den gesetzlichen Zinssatz von 4 % pro Jahr gemäß § 246 BGB, wenn die Angabe des Sollzinssatzes, des effektiven Jahreszinses oder des Gesamtbetrags fehlt.

Der Darlehensnehmer hat außerdem gemäß § 495 BGB ein Widerrufsrecht nach § 355 BGB, über das er im Darlehensvertrag nach § 492 Abs. 2 BGB, Art. 247 § 6 Abs. 2 EGBGB zu informieren ist; Anlage 7 zu Art. 247 EGBGB enthält ein Muster für die Widerrufsinformation (zur Widerrufsfrist vgl. § 356b BGB). In den §§ 496 bis 502 BGB finden sich Abweichungen gegenüber dem allgemeinen Schuld- und Darlehensrecht vor allem für die Folgen des Zahlungsverzugs des Darlehensnehmers, die Kündigungsrechte und die Vorfälligkeitsentschädigung; die Regelungen gelten aber nur eingeschränkt für Immobiliardarlehen i. S. d. § 503 BGB. Sondervorschriften bestehen schließlich nach §§ 504, 505 BGB für eine eingeräumte Überziehungsmöglichkeit und für eine geduldete Überziehung.

Finanzierungshilfen mit Kreditfunktion

Auf entgeltliche Finanzierungshilfen zwischen einem Unternehmer und einem Verbraucher sind nach §§ 506 bis 509 BGB zahlreiche Bestimmungen über Verbraucherdarlehensverträge entsprechend anzuwenden. Erfasst sind Geschäfte, die ein Kreditelement beinhalten, beispielsweise Kaufverträge mit Stundungs- oder Ratenzahlungsvereinbarungen gegen Zinsen oder einen Aufschlag auf den Barzahlungspreis. Das Gesetz spricht insoweit von Zahlungsaufschub und Teilzahlungsgeschäften, § 506 Abs. 1 und 3 BGB. Unter § 506 Abs. 2 BGB können vor allem Finanzierungsleasingverträge fallen.

Darlehensvermittlung

Flankierende Schutzbestimmungen gelten nach §§ 655a bis 655e BGB, wenn ein Unternehmer einem Verbraucher oder Existenzgründer gegen Entgelt einen Verbraucherdarlehensvertrag oder eine entgeltliche Finanzierungshilfe vermitteln oder die Gelegenheit zum Abschluss eines solchen Vertrags nachweisen soll.

10.5 Verbundene Verträge

Widerrufsdurchgriff

Beachten Sie im Zusammenhang mit dem Verbraucherdarlehensrecht auch die Regelungen in §§ 358 bis 360 BGB: Der Verbraucher soll vor Risiken geschützt werden, die ihm durch die Aufspaltung eines wirtschaftlich einheitlichen Geschäfts in ein Bargeschäft, insbesondere einen Kaufvertrag, und einen zur Finanzierung dieses Bargeschäfts geschlossenen Darlehensvertrag drohen. So würde der Widerruf des Darlehensvertrags dem Verbraucher nichts bringen, wenn er gleichwohl an den Kaufvertrag gebunden bliebe und folglich sein Finanzierungsbedarf fortbestünde, sodass er alsbald einen anderen Kredit aufnehmen müsste. Deshalb ergreift gemäß § 358 Abs. 1 und 2 BGB der wirksame Widerruf des einen Vertrags auch den jeweils anderen Vertrag, wenn ein Darlehensvertrag mit einem Vertrag, der die Lieferung einer Ware oder die Erbringung einer anderen Leistung durch einen Unternehmer zum Gegenstand hat, verbunden ist.

Verbundene Verträge

Verbundene Verträge liegen nach § 358 Abs. 3 S. 1 BGB vor, wenn das Darlehen der Finanzierung des anderen Vertrags dient und beide Verträge eine wirtschaftliche Einheit bilden. Letzteres ist nach § 358 Abs. 3 S. 2 BGB insbesondere anzunehmen, wenn der Unternehmer selbst die Gegenleistung des Verbrauchers finanziert oder wenn sich ein Dritter als Darlehensgeber bei der Vorbereitung oder dem Abschluss des Darlehensvertrags der Mitwirkung des Unternehmers bedient. Beim finanzierten Erwerb einer Immobilie gelten nach § 358 Abs. 3 S. 3 BGB strengere Voraussetzungen. § 360 BGB erweitert den Anwendungsbereich des § 358 BGB über verbundene Verträge hinaus auf zusammenhängende Verträge (vgl. die Definition in § 360 Abs. 2 BGB).

Einwendungsdurchgriff

Der Verbraucher kann gemäß § 359 BGB die Darlehensrückzahlung verweigern, soweit Einwendungen aus dem verbundenen Vertrag ihn gegenüber dem Unternehmer, mit dem er den verbundenen Vertrag geschlossen hat, zur Leistungsverweigerung berechtigen würden.

10.6 Übungsfall

Vorschneller Kauf

Studentin S will sich nach der Bachelorprüfung mit einer Unternehmensberatung selbstständig machen. Im Laden des Büroausstatters B kauft sie das Hard- und Softwarepaket „Office Pro“ in der Einsteigerversion für 9.900 €. Da S den Kaufpreis mangels gegenwärtiger Einnahmen nicht aufbringen kann, nimmt sie auf Anraten des B ein verzinsliches Darlehen bei seiner Hausbank H auf, die dem B alle erforderlichen Unterlagen überlassen hat. Die gesetzlichen Formvorschriften und Informationspflichten werden beachtet. H zahlt den Darlehensbetrag, wie mit S vereinbart, unmittelbar an B aus. Dieser liefert „Office Pro“ an S.

Frage 1: Eine Woche nach Abschluss des Darlehensvertrags wird S klar, dass sie sich „Office Pro“ und das Darlehen noch gar nicht leisten kann. Könnte sie sich von den Verträgen lösen?

Widerruf des Darlehensvertrags

Der Kaufvertrag ist nicht widerruflich, da er nicht außerhalb von Geschäftsräumen oder im Fernabsatz zustande gekommen ist. S könnte indes ein Widerrufsrecht hinsichtlich des Darlehensvertrags nach § 495 Abs. 1 i. V. m. § 491 BGB haben: Es handelt sich um ein entgeltliches Darlehen, und H als Darlehensgeberin ist Unternehmerin gemäß § 14 BGB. Die Darlehensnehmerin S ist zwar nicht Verbraucherin gemäß § 13 BGB, aber Existenzgründerin gemäß § 512 BGB, sodass die Bestimmungen über Verbraucherdarlehensverträge ebenfalls anwendbar sind. Eine Ausnahme nach §§ 491 Abs. 2 und 3, 495 Abs. 2 BGB liegt nicht vor.

S kann daher den Darlehensvertrag widerrufen. Den Widerruf muss sie innerhalb von 14 Tagen nach Abschluss des Darlehensvertrags und Erhalt der für sie bestimmten Vertragsurkunde gegenüber H erklären, §§ 355 Abs. 1 S. 2, Abs. 2, 356b BGB.

Der Widerruf des Darlehensvertrags erstreckt sich nach § 358 Abs. 2 BGB auch auf den Kaufvertrag, da es sich um verbundene Verträge i. S. d. § 358 Abs. 3 S. 1 und 2 Hs. 2 BGB handelt: Das Darlehen dient der Finanzierung des Kaufvertrags, und H hat sich bei der Anbahnung des Darlehensvertrags der Mitwirkung des B bedient.

Im Falle des Widerrufs sind beide Verträge rückabzuwickeln, §§ 355 Abs. 3, 357, 357a i. V. m. § 358 Abs. 4 S. 1 BGB. Die Rückabwicklung erfolgt insgesamt im Verhältnis zwischen S und H, weil der Darlehensgeber nach § 358 Abs. 4 S. 5 BGB in die Rechte und Pflichten des Verkäufers eintritt, wenn diesem wie hier das Darlehen bereits zugeflossen ist. S muss deshalb den Kaufgegenstand „Office Pro" an H herausgeben; bereits an H gezahlte Darlehensraten erhält sie zurück. H hat gegen S keinen Anspruch auf Rückgewähr des an B ausgezahlten Darlehens, sondern muss sich insoweit an diesen halten.

Frage 2: S hat von einem Widerruf abgesehen. Allerdings funktioniert „Office Pro" nicht ordnungsgemäß, und B verweigert kategorisch jede Nacherfüllung. Daraufhin erklärt S gegenüber B den Rücktritt nach §§ 437 Nr. 2, 323 Abs. 1 und 2 Nr. 1, 349 BGB. Muss sie weiterhin die Darlehensraten an H zahlen?

Einwendungsdurchgriff

S kann nach § 359 Abs. 1 S. 1 BGB die Rückzahlung des Darlehens verweigern, da ihre Leistungspflichten aus dem mit dem Verbraucherdarlehensvertrag verbundenen Kaufvertrag durch den Rücktritt erlöschen.

10.7 Zusammenfassung

Darlehensverträge dienen der Überlassung von Kapital zur Nutzung auf Zeit, regelmäßig gegen Entgelt. Der Darlehensgeber ist nach § 488 Abs. 1 S. 1 BGB verpflichtet, dem Darlehensnehmer einen Geldbetrag in der vereinbarten Höhe zur Verfügung zu stellen. Der Darlehensnehmer ist nach § 488 Abs. 1 S. 2 BGB verpflichtet, einen geschuldeten Zins zu zahlen und bei Fälligkeit das zur Verfügung gestellte Darlehen zurückzuzahlen. Für Verbraucherdarlehensverträge und entgeltliche Finanzierungshilfen gelten die Sondervorschriften der §§ 491 ff. BGB. Sie sehen zugunsten von Verbrauchern und Existenzgründern Informationspflichten, die Schriftform für den Vertragsschluss, ein Widerrufsrecht nach § 355 BGB und weitere Schutzbestimmungen vor. Ist ein Verbraucherdarlehensvertrag mit einem Vertrag, der die Lieferung einer Ware oder die Erbringung einer anderen Leistung durch einen Unternehmer zum Gegenstand hat, verbunden, werden die Verträge im Hinblick auf Widerrufsrechte und Einwendungen nach §§ 358, 359 BGB als Einheit behandelt.

11 Delikte

Die deutsche Rechtsordnung geht im vertraglichen wie im außervertraglichen Haftungsrecht vom Prinzip der Verschuldenshaftung aus. Grundsätzlich kann der Geschädigte daher nur Schadensersatz verlangen, wenn dem Schädiger ein Verschulden oder Vertretenmüssen vorgeworfen werden kann, wobei dieses Verschulden in manchen Fällen vermutet wird. Nur in gesetzlich besonders angeordneten Fällen, wie bspw. im Bereich der Produkthaftung, § 1 ProdHaftG, oder der Kfz-Halterhaftung im Straßenverkehr, § 7 StVG, haftet der Schädiger, auch ohne dass ihm ein Verschulden vorzuwerfen ist, sogenannte Gefährdungshaftung. Die außervertragliche Haftung wird insgesamt unter dem Begriff der Deliktshaftung zusammengefasst. Nachfolgend werden die außervertragliche Verschuldenshaftung und die Produkthaftung nach dem Produkthaftungsgesetz als Gefährdungshaftung erläutert.

11.1 Verschuldenshaftung

In diesem Unterkapitel werden die Grundlagen der außervertraglichen Verschuldenshaftung, die sogenannte deliktische Haftung nach §§ 823 ff. BGB – unerlaubte Handlung – behandelt. Die deliktische Haftung setzt keine vertraglichen Beziehungen zwischen den Beteiligten voraus. Sollten aber im konkreten Fall auch vertragliche Beziehungen zwischen den Beteiligten bestehen, steht die deliktische Haftung grundsätzlich selbstständig neben einer möglichen vertraglichen Haftung.

Lesen Sie die §§ 823 ff. BGB im Überblick!

Die Verschuldenshaftung kennt keine allgemeine Generalklausel, nach der für jede widerrechtliche und verschuldete Schadenszufügung gehaftet wird. Vielmehr enthalten die §§ 823 ff. BGB ein differenziertes System der Haftung für die Verletzung bestimmter allgemeiner Rechtspflichten oder die Verletzung bestimmter Rechtsgüter. Zentraler Haftungstatbestand ist dabei § 823 Abs. 1 BGB, der eine Haftung für die zurechenbare, widerrechtliche und verschuldete Verletzung eines der dort genannten Rechtsgüter vorsieht. Weitere Grundtatbestände finden sich in § 823 Abs. 2 BGB und § 826 BGB. Nach § 823 Abs. 2 BGB besteht ein Schadensersatzanspruch auch dann, wenn gegen ein Schutzgesetz verstoßen wurde, unabhängig davon, ob dabei eines der in Abs. 1 genannten Rechtsgüter verletzt wurde. § 826 BGB sieht ebenfalls eine Schadensersatzpflicht unabhängig von der Verletzung eines der in

Bedeutende Haftungstatbestände:
Grundtatbestand:
§ 823 Abs. 1 BGB
- § 823 Abs. 2 BGB
- § 826 BGB
- § 831 Abs. 1 BGB

§ 823 Abs. 1 BGB genannten Rechtsgüter für eine vorsätzliche sittenwidrige Schädigung vor. Schließlich begründet § 831 Abs. 1 BGB eine Haftung des Geschäftsherrn für Schädigungen seiner Verrichtungsgehilfen, die diese im Sinne der §§ 823 ff. BGB einem anderen zurechenbar und widerrechtlich zugefügt haben.

Im Mittelpunkt der folgenden Ausführungen steht § 823 Abs. 1 BGB als zentrale Haftungsnorm der außervertraglichen Verschuldenshaftung. Gegenstand des nachfolgenden Unterkapitels wird die insbesondere für das produzierende Gewerbe und den Handel sehr bedeutsame Produkthaftung in ihrer Ausprägung als Gefährdungshaftung sein.

11.1.1 Stellen Sie sich vor …

Stellen Sie sich vor, Sie sind mit einem Firmenwagen unterwegs und werden unverschuldet in einen Verkehrsunfall verwickelt. Infolge einer dabei erlittenen Verletzung, die auch darauf beruht, dass Sie nicht angeschnallt waren, müssen Sie zwei Wochen stationär im Krankenhaus behandelt werden und werden für weitere zwei Wochen krankgeschrieben. Die Reparaturkosten des beschädigten Firmenwagens belaufen sich auf 13.000 €. Inwiefern haben Sie und ggf. Ihr Arbeitgeber Schadensersatzansprüche gegen den Unfallgegner?

Oder stellen Sie sich vor, Sie sind Filialleiter einer Einzelhandelskette, deren Sortiment auch Getränke umfasst. An einem heißen Sommertag explodiert eine Limonadenflasche in Ihrer Filiale und verletzt einen Kunden. Dieser nimmt die Einzelhandelskette auf Schadensersatz und Schmerzensgeld in Anspruch. Zu Recht?[1]

11.1.2 Ökonomische Bedeutung und Begründung

Ausgleichsfunktion/ Wiedergutmachung

Die außervertragliche Haftung, das Deliktsrecht, hat zunächst die Funktion, materielle und immaterielle Schäden auszugleichen (Ausgleichsfunktion), den Geschädigten also für die erlittenen Nachteile zu entschädigen.

Präventionsfunktion

Darüber hinaus verfolgt das Deliktsrecht durch Zuweisung der Schadenskosten das Ziel der Schadensvermeidung und Schadensminimierung (Präventionsfunktion). Der Präventionsgedanke hält den Einzelnen an, durch Beachtung des einzuhaltenden Sorgfaltsmaßstabs den Eintritt von Schäden insoweit zu verhindern, als die Kosten

1 BGH, Urteil vom 31.10.2006 – VI ZR 223/05, NJW 2007, 762.

für die anzuwendenden Sorgfaltsmaßnahmen niedriger sind, als die Summe der zu erwartenden Schäden. Im Idealfall bieten die durch das Deliktsrecht geforderten Verhaltenspflichten daher einen wirtschaftlichen Anreiz, ein entsprechendes Maß an Sorgfalt walten zu lassen bzw. überhaupt nur solche Tätigkeiten aufzunehmen, bei denen der wirtschaftliche Nutzen größer ist als die zu erwartenden Schäden bzw. die hierfür aufzuwendenden Kosten.

11.1.3 Die Tatbestandsvoraussetzungen der Verschuldenshaftung im Überblick

Tatbestandsvoraussetzungen des § 823 Abs. 1 BGB:
- Verletzungshandlung
- Rechtsgutsverletzung
- Zurechenbarkeit
- Widerrechtlichkeit
- Verschulden
- Schaden

Eine Schadensersatzpflicht nach § 823 Abs. 1 BGB, der als zentrale Haftungsnorm im Mittelpunkt der folgenden Ausführungen steht, setzt eine auf einer Verletzungshandlung des Schädigers beruhende Rechtsgutsverletzung voraus, die widerrechtlich und schuldhaft erfolgt ist und einen entsprechenden Schaden verursacht hat. Dabei muss von der Verletzungshandlung bis zum Schaden ein entsprechender Zurechnungszusammenhang bestehen. Das heißt, die Rechtsgutsverletzung muss kausal und zurechenbar auf der Verletzungshandlung des Schädigers beruhen, sogenannte haftungsbegründende Kausalität. Der Schaden wiederum muss kausal und zurechenbar auf der Rechtsgutsverletzung beruhen, sogenannte haftungsausfüllende Kausalität.

11.1.4 Verletzungshandlung

Aktives Tun
Unterlassen

Grundlage jeder Verschuldenshaftung ist ein widerrechtliches Verhalten des Schädigers, infolge dessen ihm eine daraus resultierende Rechtsgutsverletzung zugerechnet werden kann. Als Verletzungshandlung kommt dabei jedes vom menschlichen Willen beherrschbare Verhalten in Betracht, sowohl ein positives Tun als auch ein Unterlassen. Die Unterscheidung ist nicht immer ganz eindeutig. Denken Sie z. B. an einen Auffahrunfall. Ist dem Auffahrenden das Auffahren (positives Tun) oder das Nichtanhalten (Unterlassen) vorzuwerfen?

Verkehrssicherungspflichten

Die Abgrenzung ist deshalb von Bedeutung, weil nicht jedes Unterlassen zu einer Schadensersatzpflicht führen kann. Die Haftung wäre in diesem Falle uferlos. Ein Unterlassen stellt daher nur dann eine zum Schadensersatz verpflichtende Verletzungshandlung dar, wenn der Schädiger eine Pflicht zum Handeln hatte. Eine solche Pflicht kann sich insbesondere aus den sogenannten Verkehrssicherungspflichten ergeben. Dahinter verbirgt sich der Gedanke, dass derjenige, der eine

Gefahrenquelle schafft oder unterhält, diejenigen technisch möglichen und wirtschaftlich zumutbaren Vorkehrungen zu treffen hat, die erforderlich sind, um eine Schädigung anderer möglichst zu vermeiden. Geboten sind dabei diejenigen Maßnahmen, die ein umsichtiger und verständiger, in vernünftigen Grenzen vorsichtiger Mensch für notwendig und ausreichend hält, um andere vor Schäden zu bewahren. Allerdings muss nicht jeder abstrakten Gefahr vorgebeugt werden. Eine Verkehrssicherungspflicht in dem Sinne, jede Schädigung auszuschließen, ist praktisch nicht erreichbar. Eine Haftung kommt daher nur dann in Betracht, wenn sich nach sachkundigem Urteil die naheliegende Möglichkeit der Verletzung von Rechtsgütern anderer ergibt. Vorkehrungen sind dabei umso eher zumutbar, je größer Gefahr und Wahrscheinlichkeit von Rechtsgutsverletzungen sind.

Limonadenflaschenfall[2]

Im obigen Limonadenflaschenfall muss der Inhaber der Einzelhandelskette seine Geschäftsräume durch sachgerechte Organisation und geeignete Vorkehrungen daher so gestalten, dass seine Kunden nicht geschädigt werden. Da eine Kühlung der Geschäftsräume nach Aussage der Sachverständigen die Explosionswahrscheinlichkeit jedoch nur äußerst geringfügig verringert hätte, die Ursache des Berstens vielmehr in der Flasche selbst lag (mit bloßem Auge nicht erkennbare Haarrisse), war im Nichtkühlen der Geschäftsräume keine Verletzung einer Verkehrssicherungspflicht zu sehen.

Herstellerspezifische Verkehrssicherungspflichten

Eine Verletzung von Verkehrssicherungspflichten könnte allenfalls dem Flaschenhersteller vorzuwerfen sein (Produkthaftung). Hersteller haben ihre Betriebe so zu organisieren, dass Konstruktions-, Fabrikations- und Instruktionsfehler möglichst vermieden werden und das Inverkehrbringen solchermaßen fehlerhafter Produkte möglichst verhindert wird. Auch nach Inverkehrbringen müssen Hersteller ihre Produkte beobachten, um so erkennbaren Gefahren rechtzeitig entgegenwirken zu können.[3]

Die Abgrenzung von positivem Tun und Unterlassen erfolgt nach dem Schwerpunkt der Vorwerfbarkeit. Im oben angesprochenen Auffahrunfall ist dem Auffahrenden nicht vorzuwerfen, dass er nicht angehalten hat. Das musste er nicht tun. Ihm ist vorzuwerfen, dass er auf das vorausfahrende Fahrzeug aufgefahren ist. Daher liegt die Verletzungshandlung im aktiven Tun des Auffahrens.

---

2 Siehe oben Kapitel 11.1 „Stellen Sie sich vor … “.

3 Vgl. hierzu Kapitel 11.2.

11.1.5 Rechtsgutsverletzung

Eine Schadensersatzpflicht nach § 823 Abs. 1 BGB setzt eine Verletzung eines der dort genannten Rechtsgüter oder Rechte – nämlich Leben, Körper, Gesundheit, Freiheit, Eigentum oder ein sonstiges Recht – voraus. Nur Schäden, die auf einer solchen Rechtsgutsverletzung beruhen, verpflichten zum Schadensersatz.

Leben, Körper, Gesundheit

Eine Verletzung des Lebens liegt bei einer Tötung vor. Schadensersatzansprüche stehen dann bestimmten mittelbar Geschädigten zu, vgl. §§ 844, 845 BGB. Eine Verletzung des Körpers und der Gesundheit ist bei einem Eingriff in die körperliche Unversehrtheit oder einer Störung der inneren Lebensvorgänge gegeben, z. B. Brüche, Wunden, Zerrungen, Verbrennungen, Nervenzusammenbruch.

Piercing[4]

Studentin S besucht das Piercingstudio des P, um sich über ein Brustpiercing beraten zu lassen. Nach einem Gespräch mit P beschließt sie, noch am selben Tag das Brustpiercing vornehmen zu lassen. Bevor P das Piercing tatsächlich vornimmt, unterschreibt S folgende Erklärung:

„Zur Dienstleistung des Studios gehören eine umfassende Aufklärung über etwaige Gefahren und Risiken sowie ausführliche Hinweise für die Nachsorge. Diese Belehrung erfolgt bei Termin und wird von mir in Anspruch genommen ... Wir weisen daraufhin, dass ein Piercing einen Eingriff in die Unversehrtheit darstellt und zu gesundheitlichen Schäden führen kann."

Einige Wochen nach Vornahme des Piercings entzündet sich die betreffende Brust. Es kommt zu erheblichen medizinischen Komplikationen und mehreren stationären Aufenthalten von S im Krankenhaus. S macht gegenüber P daraufhin Schadensersatz geltend.

Piercing stellt einen Eingriff in die körperliche Unversehrtheit dar und ist damit wie jeder ärztliche Eingriff auch eine Körperverletzung. Dabei ist es unbeachtlich, ob der Eingriff fachgerecht durchgeführt wurde. Es könnte aber an der Rechtswidrigkeit des Eingriffs fehlen, wenn dieser durch eine wirksame Einwilligung von S gedeckt war.[5]

Freiheit

Das Rechtsgut der Freiheit wird durch eine erhebliche Beeinträchtigung der körperlichen Bewegungsfreiheit, z. B. Entführung, verletzt.

Eigentum

Eine Eigentumsverletzung liegt grundsätzlich bei jedem Eingriff in die Rechte des Eigentümers aus § 903 BGB vor, nämlich mit seiner Sache nach Belieben verfahren und jeden anderen von seiner Sache ausschließen zu können. Insbesondere ist eine Eigentumsverletzung daher in der Entziehung des Eigentums (Wegnahme) und Eingriffen

4 In Anlehnung an LG Koblenz, Urteil vom 24. 1. 2006 – 10 O 176/04, MedR 2007, 738.

5 Siehe dazu Kapitel 11.1.7.

in die Substanz einer Sache (Zerstörung, Beschädigung, Verunstaltung) oder deren bestimmungsgemäße Verwendung („Einsperren“ eines Fahrzeugs) zu sehen.

Faxwerbung[6]
Büroausstatter B verschickt an das Dienstleistungsunternehmen D, mit dem bislang keine geschäftliche Verbindung bestand, im Rahmen einer Werbekampagne über einen Zeitraum von drei Wochen jede Woche fünf zweiseitige Faxe. D macht daraufhin unter anderem Schadensersatz geltend.

Der Zugang der Telefaxwerbung führt bei D durch den Verbrauch von Druckerfarbe und Papier zu einer Eigentumsverletzung. Diese ist allein durch das Stillschweigen von D auch nicht aufgrund Einwilligung gerechtfertigt, da Schweigen in der Regel, so auch hier, keinen rechtlich bedeutsamen Erklärungswert hat.

Sonstige Rechte

Unter die sonstigen Rechte des § 823 Abs. 1 BGB fallen nur sogenannte absolute Rechte, also Rechte, die gegenüber jedermann wirken. Hierzu zählen insbesondere dingliche Rechte, wie Grundschulden und Hypotheken, und Immaterialgüterrechte, wie das Urheberrecht, Markenrecht, Patentrecht, Gebrauchsmuster- und Geschmacksmusterrecht.

Plagiate[7]
Designerin D entwirft und produziert hochwertige Armbanduhren, unter anderem eine Damenarmbanduhr, für die auch in Deutschland Geschmacksmusterschutz nach dem Geschmacksmustergesetz (heute: Designschutz nach dem Designgesetz) besteht und die sie zum Preis von 5.500 – 7.500 € verkauft. Das Versandhaus V hat in seinem Sommerkatalog eine dem Muster von D entsprechende und von Hersteller H produzierte Damenarmbanduhr zum Preis von 39,95 € abgebildet und beworben. D verlangt von V Schadensersatz in Höhe entgangener Lizenzgebühren.

V hat durch den Vertrieb der Uhren, die dem geschützten Design der D entsprachen, deren Designschutz verletzt. Das Design ist als sonstiges Recht im Sinne des § 823 Abs. 1 BGB anerkannt. V ist daher D gegenüber zum Schadensersatz verpflichtet.

Allgemeines Persönlichtkeitsrecht

Darüber hinaus zählt zu den sonstigen Rechten das allgemeine Persönlichkeitsrecht, das aus Art. 1 und 2 GG entwickelt wurde. Dieses schützt den Einzelnen im Hinblick auf Achtung seiner Persönlichkeit in seinen Ausprägungen im Rahmen der Intim-, Privat- und Individualsphäre (von der inneren Gedanken- und Gefühlswelt über den Familien- und Freundeskreis bis zu den Beziehungen des Einzelnen zu seiner Umwelt). So schützt es beispielsweise vor Veröffentlichung des vertraulichen geschriebenen, z. B. Tagebuchaufzeichnungen, oder gesproche-

6 In Anlehnung an OLG Hamm, Urteil vom 22. 5. 2007 – 27 W 58/06, MDR 2008, 25.
7 BGH, Urteil vom 23. 6. 2005 – I ZR 263/02, NJW-RR 2006, 184.

nen Wortes, z. B. Telefonate, der Veröffentlichung von Name oder Bild zu Werbezwecken oder vor Schmähkritik.

Prominentenwerbung[8]

Lifestylekonzern L wirbt mit einem Bild des Bundesligastars B auf großen Werbebannern für eine neue Reihe von Fitnessgeräten. Mit B hat L zuvor über die Verwendung des Bildnisses nicht gesprochen. B fordert daher von L Schadensersatz, insbesondere für entgangene Werbeeinnahmen.

Das Recht am eigenen Bild ist Bestandteil des Allgemeinen Persönlichkeitsrechts. Die Verwendung des Bildes von B ohne dessen Zustimmung stellt daher einen Eingriff in das Persönlichkeitsrecht von B dar. Der B zustehende Schadensersatz umfasst auch die ihm dadurch entgangenen Werbeeinnahmen.

Recht am eingerichteten und ausgeübten Gewerbebetrieb

Ebenfalls zu den sonstigen Rechten zählt das Recht am eingerichteten und ausgeübten Gewerbebetrieb. Dieses bezweckt den Schutz des Betriebsinhabers gegen unmittelbare Beeinträchtigungen seines Betriebs in allen seinen Ausprägungen, sogenannter betriebsbezogener Eingriff. Ein solcher betriebsbezogener Eingriff liegt z. B. vor bei Blockade des Zugangswegs zu einem Betrieb, rechtswidrigen Streiks, Produkttests, die nicht neutral, objektiv, sachkundig und sorgfältig durchgeführt wurden oder in bestimmten Fällen bei Boykottaufrufen. Das Recht am eingerichteten und ausgeübten Gewerbebetrieb ist demgegenüber nicht betroffen, wenn ein Arbeitnehmer eines Betriebs, wie bspw. oben im Ausgangsfall bei einem Verkehrsunfall, verletzt wird. Hierin ist keine unmittelbare, gezielte Beeinträchtigung des Anstellungsbetriebs dieses Arbeitnehmers zu sehen.[9] Zu beachten ist, dass ein Schadensersatzanspruch wegen Verletzung des Rechts am eingerichteten und ausgeübten Gewerbebetrieb nur in Betracht kommt, wenn im konkreten Fall keine andere Anspruchsgrundlage für einen Schadensersatzanspruch besteht.[10]

Subsidiarität

Kein sonstiges Recht ist das Vermögen als solches oder Forderungsrechte. Letztere bestehen nur zwischen den Beteiligten des Schuldverhältnisses, wirken also nur relativ.

---

8 In Anlehnung an LG Frankfurt a.M., Urteil vom 12. 3. 2009 – 2/3 O 363/08, NJOZ 2009, 2843.

9 BGH, Urteil vom 21. 11. 2000 – VI ZR 231/99, NJW 2001, 971.

10 Vgl. insgesamt als Beispiel den Übungsfall in Kapitel 11. 1. 11.

11.1.6 Zurechenbarkeit

Voraussetzung für einen Schadensersatzanspruch des Geschädigten ist darüber hinaus ein Zurechnungszusammenhang zwischen der Verletzungshandlung und der Rechtsgutsverletzung sowie Rechtswidrigkeit der Rechtsgutsverletzung.

Zurechenbarkeit

Die Verletzungshandlung muss adäquat kausal für die eingetretene Rechtsgutsverletzung gewesen sein, das heißt, sie muss überhaupt ursächlich im Sinne einer logischen Kausalität für die Rechtsgutsverletzung gewesen sein. Weiterhin darf nicht ein völlig atypischer und außerhalb jeglicher Wahrscheinlichkeit stehender Kausalverlauf vorliegen, bei dem vernünftigerweise nicht mit einem Schadenseintritt gerechnet werden muss. Darüber hinaus muss der Schaden vom Schutzbereich der haftungsbegründenden Norm umfasst sein.

Schockschäden[11]

Ein Geisterfahrer verursacht auf der Autobahn einen Unfall, bei dem das gegnerische Fahrzeug in Flammen aufgeht. In diesem Fahrzeug befindet sich eine Mutter mit ihrem Kind. Es gelingt der Mutter, sich aus dem Fahrzeug zu befreien, ihr Kind kann sie allerdings nicht mehr retten. Die Mutter erleidet einen Nervenzusammenbruch. Kurz nach dem Zusammenstoß passiert der Zeuge Z die Unfallstelle und muss das Geschehen mit ansehen. Er erleidet dadurch einen schweren, behandlungsbedürftigen Schock. Als die Polizeibeamten dem zuhause verbliebenen Vater die Nachricht überbringen, erleidet auch dieser einen schweren, behandlungsbedürftigen Schock.

Bei Mutter, Vater und Zeuge Z liegt eine Verletzung der Gesundheit vor. Ein schwerer Schock oder Nervenzusammenbruch, der der ärztlichen Behandlung bedarf, stellt eine Gesundheitsverletzung im Sinne des § 823 Abs. 1 BGB dar. In allen drei Fällen waren die Fahrt des Geisterfahrers und der dadurch verursachte Unfall logisch kausal für die Gesundheitsverletzungen. Bei Mutter und Vater liegt es auch nicht außerhalb jeglicher Wahrscheinlichkeit, dass diese beim Anblick eines schweren Unfalls ihres Kindes bzw. in dem Zeitpunkt, in dem ihnen die Nachricht von einem schweren Unfall ihres Ehepartners oder Kindes überbracht wird, einen schweren Schock erleiden. Daher ist die Fahrt des Geisterfahrers adäquat kausal für die Gesundheitsverletzung der beiden. Aber auch bei einem Passanten, der zufällig Zeuge eines schweren Unfalls wird, ist es nicht völlig atypisch und außerhalb jeder Lebenserfahrung, dass dieser einen schweren Schock erleidet. Auch beim Zeugen Z ist daher die Fahrt des Geisterfahrers adäquat kausal für seine Gesundheitsverletzung. Allerdings liegt die Gesundheitsverletzung des Zeugen Z, anders als diejenige der Eltern als nahe Angehörige, nicht mehr im Bereich des Schutzwecks des § 823 Abs. 1 BGB. Zufällig Zeuge eines schweren Unfalls zu werden, gehört zum allgemeinen Lebensrisiko. Das aber muss jeder selbst tragen.

---

11 In Anlehnung an BGH, Urteil vom 22. 5. 2007 – VI ZR 17/06, NJW 2007, 2764.

11.1.7 Rechtswidrigkeit

Grundsätzlich ist jede Rechtsgutsverletzung rechtswidrig, es sei denn es greifen zugunsten des Schädigers Rechtfertigungsgründe ein, z. B. Notwehr oder eine Einwilligung des Geschädigten. Rechtswidrigkeit

---

Piercing: Fortsetzung[12]
An eine Einwilligung in eine Körper- oder Gesundheitsverletzung werden hohe Anforderungen gestellt. Insbesondere liegt eine wirksame Einwilligung nur vor, wenn zuvor umfassend über Wesen, Bedeutung und Tragweite des Eingriffs aufgeklärt wurde. Das Gericht sah im Originalfall den lapidaren Hinweis im Einverständniserklärungsformular, es handele sich um einen Eingriff in die Unversehrtheit, als nicht ausreichend an. Es hätte zumindest über bekannte, häufiger auftretende Gefahren, wie Infektionskrankheiten hingewiesen werden müssen. Dass über das Formular hinaus eine mündliche Aufklärung erfolgte, konnte P nicht beweisen. Mangels ausreichender Aufklärung lag damit auch keine wirksame Einwilligung durch S vor. Unabhängig davon, ob P das Piercing selbst ordnungsgemäß durchgeführt hat, haftet er daher auf Schadensersatz.

Bei Verletzung von Verkehrssicherungspflichten wird die Rechtswidrigkeit bereits bei der Frage, ob überhaupt eine Verkehrssicherungspflicht verletzt wurde geprüft.

Einen Sonderfall bilden die beiden Rahmenrechte Allgemeines Persönlichkeitsrecht und Recht am eingerichteten und ausgeübten Gewerbebetrieb. Hier muss die Widerrechtlichkeit stets besonders begründet werden, da häufig auch aufseiten des Schädigers grundrechtlich geschützte Positionen, wie z. B. Meinungs- und Pressefreiheit eingreifen. Die Feststellung erfolgt im Rahmen einer umfassenden Güterabwägung, bei der die Positionen des Geschädigten und des Schädigers wertend gegenübergestellt werden.

Fernsehkritik[13]
In der ARD wurde ein Filmbericht des Produzenten P gesendet, in dem über zu hohe Raumluftkonzentrationen mit Formaldehyd in Kindergärten berichtet wurde. Diese hatten, was im dem Bericht auch dargestellt wurde, ihre Ursache in der Verwendung formaldehydhaltiger Pressspanplatten. In dem Bericht wurde weiter vorgetragen: „... Die Gefährlichkeit des Gases, das u. a. auch in Desinfektionsmitteln und Lacken verarbeitet wird, ist lange bekannt. Berichte des Umweltbundesamtes und des Bundesgesundheitsamtes haben Formaldehyd als krebserregend eingestuft ...“. Bei dem Wort „Desinfektionsmittel“ wurde das Etikett des von der Firma F hergestellten formaldehydhaltigen Desinfektionsmittels „Aldehyd Flächen Desinfektion“ mit dem

---

12 Vgl. oben Kapitel 11.1.5.

13 In Anlehnung an BGH, Urteil vom 7. 12. 2000 – VII ZR 360/98, NJW-RR 2001, 381.

deutlich sichtbaren Firmenaufdruck der F für die Dauer von sieben bis acht Sekunden bildschirmfüllend eingeblendet. F sah darin einen unzulässigen Eingriff in ihren eingerichteten und ausgeübten Gewerbebetrieb und verlangte von P Schadensersatz nach § 823 Abs. 1 BGB wegen Verletzung eines sonstigen Rechts.

Der BGH sah in der plakativen Darstellung des Produkts der F mit ihrem deutlich sichtbaren Firmenaufdruck zunächst einen betriebsbezogenen Eingriff in den eingerichteten und ausgeübten Gewerbebetrieb der F. Im Rahmen der Prüfung der Rechtswidrigkeit dieses Eingriffs stellte das Gericht dem Recht der F an ihrem eingerichteten und ausgeübten Gewerbebetrieb das Recht von P auf Meinungs- und Pressefreiheit aus Art. 5 Abs. 1 GG gegenüber. Es stellte dabei zunächst fest, dass der Bericht der P keine unzutreffenden Behauptungen aufstellte. Eine der Wahrheit entsprechende Kritik müsse der Gewerbetreibende aber grundsätzlich hinnehmen. Weiter führte das Gericht aus, dass es der Presse im Rahmen einer kritischen Auseinandersetzung auch gestattet sei, ihren Bericht durch konkrete Beispiele mit Namensnennung zu verdeutlichen. Gerade das Fernsehen sei darauf angewiesen, Berichte entsprechend ins Bild zu setzen. Es sei dabei auch nicht verpflichtet, in einer die Hersteller möglichst schonenden Weise zu verfahren. Auch sei unerheblich, dass F nicht zu den Großen der Branche gehöre, da ihre Desinfektionsmittel jedenfalls einen erheblichen Anteil an Formaldehyd aufweisen.

Im Ergebnis hat das Gericht daher nach einer Abwägung der jeweils grundrechtlich geschützten Positionen aufseiten von F und P einen widerrechtlichen Eingriff in den eingerichteten und ausgeübten Gewerbebetrieb von F verneint.

11.1.8 Verschulden

Verschuldensfähigkeit

Eine Schadensersatzpflicht ist im Rahmen der Verschuldenshaftung schließlich nur begründet, wenn der Schädiger vorsätzlich oder fahrlässig gehandelt hat.

Verschulden setzt Verschuldensfähigkeit voraus. Diese ist ähnlich geregelt wie die Geschäftsfähigkeit. Schuldfähigkeit liegt erst ab Vollendung des siebenten Lebensjahres vor, § 828 Abs. 1 BGB. Zwischen dem siebenten und dem achtzehnten Lebensjahr ist Schuldfähigkeit nur bei der zur Erkenntnis der Verantwortlichkeit erforderlichen Einsicht, also entsprechender Reife, gegeben, § 828 Abs. 3 BGB. Im Straßenverkehr beginnt die mögliche Schuldfähigkeit generell erst mit Vollendung des zehnten Lebensjahres, § 828 Abs. 2 BGB.

Vorsatz

Vorsätzlich handelt der Schädiger, wenn er bewusst und gewollt in widerrechtlicher Weise eines der Rechtsgüter des § 823 Abs. 1 BGB verletzt.

Fahrlässigkeit

Fahrlässig handelt nach § 276 Abs. 2 BGB, wer die im Verkehr erforderliche Sorgfalt verletzt. Damit handelt fahrlässig, wer voraussieht oder -sehen kann, dass sein Verhalten zu einer Rechtsgutsverletzung führen kann, und diese hätte vermeiden können.

Weidezaun[14]
E erwarb von V ein landwirtschaftlich genutztes Grundstück, das er nach Erwerb rodete. Die dabei anfallenden Forstabfälle, in erster Linie Eibenäste, lagerte er mit Einverständnis des V auf dessen Nachbargrundstück. Dieses war ab einem Weidezaun an den Landwirt L verpachtet, der dort Rinder weiden ließ. Die Rinder des L fraßen von den von E unmittelbar am Weidezaun gelagerten Eibenabfällen und verendeten daraufhin infolge der stark toxischen Wirkung von Eibennadeln. L verlangt von E Schadensersatz. E entgegnet, ihm sei die toxische Wirkung von Eiben nicht bekannt gewesen. Außerdem müsse L dafür sorgen, dass seine Rinder nicht jenseits des Weidezauns fressen.

Das Gericht bejahte einen Schadensersatzanspruch des L. Durch das Ablagern der Eibenabfälle unmittelbar am Weidezaun ist das Eigentum des L an seinen Rindern verletzt worden. E hat auch schuldhaft, nämlich fahrlässig gehandelt. Es war vorhersehbar, dass die Rinder den Kopf durch den Weidezaun stecken und soweit erreichbar auch jenseits des Weidezauns Futter aufnehmen. Dieses tierische Verhalten ist überall im ländlichen Bereich zu beobachten und allgemein bekannt. Auch musste E damit rechnen, dass die Tiere auch unbekömmliche Pflanzen fressen.

Unerheblich ist auch, dass E die Giftigkeit von Eiben möglicherweise unbekannt war. Entscheidend für die Prüfung, ob E die im Verkehr erforderliche Sorgfalt beachtet hat, ist, ob ein besonnener und gewissenhafter Angehöriger des maßgeblichen Verkehrskreises in der Lage des E eine mögliche Schädigung der Rinder durch die abgelagerten Eibenabfälle erkennen konnte. Dabei genügt die allgemeine Vorhersehbarkeit eines schädigenden Erfolgs, der konkrete Ablauf braucht in seinen Einzelheiten nicht vorhersehbar gewesen zu sein. Der maßgebliche Verkehrskreis ist hier der Kreis der Eigentümer oder Besitzer von Grundstücken im ländlichen Bereich. Ein sorgfältiges der Verantwortung gegenüber den Schutzgütern der Nachbarn Rechnung tragendes Handeln setzt hier voraus, dass sich der Handelnde jedenfalls dann die jedermann zugänglichen Erkenntnisse über die von ihm bearbeiteten Pflanzen beschafft, wenn nicht nur der ursprüngliche Aufwuchs gepflegt wird, sondern Pflanzen oder Pflanzenteile auf Grundstücksteile verbracht werden, die erkennbar für den Viehbestand der Nachbarn von außen zugänglich sind. E durfte als Städter, der möglicherweise nicht über das auf dem Land gebräuchliche Wissen und die entsprechenden Erfahrungen verfügte, nicht „auf gut Glück" Gartenabfälle unmittelbar dort ablagern, wo sie für die Rinder erreichbar sein konnten. Die Eigentumsverletzung war auch ohne Weiteres durch Ablagerung in ausreichender Entfernung zum Weidezaun vermeidbar.

11.1.9 Umfang des zu ersetzenden Schadens

Liegen die bislang erörterten Anspruchsvoraussetzungen für einen Schadensersatzanspruch vor, bestimmt sich der Umfang des zu ersetzenden Schadens nach §§ 249 ff. BGB.

14 OLG Köln, Urteil vom 11. 1. 1990 – 7 U 121/89, NJW-RR 1990, 793.

Naturalrestitution und Ersetzungsbefugnis

Das Schadensrecht geht vom Grundsatz der Naturalrestitution aus, § 249 Abs. 1 BGB. Danach hat der Schädiger den Zustand herzustellen, der ohne das schädigende Ereignis bestünde. Im obigen Firmenwagenfall müsste Ihr Unfallgegner daher den Firmenwagen reparieren und Ihre Verletzungen behandeln. Da das in der Regel aber natürlich nicht in Betracht kommt, gewährt § 249 Abs. 2 BGB dem Geschädigten das Recht, statt der Wiederherstellung den hierfür erforderlichen Geldbetrag zu verlangen, sogenannte Ersetzungsbefugnis.

Dispositionsfreiheit

Bei Sachschäden muss der Geschädigte diesen Geldbetrag dann nicht zur Wiederherstellung, z. B. zur Reparatur verwenden. Er ist vielmehr in der Verwendung dieses Geldbetrags frei.

Entgangener Gewinn

Da der Zustand herzustellen ist, der ohne das Schadensereignis bestünde, umfasst der Schadensersatz nach § 249 BGB ggf. auch einen entgangenen Gewinn, was § 252 BGB nochmals ausdrücklich klarstellt. Daher gehört bspw. bei unselbstständigen Arbeitnehmern auch entgangener Verdienst zum Umfang des zu ersetzenden Schadens. Ein Angestellter ist zwar nach § 1 EFZG durch Gehaltsfortzahlung gesichert. Der Anspruch auf Schadensersatz geht aber nach § 6 EFZG insoweit auf den Arbeitgeber über.

Geldersatz im Übrigen

Soweit die Wiederherstellung nicht oder nur mit unverhältnismäßigen Aufwendungen möglich oder zur Entschädigung nicht genügend ist, kommt eine Entschädigung in Geld in Betracht, § 251 BGB. In diesem Fall ist der Marktpreis oder Wiederbeschaffungswert zu ersetzen. Im Firmenwagenfall ist daher über die Reparaturkosten hinaus auch der sogenannte merkantile Minderwert zu ersetzen, also der wirtschaftliche Verlust, der dadurch entsteht, dass der Wagen künftig nur noch als Unfallwagen weiterveräußert werden kann.

Schmerzensgeld

Immaterielle Schäden wie Schmerzensgeld, werden, sofern nicht besonders geregelt, nach § 253 Abs. 2 BGB insbesondere bei Körper- und Gesundheitsverletzungen ausgeglichen.

Mitverschulden

Hat der Geschädigte den Schaden mitverschuldet, wird sein Schadensersatzanspruch nach § 254 BGB entsprechend seinem Mitverschuldensanteil gekürzt.

Verkehrsunfall[15]

Im obigen Ausgangsfall führt die Nichtverwendung des Sicherheitsgurts dazu, dass Sie sich hinsichtlich der Körperverletzung ein Mitverschulden anrechnen lassen müssten, das die Rechtsprechung in diesen Fällen bei bis zu einem Drittel ansetzt. Das bedeutet, Ihr Schadensersatzanspruch würde um bis zu einem Drittel gekürzt.

---

15 Vgl. oben Kapitel 11.1.1.

11.1.10 Schutzgesetzverletzung, vorsätzliche sittenwidrige Schädigung, Haftung für den Verrichtungsgehilfen

Während im Rahmen des § 823 Abs. 1 BGB nur Vermögensschäden zu ersetzen sind, denen eine Verletzung eines der eben erörterten Rechte oder Rechtsgüter vorausging, setzen Schadensersatzansprüche nach § 823 Abs. 2 und § 826 BGB eine solche Rechtsgutsverletzung nicht zwingend voraus.

Schutzgesetzverletzung

Nach § 823 Abs. 2 BGB bestehen Schadensersatzansprüche unabhängig von einer vorausgegangenen Rechtsgutsverletzung auch bei Verletzung eines Schutzgesetzes. Als Schutzgesetz kommt jede Rechtsnorm in Betracht, die, ggf. neben dem Schutz der Allgemeinheit, zumindest auch den Schutz des einzelnen vor Verletzung seiner Rechte, Rechtsgüter oder rechtlich geschützter Interessen bezweckt. Viele Strafgesetze sind daher Schutzgesetze. Allerdings existieren auch außerhalb des StGB zahlreiche Schutzgesetze.

Insolvenzverschleppung

G ist Geschäftsführer einer GmbH, bei der seit dem 15.5. Überschuldung vorliegt. Antrag auf Eröffnung des Insolvenzverfahrens stellt G jedoch erst am 31.7. Am 1.7. hat V der GmbH eine Produktionsmaschine geliefert. Den Kaufpreis hat V bis heute von der GmbH nicht erhalten. Nach Eröffnung des Insolvenzverfahrens wird V allenfalls noch eine geringe Insolvenzquote erhalten. Hätte V am 1.7. nicht an die GmbH geliefert, hätte er die Maschine, sogar für einen höheren Preis, an einen anderen Kunden verkaufen können. § 15a Abs. 1 InsO sieht vor, dass die Geschäftsführung einer GmbH spätestens drei Wochen nach Eintritt der Zahlungsunfähigkeit oder Überschuldung Insolvenzantrag stellen muss.

Eine Eigentumsverletzung liegt in diesem Fall nicht vor. Auch die sonstigen in § 823 Abs. 1 BGB genannten Rechte oder Rechtsgüter sind nicht betroffen. Schadensersatz kann V daher allenfalls über § 823 Abs. 2 BGB direkt von G erlangen. Als Schutzgesetz kommt dabei § 15a Abs. 1 InsO in Betracht. § 15a Abs. 1 InsO bezweckt gerade den Schutz der einzelnen Gläubiger einer insolventen juristischen Person davor, dass durch Verschleppung der Insolvenz ihre Gläubigerstellung weiter verschlechtert wird. Da G nicht spätestens innerhalb von drei Wochen nach Eintritt der Überschuldung Insolvenzantrag gestellt hat, hat er gegen dieses Schutzgesetz verstoßen. V ist daher so zu stellen, als hätte er dieses Geschäft nicht getätigt, was er sicher nicht getan hätte, wäre ihm bekannt gewesen, dass die GmbH insolvent ist. G hat V daher den Wert der Maschine und den ggf. entgangenen Gewinn aus dem Alternativgeschäft zu ersetzen.

Vorsätzliche sittenwidrige Schädigung

Unabhängig von einer vorausgegangenen Rechtsgutsverletzung kommt auch ein Schadensersatzanspruch wegen vorsätzlicher sittenwidriger Schädigung nach § 826 BGB in Betracht. Voraussetzung hierfür ist, dass der Schädiger einem anderen vorsätzlich und durch eine sittenwidrige Handlung einen Schaden zufügt. Dies kann z. B. angenommen werden, wenn ein Anlageberater einen Anlageinteressenten objektiv sachwidrig berät und zu einer bestimmten, den Anlagezielen des Beratenen entgegengesetzten Anlageentscheidung veranlasst und dabei dessen Schädigung billigend in Kauf nimmt. In diesem Fall ist gegebenenfalls das, durch § 823 Abs. 1 BGB nicht geschützte, Vermögen des Anlegers betroffen. Schadensersatz kann der Anleger hier über § 826 BGB erlangen.

Haftung für den Verrichtungsgehilfen

Nach § 831 Abs. 1 BGB haftet der Geschäftsherr für schädigende Handlungen im Sinne der §§ 823 ff. BGB seiner Verrichtungsgehilfen. Verrichtungsgehilfe ist, wer vom Geschäftsherrn in dessen Interesse zu einer Verrichtung bestellt wurde und von den Weisungen des Geschäftsherrn abhängig ist. Eine solche Weisungsabhängigkeit besteht regelmäßig bei Arbeitnehmern aufgrund des Arbeitsvertrags, in der Regel jedoch nicht bei Subunternehmern. Schickt beispielsweise der Geschäftsherr zur Erfüllung eines Auftrags einen seiner Mitarbeiter zu einem Kunden und beschädigt dieser dabei ein Datenkabel, was zum Ausfall der EDV-Anlage führt, kommt eine Haftung des Geschäftsherrn aus § 831 Abs. 1 BGB in Betracht. Dabei spielt es keine Rolle, ob der Verrichtungshilfe schuldhaft gehandelt hat (was aber regelmäßig der Fall gewesen sein dürfte). Vielmehr ist § 831 Abs. 1 BGB eine Haftung für vermutetes Verschulden des Geschäftsherrn. Ihm wird vorgeworfen, den Verrichtungsgehilfen nicht mit der gebotenen Sorgfalt ausgewählt und im Folgenden nicht regelmäßig geprüft zu haben, ob der Verrichtungsgehilfe sorgfältig und zuverlässig arbeitet. Der Geschäftsherr kann der Haftung aus § 831 Abs. 1 BGB daher nur entgehen, wenn er diese Verschuldensvermutung entkräften kann, sogenannte Exkulpation.

11.1.11 Übungsfall

Gerissene Oberleitung[16]

Unternehmer U riss beim Transport aufgrund einer zu hoch verladenen Maschine beim Überqueren eines Bahnübergangs die Fahrleitungsdrähte über der Gleisanlage, die durch den Netzunternehmer Z betrieben wird, herunter. Dabei wurde eine Elektrolokomotive des Verkehrsunternehmers V, die sich unweit des Bahnübergangs befand, beschädigt. Die Strecke musste für 48 Stunden gesperrt werden. Daher konnte V eine weitere Elektrolokomotive nicht wie geplant auf dieser Strecke einsetzen. V verlangt von U Schadensersatz für die Reparatur-

16 In Anlehnung an BGH, Urteil vom 11. 1. 2005 – VI ZR 34/04, NJW-RR 2005, 673.

kosten der beschädigten Lokomotive (35.000 €) und Schadensersatz dafür, dass er die andere Lokomotive nicht wie geplant auf dieser Strecke einsetzen konnte. Diesen beziffert er mit 15.000 €.

Anspruchsgrundlage

V könnte einen Anspruch gegen U auf Schadensersatz nach § 823 Abs. 1 BGB haben.

Voraussetzungen

Voraussetzung hierfür ist, dass U eines der in § 823 Abs. 1 BGB genannten Rechte oder Rechtsgüter des V widerrechtlich und schuldhaft verletzt hat und bei V dadurch ein Schaden entstanden ist.

Subsumtion

In Betracht kommt zunächst eine Verletzung des Eigentums von V. Hinsichtlich der beschädigten Lok liegt aufgrund Eingriffs in die Sachsubstanz eine Eigentumsverletzung vor. Fraglich ist dies bei der anderen Lok, die für 48 Stunden nicht wie geplant auf der betreffenden Strecke eingesetzt werden konnte. Hier könnte eine Eigentumsverletzung wegen Eingriffs in den bestimmungsgemäßen Gebrauch der Sache vorliegen. Der bestimmungsgemäße Gebrauch einer Lok besteht jedoch darin, dass überhaupt mit ihr gefahren werden kann, nicht darin, mit ihr eine ganz bestimmte Strecke zu fahren. Hinsichtlich dieser Lok scheidet eine Eigentumsverletzung daher aus. Insoweit entfällt auch ein Eingriff in den eingerichteten und ausgeübten Gewerbebetrieb des V, da das Herunterreißen der Fahrleitungsdrähte nicht gezielt in den Gewerbebetrieb des V eingriff. Es lag insoweit kein betriebsbezogener Eingriff vor. Eine Rechtsgutsverletzung ist daher nur in Bezug auf die beschädigte Lok gegeben.

Diese Eigentumsverletzung müsste U durch eine entsprechende Verletzungshandlung zurechenbar sein. Die Verletzungshandlung des U bestand im Fahren mit einer zu hohen Ladung und dem dadurch erfolgten Herunterreißen der Fahrleitungsdrähte. Dass eine zu hohe Ladung Oberleitungen beschädigen kann, ist nicht völlig unwahrscheinlich und vom Schutzzweck des § 823 Abs. 1 BGB gedeckt.

Da sich U nicht auf Rechtfertigungsgründe berufen kann, ist die Eigentumsverletzung auch widerrechtlich erfolgt.

Schließlich müsste U ein Verschulden vorzuwerfen sein. U könnte fahrlässig gehandelt haben, § 276 Abs. 1 und 2 BGB. Es war vorhersehbar, dass eine zu hohe Ladung beim Transport Oberleitungen erreichen und beschädigen kann. Diese Folge war auch ohne Weiteres vermeidbar durch korrekte Beladung oder, falls dies nicht möglich gewesen sein sollte, durch entsprechende Wahl des Fahrwegs und Abstimmung mit den Straßenverkehrsbehörden. Da U dem nicht entsprochen hat, hat er die im Verkehr erforderliche Sorgfalt außer Acht gelassen.

Da in Bezug auf die beschädigte Lok alle Voraussetzungen erfüllt sind, muss U an V Schadensersatz bezahlen. Nach § 249 BGB ist V so zustellen, wie er stünde, wenn U die Fahrleitungsdrähte nicht herunter gerissen hätte. Daher hat U die Reparaturkosten in Höhe von 35.000 € zu ersetzen. Umstände, die auf ein Mitverschulden des V nach § 254 BGB hindeuten, sind nicht ersichtlich.

Ergebnis

U hat V die Reparaturkosten für die beschädigte Lok nach § 823 Abs. 1 BGB zu ersetzen. Schadensersatz für die andere, für 48 Stunden auf der betreffenden Strecke nicht einsetzbare Lok, muss U mangels Rechtsgutsverletzung oder anderweitiger Anspruchsgrundlagen nicht leisten.

11.1.12 Zusammenfassung

Die außervertragliche Haftung kennt den Grundsatz der Verschuldenshaftung und nur in besonders angeordneten Fällen eine Gefährdungshaftung. Nach den Grundtatbeständen der Verschuldenshaftung, §§ 823 Abs. 1 und 2, 826 BGB bestehen Schadensersatzansprüche, wenn eines der in § 823 Abs. 1 BGB genannten Rechte oder Rechtsgüter oder ein Schutzgesetz nach § 823 Abs. 2 BGB widerrechtlich und schuldhaft verletzt wurden oder eine vorsätzliche sittenwidrige schädigende Handlung vorliegt und dadurch ein Schaden entstanden ist. Hat der Geschädigte den Schaden mit verursacht, wird sein Schadensersatzanspruch in Höhe seines Mitverschuldensanteils gekürzt.

11.2 Produkthaftung

Produzentenhaftung und Produkthaftung

Die Haftung für fehlerhafte Produkte kann sich aus vertraglicher Grundlage (insbesondere Gewährleistungsrecht)[17] oder aus außervertraglicher Grundlage ergeben. Im Bereich der außervertraglichen Haftung kommt eine Haftung für fehlerhafte Produkte sowohl unmittelbar aus § 823 BGB in Betracht[18], sogenannte Produzentenhaftung. Sie kann aber auch auf dem Produkthaftungsgesetz (ProdHaftG) beruhen, sogenannte Produkthaftung. Wesentlicher Unterschied der beiden Haftungstatbestände ist, dass es sich bei der Haftung nach § 823 BGB um eine Verschuldenshaftung handelt, während im Rahmen des ProdHaftG auch ohne Verschulden gehaftet wird. Es handelt sich damit um eine Gefährdungshaftung. Im Ergebnis gleichen sich beide Haftungstatbestände allerdings insofern aneinander an, als im Rahmen der Produzentenhaftung nach § 823 BGB das Verschulden des Herstellers

17 Vgl. hierzu oben Kapitel 5.4.

18 Vgl. hierzu Kapitel 11.1.

des fehlerhaften Produkts in weiten Teilen vermutet wird. Das heißt, der Hersteller muss im Schadensfall beweisen, dass ihn im Hinblick auf das Inverkehrbringen eines fehlerhaften Produkts kein Verschulden trifft. An diesen Entlastungsbeweis stellt die Rechtsprechung hohe Anforderungen. Im Mittelpunkt der nachfolgenden Ausführungen steht die Produkthaftung nach dem ProdHaftG.[19] Auf Unterschiede im Verhältnis zur Produzentenhaftung nach § 823 BGB wird jeweils an geeigneter Stelle hingewiesen.

Praktisch bedeutsam ist die Produkthaftung insbesondere in Fällen, in denen die Gewährleistung für das betreffende Produkt im Schadensfall bereits verjährt ist oder die Gewährleistungshaftung scheitert, weil ein Verschulden des Verkäufers nicht vorliegt oder nicht bewiesen werden kann.

11.2.1 Stellen Sie sich vor ...

Stellen Sie sich vor, Sie arbeiten im Qualitätsmanagement eines Betriebs der Schmier- und Schneidemittelindustrie. Aufgrund mangelhafter Zusammensetzung eines von Ihrer Firma hergestellten und vertriebenen Gewindeschneidmittels ist dieses nicht geschmacks- und geruchsneutral und hinterlässt schwer lösliche Rückstände. Das Wasser, das durch von Installationsbetrieben eingebaute Wasserrohre, die mit dem betreffenden Gewindeschneidmittel zugeschnitten wurden, fließt weist einen ekelerregenden Geruch und Geschmack auf. Die betroffenen Rohleitungen müssen sämtlich aufwendig mit Chemikalien gespült werden, um die Beeinträchtigungen zu beseitigen. Zahlreiche Installationsbetriebe verlangen Schadensersatz.[20]

Oder stellen Sie sich vor, Sie sind im oben aufgeführten Limonadenflaschenfall im Management des Herstellers beschäftigt, dessen Limonadenflasche an einem heißen Sommertag in einer Einzelhandelsfiliale explodiert und einen Kunden der Filiale verletzt. Nachdem dieser mit Schadensersatzansprüchen gegen die Einzelhandelskette keinen Erfolg hatte, begehrt er Schadensersatz vom Hersteller der Limonadenflasche. Zu Recht?[21]

---

19 Vgl. *Eisenberg/Gildeggen/Reuter/Willburger*, Produkthaftung, 2. Aufl. 2014.

20 In Anlehnung an BGH, Urteil vom 7. 12. 1993 – VI ZR 74/93, NJW 1994, 517; BGH, Urteil vom 6. 12. 1994 – VI ZR 229/93, NJW-RR 1995, 342.

21 Fortführung von BGH, Urteil vom 31. 10. 2006 – VI ZR 223/05, NJW 2007, 762; vgl. auch BGH, Urteil vom 7. 6. 1988 – VI ZR 91/87, NJW 1988, 2611; BGH, Urteil vom

Stellen Sie sich auch vor, Sie kaufen ein neues, hübsches Cabriolet, freuen sich und unternehmen sogleich eine Spritztour. Zunächst läuft alles einwandfrei. Das ändert sich jedoch, als Sie die Höchstgeschwindigkeit auf der Autobahn testen. Mit dieser sind Sie noch zufrieden, allerdings nicht damit, dass das Fahrzeug von der Höchstgeschwindigkeit nicht mehr lassen will. Der Gaszug ist hängen geblieben, das Gaspedal lässt sich nicht mehr in die Ausgangsstellung zurückbewegen. Das Fahrzeug können Sie schließlich nur dadurch zum Stillstand bringen, dass Sie an der Ausfahrt mehrere Verkehrszeichen überfahren und die Ausfahrtböschung als Bremsrampe benutzen. Die Autobahnmeisterei stellt Ihnen für die Reparatur der dadurch entstandenen Schäden 18.000 € in Rechnung.[22]

11.2.2 Ökonomische Bedeutung und Begründung

Ausgleich und Prävention

Motive und ökonomische Begründung der Verschuldenshaftung lassen sich zunächst auf die Begründung der gesetzlichen Regelungen zur Produkthaftung übertragen. Für die Produkthaftung tritt aber noch stärker der Gedanke des Verbraucher- und Anwenderschutzes in den Vordergrund. Die Haftung für fehlerhafte Produkte soll vor allem, wie es bereits bei der Verschuldenshaftung erörtert wurde, durch die Kostenüberwälzung Anreize bieten, möglichst nur sichere Produkte in den Verkehr zu bringen. Dadurch sollen Verbraucher und Anwender vor Gefahren, die von unsicheren Produkten ausgehen, so weit als möglich geschützt werden. Beließe man die Kosten und Risiken aus der Verwendung fehlerhafter Produkte beim Anwender und Verbraucher, bestünden für Hersteller weniger Anreize für eine ausreichende Sicherheit ihrer Produkte zu sorgen. Auch der Preis wäre kaum ein ausreichendes Regulativ, da Qualität und Sicherheit der heutzutage oft sehr komplexen Produkte vom Anwender oder Verbraucher meist nicht ausreichend beurteilt werden können. Andererseits ist jedoch zu berücksichtigen, dass Verbraucher von technischem Fortschritt profitieren, dieser ohne Risiken aber nicht zu haben ist. Es ließe sich also wohl auch rechtfertigen, den Verbraucher an den Kosten dieser Risiken zu beteiligen. Allerdings kann der Hersteller durch seine Nähe zum Entwicklungs-, Herstellungs- und Vermarktungsprozess Fehler seiner Produkte leichter erkennen und mit geringerem Aufwand ver-

---

8. 12. 1992 – VI ZR 24/92, NJW 1993, 528; BGH, Urteil vom 9. 5. 1995 – VI ZR 158/94, NJW 1995, 2162.

22 In Anlehnung an BGH, Urteil vom 18. 1. 1983 – VI ZR 310/79, NJW 1983, 810.

meiden oder beseitigen. Darüber hinaus ist es ihm möglich, durch Abschluss einer Versicherung und entsprechende Preiskalkulation die durch fehlerhafte Produkte verursachten Kosten auf die Gesamtheit der Anwender und Verbraucher zu verteilen. Die Regelungen zur Produkthaftung können so die für den Einzelnen mit existenziellen Risiken verbundenen modernen Produktgefahren sachgerecht bewältigen. Die Bewältigung dieser Gefahren wird durch das Produktsicherheitsgesetz (ProdSG) ergänzt und verstärkt. Das ProdSG ist öffentlich-rechtliches Sicherheitsrecht und legt fest, unter welchen Voraussetzungen Produkte in den Markt gebracht werden dürfen und wie mit Produktgefahren umzugehen ist, die nach dem Markteintritt erkennbar werden. Darüber hinaus sind einzelne Regelungen des ProdSG als Schutzgesetz im Sinne des § 823 Abs. 2 BGB anzusehen.

11.2.3 Das Produkthaftungsgesetz

ProdHaftG ist harmonisiertes Unionsrecht

Das Produkthaftungsgesetz wurde in Umsetzung der Produkthaftungsrichtlinie der Europäischen Union erlassen und ist damit harmonisiertes Unionsrecht. Die im Folgenden erörterten Haftungsgrundsätze gelten daher im Wesentlichen EU-weit. Darüber hinaus war das in der Produkthaftungsrichtlinie enthaltene Produkthaftungskonzept in Staaten außerhalb der Europäischen Union Modell für dortige Regelungen.

Anspruchsgrundlage: § 1 Abs. 1 ProdHaftG

Nach § 1 Abs. 1 ProdHaftG haftet der Hersteller auf Schadensersatz, wenn durch den Fehler eines Produkts jemand getötet, sein Körper oder seine Gesundheit verletzt oder eine Sache beschädigt wird. Auf ein Verschulden des Herstellers kommt es dabei nicht an. In den §§ 2 bis 4 ProdHaftG finden sich Definitionen zu Produkt, Fehler und Hersteller. § 5 ProdHaftG regelt die Haftung bei mehreren Verantwortlichen, z. B. Hersteller und Zulieferer. In § 1 Abs. 2 und 3 ProdHaftG sind Haftungsausschlussgründe geregelt. Die §§ 6 ff. ProdHaftG enthalten die §§ 249 ff. BGB ergänzende Regelungen zum Umfang der Haftung, die allerdings mit Ausnahme von Haftungshöchstgrenzen und Selbstbeteiligung, §§ 10, 11 ProdHaftG inhaltlich keine nennenswerten Änderungen im Vergleich zu den §§ 249 ff. BGB mit sich bringen.

Haftung aus § 823 BGB und dem ProdHaftG stehen selbstständig nebeneinander

Zu beachten ist § 15 Abs. 2 ProdHaftG. Danach bleibt eine Haftung nach anderen Vorschriften unberührt. Das heißt, dass eine Haftung für Schäden, die ein fehlerhaftes Produkt verursacht hat, sowohl auf § 1 Abs. 1 ProdHaftG als auch auf § 823 BGB gestützt werden kann. Dies ist insbesondere in Fällen von Bedeutung, in denen Schadensersatzansprüche nach § 823 BGB für den Geschädigten wegen Überschreiten der Haftungshöchstgrenzen oder einer Selbstbeteiligung nach dem Prod-

HaftG günstiger sind. Oder aber in Fällen, die vom ProdHaftG nicht erfasst werden, wie beispielsweise Schäden an beruflich/gewerblich genutzten Sachen, § 1 Abs. 1 S. 2 ProdHaftG, oder Schäden infolge einer Verletzung der Produktbeobachtungspflicht.[23]

11.2.4 Produkt

Bewegliche Sachen

Voraussetzung einer Haftung nach dem ProdHaftG ist zunächst ein fehlerhaftes Produkt. Ein Produkt in diesem Sinne ist nach § 2 ProdHaftG jede bewegliche Sache und Elektrizität. Sachen sind nach § 90 BGB körperliche Gegenstände unabhängig von ihrem Aggregatzustand. So können hierunter beispielsweise auch Industriegase fallen. Gebrauchte oder bearbeitete Sachen sind gleichfalls Produkte in diesem Sinne. Allerdings werden nur bewegliche Sachen erfasst, insbesondere also nicht Immobilien. Lag ursprünglich eine bewegliche Sache vor, wird diese dann aber, z. B. durch Einbau, Teil einer unbeweglichen Sache, wird sie dennoch weiterhin vom Anwendungsbereich des ProdHaftG erfasst. Werden Kabel – eine bewegliche Sache – in einem Gebäude verlegt und sind damit Bestandteil der unbeweglichen Sache „Gebäude" geworden, bleiben sie nach § 2 ProdHaftG dennoch ein Produkt im Sinne des ProdHaftG. Weisen die Kabel einen Produktfehler auf, haftet der Hersteller bei Vorliegen der übrigen Voraussetzungen für dadurch verursachte Schäden nach § 1 Abs. 1 ProdHaftG.

Software/ Naturerzeugnisse

Nach überwiegender Ansicht unterfällt auch Software dem Produktbegriff des § 2 ProdHaftG. Darüber hinaus fallen landwirtschaftliche und sonstige Naturerzeugnisse unter diesen Produktbegriff. Damit erfasst das ProdHaftG nahezu alle in einer modernen Industrie- und Dienstleistungsgesellschaft hergestellten und vertriebenen beweglichen Gegenstände.

11.2.5 Fehler

Berechtigte Sicherheitserwartungen

Ein fehlerhaftes Produkt liegt nach § 3 ProdHaftG vor, wenn es nicht diejenige Sicherheit bietet, die unter Berücksichtigung aller Umstände berechtigterweise erwartet werden kann. Die berechtigten Sicherheitserwartungen werden zunächst durch die von dem Produkt angesprochenen oder berührten Verkehrskreise bestimmt. Richtet sich das Produkt an Endverbraucher oder Kinder, können höhere Sicherheitserwar-

23 Vgl. hierzu Kapitel 11.1.5.

tungen angesetzt werden, als bei Produkten, die sich an einen speziell hierfür ausgebildeten Anwenderkreis richten. Auch kann keine absolute Sicherheit erwartet werden. Vielmehr können nur die Sicherheitsmaßnahmen erwartet werden, die nach den Umständen des konkreten Falles zur Gefahrenvermeidung oder Gefahrenbeseitigung erforderlich und wirtschaftlich zumutbar sind. Auszugehen ist dabei von dem Grundsatz, dass die Anforderungen mit der Größe der Gefahr und der Bedeutung des gefährdeten Rechtsguts steigen. Anhaltspunkte, welche Umstände des konkreten Falles zu berücksichtigen sind, enthält § 3 ProdHaftG selbst, nämlich insbesondere die Darbietung des Produkts, der Gebrauch mit dem billigerweise gerechnet werden kann und dem Zeitpunkt des Inverkehrbringens des Produkts. Es sind aber über diese beispielhaft genannten Umstände hinaus alle Umstände zu berücksichtigen, so auch der Preis des Produkts: Von einem teuren Produkt darf höhere Sicherheit erwartet werden, als von einem billigen Produkt.

Maßgeblicher Zeitpunkt: Inverkehrbringen des Produkts

Maßgeblicher Zeitpunkt für die Beurteilung der Fehlerhaftigkeit ist der Zeitpunkt, in dem das Produkt in den Verkehr gebracht wurde.

Bei der Frage der Fehlerhaftigkeit eines Produkts wird üblicherweise unterschieden zwischen Konstruktions-, Fabrikations- und Instruktionsfehlern. Hersteller müssen ihre Betriebe so organisieren, dass Konstruktions-, Fabrikations- und Instruktionsfehler so weit als möglich verhindert werden, damit andere durch ihre Produkte nicht geschädigt werden. Das heißt, sie müssen Konzeption und Planung sowie den eigentlichen Herstellungsprozess so organisieren, überwachen und durch Kontrollvorkehrungen absichern, dass Fehler bei Konstruktion und Fabrikation soweit als möglich vermieden werden, und sie müssen die Anwender vor verbleibenden Gefahren, die sich bei der Verwendung ihrer Produkte ergeben können, warnen. Grundsätzlich ergibt sich dadurch, dass Hersteller zwingende gesetzliche Vorgaben, bspw. aus dem ProdSG, einhalten müssen, von sonstigen nicht zwingenden Regelungen, Normen und Standards, bspw. den in DIN-, EN- oder ISO-Normen zusammengefassten allgemeinen Regeln der Technik, nur in begründeten Fällen abweichen dürfen, sich im Regelfall am Stand von Wissenschaft und Technik auszurichten haben und ihre Produkte auch im Übrigen so herstellen und vermarkten müssen, dass sie die berechtigten Sicherheitserwartungen der Allgemeinheit erfüllen. Der Fehlerbegriff des ProdHaftG deckt sich damit insoweit mit den herstellerspezifischen Verkehrssicherungspflichten aus § 823 Abs. 1 BGB.

Konstruktionsfehler

Diese Anforderungen hat der Hersteller bereits bei der Planung und Entwicklung von Produkten einzuhalten. Fehler in diesem Stadium des Produktionsprozesses wirken sich regelmäßig auf die gesamte Produktionsserie aus. Wie bereits oben ausgeführt, steigen die Sicherheitsanforderung mit der Gefährlichkeit des Produkts und der Bedeutung der gefährdeten Rechtsgüter. In seine Überlegungen, welche Sicherheit die angesprochenen Verkehrskreise berechtigterweise erwarten dürfen, muss der Hersteller nicht nur den bestimmungsgemäßen Gebrauch, sondern auch einen gegebenenfalls zu erwartenden, nicht ganz fernliegenden Fehlgebrauch mit einbeziehen. Eine bewusste, missbräuchliche Zweckentfremdung des Produkts muss der Hersteller jedoch nicht berücksichtigen.

Schwimmschalter[24]
H stellt Reinigungs- und Entfettungsanlagen her. Im Rahmen der Herstellung bezieht er Schwimmschalter eines englischen Zulieferers, die im Falle der Überhitzung der Anlage ein automatisches Abschalten auslösen sollen. Eine von H hergestellte Anlage fing jedoch Feuer und verursachte erhebliche Schäden, u. a. an der Produktionshalle des Erwerbers E der Anlage. Wie sich später herausstellte, war der in die Anlage eingebaute Schwimmschalter selbst fehlerfrei. Er war jedoch in seiner Leistung für die Anlage zu schwach dimensioniert.

Das Gericht bejahte einen Konstruktionsfehler. Auch wenn der Schwimmschalter an sich fehlerfrei war, war seine Leistung dennoch zu schwach für die betreffende Anlage. Dies hätte bei Planung der Anlage bedacht und ein stärker dimensionierter Schwimmschalter verwendet werden müssen.

Wie oben zum Fehlerbegriff allgemein ausgeführt, gilt auch für den Konstruktionsbereich, dass nur die Sicherheitsanforderungen gefordert sind, die technisch möglich und wirtschaftlich zumutbar sind.

Gewindeschneidmittel[25]
Im obigen Ausgangsfall musste das Schneidmittel so geplant und konzipiert werden, dass es in den Rohrleitungen keine Rückstände hinterlässt und geschmacks- und geruchsneutral verwendet werden kann. Wie andere Schneidmittel zeigen, kann dies auch ohne Weiteres technisch möglich und wirtschaftlich zumutbar umgesetzt werden. Auch hier lag daher ein Konstruktionsfehler vor.

Keine Haftung bei Entwicklungsfehlern

Maßgeblicher Zeitpunkt für die Prüfung, ob ein Konstruktionsfehler vorliegt, ist der Zeitpunkt des Inverkehrbringens des Produkts. War ein Konstruktionsfehler in diesem Zeitpunkt nicht erkennbar oder vermeidbar – sogenannter Entwicklungsfehler –, entfällt eine Haftung des Herstellers, vgl. § 1 Abs. 2 Nr. 5 ProdHaftG, auch wenn neue Erkenntnisse in Wissenschaft und Technik später neue Handlungsmöglichkeiten aufzeigen.

24 BGH, Urteil vom 24. 11. 1976 – VIII ZR 135/75, NJW 1977, 379.
25 Vgl. oben Kapitel 11.2.1 „Stellen Sie sich vor ... “.

Fabrikationsfehler

Auch im Rahmen der eigentlichen Herstellung muss der Hersteller oben genannte Anforderungen beachten. Insbesondere muss er den Herstellungsprozess durch eine ausreichende Wareneingangs- und -ausgangskontrolle absichern, seine Zulieferer sorgfältig auswählen und sein Personal ausreichend anweisen.

Limonadenflaschenfall[26]

Hersteller von Glasflaschen müssen vor Auslieferung der Flaschen durch eine entsprechende Qualitätskontrolle sicherstellen, dass möglichst nur einwandfreie Flaschen auf den Markt kommen, da mit explodierenden Flaschen erhebliche Verletzungsgefahren verbunden sind. Das bedeutet für Glasflaschenhersteller oder Wiederverwender (Mehrwegpfandflaschen) grundsätzlich, dass vor Auslieferung alle Flaschen durch geeignete Verfahren auf eine ausreichende Berstdrucksicherheit hin geprüft werden müssen und der jeweilige Befund zum Nachweis gesichert werden muss.

Allerdings kann meist auch bei Beachtung aller dieser Anforderungen nicht ausgeschlossen werden, dass einzelne fehlerhafte Produkte dennoch in den Markt gelangen, sogenannter Ausreißer. Anders als bei § 823 Abs. 1 BGB, wo mangels Sorgfaltspflichtverletzung in diesem Fall eine Haftung entfällt, haftet der Hersteller nach dem ProdHaftG in der Regel auch für solche Ausreißer.

Gaszugfall[27]

Im obigen Gaszugfall stellte sich schließlich heraus, dass der Gaszug nicht auf einem Fabrikationsfehler, sondern auf mangelhafter Konstruktion beruhte. Der Gaszug hatte zu viel Spiel, verklemmte sich daher in der Gaszughülle und sprang infolgedessen nicht mehr in die Ausgangsposition zurück.

Der Verkäufer des Wagens hatte vor Auslieferung eine Probefahrt durchgeführt, bei der das Phänomen nicht auftrat. Da Verkäufer neu hergestellter Produkte, sofern keine Anhaltspunkte auf Mängel hinweisen, nicht verpflichtet sind, das Produkt vor Verkauf näher auf Mängel zu untersuchen, scheitern mängelbedingte Schadensersatzansprüche gegen den Verkäufer des Wagens. Schadensersatz, insbesondere für die von der Autobahnmeisterei geforderten Kosten, können Sie daher nur im Rahmen der Produkthaftung vom Hersteller selbst erlangen. Da diesem vorliegend ein Konstruktionsfehler nachgewiesen werden kann und auch alle weiteren Voraussetzungen vorliegen, bestehen solche Schadensersatzansprüche.

Instruktionsfehler

Auch bei ordnungsgemäßer Konstruktion und Fabrikation können sich aus der Verwendung eines Produkts Gefahren ergeben. Über diese trotz ordnungsgemäßer Konstruktion und Fabrikation verbliebenen Gefah-

26 Vgl. oben Kapitel 11.2.1 „Stellen Sie sich vor …“.

27 Vgl. oben Kapitel 11.2.1 „Stellen Sie sich vor …“.

ren muss der Hersteller die Verwender des Produkts informieren. Dies soll die Verwender zur selbstverantwortlichen Gefahrensteuerung befähigen. Die Instruktionen müssen den Verwender daher über die sachgerechte Verwendung des Produkts, die Gefahren, die von dem betreffenden Produkt ausgehen und über Möglichkeiten, diese Gefahren zu vermeiden, informieren. Dabei müssen die Instruktionen objektiv, also insbesondere nicht verharmlosend, deutlich und vollständig sein. Keine Pflicht zur Warnung besteht vor Gefahren, die offensichtlich sind oder zum allgemeinen Erfahrungswissen gehören.

Kindertee[28]

Hersteller H produziert zuckerhaltige Kindertees und vertreibt hierzu entsprechende Nuckelflaschen. Nachdem in der Presse Berichte über gesundheitliche Probleme aufgetaucht sind, weist H auf der Banderole der Teeverpackung zunächst in den Zubereitungshinweisen, später hiervon abgesetzt und schwarz umrandet unter der Überschrift „Wichtige Hinweise" darauf hin: „Flasche selbst halten und nicht dem Kind als Nuckelfläschchen überlassen; häufiges oder andauerndes Umspülen der Zähne, z. B. vor dem Einschlafen, kann Karies verursachen." Kind K bekommt über einen längeren Zeitraum den zuckerhaltigen Kindertee in der entsprechenden Nuckelflasche am Tag als Einschlafhilfe, in der Nacht als Wiedereinschlafhilfe. In der Folge mussten ihm mehrere Zähne wegen starken Kariesbefalls gezogen werden.

Das Gericht bestätigte, dass Hersteller die Verwender ihrer Produkte vor von dem Produkt ausgehenden Gefahren, auch sofern diese auf einem nicht ganz fernliegenden Fehlgebrauch beruhen, warnen müssen. H hat auf die Gefahren, die mit einem Dauernuckeln verbunden waren, zunächst überhaupt nicht, später nur im Rahmen der Zubereitungshinweise hingewiesen. Dies erfüllt die Anforderungen an eine ausreichende Warnung nicht. Auch der in der Folgezeit abgesetzte, schwarz umrandete Warnhinweis war zumindest gegenüber mit dem Produkt vertrauten Verwendern nicht deutlich genug von der bisherigen Gestaltung der Packungsbanderole unterscheidbar, sodass mit einer Kenntnisnahme nicht gerechnet werden konnte. Darüber hinaus fehlten Warnhinweise auf der Nuckelflasche selbst. Damit liegt ein Instruktionsfehler vor.

Produktbeobachtungspflicht

Das ProdHaftG kennt keine selbstständige Produktbeobachtungspflicht und daher auch keine Haftung für Schäden, die sich aus der Verletzung derselben ergeben. Dies ist ein bedeutsamer Unterschied zur Produzentenhaftung nach § 823 Abs. 1 BGB. Die herstellerspezifischen Verkehrssicherungspflichten, die im Rahmen des § 823 Abs. 1 BGB gelten, umfassen auch eine Produktbeobachtungspflicht. Danach müssen Hersteller ihre Produkte auch nach Inverkehrbringen beobachten. Zeigt die Beobachtung, dass sich aus der praktischen Hand-

---

28 BGH, Urteil vom 12.11.1991 – VI ZR 7/91, NJW 1992, 560; BGH, Urteil vom 31.1.1995 – VI ZR 27/94, NJW 1995, 1286.

habung eines Produkts oder aus neuen Erkenntnissen in Wissenschaft und Technik bislang unbekannte Gefahren ergeben können, muss der Hersteller vor diesen warnen und gegebenenfalls das Produkt zurückrufen. Versäumt er dies, haftet er nach § 823 Abs. 1 BGB, anders als nach dem ProdHaftG, auch für sich daraus ergebende Schäden.

11.2.6 Hersteller

Schadensersatzpflichtig nach § 1 Abs. 1 ProdHaftG ist der Hersteller.

Tatsächlicher Hersteller und Quasihersteller

Hersteller ist nach § 4 Abs. 1 ProdHaftG der Hersteller des Endprodukts oder von Zulieferprodukten. Auch der Quasihersteller ist Hersteller im Sinne des ProdHaftG, beispielsweise eine Handelskette, die Waren herstellen lässt und mit einem eigenen Markennamen als eigene Produkte vertreibt.

Importeur

Hersteller ist nach § 4 Abs. 2 ProdHaftG weiterhin der Importeur von Waren in den Europäischen Wirtschaftsraum. Europäischen Verbrauchern soll damit gewährleistet werden, dass sie im Schadensfalle vor einem europäischen Gericht klagen können. Für Importeure bringt dies andererseits natürlich umfangreiche Pflichten im Rahmen der Produktsicherheit mit sich.

Hilfsweise Lieferantenhaftung

Ersatzweise ist schließlich nach § 4 Abs. 3 ProdHaftG jeder Lieferant Hersteller, sofern er nicht auf Aufforderung des Geschädigten innerhalb eines Monats den Hersteller oder seinen Vorlieferanten benennt.

11.2.7 Haftungsausschlüsse

Sind die Voraussetzungen des § 1 Abs. 1 ProdHaftG erfüllt, sieht das Gesetz dennoch eine Reihe von Haftungsausschlussgründen vor.

Schutz nur für privat genutzte Sachen

Eine Schadensersatzpflicht ist zunächst ausgeschlossen, soweit das fehlerhafte Produkt eine Sache beschädigt hat, die nicht privat genutzt wurde, § 1 Abs. 1 Satz 2 ProdHaftG. Das ProdHaftG als Verbraucherschutzgesetz schützt nur private, nicht gewerbliche genutzte Sachen.

Schwimmschalter[29]

Im obigen Schwimmschalterfall konnte der Erwerber der Reinigungs- und Entfettungsanlage daher für die Schäden an seiner Produktionshalle und für den Produk-

29 Vgl. oben Kapitel 11.2.5.

tionsausfall keinen Schadensersatz nach dem Produkthaftungsgesetz erlangen, da es sich um gewerblich genutzte Sachen handelte. Im Ergebnis erhielt er jedoch Schadensersatz über die Produzentenhaftung nach § 823 Abs. 1 BGB, die einen solchen Ausschluss nicht kennt.

Weitere Ausschlussgründe

Weitere Ausschlussgründe finden sich in § 1 Abs. 2 und 3 ProdHaftG. Nach § 1 Abs. 2 Nr. 1 – 3 ProdHaftG haftet der Hersteller zunächst dann nicht, wenn er das betreffende fehlerhafte Produkt nicht in den Verkehr gebracht hat, wenn davon auszugehen ist, dass das Produkt den Fehler noch nicht hatte, als es in Verkehr gebracht wurde, oder wenn er das Produkt nicht kommerziell hergestellt oder vertrieben hat. Schließlich haftet der Hersteller nicht, wenn der Fehler auf die Einhaltung zwingender gesetzlicher Vorschriften zurückzuführen ist. Solche zwingenden Vorschriften finden sich jedoch kaum.

Keine Haftung für Entwicklungsfehler

Haftet dem Produkt ein Fehler an, der im Zeitpunkt des Inverkehrbringens nach dem Stand von Wissenschaft und Technik nicht erkennbar war, sogenannter Entwicklungsfehler, haftet der Hersteller für diesen Fehler nicht, § 1 Abs. 5 ProdHaftG.

Haftungsausschluss bei Zulieferprodukten

Schließlich ist die Haftung des Herstellers eines Zulieferprodukts nach § 1 Abs. 3 ProdHaftG ausgeschlossen, wenn der Fehler in der Konstruktion des Produkts liegt, in das das Zulieferteil eingearbeitet wurde. Das heißt, das Zulieferteil selbst ist fehlerfrei, wurde vom Hersteller des Endprodukts aber nicht sachgerecht verwendet.[30] Gleichfalls ausgeschlossen ist die Haftung des Zulieferers, wenn das Zulieferteil zwar fehlerhaft ist, der Fehler aber auf einer Anleitung des Herstellers des Endprodukts beruht.

11.2.8 Übungsfall

Gebrochene Pedale[31]

H stellt in seiner Produktion täglich über 1.000 Fahrräder her. Die Pedale für die Fahrräder bezieht er von Zulieferer Z. Vor dem Einbau der Pedale nimmt H keine Prüfung der Pedale vor. Er hat auch keine vertragliche Absprache mit Z über Qualitätskontrollen (z. B. in einer Qualitätssicherungsvereinbarung) getroffen. Vielmehr verlässt er sich auf die Zusage von Z, die Pedale seien einwandfrei.

---

30 Vgl. z. B. oben Kapitel 11.2.5 – Schwimmschalterfall.

31 In Anlehnung an OLG Oldenburg, Beschluss vom 23.2.2005 – 8 U 301/04, NJW-RR 2005, 1338.

Kundin K erwirbt ein Fahrrad des H beim Verkäufer V. Drei Jahre später bricht auf einer Radtour ein Pedal infolge eines Materialfehlers. K stürzt und bricht sich das Schlüsselbein. Ihr Radtrikot im Wert von 120 € wird beim Sturz zerrissen. Sie verlangt von V und H Schadensersatz für Arztkosten im Wert von 4.500 € und für das zerrissene Trikot sowie Schmerzensgeld.

Ersatzansprüche gegen V

Ersatzansprüche gegen V aus §§ 433, 434, 437 Nr. 3, 280 BGB scheitern daran, dass der Verkäufer den Mangel des Fahrrads nicht zu vertreten hat. Im Übrigen wären sie nach § 438 Abs. 1 Nr. 3 BGB verjährt.

Ersatzansprüche gegen H

Anspruchsgrundlage

K könnte aber einen Anspruch gegen H auf Schadensersatz nach § 1 Abs. 1 ProdHaftG haben.

Voraussetzungen

Voraussetzung ist, dass K's Körper oder Gesundheit oder eine Sache durch ein fehlerhaftes Produkt von H als Hersteller verletzt bzw. beschädigt wurde, ein entsprechender Schaden entstand und kein Haftungsausschluss eingreift.

Subsumtion

Das Fahrrad ist eine bewegliche Sache und damit nach § 2 ProdHaftG ein Produkt im Sinne des ProdHaftG. Das Fahrrad müsste im Sinne des § 3 ProdHaftG fehlerhaft gewesen sein. Dies ist gegeben, wenn es nicht die Sicherheit bot, die unter Berücksichtigung aller Umstände berechtigterweise von K erwartet werden durfte. Ein Produkt entspricht diesen Sicherheitserwartungen insbesondere nicht, wenn es einen Konstruktions-, Fabrikations- oder Instruktionsfehler aufweist. Vorliegend kommt ein Fabrikationsfehler in Betracht. Angesichts der von einem Pedalbruch bekanntermaßen ausgehenden erheblichen Gefahren musste H die zugelieferten Pedale auf einwandfreie Beschaffenheit untersuchen, insbesondere zumindest einer stichprobenhaften Materialprüfung unterziehen, um sicherzustellen, dass die von ihm montierten Einzelteile zu einer sicheren Gesamtkonstruktion führen und ein gefahrloses Zusammenwirken und Funktionieren der Einzelteile gewährleistet ist. Da er dies selbst nicht getan hat und auch mit Z keine entsprechende Qualitätssicherungsvereinbarung getroffen hat, liegt ein Fabrikationsfehler und damit ein fehlerhaftes Produkt vor. Als tatsächlicher Hersteller des Endprodukts ist H Hersteller des Fahrrads nach § 4 Abs. 1 ProdHaftG.

Haftungsausschlussgründe nach § 1 Abs. 1 Satz 2, Abs. 2 oder 3 ProdHaftG liegen nicht vor. Insbesondere ist das Trikot eine privat genutzte Sache.

K hat daher Anspruch auf Schadensersatz aus § 1 Abs. 1 ProdHaftG in Höhe von 4.500 € für die entstandenen Arztkosten, § 8 ProdHaftG, §§ 249 ff. BGB und ein angemessenes Schmerzensgeld, § 253 Abs. 2 BGB. Schadensersatz für das zerrissene Trikot kann sie nach dem ProdHaftG allerdings im Ergebnis nicht verlangen, da nach § 11 ProdHaftG Sachschäden bis zu einer Höhe von 500 € vom Geschädigten selbst zu tragen sind.

Nach § 15 Abs. 2 ProdHaftG kommt daneben aber auch eine Haftung aus § 823 Abs. 1 BGB in Betracht. Die Voraussetzungen einer Haftung des H nach § 823 Abs. 1 BGB sind vorliegend auch erfüllt (bitte prüfen Sie selbst!). Nach § 823 Abs. 1, § 249 BGB kann K daher auch Schadensersatz für das zerrissene Trikot verlangen.

Ergebnis

H hat K die entstandenen Arztkosten, ein angemessenes Schmerzensgeld und den Wiederbeschaffungswert für das zerrissene Trikot nach § 1 Abs. 1 ProdHaftG bzw. § 823 Abs. 1 BGB zu ersetzen.

11.2.9 Zusammenfassung

Der Hersteller fehlerhafter Produkte kann einer Haftung aus dem ProdHaftG und aus § 823 BGB ausgesetzt sein. Die Haftung aus § 823 BGB ist einerseits enger, als sie im Gegensatz zu einer Haftung nach dem ProdHaftG grundsätzlich ein Verschulden voraussetzt, andererseits weiter, da sie auch Schäden an gewerblich genutzten Sachen und Schäden infolge mangelnder Produktbeobachtung erfasst und weder Haftungshöchstgrenzen noch eine Selbstbeteiligung kennt.

Hersteller von Produkten haften grundsätzlich für Fehler ihrer Produkte, die auf einem Konstruktions-, Fabrikations- oder Instruktionsfehler beruhen, im Rahmen des § 823 BGB zudem für Schäden, die auf einer Verletzung der Produktbeobachtungspflicht beruhen.

12 Eigentumserwerb an beweglichen Sachen

Der Eigentumserwerb an beweglichen Sachen ist in den §§ 929 bis 984 BGB im Sachenrecht, dem dritten Buch des BGB, geregelt. Eigentumserwerb bedeutet, dass das Eigentumsrecht an einer Sache von einer Person auf eine andere Person übertragen wird. Diese Übertragung erfolgt nach zwingenden Vorschriften, von denen nicht abgewichen werden kann, da es für einen funktionierenden Rechtsverkehr unbedingt notwendig ist, dass jederzeit für jedermann ersichtlich ist, wer Eigentümer einer Sache ist. §§ 929 ff. BGB

Zu beachten ist, dass die §§ 929 ff. BGB lediglich den Eigentumserwerb von beweglichen Sachen regeln. Gemäß § 90 BGB sind Sachen im Rechtssinne nur körperliche Gegenstände, wobei von diesem Begriff nicht nur feste Gegenstände, sondern auch körperlich abgrenzbare Substanzen wie z. B. in feste Behälter abgefüllte Gase oder Flüssigkeiten erfasst werden.[1]

Von dem Eigentumserwerb an Sachen ist rechtlich der Erwerb von Forderungen und anderen immateriellen Gütern wie z. B. Patentrechten, Urheberrechten oder Markenrechten zu unterscheiden. Die Begründung und eventuelle Übertragbarkeit dieser Rechte ist im dritten Buch des BGB nicht geregelt, hierzu müssen andere Vorschriften herangezogen werden.[2]

12.1 Stellen Sie sich vor ...

Stellen Sie sich vor, Sie kaufen einen gebrauchten PKW beim Gebrauchtwagenhändler H. Der PKW wird Ihnen einschließlich Papieren übergeben. Einige Wochen später meldet sich Frau U bei Ihnen und trägt Ihnen vor, dass der von Ihnen gekaufte PKW aus ihrer Garage gestohlen worden sei und der Dieb D diesen offensichtlich an den Gebrauchtwagenhändler H übergeben habe, der anschließend gefälschte Fahrzeugpapiere zum Verkauf hergestellt habe. Sie legt eigene Fahrzeugpapiere vor, die ihren Vortrag beweisen. Die polizeiliche Untersuchung ergibt, dass es sich bei den an Sie übergebenen Papieren

1 Gemäß § 90a BGB sind Tiere keine Sachen. Auf sie sind die für Sachen geltenden Vorschriften entsprechend anzuwenden, soweit nicht ein anderes bestimmt ist.

2 Die Übertragung von Forderungen wird in Kapitel 13 behandelt.

tatsächlich um gefälschte Papiere handelt. Dies war für Sie nicht erkennbar. Sie fragen sich nun, ob Sie Eigentümer des PKW geworden sind oder ob Sie, wie von U gefordert, diesen an U herausgeben müssen.

12.2 Ökonomische Bedeutung und Begründung des Eigentums

In Art 14 Abs. 1 GG sowie in Art. 17 Abs. 1 der Charta der Grundrechte der Europäischen Union wird das Privateigentum als Grundrecht garantiert. Eine Staatsordnung, bei der alles Eigentum in staatlicher Hand liegt, ist unter dem Grundgesetz und der Grundrechtecharta der Europäischen Union nicht denkbar. Das Prinzip des Privateigentums an Grundstücken und Produktionsmitteln, die durch das Privateigentum vermittelte Möglichkeit, diese Sachen zu nutzen, sowie die Möglichkeit, das Eigentum an Sachen nahezu unbeschränkt auf andere zu übertragen, haben wesentlichen Einfluss auf die Grundlagen unserer Wirtschaftsordnung.

Erst durch die freie Verwertbarkeit und Übertragbarkeit von Sachen bekommen diese auf dem Markt einen wirtschaftlichen Wert, der dem Eigentümer aufgrund seiner Eigentümerstellung zufällt. Er kann diesen Wert durch Nutzung, Verkauf oder Verarbeitung umsetzen und hierdurch wieder neue Sachen erwerben.

Die Garantie des Privateigentums schreibt noch keine bestimmte marktwirtschaftliche Ordnung fest, sie schließt jedoch eine rein zentrale Steuerung durch den Staat als Eigentümer aller Produktionsmittel aus und setzt das Bestehen eines Marktes voraus, auf dem eine Vielzahl von Eigentümern Produktions- und Verwertungsentscheidungen in Hinblick auf die ihnen gehörenden Produktionsmittel treffen.

12.3 Eigentum und Besitz

Sachenrecht

Im dritten Buch des BGB ist das Sachenrecht geregelt. Das Sachenrecht bestimmt, welche Sachen welcher Person zustehen und welche Befugnisse diese Person an der Sache hat. Sachenrechte sind Zuordnungsrechte.

Eigentum

Das wichtigste und umfassendste Recht an Sachen ist das Eigentum. Am Beispiel des Eigentums lassen sich die für ein Sachenrecht charakteristischen Merkmale aufzeigen. Das Eigentum gibt dem Eigentümer das Recht, die Sache zu besitzen, § 854 BGB, zu veräußern, §§ 929 ff., 873 BGB und zu nutzen, § 903 BGB.

Das Eigentumsrecht ist, wie alle dinglichen Rechte[3], ein absolutes Recht. Dies bedeutet, dass es gegenüber jedermann geltend gemacht werden kann, unabhängig davon, ob der Eigentümer in einer vertraglichen Beziehung zu der in Anspruch genommenen Person steht oder nicht.

Zur Durchsetzung der aufgrund des Eigentumsrechts vermittelten Befugnisse stehen dem Eigentümer in vielfältiger Weise Abwehransprüche, Herausgabeansprüche, Unterlassungsansprüche oder Schadensersatzansprüche zu. Aufgrund seines Eigentums ist der Eigentümer z. B. berechtigt, sein Eigentum nach § 985 BGB heraus zu verlangen, die Unterlassung einer Eigentumsbeeinträchtigung nach § 1004 Abs. 1 BGB zu verlangen oder Schadensersatz für die Beschädigung seines Eigentums nach § 823 Abs. 1 BGB zu fordern.

Besitz

Der Besitz ist in den §§ 854 bis 872 BGB geregelt. Im Gegensatz zu Eigentum ist Besitz kein dingliches Recht. Besitz ist die tatsächliche Sachherrschaft einer Person über eine Sache.

12.4 Besitz

12.4.1 Der Erwerb des unmittelbaren Besitzes

Besitzerwerb

Der Erwerb von unmittelbarem Besitz ist kein Rechtsgeschäft. Unmittelbarer Besitz wird daher nicht aufgrund einer oder zweier Willenserklärungen erworben. Der Besitz an einer Sache wird gemäß § 854 Abs. 1 BGB dadurch erworben, dass 1) der Besitzer die tatsächliche Sachherrschaft über eine Sache erlangt und 2) den Willen hat, diese tatsächliche Sachherrschaft auch auszuüben (sogenannter Besitzwille).

Zur Erlangung von Besitz an einer Sache genügt auch ein nur genereller Besitzwille, z. B. hat ein Wohnungsbesitzer einen generellen Besitzwillen an allen Gegenständen, die sich in seiner Wohnung befinden, unabhängig davon, ob der Wohnungsbesitzer weiß, dass sich ein bestimmter Gegenstand in seiner Wohnung befindet oder nicht.

12.4.2 Besitzbeendigung

Besitzbeendigung

Nach § 856 BGB wird der Besitz dadurch beendet, dass der Besitzer den Besitz über die Sache entweder freiwillig aufgibt oder unfreiwillig, z. B. durch Diebstahl, verliert.

3 Der Ausdruck „dingliches Recht" wird im juristischen Sprachgebrauch als Synonym für den Begriff „Sachenrecht" verwendet.

12.4.3 Unterscheidung zwischen unmittelbarem und mittelbarem Besitz

Unmittelbarer Besitz

Unmittelbarer Besitzer ist derjenige, der die tatsächliche Sachherrschaft über die Sache ausüben kann. Gleichgültig ist hierbei, ob ein Recht zum Besitz besteht oder nicht. Auch der Dieb einer Sache ist unmittelbarer Besitzer des Diebesguts.

Bei der Feststellung, ob eine Person unmittelbaren Besitz an einer Sache hat, spielt die Verkehrsanschauung eine große Rolle. Dies kommt in § 856 Abs. 2 BGB zum Ausdruck. Nach § 856 Abs. 2 BGB endet der unmittelbare Besitz nicht dadurch, dass der Besitzer vorübergehend in der Ausübung der Gewalt verhindert ist.

Das geparkte Auto

Wenn A ihr Auto auf einem öffentlichen Parkplatz abstellt und dann zum Einkaufen zwei Kilometer in die Stadt geht, verliert sie wegen ihrer zeitweiligen Abwesenheit nicht den unmittelbaren Besitz am Auto.

Mittelbarer Besitz

Während der unmittelbare Besitzer eine direkte Beziehung zur Sache hat, kann der mittelbare Besitzer nicht direkt auf die Sache zugreifen. Dem mittelbaren Besitzer ist immer ein unmittelbarer Besitzer vorgeschaltet.

Zwischen dem unmittelbaren und dem mittelbaren Besitzer muss ein sogenanntes Besitzmittlungsverhältnis[4] bestehen. Hierbei handelt es sich um ein Rechtsverhältnis, das den unmittelbaren Besitzer auf Zeit berechtigt oder verpflichtet, eine Sache zu besitzen. § 868 BGB nennt selbst einige Schuldverhältnisse und Sachenrechte, die ein solches Besitzmittlungsverhältnis begründen können: Nießbrauch, Pfandrecht, Pacht, Leihe, Mietvertrag und Verwahrung. Diese Aufzählung ist nicht abschließend.

Der mittelbare Besitzer hat bei einem wirksamen Besitzmittlungsverhältnis nach Beendigung des Besitzmittlungsverhältnis einen Herausgabeanspruch gegenüber dem unmittelbaren Besitzer.

Die Mietwohnung

Schließt der Eigentümer einer Wohnung einen Mietvertrag mit einer anderen Person ab und übergibt dieser die Wohnungsschlüssel, so wird der Mieter unmittelbarer Besitzer dieser Wohnung. Aufgrund des Mietvertrags gemäß § 535 BGB erkennt der Mieter den Vermieter und Eigentümer als mittelbaren Besitzer der Mietwohnung an. Nach Beendigung des Mietverhältnisses durch Kündigung oder Zeitablauf ist

4 Als Synonym für den Begriff „Besitzmittlungsverhältnis" wird auch der Begriff „Besitzkonstitut" verwendet.

der Mieter verpflichtet, die Mietwohnung wieder an den Eigentümer herauszugeben, diesem also wieder den unmittelbaren Besitz zu überlassen. Der schuldrechtliche Herausgabeanspruch ergibt sich aus § 546 BGB.

Übt eine Person die tatsächliche Gewalt über eine Sache in der Weise aus, dass sie den Weisungen eines anderen bezüglich des Umgangs mit der Sache unterworfen ist, so ist sie nicht unmittelbarer Besitzer, sondern lediglich Besitzdiener gemäß § 855 BGB.

Besitzdiener

Fabrikarbeiter
Ein Fabrikarbeiter, der die Maschinen einer Fabrik nach den Anweisungen des Unternehmers bedient, ist lediglich Besitzdiener gemäß § 855 BGB. Hier bleibt der Unternehmer unmittelbarer Besitzer aller Maschinen und Werkzeuge.

12.4.4 Besitzschutzrechte

Der Besitz gewährt sowohl dem unmittelbaren als auch dem mittelbaren Besitzer Schutz gegen verbotene Eigenmacht. Gemäß § 858 BGB liegt verbotene Eigenmacht unter anderem dann vor, wenn dem Besitzer ohne dessen Willen der Besitz entzogen wird. Wird dem Besitzer der Besitz durch verbotene Eigenmacht entzogen, dann hat der Besitzer das Selbsthilferecht aus § 859 BGB, außerdem kann er die Herausgabe- und Beseitigungsansprüche aus §§ 861, 862 BGB geltend machen.

Der gemietete Parkplatz
A mietet einen Parkplatz von B. Als A gerade mit seinem Auto unterwegs ist, stellt C sein Auto auf den von A gemieteten Parkplatz. A kann nach § 861 BGB von C verlangen, dass dieser den Parkplatz wieder freigibt und wegfährt, da C ihm den Besitz an dem Parkplatz ohne seinen Willen, also mit verbotener Eigenmacht, § 858 BGB, entzogen hat.[5]

12.5 Eigentumserwerb im Überblick

Das BGB enthält aus Gründen der Rechtsklarheit und Rechtssicherheit sehr detaillierte Regelungen darüber, wie eine Person von einer anderen Person Eigentum an einer Sache erwerben kann. Diese Regelungen sind abschließend und zwingend, d. h. die Vertragsparteien kön-

Rechtsgeschäftlicher und gesetzlicher Eigentumserwerb

---

5 Vgl. hierzu BGH, Urteil vom 5. 6. 2009 – V ZR 144/08, BGHZ 181, 233.

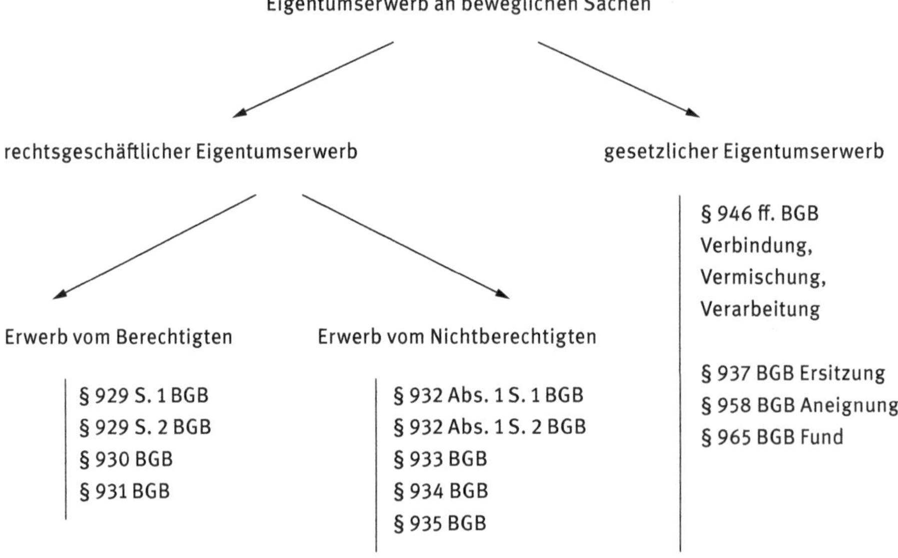

Abb. 12.1. Überblick über die Eigentumserwerbstatbestände (eigene Darstellung).

nen diese Regelungen weder abändern noch neue Erwerbstatbestände erfinden.

Das Eigentum an einer beweglichen Sache kann durch Rechtsgeschäft oder aufgrund gesetzlich normierter Tatbestände erworben werden. Beim rechtsgeschäftlichen Eigentumserwerb wird das Eigentum aufgrund eines dinglichen Vertrags zwischen Veräußerer und Erwerber erworben. Beim gesetzlichen Eigentumserwerb knüpft das Gesetz an bestimmte Ereignisse oder tatsächliche Handlungen die Rechtsfolge des Eigentumserwerbs.

12.6 Eigentumserwerb vom Berechtigten

Der rechtsgeschäftliche Eigentumserwerb an beweglichen Sachen ist in den §§ 929 bis 936 BGB geregelt. § 929 S. 1 BGB stellt den Grundtatbestand für die Übereignung beweglicher Sachen dar, auf den alle anderen Erwerbstatbestände aufbauen. Die in § 929 S. 1 BGB genannte Einigung muss immer vorliegen. Die Übereignungstatbestände der §§ 929 S. 2 bis 931 BGB eröffnen jedoch die Möglichkeit, das Merkmal der Übergabe durch die dort genannten Voraussetzungen zu ersetzen.

12.6.1 Übereignung nach § 929 S. 1 BGB

Eine wirksame Übereignung nach § 929 S. 1 BGB setzt das Vorliegen folgender Tatbestandsmerkmale voraus: 1) Einigung, 2) Übergabe und 3) Berechtigung.

Einigung

Der Inhalt der Einigung ergibt sich unmittelbar aus dem Wortlaut des § 929 S. 1 BGB: „… und beide darüber einig sind, dass das Eigentum übergehen soll." Der Inhalt der Einigung erschöpft sich somit darin, die Rechtsänderung, d. h. den Eigentumswechsel an einer bestimmten Sache herbeizuführen. Die Einigung ist ein dinglicher Vertrag, sie besteht aus zwei übereinstimmenden Willenserklärungen. Für das Zustandekommen der Einigung gelten daher die Regeln über Rechtsgeschäfte.[6]

Übergabe

Eine Übereignung nach § 929 S. 1 BGB setzt weiter die Übergabe der beweglichen Sache von dem Veräußerer an den Erwerber voraus. Eine wirksame Übergabe liegt vor, wenn folgende Bedingungen erfüllt sind:

1. Der Erwerber muss den unmittelbaren oder mittelbaren Besitz erlangen.
2. Der Besitzerwerb muss vom Veräußerer veranlasst worden sein.
3. Der Veräußerer muss jede besitzrechtliche Position verlieren.

Sowohl der Veräußerer wie auch der Erwerber können bei der Übergabe der Sache Hilfspersonen einsetzen. Diese Personen können Besitzdiener, Besitzmittler oder bloße Geheißpersonen sein.

Berechtigung

Eine Übereignung nach § 929 S. 1 BGB ist nur wirksam, wenn der Veräußerer berechtigt ist, das Eigentum an der Sache zu übertragen, d. h. der Veräußerer muss entweder Eigentümer der Sache sein oder vom Eigentümer nach § 185 BGB dazu ermächtigt worden sein, die Sache im eigenen Namen zu übereignen. Gemäß § 185 Abs. 2 BGB kann die Übereignung eines Nichtberechtigten auch nachträglich genehmigt werden und somit ihre Wirksamkeit nachträglich herbeigeführt werden.

Einigsein im Zeitpunkt der Übergabe

Eine Besonderheit des dinglichen Vertrags besteht darin, dass die bei der Einigung abgegebenen Willenserklärungen nicht wie beim schuldrechtlichen Vertrag bindend sind, sondern jederzeit frei widerrufen werden können.[7] Da die dingliche Einigung zeitlich vor der Übergabe erfolgen kann, sogenannte antizipierte Einigung, muss beim zeitlichen Auseinanderfallen von Einigung und Übergabe nach den

6 Zur Unterscheidung zwischen Verpflichtungs- und Verfügungsgeschäft siehe Kapitel 3.1.8

7 Dies ergibt sich z. B. aus § 873 Abs. 2 BGB.

Prüfungspunkten Einigung und Übergabe immer nochmals geprüft werden, ob die Einigung zum Zeitpunkt der Übergabe noch besteht oder zwischenzeitlich widerrufen worden ist. Erfolgen Einigung und Übergabe zeitgleich, so kann dieser Prüfungspunkt in der Fallprüfung vernachlässigt werden.

Zu welchem Zeitpunkt die Übergabe der Sache von dem Erwerber an den Veräußerer erfolgt, hängt auch davon ab, welche Hilfspersonen eingesetzt werden. Die Übergabe einer Sache kann z. B. unter Einsatz von Besitzdienern gemäß § 855 BGB erfolgen:

Der fabrikneue PKW

V verkauft an K einen fabrikneuen PKW, zum Preis von 85.000 €. K zahlt den Kaufpreis vorab. V bestellt den PKW beim Werk. Als der PKW an V ausgeliefert wird, ruft V bei K an und teilt diesem mit, er werde den PKW durch seinen Angestellten A bei K vorbeibringen lassen. K zeigt sich erfreut, teilt dem V aber mit, A solle den PKW an seine Hausangestellte B übergeben, die ihn in die Garage stellen werde. Wo und wann ist das Eigentum an dem PKW von V auf K übergegangen?

Die Übereignung erfolgt hier nach § 929 S. 1 BGB durch Einigung und Übergabe. Die Einigung erfolgt bereits vorab (antizipiert) konkludent am Telefon, als V mit dem K die Auslieferung des Autos bespricht. Die Übergabe erfolgt zwischen A und B: Als V das Auto an A übergibt, verliert V noch nicht einmal den unmittelbaren Besitz, da der Angestellte A lediglich ein Besitzdiener (§ 855 BGB) des V ist. Als A das Auto an die Hausangestellte B übergibt, verliert V den Besitz. K erlangt unmittelbaren Besitz, da B eine Besitzdienerin des K ist. K erwirbt somit Eigentum an dem PKW als A den PKW an B übergibt.

In der Praxis kommt es häufig vor, dass die Auslieferung einer Sache nicht an den Gewerbebetrieb oder Wohnsitz des Erwerbers, sondern auf Bitten des Erwerbers gleich an eine dritte Person erfolgt, diese Person kann Besitzmittler im Sinne von § 868 BGB sein.

Abwandlung

K hat bereits vor Auslieferung des Wagens durch V den PKW an M vermietet. Auf Bitten des K liefert V das Fahrzeug direkt an M aus. Wann erwirbt K Eigentum?

Auch hier erfolgt die Übereignung nach § 929 S. 1 BGB. Die Übergabe erfolgt hier zwischen V und M. M wird durch Auslieferung des PKW unmittelbarer Besitzer. Zwischen M und K besteht jedoch ein Mietvertrag gemäß § 535 BGB, aufgrund dessen M den K als mittelbaren Besitzer anerkennt. Der Mietvertrag stellt ein Besitzmittlungsverhältnis im Sinne von § 868 BGB dar. Mit Übergabe des Autos an M erwirbt K somit Eigentum.

Gesetzlich nicht eindeutig geregelt ist der Fall, dass die Sache an eine sogenannte Geheißperson ausgeliefert wird, wie dies in mehrstufigen Lieferbeziehungen häufig geschieht.

Die abgekürzte Lieferung
U stellt Fischkonserven her. U verkauft 1.000 Stück Fischkonserven an den Zwischenhändler A, der diese Fischkonserven bereits vor Auslieferung an den Einzelhändler B weiter verkauft. A bittet U, die Fischkonserven direkt an B zu liefern. U kommt dieser Bitte nach und liefert die Konserven direkt an B aus. Wann erwirbt A Eigentum?

Die Übereignung erfolgt auch hier wieder nach § 929 S. 1 BGB durch Einigung und Übergabe. U und A einigen sich schon vorab am Telefon über den Eigentumsübergang. Problematisch ist hier, ob eine wirksame Übergabe der Konserven an A vorliegt. Da B weder Besitzdiener noch Besitzmittler des A ist, erlangt A zu keinem Zeitpunkt unmittelbaren oder mittelbaren Besitz an den Fischkonserven. Im Interesse der Rationalisierung und der Vereinfachung von Lieferbeziehungen lässt die Rechtsprechung es jedoch im vorliegenden Fall ausreichen, dass U auf Geheiß des A die Konserven an den B ausliefert. Der Umstand, dass A durch eine Weisung an U seine Herrschaft über die Sache ausüben kann, wird in dieser Fallkonstellation der Besitzerlangung gleich gestellt. Wenn B, die sogenannte Geheißperson, aufgrund Auslieferung des U Besitz an den Waren erlangt, so wird A für eine juristische Sekunde Eigentümer der Konserven. Danach geht aufgrund einer Einigung zwischen A und B und Übergabe der Ware an B das Eigentum an den Konserven auf B über. Zur Übergabe an B bedient sich A wiederum des U als Geheißperson.[8]

12.6.2 Übergabe kurzer Hand gemäß §§ 929 S. 1, 929 S. 2 BGB

§ 929 S. 2 BGB verzichtet auf die Übergabe, wenn der Erwerber bereits im Besitz der Sache ist. Eine wirksame Übereignung nach §§ 929 S. 1, 929 S. 2 BGB setzt das Vorliegen der folgenden Tatbestandsmerkmale voraus: 1) Einigung nach § 929 S. 1 BGB, 2) Erwerber ist schon im (unmittelbaren oder mittelbaren) Besitz der Sache und 3) Berechtigung im Zeitpunkt der Einigung.

Der geleaste PKW
V least an K einen PKW. Nach Ablauf der Leasingzeit entschließt sich K, den PKW zu erwerben. Hier hat K den PKW bereits in Besitz, zur Übereignung ist eine Übergabe nicht mehr notwendig. Hier genügt gemäß § 929 S. 2 BGB die bloße Einigung zur Eigentumsübertragung.

12.6.3 Übereignung nach §§ 929 S. 1, 930 BGB

§ 930 BGB ermöglicht die Ersetzung der Übergabe durch die Vereinbarung eines Besitzmittlungsverhältnisses. Eine wirksame Übereignung nach §§ 929 S. 1, 930 BGB setzt das Vorliegen der folgenden Tatbestands-

8 Vgl. BGH, Urteil vom 9. 11. 1998 – II ZR 144/97, NJW 1999, 425.

merkmale voraus: 1) Einigung nach § 929 S. 1 BGB, 2) Vereinbarung eines Besitzmittlungsverhältnisses gemäß § 868 BGB und 3) Berechtigung des Veräußerers im Zeitpunkt der Vereinbarung des Besitzmittlungsverhältnisses.

Das letzte Konzert

Geigenvirtuose V ist Eigentümer einer wertvollen Geige. Drei Wochen vor seinem 65. Geburtstag verkauft er diese Geige an den K für 250 000 Euro, um seinerseits einen Landsitz in der Toskana kaufen zu können, auf dem er zukünftig seinen Lebensabend verbringen will. V möchte mit dieser Geige an seinem 65. Geburtstag ein letztes Abschiedskonzert geben und diese dann an K übergeben. Allerdings braucht er den Kaufpreis von 250 000 Euro sofort, da er den Landsitz in der Toskana zahlen muss. K ist nur bereit, den Kaufpreis sofort an V zu überweisen, wenn er auch sofort Eigentümer der Geige wird. Was können V und K tun?

Im vorliegenden Fall kann die Geige bereits vor Übergabe an K nach §§ 929 S. 1, 930 BGB übereignet werden: V und K einigen sich, dass das Eigentum an der Geige sofort an K übergehen soll. Statt der Übergabe der Geige schließen V und K einen Leihvertrag gemäß § 598 BGB ab, aufgrund dessen der V berechtigt ist, die Geige bis zur endgültigen Übergabe nach dem letzten Konzert zu behalten und zu benutzen. Aufgrund des Leihvertrags entsteht somit ein Besitzmittlungsverhältnis zwischen K und V im Sinne von § 868 BGB, durch das V den K als mittelbaren Besitzer und Eigentümer der Geige anerkennt.

12.6.4 Übereignung nach §§ 929 S. 1, 931 BGB

§ 931 BGB ermöglicht die Ersetzung der Übergabe durch die Abtretung des Herausgabeanspruchs. Eine wirksame Übereignung nach §§ 929 S. 1, 931 BGB setzt das Vorliegen der folgenden Tatbestandsmerkmale voraus: 1) Einigung nach § 929 S. 1 BGB, 2) Abtretung des Herausgabeanspruchs und 3) Berechtigung im Zeitpunkt der Abtretung des Herausgabeanspruchs.

Das vermietete Auto

E verkauft an K ein Auto. Dieses ist noch für zwei Wochen an M vermietet, der es auch im unmittelbaren Besitz hat. Will E das Auto trotzdem sofort an K übereignen, kann er an Stelle der Übergabe des Autos an K den Herausgabeanspruch aus dem Mietvertrag gegen M (§ 546 Abs. 1 BGB) gemäß § 398 BGB abtreten. Der Umstand, dass dieser Herausgabeanspruch erst in zwei Wochen fällig wird, spielt bei der Übereignung des Autos keine Rolle.

Bei der Anwendung des § 931 BGB ist zu beachten, dass der dingliche Herausgabeanspruch des § 985 BGB nicht abgetreten werden kann. Abgetreten werden können nur schuldrechtliche Ansprüche, also solche, die sich aus Vertrag oder aus einem gesetzlichen Schuldverhältnis ergeben.

12.7 Eigentumserwerb vom Nichtberechtigten

Alle Übereignungstatbestände der §§ 929 bis 931 BGB setzen zur Wirksamkeit der Übereignung voraus, dass die Übereignung des Gegenstands vom Berechtigten, also durch den Eigentümer oder eine nach § 185 Abs. 1 BGB ermächtigte Person erfolgt oder zumindest nach § 185 Abs. 2 BGB nachträglich genehmigt wird.

Unter bestimmten Umständen kann der Erwerber jedoch auch Eigentum von einem Nichteigentümer durch eine rechtsgeschäftliche Übereignung erwerben. Voraussetzung hierfür ist immer, dass der Erwerber hinsichtlich der Eigentumsstellung oder zumindest hinsichtlich der Verfügungsbefugnis des Veräußerers in gutem Glauben ist.

Der gutgläubige Erwerb honoriert die Eigentumsvermutung des Besitzes aus § 1006 Abs. 1 BGB. Jedem Tatbestand des berechtigten Erwerbs, §§ 929 bis 931 BGB, stellt das Gesetz in den §§ 932 bis 934 BGB einen Tatbestand des gutgläubigen Erwerbs zur Seite. Dieser Tatbestand enthält die Voraussetzungen, die statt der Berechtigung des Veräußerers vorliegen müssen, damit der Erwerber trotz Nichtberechtigung des Veräußerers Eigentum an der übereigneten beweglichen Sache erwerben kann. Die Normen des gutgläubigen Erwerbs ersetzen also nur den Prüfungspunkt „Berechtigung". Die anderen Tatbestandsmerkmale der Erwerbstatbestände §§ 929 bis 931 BGB müssen weiterhin vorliegen, damit ein wirksamer Eigentumserwerb stattfindet.

12.7.1 §§ 929 S. 1, 932 Abs. 1 S. 1 BGB

Beim gutgläubigen Erwerb nach §§ 929 S. 1, 932 Abs. 1 S. 1 BGB wird das Tatbestandsmerkmal „Berechtigung" durch „den guten Glauben des Erwerbers, dass der Veräußerer Eigentümer ist" ersetzt. Eine wirksame Übereignung nach §§ 929 S. 1, 932 Abs. 1 S. 1 BGB setzt das Vorliegen der folgenden Tatbestandsmerkmale voraus: 1) Einigung, 2) Übergabe und 3) Gutgläubigkeit des Erwerbers zum Zeitpunkt des Eigentumserwerbs.

Der Begriff der „Gutgläubigkeit" ist für alle Tatbestände des gutgläubigen Erwerbs definiert in § 932 Abs. 2 BGB: Wer nur normal fahrlässig nicht erkennt, dass der Veräußerer nicht der Eigentümer ist, ist immer noch gutgläubig.

Der weiterverkaufte Mietfernseher

A vermietet seinen Fernseher für die Zeit der Fußballweltmeisterschaft an B. Noch während der Fußballweltmeisterschaft verkauft B den Fernseher an C für 100 € und übergibt diesen an C, der B für den Eigentümer hält. Ist C Eigentümer des Fernsehers geworden?

Im vorliegenden Fall erfolgte die Übereignung des Fernsehers von B an C in der Form des § 929 S. 1 BGB. Einigung und Übergabe zwischen B und C liegen vor, B ist jedoch nicht Eigentümer, sondern lediglich Mieter des Fernsehers, es fehlt also an der nach § 929 S. 1 BGB notwendigen Berechtigung. Diese könnte gemäß § 932 Abs. 1 BGB durch den guten Glauben des C ersetzt werden. Aufgrund der Formulierung des § 932 Abs. 1 BGB „es sei denn, dass er [der Erwerber] ... nicht in gutem Glauben ist", ist ersichtlich, dass die Gutgläubigkeit des Erwerbers grundsätzlich vermutet wird, der (ehemalige) Eigentümer also im Falle eines Prozesses die Bösgläubigkeit (Kenntnis oder grob fahrlässige Unkenntnis, dass der Veräußerer nicht Eigentümer ist) des Erwerbers beweisen muss. Im vorliegenden Fall ist C gutgläubig. Er wird somit gemäß §§ 929 S. 1, 932 Abs. 1 BGB Eigentümer des Fernsehers.[9]

12.7.2 §§ 929 S. 1, 929 S. 2, 932 Abs. 1 S. 2 BGB

Ein gutgläubiger Erwerb nach §§ 929 S. 1, 929 S. 2, 932 Abs. 1 S. 2 BGB setzt neben dem Vorliegen 1) einer Einigung und 2) dem Umstand, dass der Erwerber schon in Besitz der Sache ist, voraus, dass 3) der Erwerber von dem Veräußerer den Besitz erlangt hat und hinsichtlich der Eigentümerstellung des Veräußerers zum Zeitpunkt des Eigentumserwerbs in gutem Glauben ist.

Mietfernseher II

A vermietet den Fernseher an B. B vermietet den Fernseher weiter an C. Nachdem C den Fernseher aufgrund des Mietvertrags zwischen B und C in seinem Besitz hat, verkauft und übereignet B dem gutgläubigen C den Fernseher.

Da hier C den Fernseher bereits in Besitz hat, erfolgt die Übereignung B an C in der Form des § 929 S. 2 BGB. Für einen gutgläubigen Erwerb des C setzt § 932 Abs. 1 S. 2 BGB hier neben der Gutgläubigkeit des C weiter voraus, dass C den Besitz an dem Fernseher vom Veräußerer, also von B erlangt hat. Da dies hier der Fall ist, wird C Eigentümer des Fernsehers.

12.7.3 §§ 929 S. 1, 930, 933 BGB

Ein gutgläubiger Erwerb nach §§ 929 S. 1, 930, 933 BGB wird erst wirksam, wenn neben den Voraussetzungen der §§ 929 S. 1, 930 BGB, 1) Einigung, und 2) Vereinbarung eines Besitzmittlungsverhältnisses 3) nach § 933 BGB die Sache endgültig an den Erwerber übergeben wird, und der Erwerber zum Zeitpunkt der Übergabe noch in gutem Glauben ist.

---

9 A kann von B wegen des Verlusts seines Fernsehers Schadensersatz nach §§ 280 Abs. 1, 283 BGB (wegen der Unmöglichkeit der Erfüllung des Rückgabeanspruchs aus § 535, 546 Abs. 1 BGB) oder nach § 823 Abs. 1 BGB verlangen. Liegt der von B erzielte Verkaufspreis über dem Zeitwert des Fernsehers, kann A den Kaufpreis von B nach § 816 Abs. 1 BGB heraus verlangen. A hat jedoch keinerlei Ansprüche gegen den neuen Eigentümer C.

Das zunächst noch genutzte Rennrad

A vermietet ein hochwertiges Rennrad an B. B, der dringend Geld braucht, veräußert dieses Rennrad an C, behält sich aber unter Vereinbarung eines Mietverhältnisses vor, dass er dieses Rennrad bis zur Beschaffung eines billigeren Ersatzes selbst weiter benutzen darf. Später übergibt B das Rennrad an C. Ist C Eigentümer geworden?

Hier erfolgt die Übereignung zwischen B und C in der Form des § 930 BGB durch Einigung und Vereinbarung eines Besitzmittlungsverhältnisses. Die fehlende Berechtigung des B kann hier durch die in § 933 BGB genannten Voraussetzungen ersetzt werden: Neben der Gutgläubigkeit des C, muss ihm außerdem noch die Sache übergeben werden, d. h. B muss an dem Rennrad jede Besitzposition verlieren und C muss Besitz erlangen. C erwirbt also nicht bereits mit Abschluss des Mietvertrags Eigentum an dem Rennrad, sondern erst, wenn B ihm das Rennrad endgültig überlässt und er zu diesem Zeitpunkt noch gutgläubig ist.

12.7.4 §§ 929 S. 1, 931, 934 BGB

Für den gutgläubigen Erwerb nach §§ 929 S. 1, 931, 934 BGB müssen zunächst die zwei Merkmale der Übereignung nach §§ 929 S. 1, 931 BGB vorliegen, nämlich 1) Einigung und 2) Abtretung des Herausgabeanspruchs. Statt der Berechtigung sind dann zwei Tatbestandsvarianten denkbar:

1. Wenn der Veräußerer mittelbarer Besitzer der Sache ist, dann genügt für einen wirksamen Eigentumsübergang nach § 934 BGB, dass der Erwerber zum Zeitpunkt der Abtretung des Herausgabeanspruchs hinsichtlich der Eigentümerstellung des Veräußerers gutgläubig ist.
2. Ist der Veräußerer nicht mittelbarer Besitzer der Sache, so erlangt der gutgläubige Erwerber erst dann Eigentum, wenn er den unmittelbaren oder mittelbaren Besitz an der Sache von dem Dritten erlangt.

Der zweifach vermietete Fernseher

Der Eigentümer A vermietet seinen Fernseher an B. B vermietet diesen Fernseher weiter an C. Da B Geld braucht, verkauft er den Fernseher außerdem an den gutgläubigen D. Zur Übereignung tritt er dem D den Herausgabeanspruch aus dem Mietvertrag aus § 546 BGB gegen C ab.

Die Übereignung des Fernsehers an D erfolgt nach §§ 929 S. 1, 931 BGB. Da B nicht Eigentümer des Fernsehers ist, kann D den Fernseher nur erwerben, wenn die Voraussetzungen des § 934 BGB vorliegen. Hier greift bereits die erste Variante: D ist gutgläubig und B ist aufgrund des zwischen ihm und C bestehenden Mietvertrags mittelbarer Besitzer des Fernsehers. D wird somit gemäß §§ 929 S. 1, 931, 934 BGB mit Abtretung des Herausgabeanspruchs Eigentümer des Fernsehers.

12.7.5 Abhandengekommene Sachen

§ 935 BGB Alle oben aufgezeigten Tatbestände des gutgläubigen Erwerbs werden durch § 935 BGB begrenzt. Ein gutgläubiger Erwerb ist grundsätzlich nicht möglich, wenn „die Sache dem Eigentümer gestohlen worden, verloren gegangen oder sonst abhanden gekommen“ ist. Eine Ausnahme hierzu stellt wieder § 935 Abs. 2 BGB dar: Abhandengekommenes Geld und Inhaberpapiere sowie auf einer öffentlichen Versteigerung veräußerte Sachen können dennoch gutgläubig erworben werden.[10]

Abhandengekommen ist eine Sache, wenn der Eigentümer oder sein Besitzmittler[11] den unmittelbaren Besitz ohne seinen Willen verloren hat.

12.7.6 Gutgläubiger Erwerb nach § 366 Abs. 1 HGB

Wenn an der Veräußerung der Sache ausschließlich Kaufleute[12] beteiligt sind, findet § 366 HGB Anwendung. § 366 Abs. 1 HGB schützt den guten Glauben des Erwerbers an die Verfügungsbefugnis des Veräußerers. Der Erwerber weiß, dass der Veräußerer nicht Eigentümer ist, z. B. weil ihm bekannt ist, dass der Veräußerer die Ware als Kommissionsware, § 383 HGB, verkauft, oder weil er weiß, dass die verkaufte Ware lediglich unter Eigentumsvorbehalt an einen Dritten verkauft wurde, er glaubt aber an die Zustimmung des wirklich Berechtigten (Eigentümers) zur Veräußerung nach § 185 BGB.

12.8 Gesetzlicher Eigentumserwerb

Verbindung, Vermischung und Verarbeitung nach §§ 946 bis 952 BGB sind die praktisch wichtigsten Fälle des nicht durch Rechtsgeschäft erfolgenden, sondern gesetzlichen Eigentumserwerbs. Weitere Fälle des gesetzlichen Eigentumserwerbs sind die Ersitzung, §§ 937 ff. BGB, die Aneignung, §§ 958 ff. BGB und der Fund, §§ 965 ff. BGB.

---

10 Siehe hierzu den Übungsfall in Kapitel 12.9.

11 Dies ist § 935 Abs. 1 S. 2 BGB zu entnehmen.

12 Zum Begriff des Kaufmanns siehe Kapitel 2.6.

12.8.1 Verbindung mit einem Grundstück

Der Eigentümer eines Grundstücks erwirbt nach § 946 BGB das Eigentum an einer beweglichen Sache, wenn diese als wesentlicher Bestandteil des Grundstücks mit dem Grundstück verbunden wird. Der Begriff „wesentliche Bestandteile“ ist in den §§ 93 bis 95 BGB definiert. Gemäß § 94 BGB gehören zu den wesentlichen Bestandteilen eines Grundstücks die mit dem Grund und Boden fest verbundenen Sachen, insbesondere Gebäude. § 946 BGB

Neu verlegte Badfliesen
Hauseigentümer H lässt vom Fliesenleger F ein neues Bad einbauen. H erwirbt Eigentum an den verlegten Fliesen nach § 946 BGB, da diese wesentlicher Bestandteil des Hauses und damit des Grundstücks werden.

Für den gesetzlichen Eigentumserwerb nach § 946 BGB ist unerheblich, wer die Verbindung vornimmt, wer vorheriger Eigentümer der Sache war, ob die Sache gestohlen wurde oder ob der Grundstückseigentümer weiß, dass die Sache im Eigentum eines anderen steht. §§ 932, 935 BGB sind nicht anwendbar. Scheinbestandteile nach § 95 BGB, z. B. Fertiggarage oder Gartenpavillon des Mieters, bleiben bewegliche Sachen und werden unabhängig vom Grundstück nach §§ 929 ff. BGB übereignet.

12.8.2 Verbindung mit beweglichen Sachen

Werden bewegliche Sachen zu einer einheitlichen Sache verbunden und sind sie nunmehr wesentliche Bestandteile i. S. v. §§ 93 bis 95 BGB, so verlieren die bisherigen Eigentümer ihr Eigentum an den einzelnen Gegenständen. Gemäß § 93 BGB sind wesentliche Bestandteile einer Sache solche Bestandteile, die nicht voneinander getrennt werden können, ohne dass der eine oder der andere zerstört oder in seinem Wesen verändert wird. Wesentlicher Bestandteil eines Autos ist beispielsweise der Lack auf der Karosserie, nicht aber die Räder. Wer Eigentümer der neuen einheitlichen Sache wird, richtet sich danach, ob eine der verbundenen Sachen als Hauptsache zu betrachten ist oder nicht: § 947 BGB

Ist eine der mehreren Sachen als Hauptsache anzusehen, so erwirbt ihr Eigentümer das Alleineigentum an der ganzen Sache, § 947 Abs. 2 BGB.

Kommt keiner dieser Sachen die Eigenschaft als Hauptsache zu, so entsteht Miteigentum der bisherigen Eigentümer, § 947 Abs. 1 Hs. 1 BGB.

Die Höhe der Miteigentumsanteile bestimmt sich nach dem Wertverhältnis, das die Sachen zur Zeit der Verbindung hatten, § 947 Abs. 1 Hs. 2 BGB.

12.8.3 Vermischung

§ 948 BGB

Die Vorschriften des § 947 BGB finden entsprechende Anwendung auf die Vermischung von Flüssigkeiten und die Vermengung von beweglichen Sachen, § 948 BGB. Voraussetzung ist, dass die verschiedenen Eigentümern gehörenden Sachen überhaupt nicht oder nur mit unverhältnismäßigen Kosten getrennt werden können, § 948 Abs. 2 BGB.

Zusammengeschütteter Kies

E liefert unter Eigentumsvorbehalt eine Tonne Kies an K. Dieser vermischt diese Tonne Kies auf seinem Lagerplatz untrennbar mit seinen eigenen vier Tonnen Kies, indem er seinen eigenen Kies und den Kies des E in einem einheitlichen Hügel auf seinem Lagerplatz aufschichtet. Hier liegt eine Vermengung im Sinne von § 948 BGB vor. Die Verweisung auf § 947 BGB ergibt, dass Miteigentum der mehreren Sacheigentümer entsteht, sofern nicht ein „Bestandteil" als Hauptsache anzusehen ist. In unseren Beispielsfall werden E zu 1/5 und K zu 4/5 Miteigentümer am einheitlich aufgeschütteten Kieshügel, §§ 948, 947 Abs. 1 Hs. 2 BGB.

Auf das Miteigentum an der gemeinschaftlichen Sache finden die §§ 1008, 1009 Abs. 1, 1011 BGB und die Vorschriften über die Gemeinschaft, §§ 741 bis 758 BGB, Anwendung.

12.8.4 Verarbeitung

§ 950 BGB

Gemäß § 950 BGB erwirbt derjenige, der durch Verarbeitung oder Umbildung eines oder mehrerer Stoffe eine neue bewegliche Sache herstellt, Eigentum an dieser Sache. § 950 BGB geht den §§ 947, 948 BGB vor. §§ 932, 935 BGB finden keine Anwendung.

Verarbeitung

Durch Verarbeitung oder (vgl. § 950 Abs. 1 S. 2 BGB) Bearbeitung einer oder verschiedener in fremdem Eigentum stehenden Sachen muss eine nach der Verkehrsauffassung neue Sache hergestellt werden; Indizien sind die abweichende Bezeichnung, die andere äußere Gestalt und die eigenständige, weitergehende Funktion des hergestellten Produkts.

Wert der Verarbeitung

Der Wert der Verarbeitung darf nicht erheblich geringer sein als der Wert des ver- oder bearbeiteten Materials. Der Wert der Verarbeitung bestimmt sich nicht nach den reinen Arbeitskosten, sondern berechnet sich aus der Differenz zwischen dem Wert der neuen Sache und dem

Wert aller (einschließlich der dem Hersteller gehörenden) verarbeiteten Stoffe. Für einen Eigentumserwerb des Herstellers reicht es nicht aus, wenn der Wert der Verarbeitung nur 60 % des Materialwerts beträgt.

Hersteller

Hersteller i. S. d. § 950 BGB ist nicht der einzelne Arbeiter; wer Hersteller ist, richtet sich nach dem Sprachgebrauch oder der Verkehrsauffassung. Hersteller ist in der Regel der Unternehmer, in dessen Unternehmen die neue Sache hergestellt wird. Die Rechtspraxis lässt jedoch zu, dass Lieferant und Produzent vereinbaren, dass der Hersteller für den Lieferanten verarbeiten soll, der Lieferant somit Hersteller im Sinne von § 950 BGB ist, dies geschieht z. B. beim verlängerten Eigentumsvorbehalt durch Vereinbarung einer Verarbeitungsklausel.[13]

Geigenbauer

Geigenbauer G kauft vom Holzhändler H Holz unter Eigentumsvorbehalt zum Preis von 1.000 €. Hieraus fertigt er eine Meistergeige im Wert von 8.000 €. Hier erwirbt der G nach § 950 Abs. 1 BGB das Eigentum an der aus dem Holz gefertigten Meistergeige, denn der Wert der Verarbeitung ist mit 7.000 € nicht erheblich geringer als der Wert des Stoffes mit 1.000 €. H verliert sein Eigentum und seinen Eigentumsvorbehalt, § 950 Abs. 2 BGB.

12.9 Lösung des Eingangsfalls

Anspruch der U gegen Student (S) auf Herausgabe des PKW aus § 985 BGB

U könnte gegen S einen Anspruch auf Herausgabe des PKW aus § 985 BGB haben.

Dies setzt voraus, dass U noch Eigentümer des PKW, S Besitzer ist und kein Recht zum Besitz hat.

1. U war zunächst Eigentümer des PKW.

a) Sie könnte ihr Eigentum durch den Diebstahl des D verloren haben. Der Diebstahl des D erfüllt jedoch weder den Tatbestand eines rechtsgeschäftlichen noch eines gesetzlichen Eigentumserwerbs. U ist somit Eigentümerin des PKW geblieben.

b) U könnte ihr Eigentum durch die Übereignung des PKW von D an H verloren haben. D hat den PKW gemäß § 929 S. 1 BGB durch Einigung und Übergabe an H übereignet. Da D aber als Nichtberechtigter gehandelt hat, kommt allenfalls ein gutgläubiger Eigentumserwerb nach § 932 BGB in Betracht. Da H jedoch einverständlich mit D zusammengearbeitet hat und, wie die polizeilichen Ermittlungen ergeben haben, die gefälschten Papiere selbst hergestellt hat, ist H nicht gutgläubig i. S. v. § 932 Abs. 2 BGB. H hat somit kein Eigentum an dem PKW erlangt.

---

13 Siehe hierzu Kapitel 16.8.2.

c) U könnte ihr Eigentum durch die Übereignung des PKW von H an S verloren haben. Auch hier erfolgte die Übereignung in der Form des § 929 S. 1 BGB durch Einigung und Übergabe. Da H jedoch nicht Eigentümer und somit auch nicht Berechtigter war, kommt auch hier nur ein gutgläubiger Erwerb gemäß § 932 BGB in Betracht.

Zu prüfen ist daher, ob S gutgläubig hinsichtlich der Eigentümerstellung des H war. S wusste nicht, dass H nicht Eigentümer des PKW war. Bezüglich dieser Unkenntnis kann ihm auch nicht der Vorwurf grober Fahrlässigkeit gemacht werden. Bei dem Kauf eines Kraftfahrzeugs kann der gute Glaube zwar dadurch zerstört werden, dass der Verkäufer dem Käufer das Kraftfahrzeug ohne Vorlage der Fahrzeugpapiere übergibt.[14] Im vorliegenden Fall hat H dem S jedoch gefälschte Fahrzeugpapiere vorgelegt, sodass S hier gutgläubig gehandelt hat.

Ein gutgläubiger Eigentumserwerb scheitert im vorliegenden Fall jedoch an § 935 Abs. 1 BGB, da an gestohlenen Gegenständen grundsätzlich ein gutgläubiger Eigentumserwerb nicht möglich ist.

U ist somit immer noch Eigentümer des PKW.

2. S ist unmittelbarer Besitzer des PKW gemäß § 854 Abs. 1 BGB.

3. S darf kein Recht zum Besitz haben, § 986 BGB.

Im vorliegenden Fall könnte sich ein Recht zum Besitz des PKW aus dem zwischen S und H geschlossenen Kaufvertrag ergeben. Ein Kaufvertrag gemäß § 433 BGB gibt dem Käufer grundsätzlich ein Recht zum Besitz. Da es sich bei dem Kaufvertrag jedoch um ein schuldrechtliches Verpflichtungsgeschäft handelt, entfaltet er nur zwischen dem Käufer und Verkäufer, hier zwischen S und H Rechtswirkungen. S kann das sich aus dem Kaufvertrag ergebende Besitzrecht nur gegenüber H geltend machen, nicht jedoch gegenüber U. Gegenüber U hat S kein Recht zum Besitz.

Ergebnis: U kann von S den PKW gemäß § 985 BGB heraus verlangen.

12.10 Zusammenfassung

Das Sachenrecht regelt welche Sachen welcher Person zustehen, welche Rechte diese Person an der Sache hat und welche Verfügungen sie über die Sache treffen kann. Das umfassendste Sachenrecht ist das Ei-

14 Ständige Rechtsprechung vgl. BGH, Urteil vom 13.5.1996 – II ZR 222/95, NJW 1996, 2226.

gentum. Das Eigentum an einer beweglichen Sache kann sowohl durch Rechtsgeschäft als auch aufgrund gesetzlicher Vorschriften erworben werden.
Der rechtsgeschäftliche Eigentumserwerb von beweglichen Sachen ist in den §§ 929 bis 936 BGB geregelt. Grundtatbestand des rechtgeschäftlichen Eigentumserwerbs an beweglichen Sachen ist § 929 S. 1 BGB, der für eine wirksame Übereignung Einigung, Übergabe der Sache und Berechtigung des Verfügenden voraussetzt. Die § 929 S. 2 bis § 931 BGB stellen weitere Übereignungstatbestände dar, die stets eine Einigung nach § 929 S. 1 BGB verlangen, die Übergabe jedoch durch andere Tatbestandsvoraussetzungen ersetzen.

Fehlt bei der rechtsgeschäftlichen Übereignung die Berechtigung des Verfügenden, so kommt ein gutgläubiger Erwerb der Sache gemäß § 932–934 BGB oder § 366 HGB in Betracht. Jedem Tatbestand des berechtigten Erwerbs nach §§ 929–931 BGB stellt das Gesetz in den §§ 932–934 BGB einen Tatbestand des gutgläubigen Erwerbs zur Seite. Dieser Tatbestand enthält die Voraussetzungen, die anstelle der Berechtigung des Veräußerers vorliegen müssen, damit der Erwerber trotz Nichtberechtigung des Veräußerers Eigentum an der übereigneten beweglichen Sache erwerben kann.

Aufgrund von Verbindung, Vermischung oder Verarbeitung nach §§ 946 bis 950 BGB kann Eigentum an beweglichen Sachen auch ohne Rechtsgeschäft durch bloße Realakte erworben werden.

13 Erwerb von Forderungen

Forderungen

Forderungen können durch ein Rechtsgeschäft, z. B. einen Kaufvertrag, oder kraft Gesetzes, z. B. eine unerlaubte Handlung, begründet werden. Bei einem Kaufvertrag etwa erlangt der Käufer die Forderung, die auf Übereignung der Kaufsache gerichtet ist, der Verkäufer hingegen die Forderung auf Zahlung des Kaufpreises. Bei einer unerlaubten Handlung, z. B. einem Verkehrsunfall, erlangt der Geschädigte einen Schadensersatzanspruch gemäß § 823 BGB gegen den Schädiger.

Verpflichtungs- und Verfügungsgeschäft

All diese Forderungen können auf einen Anderen übertragen werden. Der neue Inhaber der Forderung kann dann an Stelle des bisherigen Forderungsinhabers die Forderung gegen den Schuldner geltend machen oder sie weiter abtreten. Während Sachen durch Übereignung gemäß §§ 929 ff. BGB übertragen werden, erfolgt dies bei Forderungen durch Abtretung gemäß § 398 BGB. Die Abtretung von Forderungen entspricht der Übereignung bei Sachen. Die Abtretung ist somit das dingliche Verfügungsgeschäft. Auf welchem schuldrechtlichen Verpflichtungsgeschäft die Verfügung beruht, ist nach dem Trennungsprinzip[1] nicht maßgeblich. So kann die Abtretung etwa auf einem Kaufvertrag beruhen, wonach ein Händler seine Kundenforderungen an ein Factoring-Unternehmen verkauft hat. Die Abtretung kann aber auch ohne Rechtsgrund erfolgen, etwa weil der Kaufvertrag mit dem Factoring-Unternehmen infolge Anfechtung entfallen ist. In diesem Fall ist die erfolgte Abtretung der Kundenforderungen des Händlers an das Factoring-Unternehmen dennoch wirksam, d. h. die Kundenforderungen wurden wirksam übertragen. Da dies jedoch rechtsgrundlos erfolgte, muss das Factoring-Unternehmen die Forderungen an den Händler zurück abtreten gemäß § 812 Abs. 1 S. 1 BGB.

13.1 Stellen Sie sich vor …

Darlehensnehmer D möchte einen Kredit bei der B-Bank aufnehmen. Aus der Presse hat er erfahren, dass einige Banken Geldforderungen aus Immobilienkrediten an Finanzinvestoren übertragen haben. Die Darlehensnehmer hatten dann nicht mehr mit „ihrer“ Bank, sondern mit dem ausländischen Finanzinvestor zu tun, dem aber meist nicht an einer Weiterführung des Kredits, sondern vielmehr an einer schnellen und effektiven Verwertung von Sicherheiten gelegen war. Dies möchte

1 Siehe oben Kapitel 3.1.8.

D auf jeden Fall vermeiden. Er möchte sichergehen, dass seine Bank die Forderungen aus dem Darlehensvertrag gerade nicht übertragen kann.

13.2 Ökonomische Bedeutung und Begründung

Forderungen sind Vermögenswerte, die übertragbar sind. So, wie Sachen übereignet werden, können Forderungen abgetreten werden gemäß § 398 BGB. Die Abtretung hat im Wirtschaftsleben erhebliche Bedeutung. Mittels Sicherungsabtretung lässt sich der Darlehensgeber sämtliche Forderungen des Darlehensnehmers gegen Dritte im Voraus abtreten, um Sicherheiten für einen gewährten Kredit zu erlangen.

Die Abtretung kann auch dazu benutzt werden, dass ein Käufer seine Kaufpreisschuld gegenüber dem Verkäufer dadurch begleicht, dass er ihm eine Forderung gegen einen Dritten abtritt. Die abgetretene Forderung tritt in diesem Fall an die Stelle des zu zahlenden Geldes, wobei die Abtretung in einem solchen Fall erfüllungshalber[2] (§ 364 Abs. 2 BGB) erfolgen wird: Ist die Forderung mangels Solvenz des Schuldners nicht einbringlich, bleibt die ursprüngliche Forderung bestehen. Eine Abtretung kann schließlich auch eingesetzt werden, um sich vorzeitig Liquidität zu verschaffen; ein Unternehmer kann die – noch nicht fälligen – Forderungen gegen seine Kunden an einen Dritten verkaufen und abtreten, wofür er im Gegenzug sofort einen Kaufpreis von dem Dritten erhält.

13.3 Abtretung

Abtretungsvertrag

Die Abtretung (Zession) erfolgt durch Vertrag zwischen dem bisherigen Gläubiger (Zedent) und dem neuen Gläubiger (Zessionar) gemäß § 398 BGB; der Schuldner ist hieran nicht aktiv beteiligt.

Dingliche Verfügung über Forderung

Bei der Abtretung handelt es sich um einen Gläubigerwechsel durch Rechtsgeschäft. Der Abtretungsvertrag kann formlos geschlossen werden. Er stellt die dingliche Verfügung über die Forderung dar. Rechtsgrund für die Verfügung kann ein Kauf-, Schenkungs- oder Sicherungsvertrag (im Rahmen einer Darlehensgewährung) sein.

Bestimmtheitsgrundsatz

Nach dem Bestimmtheitsgrundsatz muss die abzutretende Forderung genau bestimmt oder zumindest bestimmbar sein.[3] Es muss klar sein, auf welche Forderung genau sich die Abtretung bezieht.

2 Siehe hierzu auch Kapitel 3.8.8.

3 Siehe Kapitel 16.4.3.

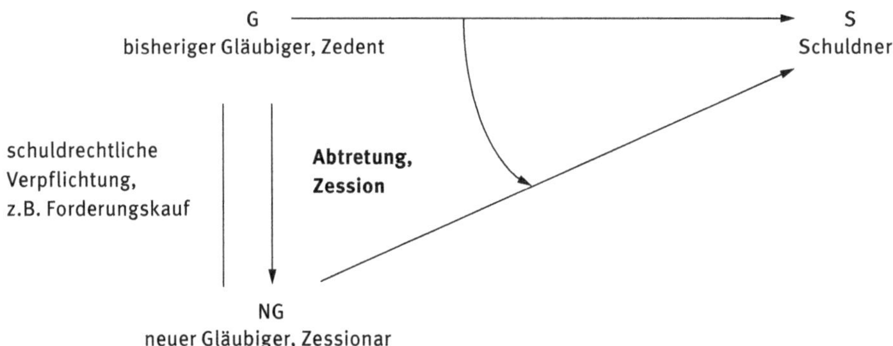

Abb. 13.1. Die Abtretung (eigene Darstellung).

Abtretung künftiger Forderungen

Möglich ist auch die Abtretung erst künftig entstehender Forderungen. Wirksam wird diese Abtretung aber erst, wenn die Forderung entsteht. So kann sich etwa eine Bank zur Sicherung eines Darlehens vom Darlehensnehmer alle gegenwärtigen und künftigen Forderungen aus Warenverkäufen abtreten lassen. Oder im Rahmen eines verlängerten Eigentumsvorbehalts tritt der Käufer alle künftigen Forderungen aus dem Verkauf der Ware an den Verkäufer ab.

Kein gutgläubiger Erwerb von Forderungen

Körperliche Gegenstände können bei Redlichkeit des Erwerbers auch vom Nichtberechtigten erworben werden (vgl. § 932 BGB für bewegliche Sachen). Einen entsprechenden gutgläubigen Erwerb von Forderungen gibt es aber nicht. Wenn eine Forderung gar nicht besteht, kann sie infolge einer Abtretung auch nicht entstehen; oder bestand die Forderung zwar, aber stand sie einem anderen Gläubiger zu, kann sie nicht vom neuen Gläubiger erworben werden. Die zwischen den Beteiligten vereinbarte Abtretung geht somit ins Leere. Ein gutgläubiger Erwerb ist nicht möglich. Zwingende Voraussetzung für die Wirksamkeit einer Abtretung ist somit das Bestehen der Forderung, und zwar gerade in der Person des Abtretenden.

Ausschluss der Abtretbarkeit

Anders als bei Sachen, die kraft Gesetzes (§ 137 BGB) stets veräußerlich sind, kann die Abtretbarkeit von Forderungen eingeschränkt oder ausgeschlossen sein. Gläubiger und Schuldner können gemäß § 399 BGB die Abtretbarkeit der Forderung ausschließen. Eine dennoch vorgenommene Abtretung ist dinglich nicht wirksam.

Stellen Sie sich vor …

Im Ausgangsfall kann D sein Ziel erreichen, indem er mit der Bank gemäß § 399 BGB vereinbart, dass Ansprüche aus dem Darlehensvertrag von der Bank nicht abgetreten werden dürfen. Hierdurch ist die Abtretung der Forderung durch die Bank ausgeschlossen.[4]

4 Bei Immobilienkrediten muss die Bank den Verbraucher über diese Rechtslage aufklären, vgl. Art. 247 § 9 Abs. 1 EGBGB.

Zu beachten ist in diesem Zusammenhang die handelsrechtliche Spezialvorschrift des § 354a Abs. 1 S. 1 HGB: Bei beiderseitigen Handelsgeschäften oder wenn es sich beim Schuldner um die öffentliche Hand handelt, ist die Vereinbarung eines Abtretungsverbots unwirksam. Als Gegenausnahme regelt Absatz 2 dieser Vorschrift jedoch, dass das Abtretungsverbot gleichwohl wirksam ist, wenn Gläubiger einer Darlehensforderung ein Kreditinstitut im Sinne des Kreditwesengesetzes ist.

§ 354a HGB

13.4 Sonderformen

Sicherungsabtretung

Überragende wirtschaftliche Bedeutung hat die Sicherungsabtretung. Hierbei tritt ein Darlehensnehmer dem Darlehensgeber seine (auch künftigen) Forderungen gegen Dritte ab. Hierdurch erlangt der Darlehensgeber Sicherheiten für den ausstehenden Kredit, da er nun Inhaber der Forderungen geworden ist. Neben den Darlehensschuldner treten somit weitere Schuldner, an die der Darlehensgeber sich halten kann.

Verlängerter Eigentumsvorbehalt

Ähnliches gilt für den verlängerten Eigentumsvorbehalt. Der Lieferant behält das Eigentum an der Kaufsache bis zur vollständigen Bezahlung des Kaufpreises zurück, und zusätzlich wird vereinbart, dass der Käufer seine künftigen Forderungen gegen seine Kunden aus dem Verkauf der Sache an den Lieferanten abtritt. Hierdurch erlangt der Lieferant, wenn er schon das Eigentum an den Endkunden verliert,[5] zumindest die entsprechende Forderung gegen den Endkunden als Sicherheit.

Echtes Factoring

Beim sog. „echten Factoring" werden Forderungen eines Unternehmers gegen seine Kunden an einen „Factor" (z. B. Finanzdienstleister) verkauft und abgetreten. Der Factor übernimmt die Forderung dauerhaft vom Abtretenden und zahlt diesem hierfür einen Kaufpreis. Der Kaufpreis bemisst sich nach der Höhe der Forderung abzüglich eines Verwaltungs- und Risikoabschlags (von oft bis zu ca. 20 %). Der Abtretende erhält mit dem vom Factor gezahlten Kaufpreis sofort Liquidität, obwohl die abgetretenen Forderungen noch nicht fällig sind. Das Factoring dient somit der Unternehmensfinanzierung. Darüber hinaus wird das Risiko der Einbringlichkeit der Forderung (Delkredere) vom Abtretenden auf den Factor verlagert. Der Preis hierfür besteht jedoch in ei-

5 Aufgrund Ermächtigung zur Weiterveräußerung gem. § 185 BGB; siehe hierzu Kapitel 16.8.2.

nem dem Ausfallrisiko und dem Fälligkeitszeitpunkt der Forderungen entsprechenden Abschlag.

Unechtes Factoring/ Inkassozession

Verbleibt das Risiko der Zahlungsfähigkeit hingegen wirtschaftlich beim Abtretenden, spricht man vom sog. „unechten Factoring“. In diesem Fall wird der Gegenwert der Forderung nur unter Vorbehalt der späteren Einbringlichkeit gutgeschrieben. Der Neugläubiger macht die Forderung im Interesse und für Rechnung des Altgläubigers geltend. Eine solche Abtretung zum Inkasso entlastet den Altgläubiger von der Geltendmachung der Forderung; ärztliche Verrechnungsstellen etwa sind ein Beispiel hierfür. Das Delkredererisiko verbleibt also beim Abtretenden. Wird der Gegenwert dem Abtretenden nicht sofort, sondern erst nach erfolgreichem Einzug der Forderung gutgeschrieben, spricht man auch von „Inkassozession“.

Einziehungsermächtigung

Bei der „Einziehungsermächtigung“ findet gerade keine Abtretung der Forderung statt. Die Forderung verbleibt beim ursprünglichen Gläubiger. Ein Dritter (etwa ein Inkassobüro) wird aber vom Gläubiger ermächtigt, die Forderung im eigenen Namen einzuziehen.

13.5 Leistung an den bisherigen Gläubiger

Schutz des Schuldners

Der Schuldner ist an der Abtretung nicht beteiligt; er muss noch nicht einmal Kenntnis davon haben. Daher besteht die Gefahr, dass der Schuldner in Unkenntnis der erfolgten Abtretung an den bisherigen und somit den falschen Gläubiger leistet. Aus diesem Grund bedarf der Schuldner eines besonderen Schutzes, der durch die §§ 406 ff. BGB gewährleistet wird. Solange der Schuldner keine Kenntnis von der Abtretung hat, kann er gemäß § 407 Abs. 1 BGB noch wirksam an den bisherigen Gläubiger leisten.

Inkasso I

Maschinenbauunternehmer M nimmt bei der B-Bank ein Darlehen über 200.000 € auf. Zur Sicherheit tritt er der Bank eine Kaufpreisforderung gegen seinen Kunden Säumig i. H. v. 250.000 € ab. Säumig wird über die Abtretung nicht informiert. Zwei Wochen später zahlt Säumig den Kaufpreis an den M.

Fraglich ist, ob die Bank ihrerseits von S Zahlung verlangen kann. Ein Anspruch der Bank könnte sich aus der abgetretenen Kaufpreisforderung gemäß §§ 398, 433 Abs. 2 BGB ergeben. Ein wirksamer Abtretungsvertrag zwischen M und B lag vor. Die abgetretene Forderung stand dem M auch zu. Die Forderung wurde also wirksam an B abgetreten. Die Zahlung an M konnte somit eigentlich nicht zum Erlöschen der Forderung nach § 362 Abs. 1 BGB führen, da M gar nicht mehr Gläubiger der Forderung war. Aber nach § 407 Abs. 1 BGB muss die Bank die Zahlung an M gegen sich gelten lassen, da S keine Kenntnis von der Abtretung hatte.

Mehrfache Abtretung

Ebenso schutzbedürftig ist der Schuldner bei einer mehrfachen Abtretung. Tritt der Gläubiger die Forderung wirksam an G1 und anschließend mangels Berechtigung unwirksam an G2 ab, ist alleine G1 der Inhaber der Forderung geworden. Die zweite Abtretung an G2 ging ins Leere, denn der Gläubiger hatte die Forderung infolge der Abtretung an G1 ja nicht mehr inne. Kennt der Schuldner aber nur die Abtretung an G2 und zahlt er dann an den nichtberechtigten G2, wird er nach §§ 408 Abs. 1, 407 BGB geschützt.

Abtretungsanzeige

§ 409 BGB sieht schließlich einen besonderen Schutz des Schuldners vor, wenn eine ausdrückliche Abtretungsanzeige erfolgt ist. Der Gläubiger kann dem Schuldner anzeigen, dass die Forderung abgetreten sei. Die Anzeige soll verhindern, dass der Schuldner in Unkenntnis der Abtretung mit befreiender Wirkung an den bisherigen Gläubiger leistet. Umgekehrt muss sich der Schuldner aber auf die Anzeige verlassen können. Wurde ihm vom bisherigen Gläubiger die Abtretung angezeigt, kann und muss er nicht überprüfen, ob die Abtretung wirklich wirksam war oder nicht. Daher muss der Zedent eine Leistung an den Zessionar gegen sich gelten lassen, auch wenn die Abtretung nicht oder nicht wirksam erfolgt war. Der Schuldner darf sich auf den Rechtsschein der Abtretungsanzeige verlassen gemäß § 409 Abs. 1 S. 1 BGB.

13.6 Einwendungen des Schuldners

Schuldner behält seine Einwendungen

Durch die Abtretung geht die Forderung so über, wie sie zuletzt bestanden hat. Dem Schuldner dürfen durch die Abtretung keine Nachteile entstehen. Nach § 404 BGB behält der Schuldner trotz der Abtretung „alle Einwendungen, die zur Zeit der Abtretung gegen den bisherigen Gläubiger begründet waren“. So kann er etwa gegenüber dem neuen Gläubiger geltend machen, dass die Forderung von vornherein gar nicht entstanden war (z. B. wegen Nichtigkeit des Vertrags). Er kann sich auch auf die Einrede der Verjährung der abgetretenen Forderung berufen oder auf eine Stundungsabrede mit dem ursprünglichen Gläubiger. All dies muss der neue Gläubiger gegen sich gelten lassen.

Inkasso II

K kauft bei V einen Neuwagen für 30.000 €. Der Wagen soll in ca. 2 Monaten geliefert werden. Noch vor der Lieferung des PKW tritt V seine Forderung aus dem Kaufvertrag an ein Factoring-Unternehmen ab und erhält als Gegenwert sofort 29.000 € gutgeschrieben. Obwohl der Wagen immer noch nicht geliefert ist, verlangt das Factoring-Unternehmen von K die Zahlung des Kaufpreises. Grundsätzlich muss K den Kaufpreis nur Zug um Zug gegen Lieferung des PKW zahlen gemäß § 320 Abs. 1 S. 1 BGB. Diese Einrede des nichterfüllten Vertrags kann er gemäß § 404 BGB auch gegenüber dem neuen Gläubiger Z erheben.

Einwendung vor Abtretung entstanden

Die Einwendung selbst braucht nicht bereits vor der Abtretung entstanden zu sein; es genügt, wenn sie ihren Grund in dem Rechtsverhältnis zwischen bisherigem Gläubiger und Schuldner hat. Der Schuldner kann daher geltend machen, dass er vom Kaufvertrag nach erfolgter Abtretung zurückgetreten und deshalb die Forderung gegen ihn entfallen sei.

Aufrechenbarkeit bleibt erhalten

Konnte der Schuldner gegenüber dem bisherigen Gläubiger mit einer Gegenforderung aufrechnen, darf ihm diese Möglichkeit der Erfüllung gemäß § 406 BGB nicht infolge der Abtretung genommen werden. Hat der Schuldner eine Forderung gegen den bisherigen Gläubiger, kann er damit auch gegenüber dem neuen Gläubiger aufrechnen, obwohl gerade keine Gegenseitigkeit der Forderungen besteht.

Forderung entsteht erst nach Abtretung

Erwirbt der Schuldner seine Forderung gegen den bisherigen Gläubiger erst nach der Abtretung, sind sich die beiden Forderungen von Schuldner und Gläubiger nie gegenüber gestanden. Dennoch wird dem Schuldner auch hier die Aufrechnung gegenüber dem neuen Gläubiger gemäß § 406 BGB erlaubt, wenn er bei Erwerb seiner Gegenforderung nichts von der Abtretung wusste.

Aufrechnung
G tritt eine Forderung gegen S am 1.3. an G1 ab. Am 15.3. erwirbt S eine Gegenforderung gegen G. Hatte S bei Erwerb seiner Gegenforderung gegen G keine Kenntnis von der zuvor erfolgten Abtretung, wird er in seinem Vertrauen auf die Aufrechnungslage geschützt. Er kann gemäß § 406 BGB also auch gegenüber dem G1 aufrechnen. Wurde ihm aber am 10.3. die Abtretung mitgeteilt, berechtigt ihn die nachfolgend erworbene Forderung gegen G nicht zur Aufrechnung.

13.7 Übungsfall

V verkauft Transistoren an K zum Kaufpreis von 100.000 €. V vereinbart am 25.11. mit F, dass er die Forderung gegen K an F zum Preis von 85.000 € am 1.12. abtreten wird. Am 30.11. tritt V seine Kaufpreisforderung gegen K an D ab, der ihm sogleich 90.000 € dafür gibt. Am 1.12. tritt V dieselbe Forderung wie vereinbart an F ab und zieht dafür die 85.000 € ein. Am 3.12. zahlt K die offene Kaufpreisforderung an V. V verspielt am Folgetag das gesamte eingenommene Geld durch Warentermingeschäfte.

1. Kann F von K nochmals Zahlung der 100.000 € verlangen?
2. Kann D von K nochmals Zahlung der 100.000 € verlangen?

1. Grundlage des Anspruchs des F gegen K könnten §§ 433 Abs. 2, 398 BGB sein.

Voraussetzung des Anspruchs ist, dass die Kaufpreisforderung des V gegen K entstanden ist und wirksam von V an F abgetreten wurde. Voraussetzungen

Nach dem Sachverhalt bestehen keine Zweifel, dass die Kaufpreisforderung des V gegen K entstanden ist. Am 25.11. haben V und F einen schuldrechtlichen Vertrag über die Abtretung der Kaufpreisforderung geschlossen, die Forderung selbst aber noch nicht abgetreten. Am 1.12., dem vereinbarten Termin für die Abtretung, konnte V die Forderung nicht mehr abtreten, da er nicht mehr ihr Inhaber war. Er hatte sie einen Tag vorher an D abgetreten. Da ein gutgläubiger Forderungserwerb nicht möglich ist, wurde F nicht Inhaber der Forderung. Subsumtion

F hat daher keine Ansprüche gegen K. Ergebnis

2. Grundlage des Anspruchs des D gegen K könnten ebenfalls §§ 433 Abs. 2, 398 BGB sein.

Voraussetzung des Anspruchs ist, dass die Kaufpreisforderung des V gegen K wirksam entstanden ist; dass D die Forderung erworben hat und dass die Forderung nicht durch Zahlung auch wirksam gegenüber D erfüllt wurde. Voraussetzungen

Die Kaufpreisforderung ist entstanden. Subsumtion

Diese wurde wirksam am 30.11. von V an D nach § 398 BGB übertragen. D wurde damit Inhaber der Forderung.

An sich hat K damit am 3.12. an den falschen Gläubiger gezahlt, was grundsätzlich nicht zur Erfüllung gemäß § 362 Abs. 1 BGB führt. K wusste aber von der Abtretung der Forderung an D nichts. Nach § 407 Abs. 1 BGB muss D deshalb die Leistung des K an V gegen sich gelten lassen. D hat die Forderung also wirksam auch gegenüber D erfüllt. Der Anspruch ist damit erloschen.

D kann von K Zahlung der 100.000 € nicht verlangen.[6] Ergebnis

13.8 Zusammenfassung

In einem schuldrechtlichen Vertrag, z. B. einem Kauf- oder Darlehensvertrag, kann sich eine Partei verpflichten, eine Forderung gegen einen

6 D kann von V Herausgabe der 100.000 € gemäß § 816 Abs. 2 BGB verlangen. F kann gem. § 323 BGB vom Vertrag zurücktreten (und gem. § 346 BGB die gezahlten 85.000 € zurück verlangen) oder er kann gemäß § 281 BGB Schadensersatz (statt der Leistung) verlangen

Dritten, den Schuldner, auf den Erwerber zu übertragen, also abzutreten.

Forderungen können gemäß § 398 BGB ohne Mitwirkung des Schuldners an einen neuen Gläubiger abgetreten werden.

Der Schuldner darf keine Nachteile aus der erfolgten Abtretung erfahren. Solange er keine Kenntnis von der Abtretung hat, kann er befreiend an den bisherigen Gläubiger leisten.

Sämtliche Einwendungen gegen den bisherigen Gläubiger kann er auch gegenüber dem neuen Gläubiger geltend machen.

Grundsätzlich kann der Schuldner wegen einer Forderung gegen den bisherigen Gläubiger auch gegenüber dem neuen Gläubiger aufrechnen.

Beim „unechten Factoring“ verbleibt das Risiko der Einbringlichkeit der Forderung beim Abtretenden. Beim „echten Factoring“ trägt der Erwerber dieses sog. Delkredererisiko.

14 Eigentumserwerb an Grundstücken

So wie das Eigentum an beweglichen Sachen wie Autos, Maschinen oder Möbeln auf einen Anderen übertragen werden kann, sind auch Grundstücke verkehrsfähig. Wirtschaftlich bedeutsam ist es, ob ein Grundstück bebaut oder unbebaut ist. In rechtlicher Hinsicht spielt dies jedoch keine Rolle. Die Eigentumsübertragung erfolgt in beiden Fällen gleich. Denn Gegenstand der Verfügung ist das Grundstück an sich. Darauf befindliche Gebäude gehen als sogenannte „wesentliche Bestandteile“ des Grundstücks automatisch mit über (Ausnahme: Erbbaurecht). Im Vergleich zu beweglichen Sachen werden Immobilien – trotz gestiegener Mobilität und Flexibilität – nicht so häufig auf einen neuen Eigentümer übertragen. Dies erklärt sich bereits aus der großen wirtschaftlichen Bedeutung eines Immobiliengeschäfts für die Beteiligten. So übersteigt etwa der Erwerb einer Immobilie regelmäßig die Bedeutung eines Autokaufs o. Ä. Aus dieser hohen wirtschaftlichen Bedeutung eines Immobiliengeschäfts ergibt sich schließlich auch ein gesteigertes Bedürfnis nach Rechtssicherheit. Die an einer Immobilie bestehenden Rechtsverhältnisse sind für die Beteiligten, insbesondere für den Erwerber von großer Bedeutung. Denn Investitionen an einem Grundstück, etwa durch die Errichtung von Bauwerken, übersteigen regelmäßig den Wert des bloßen Grundstücks um ein Vielfaches. Wer also auf einem Grundstück baut, möchte sicher sein, dass er auch Eigentümer des Grundstücks ist.

Einigung und Eintragung

Um diesen Besonderheiten Rechnung zu tragen, gelten für die Eigentumsübertragung an Grundstücken besondere gesetzliche Regelungen. Während für die Eigentumsübertragung an beweglichen Sachen Einigung und Übergabe genügen, gilt dies bei unbeweglichen Sachen nicht. Das Gesetz verlangt für die wirksame Übertragung von Eigentum an einem Grundstück hingegen die Einigung der Beteiligten und die Eintragung der Rechtsänderung im Grundbuch. Die Eintragung des Eigentümerwechsels im Grundbuch ist also zwingende Voraussetzung für die Wirksamkeit des Rechtsgeschäfts. Die Übergabe des Grundstücks ist für die Übereignung hingegen bedeutungslos.

14.1 Stellen Sie sich vor ...

Stellen Sie sich vor, Bauherr K erwirbt von V ein Grundstück für 150.000 € und errichtet darauf ein Wohngebäude für 600.000 €. Zur Finanzierung seines Bauvorhabens belastet K das Grundstück mit einer

Grundschuld in Höhe von 500.000 € zugunsten der B-Bank. Anschließend stellt sich heraus, dass V – obwohl er im Grundbuch eingetragen war – gar nicht Eigentümer des Grundstücks war, sondern E. E, der das Grundstück als Fabrikgelände nutzen möchte, verlangt nun von K die (lastenfreie) Herausgabe des Grundstücks und die Beseitigung des Wohnhauses.

14.2 Ökonomische Bedeutung und Begründung

Grundstücke stellen – je nach Lage und darauf befindlicher Bebauung – erhebliche wirtschaftliche Werte in unserer Gesellschaft dar. Nicht selten werden Grundstücke als Anlage- oder gar Spekulationsobjekt genutzt. Unser gesamtes Leben und Arbeiten findet auf Grundstücken statt. Allein hieraus lässt sich die immense praktische und wirtschaftliche Bedeutung von Grundstücken für unsere Gesellschaft ablesen. Sie bilden die Basis für unsere Lebensgrundlage und geschäftlichen Aktivitäten.

14.3 Verpflichtung und Verfügung

Nach dem Trennungsprinzip ist zwischen der schuldrechtlichen Verpflichtung und der darauf beruhenden Verfügung zu unterscheiden. Dies gilt auch bei Grundstücksübertragungen. Das häufigste Verpflichtungsgeschäft bei Grundstücksübertragungen ist der Kaufvertrag; in Betracht kommen aber auch Verträge über Schenkung, Tausch, Erbauseinandersetzung oder eine Scheidungsfolgenvereinbarung. Zur Erfüllung des jeweiligen Verpflichtungsgeschäfts erfolgt dann das Verfügungsgeschäft, d. h. die dingliche Übertragung des Eigentums.

Sowohl beim schuldrechtlichen Verpflichtungsgeschäft als auch bei der dinglichen Verfügung über ein Grundstück sind einige Besonderheiten zu beachten, die im Folgenden dargestellt werden.

14.4 Notarielle Beurkundung des Verpflichtungsgeschäfts

Verpflichtungsgeschäft bedarf notarieller Form

Gemäß § 311b Abs. 1 S. 1 BGB bedarf jeder Vertrag, der zur Veräußerung oder zum Erwerb eines Grundstücks verpflichtet, der notariellen Beurkundung. Zweck dieser Formvorschrift ist die Warnung der Beteiligten im Hinblick auf das regelmäßig wirtschaftlich bedeutsame Immobiliengeschäft. Ferner dient die Beurkundungspflicht der Beweissicherung; Vertragsinhalt wird nur, was auch tatsächlich im (beurkundeten) Vertrag steht.

Ein Vertrag unterliegt der Beurkundungspflicht, wenn er eine irgendwie geartete Verpflichtung zur Veräußerung oder zum Erwerb eines Grundstücks beinhaltet. Solche Verpflichtungen sind nicht immer so leicht erkennbar wie bei einem Grundstückskaufvertrag. Die Verpflichtung kann sich nämlich auch aus einem Vorvertrag oder einer eingeräumten Option ergeben; auch in Gesellschaftsverträgen können derartige Verpflichtungen enthalten sein.

Die Clean-Park-GbR

A und B möchten gemeinsam einen SB-Waschpark errichten. Sie gründen zu diesem Zweck eine Gesellschaft bürgerlichen Rechts und schließen schriftlich einen Gesellschaftsvertrag ab. Hiernach hat A einen Beitrag von 100.000 € in bar an die Gesellschaft zu leisten. B soll sein geerbtes Grundstück, welches an einer viel befahrenen Straße liegt, als Beitrag in die GbR einbringen, damit darauf der Clean-Park errichtet werden kann. Bei der weiteren Planung des Vorhabens kommt es zu einem heftigen Streit zwischen A und B. B möchte daher wieder aus dem Projekt aussteigen. A, der bereits einen Kredit für seine Barleistung aufgenommen hat, möchte aber an dem Projekt festhalten. Er meint „*pacta sunt servanda*" und verlangt die Übereignung des Grundstücks an die GbR.

Im vorliegenden Fall ist zu prüfen, ob ein Anspruch auf Übereignung des Grundstücks gegen den B besteht. Anspruchsgrundlage ist hier der Gesellschaftsvertrag. Grundsätzlich ist der Abschluss eines Gesellschaftsvertrags einer GbR formlos möglich. Jedoch ist hier die besondere Formvorschrift des § 311b Abs. 1 S. 1 BGB zu beachten. Denn der Gesellschaftsvertrag enthält eine Verpflichtung zur Veräußerung eines Grundstücks. Da die erforderliche notarielle Beurkundung nicht eingehalten wurde, ist der Gesellschaftsvertrag somit formnichtig gemäß § 125 S. 1 BGB. B ist somit nicht verpflichtet, das Grundstück an die GbR zu übereignen.

Auch Nebenabreden sind formbedürftig

Ist in einem Vertrag eine Verpflichtung im Sinne des § 311b BGB enthalten, ist der ganze Vertragsinhalt formbedürftig, also auch die Teile, die eigentlich nicht einer besonderen Form bedürfen. Wurde nur ein Teil des Vertrags beurkundet, so ist im Zweifel der ganze Vertrag nichtig gemäß §§ 125 S. 1, 139 BGB. Besonders gefährlich sind daher mündliche Nebenabreden zu einem notariell beurkundeten Immobilienkauf. Denn die Nebenabrede bedarf ebenfalls der Beurkundung. Ist diese unterblieben, kann dies zur Gesamtnichtigkeit des Vertrags führen.

Heilung eines formnichtigen Vertrags

In Satz 2 des § 311b Abs. 1 BGB wird die Heilung eines formnichtigen Vertrags geregelt. Hiernach wird ein an sich formnichtiger Vertrag wirksam, wenn die Eigentumsübertragung wirksam vollzogen wurde,

d. h. Auflassung und Eintragung im Grundbuch vorliegen.[1] Zu beachten ist, dass dann auch die nicht beurkundeten Teile, z. B. mündliche Nebenabreden, wirksam werden; was tatsächlich mündlich vereinbart wurde, ist dann lediglich eine Frage der Beweisbarkeit, z. B. durch Zeugenaussagen.

Einigkeit unter Brüdern

V hat an seinen Bruder K notariell ein Grundstück verkauft. Die beiden waren daneben mündlich übereingekommen, dass V das Grundstück wieder zurückkaufen kann, wenn bestimmte Umstände eintreten. Diese Nebenabrede wäre als Teil des Kaufvertrags ebenfalls zu beurkunden gewesen. Dieser „mündliche Teil" des Kaufvertrags ist somit formnichtig gemäß § 125 S. 1 BGB. Ist ein Teil eines Vertrags nichtig, ist im Zweifel der gesamte Vertrag nichtig gemäß § 139 BGB. Etwas anderes gilt nur, wenn nach dem Willen der Beteiligten der beurkundete Teil des Vertrags auch ohne die Nebenabrede gültig sein sollte. Zu prüfen ist also, ob die Nebenabrede bezüglich der Rückübertragung für die Beteiligten wesentlich war. Da eine Rückübertragungsverpflichtung erhebliche Bedeutung für die Beteiligten hat, kann dies hier bejaht werden. Folglich führt die Nichtigkeit der Nebenabrede zur Gesamtnichtigkeit des Vertrags.

Sind sich jedoch V und K anschließend über den Eigentumsübergang einig (Auflassung) und wird K als neuer Eigentümer im Grundbuch eingetragen, tritt Heilung ein gemäß § 311b Abs. 1 S. 2 BGB. Der gesamte Vertrag – einschließlich der mündlichen Nebenabrede – wird formwirksam. Somit ist der Kaufvertrag einschließlich der mündlich vereinbarten Rückübertragungsverpflichtung wirksam geworden.

Beurkundung durch Notar

Zuständig für die Beurkundung sind Notare. Diese nehmen als neutrale Person eine hoheitliche Aufgabe wahr und haben Belehrungspflichten gegenüber allen Beteiligten. Sie sorgen für die Wirksamkeit des Rechtsgeschäfts und sollen unerfahrene Beteiligte schützen. So holen Notare vor der Beurkundung den Grundbuchstand ein, um sämtliche Eintragungen in der Vertragsgestaltung berücksichtigen zu können und um auf mögliche Risiken oder nachteilige Eintragungen wie etwa eingetragene Grunddienstbarkeiten für einen Mobilfunkmasten oder Nießbrauchsrechte hinweisen zu können. Der Notar muss auf mögliche Risiken durch Vorleistungen hinweisen und Empfehlungen geben, wie diese vermieden werden können. So sollte generell der Kaufpreis erst dann fällig gestellt werden, wenn eine Auflassungsvormerkung gemäß § 883 BGB zugunsten des Erwerbers eingetragen ist, die den späteren Eigentumserwerb des Käufers absichert. Sind Grundpfandrechte, also Grundschulden oder Hypotheken, eingetragen, hat der Notar für deren risikolose Ablösung Sorge zu tragen, etwa durch Abwicklung der Zah-

---

1 Hierzu sogleich unten Kapitel 14.5.

lung über ein Notar-Treuhandkonto. Für Schäden durch unterbliebene Belehrungen oder fehlerhafte Vertragsgestaltung haftet der Notar den Beteiligten persönlich mit seinem gesamten Vermögen.

Ablauf der Beurkundung

Der praktische Ablauf einer notariellen Beurkundung stellt sich wie folgt dar: Zunächst holt der Notar die erforderlichen Informationen bei den Beteiligten und beim Grundbuchamt ein. Sodann erstellt er den eigentlichen Vertrag, der den Beteiligten unter Umständen vorab als Entwurf zur Kenntnis gegeben wird. In der eigentlichen Beurkundung liest der Notar den Beteiligten den gesamten Vertrag vor und erläutert den Inhalt und mögliche Risiken und Gestaltungsalternativen. Wenn alle Beteiligten mit dem Inhalt einverstanden sind, wird der Vertrag von den Beteiligten und vom Notar unterschrieben.

14.5 Auflassung und Eintragung im Grundbuch

Eigentumserwerb durch Auflassung und Eintragung

Voraussetzung für den rechtsgeschäftlichen Erwerb eines Grundstücks ist die dingliche Einigung von Veräußerer und Erwerber darüber, dass das Eigentum übergehen soll, die sog. Auflassung (vgl. § 925 BGB); weitere Voraussetzung für den Eigentumserwerb ist die Eintragung der Rechtsänderung im Grundbuch, § 873 BGB. Die Einigung über den Eigentumsübergang bedarf jedoch bei Grundstücken einer besonderen Form. § 925 BGB schreibt vor, dass die Einigung notariell zu beurkunden ist, und zwar bei gleichzeitiger, nicht aber „persönlicher" Anwesenheit beider Teile.

Keine Auflassung unter Bedingungen

Eine Einigung unter Bedingungen etwa der vollständigen Kaufpreiszahlung ist gemäß § 925 Abs. 2 BGB explizit nicht zulässig. Denn Schwebezustände beim Eigentum an Immobilien sollen möglichst vermieden werden. Aus der Bedingungsfeindlichkeit folgt, dass ein Grundstücksverkauf unter Eigentumsvorbehalt rechtlich nicht möglich ist. In der Praxis führt dies regelmäßig zu folgendem Vorgehen: Im Kaufvertrag selbst ist regelmäßig noch keine Auflassung enthalten, da der Kaufpreis noch nicht gezahlt ist. Erst nach vollständiger Zahlung des Kaufpreises wird die Auflassung erklärt. Um den Beteiligten den nochmaligen gleichzeitigen Gang zum Notar zu ersparen, werden bereits im Kaufvertrag die Notarsangestellten bevollmächtigt, die Auflassung für die Beteiligten vorzunehmen. Sobald der Verkäufer den Erhalt des Kaufpreises dem Notar bestätigt hat, beurkundet dieser die Auflassung, wobei die Beteiligten durch die Notarsangestellten vertreten werden.

Berechtigung des Veräußerers

Weitere Voraussetzung für die Eigentumsübertragung ist die dingliche Berechtigung des Veräußerers; d. h. er muss auch tatsächlich Eigentümer der Immobilie sein.

Gutgläubiger Erwerb

Allerdings kommt es auch gelegentlich vor, dass ein Nichtberechtigter verfügt. Wie bei der Übertragung beweglicher Sachen ermöglicht das Gesetz auch bei Grundstücken unter bestimmten Voraussetzungen einen wirksamen Erwerb vom Nichtberechtigten. Rechtsscheinträger für die Berechtigung des Veräußerers ist das Grundbuch. Wer dort als Eigentümer eingetragen ist, gilt im Rechtsverkehr auch als Eigentümer gemäß §§ 891, 892 BGB. Weichen also wahre Rechtslage und Eintragung im Grundbuch voneinander ab, wird der Erwerber so gestellt, als würde das Grundbuch die wahre Rechtslage wiedergeben.

Grundvoraussetzung für einen gutgläubigen Erwerb gemäß § 892 BGB ist aber die Redlichkeit des Erwerbers. Diese fehlt, wenn der Erwerber die Unrichtigkeit des Grundbuchs kennt. Grob fahrlässige Unkenntnis genügt – im Gegensatz zu § 932 BGB – nicht. Daher hat der Erwerber auch keine Erkundigungspflicht.

14.6 Lösung des Eingangsfalls

Zu prüfen ist, ob E Herausgabe des Grundstücks gemäß § 985 BGB verlangen kann. Voraussetzung hierfür ist zunächst, dass E Eigentümer ist.

1. Fraglich ist, ob E oder K Eigentümer des Grundstücks ist. Voraussetzung für einen Eigentumserwerb des K ist, dass eine wirksame Einigung über den Eigentumsübergang zwischen V und K gemäß § 873 BGB erfolgt ist, wobei diese Einigung notarieller Form bedarf gemäß § 925 BGB. Hiervon ist auszugehen. Weitere Voraussetzung für einen Eigentumserwerb ist, dass K als neuer Eigentümer im Grundbuch eingetragen wurde. Auch hiervon ist auszugehen.

2. Weiter müsste der Veräußerer V auch Berechtigter im Hinblick auf das Eigentum am Grundstück gewesen sein. Dies ist vorliegend aber gerade nicht der Fall. Eigentümer war nämlich nicht der V, sondern der E.

3. Jedoch könnte K gutgläubig Eigentum vom Nichtberechtigten erworben haben gemäß §§ 891, 892 BGB. V war tatsächlich nicht Eigentümer des Grundstücks, er war aber als solcher im Grundbuch eingetragen. Daher gilt er gemäß § 891 Abs. 1 BGB als Eigentümer, auch wenn er es tatsächlich nicht war. Zugunsten des K gilt dieser Inhalt des Grundbuchs als richtig gemäß § 892 Abs. 1 S. 1 BGB; etwas anderes gilt nur, wenn K nicht gutgläubig gewesen wäre, wenn er also positive Kenntnis davon gehabt hätte, dass V nicht Eigentümer war. Mangels entspre-

chender Hinweise im Sachverhalt ist hiervon nicht auszugehen. K war also auch gutgläubig.

4. K hat somit wirksam das Eigentum vom Nichtberechtigten erworben. Daher ist E nicht (mehr) Eigentümer und kann somit auch nicht Herausgabe des Grundstücks von K verlangen.

14.7 Zusammenfassung

Gemäß § 311b Abs. 1 S. 1 BGB bedarf jeder Vertrag, der zur Veräußerung oder zum Erwerb eines Grundstücks verpflichtet, der notariellen Beurkundung. Diese Regelung betrifft das Verpflichtungsgeschäft (z. B. Kaufvertrag über ein Grundstück).

Um dinglich das Eigentum an einem Grundstück zu übertragen (Verfügungsgeschäft), bedarf es der notariell beurkundeten Einigung über den Eigentumsübergang (Auflassung) und der Eintragung des neuen Eigentümers im Grundbuch. Formmängel im Verpflichtungsgeschäft können gem. § 311b Abs. 1 BGB geheilt werden. Ein gutgläubiger Erwerb von Grundstücken ist gemäß §§ 891, 892 BGB möglich, wenn der Nichteigentümer im Grundbuch eingetragen war.

15 Rechte an Grundstücken im Überblick

Grundstücke können nicht nur veräußert und erworben werden, an Grundstücken können neben dem Eigentum auch weitere Rechte begründet werden. Die praktisch wichtigsten Rechte an Grundstücken sind Grunddienstbarkeiten, der Nießbrauch, das Wohnrecht, Erbbaurecht und Wohnungseigentum, Hypothek und Grundschuld, das Vorkaufsrecht und die Vormerkung. Jedes dieser Rechte hat eine unterschiedliche Funktion. Dieses Kapitel will vor allem einen Überblick über die sich daraus ergebenden Gestaltungsspielräume geben und Risiken aufzeigen.

15.1 Stellen Sie sich vor ...

Augen auf beim Grundstückskauf

V ist Alleineigentümer eines mit einem Einfamilienhaus bebauten Grundstücks. Er möchte Haus und Grundstück an den K zum Preis von 750.000 € verkaufen. K ist an dem Erwerb interessiert und prüft die Details des Kaufvertrags. Dabei legt V einen Grundbuchauszug vor, aus dem sich ergibt, dass auf dem Grundstück eine erstrangige Hypothek über 250.000 € zugunsten der Volksbank X und eine zweitrangige Grundschuld über 75.000 € nebst 10 % Zins zugunsten der Sparkasse Y lastet. Zudem ist eine Grunddienstbarkeit zugunsten des Nachbargrundstücks, Flurstück Nr. 34 eingetragen, nach der das Flachdach des Einfamilienhauses des V nicht als Dachterrasse oder sonst zum Aufenthalt von Personen genutzt werden darf. Der Nachbar hatte seinerzeit der Bebauung des Grundstücks des V nur gegen Eintragung dieser Grunddienstbarkeit zugestimmt, weil er deren Nutzung als Aussichtsterrasse und die daraus für ihn entstehenden Belästigungen verhindern wollte. Schließlich findet sich noch ein Vorkaufsrecht des D in einer der Spalten des Grundbuchauszugs eingetragen. Darüber hinaus teilt V dem K mit, dass er mit zwei Nachbarn schriftlich vereinbart habe, dass alle Beteiligten in den Sommermonaten das zweimalige wöchentliche Grillen im Garten jeweils Mittwochs- und Samstagabends bis 1.00 Uhr nachts dulden werden.

An sich hielt K den Preis des Einfamilienhauses von 750.000 € für angemessen. Er fragt nun, ob die zusätzlichen Details seine Risiken so erhöhen, dass er bei den Verhandlungen über den Preis diesen allein schon zu seiner Risikoreduzierung deutlich senken muss?

15.2 Ökonomische Bedeutung und Begründung

Einige der Rechte an Grundstücken dienen der reibungslosen Abwicklung anderer Rechtsgeschäfte. So soll die Vormerkung den Erwerb eines Grundstücks absichern, die Grundschuld soll letztendlich die vertragsgemäße Rückzahlung eines Darlehens gewährleisten. Andere wie etwa das Erbbaurecht oder das Wohnungseigentumsrecht ermöglichen Investitionen in Grundstücke, ohne dass der Investor Volleigentümer des jeweiligen Grundstücks ist. Die gemeinsame Besonderheit dieser Rechte an Grundstücken besteht darin, dass sie, nachdem sie im Grundbuch eingetragen sind, gegenüber jedermann Wirkungen entfalten. Sie unterscheiden sich damit grundlegend von bloßen schuldrechtlichen Vereinbarungen, die nur zwischen den Parteien wirken.

Luxus in Hamburg
Die Eigentümer eines exklusiven Wohngebiets bei Hamburg verpflichten sich gegenseitig, ihre großen Grundstücke nicht zu teilen, um den exklusiven Charakter des Wohngebiets zu erhalten. Schließen sie nur einen einfachen – auch notariell beurkundeten – Vertrag, dann ist ein Neuerwerber eines der Grundstücke an diesen nicht gebunden. Er könnte sein Grundstück daher teilen und mit 15 Reihenhäusern für junge Familien bebauen lassen. Ist aber im Grundbuch eine entsprechende Grunddienstbarkeit zugunsten der anderen Grundstücke eingetragen, dann ist auch jeder Erwerber eines der Grundstücke an die Vereinbarung gebunden. Will der Erwerber sein Grundstück dennoch teilen, dann können die begünstigen anderen Eigentümer nach §§ 1027, 1004 BGB Unterlassung verlangen.

Durch die Begründung von Rechten an Grundstücken kann so personenunabhängig und zukunftsorientiert ein Rechtszustand dauerhaft gesichert werden. Aus dem Alltag sind Rechte an Grundstücken nicht wegzudenken.

15.3 Verpflichtung und Verfügung

Verfügung

Rechte an Grundstücken entstehen nach § 873 Abs. 1 BGB durch Einigung über deren Entstehung und Eintragung im Grundbuch. Die Eintragung im Grundbuch ist dabei der maßgebliche Rechtsakt. Erst durch sie werden die eingeräumten Rechte für jeden sichtbar. Die Einigung kann sich aus einer notariellen Beurkundung oder aus einer beim Grundbuchamt unterschriebenen Bewilligung der Eintragung der Rechtsänderung ergeben. Gleiches gilt für die Übertragung oder Veränderung der im Grundbuch eingetragenen Rechte an einem Grundstück.

Verpflichtung

Von diesem dinglichen Geschäft, der Verfügung, ist – wie in den vorangegangenen Kapiteln auch – das zugrunde liegende Verpflichtungsgeschäft zu unterscheiden.

Kreditvertrag und Grundschuldbestellung

In einem Kreditvertrag zwischen der Bank und dem Kunden verpflichtet sich letzterer, zur Absicherung eines Darlehens über 100.000 € eine Grundschuld an seinem Grundstück zu bestellen. Nachdem die Parteien den Vertrag unterschrieben haben, beantragt der Kunde die Eintragung einer Grundschuld an seinem Grundstück beim zuständigen Grundbuchamt. Nach Eintragung der Grundschuld zahlt die Bank das Darlehen aus.

Hier ist die Vereinbarung im Kreditvertrag die Verpflichtung, die Eintragung im Grundbuch die Verfügung, weil sie unmittelbar die Rechtsänderung herbeiführt. Die in § 873 Abs. 1 BGB vorgesehene Einigung über die Rechtsänderung ergibt sich aus der Beantragung der Eintragung der Grundschuld beim zuständigen Grundbuchamt.

15.4 Grunddienstbarkeiten

Nach § 1018 BGB kann ein Grundstück zugunsten des jeweiligen Eigentümers eines anderen Grundstücks in der Weise belastet werden, dass dieser das Grundstück in einzelnen Beziehungen benutzen darf, dass auf dem Grundstück gewisse Handlungen nicht vorgenommen werden dürfen oder dass die Ausübung eines bestimmten Rechts ausgeschlossen ist.

Grunddienstbarkeiten

Das Recht eines Grundstückseigentümers, über ein Nachbargrundstück gehen und fahren zu dürfen, um einen Garten zu Fuß oder mit einem Fahrzeug zu erreichen, kann als Grunddienstbarkeit in das Grundbuch des Nachbargrundstücks eingetragen werden. Eine solche Grunddienstbarkeit besteht nicht nur zwischen den gegenwärtigen Eigentümern der Nachbargrundstücke, sondern auch zwischen allen zukünftigen Eigentümern.

Das im Grundbuch eingetragene Recht, vom jeweiligen Eigentümer des Nachbargrundstücks verlangen zu können, eine Dachterrasse nicht zu nutzen, kann ebenfalls Gegenstand einer Grunddienstbarkeit sein.

15.5 Nießbrauch

Nießbrauch an Grundstücken

Der Nießbrauch nach §§ 1030 ff. BGB ist das umfassendste dingliche Nutzungsrecht. Es räumt dem Berechtigten grundsätzlich alle Nutzungen und Einnahmen aus dem belasteten Grundstück ein.

Versorgungsnießbrauch

Bestellt E beispielsweise an einem mit einem Haus bebauten Grundstück einen Nießbrauch zugunsten seiner Lebensgefährtin L, dann werden nach dem Ableben des E dessen Erben Eigentümer des Hauses und Grundstücks, der Nießbrauch kann aber die Lebensgefährtin auf Lebenszeit wirtschaftlich absichern. Ein Nießbrauch kann durch Verlagerung von Einkünften auf andere Personen auch steuerliche Vorteile haben.

Der Nießbrauch erlischt nach § 1061 BGB mit dem Tod des Nießbrauchers.

Von der Pacht, einem bloß schuldrechtlichen Vertrag, unterscheidet sich der dingliche Nießbrauch dadurch, dass er gegenüber jedem Erwerber des Eigentums gilt und von diesem nicht gekündigt werden kann. Bei der Pacht kann ein Neuerwerber des Grundstücks dagegen den Pachtvertrag grundsätzlich beenden.

Nießbrauch an beweglichen Sachen und Rechten

Ein Nießbrauch kann nach §§ 1032, 1068 ff. BGB auch an bewegliche Sachen und Rechten begründet werden.

15.6 Beschränkte persönliche Dienstbarkeit

Personenbezogenheit

Während die Grunddienstbarkeit zugunsten des jeweiligen Eigentümers eines anderen Grundstücks bestellt werden kann und der Nießbrauch vor allem Einnahmen aus einem Grundstück zuordnet, geht es bei der beschränkten persönlichen Dienstbarkeit vor allem um Nutzungsmöglichkeiten eines Grundstücks, die zugunsten einer bestimmten Person eingeräumt werden, § 1090 BGB. Wegen der Personenbezogenheit ist eine beschränkte persönliche Dienstbarkeit nicht übertragbar, § 1092 BGB.

Wohnungsrecht

Die Mutter M überträgt ihrer Tochter T das Eigentum am Familienwohnhaus und räumt sich selbst vor der Übertragung des Hauses ein Wohnungsrecht bis zu ihrem Lebensende ein. Das Recht wird im Grundbuch eingetragen. Verkauft T das Haus noch zu Lebzeiten der Mutter an den D, dann hat die Mutter auch gegenüber dem neuen Eigentümer D ihr Wohnungsrecht. Diese Rechtsposition hätte M nicht, wenn das Wohnungsrecht in einem einfachen schriftlichen Vertrag zwischen M und T vereinbart worden wäre, weil ein Vertrag nur die Parteien bindet.

15.7 Erbbaurecht und Wohnungseigentum

Wer ein Haus bauen will, braucht ein Grundstück. Dem Eigentümer des Grundstücks gehört regelmäßig aber auch das Haus, das auf dem Grundstück steht, weil es dessen wesentlicher Bestandteil nach § 94 BGB ist. Von diesem Grundsatz gibt es bei wirtschaftlicher Betrachtung zwei wichtige Ausnahmen: das Erbbaurecht und das Wohnungseigentum. In beiden Fällen können abweichend von §§ 94, 93 BGB an wesentlichen Bestandteilen eines Grundstücks Eigentum oder eigentumsähnliche Rechte begründet werden.

Erbbaurecht

Beim Erbbaurecht räumt der Grundstückseigentümer dem Erbbauberechtigten das veräußerliche und vererbliche Recht ein, auf oder unter der Oberfläche des Grundstücks ein Gebäude zu haben, § 1 ErbbauRG.

Durch die Einräumung eines Erbbaurechts verringern sich die Kosten des Bauwerks, da die Grundstücke nicht gekauft werden müssen, sondern nur sozusagen das Bebauungsrecht erworben wird. Dafür zahlt der Erbbauberechtigte einen jährlichen Erbbauzins. Erbbaurechte werden meist für 99 Jahre eingeräumt. Sie gehen auf die Rechtsnachfolger des Erbbauberechtigten, also einen Käufer des Hauses oder den Erben über.

Erbbaurecht
Ein Sportverein hat seit vielen Jahren einen Fußballplatz in einer exklusiven Wohnlage einer Großstadt. Die Gemeinde bietet ihm ein anderes Gelände an. Der Sportverein ist an dauerhaften Einnahmen interessiert. Er verkauft seinen Fußballplatz nicht, sondern teilt die Grundstücksfläche in Einzelgrundstücke auf und räumt daran verschiedenen Bauherren Erbbaurechte ein.

Einzelheiten über Inhalt und Bestellung des Erbbaurechts ergeben sich aus dem Erbbaurechtsgesetz.

Wohnungseigentum

Nach §§ 94, 93 BGB sind Wohnungen ein wesentlicher Bestandteil eines Grundstücks, an dem besondere Eigentumsrechte neben dem Eigentum am Grundstück nicht begründet werden können. Eigentumswohnungen wären danach eine rechtlich unmögliche Konstruktion. Vor allem nach dem 2. Weltkrieg zeigte sich, dass der Wiederaufbau ohne die Schaffung von Eigentum an Einzelwohnungen, die finanzierbar sind, nicht möglich war. Dementsprechend wurde durch das Wohnungseigentumsgesetz die Möglichkeit eröffnet, Sondereigentum an einer Wohnung zu begründen. Einzelheiten finden sich im Wohnungseigentumsgesetz.

15.8 Grundschuld und Hypothek

Grundpfandrechte

Grundpfandrechte sind Verwertungsrechte. Die wichtigsten Grundpfandrechte sind die Hypothek, §§ 1113 ff. BGB und die Grundschuld, § 1191 ff. BGB. Bei beiden wird ein Recht an einem Grundstück bestellt, das im Falle der Nichtbegleichung einer Verbindlichkeit dem Inhaber der Grundschuld oder der Hypothek das Recht gibt, die Zwangsvollstreckung in das Grundstück zu betreiben. Der Begriff Grundpfandrecht deutet an, dass Grundschuld und Hypothek nur an Grund und Boden bestellt werden können. Wer ein Haus bauen oder eine Wohnung kaufen will und den Kaufpreis nicht bar zahlen kann, wird in Deutschland von kaum einer Bank einen Kredit für ein solches Geschäft bekommen, ohne der Bank eine Grundschuld, eine Hypothek oder ein vergleichbares Sicherungsmittel einzuräumen.

Unterschied von Grundschuld und Hypothek

Grundschuld und Hypothek unterscheiden sich rechtstechnisch vor allem dadurch, dass die Hypothek eine Forderung voraussetzt, die Grundschuld nicht.

Grundschuld und Hypothek

B hat gegen S eine Forderung über 100.000 € aus einem Kreditvertrag. S bestellt als Sicherheit zugunsten der B eine entsprechende Hypothek. Tilgt S die Forderung, dann ist die Sicherungswirkung der Hypothek sozusagen aufgebraucht. Sie hat keine Funktion mehr und wird gelöscht.

Bestellt S in einem vergleichbaren Fall eine Grundschuld und wird die Forderung der B getilgt, dann besteht die Grundschuld fort. Die B kann dann aus der bisherigen Forderung keine Zahlung mehr verlangen. S kann die Grundschuld aber als Sicherheit für ein neues Darlehen verwenden. Er spart dadurch Gebühren und schafft sich die Grundlage für Liquidität.

Die Grundschuld ist damit das flexiblere Sicherungsinstrument und daher im Wirtschaftsverkehr viel weiter verbreitet.

Rang

Praktisch von Bedeutung ist der Begriff des Rangs einer Grundschuld. Man spricht z. B. von erstrangigen, zweitrangigen oder nachrangigen Grundschulden. Ein Grundstück kann mit mehreren Hypotheken oder Grundschulden belastet sein. Dabei kann es beispielsweise vorkommen, dass ein Grundstück im Wert von 500.000 € mit 3 Grundschulden oder Hypotheken von jeweils 200.000 € zugunsten unterschiedlicher Berechtigter belastet ist. Erfüllt der Schuldner seine Zahlungsverpflichtungen nicht mehr, kann die Zwangsvollstreckung in das Grundstück erforderlich sein. Wird dann in der Zwangsvollstreckung ein Betrag von 450.000 € erlöst, werden die Grundschulden nicht anteilig, sondern nach Rangfolge befriedigt. Je besser im Rang ein Grundpfandrecht also ist, desto sicherer ist es für dessen Inhaber.

15.9 Vorkaufsrecht und Vormerkung

Rechte, die den Erwerb eines Grundstücks ermöglichen oder absichern sollen, sind das dingliche Vorkaufsrecht und die Vormerkung.

Dingliches Vorkaufsrecht

Beim dinglichen Vorkaufsrecht, das in §§ 1094 ff. BGB geregelt ist, wird das Vorkaufsrecht, das einem Dritten das Recht zum Vorkauf einräumt, in das Grundbuch eingetragen. Diese Eintragung wirkt gegenüber jedem potenziellen Erwerber.

Vorkaufsrecht

E ist Eigentümer einer Wiesenfläche, die an das Grundstück des Nachbarn N anschließt. N hat ein dingliches, also ein ins Grundbuch eingetragenes Vorkaufsrecht an dieser Wiese. Will E jetzt sein Grundstück an D verkaufen und haben D und E den Kaufvertrag bereits notariell beurkundet, dann kann N sein Vorkaufsrecht ausüben und den Kauf zu denselben Bedingungen wie D mit E durchführen.

Schuldrechtliches Vorkaufsrecht

Vom Vorkaufsrecht der §§ 463 ff. BGB unterscheidet sich das dingliche Vorkaufsrecht u. a. dadurch, dass es gegenüber jedem Eigentümer wirkt.

Dingliches Vorverkaufsrecht und Zweiterwerb

Macht N sein Vorkaufsrecht zunächst nicht geltend, dann wird D Eigentümer. Will D später das Grundstück an X übertragen, dann kann N ohne weitere Vereinbarungen sein Vorkaufsrecht gegenüber X ausüben.

Vormerkung

Die Vormerkung will helfen, einen störungsfreien Grundstückserwerb zu ermöglichen. Meist vergeht zwischen der notariellen Begründung eines dinglichen Rechts an einem Grundstück und der Eintragung ins Grundbuch einige Zeit. In diesem Zeitraum kann sich die Rechtsposition des Erwerbers aus allen möglichen Gründen verschlechtern. Durch die Vormerkung wird der Erwerber abgesichert.

Vormerkung

E verpflichtet sich in einem notariellen Kaufvertrag zur Übereignung seines Grundstücks an NE zum Preis von 500.000 €. Bevor das Grundstück durch Auflassung und Eintragung im Grundbuch übertragen wird, verkauft E das Grundstück vor einem anderen Notar zu einem höheren Preis an D und erklärt die Auflassung. Die Rechtsänderung wird dann auch im Grundbuch eingetragen. NE kann dagegen, wenn er nicht besonders abgesichert ist, nichts machen. NE hat dann zwar Ansprüche gegen E wegen der Nichterfüllung des Kaufvertrags, das Eigentum am Grundstück kann er aber nicht mehr erlangen.

Welche Auswirkungen hat diese Rechtslage auf die Kaufpreiszahlung durch NE? Sollte NE den Kaufpreis vorweg zahlen, oder müsste er sinnvollerweise nicht sicherstellen, dass er zuvor als neuer Eigentümer im Grundbuch eingetragen ist? Wenn NE aber als Eigentümer im Grundbuch eingetragen ist, bevor er den Kaufpreis gezahlt hat, wie wäre dann E dafür abgesichert, dass er den Kaufpreis auch wirklich erhält? Eine Möglichkeit zur Lösung dieser Konfliktlage ist die Vormerkung. NE kann sich dadurch absichern, dass die Parteien im Kaufvertrag die Eintragung einer Vormerkung vereinbaren. Der Notar veranlasst dann unverzüglich die Eintragung der Vormerkung im Grundbuch. Aufgrund dieser Eintragung kann der E dann nicht mehr sein Grundstück an Dritte wirksam übertragen, § 883 Abs. 2 BGB. Wenn NE jetzt bezahlt, ist sicher, dass er Grundstückseigentümer werden wird.

15.10 Lösung des Eingangsfalls

Stellen Sie sich vor …

Das Einfamilienhaus ist mit mehreren Rechten belastet. Zu untersuchen ist, wie sie sich im Einzelnen auf den Wert des Grundstücks auswirken.

Die Hypothek über 250.000 € hat zur Folge, dass die Volksbank X die Zwangsvollstreckung in das Grundstück auch ohne Zustimmung des Eigentümers betreiben kann und aus dem Erlös in Höhe der Restforderung aus dem durch die Hypothek gesicherten Darlehen mit bis zu 250.000 € befriedigt werden muss. Dieses Risiko ist für K erheblich. Es wird häufig dadurch aufgefangen, dass die Kaufvertragsparteien vereinbaren, dass die Hypothek vor dem Eigentumsübergang gelöscht werden soll. Das hat zur Folge, dass der Notar für den Verkäufer, sobald dieser den Kaufpreis an den Notar gezahlt hat, die Forderung der Volksbank mit deren Zustimmung tilgt, diese der Löschung der Hypothek zustimmt und der Käufer dann ein Grundstück erwirbt, das nicht mehr mit der Hypothek der Volksbank belastet ist. Das Geschäft wird durch die Beteiligung des Notars für den Käufer risikoarm.

Mit der Grundschuld der Sparkasse kann vergleichbar verfahren werden. Praktisch wichtig ist der Umfang der Haftung aus der Grundschuld. Diese haftet nicht nur für 75.000 €, sondern zusätzlich für 10 % Zinsen jährlich, soweit diese nach § 197 Abs. 2 BGB noch nicht verjährt sind.[1] Wurde die Grundschuld vor mehr als 3 Jahren bestellt, kann sie einen Haftungsumfang von über 100.000 € haben.

Inwieweit die Dienstbarkeit den Erwerber belastet, hängt von seinen Planungen in Bezug auf das Eigenheim ab. Sie kann objektiv wertmindernd sein, ermöglicht damit immerhin ein Argument für das Verhandeln über den Preis.

Das im Grundbuch eingetragene Vorkaufsrecht des D berechtigt diesen nach Abschluss des Kaufvertrags zu den Bedingungen des Kauf-

1 BGH, Urteil vom 28. 9. 1999 – XI ZR 90/98, NJW 1999, 3705.

vertrags in den Vertrag einzusteigen. Der K kann das Grundstück dann nicht erwerben. Da V in diesem Fall seine Verpflichtung aus dem Kaufvertrag nicht erfüllen kann und daher schadensersatzpflichtig würde, wird im Falle des Bestehens eines Vorkaufsrechts der Vertrag in der Praxis meist unter der Bedingung der Nichtausübung des Vorkaufsrechts abgeschlossen.

Die Vereinbarung des V mit den beiden Nachbarn über das sommerliche Grillen im Garten ist für K, wenn er das Grundstück erwirbt, nicht verbindlich, da entsprechende Verträge nur zwischen den Vertragsparteien bestehen und K nicht Vertragspartei ist.

Soweit die Risiken aus Hypothek, Grundschuld und Vorkaufsrecht durch den Notar bei der Vertragsgestaltung und Abwicklung sachgerecht aufgefangen werden, und soweit NE das Flachdach nicht als Dachterrasse nutzen will, erhöhen die Belastungen des Grundstücks das Risiko aus dem Geschäft für NE nicht wesentlich.

15.11 Zusammenfassung

Rechte an Grundstücken entstehen nach § 873 Abs. 1 BGB durch Einigung über die Rechtsänderung und die Eintragung im Grundbuch.

Rechte an Grundstücken sind Grundlage laufender Einnahmen, ermöglichen die dauerhafte Nutzung fremder Grundstücke in einzelnen Aspekten, sichern Kredite ebenso wie künftige Grundstückserwerbsgeschäfte ab und ermöglichen einen reibungslosen Grundstückserwerb. Im Alltag schaffen sie Gestaltungsmöglichkeiten, die alleine oder zusammen mit anderen Rechtsgeschäften eine wichtige Rolle spielen.

Im Grundbuch zugunsten Dritter eingetragene Rechte an einem Grundstück sind Belastungen des Grundstücks. Sie können den Wert eines Grundstücks erheblich mindern.

16 Kreditsicherheiten

Kredit ist das Vertrauen in die Fähigkeit und Bereitschaft einer Person, Verbindlichkeiten ordnungs- und fristgemäß zu begleichen. Wie aber, wenn das Vertrauen nicht gerechtfertigt war und diese Person, der Schuldner, nicht leistet? Dann kann die Forderung gegen den Schuldner vor Gericht eingeklagt und ein obsiegendes Urteil vollstreckt werden. Das führt aber nur dann zur Begleichung der Forderung, wenn der Schuldner zahlungsfähig ist. Hat der Schuldner nichts, geht der Gläubiger leer oder fast leer aus. Er kann seine Forderung im Wesentlichen nur noch abschreiben. Wer einem anderen Kredit gewährt, wird sich bemühen, einen solchen Ausfall zu vermeiden. Er wird vorab nach Gestaltungen suchen, die ihn im Falle der Zahlungsunfähigkeit des Schuldners in eine günstigere Lage versetzen. Solche Gestaltungen bietet das Kreditsicherungsrecht.

In diesem Kapitel werden vor allem die Bürgschaft, das Pfandrecht an beweglichen Sachen, die Sicherungsübereignung, die Sicherungsabtretung und der Eigentumsvorbehalt als wichtige Kreditsicherheiten vorgestellt. Die Grundschuld, eines der praktisch wichtigsten Sicherungsinstrumente, wurde oben bereits beschrieben. Weitere Kreditsicherheiten werden nur kurz erwähnt.

16.1 Stellen Sie sich vor ...

Stellen Sie sich vor, Sie betreiben einen Baustoffhandel. Sie liefern Abwasserrohre im Wert von 10.000 € an Ihren Kunden K. In Ihren AGB, die wirksam Vertragsbestandteil geworden sind, behalten Sie sich das Eigentum bis zur vollständigen Zahlung des Kaufpreises vor. Zudem tritt Ihnen Ihr Kunde seine Ansprüche gegen Dritte aus dem Weiterverkauf oder dem Einbau der Rohre bereits jetzt ab. Dann verlegt K die Abwasserrohre im Projekt des D auf dem Grundstück des D. Als K zahlungsunfähig wird, erfahren Sie, dass K bereits vor langer Zeit alle seine gegenwärtigen und zukünftigen Forderungen gegen seine Kunden an die Bank B abgetreten hatte. Haben Sie irgendwelche Herausgabeansprüche in Bezug auf die Rohre gegen D? Können Sie die noch offene Kundenforderung des K gegen D einziehen?

16.2 Ökonomische Bedeutung und Begründung

Sicherheiten und Insolvenz

Kann ein gewerblicher Schuldner seine Verbindlichkeiten nicht mehr begleichen, werden seine Gläubiger versuchen, schnellstmöglich auf seine Vermögenswerte zuzugreifen. Dabei kann Restvermögen verschleudert und das Gewerbe des Schuldners unwirtschaftlich zerschlagen werden. Um das zu verhindern, können der Schuldner selbst, aber auch jeder Gläubiger einen Insolvenzantrag stellen. Im Insolvenzverfahren sollen im Prinzip alle Gläubiger des Schuldners gleich behandelt werden. Einzelvollstreckungen in das Vermögen des Schuldners sind weitgehend nicht mehr zulässig. Wird ein Insolvenzverwalter eingesetzt, prüft dieser, wie am wirtschaftlichsten sichergestellt wird, dass das Ziel der möglichst weitgehenden und gleichmäßigen Befriedigung aller Gläubiger erreicht wird. Das kann durch Fortführung des Unternehmens, durch Teilverkauf oder durch Sanierungsmaßnahmen geschehen. Denkbar ist aber auch, dass der Insolvenzverwalter zu dem Ergebnis kommt, dass das Unternehmen nur noch liquidiert, also abgewickelt werden kann. In all diesen Fällen können die Gläubiger ihre Forderung nicht mehr voll durchsetzen, sondern sie bekommen meist alle nur einen gleichhohen Anteil ihrer Forderungen, eine Quote. Kommt es zur Liquidation, liegt diese Quote in der Realität oft bei unter 5 % des ursprünglichen Forderungswerts.

Ziel von Sicherheiten: Bevorzugung in der Insolvenz

Beim Einsatz von Kreditsicherheiten geht es darum, sich als Gläubiger bei diesem Szenario in eine günstigere Position zu versetzen. Bei einer Bürgschaft braucht den Gläubiger das Insolvenzverfahren nicht zu interessieren, denn er kann sich an eine andere, hoffentlich leistungsfähige Person wenden. Beim Pfand wird der Insolvenzverwalter entweder die Rückzahlung des Kredits, den das Pfand sichern soll, bewirken oder der Gläubiger das Pfand, das er in Händen hält, außerhalb des Insolvenzverfahrens verwerten.[1] Auch bei einer Grundschuld erhält der Gläubiger entweder den Kreditbetrag gegen Rückgabe der Grundschuld zurück oder er kann außerhalb des Insolvenzverfahrens Befriedigung aus einem Grundstück durch dessen Verwertung suchen. Beim Eigentumsvorbehalt kann der Gläubiger sein Vorbehaltseigentum ebenfalls ganz aus dem Verteilungsverfahren heraushalten, indem er es vom Insolvenzverwalter heraus verlangt.[2] Sicherungsübereignung und Sicherungsabtretung berechtigten zu einer bevorzugten

1 § 173 InsO.

2 Er hat ein Aussonderungsrecht, § 47 InsO.

Befriedung der Gläubiger.[3] Die Verbindlichkeiten der übrigen Gläubiger werden dabei anteilig erst befriedigt, nachdem die Forderungen der Sicherungsnehmer vollständig befriedigt sind.

Diese Effekte haben ihrerseits zur Folge, dass bei den meisten Insolvenzen nach der Vorzugsbehandlung der gesicherten Gläubiger für die übrigen wenig zur Verteilung übrig bleibt. Gesetzgeber und Rechtsprechung haben versucht, dem entgegenzuwirken. Dabei hat u. a. die Rechtsprechung seit etwa 1990 die Gestaltungsmöglichkeiten bei der Bürgschaft und insbesondere bei der Sicherungsübereignung und Sicherungsabtretung zum Schutz der Schuldner reduziert. Diese Sicherheiten liefen in der Folge oft ins Leere, und Banken fielen daher mit Forderungen aus. Sie wurden daher zurückhaltender bei der Kreditvergabe bei Vorliegen nur solcher Sicherheiten.

Diese Zusammenhänge zeigen, dass die scheinbar bloß technischen Regeln des Kreditsicherungsrechts, die nachfolgend beschrieben werden, eine wichtige Grundlage des über große Strecken kreditfinanzierten Wirtschaftskreislaufs sind.

16.3 Bürgschaft

Bei einer Bürgschaft sind drei Personen beteiligt. Der Gläubiger, der Hauptschuldner, den das Gesetz „der Dritte“ nennt, und der Bürge. § 765 BGB

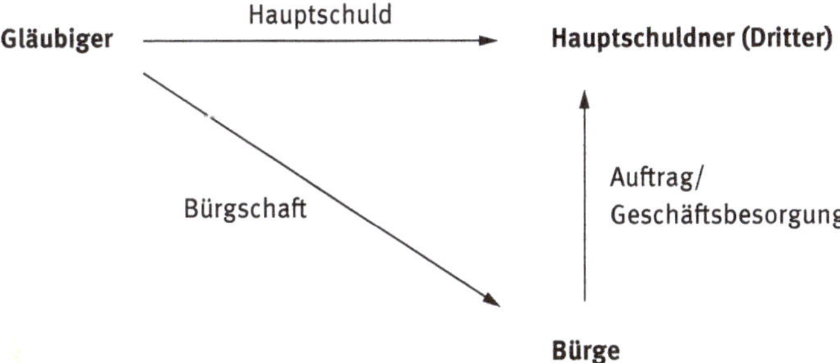

Abb. 16.1. Die Bürgschaft (eigene Darstellung).

Der Gläubiger hat eine Forderung gegen den Hauptschuldner. Zur Sicherung dieser Forderung vereinbaren der Bürge und der Gläubiger,

3 Sie haben ein Absonderungsrecht, §§ 50, 51 InsO; dabei müssen sie allerdings Abschläge für die Durchführung der Verwertung der Sicherheiten durch den Insolvenzverwalter hinnehmen.

dass der Bürge für die Verbindlichkeit des Hauptschuldners einstehen soll. Der Bürge übernimmt damit eine Bürgschaft nach §§ 765 ff. BGB. Der Bürge geht diese Verpflichtung in der Regel auf der Grundlage eines Auftrags oder eines Geschäftsbesorgungsvertrags mit dem Hauptschuldner ein.

Erscheinungsformen

Wichtige Erscheinungsformen der Bürgschaft sind Angehörigen-, Bank- und Gesellschafterbürgschaften.

Angehörigenbürgschaft

Bei Angehörigenbürgschaften sollen meist der Ehepartner, Kinder oder sonstige nahe Angehörige für die Verbindlichkeit eines Hauptschuldners einstehen. Problem dieser Bürgschaften ist, dass die Inanspruchnahme aus derartigen Bürgschaften, die aus Gefälligkeit oder weil man nicht „Nein" sagen konnte abgegeben werden, oft zum Ruin der Bürgen führen können. Die Rechtsprechung hat die Zulässigkeit solcher Bürgschaften zwischenzeitlich deutlich eingeschränkt.

Dem Bruder muss man doch helfen!

In den 50iger Jahren hatte eine Schwester auf Bitten ihres Bruders für ein Bankdarlehen von 5.000 DM gebürgt, das der Bruder zum Aufbau eines Handwerksbetriebs benötigte. Die Bürgschaft war eine Globalbürgschaft, erfasste also alle Verbindlichkeiten des Bruders, und war zeitlich nicht beschränkt. Bruder und Schwester vergaßen den Vorgang. Beide waren wirtschaftlich erfolgreich. Die zunächst mittellose Schwester gründete eine Familie und konnte aufgrund ihrer Tüchtigkeit einen gewissen Wohlstand mit Haus, Ferienhaus in Schwarzwald und anderen Annehmlichkeiten erwirtschaften. Das Geschäft des Bruders wuchs und hatte schließlich Umsätze im zweistelligen Millionenbereich. Ende der 70iger Jahre brach das Geschäft des Bruders zusammen. Die Schwester wurde aus der Bürgschaft herangezogen. Sie verlor ihr gesamtes Vermögen. Bis zum Lebensende lebte sie vom Pfändungsfreibetrag. Einige ihrer Kinder verloren zudem ihren sozialen Status, weil man sich mit Kindern von Bankrotteuren nicht einlassen wollte.

Bankbürgschaften

Bei Bankbürgschaften etwa in Form von Anzahlungs- oder Vorauszahlungsbürgschaften, Ausführungs- oder Vertragserfüllungsbürgschaften und Gewährleistungsbürgschaften[4] geht es darum, dass im Zusammenhang mit einer Vertragsdurchführung eine Partei Vorleistungen erbringt und das vertragskonforme Verhalten der anderen Partei abgesichert werden soll. Hierzu bringt die andere Partei, der Hauptschuldner, die Bürgschaft einer Bank bei. Die Bank ist hier Bürge gegenüber der vorleistenden Vertragspartei. Sie wird eine Bürgschaft nur übernehmen, wenn sie dafür eine Provision erhält und überzeugt ist, dass der Hauptschuldner im Falle ihrer Inanspruchnahme aus der Bürgschaft für Ausgleich sorgen wird. Im Zweifel wird sie sich Sicherheiten einräumen lassen.

4 Zur Ausführungs- und Gewährleistungsbürgschaft siehe oben Kapitel 5.9.

Anzahlungsbürgschaft
Der Besteller einer Anlage soll nach den vertraglichen Vereinbarungen der Parteien eine Anzahlung vor Fertigungsbeginn in Höhe von 10 % des Auftragswerts, vorliegend 10 Mio. €, bezahlen. Wenn der Unternehmer nicht liefert und zahlungsunfähig wird, dann ist diese Anzahlung verloren. Dagegen sichert eine Anzahlungsbürgschaft. Eine Bank verbürgt sich für die Rückzahlung der Anzahlung für den Fall, dass die Anlage nicht geliefert wird.

Mit Gesellschafterbürgschaften verbürgen sich Gesellschafter meist kleinerer Gesellschaften, deren Haftung wie bei der GmbH begrenzt ist, gegenüber einem Kreditgeber, meist einer Bank, für die Erfüllung der Verbindlichkeiten der Gesellschaft. Das Risiko dieser Bürgschaften besteht darin, dass die Haftungsbegrenzung, die durch die Wahl bestimmter Gesellschaftsformen angestrebt wird, durch die persönliche Bürgschaftsverpflichtung gegenüber einzelnen Gesellschaftsgläubigern wieder ausgehebelt wird. Gesellschafterbürgschaften

16.3.1 Bürgschaftsvertrag

Grundlage einer Zahlungsverpflichtung des Bürgen ist der Bürgschaftsvertrag. Dieser wird zwischen dem Bürgen und dem Gläubiger geschlossen.

Nach § 766 BGB bedarf die Erklärung des Bürgen der Schriftform. Form
Die Erklärung des Gläubigers dagegen kann formfrei abgegeben werden. Diese Regelung versucht – oft vergeblich –, durch die Besonderheit der Schriftform den Bürgen von der übereilten oder unüberlegten Abgabe einer Bürgschaftserklärung abzuhalten. Unter Kaufleuten kann die Bürgschaftserklärung formfrei abgegeben werden, § 350 HGB.

Der Umfang der Bürgschaft richtet sich nach der Hauptschuld. Ist Akzessorietät
diese nicht entstanden, nichtig oder beglichen, dann haftet auch der Bürge nicht, § 767 BGB.

Eine Bürgschaft kann bei einer Zeitbürgschaft nach § 777 BGB zeit- Beschränkungen
lich oder bei einer Höchstbetragsbürgschaft dem Betrag nach auf eine bestimmte Geldsumme beschränkt werden.

Bei einer Ausfallbürgschaft kann der Bürge erst in Anspruch ge- Ausfallbürgschaft
nommen werden, wenn der Gläubiger zunächst erfolglos versucht hat, andere Sicherheiten, die ihm für die Hauptschuld bestellt wurden, zu verwerten.

Die einseitige Kündigung einer Bürgschaft durch den Bürgen ist Begrenzte Wirkung einer Kündigung
möglich. Die Kündigung hat aber nicht die Wirkung, dass der Bürge sich dadurch von seiner Haftung befreien kann. Er bleibt zur Zahlung solan-

ge verpflichtet, wie die Hauptschuld besteht oder bis der Gläubiger den Bürgen aus seiner Verpflichtung durch vertragliche Vereinbarung entlässt. Die Kündigung bewirkt jedoch eine Beschränkung der Haftung des Bürgen auf den Betrag, für den er zum Zeitpunkt des Wirksamwerdens der Kündigung einstehen muss. Der Bürge kann durch die Kündigung seine Haftung begrenzen.

16.3.2 Bürge und Gläubiger

Verteidigungsargumente des Bürgen gegen seine Inanspruchnahme

Da der Bürge in gleichem Umfang haftet wie der Hauptschuldner, kann er dem Gläubiger, der Zahlung aus der Bürgschaft verlangt, die Einreden des Hauptschuldners entgegenhalten, §§ 768, 770 BGB. Der Bürge kann mit denselben Gründen wie der Hauptschuldner die Zahlung aus der Bürgschaft verweigern. Ist also beispielsweise die Kaufpreisforderung des Gläubigers gegen den Hauptschuldner verjährt, dann braucht auch der Bürge nicht mehr zu bezahlen.

Bürgschaft auf erstes Anfordern

Für den Gläubiger kann es misslich sein, wenn streitig ist, ob der Hauptschuldner berechtigte Einreden hat. Der Gläubiger will eine Sicherheit, die er schnell zu Geld machen kann, sich aber nicht zunächst über längere Zeit mit dem Bürgen um Details der Hauptforderung streiten müssen. Deshalb wird er versuchen, den Bürgen zu einer Übernahme der Bürgschaft „auf erstes Anfordern" zu bewegen. Bei dieser Art der Bürgschaft muss der Bürge beim Vorliegen weniger formaler Voraussetzungen sofort zahlen. Erst in einem nachgelagerten Streit über die Rückzahlung kann dann geklärt werden, ob die Inanspruchnahme des Bürgen berechtigt war, ob der Bürge also begründete Einreden gegen die Zahlung aus der Bürgschaft hatte. Der BGH hält diese Art der Sicherung, soweit sie durch AGB vereinbart wird, weitgehend für unwirksam nach § 307 Abs. 1 BGB. Der Gläubiger einer Bürgschaft auf erste Anforderung könne nämlich, ohne dass er die Hauptschuld durchsetzen könne, den Bürgen auch unberechtigt in Anspruch nehmen und diesem Liquidität entziehen und sich, wenn auch nur vorübergehend, selbst verschaffen. Nach dem Leitbild der Bürgschaft gehe es bei dieser nur um die Absicherung des Gläubigers für den Fall des Zahlungsausfalls des Hauptschuldners, nicht aber darum, dem Gläubiger zusätzliche Geldmittel zu verschaffen. Deshalb würden bei der Bürgschaft auf erstes Anfordern die Sicherungsrechte des Gläubigers unangemessen weit ausgedehnt.[5]

---

5 BGH, Urteil vom 28. 2. 2008 – VII ZR 51/07, NJW-RR 2008, 830.

Wichtig ist auch die Einrede der Vorausklage nach § 771 BGB. Danach kann der Bürge die Zahlung aus der Bürgschaft verweigern, solange der Gläubiger nicht erfolglos versucht hat, die Hauptschuld beim Hauptschuldner beizutreiben.

Einrede der Vorausklage

Erfolglose Vollstreckung

Der H, für dessen Schuld B gegenüber der Bank G bürgt, zahlt das aufgenommene Darlehen über 30.000 € nicht wie vereinbart zurück. Kann die Bank von B jetzt die sofortige Rückzahlung des Darlehens aus der Bürgschaft verlangen?

Die Bank G könnte gegen den Bürgen B einen Anspruch aus §§ 488 Abs. 1 S. 2, 765 BGB haben.

Voraussetzung wäre, dass die Bank G eine Hauptforderung gegen H hat, sich B wirksam dafür verbürgt hat und B keine Einwendungen gegenüber der Bürgschaft geltend machen kann.

Die Hauptforderung der Bank G gegen H aus dem Darlehen ist entstanden und auch zur Rückzahlung fällig.

An der Wirksamkeit der Bürgschaft des B bestehen vorliegend auch keine Bedenken.

B kann jedoch dem Zahlungsverlangen der Bank G die Einrede der Vorausklage entgegenhalten, § 771 BGB. Danach muss ein Gläubiger zuerst versuchen, aufgrund eines Titels, z. B. eines Urteils am Ende eines Gerichtsverfahrens, gegen den Hauptschuldner die Zwangsvollstreckung zu betreiben. Erst wenn dieser Weg nicht zur Begleichung der Hauptforderung führt, darf der Bürge in Anspruch genommen werden.

Da die Bank G noch nicht versucht hat, die Forderung bei H durchzusetzen, braucht B noch nicht zu zahlen. Die Bank G kann also noch nicht Rückzahlung des Darlehens von B verlangen.

Für den Gläubiger ist es umständlich, zunächst gegen den Hauptschuldner vorgehen zu müssen. Deshalb wird in der Praxis meist eine selbstschuldnerische Bürgschaft vereinbart. Bei einer solchen verzichtet der Bürge vorab auf die Einrede der Vorausklage, § 773 Abs. 1 Nr. 1 BGB. Der Gläubiger kann also sofort gegen den Bürgen vorgehen, der ihm allerdings noch die sonstigen Einreden des Hauptschuldners entgegenhalten kann, § 768 BGB.

Selbstschuldnerische Bürgschaft

Die Einrede der Vorausklage steht dem Bürgen zudem vor allem im Falle der Insolvenz des Hauptschuldners, § 773 BGB, oder dann nicht zu, wenn der Bürge ein Kaufmann ist, § 349 HGB.

16.3.3 Bürge und Hauptschuldner

Wenn die Inanspruchnahme des Bürgen durch den Gläubiger droht, dann kann der Bürge vom Hauptschuldner Befreiung von der Bürg-

Befreiungsanspruch des Bürgen

schaft verlangen, § 775 BGB. Dieser Anspruch hilft dem Bürgen aber nur, wenn der Hauptschuldner leistungsfähig ist.

Forderungsübergang bei Zahlung durch Bürgen

Wird der Bürge vom Gläubiger in Anspruch genommen und zahlt er, dann geht die Forderung des Gläubigers gegen den Hauptschuldner auf ihn über, § 774 BGB. Das hat zu Folge, dass der Bürge seinerseits die Begleichung seiner Zahlung vom Hauptschuldner verlangen, also Rückgriff nehmen kann.

Auftrag oder Geschäftsbesorgungsvertrag als Hintergrund der Bürgschaft

Daneben besteht in der Regel eine Vereinbarung zwischen Bürgen und Hauptschuldner, auf deren Basis sich der Bürge zur Übernahme der Bürgschaft verpflichtet hat. Diese Vereinbarung wird meist ein Auftrag, § 662 BGB, oder ein Geschäftsbesorgungsvertrag, § 675 BGB, sein, aus dem sich ergibt, ob und in welchem Umfang der Bürge für die Übernahme der Bürgschaft vergütet wird. In der Regel wird der Bürge vom Hauptschuldner in beiden Fällen zudem Ersatz seiner Aufwendungen nach § 670 BGB verlangen können.

16.3.4 Besonderer Schutz des Bürgen

Die Bürgschaft ist für den Bürgen ein riskantes Geschäft. Banken werden sich deshalb ausreichend absichern, dass sie einen Ausgleich bekommen, wenn sie aus einer Bankbürgschaft in Anspruch genommen werden. Für andere ist das Risiko größer. Bis in die frühen 1990er-Jahre trieben Bürgschaften viele Privatpersonen und Geschäftsleute in den Ruin. Der Gesetzgeber und die Rechtsprechung haben darauf reagiert und seither zusätzliche Sicherungen des Bürgen eingeführt. Einige wichtige sollen hier genannt werden.

Widerrufsrecht in Sonderfällen

So können Bürgschaften, wenn sie im Rahmen eines Verbrauchergeschäfts außerhalb geschlossener Geschäftsräume abgegeben werden, nach §§ 312 Abs. 1, 355 BGB in den vorgesehenen Fristen widerrufen werden.[6] Abgesehen von diesem Sonderfall sind Bürgschaften jedoch unwiderruflich. Das gilt auch dann, wenn die Bürgschaft im Zusammenhang mit einem Verbraucherkredit gegeben wird.

Sittenwidrigkeit von Angehörigenbürgschaften

Angehörigenbürgschaften werden heute häufig wegen unzulässiger finanzieller Überforderung des Bürgen als sittenwidrig und damit nach § 138 BGB als nichtig angesehen.[7]

---

6 EuGH, Urteil vom 17. 3. 1998 – Rs C 45/96, NJW 1998, 1295; zum Widerrufsrecht bei einer Pfandbestellung BGH, Urteil vom 10. 1. 2006 – XI ZR 169/05, NJW 2006, 846; nach der Neufassung der §§ 312 ff. BGB im Jahr 2014 wieder strittig.

7 Ausgangspunkt der Entwicklung ist ein Beschluss des Bundesverfassungsgerichts vom 19. 8. 1993 – 1 BvR 567/89/1 u. a., NJW 1994, 36.

Die hilfreiche Schwester[8]

Eine Schwester hatte sich gegenüber einer Bank selbstschuldnerisch für die gegenwärtigen und zukünftigen Verbindlichkeiten einer wenige Tage zuvor gegründeten GmbH bis zu einem Betrag 1,2 Mio. DM verbürgt. Gesellschafter der GmbH waren die Schwester selbst und deren Schwägerin. Die Schwester, die als Stenokontoristin bei einer Bank arbeitete, verdiente monatlich 2300 DM und hatte sonst kein Vermögen. Der Bruder betrieb mehrere Gesellschaften mit beschränkter Haftung und glaubte steuerliche Vorteile nur erlangen zu können, wenn zwischen seinen verschiedenen Gesellschaften keine Personenidentität herrschte. Die Schwester, die dem Bruder persönlich eng verbunden war, erfüllte also die Funktion eines Strohmanns; sie hatte keinerlei eigene wirtschaftliche Vorteile aus der Übernahme der Funktion des Gesellschafters und der Übernahme der Bürgschaft. Später konnte die GmbH ihre Verpflichtungen nicht erfüllen und die Bank nahm die Schwester aus der Bürgschaft auf Zahlung von 500.000 DM in Anspruch. Da der Bruder und dessen Gesellschaften die Schwester von den Forderungen der Bank nicht befreien konnten, klagte die Bank.

Hier wird die Schwester nicht zahlen müssen, wenn die Bürgschaft nach § 138 BGB sittenwidrig war. Dies ist der Fall, wenn

- die Bürgschaft von Ehegatten oder Kindern oder nahen Angehörigen, die eine vergleichbar enge emotionale Bindung zum Hauptschuldner haben, gegeben wurde,
- wenn der Verpflichtungsumfang der Bürgschaft in einem krassen Missverhältnis zur wirtschaftlichen Leistungsfähigkeit des Bürgen steht,
- wenn der Bürge keinerlei eigene wirtschaftliche Vorteile aus der Bürgschaft erzielt und
- wenn schutzwürdige Belange des Gläubigers nicht entgegenstehen.
- Zudem setzt die Sittenwidrigkeit voraus, dass der Gläubiger die Zusammenhänge kennt.

Alle diese Voraussetzungen waren im Beispielsfall erfüllt.

AGB-Kontrolle

Schließlich hat die Rechtsprechung Bürgschaftserklärungen, soweit sie wie üblich formularmäßig abgegeben werden, einer strengen AGB-Kontrolle unterworfen. Sie hat vor allem solche Klauseln in Bürgschaftsverträgen weitgehend für unwirksam nach §§ 305, 307 Abs. 1 BGB erklärt, bei denen der Umfang der Bürgschaft bei Abschluss des Bürgschaftsvertrags nicht summenmäßig klar erkennbar war.

Überraschung[9]

Zur Finanzierung einer Kommanditbeteiligung hatte H ein Darlehen über 200.000 € aufgenommen. Seine Ehefrau, die B, verbürgte sich selbstschuldnerisch gegenüber der Bank für die Rückzahlung. In dem Bürgschaftsformular fand sich die Klausel, dass die B für alle bestehenden und zukünftigen Forderungen haftet. Das Darlehen wurde getilgt. H nahm aber einige Jahre später ein neues Darlehen über 500.000 €

---

8 BGH, Urteil vom 18. 12. 1997 – IX ZR 271/96, NJW-RR 1998, 772.

9 Frei nach BGH, Urteil vom 1. 6. 1994 – XI ZR 133/93, NJW 1994, 2145.

auf, das nicht zurückgezahlt wurde. Kann B dafür von der Bank in Anspruch genommen werden?

Der BGH geht davon aus, dass ein Bürge, der aus Anlass eines Tilgungsdarlehens mit fester Höhe und Laufzeit eine Bürgschaft übernommen hat, in der Regel nicht erwartet, auch für eine Schuld aus einem anderen, später aufgenommenen Darlehen haften zu müssen. Eine Klausel in einem Bürgschaftsvertrag, die das von ihm verlangt, sei überraschend nach § 305c Abs. 1 BGB und daher unwirksam. Eine solche Klausel ist auch nach § 307 Abs. 1 BGB unangemessen, weil der Gläubiger zur Absicherung der Hauptforderung eine Globalbürgschaft, also eine Bürgschaft für alle zukünftigen Forderungen des Hauptschuldners, in der Regel nicht benötigt. Zudem widerspreche es Grundprinzipien unserer Rechtsordnung, wenn Gläubiger und Hauptschuldner durch Vereinbarung die Verbindlichkeit eines Dritten ohne dessen Zustimmung begründen könnten, was bei einer nachträglichen Ausweitung der Hauptforderung geschehen würde.

B kann daher hier von der Bank nicht in Anspruch genommen werden.

Folge dieser Rechtsprechung zum Schutz des Bürgen ist, dass Banken ihre Praxis bei der Vergabe von Bürgschaften insofern geändert haben, dass sie bestimmte besonders gefährliche Risikoübernahmen von Bürgen gar nicht mehr verlangen.

16.3.5 Ähnliche Sicherheiten

Garantie und Schuldbeitritt

Der Bürgschaft ähnlich sind die gesetzlich nicht geregelte Garantie und der Schuldbeitritt. In beiden Fällen steht ein Dritter neben dem Hauptschuldner für die Hauptschuld ein. Die Unterschiede zur Bürgschaft ergeben sich im Einzelfall aus dem jeweils vereinbarten Inhalt der Garantie oder des Schuldbeitritts.

Patronatserklärung

Die Patronatserklärung ist meist die Erklärung einer Konzernmutter, für die Verbindlichkeiten einer Tochtergesellschaft einzustehen. Ob und inwieweit sie zu einer rechtlich durchsetzbaren Einstandspflicht der Konzernobergesellschaft führt, hängt von den Umständen des einzelnen Falles ab und ist durch Auslegung der Erklärungen der Muttergesellschaft zu ermitteln.

„Harte" Patronatserklärung[10]

Eine 100%ige Tochtergesellschaft, die als GmbH mit einem haftenden Kapital von 25.000 € ausgestattet war, hat von einer Bank einen Kredit über 3 Mio. € aufgenommen. Die Muttergesellschaft hatte gegenüber der Bank erklärt, sie übernehme die uneingeschränkte Verpflichtung, die Tochtergesellschaft „finanziell so auszu-

---

10 BGH, Urteil vom 30. 1. 1992 – IX ZR 112/91, NJW 1992, 2093; auch BGH, Urteil vom 20. 9. 2010 – II ZR 296/08, NJW 2010, 3442.

statten, dass sie stets in der Lage ist, ihren gegenwärtigen und künftigen Verbindlichkeiten Ihnen gegenüber fristgemäß nachzukommen." Später war die GmbH nicht zahlungsfähig. Der BGH hat hier die Einstandspflicht der Muttergesellschaft wegen einer verbindlichen, einer sogenannten „harten" Patronatserklärung angenommen.

16.4 Sicherungsabtretung

Forderungen und Rechte als Sicherheit

Eine weitere Kreditsicherheit ist die Sicherungsabtretung oder Sicherungszession. Bei ihr hat ein Gläubiger eine oder mehrere derzeitige oder zukünftige Forderungen gegen einen oder mehrere Schuldner. Diese Forderungen werden zur Absicherung von Verbindlichkeiten des Gläubigers gegenüber einem Dritten an diesen abgetreten. Statt Forderungen können auch Rechte Gegenstand einer Sicherungsabtretung sein.[11]

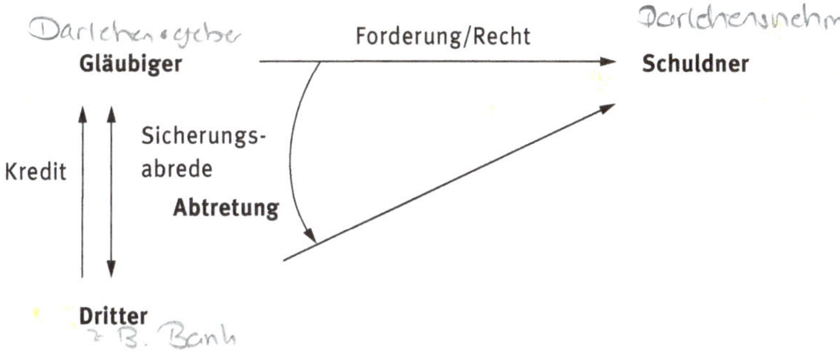

Abb. 16.2. Die Sicherungsabtretung (eigene Darstellung).

16.4.1 Sicherungsabrede und Abtretung

Im BGB nicht ausdrücklich geregelt

Die Sicherungsabtretung ist gesetzlich nicht geregelt. Sie wurde von Praxis und Rechtsprechung entwickelt, weil ein praktisches Bedürfnis nach dieser Sicherheit bestand.

Sicherungsabrede und Abtretung

Bei einer Sicherungsabtretung werden zur Sicherung eines Kredits in der Regel zwei weitere Rechtsgeschäfte zwischen dem kreditnehmenden Gläubiger und dem kreditgebenden Dritten abgeschlossen: die Sicherungsabrede und die Abtretung. Die Abtretung, also das Verfügungsgeschäft, unterliegt den §§ 398 ff. BGB. Sie erfolgt auf der Grundlage einer Sicherungsabrede. Diese Vereinbarung, das Verpflich-

11 Zur Abtretung generell siehe oben Kapitel 13.

tungsgeschäft, legt fest, warum die Forderung abgetreten wird und welche Rechte die Parteien in Bezug auf die Forderung haben. Wesentlich ist, dass die Abtretung zunächst nicht offengelegt wird, also der oder die Schuldner des Gläubigers von der Abtretung nichts erfahren. Er oder sie können daher weiter befreiend an ihren bisherigen Gläubiger leisten, § 407 BGB. Dieser darf die Forderung in der Regel auch nach § 185 BGB einziehen. Erfüllt der Gläubiger aber seine Leistungspflichten gegenüber dem Dritten aus dem Kreditvertrag nicht, etwa weil er zahlungsunfähig wurde, dann kann der Dritte nach den Bedingungen der Sicherungsvereinbarung die Forderung des Gläubigers gegen den Schuldner verwerten. Das erfolgt in der Weise, dass er die Abtretung nun dem Schuldner gegenüber offenlegt. Der Gläubiger darf die Forderung nicht mehr einziehen und der Schuldner kann befreiend nunmehr nur an den Dritten leisten. Tilgt der Gläubiger andererseits seinen Kredit gegenüber dem Dritten ordnungsgemäß, dann muss der Dritte die Forderung an den Gläubiger zurückübertragen.

Sicherungsabrede beschränkt Rechtsposition des Sicherungsnehmers

Das Besondere der Sicherungsabtretung ist, dass die Abtretung nach §§ 398 ff. BGB dem Dritten mehr Rechte einräumt, als er zur Sicherung seines Kredits benötigt. So könnte er z. B. die Abtretung gegenüber dem Schuldner gleich offenlegen. Das würde aber den Geschäftsbetrieb des Gläubigers erheblich stören, weil dieser seine Forderungen nicht mehr eintreiben könnte. Gleichzeitig will sich der Kreditgeber nicht um die Beitreibung der Forderungen kümmern, solange der Gläubiger seine Verbindlichkeiten gegenüber ihm ordentlich erfüllt. In der Sicherungsvereinbarung verpflichtet sich daher der Dritte im gemeinsamen Interesse von Gläubiger und Drittem die Rechtsmacht, die er über die abgetretene Forderung hat, nur eingeschränkt geltend zu machen.

16.4.2 Erscheinungsformen

Sicherungsabtretung einer Forderung

Zur Absicherung eines Kredits kann eine oder ein ganzes Bündel von Forderungen an den Kreditgeber abgetreten werden.

Abtretung aller gegenwärtigen und zukünftigen Forderungen
Die Bank D gewährt dem Unternehmer G einen Kredit in laufender Rechnung (§ 355 HGB) in Höhe von 100.000 €. G kann also sein Konto bei der Bank bis zu 100.000 € überziehen (sogenannter Kontokorrentkredit[12]). Zur Sicherung dieses Kredits tritt G seine gegenwärtigen und künftigen Forderungen gegen seine Kunden A und B an die Bank D ab. Das ist zulässig und üblich.

12 Siehe dazu Kapitel 10.3.

Bei wirtschaftlicher Betrachtung erscheint es auf den ersten Blick fraglich, warum G hier auch seine zukünftigen Forderungen abtritt. Die Antwort ergibt sich aus Laufzeitunterschieden des Kontokorrentkredits und der zur Sicherung übertragenen bereits bestehenden Forderungen. Während der Kontokorrentkredit in der Regel unbefristet läuft, erlöschen die im Zeitpunkt der Krediteinräumung zur Sicherung übertragenen Forderungen meist früher oder später durch Tilgung durch die Schuldner des Kreditnehmers. Um den Wert der Sicherheit zu erhalten, müssen daher die erlöschenden Forderungen durch neue ersetzt werde. Deshalb tritt der Kreditnehmer im vorliegenden Fall bereits im Zeitpunkt der Bestellung der Sicherheit auch seine zukünftigen Forderungen ab.

Sicherungsabtretung eines Rechts

Eine Sicherungsabtretung liegt auch dann vor, wenn einem Kreditgeber ein Patent, ein Gesellschaftsanteil oder ein sonstiges Recht als Sicherheit übertragen wird.

Verlängerter Eigentumsvorbehalt

Beim verlängerten Eigentumsvorbehalt wird die Sicherungsabtretung mit einem Eigentumsvorbehalt kombiniert.[13]

Singular- und Globalzession

Eine Singularabtretung betrifft eine einzige Forderung, die abgetreten wird, bei der Globalzession werden alle gegenwärtigen und zukünftigen Forderungen, die im Geschäftsbetrieb des Schuldners entstehen, abgetreten.

Mantelzession

Bei einer Mantelzession schließlich verpflichtet sich der Kreditnehmer, Forderungen aufgrund einer Mantelvereinbarung nicht mit Abschluss dieser Vereinbarung, sondern nach ihrem Entstehen an den Kreditgeber abzutreten.

16.4.3 Probleme der Sicherungsabtretung und ihre Konsequenzen

Bestimmtheit und Bestimmbarkeit der abgetretenen Forderung

Da die Zuordnung von Sachen und Rechten nach unserer Rechtsordnung klar und eindeutig sein soll, ist eine Forderungsabtretung nur wirksam, wenn die abgetretene Forderung bestimmt oder bestimmbar ist. Bestimmtheit ist gegeben, wenn eine bestehende Forderung gegen einen Schuldner abgetreten wird. Bestimmbarkeit ist gegeben, wenn zukünftige Forderungen gegen einen oder mehrere genau bezeichnete Schuldner aus bestimmten Geschäften abgetreten werden.

Kundenforderungen

Der G tritt zur Sicherheit für einen Kredit „seine Kundenforderungen in Höhe von insgesamt 500.000 €“ an die D-Bank ab. Eine solche Abtretung ist unwirksam, weil die abgetretenen Forderungen nicht bestimmbar sind. Es lässt sich nicht eindeutig klären, welche Forderung gegen welchen Kunden in welcher Höhe abgetreten wurde.

13 Siehe dazu Kapitel 16.8.2.

G hätte wirksam „alle Forderungen gegen seine Kunden“ oder „seine Forderungen gegen seine Kunden A bis K abtreten können.

Kollision von Sicherheiten

Besondere Probleme entstehen, wenn eine zukünftige Forderung zunächst im Rahmen einer Globalabtretung an eine Bank und später über einen verlängerten Eigentumsvorbehalt an einen Lieferanten abgetreten wird. In der Regel hat hier die Abtretung aus dem verlängerten Eigentumsvorbehalt Vorrang. Auf die Einzelheiten wird beim Eigentumsvorbehalt näher einzugehen sein.[14]

Übersicherung

Vor allem bei einer Globalzession, bei der sich eine Bank sämtliche gegenwärtigen und zukünftigen Kundenforderungen des Kreditnehmers gegen seine Schuldner abtreten lässt, kann es vorkommen, dass der Wert der abgetretenen Forderungen den Wert des Kredits wesentlich übersteigt. In einem solchen Fall kann der Kreditnehmer verlangen, dass die Bank den Teil der Forderungen oder sonstigen Sicherheiten, die zu ihrer Übersicherung führen, wieder frei gibt.[15]

Leistungsfähigkeit der Sicherungsabtretung als Sicherungsmittel

Die Leistungsfähigkeit einer Sicherungsabtretung als Sicherungsinstrument hängt stark von den Umständen des Einzelfalls ab. Bei einer Globalzession haben Warenlieferanten Vorrang und können den Umfang der Sicherheit erheblich schmälern. Bei einer Singularabtretung können der abgetretenen Forderung Einwendungen entgegenstehen, die deren Wert verringern. Zudem können bei der Verwertung der Sicherheit, also bei der Beitreibung der Forderung, noch Unwägbarkeiten, wie die Bonität des Schuldners, relevant werden. Banken setzen in ihren Bilanzen zur Sicherheit abgetretene Forderungen daher mit einem Wert von 20 bis 80 % des Nominalwerts an.

16.5 Grundschuld und Hypothek

Grundschuld und Hypothek wurden oben kurz beschrieben. Die Grundschuld ist eines der wichtigsten und leistungsfähigsten Sicherungsmittel für größere Privatkredite. Ihr kommt im Rechtsverkehr überragende Bedeutung zu. Weil ihre Bestellung durch den Grundstückseigentümer vor einem Notar erfolgt, der die Beteiligten über die Risiken des Geschäfts aufklären muss, soll hier nicht weiter auf sie eingegangen werden.

---

14 Siehe hierzu unten Kapitel 16.8.3.

15 Siehe hierzu BGH, Beschluss vom 27. 11. 1997 – GSZ 1 und 2/97, NJW 1998, 671.

16.6 Pfandrecht an beweglichen Sachen

Beim Pfandrecht an beweglichen Sachen erhält der Gläubiger zur Sicherung einer Forderung den Besitz an einer beweglichen Sache, § 1204 BGB. Erfüllt der Schuldner seine Forderung bei Fälligkeit nicht, dann kann der Gläubiger das Pfand durch Verkauf verwerten, § 1228 BGB. §§ 1204 ff. BGB

Zu unterscheiden sind das vertraglich vereinbarte und das gesetzliche Pfandrecht. Erscheinungsformen

Beim Vertragspfandrecht entsteht das Pfandrecht durch vertragliche Vereinbarung zwischen Gläubiger und Schuldner, § 1205 BGB. Vertragspfandrecht

---

Pfandleihanstalten

Der Musiker M braucht dringend Geld. Beim Pfandleihhaus erhält er ein Darlehen über 500 € über drei Monate für einen Zins von 15 % p.a. Zur Sicherheit überlässt er dem Leihhaus seine Gitarre, die einen Zeitwert von 3.000 € hat.

Hier haben die Parteien ein Pfandrecht nach § 1204 BGB an der Gitarre bestellt. Zahlt M das Darlehen nebst Zins nicht rechtzeitig zurück, kann das Pfandleihhaus die Gitarre verkaufen, Darlehen, Zinsen und Kosten aus dem Erlös begleichen und den Rest an den M ausbezahlen.

Praktische Bedeutung haben daneben nur noch Pfandrechte der Banken. Diese können aufgrund gesonderter Vereinbarung oder auf Grundlage der Banken-AGB an den bei den Banken eingelagerten Wertpapieren oder Edelmetallen bestehen, sogenannter Lombardkredit.

Wesentliches Kennzeichen des Vertragspfandrechts ist es, dass der Gläubiger den unmittelbaren Besitz an einer beweglichen Sache des Schuldners haben muss, § 1205 BGB. Dem Schuldner ist die Sache damit entzogen; er kann sie nicht mehr wirtschaftlich nutzen oder verwerten. Der Gläubiger muss sie verwahren, § 1215 BGB. Das ist der Grund für die insgesamt geringe Bedeutung des Vertragspfands als Kreditsicherheit.

Das gesetzliche Pfandrecht entsteht kraft Gesetzes, also in bestimmten Konstellationen automatisch. Beispielsfälle des gesetzlichen Pfandrechts sind das Pfandrecht des Werkunternehmers, § 647 BGB, und das Vermieterpfandrecht, §§ 562 ff. BGB. Auf diese gesetzlichen Pfandrechte finden nach § 1257 BGB die Vorschriften über das Vertragspfand entsprechende Anwendung. Deshalb kann der Vermieter aufgrund des Vermieterpfandrechts, wenn der Mieter mit seiner Miete im Rückstand ist, pfändbare Gegenstände aus der Wohnung des Mieters von diesem nach §§ 1257, 1231 BGB heraus verlangen, nach den §§ 1233 ff. BGB verkaufen und mit dem Erlös seine Forderung begleichen. Gesetzliches Pfandrecht

Gesetzliche Pfandrechte sichern meist Vorleistungen einer Partei ab.

16.7 Sicherungsübereignung

PKW, Maschinen und Warenlager als Kreditsicherheiten

Zur Absicherung meist eines Bankkredits kann der Sicherungsgeber sein Eigentum an einer beweglichen Sache an den Kreditgeber übertragen. So kann etwa ein PKW, eine Maschine oder ein Warenlager in seinem jeweiligen Bestand als Sicherheit an einen Kreditgeber übertragen werden. Erfüllt der Kreditnehmer dann seine Kreditverpflichtungen nicht, kann der Kreditgeber das ihm übertragene Sicherungseigentum verwerten.

Die Sicherungsübereignung hat gegenüber dem Pfandrecht den Vorteil, dass der Sicherungsgeber im Besitz der Sicherheit bleibt und diese daher nutzen kann. Von der Sicherungsabtretung unterscheidet sie sich dadurch, dass nicht eine Forderung oder ein sonstiges Recht, sondern Eigentum an einer beweglichen Sache als Sicherheit übertragen wird.

Wichtige Rechtsfragen zur Sicherungsübereignung

Zum Verständnis dieses Sicherungsinstruments sollen hier fünf Fragenkreise angesprochen werden: Worum geht es bei der Sicherungsabrede und wie wird das Eigentum am Sicherungsgut übertragen? Worauf ist zu achten, wenn ein Warenlager als Sicherheit bestellt ist? Was gilt, wenn der Sicherungsnehmer übersichert ist? Wann und wie kann der Sicherungsgeber die Sicherheit verwerten? Das Unterkapitel schließt mit einer Anmerkung zur praktischen Bedeutung dieses Sicherungsinstruments.

16.7.1 Die Sicherungsabrede

Zweck der Sicherungsabrede

Bei der Sicherungsübereignung wird der Sicherungsnehmer Eigentümer des Sicherungsguts. Als solcher kann er nach § 903 BGB mit der Sache nach Belieben verfahren. Er kann sie also benutzen, zerstören, verkaufen usw. Das entspricht bei einer Sicherungsübereignung nicht den Interessen der Parteien. Der Sicherungsgeber soll die Sache weiter fast wie ein Eigentümer nutzen können, der Sicherungsnehmer soll seine Eigentümerposition nur ausspielen dürfen, wenn der Sicherungsgeber seine Verpflichtungen aus dem Kreditvertrag nicht erfüllt. Ähnlich wie bei der Sicherungsabtretung werden dem Sicherungsnehmer mit dem Volleigentum mehr Rechte eingeräumt, als er benötigt. Das geht technisch nicht anders, weil das Sachenrecht nur die Vollübertragung des Eigentums zulässt. Dieses Zuviel an Rechtsübertragung schränken die Parteien durch die nur schuldrechtlich wirkende Sicherungsabrede ein.

In der Sicherungsabrede vereinbaren die Parteien regelmäßig, welcher Kredit mit welchem Sicherungsgut abgesichert wird, dass das Sicherungsgut übereignet wird, dass der Sicherungsgeber das Sicherungsgut für den Sicherungsnehmer verwahrt, welche Pflichten der Sicherungsgeber bei der Verwahrung hat, welche Rechte die Bank in Bezug auf das Sicherungsgut hat und insbesondere wann und wie die Bank es verwerten kann, und schließlich, dass das Sicherungsgut an den Sicherungsgeber zurückübertragen wird, wenn der Kredit getilgt wurde. Eine Sicherungsabrede kann aber auch kurz oder sogar stillschweigend getroffen werden.

Inhalt der Sicherungsabrede

Sicherungsabrede
Eine sehr einfache Sicherungsabrede kann etwa folgenden Wortlaut haben: „Zur Sicherung der Rückzahlung des Darlehens vom ... verpflichtet sich der Sicherungsgeber, das Eigentum an seiner Maschine Typ X Nr. Y an den Sicherungsgeber zu übertragen. Dabei soll die Übergabe des Sicherungsguts an die Bank dadurch ersetzt werden, dass der Sicherungsgeber es für die Bank sorgfältig unentgeltlich verwahrt."

Diese Sicherungsabrede, die als schuldrechtliche Vereinbarung eigentlich nur zwischen den Parteien wirkt, hat auch Außenwirkung.

Wirkungen der Sicherungsabrede

Sicherungseigentum in der Insolvenz des Sicherungsnehmers
Die SN-Bank wird zahlungsunfähig. Der Insolvenzverwalter kann das Sicherungseigentum, das der SG der Bank übertragen hat, nicht wie jedes andere Eigentum einfach verkaufen und den Erlös der Insolvenzmasse zuweisen. Der SG kann vielmehr die Rückübertragung seines Eigentums gegen Tilgung seiner Verbindlichkeit verlangen.[16] Obwohl also der SG kein Eigentumsrecht am Sicherungseigentum hat, kann er gegenüber dem Insolvenzverwalter bevorrechtigt Rückgabe verlangen. Das ist wirtschaftlich bedeutend, wenn der SG seinen Kredit im Wesentlichen zurückbezahlt hat, nur noch einen letzten Betrag von 5.000 € bezahlen muss und dafür seine Maschine im Wert von 500.000 € zurückerhält. Ohne die Bevorzugung würde der SG in der Insolvenz der SN-Bank nur die Quote aus dem Wert seiner Maschine erhalten.

Wirtschaftlich betrachtet wird bei der Sicherungsübereignung das Eigentum am Sicherungsgut aufgespalten und zwischen Sicherungsgeber und Sicherungsnehmer aufgeteilt. Handelsbilanz und Steuerrecht tragen dem weitergehend Rechnung indem sie nicht etwa den Sicherungsnehmer, der zivilrechtlicher Eigentümer des Sicherungsguts ist, sondern den Sicherungsgeber als wirtschaftlichen Eigentümer betrachten und das Sicherungsgut bei ihm als Aktiva in die Bilanz einstellen.

Sicherungseigentum als gespaltene Rechtsposition

---

16 *Ganter* in Münchner Kommentar Insolvenzordnung, 2. Auflage 2007, §§ 47 Rn. 375 ff.

16.7.2 Die Eigentumsübertragung

§§ 929 S. 1, 930 BGB

Da der Sicherungsgeber und bisherige Eigentümer im Besitz des Sicherungsguts bleiben soll, erfolgt dessen Übereignung meist nach §§ 929 S. 1, 930 BGB. Die Parteien sind sich über den Eigentumsübergang einig; die Übergabe wird durch den Abschluss der Sicherungsvereinbarung, aus der sich ein Besitzkonstitut im Sinne des § 868 BGB ergibt, ersetzt.

Sicherungsübereignung eines PKW

Zur Finanzierung eines PKW hat K bei der B-Bank ein Darlehen über 20.000 € aufgenommen. Als Sicherheit soll der PKW an die Bank sicherungsübereignet werden.

Das erfolgt in der Weise, dass sich die Parteien über den Eigentumsübergang einigen, § 929 S. 1 BGB, und eine Sicherungsabrede, § 930 BGB, abschließen. Als Sicherungsabrede reicht der Hinweis aus, dass der PKW als Sicherheit an die B-Bank übertragen werden soll. Aus dieser einfachen Sicherungsabrede ergibt sich ein Besitzmittlungsverhältnis selbst dann, wenn die Parteien keine ausdrücklichen Regelungen über die Rechte und Pflichten in Bezug auf das Besitzmittlungsverhältnis vereinbaren.[17] Das Eigentum geht hier also nach §§ 929 S. 1, 930 BGB auf die B-Bank über.

Die Übergabe der KFZ-Zulassungsbescheinigung II ist zur Begründung von Sicherungseigentum nicht erforderlich. Sie ist aber üblich und sinnvoll, damit der Sicherungsgeber den PKW nicht wirksam an einen gutgläubigen Dritten übereignen und damit dem Sicherungsnehmer die Sicherheit entziehen kann.[18]

Gutgläubiger Erwerb des Sicherungseigentums durch den Sicherungsnehmer

Auch ein gutgläubiger Erwerb des Sicherungseigentums durch den Sicherungsnehmer ist möglich, allerdings erst, wenn das Sicherungsgut dem gutgläubigen Erwerber tatsächlich übergeben wird, §§ 929 S. 1, 930, 933 BGB.

Der gutgläubige Erwerb von Sicherungsgut

U hat eine wertvolle Produktionsanlage in seinem Betrieb zur Sicherung eines Darlehens an die B-Bank übereignet. Später nimmt er einen weiteren Kredit bei der SN-Bank auf. Ohne diese über die bereits erfolgte Sicherungsübereignung an die B-Bank zu informieren, übereignet er die Produktionsanlage als Kreditsicherheit an die SN-Bank nach §§ 929 S. 1, 930 BGB und schließt hierbei die übliche Sicherungsabrede ab. Wenig später wird U zahlungsunfähig. Kann die SN-Bank Herausgabe der Produktionsanlage von der B-Bank, die sie zwischenzeitlich in Besitz genommen hat, verlangen?

Für einen Anspruch aus § 985 BGB müsste die SN-Bank Eigentümerin der Produktionsanlage geworden sein. Die SN-Bank hat kein Eigentum nach §§ 929 S. 1, 930 BGB erworben, weil U im Zeitpunkt der Eigentumsübertragung nicht mehr Eigentümer der Anlage war. Er hatte diese ja zuvor an die B-Bank übertragen.

---

17 BGH, Urteil vom 20. 9. 2004 – II ZR 318/02, NJW-RR 2005, 280.

18 Siehe auch Kapitel 12.9.

Die SN-Bank könnte aber gutgläubig Eigentum nach §§ 929 S. 1, 930, 933 BGB erworben haben. Vorliegend kann man davon ausgehen, dass sich U und die SN-Bank über den Eigentumsübergang geeinigt haben, SN war auch gutgläubig. Ein gutgläubiger Erwerb setzt nach § 933 BGB aber voraus, dass ihr die Produktionsanlage von U tatsächlich übergeben wurde. Daran fehlt es. Die SN-Bank ist daher nicht Eigentümerin geworden und kann Herausgabe der Anlage nicht verlangen.

16.7.3 Die Sicherungsübereignung eines Warenlagers

Unternehmen übereignen als Kreditsicherheit häufig ihr Warenlager in seinem jeweiligen Bestand an eine kreditgebende Bank. Um mit den Waren im Lager weiter arbeiten zu können, sind sie nach § 185 BGB ermächtigt, die Waren im ordnungsgemäßen Geschäftsbetrieb weiter zu veräußern und das Eigentum an ihnen zu übertragen oder sie zu verarbeiten. Neu gelieferte Waren werden in das vorweg übereignete Warenlager eingebracht. Ihr Eigentum geht ebenfalls nach §§ 929 S. 1, 930 BGB auf den Sicherungsnehmer über.

Raumsicherungs- und Markierungssicherungsvertrag

Sicherungsübereignungen an Warenlagern sind nur wirksam, wenn das Sicherungsgut zumindest bestimmbar ist, wenn also objektiv eindeutig ist, welche Gegenstände sicherungsübereignet sind. In der Praxis haben sich vor allem der Raumsicherungs- und der Markierungssicherungsvertrag durchgesetzt. Beim Raumsicherungsvertrag sind alle in einem bestimmten Raum gelagerten Waren sicherungsübereignet; beim Markierungssicherungsvertrag dienen alle markierten Waren als Sicherheit. Mangels Bestimmbarkeit wäre demgemäß eine Klausel, nach der 50 % der im Warenlager des Sicherungsgebers gelagerten Waren sicherungsübereignet sein sollen, unwirksam.

16.7.4 Übersicherung

Wie bei der Globalzession muss der Sicherungsnehmer auch bei der Sicherungsübereignung eines Warenlagers, wenn dieses einen deutlich höheren Wert hat als der zu sichernde Kredit (in der Regel, wenn der Schätzwert des Warenlagers 150 % des Kredits übersteigt), Sicherheiten aus dem Warenlager freigeben, wenn der Sicherungsgeber dies verlangt. Entgegenstehende Vereinbarungen sind nach §§ 138, 307 Abs. 1 BGB nichtig.[19]

19 BGH, Beschluss vom 27. 11. 1997 – GSZ 1 und 2/97, NJW 1998, 671.

16.7.5 Verwertung des Sicherungsguts

Herausgabe und öffentliche Versteigerung

Der Sicherungsnehmer kann das Sicherungsgut in der Regel dann verwerten, wenn der Sicherungsgeber seinen Pflichten aus dem Kreditvertrag, für den die Sicherung bestellt wurde, nicht nachkommt. Das ergibt sich meist aus dem Sicherungsvertrag oder durch entsprechende Anwendung der Regelungen des Pfandrechts. Zur Verwertung kann der Sicherungsnehmer vom Sicherungsgeber die Herausgabe der Sache nach § 985 BGB verlangen. Der Sicherungsgeber verliert in diesen Fällen nach dem Sicherungsvertrag sein Recht zum Besitz nach § 986 Abs. 1 BGB. Gibt der Sicherungsgeber das Sicherungsgut nicht freiwillig heraus, kann der Sicherungsnehmer die Herausgabe einklagen. Wenn der Sicherungsnehmer das Sicherungsgut in Händen hat, kann er es öffentlich versteigern lassen und mit dem Erlös seine offenen Forderungen begleichen.

Bevorzugte Befriedigung in der Insolvenz des Sicherungsgebers

In der Insolvenz des Sicherungsgebers kann der Sicherungsnehmer die Verwertung des Sicherungsguts durch den Insolvenzverwalter unter vorrangiger Herausgabe des Erlöses abzüglich der Verwertungskosten verlangen, §§ 50, 51, 166 InsO.

16.7.6 Praktische Bedeutung

Sicherungsübereignung und Leasing

Soweit neue Sachen wie Maschinen oder PKW als Gegenstand einer Sicherungsübereignung in Betracht kommen, hat das Leasing die Sicherungsübereignung teilweise ersetzt. Das Leasing ist ein rein schuldrechtlicher Vertrag, bei dem der Leasingnehmer ein Entgelt vor allem für die Überlassung der Nutzung der Leasingsache zahlt. Das Eigentum verbleibt von vorneherein beim Leasinggeber.

Sicherungsübereignung als relativ riskante Sicherheit

Da der Sicherungsnehmer nicht im Besitz der Sicherheit ist, kann der Sicherungsgeber das Sicherungsgut an einen Dritten übertragen, der es gutgläubig erwerben kann. Das ist eine Schwäche der Sicherungsübereignung.

Die weiterverkaufte Gebrauchtmaschine

Das Unternehmen U hat sich im Zuge der Erneuerung seiner Produktionsanlagen mit dem gutgläubigen Käufer K über die Eigentumsübertragung einer Maschine Nr. 007 geeinigt und die Maschine auch übergeben. Kurze Zeit später stellt sich heraus, dass die Maschine als Sicherheit für einen Kredit an die B-Bank übereignet war. Kann die B-Bank Herausgabe der Maschine verlangen?

Der Herausgabeanspruch der B-Bank nach §§ 985, 986 BGB scheitert hier daran, dass K die Gebrauchtmaschine nach §§ 929 S. 1, 932 Abs. 1 S. 1 BGB gutgläubig erworben hat.

Dennoch ist die Sicherungsübereignung nach wie vor ein praktisch wichtiges Sicherungsinstrument. Sie gilt aber als risikoreiche Sicherheit und wird meist nur mit 50 % des Zeitwerts des Sicherungsguts bewertet.

16.8 Eigentumsvorbehalt

Der Eigentumsvorbehalt sichert nicht wie die meisten bisher besprochenen Sicherheiten Geldkredite, sondern Warenkredite ab.

Sicherung des Warenkredits

Bei ihm liefert ein Verkäufer Waren, ohne sofort den Kaufpreis zu erhalten. Er sichert sich dadurch ab, dass er zwar die Kaufsache an den Käufer übergibt, sich aber das Eigentum an ihr bis zur vollständigen Bezahlung des Kaufpreises vorbehält. Rechtstechnisch erfolgt die Übereignung der Kaufsache nach § 929 S. 1 BGB, wobei der Verkäufer die Kaufsache übergibt und die Einigung über den Eigentumsübergang nach § 158 Abs. 1 BGB unter der aufschiebenden Bedingung der vollständigen Kaufpreiszahlung erfolgt, § 449 Abs. 1 BGB.

Bürogeräte auf Rechnung I

V liefert dem K, einem guten Kunden, Bürogeräte auf Rechnung. In der Rechnung behält er sich, wie im Kaufvertrag vereinbart, das Eigentum an den Bürogeräten bis zur vollständigen Zahlung des Kaufpreises vor. Wer ist vor Zahlung des Kaufpreises Eigentümer der Bürogeräte?

V war Eigentümer der Bürogeräte und hat das Eigentum an den Bürogeräten noch nicht auf K nach § 929 S. 1 BGB übertragen. Für eine Übereignung nach § 929 S. 1 BGB sind Einigung und Übergabe erforderlich. Die Übergabe der Geräte an K ist erfolgt. Die Einigung stand aber unter der aufschiebenden Bedingung der vollständigen Kaufpreiszahlung. Erst mit der Zahlung des Kaufpreises wird die Einigung nach § 158 Abs. 1 BGB wirksam. Solange K den Kaufpreis nicht gezahlt hat, ist V daher Eigentümer der Bürogeräte.

Wird der Käufer zahlungsunfähig, bevor er den Kaufpreis gezahlt hat, oder zahlt der Käufer aus einem sonstigen Grund nicht, dann kann der Verkäufer nach § 323 BGB vom Kaufvertrag zurücktreten und die Kaufsache heraus verlangen.

Bürogeräte auf Rechnung II

Im vorangegangenen Fall zahlt der Käufer K die Rechnung nicht. Auf eine Mahnung reagiert er nicht. Der Verkäufer V tritt daraufhin vom Kaufvertrag zurück und verlangt Herausgabe der Büromöbel.

Anspruchsgrundlage für den Herausgabeanspruch ist §§ 985, 986 BGB.

Voraussetzung ist, dass V Eigentümer und K Besitzer ist und dass K kein Recht zum Besitz hat.

Da V sich das Eigentum vorbehalten hat und die Bedingung der vollständigen Kaufpreiszahlung noch nicht eingetreten ist, ist V noch Eigentümer. K ist Besitzer, weil er die tatsächliche Sachherrschaft über die Bürogeräte hat, § 854 Abs. 1 BGB. Ein Recht zum Besitz nach § 986 Abs. 1 BGB könnte K aus dem Kaufvertrag zustehen. Solange K seine Pflichten aus dem Kaufvertrag erfüllt und solange V vom Kaufvertrag nicht zurückgetreten ist, hat K, wie sich aus § 449 Abs. 2 BGB ergibt, ein Recht zum Besitz. Vorliegend ist V aber nach §§ 323, 346 ff. BGB vom Vertrag zurückgetreten. Das Besitzrecht des K ist damit nach § 449 Abs. 2 BGB entfallen.

V kann daher von K Herausgabe der Bürogeräte verlangen.

Leistungsfähigkeit des Eigentumsvorbehalts in der Insolvenz

In der Insolvenz des Käufers hat der Vorbehaltsverkäufer eine Sonderposition. Er kann sein Vorbehaltseigentum nach § 47 InsO vom Insolvenzverwalter heraus verlangen. Das ist auf den ersten Blick eine starke Rechtsposition des Vorbehaltsverkäufers. Auf den zweiten Blick zeigt sich aber, dass der Eigentumsvorbehalt keine optimale Sicherheit ist. Wird nämlich der Käufer zahlungsunfähig, dann ist die Kaufpreisforderung des Verkäufers eine in der Regel wertlose Forderung gegen die Insolvenzmasse. Zwar bekommt der Vorbehaltsverkäufer seine Kaufsache zurück, versucht er aber, dafür Geld zu erhalten, wird der Betrag meist deutlich unter der Kaufpreisforderung liegen, weil die zurückgeholte Sache gebraucht ist. Die Differenz zwischen Kaufpreisforderung und Verwertungserlös sowie seine Kosten kann der Vorbehaltsverkäufer zwar gegen den Insolvenzverwalter als Schadensersatz geltend machen; er bekommt dafür aber nur die Quote. Der Eigentumsvorbehalt ist daher als Sicherheit besser als nichts. Mit Blick auf den geringen Aufwand seiner Bestellung ist er für Warenlieferanten insgesamt unverzichtbar.

Anwartschaftsrecht des Vorbehaltskäufers

Ähnlich wie bei der Sicherungsübereignung wird beim Eigentumsvorbehalt das Eigentum nicht zivilrechtlich, aber wirtschaftlich aufgespalten. Der Vorbehaltsverkäufer bleibt zwar formal Eigentümer. Er kann aber keineswegs nach Belieben mit seiner Sache verfahren, sondern muss akzeptieren, dass der Käufer, der die Sache schon in Besitz hat, diese erwerben wird. Erfüllt der Käufer seine Pflichten aus dem Kaufvertrag, wird er automatisch Eigentümer werden. Diese besondere Rechtsposition des Käufers wird als Anwartschaftsrecht bezeichnet. Dieses Anwartschaftsrecht ist wie Eigentum umfassend rechtlich geschützt und kann vom Käufer in entsprechender Anwendung der §§ 929 ff. BGB übertragen werden. Wiederum trägt dem das Bilanz-[20] und Steuerrecht Rechnung. Dort ist die Vorbehaltsware in der Bilanz des Vorbehaltskäufers zu aktivieren.

---

20 § 246 Abs. 1 HGB.

16.8.1 Der Eigentumsvorbehalt im Schuld- und Sachenrecht

Der Eigentumsvorbehalt hat sowohl eine schuld- als auch eine sachenrechtliche Dimension. Im Kaufvertrag, also schuldrechtlich, verpflichtet sich der Verkäufer zur Lieferung unter Eigentumsvorbehalt, sachenrechtlich übereignet der Verkäufer bei der Lieferung die Kaufsache unter der aufschiebenden Bedingung der vollständigen Kaufpreiszahlung.

Der nachträgliche Eigentumsvorbehalt
Eine Maschine soll in vier Teilbeträgen à 1 Mio. € bezahlt werden. Der vorletzte Betrag soll bei Lieferung, der letzte sechs Monate nach Lieferung gezahlt werden. Im Kaufvertrag ist ein Eigentumsvorbehalt nicht vereinbart. Als V die Maschine liefert, behält er sich auf dem Lieferschein das Eigentum bis zur vollständigen Zahlung des Kaufpreises vor (sogenannter nachträglicher Eigentumsvorbehalt). Wie ist die Rechtslage?

Auch wenn das im Kaufvertrag so nicht vorgesehen war, ist die bedingte Übereignung nach § 929 S. 1 BGB wirksam, wenn der Käufer damit einverstanden ist. Das wird in der Regel der Fall sein, weil mangels Einigung andernfalls das Volleigentum beim Verkäufer verbliebe, der Käufer also kein Anwartschaftsrecht erhielte. Der V bleibt also hier Vorbehaltseigentümer der Maschine.

Da der Kaufvertrag vorliegend keine abweichende Regelung enthielt, war V aber nach § 433 BGB zur unbedingten Übereignung verpflichtet. Diese Pflicht hat V verletzt. K kann daher als Erfüllung die sofortige unbedingte Übertragung des Eigentums verlangen. Er kann zudem die Zahlung der letzten beiden Teilbeträge des Kaufpreises nach § 320 Abs. 1 S. 1 am Ende BGB zurückhalten, bis V das Eigentum vollständig übertragen hat. Das provoziert Streit. Sinnvoll ist es daher immer, auch im Kaufvertrag die Lieferung unter Eigentumsvorbehalt vorzusehen.

16.8.2 Formen des Eigentumsvorbehalts

Bei den bisher beschriebenen Fällen handelte es sich jeweils um einen einfachen Eigentumsvorbehalt.

Verlängerter Eigentumsvorbehalt

Der einfache Eigentumsvorbehalt läuft aber ins Leere, wenn der gewerbliche Käufer als Händler die gelieferten Waren weiterveräußern muss, um damit den Erlös zu erzielen, mit dem er den Kaufpreis gegenüber dem Verkäufer begleichen will. Die Kunden des Händlers würden hier das Eigentum an den an diese verkauften Waren regelmäßig nach §§ 929 S. 1, 932 BGB erwerben. Daher vereinbaren die Parteien einen verlängerten Eigentumsvorbehalt, indem sie einen Eigentumsvorbehalt mit der Sicherungsabtretung einer künftigen Forderung kombinieren. Der Käufer wird nach § 185 Abs. 1 BGB zur Weiterübereignung im ordnungsgemäßen Geschäftsgang ermächtigt und tritt im Gegenzug die künftige Kaufpreisforderung des Käufers gegen seinen Kunden an

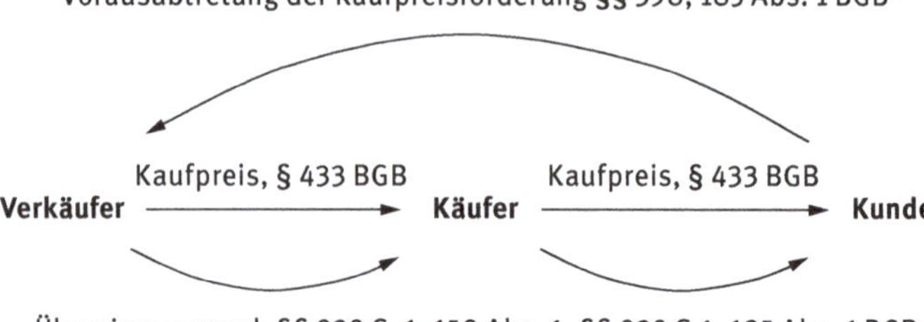

Abb. 16.3. Verlängerter Eigentumsvorbehalt (eigene Darstellung).

den Verkäufer ab. Zudem kann noch vereinbart werden, dass der Käufer die Forderung gegenüber seinem Kunden einziehen darf und den Erlös an den Verkäufer weiterleiten muss. Wird der Käufer zahlungsunfähig, kann der Verkäufer die Abtretung offenlegen. Der Kunde kann dann nur noch an den Verkäufer befreiend leisten, § 407 BGB.

Vorausabtretung

Lieferant L liefert Computer an den Händler H unter Eigentumsvorbehalt. L und H vereinbaren, dass H die Geräte im eigenen Namen veräußern darf. Die künftigen Forderungen des H gegen seine Endkunden werden im Voraus an L abgetreten. H wird zur Einziehung der Forderungen im eigenen Namen ermächtigt. H verkauft (ebenfalls unter Eigentumsvorbehalt) an den Endkunden K einen Computer. H wird insolvent. K hat den Computer noch nicht bezahlt. Kann L von K Zahlung verlangen?

Ein Anspruch des L könnte sich hier aus der abgetretenen Kaufpreisforderung ergeben gemäß §§ 398, 433 Abs. 2 BGB.

Voraussetzung ist zunächst eine wirksame Abtretung. Eine entsprechende Einigung (Abtretungsvertrag) zwischen L und H liegt vor.

Fraglich ist, ob die abgetretene Forderung auch hinreichend bestimmt war, zumal sie noch gar nicht entstanden war. Grundsätzlich können auch künftige Forderungen abgetreten werden, wenn diese nur hinreichend genau bestimmt sind. Hier wurden *alle* Forderungen aus künftigen Verkäufen der Computer abgetreten, wodurch die Forderung hinreichend bestimmt war. Die Kaufpreisforderung des H ist nach der Abtretung wirksam entstanden gemäß § 433 Abs. 2 BGB. Daher war H auch Berechtigter im Hinblick auf die Forderung. Somit wurde die Forderung wirksam an L abgetreten.

Zwischen L und H wurde vereinbart, dass nicht L, sondern H die Forderung geltend machen darf, solange H solvent ist. Die Forderung steht also dem L zu, dieser hat aber wiederum den H ermächtigt, diese im eigenen Namen einzuziehen. Denn solange H solvent ist und seinen Zahlungsverpflichtungen nachkommt, hat L kein Interesse daran, Forderungen des H gegen dessen Endkunden einzuziehen. Auch soll die Abtretung gegenüber den Endkunden des H möglichst nicht offenkundig werden. Vorliegend hat H aber durch seine Insolvenz die Einziehungsermächtigung verloren. Daher kann L nunmehr selbst die Forderung gegen K geltend machen.

Im Ergebnis kann somit L Zahlung von K verlangen gemäß §§ 398, 433 Abs. 2 BGB.

Eigentumsvorbehalt und Verbindung oder Vermischung

Wo gelieferte Waren eingebaut oder verarbeitet werden, ergeben sich weitere Probleme. Beim Einbau von unter Eigentumsvorbehalt gelieferten Waren verliert der Vorbehaltseigentümer sein Eigentum meist nach §§ 946, 947 BGB. Der Vorbehaltseigentümer kann sich nur dadurch absichern, dass er sich vorab die Forderung des Käufers gegen seinen Kunden abtreten lässt. Auch hier liegt ein verlängerter Eigentumsvorbehalt vor.

Stahlmatten

Der Rohbauunternehmer K kauft Stahlmatten für einen Neubau beim Baustoffhändler V. K verbaut die Stahlmatten beim Gießen der Bodenplatte und der Decken im Grundstück des Bauherrn B. Danach wird K zahlungsunfähig, ohne die Stahlmatten bezahlt zu haben.

Durch den Einbau der Stahlmatten im Grundstück des B verliert V sein Eigentum an den Stahlmatten nach §§ 946, 94 BGB, unabhängig davon ob die Parteien einen einfachen oder verlängerten Eigentumsvorbehalt vereinbart haben.

Mit einem verlängerten Eigentumsvorbehalt könnte sich V zusätzlich die zukünftige Werklohnforderung des K gegen B aus dem Werkvertrag über den Einbau nach § 398 BGB abtreten lassen. Dann könnte V, wenn B diese Forderung noch nicht gegenüber dem K beglichen hat, die Abtretung gegenüber B offenlegen und Zahlung an sich verlangen.

Eigentumsvorbehalt und Verarbeitungsklauseln

Der Vorbehaltseigentümer kann sein Eigentum auch durch Verarbeitung nach § 950 BGB verlieren. Gegen einen solchen Eigentumsverlust kann sich der Vorbehaltseigentümer durch eine sogenannte Verarbeitungsklausel schützen. Eine Verarbeitungsklausel hat typischerweise folgenden Inhalt: „Wird Vorbehaltsware vom Käufer zu einer neuen beweglichen Sache verarbeitet, so erfolgt die Verarbeitung für den Verkäufer. Die neue Sache wird dann Eigentum des Verkäufers." Die Regelungen des Sachenrechts sind meist zwingend und können von den Parteien nicht abgeändert werden. Die Parteien können daher nicht einfach die Nichtanwendbarkeit des § 950 BGB vereinbaren. Zulässig ist es aber, dass die Parteien festlegen, wer Hersteller der neuen Sache nach § 950 BGB wird. Durch eine entsprechende Vereinbarung stellen sie sicher, dass der Vorbehaltsverkäufer Eigentümer der verarbeiteten Ware wird. Faktisch wird hier eine Umgehung des § 950 BGB zugelassen, weil dafür ein praktisches Bedürfnis besteht.[21]

---

21 Das ist eines der umstrittensten Probleme des Sachenrechts, wie Sie einem Blick in die juristische Literatur zu § 950 BGB entnehmen können.

Bleche

V liefert Aluminiumbleche unter einfachem Eigentumsvorbehalt an K. K verarbeitet die Bleche zu Gehäusen für Hochfrequenzgeräte. Der Wert der Gehäuse beträgt 65 €, der Einsatzpreis für die Bleche 35 €.

1. Kann V von K die im Lager befindlichen Gehäuse heraus verlangen, wenn K zahlungsunfähig wird?
2. Wie wäre die Rechtslage, wenn V und K vereinbart hätten, dass K die Bleche für V weiterverarbeiten darf?

Zu 1.

Bei dieser Variante hat V das Eigentum an den Blechen wegen des Eigentumsvorbehalts nicht durch Übergabe an den K verloren. Er hat es aber nach § 950 Abs. 1, 2 BGB deshalb an K verloren, weil dieser durch Verarbeitung eine neue Sache – die Gehäuse – hergestellt hat und der Wert der Verarbeitung, 30 €, nicht wesentlich geringer als der Wert der Bleche, 35 €, ist. In dieser Variante kann V von K nicht Herausgabe der Bleche nach §§ 985, 986 verlangen.

Zu 2.

Bei einem Eigentumsvorbehalt mit Verarbeitungsklausel wie in dieser Variante erwirbt V das Eigentum an den neu hergestellten Sachen nach § 950 Abs. 1 BGB. Er ist also Eigentümer, K ist Besitzer. K hat kein Recht zum Besitz mehr, wenn V vom Kaufvertrag zurücktritt. In dieser Variante kann V also von K Herausgabe der Gehäuse nach §§ 985, 986 BGB verlangen.

Kontokorrentvorbehalt

Beim Kontokorrentvorbehalt ist die Einigung zur Übertragung des Eigentums so lange aufgeschoben, bis alle Forderungen aus sämtlichen laufenden Geschäften zwischen Käufer und Verkäufer beglichen sind.

Konzernvorbehalt

Nach § 449 Abs. 3 BGB nicht zulässig ist ein Konzernvorbehalt. Bei diesem will sich der Verkäufer das Eigentum so lange vorbehalten, bis alle Verbindlichkeiten aus Lieferungen von Konzernunternehmen beglichen sind.

16.8.3 Kollision von Eigentumsvorbehalt und Globalzession

Kollision

Häufig kommt es vor, dass sich Banken zur Absicherung eines Geldkredits die Kundenforderungen eines Unternehmers, des Sicherungsgebers, im Voraus abtreten lassen. Benötigt dieser Unternehmer zur Aufrechterhaltung seines Geschäftsbetriebs wie meist Waren zur Weiterverarbeitung, dann werden ihm diese von seinen Lieferanten regelmäßig unter verlängertem Eigentumsvorbehalt geliefert. Die mit dem Eigentumsvorbehalt verbundenen Vorausabtretungen zukünftiger Kundenforderungen laufen aber an sich ins Leere, weil diese Forderungen bereits an die Bank abgetreten sind. Nach dem Prioritätsprinzip und weil es einen gutgläubigen Erwerb von Forderungen nicht gibt, sind die Abtretungen an die Bank im Grundsatz gegenüber den Warenlieferanten auch wirksam.

Konsequenz dieser Rechtslage wäre, dass mit Blick auf die Realitäten in der Industrie Warenlieferanten verlängerte Eigentumsvorbehalte wirksam nicht vereinbaren könnten, weil Unternehmen sehr oft ihre Kundenforderungen an Banken abgetreten haben. Dieses Ergebnis wurde als unzweckmäßig empfunden. Banken können sich anderweitig absichern, Warenkreditgeber aber eher nicht.

Vorrang des Warenkreditgebers

Die Rechtsprechung hat deshalb den Warenkreditgebern Vorrang vor den Geldkreditgebern eingeräumt, indem sie eine Globalzession für nach § 138 BGB unwirksam ansieht, soweit sie mit einem verlängerten Eigentumsvorbehalt kollidiert.[22]

16.8.4 Praktische Bedeutung des Eigentumsvorbehalts

Der Eigentumsvorbehalt ist in Deutschland die am meisten verbreitete Kreditsicherheit. Viele Rechtsordnungen der Welt kannten ihn nicht oder ließen ihn nur eingeschränkt etwa mit Registrierung in einem öffentlichen Register zu. In den letzten 20 Jahren hat er sich mehr und mehr auch in anderen Rechtsordnungen durchgesetzt. Das zeigt das praktische Bedürfnis nach dieser Kreditsicherheit.

16.9 Lösung des Eingangsfalls

Herausgabeanspruch

Im Eingangsfall könnten Sie einen Anspruch gegen D auf Herausgabe der Abwasserrohre nach §§ 985, 986 BGB haben.

Voraussetzung dieses Anspruchs wäre insbesondere, dass Sie Eigentümer der Abwasserrohre geblieben sind. Das ist aber nach § 946 BGB nicht der Fall, weil Ihre Rohre durch Einbau wesentlicher Bestandteil des Grundstücks des B geworden sind, 94 BGB. Damit erstreckt sich das Grundstückseigentum des B zugleich auf die Abwasserrohre. Sie haben damit Ihr Eigentum an den Rohren verloren. Ein Herausgabeanspruch gegen D aus § 985 BGB steht Ihnen damit nicht zu.

(Mangels Eigentums steht Ihnen auch kein Herausgabeanspruch gegen B zu.)

---

22 Die Problemlage ist vielschichtig, komplex und in ständiger Fortentwicklung begriffen. Auf die Spezialliteratur zum Problemkreis wird verwiesen.

Zahlungsanspruch gegen D

Sie könnten jedoch einen Zahlungsanspruch gegen D haben. Dieser könnte sich aus der abgetretenen Werklohnforderung für die Lieferung und den Einbau der Abwasserrohre durch K ergeben, §§ 631 Abs. 1, 398 BGB.

Voraussetzung dieses Anspruchs ist, dass die Forderung von K gegen D entstanden ist, dass sie an Sie abgetreten wurde und dass sie noch durchsetzbar ist.

Zweifel daran, dass die Kaufpreisforderung des K gegen D entstanden ist, bestehen nicht.

Diese Forderung hat K durch seine Zustimmung zur Geltung der AGB beim Abschluss des Liefervertrags mit Ihnen im Voraus an Sie nach § 398 BGB abgetreten. Allerdings war diese Forderung zuvor im Rahmen einer Globalzession an die Bank B abgetreten worden. Nach dem Prioritätsprinzip ist damit an sich die Bank Inhaber der Forderung geworden. Allerdings haben nach der Rechtsprechung des BGH Vorausabtretungen von Warenlieferanten Vorrang vor Globalzessionen an Banken. Nach § 138 BGB ist deshalb die Globalzession insoweit unwirksam, als sie Ihren verlängerten Eigentumsvorbehalt erfasst. Sie sind deshalb Inhaber der Kaufpreisforderung des K gegen D.

Anhaltspunkte dafür, dass die Forderung gegen D nicht durchsetzbar ist, bestehen nicht. Um sicherzustellen, dass D nicht nach § 407 BGB befreiend an K leistet, müssen Sie die Abtretung gegenüber D schnellstmöglich offenlegen und können dann Zahlung an sich verlangen.

16.10 Zusammenfassung

Wer jemandem ein Darlehen gewährt oder sonst aus einem Vertragsverhältnis vorleistet, kann die Rückzahlung oder die Gegenleistung vor Gericht einklagen. Dieser Weg führt nicht zum Ziel, wenn der Schuldner nicht mehr leistungsfähig ist. Zur Absicherung dieses Ausfalls werden Kreditsicherheiten bestellt.

Wichtige Kreditsicherheiten sind die Bürgschaft, die Sicherungsabtretung, die Grundschuld, das Pfandrecht, die Sicherungsübereignung und der Eigentumsvorbehalt.

Die Gewährung von Kredit ohne angemessene Sicherheiten kann beachtliche Risiken bergen. Sie müssen bei der Planung und Durchführung von Geschäften in Betracht gezogen werden.

Literaturhinweise

Zum Wirtschaftsprivatrecht für Betriebswirte gibt es eine Vielzahl geeigneter Lehrbücher. Ob Sie sich für das eine oder andere Lehrbuch entscheiden, ist auch eine Geschmacksfrage. Entscheidend ist, dass Sie parallel zum Besuch der Vorlesung ein Lehrbuch durcharbeiten. Nehmen Sie sich etwas Zeit, besuchen Sie die Bibliothek Ihrer Hochschule, vergleichen Sie die dort verfügbaren Exemplare und wählen Sie eines aus. Alternativ könnten Sie auch für jedes Kapitel ein anderes Lehrbuch durcharbeiten.

Ebenfalls wichtig ist das Lösen von Übungsfällen. Auch dazu gibt es einige geeignete Anleitungen zur Falllösung mit vielen Übungsfällen. Wenn Sie jede Woche einen Fall aus einer der am Markt befindlichen Übungsbücher lösen und mit Ihrer Arbeitsgruppe diskutieren, dann sind Sie auf dem richtigen Weg.

Autoren

Prof. Dr. Tobias Brönneke (Kapitel 3.4) war vor seiner Berufung an die Hochschule Pforzheim in der Politikberatung für einen aus öffentlichen Mitteln finanzierten Verband tätig. Sein Forschungsschwerpunkt liegt im Bereich des Verbraucherrechts, wo er weiter auf Landes-, Bundes- und europäischer Ebene als Rechtsexperte von Parlamenten, Ministerien und Verbänden (sowohl aus der Industrie als auch Verbraucherverbänden) als Experte zu Themen des Verbraucherrechts und E-Commerce zu Anhörungen, Tagungen und Seminaren eingeladen wird. In der Lehre vertritt er wirtschaftsrechtliche Themen.

Dr. Felix Buchmann (Kapitel 4.4, 4.5, 4.8, 4.9) ist Vertretungsprofessor für Wirtschaftsprivatrecht an der Hochschule Pforzheim.

Prof. Dr. Claudius Eisenberg (Kapitel 11) ist Professor für Wirtschaftsrecht an der Hochschule Pforzheim und Rechtsanwalt in München in einer auf Technikrecht spezialisierten Kanzlei. Seine Tätigkeits- und Forschungsschwerpunkte finden sich insbesondere im Produkthaftungs- und Produktsicherheitsrecht, Gewährleistungs- und allgemeinem Haftungsrecht.

Prof. Dr. Rainer Gildeggen (Kapitel 1, 2, 3.1, 3.2, 4.1–4.3, 4.6, 4.7, 15 und 16) war viele Jahre als Syndikus, Manager, Berater und Trainer für Unternehmen verschiedener Branchen tätig und ist seit 1996 Professor für Wirtschaftsprivatrecht mit Schwerpunkt internationales und europäisches Recht an der Hochschule in Pforzheim.

Prof. Dr. Simone Harriehausen (Kapitel 3.6.1, 3.6.4 und Kapitel 12) ist seit 2007 Professorin für Wirtschaftsprivatrecht an der Hochschule Pforzheim. Der Schwerpunkt ihrer Lehr- und Forschungstätigkeit liegt auf dem Gebiet des Vertragsrechts und dem Recht des Gewerblichen Rechtsschutzes. Vor ihrer Berufung an die Hochschule Pforzheim war sie in der baden-württembergischen Justiz als Staatsanwältin, Straf- und Zivilrichterin tätig. Simone Harriehausen ist ausgebildete Wirtschaftsmediatorin und derzeit Ethikbeauftragte der Hochschule Pforzheim.

Prof. Dr. Ulrich Jautz (Kapitel 6) wurde nach mehrjähriger Tätigkeit als Partner in einer Stuttgarter Anwaltskanzlei 2001 zum Professor an der Hochschule Pforzheim berufen und lehrt dort Gesellschaftsrecht, Gewerblicher Rechtsschutz und Zivilprozessrecht. Seit 2014 übt er das Amt des Rektors aus.

Prof. Dr. Barbara Lorinser (Kapitel 3.6.2 und 7) vertritt an der Hochschule Pforzheim seit 1999 das Arbeitsrecht. Daneben widmet sie sich den Themen Gender Mainstreaming und rechtswissenschaftliche Fachdidaktik. Vor ihrer Berufung an die Hochschule war sie mehrere Jahre als Rechtsanwältin tätig.

Prof. Dr. Ralph Schmitt (Kapitel 3.9 und 10) ist seit 2004 Professor für Wirtschaftsprivatrecht mit dem Schwerpunkt allgemeines Zivil- und Wirtschaftsrecht an der Hochschule Pforzheim. Als Rechtsanwalt beim Bundesgerichtshof ist er in zivilrechtlichen Revisions-, Nichtzulassungsbeschwerde- und Rechtsbeschwerdeverfahren tätig.

Prof. Dr. Kerstin Schweizer (LL. M.) (Kapitel 9) ist seit 2005 Professorin für Unternehmensrecht an der Hochschule Pforzheim. Zuvor war sie mehrere Jahre als Wirtschaftsanwältin vorwiegend in den Bereichen Gesellschaftsrecht und M&A tätig.

Prof. Dr. Anusch Tavakoli (Kapitel 3.6.3, 13 und 14) ist seit 2010 Professor für Wirtschaftsprivatrecht an der Hochschule Pforzheim und war zuvor als Wirtschaftsanwalt und Notar tätig. Er ist schwerpunktmäßig im nationalen und internationalen Gesellschaftsrecht tätig.

Prof. Dr. Brigitte Thäle (Kapitel 3.5 und 3.8) ist seit 2002 an der Hochschule Pforzheim tätig mit den Schwerpunkten Wirtschaftsprivatrecht und Wirtschaftsstrafrecht. Nach Studium und Promotion war sie zunächst Rechtsanwältin in Augsburg und danach von 1996 bis 2002 Professorin für Strafrecht und Strafverfahrensrecht an der Hochschule für Polizei in Villingen-Schwenningen.

Prof. Dr. Barbara Tybusseck (Kapitel 3.7) war vor ihrer Berufung an die Hochschule Pforzheim, an der sie die Themen Arbeitsrecht und Konfliktmanagement/Verhandeln/Wirtschaftsmediation vertritt, als Syndikusanwältin für die IBM Deutschland mit den Schwerpunkten Vertragsgestaltung/Verhandlung tätig.

Prof. Dr. Andrea Wechsler (Kapitel 3.3), Professorin für Wirtschaftsprivatrecht an der Hochschule Pforzheim und Wirtschaftsmediatorin, forscht nach ihrer internationalen Ausbildung (Oxford, Peking, Columbia University, Max Planck Institut) im internationalen, asiatischen und europäischen Wirtschaftsrecht.

Prof. Dr. Andreas Willburger (Kapitel 5 und 8) war langjährig als Vertrags- und Steuerjurist für nationale und internationale Unternehmen tätig und ist seit 2004 Professor für Wirtschaftsprivatrecht mit Schwerpunkt internationales Wirtschaftsrecht an der Hochschule Pforzheim.

Stichwortverzeichnis